JENNY ODELL

Zeit finden

JENNY ODELL

Zeit finden

Jenseits des durchgetakteten Lebens

Aus dem Englischen übersetzt von Annabel Zettel

C.H.BECK

Die amerikanische Originalausgabe erschien unter dem Titel
«Saving Time. Discovering a Life Beyond the Clock»
bei Random House, U. S.

www.chbeck.de
Umschlaggestaltung: geviert.com, Nastassja Abel
Satz: Fotosatz Amann, Memmingen
Druck und Bindung: CPI – Ebner & Spiegel, Ulm
Printed in Germany
ISBN 978 3 406 80770 1

myclimate

klimaneutral produziert
www.chbeck.de/nachhaltig

Für meine Familie,
im weiteren Sinne

I wish the idea of time would drain out of my cells
and leave me quiet even on this shore.

Ich wünschte, die Vorstellung der Zeit würde aus meinen Zellen
herausfließen und mich still und ruhig an dieser Küste zurücklassen.
– *Agnes Martin, Writings*

Inhalt

VORWORT

Eine Botschaft für die Zwischenzeit

Irgendwann im Frühling 2019 bemerkte ich, dass in meinem Apartment unerwartete Besucher eingezogen waren. Sie waren wahrscheinlich nicht durch die Tür, sondern durchs Fenster gekommen, und lange Zeit wusste ich gar nicht, dass sie da waren. Erst als ich zufällig die Mooswedel sah, die in einem schweinförmigen Keramiktopf neben dem Fenster wuchsen, kam ich auf die Idee, dass eine Invasion stattgefunden hatte.

Die Moossporen siedelten sich um einen kleinen Hasenohrkaktus an, den ein Freund mir einmal vor Jahren zum Geburtstag geschenkt hatte. Ich fand es immer scheußlich, wie kalt und feucht es um mein Küchenfenster herum war – es bekommt niemals Sonne –, und dem Kaktus ging es vielleicht genauso, aber das Moos fühlte sich dort wohl. Es begann, sich zu teilen, zu differenzieren, sich mit haarähnlichen Rhizoiden der Blumenerde zu bemächtigen und winzige grüne Blättchen zu bilden. Dann trieb es lange schmale Sporophyten aus, die sich daranmachten, den gleichen Prozess wie ihre Vorfahren außerhalb des Apartments fortzuführen. Bald quoll aus dem oberen Teil des Schweins ein regelrechter Miniaturwald hervor.

Verglichen mit Gefäßpflanzen, haben Moose eine relativ unmittelbare Beziehung zu Wasser und Luft.[1] In ihrem Buch *Gathering Moss* (*Das Sammeln von Moos*) schreibt Robin Wall Kimmerer, dass die einzellschichtigen «Blätter» von Moosen sich wie die Alveolen der menschlichen Lunge verhalten, insofern als sie Feuchtigkeit brauchen und in direkten Kontakt mit der Luft treten. In der Antarktis, wo es keine Bäume gibt, haben sich Wissenschaftler Moose auf ähnliche Weise zunutze gemacht wie Baumringe.[2] Moose sind in der Lage, jeden Sommer «einen Bericht abzugeben», aufgrund der Art und Weise, wie die Blätter, deren Wachstum an ihren Rändern stattfindet, dort Chemikalien aus der Umwelt aufnehmen und einlagern. Wenn ich in der Küche saß, konnte ich den Bericht, den dieses fehlgeleitete Moos schrieb, offenbar nicht lesen, aber es sagte mir zumindest: *Ich bin lebendig*. Und am nächsten Tag: *Immer noch lebendig*.

Ich las *Gathering Moss* während der ersten Lockdowns der COVID-19-Pandemie. Die Zeit fühlte sich damals wie eingefroren an, aber das Moos wuchs weiter, sowohl innerhalb als auch außerhalb des Apartments – und die Pandemie hatte mein Aufmerksamkeitsspektrum schrumpfen lassen. Ich lief in der Umgegend von Oakland umher wie eine vagabundierende Verschwörungstheoretikerin, die die Dinge aus merkwürdigen Blickwinkeln betrachtete. Das Moos liebte Zwischenräume, was bedeutete, dass es oft genau da war, wo ich sonst nicht hingeschaut hätte: zwischen Rissen im Gehweg vor meiner Wohnung, zwischen dem Asphalt auf der Straße und dem Gullydeckel, zwischen der Wand des Lebensmittelladens und dem Bürgersteig, zwischen Ziegelsteinen. Ich begann, Moos, sowohl was seine Wuchsorte als auch seine Erscheinungsform anging, als die Signatur von Wasser zu begreifen, da es sich zeigte, wo immer sich in der Vergangenheit Wasser gesammelt hatte, aber auch in Echtzeit auf Regen reagierte, sich während eines leichten Schauers innerhalb von Minuten ausbreitete und grüner wurde.

Das Moos brachte mich dazu, mir sowohl sehr kurze Zeiträume – wie Feuchtigkeitsveränderungen von einer Minute auf die andere oder der Moment, in dem eine Spore in meinem Blumentopf wuchs – und sehr lange Entwicklungszeiträume vor Augen zu führen, da Moose zu den allerersten Pflanzen gehörten, die an Land wuchsen. Dennoch machten mir beide Enden dieser Zeitskala auch noch einmal klar, wie unmöglich es ist, einen Moment ganz präzise festzulegen (ein sehr menschliches Bestreben). Am einen Ende etwa stieß ich auf Uneinigkeit darüber, wann eine Moosspore offiziell gekeimt hat.[3] Ist das, wenn sie zu einem gewissen Grad von Wasser aufgequollen ist oder wenn sich der Keimfaden bildet und die Zellwand reißt? Am anderen Ende entwickelten sich die frühesten Moose irgendwann vor Hunderten Millionen von Jahren aus Wasseralgen[4], aber es wäre absurd, den exakten «Moment» dieser Neuerung oder auch nur die Artentstehung der Gäste auf meinem Fenstersims genau definieren zu wollen.

Diese Unbestimmtheit weitete sich schnell auf andere Fragen aus.

Konnte ein Moos sinnvollerweise von seiner Umgebung getrennt betrachtet werden? War eine Moosspore als lebendig einzuordnen? Wie verhielt es sich mit gefrorenem Moos,[5] wie dem aus der Antarktis, das nach 1500 Jahren wieder ins Leben gerufen wurde? Selbst ohne Extrembedingungen machen Moose eine einheitliche Zeitvorstellung schwierig, da einige Arten die Fähigkeit besitzen, über zehn Jahre lang ohne Wasser zu ruhen, unter den richtigen Bedingungen jedoch wieder zum Leben erwachen.[6] Wie Kimmerer 2020 in einem Interview im *Believer* erwähnte, waren es Moose genau aufgrund dieser Eigenschaft wert, ihnen während der COVID-19-Pandemie unsere Aufmerksamkeit zu widmen.[7] Da sie bemerkt hatte, dass ihre Studenten sich von der Hartnäckigkeit und den Ruhephasen der Moose inspirieren ließen, lag es für sie auf der Hand, dass diese Pflanzen die Menschen lehren konnten, wie sie mit dem gegenwärtigen historischen Moment umgehen sollten.

Das Moos tauchte in meinem Apartment etwa zu der Zeit auf, in der ich begann, über dieses Buch nachzudenken. Als ich damit fertig war, wuchs es noch immer. Wahrscheinlich wird es an diesem Ort nicht 5000 Jahre lang überleben, wie eine Moosschicht auf Elephant Island in der Antarktis.[8] Aber in der Zwischenzeit hat es drei Jahre lang Sonnenlicht in sich aufgenommen, drei Jahre lang Luft geatmet und mich drei Jahre lang am Küchentisch sitzen sehen. Wie ein Gesandter von irgendwoher außerhalb des geltenden Zeitbegriffs hat es meinen Geist mit Fragen von Porosität und Reaktion, von Innen und Außen, von Potenzial und Bedrohung okkupiert. Aber vor allem hat es mir die Zeit wieder zu Bewusstsein gebracht: nicht die monolithische, leere Substanz, von der wir glauben, dass sie jeden Einzelnen von uns überspült, sondern die Art von Zeit, die beginnt und stillsteht, heraufsprudelt, sich in Rissen sammelt und sich zu Gebirgen faltet. Es ist die Art, die auf die richtigen Bedingungen wartet, die immer die Fähigkeit in sich trägt, etwas Neues zu beginnen.

Stellen Sie sich vor, Sie sind in einer Buchhandlung. In einer Abteilung stehen Bücher über Zeitmanagement, die einem erklären, wie man sich in einer Welt, die immer schneller wird, an ein allgemeines Empfinden von Zeitknappheit anpasst: Entweder zählt und bemisst man seine

Zeitanteile effektiver, oder man kauft Zeit von anderen Leuten. In einer anderen Ecke finden Sie kulturgeschichtliche Bücher darüber, wie es dazu kam, dass wir die Zeit so wahrnehmen, wie wir das tun, und philosophische Untersuchungen darüber, was Zeit letztlich ist. Wenn Sie um Zeit ringen und sich ausgebrannt fühlen, in welche Ecke würden Sie dann gehen? Es würde vermutlich sinnvoll erscheinen, sich im ersten Bereich umzuschauen, der sich direkter mit dem täglichen Leben und der praktischen Realität befasst. Ironischerweise scheint nie genügend Zeit für etwas so Müßiges wie die Betrachtung des eigentlichen Wesens der Zeit vorhanden zu sein. Aber worauf ich hinauswill, ist, dass einige der Antworten, die wir vielleicht im ersten Bereich suchen, im zweiten zu finden sind. Wenn wir also die sozialen und materiellen Wurzeln der Vorstellung, dass «Zeit Geld ist» nicht ergründen, dann laufen wir Gefahr, im Hinblick auf die Zeit eine Sprache zu etablieren, die selbst Teil des Problems ist.

Halten Sie sich den Unterschied zwischen dem Ausdruck «Work-Life-Balance» und der Vorstellung von Freizeit vor Augen, die der deutsche katholische Philosoph Josef Pieper in seinem 1948 erschienenen Buch *Muße und Kult* erläuterte. Im Bereich der Arbeit, so schreibt er, ist die Zeit horizontal, eine Kette vorwärtsstrebender Abläufe, durchbrochen von kleinen Erholungspausen, die uns aber lediglich um der Arbeit willen erfrischen – um «neue Kraft zu neuer Arbeit» zu geben.[9] Für Pieper sind diese kleinen Unterbrechungen keine Muße. Wahre Muße existiert dagegen auf einer «vertikalen» Zeitachse, eine, deren Totalität die gesamte Zeitdimension eines Arbeitstages durchschneidet oder negiert und «senkrecht zum Ablauf des Arbeitstages steht». Wenn solche Momente uns zufällig auch für die Arbeit erfrischen, dann ist das eher zweitrangig. «Nicht um der Arbeit willen ist die Muße da», schreibt Pieper, «soviel Kraft der tätig Werkende aus ihr auch gewinnt; Muße hat ihren Sinn nicht darin, als körperliches Ausruhen oder als seelische Erholung neue Kraft zu spenden zu neuer Arbeit – wiewohl sie dies tut!» Piepers Unterscheidung bringt bei mir eine intuitive Saite zum Klingen, wie sie das vermutlich auch bei jedem anderen tut, der bezweifelt, dass Produktivität das ultimative Maß von Bedeutung und Wert der Zeit ist. Sich einen anderen ausschlaggebenden Punkt vorzustellen, bedeutet auch, sich ein Leben, eine Identität und eine Sinnquelle außerhalb der Welt von Arbeit und Profit vorzustellen.

Ich denke, der Grund, warum die meisten Menschen Zeit als Geld betrachten, ist nicht, dass sie das wollen, sondern, dass sie es müssen. Diese moderne Sicht der Zeit ist nicht von der Lohnbeziehung zu lösen, der Notwendigkeit, seine Zeit zu verkaufen, die – so gebräuchlich und unumstritten sie heute erscheint – so historisch spezifisch ist wie jede andere Methode zur Bewertung von Arbeit und Existenz. Die Lohnbeziehung dagegen spiegelt dieselben Muster von Empowerment und Disempowerment, die auch alles andere in unserem Leben betreffen: Wer kauft wessen Zeit? Wessen Zeit ist wie viel wert? Wessen Zeitplan soll sich an andere anpassen, und wessen Zeit wird als verfügbar erachtet? Das sind keine individuellen Fragen, sondern kulturelle, historische, und es gibt wenige Möglichkeiten, seine eigene Zeit oder die der anderen zu befreien, ohne über sie nachzudenken.

Eine der Lektionen in einem populären Buch von 2004 mit dem Titel *In Praise of Slowness* (Titel der deutschen Ausgabe: *Slow Life*) ist, dass sowohl der Arbeitgeber als auch der Angestellte von der Work-Life-Balance profitieren können, da «Studien zeigen, dass Menschen, die das Gefühl haben, ihre Zeit kontrollieren zu können, entspannter, kreativer und produktiver sind».[10] Mir ist natürlich klar, dass jeder sich über ein paar zusätzliche Stunden am Tag freuen würde, aber hier ist die Argumentation das Entscheidende. Solange die Langsamkeit nur ins Feld geführt wird, um die Maschine des Kapitalismus anzutreiben, besteht die Gefahr, dass sie zu einer rein kosmetischen Korrektur wird, nur zu einer weiteren kleinen Unterbrechung auf der horizontalen Ebene der Arbeitszeit. Das erinnert mich an eine Folge der *Simpsons*, in der Marge einen Job im Atomkraftwerk bekommt und die niedrige Arbeitsmoral dort bemerkt.[11] In einer Unterhaltung mit Mr. Burns verweist sie auf einen Angestellten, der schluchzt, auf einen anderen, der mit glasigen Augen einen Drink schlürft, und einen dritten, der ein Gewehr poliert und sagt: «Ich bin der Engel des Todes. Die Zeit der Läuterung steht bevor.» Marge will helfen, schlägt mutig einen «Tag der lustigen Hüte» vor und lässt Musik von Tom Jones spielen. Danach sehen wir dieselben drei Angestellten wieder: schluchzend (mit einem Sombrero auf dem Kopf), trinkend (mit einem Elchgeweih) und die Waffe entsichernd, mit einem Propeller auf dem Kopf, aus dem Bild laufend, während «What's New Pussycat?» im Hintergrund läuft. «Es funktioniert!», sagt Mr. Burns (in einem Wikingerhelm mit Hörnern).

Ich glaube, wir wollen alle mehr als lustige Hüte, und ich bezweifle, dass es bei Burnout immer nur darum geht, nicht genügend Stunden am Tag zu haben. Was zunächst als der Wunsch nach mehr Stunden am Tag erscheint, erweist sich vielleicht nur als ein Teil eines einfachen und doch ungeheuer großen Verlangens nach Autonomie, Sinn und Zweck. Selbst wenn äußere Umstände oder ein innerer Drang einen zwingen, ganz und gar auf Piepers horizontaler Achse zu leben – Arbeit und Erholung, um noch mehr zu arbeiten –, ist es immer noch möglich, ein Verlangen nach dem vertikalen Reich zu spüren, dem Ort für die Anteile von uns selbst und unserem Leben, die nicht zum Verkauf stehen.

Auch wenn sie unsere Tage und Lebenszeit regiert, hat die Uhr unsere Psyche noch nicht ganz erobert. Unter dem Raster des Zeitplans kennen wir alle viele andere Varianten von Zeit: wie sich Warten und Verlangen hinziehen können, die Art und Weise, in der die Gegenwart plötzlich mit Kindheitserinnerungen durchzogen erscheint, das langsame, aber sichere Voranschreiten einer Schwangerschaft oder die Zeit, die es braucht, damit eine Verletzung physisch oder emotional heilt. Als Tiere, die an den Planeten gebunden sind, erleben wir kürzer und länger werdende Tage, das Wetter, durch das bestimmte Blumen und Gerüche (zumindest derzeit noch) wiederkehren und unser um ein Jahr gealtertes Selbst besuchen. Manchmal ist Zeit nicht Geld, sondern besteht aus diesen Dingen.

Tatsächlich ist es dieses Bewusstsein sich überlagernder Zeitlichkeiten, das den tiefen Verdacht nährt, dass wir nach der falschen Uhr leben. Nichts in der horizontalen Sphäre kann jener spirituelleren Form des Burnout etwas entgegensetzen: der gleichzeitigen Erfahrung von Zeitdruck und einem wachsenden Bewusstsein, wie sehr das Klima aus den Fugen ist. Selbst für eine sehr privilegierte Person, die von den Auswirkungen des Klimawandels abgeschirmt ist, erzeugt das Hin- und Herschalten zwischen einem Fenster des Instant-Messaging-Dienstes Slack und Schlagzeilen über eine bald schon unbewohnbare Erde zumindest ein Gefühl von Dissonanz und, im allerschlimmsten Fall, eine Art spirituellen Brechreiz und Nihilismus. In der Vorstellung, am Ende der Zeiten gegen die Uhr anzurennen, steckt eine einsame Absurdität, wie eine Schlagzeile auf der parodistischen Website Reductress zeigt: «Frau wartet auf einen Beweis dafür, dass die Welt 2050 immer noch existiert, bevor sie anfängt auf Ziele hinzuarbeiten.»[12]

Zumindest teilweise rührt diese Absurdität daher, wie hoffnungslos unzusammenhängend diese beiden Zeitskalen offenbar sind. Von unserem Standpunkt aus scheinen die Prozesse des Planeten irgendwo an der Peripherie von Uhr und Kalender stattzufinden, außerhalb der menschlich sozialen, kulturellen, ökonomischen Zeit. Als Wissenschaftlerin formuliert es Dr. Michelle Bastian so: «Die Uhr kann mir sagen, ob ich zu spät zur Arbeit komme, [aber] sie kann mir nicht sagen, ob es zu spät ist, den galoppierenden Klimawandel aufzuhalten.»[13] Dennoch teilen diese anscheinend unüberbrückbaren Erfahrungswelten – individueller Zeitdruck und Klimabedrohung – einige tiefe Wurzeln, und sie haben mehr gemeinsam als nur die Angst. Die Handelstätigkeit und der Kolonialismus der Europäer brachten unser derzeitiges System zur Bemessung und Einhaltung der Zeit hervor und damit die Bewertung von Zeit als austauschbarem «Stoff», der angehäuft, gehandelt und umhergeschoben werden kann. Wie ich in Kapitel 1 weiter ausführen werde, sind die Anfänge von Uhr, Kalender und Tabellenkalkulation nicht von der Geschichte der Gewinnung von Rohstoffen aus Ressourcen der Erde wie auch menschlicher Arbeitszeit zu trennen.

Mit anderen Worten: Jemand, der heutzutage damit kämpft, Zeitdruck und Klimaangst miteinander zu vereinbaren, hat es auf beiden Seiten mit den Ergebnissen einer bestimmten Weltsicht zu tun, eine, die sowohl die Bemessung von Arbeitszeit als auch ökologische Zerstörung hervorbrachte, um Profit zu erzielen. Im Körper kann chronischer Schmerz durch ein Ungleichgewicht an einer ganz anderen Stelle, als man ihn letztlich fühlt, entstehen.[14] Während man eine schmerzende Stelle massieren kann und sich danach vielleicht ein paar Tage lang besser fühlt, hilft es bei chronischem Stress letztendlich nur, seine Gewohnheiten zu ändern. Ganz ähnlich resultieren Zeitdruck und Klimaangst, die als andere Formen von Schmerz wahrgenommen werden, aus dem gleichen Beziehungsgeflecht in einem größeren «Körper», der nach Jahrhunderten einer extraktiven Denkweise in einer unerträglichen Verzerrung erstarrt ist. Deshalb ist die Fähigkeit, die eigenen persönlichen Zeiterfahrungen und die Erfahrung einer kollabierenden klimatischen Uhr miteinander zu verknüpfen, nicht einfach eine mentale Übung, sondern eine absolute Dringlichkeit für alle Beteiligten. Die einzige Möglichkeit, etwas gegen den Schmerz zu tun, ist es, unsere Handlungsweise grundlegend zu verändern. Auch die Erde braucht mehr als lustige Hüte.

Diese grundlegende Veränderung kann zum Teil aus der Art und Weise entstehen, wie wir über Zeit denken und sprechen. Zwar bestimmt die Uhr nicht die Gesamtheit unserer psychologischen Erfahrung, die quantitative Sicht der Zeit, die mit dem Industrialismus und Kolonialismus aufkam, bleibt jedoch in großen Teilen der Welt die Lingua Franca. Will man versuchen, eine andere Sprache zu sprechen, stellt einen das vor Herausforderungen, aber das zeigt auch, wie bedeutsam dieser Versuch sein kann. Ein Online-Event mit dem Titel *Haben wir in einem Klimanotfall Zeit für Selbstfürsorge?* – ein Titel, der auf einige Verwirrung und Schamgefühl hinweist – demonstrierte mir ein Beispiel dieser Herausforderung. Minna Salami, der Autorin von *Sensuous Knowledge: A Black Feminist Approach for Everyone* (*Sinnliches Wissen: Eine schwarze feministische Perspektive für alle*), gelang es schließlich, die titelgebende Frage zu beantworten, indem sie ganz einfach deren Prämisse zurückwies. Selbstfürsorge war offensichtlich notwendig, aber die Art und Weise der Fragestellung war Teil des Problems, da sie die Vorstellung aufrechterhielt, dass die alltägliche kulturelle Zeit und die ökologische Zeit nicht miteinander verbunden sind.[15] Betrachten wir Selbstfürsorge nur als «gestohlene kleine Momente, in denen wir das Selbst priorisieren», basierend auf der Vorstellung, dass Selbstfürsorge und Klimagerechtigkeit in einem Nullsummenspiel um unsere Stunden und Tage konkurrieren, dann verschärfen wir das Problem, indem wir die alte Lingua Franca sprechen. Für Salami war es keine Frage von Entweder-Oder. Wenn wir im Hinblick auf die Zeit aber eine andere Sprache erlernen könnten, dann würden Klimagerechtigkeit und Selbstfürsorge in ein und dieselbe Anstrengung münden.

Im Altgriechischen gibt es zwei verschiedene Begriffe für Zeit, *Chronos* und *Kairos*. *Chronos,* was zum Teil in Wörtern wie *Chronologie* steckt, ist das Reich der linearen Zeit, ein stetig in die Zukunft marschierender Zug von Ereignissen. *Kairos* bedeutet eher so etwas wie

«Krise», aber für viele von uns bedeutet es auch so etwas wie den günstigen Zeitpunkt oder «die Zeit nutzen». Auf dem Klima-Event beschrieb Salami *Kairos* eher als qualitative und weniger als quantitative Zeit, und zwar deshalb, weil in *Kairos* alle Momente verschieden sind und «das Richtige zum richtigen Zeitpunkt geschieht». Aufgrund dessen, was sie über Handeln und Möglichkeit sagte, schien mir die Unterscheidung zwischen *Chronos* und *Kairos* für ein Nachdenken über die Zukunft ebenfalls entscheidend.

Oberflächlich mag es scheinen, als wäre der stabile *Chronos* das Reich des Trostes und der instabile *Kairos* der Ort für die Angst. Aber welchen Trost kann *Chronos* bieten, wenn wir, mit den Worten des in den 1990ern erschienen Anti-Work-Magazins *Processed World,* «im Gleichschritt in den Abgrund marschieren»?[16] Was ich in *Chronos* finde, ist keineswegs Trost, sondern Angst und Nihilismus, eine Zeitform, die auf mich und andere unerbittlich herabstürzt. Hier sind meine Taten nicht von Bedeutung. Die Welt wird so gewiss schlechter, wie mein Haar grau werden wird, und die Zukunft ist etwas, das wir einfach hinter uns bringen müssen. Was wir dagegen in *Kairos* finden, ist ein Rettungsanker, ein kleiner Hauch der Kühnheit, sich etwas anderes vorzustellen. Hoffnung und Sehnen können letztlich nur im Unterschied zwischen heute und einem unbestimmten Morgen existieren. Mehr als *Chronos* schließt *Kairos* die Unvorhersehbarkeit des Handelns mit ein, in dem Sinne, wie Hannah Arendt es beschreibt: «Jedenfalls bleiben auch in den beschränktesten Umständen die Folgen einer jeden Handlung schon darum unabsehbar, weil das gerade eben noch Absehbare, nämlich das Bezugsgewebe mit den ihm eigenen Konstellationen, oft durch ein einziges Wort oder eine einzige Geste radikal geändert werden kann.»[17] In diesem Sinne ist die Frage der Zeit nicht von der Frage des freien Willens zu trennen.

Dieses Buch entstand aus dem Gefühl heraus, dass ein großer Teil des Klima-Nihilismus und anderer schmerzhafter Zeiterfahrungen von einer Unfähigkeit herrühren, jene fundamentale Unsicherheit zu erkennen oder zuzulassen, die jedem einzelnen Moment innewohnt, der aber zugleich auch unsere Handlungsmacht in sich trägt. Was das Klima angeht, bedeutet das nicht, dass wir den Schaden, den wir bereits verursacht haben, ungeschehen machen können. Aber was wir von vornherein beschließen, ist wie eine sich selbst erfüllende Prophezeiung: Egal, in welcher Situation, wenn wir glauben, die Schlacht ist vorbei, dann ist sie vorbei. Die Unterscheidung zwischen der Wahrnehmung von *Chronos* und *Kairos* mag im konzeptuellen Bereich beginnen, aber sie endet dort nicht: Sie hat direkte Auswirkungen darauf, was in jedem Moment deines Lebens möglich erscheint.

Sie hat auch Einfluss darauf, ob wir die Welt und ihre Bewohner als lebendig oder halb tot betrachten. Das ist vielleicht die weitreichendste Konsequenz der Vorstellung, dass der (europäische) Mensch die alleinige Triebkraft in einer Natur ist, die nach vorhersehbaren mechanistischen Gesetzen funktioniert.

Als diese Distinktion aufkam, versetzte sie die kolonisierten Völker in eine Art permanenten Stillstand innerhalb *Chronos,* genauso handlungsunfähig wie ihre Länder und alles Leben darin.[18] Diese Konzeption rechtfertigte nicht nur die Ausbeutung jener «Ressourcen» durch die Kolonisten, sondern ebnete außerdem sowohl der Klimakrise als auch den Rassenungerechtigkeiten unserer Zeit den Weg. Wir sollten (wieder) lernen, Handeln und Entscheidungen nicht mehr auf einen so eng gefassten Bereich zu beschränken und uns einzugestehen, dass alles und jeder, der zuvor durch das Raster gefallen war, trotzdem ebenso real ist, in *Kairos* vereint. Das bedeutet aber, Zeit nicht so wahrzunehmen, als würde sie über die Objekte der Welt *hereinbrechen*, sondern als wäre sie von den Akteuren der Welt mitgestaltet worden. Für mich ist das sowohl eine Frage von Gerechtigkeit als auch von Praktikabilität, da ich die Klimakrise als Ausdruck von Wesen (menschlichen und nichtmenschlichen) lese, die weniger «gerettet» als gehört werden müssen.

Zunächst einmal versuchte ich, eine Zeitvorstellung zu finden, die nicht schmerzhaft war – etwas anderes als «Zeit ist Geld», Klimaangst oder die Furcht zu sterben. Es war mehr eine persönliche Frage als eine akademische. Während meiner Suche fand ich etwas, das ich nicht erwartet hatte: Während nämlich *ein* Zeitgefühl bewirkt, dass Du Dich schon tot fühlst, bevor Deine Zeit gekommen ist, kann ein anderes bewirken, dass Du Dich ganz klar lebendig fühlst. Während der COVID-19-Pandemie wurde ich Zeuge mehrerer Ablösungsprozesse: etwa auf einer lokalen Webcam, wo noch fast ganz grauen, flauschigen Babyfalken an den äußeren Spitzen ihrer Flügel einzelne Federn wie Finger wuchsen; auf einem Hang in Oakland, wo ich eine Schlangenhaut fand, deren Eigentümerin im Gestrüpp verschwunden war; auf dem Schreibtisch in meinem Apartment, wo die Sprossachse meiner Pflanze ihre äußere Hülle abschälte, damit sich ein neuer Teil des Stiels in Richtung Fenster recken konnte. Diese Häutungsprozesse erschienen mir kompliziert, wie eine Art Auflehnung gegen sich selbst. Und das passte zu mir, denn auch ich hatte Sehnsüchte, denen ich folgen, einen Willen, den ich ausdrücken, und eine Hülle, aus der ich mich herausschälen musste. Das Morgen wuchs roh aus der Hülle des Heute, und darunter würde ich anders sein. Wir alle würden das.

2021 bat Tropicfeel, ein in Barcelona ansässiges Schuhunternehmen, den britischen Reise-Influencer Jack Morris, «Ja zu sagen» und auf ein Last-Minute-Abenteuer irgendwo in Indonesien aufzubrechen.[19] Das Ergebnis ist ein achtminütiges Video mit dem Titel «Sag ja zur Besteigung eines aktiven Vulkans!». Morris entschied sich, den Sonnenaufgang vom Vulkan Ijen in Ost-Java aus zu beobachten und ein Abenteuer zu dokumentieren, das zugleich Product Placement für eine Firma war, deren Kickstarter 2018 «den ‹gefundedsten› Schuh aller Zeiten» produzierte.

Durch nostalgische Farbfilter und gelbes Flackern, das Super-8-Filme nachahmt, sehen wir Morris, wie er Bali verlässt und mit Schiff und Auto in ein Resort in Ost-Java fährt. Er schreitet selbstbewusst in Slow Motion über Reisterrassen, während die Sonne untergeht. Am nächsten Tag steht er früh auf, um den Sonnenaufgang vom Ijen aus zu sehen, und kommt in einem bereits gut besuchten barackenartigen Coffeeshop im Basislager des Ijen an. Es ist zwei Uhr morgens. Nachdem ihm eine Frau mit einem Kopftuch in holprigem Englisch einen Holzofen für Brot gezeigt hat, schwenkt die Kamera zu einem Mann, der auf einer gepolsterten Bank liegt; er ist in Schal und Hoodie eingewickelt, seine Augen sind geschlossen.

«Was ist mit deinem Freund? Schläft er?», fragt Morris.

«Ja, schlafen, ja», sagt die Frau.

Nach anderthalb Stunden, in denen er durch die Dunkelheit wandert und dann wartet, macht Morris noch ein paar Slow-Motion-Schritte auf dem Gipfel des Vulkans. Eine Drohnenkamera nimmt alles auf und breitet die weite felsige Landschaft vor uns aus, während sie Morris' Assistenten und die Touristen meist umgeht. Man sieht nur Morris, die Berge und die leuchtend weißen Sneaker-Sohlen («Monsoon» in Fresh Black, $ 121), die sich von den alten Gesteinsschichten leuchtend abheben. Um die Dramatik des Sonnenaufgangs zu betonen, ist dieser Teil des Videos mit einem Lied untermalt, das ich nur als episch und irgendwie nicht westlich beschreiben kann.

Als die Sonne dann ganz aufgegangen ist, steigt Morris wieder hinab und trifft auf seinem Weg eine Gruppe javanischer Minenarbeiter, die Schwefel abbauen. Sie sammeln die gelben Brocken am Austritt von Rohren, die in die Vulkanfelsen eingelassen wurden, brechen die Brocken mit Hämmern aus dem Gestein und transportieren riesige Ladungen davon in Weidenkörben, die an einer Holzstange hängen. Als er mit den Minenarbeitern spricht, erfährt Morris, dass sie jeden Tag Hunderte Kilo Schwefel aus dem Krater schaffen – so viel sie können, da sie pro Kilo bezahlt werden. Als ein weiterer Super-8-Effekt über die Aufnahme eines Mannes flackert, der seine Körbe schultert, sagt Morris: «Das ist so verrückt. Diese Jungs sind super stark.» Während sein Assistent mit einer Kamera im Hintergrund herumgeht, beobachtet Morris, dass die Minenarbeiter offenbar stolz auf ihren Job sind, und er geht mit «nichts als Respekt» für sie weiter.

Was Morris da gesehen hat, ist eine der letzten Schwefelminen, in denen von Hand Schwefel abgebaut wird.[20] Sie ist auch deshalb eine der letzten, weil die Schwefelgase, die an einem solchen Ort ausströmen, unglaublich giftig und sogar in der Lage sind, mit der Zeit Zähne zu zersetzen. Mit entstellten Schultern, Atemwegserkrankungen und spärlicher oder gar keiner Schutzausrüstung machen diese Minenarbeiter eine harte Rechnung auf: Weil der Weg bis ins Krankenhaus einfach viel zu weit ist, beschließen sie, sich um die immer neu hinzukommenden Verletzungen nicht zu kümmern und lieber zu arbeiten, bis sie ganz einfach nicht mehr können. «Sie sagen, hier zu arbeiten, kann dein Leben verkürzen», erklärte ein Minenarbeiter der BBC, und er hatte recht: Dem Bericht eines Journalisten zufolge, beträgt die Lebenserwartung der Schwefelarbeiter nur 50 Jahre. Zwar arbeiten viele dort in der Hoffnung, dass sie ihre Kinder mit dem vergleichsweise hohen Lohn zur Schule schicken und den Teufelskreis der Armut durchbrechen können, aber die reduzierte Lebenserwartung bedeutet, dass ihre Söhne manchmal ihren Job übernehmen müssen. In der Zwischenzeit macht die Arbeit ihre Gesichter «jung und alt zugleich, verbraucht bis zu dem Punkt, an dem kein Alter mehr erkennbar ist».

In diesem merkwürdigen Aufeinandertreffen zwischen Travel Influencer, Coffeeshop, dem Berg, den Minenarbeitern und der Sonne gibt es eine dichte Schnittstelle verschiedener Arten von Zeitempfinden. Am Ijen werden mehrere Dinge extrahiert – ein vermarktbares Bild der Natur, eine Freizeiterfahrung, ein Haufen Schwefelbrocken –, und eines dieser Dinge ist Arbeitszeit. Ob die Bergleute nun stückweise oder stundenweise bezahlt werden, Zeit ist für sie eine Einkommensquelle, eine Überlebensmöglichkeit und das Wertvollste, was sie zu verkaufen haben. Der Mann, der im Coffeeshop zu schlafen versuchte, war vielleicht ein Minenarbeiter, denn wie die Hunderten von Touristen, die während der Hochsaison jedes Wochenende den Vulkan besteigen, müssen die Minenarbeiter ebenfalls vor Sonnenaufgang vom Basislager aus auf den Berg gelangen.[21] Sie tun das aus der Notwendigkeit heraus, um die Hitze und die Winde zu umgehen, die giftigen Dampf zu ihnen wehen könnten. Während Arbeitszeit für den Käufer, der jederzeit mehr kaufen kann, entkörperlicht und einheitlich ist, verhält sich das für die arbeitende Person anders, da sie nur ein Leben und einen Körper hat.

Wie die Wirtschaftshistorikerin Caitlin Rosenthal bemerkte, machte man sich die Hilfsmittel, die wir heute Tabellenkalkulation nennen würden, auf Kolonialplantagen in Amerika und den Karibischen Inseln zunutze, um Produktivität zu messen und zu optimieren, und zwar im Hinblick auf eine Arbeit, die – wie der Schwefelabbau – seelenlos, erschöpfend und repetitiv war.[22] Die Arbeitsstunden, die man in diesen Büchern verzeichnete, waren so austauschbar wie die Mengen an Tabak oder Zuckerrohr, die verschifft wurden. Und wie der Zufall es will, gehen Zucker und Schwefel am Ijen eine Verbindung ein. Der größte Anteil des Schwefels, den die Minenarbeiter dort herausschleppen, wird weiterverarbeitet und direkt an lokale Firmen geschickt, wo er verwendet wird, um Rohrzucker zu bleichen und zu Körnchen weißen Zuckers zu raffinieren – jene Ware, die mit der Kolonialgeschichte und dem europäischen Wohlstand so tief verwoben ist.[23] Was letztlich Gestein und

Zucker als Handelsgut charakterisiert, beschreibt ebenso Arbeitszeit als Handelsgut: In gewisser Hinsicht sind sie alle standardisiert, frei handelbar, unbegrenzt teilbar. In anderer Hinsicht sind sie unauslöschlich mit der menschlichen und ökologischen Erschöpfung verbunden.

Nachts auf den Beinen, weil sie Touristen bewirtet, passt die Frau im Coffeeshop ihr Zeitgefühl den temporalen Bedürfnissen der Leute an, die dorthin kommen, um das Bild eines Sonnenaufgangs zu konsumieren. Dieses Phänomen, in dem eine Person ihre zeitlichen Rhythmen an die von etwas oder jemand anderem anpasst, nennt sich «Entrainment», und es entwickelt sich oft auf einem Feld asymmetrischer Beziehungen, das Hierarchien von Geschlecht, Ethnie, Klasse oder Befähigung spiegelt.[24] Wie sehr die Zeit eines Menschen wertgeschätzt wird, bemisst sich nicht einfach am Lohn, sondern daran, wer diese Art von Arbeit tut und wessen Zeitlichkeit sich mit welcher arrangieren muss, ob das nun bedeutet, sich beeilen oder warten zu müssen – oder beides. Inmitten von Mahnrufen zur «Entschleunigung», wobei aber für eine Person, die langsamer wird, jemand anders schneller werden muss, ist es umso wichtiger, dieses Feld im Blick zu behalten.

«Langsamkeit» ist ein Ideal, das oftmals mit Freizeit verbunden ist, und obwohl er eigentlich arbeitet, bietet Morris in seinem Video eine Performance von Freizeit dar. Travel Influencer sind eine Schlüsselspezies in der Experience Economy, die selbst nur ein Baustein der komplexen Beziehung zwischen Freizeit und Konsumismus ist. Als sie den Begriff *Experience Economy* in den 1990ern prägten, dachten B. Joseph Pine II. und James H. Gilmore an perfekt aufgezogene Beispiele wie das Rainforest Café (eine auf dem Thema Dschungel basierende Restaurantkette mit animatronischen Krokodilen, Nebelmaschinen und simulierten Unwettern).[25] Seitdem hat Instagram jeden Flecken der Erde in ein Menü von Kulissen und Erfahrungen verwandelt. Jetzt kann man das Leben selbst in einer virtuellen Mall shoppen, wo Posts über Selbstfürsorge und Rückzugsorte als Werbeanzeigen für Selbstfürsorge und Rückzug daherkommen. *Klicken Sie, um das hier zu ihrem Leben hinzuzufügen.* Auf der Tropicfeel-Website finden Sie Schuhe, Rucksäcke und ein Sweatshirt, das dem ähnelt, welches Morris im Video trägt.[26] In diesem Fall liegen «Shoppen Sie den Look» und «Shoppen Sie die Erfahrung» noch näher beieinander als sonst.

In der Experience Economy erscheint die Natur (und alles andere) ohne Handlungsmacht, eine Kulisse, die konsumiert werden kann. Aber der Ijen fügt sich nicht richtig in dieses Bild ein. Er ist lebendig. Seine Geschichte begann etwa 50 Millionen Jahre, bevor Morris ihn bestieg – als die Indo-Australische Ozeanplatte mit der Eurasischen kollidierte und sie dann unter sich drückte.[27] Als die Ozeanplatte schmolz, stieg Lava bis zur Oberfläche der Eurasischen Platte auf, und zwar durch eine Reihe von Vulkanen, welche die Inseln des Sundabogens bildeten, zu denen auch Java gehört. Ein riesiger Stratovulkan (heute als Old Ijen bekannt) formierte sich, brach aus, kollabierte und hinterließ dabei eine enorme Caldera (Krater), deren Kontur man auf Google Earth sehen kann. In dieser alten Caldera tauchten einige kleinere Stratovulkane auf, einschließlich des heutigen Ijen. Auch dieser brach aus, kollabierte und hinterließ einen Krater, der sich mit meteorischem Wasser füllte. Als der Ijen 1817 ausbrach, verdoppelte sich die Tiefe der Caldera, der bald schon auf Instagram zu sehende See wurde größer, und tote Wälder standen 6 Meter tief in der Asche. Indessen trat (und tritt noch immer) Schwefel, der Teil des subduzierten Meeresbodens war, durch Öffnungen im Krater aus. Er fließt heute in die Rohre der Bergarbeiter. Nachts reagiert das austretende Schwefelgas mit der Luft und erzeugt eine blaue Flamme.

1989 schrieb Bill McKibben: «Ich glaube wir sind am Ende der Natur.»[28] Und er fügte erläuternd hinzu: «Damit meine ich nicht das Ende der Welt. Der Regen wird weiter fallen, und die Sonne wird immer noch scheinen. Wenn ich sage ‹Natur›, dann meine ich gewisse menschliche Vorstellungen von der Welt und unserem Platz darin.» Wie alles mögliche andere, bietet auch ein aktiver Vulkan eine gute Gelegenheit, über «unseren Platz» nachzudenken und darüber, was es bedeutet, «Natur» nicht als Objekt, sondern als Subjekt wahrzunehmen, als etwas (jemanden), der in der Zeit agiert. Die Lava bewegt sich, und das nicht unseretwegen.

Zu Beginn der COVID-19-Pandemie, als die Struktur meines Lebens ziemlich gleichförmig war, begann ich, Veränderungen zu bemerken, die mir zuvor entgangen waren: ein Hügel, der sich langsam gelb färbte, Wasser, das Gestein einen Berg hinabtransportierte, der Zweig einer Kastanie, der Knospen trug, blühte und starb. Ein rotbrüstiger Specht dokumentierte die Zeit an einem Baum, indem er einem Muster von Löchern jeden Tag ein neues Loch hinzufügte und damit seinen Ast zu einer Art Kalender machte. Die Mojave-Dichterin Natalie Diaz fragt: «Wie kann ich – nicht in Worte, sondern in Glauben – übersetzen, dass ein Fluss ein Körper ist, der so lebendig ist wie Du und ich, und dass es ohne ihn kein Leben geben kann?»[29] Was, wenn diese Prozesse nicht das seelenlose Ticken eines Uhrwerk-Universums, sondern die Handlungen eines *Jemand* sind? Zu der Zeit wurde mir klar, dass die Wahrnehmung einer inaktiven oder aber einer tätigen Welt – ob etwas wie der Ijen ein Haufen Materie ist oder ein Subjekt, das unsere Aufmerksamkeit verdient – das Ergebnis einer uralten Unterscheidung ist, wer Zeit beanspruchen kann und wer (und was) nicht.

Als ich das Tropicfeel-Video zum zweiten Mal anschaute, benutzte ich Shazam, um herauszufinden, was für ein mir unbekannter nicht westlicher Song den Sonnenaufgang begleitete. Es handelte sich um ein Stück von Daniel Deuschle mit dem Titel «Rite of Passage», das außerdem der Vorschlag Nummer fünf in der Rubrik «Travel» von Musicbed, einer Website für lizenzierbare Musik, war.[30] Zu Deuschles Biographie heißt es dort: «Daniel Deuschle ist ein in Zimbabwe aufgewachsener Sänger, Songwriter und Produzent ... Er führt Welten zusammen, indem er den Sound Afrikas in schwebende Melodien und packende Sequenzen einfließen lässt.» Ich möchte nicht behaupten, dass Morris (oder wer immer das Video bearbeitet hat) den Song bewusst wegen seines «afrikanischen Sounds» auswählte oder ihn sich auch nur genauer anhörte; sie haben einfach nur ihren Job für Tropicfeel gemacht, indem sie sich der dominanten Sprache und leicht verdaubarer Klischees bedienten. Nichtsdestotrotz suggeriert «Rite of Passage» eine gewisse exotisierende Haltung gegenüber dem Ort, die in einem Spannungsverhältnis zu seiner Realität steht. Nachdem Morris den Bergleuten seine Anerkennung ausgesprochen hat, entsteht ein unbehaglicher Moment, in dem das Video, scheinbar unsicher, wie es nach der Darstellung ihrer Misere weitergehen soll, von Aufnahmen der Arbeiter zu langsam schwenkenden Ansichten der Berghänge übergeht. Die Bergleute verlieren sich in der Landschaft, zeitlos und unerklärlich, wie der Schwefel selbst.

Aber auch Morris muss vermarktbar sein. Als Instagram noch ganz am Anfang stand, reinigte er in Manchester für einen Hungerlohn Teppiche, und erst als er Content von Nischenmarken auf einer Reihe von Accounts repostete, verdiente er genügend Geld, um backpacken zu gehen.[31] Der persönliche Account, auf dem er Reisefotos postete, war sein «spaßiges Nebenprojekt». 2019 war es dann sein Job, ein Account mit 2,7 Millionen Instagram-Followern. Er datete eine andere Travel Influencerin, ihre Popularität profitierte vor allem von ihrem Bild als sorglos jetsettendem Paar. Aber 2021, ein Jahr, nachdem sie das perfekte Haus auf Bali gebaut hatten, trennten sich die beiden. Wenn man das einmal weiß, dann erscheint Morris einem traurig oder zumindest lustlos auf seinem Vulkan-Ausflug. «Über ein Jahr lang hatte ich eine kreative Blockade und irgendwie keine Motivation, die Kamera wieder in die Hand zu nehmen», schrieb er auf Instagram, als er zu einem Solo-Trip durch Ägypten aufbrach.[32] «Das Kreieren erfüllte mich nicht mehr so wie früher ... vermutlich weil ich herumrannte und mich damit stresste, die perfekte Aufnahme hinzukriegen, ohne die Schönheit vor mir jemals wirklich zu erleben.» Ein Markenimage kann zu seiner ganz eigenen Art von Objektifizierung führen, und er hoffte, dass die Dinge in Ägypten anders aussehen würden. «Ich möchte wirklich runterkommen, um alles, was ich sehe und tue in mich aufzunehmen. Neues zu erleben, zu lernen, die Dinge zu würdigen und dann Fotos zu machen.» Es klang so, als hätte Morris etwas von jenem «acquisitive mood», dem aneignenden Bewusstsein, verloren, das Susan Sontag einmal mit der Touristenfotografie assoziierte. Stattdessen suchte er nach Begegnung.[33]

Morris' pflichtbewusstes Video ließ mich an die Zeit zurückdenken, in der ich selbst einmal einen Vulkan bestiegen hatte, um von dort aus den Sonnenaufgang zu sehen, und warum ich das eigentlich gar nicht tun wollte. Das war 2014, und meine Familie – die von einer anderen vulkanischen Inselkette, den Philippinen, stammt – war auf Hawaii, ich glaube wegen einer Hochzeit, aber auch, um eine Reihe von Touristenaktivitäten abzuhaken. Auf Maui ist eins der Dinge, die man so tut, früh aufzustehen, um sich den Sonnenaufgang vom Gipfel des Vulkans dort auf der Insel anzusehen. Auch wenn ich wusste, dass es schön sein würde, hatte ich das Gefühl, dass der Ausflug mir nicht viel mehr bedeuten würde als der Erwerb einer Postkarte. «Müssen wir wirklich?», flüsterte ich meiner Mutter zu, während wir uns mitten in der Nacht fertig machten, um loszuziehen. Wenn man aus dem Autofenster schaute, war es draußen pechschwarz. Ich hatte keine Ahnung, wo wir waren. Als wir auf einem Parkplatz oben am Gipfel des Haleakalā («Haus der Sonne») ankamen, hatte sich die unruhige Menge bereits versammelt, notdürftig in Tücher und Decken eingewickelt, die im kalten, scharfen Wind flatterten.

Irgendwann gegen sechs Uhr morgens begann die Sonne, über einer gleichmäßigen, schaumigen Wolkenschicht aufzugehen, die den Vulkan umgab. Ein blasseres Echo dieses Sonnenaufgangs zog vor mir auf, als die leuchtend orangefarbenen Rechtecke der Kamerabildschirme hochgereckt wurden, miteinander um die beste Position kämpften und Selfie-Sticks über die Köpfe der Menschen gehalten wurden. Meine Mutter und ich teilten uns eine Decke und versuchten, sie ganz eng um uns zu wickeln, um den Wind abzuhalten. Ich fühlte einen eisigen Windstoß, als meine Mutter, irgendwie verlegen, ihren Arm hob, um ein Foto zu machen.

Die Zukunft liegt immer hinter dem Horizont, und lebendig zu sein, bedeutet, sich auf der Durchreise zu befinden. Einige Minuten lang bündelt ein Sonnenaufgang diese ganze unbeschreibliche Bittersüße in einem einzigen Brennpunkt. Man kann es den Leuten (inklusive meiner Mutter) nachsehen, dass sie das in einem Foto festhalten wollen. Außerhalb der Kamera aber verflüchtigen sich Sonnenaufgänge. Sie führen uns vor Augen, dass die Zeit vergeht, und die Erde sich dreht – in den meisten Breiten einmal am Tag (das zweite Mal bei Sonnenuntergang), wenn das Licht so schnell wechselt, dass wir die Veränderung wahrnehmen können. Das zu beobachten, bedeutet zu begreifen, dass die Sonne zwar jeden Tag aufgeht, aber kein einzelner Sonnenaufgang jemals wiederkommt. Jeder von ihnen zeigt uns ein Bild der Erneuerung, Wiederkehr, der Schöpfung und einen «neuen Tag» und schließt in seiner Flüchtigkeit noch jene westliche Kluft zwischen Zeit und Raum – vor allem am Haleakalā, denn manche Leute behaupten, sie hätten von dort aus die Erdkrümmung sehen können.

Hätte ich versucht, den Sonnenaufgang zu fotografieren, dann hätte das Bild trotzdem nicht das eingefangen, was für mich an dieser Erinnerung so besonders war. Viel mehr noch als das Auftauchen der blendenden Kugel, war es der kleine warme Körper meiner Mutter, den ich unter jener Decke spürte, und das Gefühl, wie unwahrscheinlich, wie

fragil wir sind – als könnten wir jeden Moment fortgeweht werden. Der Haleakalā ist einer von zwei Vulkanen, die die gesamte Insel Maui formten, eine Reihe *kairotischer* Ereignisse Jahrtausende zuvor, die uns heute ein wenig *Chronos* bescheren, auf dem wir inmitten eines riesigen Ozeans stehen können. 225 Kilometer südwestlich von uns wuchs noch immer der Tiefseeberg Kama'ehuakanaloa, die letzte Schöpfung des hawaiianischen Hotspots, der Vulkanwolke, über die sich die Pazifische Platte schob.*

Ich bin keine Hawaiianerin, und ich habe eigentlich keinen Anspruch

* Der Kama'ehuakanaloa war früher als Lō'ihi Seamount bekannt, ein Name, den man ihm in den 1950er Jahren seiner Form wegen gab, denn Lō'ihi bedeutet auf Hawaiianisch «lang».[34] Seither haben Kulturschaffende und Wissenschaftler die traditionellen hawaiianischen Geschichten von Kama'ehu, einem rötlichen Kind des Seegottes Kanaloa, das man wohl mit einem Unterwasservulkan in Verbindung brachte, wieder neu entdeckt. Zum Beispiel wurde ein Textauszug (*O ka manu ai aku laahia / keiki ehu, kama ehu a Kanaloa / Loa ka imina a ke aloha*) übersetzt zu: «Der urgewaltige Geruch [des Vulkans] / Ist der Prädiktor für ein *Ehu*-Kind von Kanaloa / Das Warten darauf, diese neue Insel begrüßen zu dürfen, ist lang.» 2021 aktualisierte das Hawaii Board on Geographic Names den Namen offiziell.

auf diesen Ort – auf überhaupt keinen Ort. Aber da war etwas an der doppelten Nähe zu meiner Mutter und zu diesem anderen, viel größeren Körper, das mich an etwas erinnerte: daran, dass ich mich nicht selbst in die Zeit geworfen hatte und mich ebenso wenig selbst in Empfang nehmen würde, wenn meine Zeit einmal vorbei war. Nachdem der Sonnenaufgang «abgehakt» war, fuhren alle wieder den Berg hinab, die Erde drehte sich weiter, der Haleakalā würde weiter erodieren und der Kama'ehuakanaloa wachsen. Von all den Zeitwahrnehmungen, die ich in diesem Buch beschreiben werde, möchte ich allen voran diese «retten»: jenes «Immer-in-Bewegung-Sein» und jener Wandel, der alle Dinge durchwaltet, sie erneuert und die Kruste der Gegenwart aufbricht wie die geschmolzenen Ausläufer eines Lavastroms.

Dieses Buch ist kein praktischer Ratgeber, um im direkten Sinne mehr Zeit zu gewinnen – nicht, weil das in meinen Augen kein sinnvolles Thema wäre, sondern weil ich von der Kunst, der Sprache und von Wahrnehmungsweisen her komme. Was Sie hier finden werden, sind konzeptionelle Hilfsmittel, um darüber nachzudenken, was «Ihre Zeit» mit der Zeit zu tun hat, in der Sie leben. Anstatt an der wachsenden Dissonanz verschiedener Uhren, der persönlichen und der scheinbar abstrakten, der alltäglichen und der apokalyptischen, zu verzweifeln, möchte ich in dieser Dissonanz einen Moment lang verweilen. Ich begann bereits vor der Pandemie, über dieses Buch nachzudenken, und erlebte dann, wie diese Jahre die Zeit für so viele Menschen zu etwas Merkwürdigem machten, indem sie ihre gewohnten sozialen und ökonomischen Konturen auf den Kopf stellten. Wenn diese Erfahrung irgendetwas Gutes an sich hatte, dann vielleicht eine Erweiterung des Zweifelns. Ganz einfach als eine Lücke im Bekannten, kann der Zweifel der Notausgang sein, der irgendwo anders hinführt.

Aufgrund ihrer großen Vielfalt können die Zeitperspektiven, die ich in diesem Buch eröffne, für sich allein gesehen nicht effektiv sein. Wir leben auch in der praktischen Realität, und egal, über welche Bewertung von Zeit als etwas anderes als Geld wir nachdenken, so ist eine der Herausforderungen, dass dieses Denken in der Welt umgesetzt werden muss, so, wie sie derzeit ist. Nach *Kairos* zu suchen, während man weitgehend in *Chronos* lebt, führt einen wiederum in jene schwierige

Grauzone zwischen persönlicher Handlungsmacht und strukturellen Limits, eine Zone, der sich die Sozialtheoretiker schon seit Langem widmen, die aber auch jeder kennenlernt, der in einer sozialen Welt sein Leben bestreitet.[35] Einige der hilfreichsten Beschreibungen dieser Beziehung, auf die ich gestoßen bin, stammen aus Jessica Nordells Buch *The End of Bias: A Beginning [Das Ende der Voreingenommenheit: Ein Beginn]*. Nordell schreibt, dass individuelle und institutionelle Vorurteile nicht voneinander zu trennen sind, weil es die Menschen sind, die die «Prozesse, Strukturen und die Organisationskultur» schaffen, in denen unsere Entscheidungen getroffen werden.[36] Zugleich werden wir alle wiederum von der Kultur beeinflusst, in der wir leben. Nordell beschreibt also die Bemühung, sich Vorurteilen zu stellen, ohne Strukturen wie Politik, Gesetze und Algorithmen umzugestalten, als den Versuch, «eine nach unten fahrende Rolltreppe hoch zu rennen». Wenn es um so etwas wie ethnische und geschlechterspezifische Vorurteile geht, dann liegen das Potenzial und die Verantwortung für Gerechtigkeit sowohl innerhalb als auch außerhalb des Individuums.

Ganz ähnlich muss das persönliche und kollektive Projekt, anders über die Zeit nachzudenken, Hand in Hand gehen mit strukturellen Veränderungen, die dazu beitragen können, Raum und Zeit dort aufzubrechen, wo jetzt nur feine Risse bestehen. Deshalb betrachte ich dieses Buch nur als Teil einer Konversation. Meine größte Hoffnung ist, dass es zusammenwirken kann mit der Arbeit von Aktivisten und jenen, die ausdrücklich über Politik schreiben – wie Annie Lowrey, die sich mit Themen wie dem universellen Grundeinkommen und der «Zeitsteuer» beschäftigt, die den Armen auferlegt wird; oder Robert E. Goodin, Lina Eriksson, James Mahmud Rice und Antti Parpo, deren detaillierte Analysen der Politik verschiedener Länder in ihre Schlussfolgerungen in *Discretionary Time: A New Measure of Freedom [Verfügbare Zeit: Ein neues Maß für Freiheit]* einfließen.*

Wie in Kapitel 5 über den Klimanihilismus noch deutlich werden

* Im letzten Teil des Buchs, heben Goodin et al. die Bedeutung von Arbeitszeitflexibilität, gerechten Scheidungsregelungen, einer Kultur der Gleichberechtigung sowie öffentlichen Transferleistungen und Subventionen hervor.[37] Auf ihr Konzept der verfügbaren Zeit werde ich in Kapitel 2 zurückkommen.

wird, möchte ich auch in meiner Zuweisung der Verantwortung für das Ablaufen der Klimauhr an die fossile Brennstoffindustrie präzise sein. Ich kann mir nur schwer vorstellen, dass meine Aufmerksamkeit für die Blütezeiten meines lokalen Ökosystems irgendeine Auswirkung darauf haben könnte, ob eine Firma wie ExxonMobil weiter bestehen will. Aus diesem Grund möchte ich dieses Buch auch in den Kontext einer Konversation mit Klimaaktivisten und Autoren über Klimapolitik wie Naomi Klein und Kate Aronoff stellen.

Darüber hinaus braucht dieses Buch in einem noch viel grundlegenderen Sinne jemand anderen. Um eine andere Sprache über die Zeit zu sprechen, um einen Raum zu erkämpfen, der sich vom derzeit dominanten unterscheidet, braucht man zumindest eine andere Person. Dieses Sprechen kann eine Welt heraufbeschwören, die vielleicht weniger durch ein grausames Nullsummenspiel charakterisiert ist. Autoren wie Mia Birdsong haben mich die Bedeutung des kulturellen Wandels gelehrt, etwas, das auf der alltäglichen Ebene persönlicher Interaktionen und Politik (der «lowercase p-politics» im privaten Mikrokosmos) existiert. In *How We Show Up [Wie wir auftauchen]* schreibt Birdsong, dass der American Dream unsere Ängste ausnutzt, indem er reale und imaginierte Knappheit erschafft, und sie fordert «zugängliche, gefeierte Modelle von Glück, Sinnhaftigkeit, Beziehungen und Liebe», die anders sind als jene, die uns täglich eingehämmert werden.[38]

Man kann diese Arbeit als emanzipatorisch und utopisch betrachten, oder man kann der Ansicht sein, dass sie ganz einfach die Lücken füllt, welche die Erosion des menschlichen Miteinanders unter dem Neoliberalismus hinterlassen hat.[39] Tatsächlich kann beides stimmen. Dass mit Beginn der COVID-19-Pandmie 2020 die gegenseitige Hilfsbereitschaft zunahm, ist ein Beispiel dafür. All jene Google Docs und Tabellen waren einerseits eine Reaktion auf die erschreckenden Lücken im sozialen Sicherheitsnetz und andererseits ein konkretes gelebtes Experiment in nichtdominanten Vorstellungen von Werten, Verantwortung, Verbundenheit und Verdientheit. Dennoch wäre es großartig, wenn so etwas wie gegenseitige Hilfe nicht auf diese Weise gebraucht würde. Aber sie wird es, und abgesehen von der ganz realen Hilfe für die Menschen, hält sie jene Ideen in der breiteren Kultur am Leben und fördert sie sogar. Zu dieser Art von Verschiebung dessen, was möglich ist, möchte ich mit meinem Buch beitragen. Ich biete diese Bilder, Konzepte und Orte als Provokationen an, die eine alte Sprache der Zeit verfremden und in eine andere Richtung weisen können. Deshalb hoffe ich, dass Sie mit ihnen in Dialog treten, so, wie Sie sie vielleicht wieder bei anderen ins Gespräch bringen.

Manchmal ist die beste Muse das, wovor man so viel Angst hat, dass man fast nicht darüber sprechen kann. Für mich ist das der Nihilismus. In *Nichts tun* zitiere ich den Maler David Hockney mit einer Aussage darüber, was er in einer seiner vielen nicht orthogonalen, vom Kubismus inspirierten Collagen vor Augen führen wollte: Er nannte sie einen «panoramischen Angriff auf die Zentralperspektive der Renaissance».[40] Wenn ich mir diesen Satz von ihm leihen darf, dann ist dieses Buch mein panoramischer Angriff auf den Nihilismus. Ich schrieb es in dem Bestreben, hilfreich zu sein, aber am Ende fühlte ich, dass ich schrieb, um mein Leben zu retten. Als äußerste Geste der Hoffnung, die ich aufbieten kann, soll das Folgende eine künftige Zuflucht für jeden Leser sein, der meinen Kummer teilt.

Im Fazit von *This Changes Everything: Capitalism vs. The Climate (Die Entscheidung: Kapitalismus vs. Klima)* schreibt Naomi Klein ehrlich über ihre eigene Zukunftsangst und über Bewegungen in Richtung *Kairos*, da dieser mit Handeln verknüpft ist.[41] Sie erkennt «Aufwallungen» und «überschäumende Momente», in denen «Gesellschaften ganz von dem Bedürfnis nach tiefgreifenden Veränderungen durchdrungen sind». Diese Momente kommen oft überraschend, selbst für Leute, die weit in die Zukunft planen – die Überraschung, dass wir «so viel mehr sind, als man uns sagte – dass wir uns nach mehr sehnen und in diesem Sehnen mehr Gesellschaft haben, als wir uns das je vorstellen konnten». Sie fügt noch hinzu, dass «keiner weiß, wann wieder ein solcher überschäumender Moment eintreten wird».

2020 las ich diese Worte erneut, in den Wochen nach dem Mord an George Floyd, die voll von solchen Aufwallungen waren. Für mich war diese Zeit eine unvergessliche Verbildlichung der Beziehung zwischen *Kairos*, Handeln und dem Unerwarteten. Die Zeit wies neue Topographien auf, und der Autor Herman Gray stellte «die langsame Zeit von COVID» der «aufgeheizten Zeit in den Straßen» gegenüber.[42] In einem Podcast vom Juli 2021 machte Birdsong darauf aufmerksam, dass die

Pandemie einige kulturelle Veränderungen angestoßen habe, indem sie ganz einfach deutlich machte, wie stark die Leute von denjenigen abhingen, über die sie nie nachdachten, wie etwa Landarbeiter und Krankenschwestern.[43] Sie veränderte, den Blick der Menschen auf die Welt und aufeinander, und genau in die Zeit dieser Öffnung fielen Floyds Tod und die darauffolgenden Unruhen. Sie wies darauf hin, dass es hier, in diesem spezifischen Moment «ein stärkeres Gefühl der Verbundenheit gab … zwischen Leuten, die zuvor nicht die geringste Verbindung zu ermordeten schwarzen Menschen gefühlt hatten». Es war eine Erinnerung daran, was Rebecca Solnit in *A Paradise Built in Hell: The Extraordinary Communities that Arise in Disaster [Wenn in der Hölle ein Paradies entsteht: Außergewöhnliche Gemeinschaften, die aus Katastrophen erwachsen]* mehrfach wiederholt: «Was zählt, sind Überzeugungen.»

Inmitten von Aufrufen, «zur Normalität zurückzukehren», wurde dieses Buch im *Kairos* für *Kairos* geschrieben – für ein sich wieder schließendes Fenster, in dem die Zeit reif ist. In jedem Moment können wir wählen, wen und was wir als in der Zeit existierend begreifen wollen, genauso, wie wir beschließen können, zu glauben, dass die Zeit viel eher ein Ort der Unvorhersehbarkeit und Möglichkeiten als der Unvermeidbarkeit und Hilflosigkeit ist. In diesem Sinne ist ein Wandel unseres Denkens über die Zeit mehr als ein Hilfsmittel, um in einer katastrophalen Zwischenzeit unserer persönlichen Verzweiflung zu begegnen. Dieses Umdenken kann auch ein Aufruf zum Handeln sein in einer Welt, deren gegenwärtiger Zustand nicht mehr als selbstverständlich wahrgenommen werden kann, ebenso wenig, wie ihre Akteure weiter namenlos bleiben, ausgebeutet und im Stich gelassen werden können. Ich glaube, wirkliches Nachdenken über das Wesen der Zeit, losgelöst von seiner alltäglichen kapitalistischen Erscheinungsform, zeigt, dass weder unser Leben, noch das Leben des Planeten eine ausgemachte Sache ist. In diesem Sinne könnte die Vorstellung, dass wir die Zeit «retten» können – indem wir ihre fundamental irreduzible und schöpferische Natur wiederherstellen –, auch bedeuten, dass die Zeit uns rettet.

Zeit finden

KAPITEL 1

Wessen Zeit, wessen Geld?

DER HAFEN VON OAKLAND

Zeit bedeutet für mich so etwas wie Lebensdauer und das Altern von Individuen vor dem Hintergrund der Geschichte unserer Welt, des Universums und der Ewigkeit.

Dominique, Schullehrerin, in einem Interview in Barbara Adams Timewatch[1]

Zeitatome sind die Elemente des Gewinns.

Britischer Fabrikdirektor im 19. Jahrhundert, zitiert in Karl Marx, Das Kapital[2]

Wir sind von Westen her durch den Seventh-Street-Tunnel in den Hafen von Oakland gelangt, in einer sonnenverblichenen Limousine, die ich seit der Highschool fahre. Das Display der Uhr in diesem Auto ist irgendwann lange zuvor verloschen, aber mein Handy sagt uns, dass es sieben Uhr morgens ist, acht Minuten nach Sonnenaufgang.

Vor uns liegt eine weite Betonfläche, durchbrochen von Palmen und allen möglichen Dingen: Trucks ohne Container; Container ohne Trucks, Chassis, Reifen, Kisten, Paletten. Alles zusammengeschmissen, manchmal gestapelt, so verteilt, dass wir es nicht gleich durchschauen. Eine Arbeitslandschaft. Wo die BART-Schienen und ihr Maschendrahtzaun im Untergrund verschwinden, um unterhalb der San Francisco Bay weiterzulaufen, geben sie den Blick frei auf eine andere Art von Zug, in zwei Reihen übereinander bepackt mit Containern in bunt gemischten Farbkombinationen: weiß und grau, leuchtend pink und marineblau, grellrot und staubig dunkelrot. Es gibt ein paar Hinweise auf menschlich-körperliche Belange: ein rot gestrichener Picknicktisch, eine mobile Toilettenkabine, ein leerer Essensstand und ein Werbebanner für chiropraktische Dienstleistungen.

Wir fahren in den Middle Harbor Shoreline Park ein, der vom SSA Marine Terminal durch einen durchsichtigen Zaun getrennt ist. Gleich auf der anderen Seite stehen die Container in sechs Reihen übereinander gestapelt, wie eine unendlich große Stadt aus gewelltem Metall. Ein Stück weiter erheben sich dinosaurierartige Gestalten: blaugrüne Portalstapler und weiße Schiffskräne, von denen manche 16 Stock hoch sind. Ein wuchtiges Schiff, das gerade aus Shenzhen gekommen ist, liegt unter ihnen. Aber im Augenblick stehen die Geräte still; die Arbeiter stempeln sich gerade ein.

Im Juli 1998 beschloss das Italian National Institute for Nuclear Physics (INFN), dass seine Mitarbeiter sich im Labor ein- und ausstempeln sollten.[3] Sie ahnten noch nicht, was für eine Welle der Empörung das auslösen würde, nicht nur im Institut selbst, sondern weltweit. Hunderte Wissenschaftler schrieben Beschwerdebriefe, um die INFN-Physiker zu unterstützen: In ihren Augen war dieser Schritt sinnlos bürokratisch, beleidigend und passte nicht zur tatsächlichen Arbeitsweise der Forscher. «Gute Wissenschaft kann nicht mit der Uhr gemessen werden», schrieb der ehemalige Direktor des American Institute of Physics. Ein Physikprofessor der Rochester University argwöhnte, dass offenbar «die Bekleidungsindustrie der USA das INFN berate, wie es seine Produktivität steigern solle». Und der stellvertretende Direktor des Lawrence Berkeley National Laboratory schrieb mit schneidendem Sarkasmus: «Als nächstes werden sie Euch wahrscheinlich an Eure Schreibtische und Laborbänke ketten, damit Ihr nicht mehr rausgeht, wenn Ihr einmal drin seid, oder noch besser Gehirnmonitore installieren, um sicherzugehen, dass Ihr am Schreibtisch über Physik nachdenkt und über nichts anderes.»

Von allen Briefen, die auf diese neue Politik reagierten, zeigten sich nur ein paar gegenüber dem Protest der Wissenschaftler ambivalent. Der klarste Widerspruch kam von Tommy Anderberg, von dem sonst wenige Beiträge zu finden sind und der keine beruflichen Verbindungen aufweist. Stattdessen nennt er sich einen Steuerzahler, und zwar einen, der wütend ist über dieses Gequake öffentlicher Angestellter:

Ihre Arbeitgeber, in diesem Fall jeder, der in Italien Steuern zahlt (die echten, Geld, das aus Gehältern der Privatwirtschaft stammt, nicht das Stück buchhalterische Fiktion, das für Ihren eigenen steuerfinanzierten Gehaltscheck gilt), haben jedes Recht, zu verlangen, dass Sie zu den vertraglich festgelegten Zeiten an Ihrem Arbeitsplatz sind. Wenn Sie Ihre Arbeitsbedingungen nicht mögen, dann kündigen Sie. In der Tat habe ich einen großartigen Vorschlag, wenn Sie wirkliche

Freiheit wollen. Tun Sie, was ich getan habe: Gründen Sie Ihr eigenes Unternehmen. Dann können Sie selbst bestimmen, wo es langgeht, und arbeiten wann, wo und mit was immer Ihnen beliebt.

Im Kern geht es bei dieser Unstimmigkeit – zwischen den arbeitenden Wissenschaftlern auf der einen und dem INFN und Tommy Anderberg auf der anderen Seite – nicht nur darum, was Arbeit ist, und wie sie bemessen werden sollte. Es geht auch darum, was ein Arbeitgeber kauft, wenn er jemandem Geld zahlt. Für Anderberg ist das ein Gesamtpaket, das nicht nur die Arbeit enthält, sondern auch Lebensminuten, körperliche Präsenz und Erniedrigung mit einschließt.

Wie die ironischen Scherze der Wissenschaftler über Fabriken und «an den Schreibtisch gekettet sein» (ein Bild, das in mehreren Briefen vorkommt) in Erinnerung rufen, stammt das Konzept des Ein- und Ausstempelns von industriellen Arbeitsmodellen. Eine der vermutlich besten Illustrationen dieses Modells ist der Beginn von Charlie Chaplins 1936 erschienenem Film *Modern Times*. Das allererste Bild in diesem Film ist das einer Uhr – streng, rechteckig und hinter dem Vorspann bildfüllend.[4] Dann geht das Bild einer getriebenen Schafherde in die Ansicht von Arbeitern über, die aus der U-Bahn kommen und zur Arbeit bei der «Elektro Steel Corp.» eilen, wo zwei sehr verschiedene Arten von Zeit nebeneinander existieren.

Die erste ist entspannt: Der Präsident der Firma sitzt allein in einem ruhigen Büro, arbeitet halbherzig an einem Puzzle und überfliegt unmotiviert die Zeitung. Nachdem seine Sekretärin ihm Wasser und eine Tablette gebracht hat, ruft er die Ansichten einer Überwachungskamera auf, die verschiedene Bereiche der Fabrik zeigen. Wir sehen, wie sein Gesicht auf einem Bildschirm vor einem Arbeiter erscheint, der für das Tempo der Fabrik zuständig ist. «Sektion fünf muss schneller machen, vier eins!», bellt er.

Chaplins Charakter, der Tramp, ist nun der zweiten Temporalität ausgesetzt – die einer quälenden, immer intensiver werdenden Zeit. Er arbeitet fieberhaft an einem Fließband und schraubt Muttern in Maschinenteile, gerät aber in Rückstand, als er sich einmal kratzen muss oder von einer Biene abgelenkt wird, die um seine Nase kreist. Nachdem sein Vorarbeiter ihm eine Pause verordnet hat, läuft er mit ruckartigen Schritten davon und führt die Bewegungen seiner Fließband-Tätigkeit weiter aus. Im Waschraum geht der manische Soundtrack kurz in eine Träumerei über, der Tramp wird ein wenig ruhiger und gönnt sich eine Zigarette. Aber sogleich erscheint das Gesicht des Präsidenten an der Wand: «He! Hören Sie auf zu trödeln! Zurück an die Arbeit!»

Indessen testet die Firma eine Erfindung, durch die Zeit eingespart werden soll. Diese kommt mit ihrer eigenen Werbeschallplatte ins Haus: «Die Billows-Fütterungsmaschine, ein praktisches Gerät, das Ihre Männer während der Arbeit automatisch füttert. Machen Sie keine Pause, um zu Mittag zu essen! Seien Sie Ihren Konkurrenten voraus. Die Billows-Fütterungsmaschine wird die Mittagspause abschaffen.» In seiner Pause wird der Tramp von der Geschäftsleitung als Versuchsperson ausgewählt und in eine Art Ganzkörperschraubstock hinter einen kreisenden Servierteller gespannt. Die Dinge laufen aus dem Ruder, als die Maschine beginnt durchzudrehen, der Maiskolbenrotierer immer schneller wird und dem Tramp den herumwirbelnden Maiskolben immer wieder ins Gesicht presst.

Für mich ist die Maiskolbenfehlfunktion einer der lustigsten Filmmomente, die ich je gesehen habe. Auf der einen Seite macht sich die Szene über den Drang des Kapitalisten lustig, mit der Arbeitszeit zu knausern, für die er bezahlt hat – aus den Arbeitern in der gleichen Zeit mehr Arbeit herauszupressen. (Wenn die Menschen Mais nur schneller essen könnten, dann wäre der verrückt rotierende Kolben überhaupt kein Problem.) Andererseits ist die Szene ein Scherz über den Menschen, der sich einem streng disziplinarischen Takt unterworfen hat: So, wie er mit dem Fließband mithalten und seine Pausen im Waschraum minimieren muss, so muss er auch dem Ausgabe-Rhythmus der Fütterungsmaschine entsprechen und zur Essensmaschine werden.

Zeit ist in dieser Welt ebenso ein Input wie Wasser, Elektrizität oder Maiskolben. Eine 1916 erschienene Werbung der International Time Recording Company of New York im *Factory Magazine* richtete sich an die Führungsetage von Fabriken und machte diese Beziehung deutlich: «Zeit kostet Sie Geld. Sie kaufen sie, genauso wie Sie einen Rohstoff kaufen.»[5] Um den größtmöglichen Wert aus diesem Zeitmaterial zu gewinnen, setzt der Arbeitgeber Überwachung und Kontrolle ein.

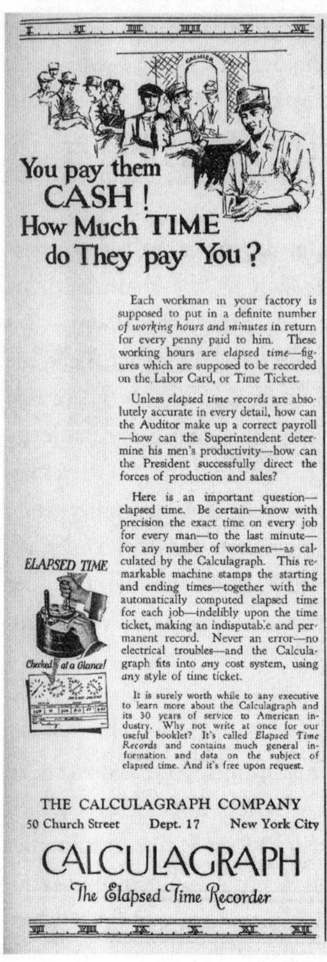

Industrial Management, August 1927

In einer Ausgabe der Zeitschrift *Industrial Management* von 1927 formulierte es Calculagraph, eine andere Firma für Zeiterfassungsgeräte so: «Sie zahlen ihnen CASH! Wieviel ZEIT zahlen sie Ihnen?»[6]

Diese finale Frage ergibt nur aus Sicht des Fabrikbesitzers Sinn, der nicht einfach verstrichene Zeit zählt, sondern Zeit, die im Speziellen dazu aufgewendet wurde, für ihn Wert zu produzieren. Der Tramp illustriert diese Unterscheidung, als er auf seinem Weg in den Waschraum pflichtbewusst ausstempelt, und, nachdem der Boss seine Pause für beendet erklärt hat, wieder einstempelt. Und das ist noch nicht einmal eine Übertreibung. In der Geschichte der Arbeit konnten die Dinge ziemlich kleinkariert werden: Die hunderttausend Worte, aus denen das im 18. Jahrhundert verfasste Regelwerk der Crowley Iron Works bestand, zählen zu den abziehbaren Posten bezahlter Zeit «den Aufenthalt in Gasthäusern, Bierschänken, Cafés, Frühstück, Abendessen, Spielen, Schlafen, Rauchen, Singen, Lesen von Nachrichten, Reibereien, Auseinandersetzungen, Streitigkeiten oder alles, das nicht zu meinem Unternehmen gehört, jede Art von Herumlungern ... *[sic]*».[7] Anders ausgedrückt, hätte eine zutreffendere Werbung für den Kalkulagraphen vielleicht fragen können: «Wie viel ARBEITSZEIT zahlen sie Ihnen?»

Diese Zeiterfahrung mag antiquiert erscheinen, beschränkt auf bestimmte Jobs im industriellen Bereich. Aber im Niedriglohnsektor bestimmt noch immer die Dimension von Intensität und Kontrolle die Zeit, heute noch verstärkt durch algorithmisches Sortieren und schnellere Abläufe. In ihrem 2019 erschienenen Buch *On the Clock: What Low Wage Work Did to Me and How It Drives America Insane [Eingestempelt: Was Niedriglohnarbeit mir angetan hat, und wie sie Amerika in den Wahnsinn treibt]*, beschreibt Emily Guendelsberger diese Realität:

> In der Zeit, in der ich in einer Amazon-Lagerhalle draußen vor Louisville, Kentucky, arbeitete, lief ich bis zu 25 Kilometer am Tag, um mit der Geschwindigkeit Schritt zu halten, in der ich Bestellungen zusammensuchen sollte.[8] Ein GPS-fähiger Scanner verfolgte meine Bewegungen und informierte mich ständig darüber, wie viele Sekunden ich noch hatte, um meinen Auftrag abzuschließen.
>
> Als ich in einem Call Center im Westen von North Carolina arbeitete, bekam ich einen Vortrag darüber, dass zu häufige Toilettengänge das Gleiche seien, als würde man die Firma beklauen, und die Minuten, die ich im Waschraum verbrachte, wurden erfasst und in einem täglichen Bericht an meinen Vorgesetzten geschickt.
>
> In meiner Zeit bei McDonald's im Zentrum von San Francisco waren wir so unterbesetzt, dass sich immer eine endlose Schlange von Kunden bildete – jeder arbeitete mit der fieberhaften Geschwindigkeit jener nicht mehr hinterherkommenden Kellnerinnen meiner Jugend, die ganze Schicht hindurch, fast jede Schicht.

Ein Jahrhundert, nachdem die Calculagraph Company die Fabrikbesitzer ermahnte, «Gehen Sie auf Nummer sicher – erhalten Sie mit Präzision die genaue Zeit für jeden Job jedes einzelnen Mannes – bis zur letzten Minute», übt Guendelsbergers Amazon-Scanner-Pistole diese Funktion pflichtbewusst bis zur letzten Sekunde aus.[9] Indem sie beschreibt, wie absolut bedrückend sich die Arbeit bei Amazon gestaltet, bezieht sie sich auf Frederick Winslow Taylor, den Ingenieur, der im frühen 20. Jahrhundert die Manie beflügelte, industrielle Tätigkeiten auf zeitlich genau definierte Segmente herunterzubrechen: «Meine Scanner-Pistole ist [Taylors] real gewordene Vision – meine eigene persönliche Stoppuhr und mein unerbittlicher Robo-Manager in einem ... Wäre Taylor erschrocken darüber, dass seine Ängste hinsichtlich des Missbrauchs seiner Ideen wahr geworden sind? Oder würde ihm einer abgehen?»

Indessen hat sich so etwas wie ein «Robo-Manager» außerhalb des Arbeitsplatzes breitgemacht. Während der COVID-19-Pandemie, als immer mehr Menschen von zu Hause aus arbeiteten, wuchs die Zahl der auf Dienstcomputern installierten Mitarbeiter-Tracking-Systeme wie Time Doctor, Teramind und Hubstaff stark an.[10] Während einige Systeme auf Selbsteinschätzung basieren, überwachen andere die Mitarbeiter durch die Aufzeichnung der Tastenanschläge, durch Screenshots, kontinuierliche Videoaufnahmen und OCR (Optical Character Recognition), optische Zeichenerkennung, die es den Arbeitgebern erlaubt, in den Chats und E-Mails der Angestellten nach Worten zu suchen. «Holen Sie das meiste aus der Zeit Ihrer Mitarbeiter heraus» steht auf der Seite von Insightful (früher Workpuls), die Angestellten-Tracking-Systeme anbietet.[11] «Zeit ist Geld. Finden Sie ganz genau heraus, was Ihre Angestellten in jeder Minute des Tages vorhaben, mit allsehender Mitarbeiter-Überwachung und kompletter Verhaltensanalyse.» In einem Vox-Artikel über das Arbeiten an externen Arbeitsplätzen beklagte sich ein Auftragnehmer einer Übersetzungsagentur in Australien: «Mein Manager kriegt jeden verdammten kleinen Schritt mit, den ich tue ... anders als wenn ich physisch im Büro anwesend bin, darf ich kaum einmal aufstehen, um mich zu strecken.»[12] Diese beklemmende Präsenz des Managements zeigt die zweischneidige Funktion der Arbeitsplatzüberwachung, sowohl als Ansporn, aber auch als disziplinarischer Mechanismus.

Die 2020 verfasste Bewertung von Angestellten-Tracking-Systemen im *PCMag* gab an, dass die Eigenschaften der Systeme eher die Produktivität förderten, als sich auf die Überwachung zu konzentrieren.[13] Aber die gleiche Rezension erwähnt auch, dass diese Systeme automatische Alarmsignale auslösen und «die Überschreitungen der Angestellten in Berichten zusammenstellen, auf deren Grundlage später Disziplinarverfahren angestrengt werden können». Vielleicht entsteht diese Verwirrung deshalb, weil Produktivität und Überwachung zwei Seiten derselben Medaille sind. «Allein deshalb, weil die Mitarbeiter von der Überwachungs-Software wissen, werden sie fokussierter sein», schreibt Insightful, «und Sie können versichert sein, dass ihre Aufmerksamkeit dort ist, wo sie sein soll.»[14] Die äußerst treffend benannte Software StaffCop zeigt dem Arbeitgeber eine Tabelle der gearbeiteten Minuten, die in fünf Kategorien aufgeteilt sind: Premium, Produktiv, Neutral, Unproduktiv und Zwischenfall.[15] Während eine gewisse Kontrolle dazu dienen soll, Datenlecks zu verhindern, scheint die gesamte Struktur implizit so gestaltet, dass so viel wie möglich von der bezahlten Zeit zu «Premium» wird. So nennt die Website von StaffCop sowohl «Produktivitätsoptimierung» als auch die «Erkennung von Insider-Bedrohungen» im gleichen Slogan.

Als Microsoft 2020 Produktivitätsdaten auf Individualebene für Office 365 einführte,*[16] erkannte der Kritiker und Autor Cory Doctorow darin sehr schnell «die beschissene Tech-Anpassungskurve»[17], in der unterdrückerische Technologie den «Gradienten der Privilegierung» hinaufklettert: «Asylsuchende, Häftlinge und Menschen, die in ausländischen Ausbeuterbetrieben arbeiten, bekommen die erste Version. Die gröbsten Kanten werden dann erst einmal an deren verwundbarsten Stellen abgeschliffen, und sobald die Software ein wenig normalisiert wurde, erlegen wir sie Studenten, psychisch Kranken und Fabrikarbeitern auf.»

Doctorow schreibt, dass die Überwachung externer Arbeitsplätze be-

* Nachdem Microsoft im Herbst 2020 den Productivity Score eingeführt hatte, bekam das Unternehmen signifikanten Widerstand von Kritikern zu spüren, die um die Privatsphäre der User besorgt waren. Die nachfolgende Version des Productivity Score besaß nicht mehr die Fähigkeit, Daten mit Endbenutzer-Namen zu verbinden.

reits bei Call-Center-Angestellten verwendet wurde, die von zu Hause aus arbeiteten, und bei denen es sich in der Regel um arme schwarze Frauen handelte. Während der Pandemie weitete sich diese Art der Überwachung auf Universitätsstudenten aus, die Fernunterricht hatten, und letztlich auf Büroangestellte, die von zu Hause aus arbeiteten.

Es ist durchaus möglich, dass Sie irgendwo arbeiten, wo man Ihnen mehr Vertrauen und zeitliche Freiheiten einräumt, als ich es gerade beschrieben habe. Aber auch in diesem Fall ist jene standardisierte und oftmals strafende Form von Zeitbemessung für Sie aus mehreren Gründen relevant. Zum einen charakterisiert sie die Erfahrung von Zeit vieler Angestellter heutzutage, die nach Stechuhr arbeiten, und zwar in vielen Tätigkeitsbereichen, einschließlich jener, die das tägliche Leben der anderen aufrechterhalten. Aber noch allgemeiner verkörpert sie Aspekte der Standardisierung, Intensivierung und Disziplin, die Einfluss darauf haben, auf welche Weise viele von uns über Produktivität und sogar die «Materialität» der Zeit selbst denken.

Eine Schwarzkopf-Phoebe landet auf dem Maschendrahtzaun, schaut zu uns herüber und wippt mit dem Schwanz. Die Container hinter ihr sind alle mit Namen in verschiedenen Schriftarten versehen: Matson, APC, Maersk, CCA CGM, Hamburg Süd, Wan Hai, Cosco, Seaco, Cronos. Mit Ausnahme einiger, die genau halb so groß sind, haben die Container alle die gleiche Größe und Form – eine, die in den 1970ern Standard wurde, weil sie den Transport zwischen Land und Meer leichter und schneller machte.[18] *Ihre Gleichartigkeit und Opazität nimmt ein unvorstellbares Durcheinander von Dingen in sich auf – tiefgefrorene Hühnchenstücke, Wachs, Pfirsiche, Garn, Mikrofaser-Handtücher, Leggins, Sonnenbarsche und Plastikgabeln – und macht es einheitlich und lesbar. Bis heute werden Container nach den Spezifikationen der International Organization for Standardization angefertigt.*

Zeit als Geld (im ganz buchstäblichen Sinne) repräsentiert das, was Allen C. Bluedorn austauschbare Zeit nennt, die wie eine Währung konsistent ist und unendlich unterteilt werden kann.[19] Austauschbare Zeit zu bemessen, ist so, als würde man sich standardisierte Container vorstellen, die potenziell mit Arbeit gefüllt sind; tatsächlich gibt es

einen starken Anreiz, diese Zeiteinheiten mit so viel Arbeit wie möglich zu füllen. Im Gegensatz zur Lebensdauer oder sogar den Prozessen des menschlichen Körpers, ist eine Stunde hier aber nicht von der anderen zu unterscheiden – dekontextualisiert, depersonalisiert und unendlich teilbar. In ihrer am stärksten entmenschlichenden Form betrachtet diese Sichtweise Individuen als austauschbare, separate Speicher jenes nutzbaren Zeitmaterials. Wie Marx es formulierte: «nichts mehr als personifizierte Arbeitszeit».[20]

Die Idee der austauschbaren Zeit als Geld ist uns so vertraut, dass man sie leicht als selbstverständlich voraussetzt. Aber sie kombiniert zwei Dinge, die nicht so natürlich sind, wie es den Anschein hat: (1.) die Messung abstrakter und gleichförmiger Zeitmengen wie Stunden und Minuten und (2.) eine Vorstellung von Produktivität, die Arbeit in gleiche Intervalle einteilt. Jedes Zeitrechnungssystem und jede Bemessung von Wert spiegelt die Bedürfnisse ihrer Gesellschaft. An unserem System von Standardzeiteinheiten, Rastern und Zonen zum Beispiel kann man noch immer die Spuren der christlichen, kapitalistischen und imperialistischen Schmelztiegel ablesen, in denen es geformt wurde. Will man die Erfindung der modernen mechanischen Uhren verstehen, so schreibt der Historiker David Landes, dann stellt sich zunächst die Frage, wer sie brauchte.[21]

Die antike Welt war voll von Apparaturen, die dazu dienen sollten, verschiedene Zeiten innerhalb eines Tages wahrzunehmen: Sonnenuhren, die sich am Lauf der Sonne orientierten, Klepsydrae, die den Fluss von Wasser nutzten, und Feueruhren, die auf dem Abbrennen von Räucherwerk basierten. Dennoch bestand in weiten Teilen der Menschheitsgeschichte keine Notwendigkeit, den Tag in gleiche numerische Einheiten aufzuteilen, geschweige denn in jedem einzelnen Moment die Zeit zu kennen. Als etwa im 16. Jahrhundert ein italienischer Jesuit mechanische Uhren nach China brachte – welches eine lange Tradition wasserbetriebener astronomischer Uhren hatte, das Leben oder die Arbeit jedoch allenfalls um Kalenderdaten, sonst jedoch nicht numerisch genauer organisierte –, wurden sie keineswegs enthusiastisch begrüßt. Selbst noch im 18. Jahrhundert bezeichnete ein chinesisches Handbuch westliche Uhren schlichtweg als «komplizierte Merkwürdigkeiten, welche dazu bestimmt sind, die Sinne zu erfreuen», Objekte, die «keinen grundsätzlichen Bedarf» stillen.[22]

Die eigentliche Geschichte, wie messbare, zählbare gleiche Stunden zustande kamen, ist nicht ganz unkompliziert. Landes sagt, dass mit der Entwicklung der christlichen kanonischen Stunden eine zentrale Neuerung stattfand, vor allem unter der Regel des Heiligen Benedikt im 16. Jahrhundert.[23] Die Regel, die sich schließlich auch auf andere Orden erstreckte, gab sieben Zeiten am Tag und eine achte in der Nacht vor, zu denen die benediktinischen Mönche beten sollten.[24] Unter der Prämisse, dass «Müßiggang der Feind der Seele» ist, schrieb die Regel auch Strafen für Mönche vor, die auf das Signal hin nicht rechtzeitig zur Arbeit oder zum Gebet eilten.[25]*

Fünf Jahrhunderte später sollten die Zisterziensermönche, für die das spirituelle Unternehmen auch ein wirtschaftliches Unternehmen bedeutete, diese Zeitdisziplin noch intensivieren.[27] Mit ihren Glockentürmen und kleineren Glocken im ganzen Kloster betonte die «zeitliche Sensibilität» der Mönche Pünktlichkeit, Effizienz und die Fähigkeit,

* In der Sektion über die «Bußen für Unpünktlichkeit» gehört zu den Strafen, dass der Schuldige allein stehen bleiben muss, «auf dem Platz, den der Abt für so Nachlässige abseits bestimmt hat, damit sie von ihm und von allen gesehen werden», dass er allein esse, und dass ihm sein Anteil Wein genommen werde.[26]

von «diesem wertvollen Geschenk der Zeit zu profitieren, indem man über sie verfügt und sie gebraucht». Zu der Zeit stellten die Mönche regelmäßig Arbeitskräfte ein und führten höchst effiziente Landwirtschaftsbetriebe, Minen und fabrikartige Unternehmen in Europa.

Kanonische Stunden sind keineswegs gleiche Stunden, und die Glocken der Mönche waren eher ein Alarmsystem als eine Uhr.[28] Aber einige von ihnen nutzten Hemmungen – Pendelmechanismen anstelle von Wasserdurchfluss. Landes nennt es «eine unbeabsichtigte Konsequenz»,[29] dass diese im Kloster entwickelte Technologie sich in einem neuen Kontext durchsetzte: bei den öffentlichen und privaten Uhren, die sich verbreiteten, als die europäischen Städte Macht und Handel zentralisierten. Wieder waren die Glocken Hilfsmittel zur Koordination, aber diesmal war es eine bürgerliche Klasse, die sie benötigte. Die Uhren halfen ihnen nicht nur dabei, Handel zu treiben, sondern markierten auch die äußeren Grenzen der täglichen Arbeitsstunden, welche sie von den Menschen kauften, die nichts anderes anzubieten hatten als ihre Zeit. Anders als die kanonischen Stunden der katholischen Kirche, waren die Stunden, die von neuen mechanischen Turmuhren angezeigt wurden, gleich, zählbar und leicht zu berechnen. Zwar schuf der Kapitalismus selbst keine Standardzeit-Einheiten, aber diese erwiesen sich als nützlich, um Arbeitern, saisonalen Aktivitäten und Breitengraden Einheitlichkeit aufzuerlegen.

Die Trennung der Zeit von ihrem physischen Kontext hat sich in unserer Alltagssprache bewahrt. Wie John Durham Peters in *The Marvelous Clouds (Die wunderbaren Wolken)* hervorhob, bedeutet «o'clock» «of the clock», von der Uhr, im Gegensatz zu weniger künstlichen Standards (zum Beispiel das Licht an einem bestimmten Ort).[30] Die Uhrzeit zu verfolgen, signalisierte eine vermeintliche Beherrschung der natürlichen Welt, vergleichbar mit anderen rationalistischen Idealen wie dem abstrakten Raster, das man einer dezidiert diversen Landschaft aufzwang. Eine Uhrstunde war eben eine Stunde, egal, wo oder zu welcher Jahreszeit, so, wie eine Arbeitsstunde eine Stunde war, unabhängig vom Arbeiter selbst. Das war nützlich, um Arbeit zu regulieren und ebenso um Land zu erobern. Wasseruhren konnten einfrieren, und Sonnenuhren konnten an bedeckten Tagen unleserlich sein, aber eine Uhr mit einer Hemmung würde ihre Intervalle unbeirrt anzeigen –

und es gab sie auch in Miniaturformaten. Es ist kein Zufall, dass das Marinechronometer, eine Uhr, die auf hoher See die Zeit anzeigen konnte, im Großbritannien des 18. Jahrhundert aufkam, damals einer Kolonialmacht, die zu internationaler Vorherrschaft gelangte.[31] Wie wir gleich sehen werden, ermöglichte diese Technologie nicht nur die Navigation, sondern auch den Export von Uhren und Uhrzeit nach Übersee.

Weil diese Zeitform so gebräuchlich wurde, denkt man allzu leicht, Länder wie Großbritannien hätten zuerst ein «präziseres» oder «realeres» Zeitempfinden entwickelt. Aber auch hier möchte ich betonen, dass jede Entwicklung einem kulturell spezifischen «Grundbedürfnis» entsprang. So, wie es keine Notwendigkeit gegeben hatte, die Tageszeit zu kennen, gab es keine Notwendigkeit, sich über große Entfernungen hinweg zu koordinieren – bis zur Einführung der britischen Fahrpost und später der britischen Eisenbahn.[32] In den 1850er Jahren begannen «Master Clocks», Hauptuhren, in Greenwich, England, Greenwich-Zeit (Greenwich Mean Time, GMT) über elektronische Impulse an «Slave Clocks», Nebenuhren, im ganzen Land zu senden, so dass alle Züge nach demselben Fahrplan fahren konnten.[33] Die Vereinigten Staaten und Kanada dagegen, hatten Eisenbahnen, aber bis 1883 keine Zeitzonen, und das Bahnsystem beider Länder musste dafür büßen. So erwähnt ein Kursbuch von 1868 verzweifelt einen «komparativen Fahrplan», der Mittag in 90 Städten mit der Mittagsstunde im Zentrum der Macht, Washington, D. C., vergleicht:

> In den Vereinigten Staaten oder Kanada gibt es keine «Standard-Eisenbahnzeit»; aber jede Eisenbahngesellschaft übernimmt unabhängig die Zeit seiner eigenen Umgebung oder des Ortes, an dem sich ihr Hauptsitz befindet. Die Unannehmlichkeiten eines solchen Systems, falls man überhaupt von einem System sprechen kann, sind wohl für alle offensichtlich … Aufgrund dessen gab es schon viele Fehlkalkulationen und schlechte Verbindungen, die nicht selten ernste Konsequenzen für Individuen nach sich zogen und selbstverständlich alle Eisenbahn-Kursbücher, die notwendigerweise Ortszeiten angeben müssen, in Verruf gebracht haben.[34]

Es überrascht vielleicht nicht, dass die internationalen Zeitzonen 1879 von einem Ingenieur vorgeschlagen wurden, der durch seine Mitarbeit an der Planung des kanadischen Schienennetzes begonnen hatte, sich für die Standardzeit zu begeistern. In seiner Abhandlung von 1886, *Time Reckoning for the 20th Century [Zeitrechnung für das 20. Jahrhundert]*, malte sich Sandford Fleming das exakte Gegenteil der Ortszeit aus: Nämlich, dass alle Menschen auf der Welt einem «Kosmischen Tag» innerhalb einer von 24 Zeitzonen folgen würden, angefangen in Greenwich, England, wo ein paar Jahre zuvor der Nullmeridian festgelegt worden war.[35] «Der Kosmische Tag ist ein neues, absolut nicht-lokales Zeitmaß», schrieb er. Für Fleming war eine «notwendige Verbindung zwischen der numerischen Abfolge der Stunden und dem Sonnenstand an jedem lokalen Firmament» umständlich und veraltet.

Fleming verfocht außerdem eine 24-Stunden-Zeitzählung, die dem ähnelte, was wir heute «Military Time» nennen. Er war so begeistert von seiner standardisierten Zeitrechnung, dass er jedem empfahl, seiner Uhr ein zusätzliches Ziffernblatt aus Papier beizufügen, welches die Stunden von 13 bis 24 zeigte. «Das Komitee ist der Auffassung, dass dies scheinbar geringfügige Angelegenheiten sind», schrieb er, «... aber Fragen von großer Tragweite hängen nicht selten an kleinen Details.»[36] Zwar wurden weder Flemings 24-Stunden-Zeiteinteilung noch sein spezieller Vorschlag für Zeitzonen auf der International Meridian Conference 1884 angenommen, aber schließlich richtete man doch 24 internationale Zeitzonen mit Greenwich, England, im Zentrum ein. In der aktuellen koordinierten Weltzeit (UTC) ist Greenwich, England, noch immer das Zentrum (UTC+0).[37]

All diese Stränge führten in den Kolonien des 19. Jahrhunderts zusammen, wo ein standardisierter Umgang mit Zeit und Arbeit die Kolonisten oft begleitete, wo immer sie auch hingingen.[38] Der Historiker Giordano Nanni schreibt, dass «das Projekt, eine Matrix von Stunden, Minuten und Sekunden um den Globus zu legen, als eine der signifikantesten Manifestationen des universalisierenden Strebens Europas, Anerkennung verdient hat».[39] Uhren wurden zu Werkzeugen der Dominanz. Nanni zitiert einen Brief von 1861, den Emily Moffat, die Schwiegertochter von Robert Moffat, einem britischen Missionar im heutigen Südafrika, schrieb: «Du musst wissen, dass wir heute unsere

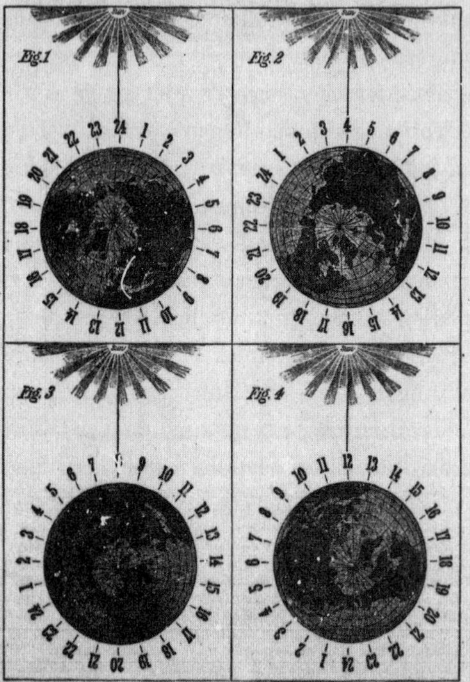
352 MISCELLANEOUS PAPERS.

Fig. 2 gives the position when the earth has made a sixth of a revolution and four hours have elapsed. The solar passage at this stage is on the four-hour meridian.

Fig. 3. When the earth has made a third of a revolution and occupied a period of eight hours, the solar passage occurs on the eight-hour meridian.

Uhr ausgepackt haben und nun ein wenig zivilisierter erscheinen. Einige Monate lang haben wir ohne Zeitmesser gelebt. Johns Chronometer und meine Uhr liefen nicht mehr, und wir haben die Zeit hinter uns gelassen und uns in die Ewigkeit treiben lassen. Trotzdem ist es sehr beruhigend das ‹Tick Tick Tick› und ‹Ding Ding› zu hören.»[40]

Die Wendung «sich in die Ewigkeit treiben lassen» ist bezeichnend dafür, wie die meisten Kolonisten die Zeitrechnung, die sie bei den einheimischen Bewohnern fanden, wahrnahmen. Kurz gesagt, die Kolonisten waren gar nicht in der Lage, diese überhaupt wahrzunehmen, weil der natürliche Sinn der Indigenen für Zeit und Raum nicht die gleiche Abstraktion und Unabhängigkeit von Veränderungen der Natur aufwies wie ihr eigener. Auf breiterer Ebene beurteilten sie die indigenen Völker als mehr oder weniger «fortgeschritten» in Richtung Moderne, basierend darauf, wie weit ihre Zeitsysteme von der Natur abgelöst erschienen – ein Thema, auf das ich im nächsten Kapitel zurückkommen werde.

Aber Moffats Brief beschreibt auch eine fragile Insel westlicher Uhrzeit inmitten einer Umgebung, die komplett anders orientiert war. In einigen südafrikanischen Städten etwa erstreckte sich die Sieben-Tage-Woche, einschließlich des Sabbat, nur so weit, wie die Turmglocke der Missionsstation noch zu hören war.[41] Ein Geistlicher in einer Mission in Südafrika zählte sorgfältig die Einwohner, die «in Hörweite der Stationsglocke lebten», während ein anderer bestürzt darüber war, auf Völker außerhalb des Einflusses der Mission zu stoßen, die vorsätzlich den Sabbat ignorierten. Ebenso machten auf den Philippinen und in Mexiko spanische Kolonisten die Einheimischen zu spanischen Untertanen, indem sie sie *bajo las campanas*, «unter die Glocken», zwangen.[42]

Die Grenze dieser Hörweite verlief nicht zwischen Zeit und Zeitlosigkeit, sondern zwischen zwei klar ausgefeilten Begriffen von Zeit, rituellen Gepflogenheiten oder Lebensalter. Nanni zitiert einen stockenden Austausch in Corranderrk, Australien, zwischen einem Kolonialbeamten und einem Aboriginal, der es nicht gewohnt war, Alter in Zahlen zu messen.[43] Schließlich mussten sie sich auf die «Lingua Franca» der biologischen Zeit berufen:

> Wie alt warst Du, als Du [nach Coranderrk] kamst? – Ich habe keine Ahnung.
>
> Weißt Du, wie alt Du jetzt bist? – Ich soll wohl etwa 22 Jahre alt sein.
>
> Dann musst Du also ungefähr zehn gewesen sein, als Du herkamst? – Ich war damals ein Junge, aber ich habe keine Ahnung, wie alt ich war.
>
> Du hattest damals aber noch keinen Bart? – Nein, ich hatte damals keinen Bart.

Dieses unterschiedliche Verständnis lag viel tiefer begründet als nur in einem System zur Bemessung von Zeit; es handelte sich um eine umfassend andere Art der Anschauung, was Zeit ist. Nanni schreibt, dass die kolonialen Missionen versuchten, «Menschen [nicht einfach] zur Arbeit zu bewegen ... sondern dazu, auf regelmäßige und einheitliche Art und Weise zu arbeiten, innerhalb eines bestimmten Zeitraums am Tag».[44] Diese Vorstellung von abstrakten Arbeitsstunden konnte aufgabenorientierten Gesellschaften, die ihre Aktivitäten aufgrund verschiedener ökologischer und kultureller Signale organisierten – wie etwa das Blühen oder Früchte-Tragen einer bestimmten Pflanze – und in deren Augen Dinge eben so lange brauchten, wie sie brauchten, nicht fremder vorkommen. Diese Gesellschaften, für die Arbeit nicht Profit, sondern Teil einer Sozialwirtschaft war, trafen nicht dieselbe Unterscheidung zwischen der sogenannten «Arbeitszeit» und der «Nicht-Arbeitszeit».

Die Kolonisten sahen ihre abstrakte Zeitrechnung gegenüber der ihrer Untertanen als weiter entwickelt an, und so trichterten sie diesen Untertanen bei ihren «Zivilisierungsversuchen» ein, dass Zeit Geld ist. Wie E.P. Thompson feststellte, ging der Puritanismus im 18. und 19. Jahrhundert eine «Zweckehe» mit dem Kapitalismus ein und wurde «der Vermittler, der Menschen zu einer neuen Würdigung der Zeit bekehrte; der Kindern schon im frühesten Alter beibrachte, jede lichte Stunde zu optimieren; und der das Denken der Männer mit der Gleichung Zeit ist Geld durchtränkte».[45] Für kolonisierende Länder galt das zu Hause und im Ausland. Nanni zitiert eine Passage aus den *Lovedale News*, eine Publikation einer südafrikanischen Mission von 1876, «der es entschieden an Feinsinn fehlt»:[46]

> WIEVIEL HABEN SIE AUF DER BANK? Nicht auf Ihrem Sparkonto, auch wenn es gut für Sie wäre, dort auch ein bisschen was zu haben. Diese Bank ist noch besser. Vielleicht haben Sie nichts, das Sie auf Ihr Konto einzahlen können, und Sie glauben, auch nichts zu haben, das Sie irgendwo anders anlegen können. Aber Sie täuschen sich. Sie können jeden Tag Geld anlegen. Haben Sie jemals aufgerechnet, wieviel oder wie wenig Sie dort bekommen haben – auf der Bank, deren Manager Gott ist, und über dessen Schalter die gut genutzten Momente jeden Tages gehen und all die guten Dinge, die ein

Mensch jeden Tag denkt oder sagt. Wir sprechen davon, Zeit auszugeben. Ausgegebene Zeit wandert nicht in die Bank, ebensowenig wie ausgegebenes Geld. Aber jeden Moment, den Sie für Gott gut nutzen, können Sie auf die Bank bringen … Ich würde Ihnen allen raten, etwas anzulegen – alles, was Sie können. Denn die Bank gibt Ihnen gute Zinsen.

Von der umzäunten Anhäufung von Containern aus biegen wir ab in Richtung San Francisco Bay auf einen harten, sandigen Weg. Ganz in den Boden eingelassen laufen alte Zugschienen, von der Zeit glatt poliert zur Unkenntlichkeit, und noch nicht einmal die Kanadagänse beachten sie, weil sie sich mehr für den Rasen interessieren. Ein Schild informiert uns darüber, dass dies der westliche Endbahnhof einer transkontinentalen Eisenbahn war. Lange bevor die Containerterminals gebaut wurden, war dieser Ort bereits ein Knotenpunkt in der Schlacht gegen Raum und Zeit, das Ende einer Verbindung, welche die Reise von New York nach San Francisco letztlich von Monaten auf eine Woche verkürzte.

Hinter uns tauchen jenseits der Stapel von Container-Chassis die East Bay Hills auf. Sie erscheinen wie ein Ausschnitt im Morgendunst, ein einziger Streifen von Eukalyptusbäumen, gespickt mit Häusern. Aber würden wir auf Höhe der Kräne gelangen, dann könnten wir sehen, wie weit sie zurückreichen, und wenn wir noch höher kletterten, dann würden wir einen Blick ins Central Valley und auf die fantastischen Gipfel der Sierra Nevada erhaschen. In den 1860ern arbeiteten chinesische Bahnarbeiter daran, den Ort, an dem wir uns befinden, mit Omaha, Nebraska, zu verbinden, indem sie Tunnel sprengten, Schneisen durch Wälder schlugen, Mauern und Gerüste errichteten und ohne nennenswerte Maschinenwerkzeuge Bahngleise verlegten.[47] *Sie setzten ihre Arbeit auch durch den brutalen Winter 1866/67 hindurch fort, der 44 verschiedene Stürme verzeichnete.*[48]

Der Eisenbahnbaron Leland Stanford – ja, der Ahnherr meines Arbeitsplatzes seit acht Jahren – wollte Asiaten zuerst nicht in Kalifornien haben. Aber er änderte seine Ansicht, als es zu einem Mangel an Arbeitskräften kam, und bemerkte schließlich zufrieden, dass die Chinesen «ruhig, verträglich, geduldig, fleißig und sparsam» waren. Sparsam war aber vor allem, dass er ihnen 30 bis 50% weniger zahlte als den weißen Arbeitern, die er beschäftigte, und ihnen Unterkunft und Verpflegung berechnete.[49] *Im Juni 1867 traten chinesische Arbeiter für kürzere Arbeitszeiten, bessere Arbeitsbedingungen und Lohngleichheit in Streik, was zu der Zeit die größte Arbeiteraktion in der Geschichte Amerikas war.*[50] *Die Eisenbahngesellschaft reagierte, indem sie ihnen die Essensrationen kürzte,*[51] *auch wenn sie später stillschweigend die Löhne einiger Arbeiter erhöhte.*[52] *Draußen an den Baustellen blieben die Zeiten und Bedingungen jedoch indessen gleich.*

Wirft man einen Blick auf die Geschichte der Produktivitätsbemessung, dann ist es immer erhellend zu fragen: Wer misst wessen Zeit? Die Antwort auf diese Frage weist oft auf eine Person, welche die Zeit einer anderen erworben hat oder sie vollständig besitzt – und die in beiden Fällen das meiste aus dieser Zeit herausholen will. Man kann sich unschwer vorstellen, dass diejenigen, die sich Sklaven oder Dienstboten hielten, womöglich Grund hatten, Menschen als «personifizierte Arbeitszeit» anzusehen, und das lange bevor Arbeitgeber die Arbeitsstunden der Angestellten kauften. Kapitalistische Praktiken hatten außerdem in der Organisation antiker Armeen ihre Wurzeln.[53] In *Technics and Civilization* beobachtet Lewis Mumford:

> Bevor Erfinder Motoren schufen, um Menschen zu ersetzen, hatten Anführer eine Vielzahl von Menschen gedrillt und reglementiert: Sie hatten herausgefunden, wie man Männer auf Maschinen reduzieren konnte. Die Sklaven und Bauern, welche die Steine für die Pyramiden schleppten, sie im Rhythmus der krachenden Peitschen zogen; die Sklaven, die auf römischen Galeeren arbeiteten, wo jeder Mann an seinen Platz gekettet war und keine andere Bewegung mehr ausführen konnte als die eine begrenzte mechanische Tätigkeit; die Ordnung, das Marschieren und das Angriffssystem der Mazedonischen Phalanx – das alles waren Maschinen-Phänomene.[54]

Betrachtete man Menschen als Verkörperung von Arbeit, so war es nur ein kleiner Schritt, die Zeiteinheiten, die sie mit Arbeit füllten, in Geld umzuwandeln. Zwar wird das systematische Management der Zeit anderer Leute oft mit dem Taylorismus assoziiert, die Wurzeln des modernen Managements sind jedoch leicht in den Plantagen des 18. und 19. Jahrhunderts in Westindien und den Südstaaten der USA zu finden.[55] In *Accounting for Slavery: Masters and Management (Sklaverei Bilanzieren: Herrschaft und Management)* betrachtet Caitlin Rosenthal die buchhalterischen Praktiken dieser Plantagen und findet eine unbehagliche Analogie zu eher zeitgenössischen Geschäftsstrategien: «Auch wenn moderne Praktiken selten mit den Berechnungen von Sklavenhaltern verglichen werden, teilten viele Plantagenbesitzer im amerikanischen Süden und auf den Karibischen Inseln unsere Obsession für Daten. Sie versuchten festzulegen, wieviel Arbeit ihre Sklaven innerhalb einer vorgegebenen Zeit erledigen konnten und trieben sie an, damit sie das Maximum herausholten.» Plantagenbesitzer gehörten zu den frühesten Nutzern dessen, was wir heute Tabellenkalkulationen nennen, indem sie vorgedruckte Bearbeitungsprotokolle anfertigten und Experimente mit dem zeitlichen Ablauf von Arbeit machten, ähnlich denen, für die Taylor Jahrhunderte später berühmt wurde.

In den Arbeitsprotokollen erscheinen die versklavten Menschen nur als Namen und Arbeitsquantitäten. Justin Roberts beschreibt in *Slavery and the Enlightenment in the British Atlantic 1750–1807 [Sklaverei und Aufklärung im britischen Atlantik 1750–1807]*, wie die Barbadian Society for Plantership «einen Gesamtpool an ‹Arbeitstagen›» konzipierte, den ein Anwesen zur Verfügung hatte.[56] Auch wenn sie viel stärker natürlichen Faktoren wie dem Wetter unterworfen waren, wurden die Arbeitstage der Plantagen als so austauschbar betrachtet wie die industrielle Arbeitsstunde. Und wie auch bei der Arbeiterstunde, verschleierte ihre Standardisierung brutale Umstände.

In einem 1789 verfassten Brief an einen seiner Aufseher, betonte General George Washington, dass Sklaven «in den 24 Stunden so viel [tun] sollen, wie es ihre Kraft und Konstitution zulassen, ohne ihre Gesundheit zu gefährden».[57] Alles darunter wäre schlechter Geschäftssinn, so als würde man «Arbeit wegwerfen». Thomas Jefferson experimentierte auf seine eigene Weise, indem er ein Memorandum schrieb: «Vier gute Kerle hoben in 8 ½ Stunden in meinem Keller einen Berg Erde aus, ein Loch von 3 Fuß Tiefe, 8 Fuß Breite und 16 ½ Fuß Länge … Ich denke eine mittelstarke Hand könnte innerhalb von 12 Stunden (inklusive Frühstück) die Erde von 4 Kubikyards des gleichen Bodens ausheben und fortschaffen …»[58]

Wie es in vielen Kontexten zukünftig der Fall sein sollte, war die Wissenschaft der Aufzeichnung von Arbeitstagen untrennbar verbunden mit dem Projekt, sie zu intensivieren. Die Bilanzierungssysteme der Plantagen waren so angelegt, dass sie die Arbeitsmenge eines Tages maximierten und zugleich die Anzahl dieser Maximaltage erhöhte.[59] Gegen Ende des 18. Jahrhunderts begannen einige westindische Zuckerplantagenbesitzer tatsächlich, die Sklaven dazu anzutreiben, sonntags, an ihrem einzigen freien Tag, zu arbeiten.[60] Als die Uhren die Plantagen erreichten, unterstützten sie diesen Prozess noch.[61]

Diese Kalkulationen waren möglich, weil ein Großteil der Plantagenarbeit austauschbare Arbeit war: Pfund, Scheffel, Yards am Tag und pro Stunde. Ob auf den Feldern oder dem Gelände des Anwesens, die versklavten Menschen übten immer wieder die gleichen Tätigkeiten aus und wurden immer dazu getrieben, das schneller zu tun. Die Plantagenbesitzer betrachteten sie nicht als Menschen, sondern als fleischgewordene Arbeit, und diese Arbeit konnte optimiert werden. Rosenthal schreibt, dass die Sklaven, anders als Lohnarbeiter, «nicht einfach gehen konnten, und die Plantagenbesitzer verbanden Informationssysteme mit Gewalt – und der Androhung von Verkauf – um die Arbeitsprozesse weiterzuentwickeln und aus Männern, Frauen und Kindern Maschinen zu machen».[62] Zwischen den Zeilen der Plantagenbücher ist die Gewalt ablesbar, die den «Standards» des Systems zugrunde lag.

Eine vertrautere Form von Zeit als Geld ist der Lohn. Aber so wie das «Tick Tick» und «Ding Ding» inmitten der Ewigkeit, ist das weitverbreitete Phänomen, seine Zeit zu verkaufen, historisch spezifisch und überraschend jung. Im Amerika des frühen 19. Jahrhunderts, das immer noch in weiten Teilen ländlich war, gab es mehr Selbstständige als Lohnarbeiter.[63] Auch nach einem dramatischen Anstieg der Lohnarbeit nach dem Bürgerkrieg wurde diese mit Prostitution oder Sklavenarbeit verglichen, manchmal von weißen Arbeitern, die Distanz wahren wollten zu Sexarbeiterinnen und versklavten schwarzen Menschen.[64] Aber auch schwarze freigelassene Menschen registrierten die Ähnlichkeiten von Tagelöhnern und Sklaven. Richard L. Davis, ein schwarzer Minenarbeiter, bemerkte: «... keiner von uns, die wir für unser täglich Brot schuften, ist frei. Einstmals ... waren wir Besitzsklaven; heute sind wir alle miteinander, Schwarze und Weiße, Lohnsklaven.»[65] 1830 fragte die *Mechanic's Free Press*: «Worin besteht Sklaverei?» und schlussfolgerte: «In dem Zwang, für andere zu arbeiten, so dass diese den Nutzen abschöpfen können.»[66] Lohnarbeit oder «die uneingeschränkte Möglichkeit, das Selbst zu verkaufen» erschien undemokratisch, wenn «Freiheit definiert war als komplettes Eigentumsrecht an der eigenen Arbeit und im weiteren Sinne an der eigenen Person».[67]

Die Welt der Lohnarbeit – von Arbeitsstunden und Arbeitsminuten – erforderte die Aufrechterhaltung von Disziplin. Die Warnhinweise und Alarmsignale von StaffCop vorwegnehmend, wies der entlohnte Arbeitsplatz eine paralegale Struktur von Regeln und Strafen auf, deren Missachtung bedeuten konnte, seinen Lohn einzubüßen oder gefeuert zu werden.[68] Strafen waren oft der Zeit geschuldet: Man konnte dafür bestraft werden, zu früh oder zu spät zu kommen, zu langsam zu arbeiten oder irgendetwas zu tun, was keinen Bezug zur Werterzeugung für den Arbeitgeber aufwies (zuvor als «Zeitstehlen» beschrieben). Das waren die Anstellungsbedingungen, und bevor die Arbeiter begannen, sich zu organisieren, waren diese Bedingungen im Allgemeinen nicht verhandelbar.[69] Als sich die Arbeiter, darunter viele Immigranten, zusammentaten, folgten Städte wie Boston und New York dem Beispiel Londons und stellten offizielle Polizeitruppen auf, um die Unruhen niederzuschlagen. Wirtschaftsbosse drängten die Städte im Norden, wo Streiks drohten, in den Industriegebieten Waffenarsenale zu bauen. Der Arbeitshistoriker Philip Dray schreibt, «auch wenn die Amerikaner diese harten, beständigen Gebäude mittlerweile als historische Versammlungsorte für Truppen im Falle ausländischer Bedrohungen amerikanischen Grund und Bodens betrachten ... war ihr ursprünglicher Zweck doch, den raschen Einsatz der Miliz zu gewährleisten, um Arbeiter unter Kontrolle zu halten».[70]

Theoretisch sollte man in der Lage sein, sich einen anderen Job zu suchen, wenn man mit den zeitlichen oder anderen Richtlinien seines Arbeitgebers nicht glücklich ist. («Wenn Sie Ihre Arbeitsbedingungen nicht mögen, dann kündigen Sie», höre ich Tommy Anderberg sagen.) Aber schon bevor sich in den Vereinigten Staaten Gewerkschaften bildeten, hatten Industrielle aus dem Norden begonnen, kollektiv zu handeln, und sich darauf verständigt, bestimmte Strategien zu gebrauchen oder Angestellte auf die schwarze Liste zu setzen.[71] Dieses Verhalten provozierte einen der ersten dokumentierten Fabrikstreiks im Land – in einem Textilwerk in Pawtucket, Rhode Island 1824.[72] Die Werksbesitzer hatten eine Verlängerung des Arbeitstages um eine Stunde angekündigt, die nicht bezahlt und von der Essenszeit der Arbeiter abgezogen werden sollte. Weil mehrere Werksbesitzer sich das gemeinsam ausgedacht hatten, betraf diese Neuerung jede Fabrik in der Stadt. 102 Frauen verließen ihren Arbeitsplatz, und am Ende eines einwöchigen Streiks wurde eines der Werke in Brand gesetzt, was die Eigentümer dazu veranlasste, eine Nachtwache aufzustellen. Den Zeitungsberichten zufolge, lief der Betrieb in den Fabriken wieder an, als Eigentümer und Arbeiter zu einem «Kompromiss» gelangt waren.

Innerhalb seiner überwachten Grenzen ähnelte der Industriearbeitsplatz der damaligen Zeit vielen anderen Institutionen, welche die Philosophie der Stunden hochhielten, die man in Gottes Bank investierte. Ob in Fabrik, Schule, Gefängnis oder im Waisenhaus, es war nicht nur eine Frage der Produktivität, sondern eine Frage der Übung – zu lernen, den Mais auf dem rotierenden Kolbendreher zu essen. In diesem Kontext war die Uhr ein unerbittlicher Vorarbeiter. Im *Lowell Offering*, einer Publikation aus den 1840ern, die Arbeiterinnen eines Textilwerkes in Lowell, Massachusetts, herausbrachten, schrieb eine Angestellte: «Ich erhebe Einspruch dagegen, dass immer alles so gehetzt ist … Vor Tagesanbruch, beim Klang der Glocke aufstehen – und beim Klang der Glocke aus der Firma wieder rausgehen, und bei der Arbeit diesem Ding-Dong der Glocke gehorchen – so als wären wir lebende Maschinen.»[73]

Der britische Journalist John Brown hielt die Geschichte eines früheren Kinderarbeiters 1832 fest und schilderte die zeitlich festgelegten Tätigkeiten der Arbeiter in einer Textilmühle in Manchester: «Wenn [Arbeiter] nur zwei oder drei Minuten nach dem Glockenschlag ankamen, wurden sie ausgeschlossen; und diejenigen, die drinnen waren, wurden alle eingeschlossen bis zur Abendessenszeit, und nicht nur die Außentüren unten blieben geschlossen, sondern auch jeder Raum oben, und es wurde ein Türhüter abgestellt, dessen Pflicht es war, die Türen einige Minuten vor der jeweiligen Ausgangszeit zu entriegeln, und sie auch wieder zu verschließen, sobald die Arbeiter ankamen!»[74]

Die Zeitdisziplin konnte sogar noch kleinlicher werden. E. P. Thompson zitiert aus einem Regelbuch der methodistischen Sonntagsschulen in New York 1819, in dem eine simple Handlung wie der Beginn einer Unterrichtsstunde in Segmente unterteilt wurde, die an das Militär erinnern und den Taylorismus in den Fabriken bereits ahnen lassen: «Der Dekan klingelt wieder – und auf die Bewegung seiner Hand hin erhebt sich die ganze Klasse geschlossen von ihren Stühlen – auf eine zweite Bewegung hin drehen sich die Schüler um – auf eine dritte gehen sie langsam und schweigend zu den ihnen angewiesenen Plätzen, um ihre Lektion zu wiederholen – dann verkündet er das Wort ‹Beginnt› …»[75]

Dabei ging es nicht einfach nur um Details. Zeitdisziplin war und ist ein Mittel, das sowohl innerhalb als auch außerhalb der Fabriken eingesetzt wurde, um eine fügsamere und produktivere Belegschaft zu haben, ob man nun Arbeit dirigierte und intensivierte oder ganz allgemein denjenigen, die einmal zu Arbeitern werden sollten, einen frommen «Industriehabitus» eintrichterte. (Ob dieser nun voll internalisiert wurde, ist allerdings eine Frage, auf die ich in Kapitel 6 zurückkommen werde.) Es ist zum Beispiel bezeichnend, dass die Werkbesitzer in Lowell, Massachusetts, behaupteten, dass längere Arbeitszeiten für die Frauen dort tatsächlich gut seien. Ohne die «gesunde Disziplin des Fabriklebens» wären die Arbeiterinnen ihren eigenen gefährlichen Launen überlassen, «ohne Gewähr, dass diese Zeit gut eingesetzt wird».[76] Ähnlich wie die britischen Kolonisten, welche die Ureinwohner «retten» wollten, gründeten die Fabrikbesitzer Sonntagsschulen, wo Kinder mit Unterricht über die Tugenden harter unermüdlicher Arbeit traktiert wurden. Eine der Regeln des Philadelphia Eastern State Penitentiary aus den 1840er Jahren ließ sich ebenso auf die Schule, das Armenhaus oder die Irrenanstalt übertragen: «5. Du musst fleißig sein und dich anstrengen, egal welche Arbeit Dir zugeteilt wird; und wenn Du Deine Aufgabe erfüllt hast, dann empfiehlt es sich, dass Du Deine Zeit der angemessenen Fortentwicklung Deines Geistes widmest, entweder, indem Du die Bücher liest, die Dir zu diesem Zwecke zur Verfügung stehen, oder wenn Du nicht lesen kannst, indem Du es lernst.»[77]

Die Vorstellung eines Lebens, das gleichmäßig mit «gut eingesetzten» Stunden gefüllt ist, erreichte mit Jeremy Benthams Entwürfen für sein Panoptikum einen tragisch komischen Höhepunkt.[78] Bentham, ein britischer Philosoph und Sozialreformer aus dem 18. Jahrhundert, stellte sich eine neue disziplinarische Architektur vor: ein Ring von Zellen, die um einen einzigen Turm angeordnet sind, und in denen die Insassen annehmen mussten, dass sie zu jeder Zeit beobachtet wurden. Hier würde jeder Moment erfasst werden und eine Konsequenz haben – nicht als direkte Strafe, sondern als die rehabilitative «Buße» der Besserungsanstalt. Dementsprechend erwartete Bentham von den Gefangenen, 14 Stunden am Tag zu arbeiten. Aber das war noch nicht alles. Indem er sich die Notwendigkeit von körperlicher Betätigung für die Gesundheit der Insassen bewusst machte, kam er auf die Idee, dass sie ihre Erholungszeit damit verbringen könnten, in einem riesigen Rad zu laufen, das Wasser auf das Gebäude hinauf transportierte. Kein Tropfen Zeit sollte vergeudet werden.

Ich habe diese Hintergrundgeschichte von gekaufter und getimter Zeit vor Augen geführt, um, nur für einen Augenblick, das Konzept des Lohns zu verfremden. Wenn die Beziehung von Zeit zu buchstäblichem Geld als natürliche Tatsache dargestellt wird, dann verschleiert das die politischen Beziehungen zwischen dem Anbieter von Zeit und ihrem Käufer. Das mag auf der Hand liegen, aber wenn Zeit Geld ist, dann verhält sich das für den Arbeiter trotzdem anders als für den Arbeitgeber. Für den Arbeiter bedeutet Zeit eine bestimmte Geldmenge – den Lohn. Aber der Käufer oder Arbeitgeber stellt einen Arbeiter an, um einen Mehrwert zu kreieren; dieser Überschuss definiert im Kapitalismus Produktivität. Vom Standpunkt des Unternehmers aus könnte die erworbene Zeit immer mehr Geld einbringen.

Im ersten Band von *Das Kapital* beschreibt Marx die eigentümliche Natur von Arbeitszeit als Ware in einer industriellen Umgebung. Am Ende von Abschnitt 2, nachdem er den Austausch von Geld und Zeit zwischen Arbeiter und Arbeitgeber beschrieben hat – ein Austausch, in dem beide als ebenbürtig agieren –, schließt er mit einem gruseligen Cliffhanger:

> Beim Scheiden von dieser Sphäre der einfachen Zirkulation oder des Warentausches … verwandelt sich, so scheint es, schon in etwa die Physiognomie unserer dramatis personae. Der ehemalige Geldbesitzer schreitet voran als Kapitalist, der Arbeitskraftbesitzer folgt ihm nach als sein Arbeiter; der eine bedeutungsvoll schmunzelnd und geschäftseifrig, der andere scheu, widerstrebsam, wie jemand, der seine eigene Haut zu Markt getragen und nun nichts anderes zu erwarten hat als – die Gerberei.[79]

Der dritte Abschnitt beginnt in der Fabrik, wo Käufer und Verkäufer weit davon entfernt sind, einander ebenbürtig zu sein. Der Arbeitgeber ist damit beschäftigt, mehr Arbeit aus dem Angestellten herauszupressen, während der Arbeiter oder die Arbeiterin darum bemüht ist, sich nicht zu Tode zu arbeiten. In dem Bestreben, in der gleichen Zeit mehr Geld zu machen, kann der Unternehmer zwei Strategien verfolgen: Erweiterung (die Zeitmenge, die mit Geld zu kaufen ist, vergrößern) oder Intensivierung (innerhalb des gleichen Zeitintervalls mehr Arbeit verlangen).

Im Kapitel «Der Arbeitstag» gibt Marx ein Beispiel des Erweiterungs-Ansatzes, indem er einen grauenvollen Kampf zwischen britischen Fabrikbesitzern und Arbeitern im 19. Jahrhundert um die Länge des Arbeitstages schildert. Nur dank der langwierigen Bemühungen von Arbeitern und britischen Gesetzesmachern wurde der Arbeitstag schließlich überhaupt limitiert.[80] Und dennoch fanden Vorgesetzte Wege, diese Beschränkungen zu umgehen, vor allem, indem sie die Pausenzeiten beschnitten, oder, wie die Fabrikinspektoren es ausdrückten, durch «‹petty pilferings of minutes›, Mausereien von Minuten, ‹snatching a few Minutes›, Wegschnappen von Minuten, oder wie die Arbeiter es technisch heißen, ‹nibbling and cribbling at meal times›, Knabbern und Knapsen an Essenspausen».[81] Mitunter verübten die Arbeitgeber regelrechten Betrug, indem sie die Uhren morgens vor- und abends zurückstellten.[82]

Da den Industriellen natürliche oder vorgeschriebene Begrenzungen der Arbeitszeiten im Weg waren, ergriffen sie die andere Möglichkeit, ihren Profit zu steigern: die Stunden, die ihnen zu Verfügung standen, zu intensivieren. Ihren Wert aufzustocken, bedeutete eine «dichtere

Ausfüllung der Poren der Arbeitszeit».[83] In den Textilfabriken des 19. Jahrhunderts in den Vereinigten Staaten waren solche Neuerungen etwa das «Stretch-out» (die Ausdehnung der Verantwortung eines Arbeiters auf mehr Maschinen), das «Speedup» (die Beschleunigung der Abläufe durch Vorarbeiter, was in *Modern Times* die Misere des Tramps zur Folge hat) und das «Premium System» (das den Aufsehern mit den produktivsten Arbeitern Geldprämien versprach).

Auf den ersten Blick scheint hier ein Paradox zu bestehen: Während der industrielle Kapitalismus viele Maschinen hervorbrachte, die Zeit und Arbeit sparten, schien er den Arbeitern immer noch mehr Zeit abzuknöpfen. Aber anders als die antiken Griechen, die sich ausmalten, dass Maschinen eines Tages Sklavenarbeit ersetzen könnten, so dass jeder in den Genuss von freier Zeit käme, «setzt der Kapitalismus Zeit nur frei, um sie für sich selbst zu vereinnahmen».[84] Mit anderen Worten ist das Ziel des Kapitalismus nicht, Zeit zur freien Verfügung zu schaffen, sondern wirtschaftliches Wachstum zu generieren; alle Zeit, die frei wird, wandert wieder zurück in die Maschine, um den Gewinn zu steigern. Daher das Paradox: Die Fabrik ist effizient, produziert aber auch «das Streben nach dem Verbrauch der Zeit eines Menschen, bis hin zu dessen äußerstem körperlichen Limit». Oder wie das am Arbeitsplatz gern zitierte Sprichwort lautet: «Die einzige Belohnung für schnelleres Arbeiten ist noch mehr Arbeit.»

Auf der Website für SSA Marine heißt es «Das Business-Tempo erhöhen». Auf ihrem Terminal herrscht gerade ein ohrenbetäubendes Surren: Motorengeräusche, Hupen, Piepsen und das Echo schreiender Arbeiter. Die gigantischen Kräne heben Container vom Schiff und bewegen sie so schnell an Land, dass sie in der Luft ein wenig hin und her schwingen. Derzeit ist die Bucht voll von den Silhouetten der blass durch den Nebel schimmernden Container-Schiffe, Akteure in jenem weitläufigen fraktalen Netzwerk, dessen Funktionsweisen sich jüngst in den Schlagzeilen über die Lieferketten manifestiert haben.[85]

Im renaturierten Sumpfgebiet entlang der Anlage verfolgen Scharen wandernder Küstenvögel ihren eigenen Zeitplan. Noch drei Stunden, bis die Flut da ist, und auf den schwindenden Inseln drängen sich kleine Strandläufer so dicht aneinander, dass sie aussehen wie ein mosaik-

artiges Muster. Um sie herum stolziert eine Vielzahl langbeiniger Vögel, darunter Brachvögel, mit ihren surreal gebogenen Schnäbeln, die mehr als halb so lang sind wie sie selbst.[86] *Einstweilen sind sie von ihrer Reise nach Nordosten – vermutlich bis Idaho – , um dort zu brüten, wieder zurück und passen ihre Gepflogenheiten nun den Gezeiten an.*[87]

Auf der einen Seite kann man hier tatsächlich verschiedene Formen von Zeit beobachten. Die Container stapeln sich, die Küstenvögel durchsuchen den Matsch, die Schwarzkopf-Phoebe jagt ihre Fliegen, ein kleiner brauner Pilz schiebt sich aus dem Gras, und die Flut steigt weiter. Dein Magen knurrt. Aber eine dieser Uhren tickt anders als die anderen. Um ihr Equilibrium zu halten, muss sie immer schneller vorauseilen.

Man sollte hier anmerken, dass eine akribische Zeitbilanzierung an sich kein Alleinstellungsmerkmal des Kapitalismus ist. Wie ich erwähnt habe, dachte und denkt man noch immer, dass vorindustrielle und präkoloniale Gesellschaften grundsätzlich keine Eile kennen oder sogar «zeitlos» funktionieren, zum Teil, weil sie aufgabenorientiert leben – eine Vorgehensweise, die eher den Konturen verschiedener Anforderungen als einem strengen, abstrakten Zeitplan folgt. Aber wie der Soziologe Michael O'Malley hervorhob, «entwickelten solche Gesellschaften ihr eigenes scharfes Augenmerk für das Sparen von Zeit».[88] Neben der

Präzision, die landwirtschaftliche Zeitabläufe erfordern, legt jede Gesellschaft fest, für was es sich lohnt, Zeit aufzuwenden, und wie viel.

Es ist außerdem verlockend, die kapitalistische Temporalität vor allem mit der Uhr zu verknüpfen. Aber auch wenn sie natürlich eine entscheidende Rolle für die Zeitdisziplin gespielt hat, ist die Uhr nur ein Werkzeug unter vielen zur Zeitberechnung, und ihre volle Bedeutung erschließt sich erst in Verbindung mit einer bestimmten Zielsetzung oder Kosmologie. O'Malley erwähnt die «zweischneidige Rolle» amerikanischer Uhren im 19. Jahrhundert: «Sie konnten für Industrie und Business stehen, für die Perfektion von Maschinen, für lineare Zeit und zukunftsorientierten Fortschritt. Aber sie konnten auch Stillstand symbolisieren oder den Gang der Jahreszeiten. Die Zeiger jedenfalls wiederholen endlos ihre Runde um das Ziffernblatt, anstatt in die Zukunft zu schreiten.»[89]

Aber auch mechanische Effizienz war nicht die alleinige Domäne des industriellen Kapitalismus. Zum einen kommt es darauf an, wie man mechanisch definiert, da die Menschen seit Jahrtausenden ihre Umwelt erforscht, arbeitssparende Systeme entwickelt und diese über Generationen hinweg systematisiert haben. Und selbst wenn man etwas ganz traditionell Mechanisches sucht, dann findet man Zeitsparsysteme in Catherine Beechers Haushaltsbibel von 1841, *A Treatise on Domestic Economy [Abhandlung über die Hauswirtschaft]*, die Winslow Taylors *Principles of Scientific Management* um einiges vorausging.[90] Beechers Buch war zu einem großen Teil für das Aufkommen der Einbauküche verantwortlich, da es sowohl einen Wohnbereich als auch eine Arbeitsweise vor Augen führte, die den Frauen im Haushalt Zeit und Mühe ersparen sollte. Dennoch war der Sinn und Zweck dieser Effizienz klar: Beecher strebte nicht nach Profit, sondern vielmehr nach einer «Ökonomie der Arbeit, des Geldes, der Gesundheit, des Komforts und des guten Geschmacks».

Die kapitalistische Version der Zeit dagegen wird von einem Ziel bestimmt, auf das Intensität und Standardisierung unmittelbar ausgerichtet sind: mehr Kapital für die Firma. Letzten Endes sind es weder das Fließband noch die Fütterungsmaschine, die Chaplins Figur in *Modern Times* direkt angreifen; es ist der Präsident, der das Fließband schneller laufen lässt, und die Firmenleitung, die den Tramp in die Maschine ein-

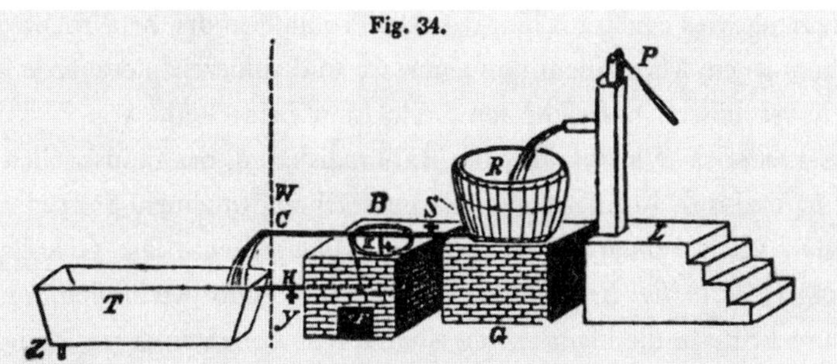

P, Pump. L, Steps to use when pumping. R, Reservoir. G, Brickwork to raise the Reservoir. B, A large Boiler. F, Furnace, beneath the Boiler. C, Conductor of cold water. H, Conductor of hot water. K, Cock for letting cold water into the Boiler. S, Pipe to conduct cold water to a cock over the kitchen sink. T, Bathing-tub, which receives cold water from the Conductor, C, and hot water from the Conductor, H. W, Partition separating the Bathing-room from the Wash-room. Y, Cock to draw off hot water. Z, Plug to let off the water from the Bathing-tub into a drain.

Abbildung aus: A Treatise on Domestic Economy, for the Use of Young Ladies at Home and at School, [Abhandlung über die Hauswirtschaft für den Gebrauch junger Damen zu Hause und in der Schule] von Catherine E. Beecher

spannt. Menschen treffen diese Entscheidungen, so wie Menschen heute Call-Center und Liefer-App-Schnittstellen einrichten. (Diese Menschen wiederum, so hätte Marx vielleicht argumentiert, agieren einfach nur im Namen des Kapitals.)[91] In *Labor and Monopoly Capital (Die Arbeit im modernen Produktionsprozess)* gibt Harry Braverman ein Beispiel für diese Unterscheidung, indem er den stellvertretenden Direktor einer Versicherungsgesellschaft der 1960er Jahre zitiert, der Distanz gegenüber dem fieberhaften Tempo seiner Locherinnen heuchelt: «‹Das Einzige, was ihnen fehlt, ist eine Kette›, und er erklärte, was er meinte, indem er hinzufügte, die Maschinen hielten ‹die Mädchen› an ihren Schreibtischen fest, wo sie monoton und endlos Lochkarten stanzten.»[92] In einer Fußnote zwingt Braverman die Firmenleitung, Farbe zu bekennen: «Dieser stellvertretende Direktor gibt uns ein deutliches Beispiel jenes Fetischismus, der die Schuld für die Situation den ‹Maschinen› zuschiebt, statt den gesellschaftlichen Verhältnissen, unter denen sie eingesetzt werden. Als er seine Bemerkung machte, wusste er sehr wohl, dass es nicht die ‹Maschinen› waren, sondern er selbst, der die Arbeiterinnen an ihre Schreibtische kettete, denn mit dem nächsten

Atemzug wies er darauf hin, dass die Produktion der Arbeitnehmerinnen in jenem Maschinenraum gemessen und aufgezeichnet wurde.»

Es ist äußerst hilfreich, den Taylorismus, eine Reihe von Praktiken aus Frederick Winslow Taylors Rationalisierung des industriellen Arbeitsprozesses, aus dieser Warte zu betrachten. In seinem 1911 erschienenen Buch *Principles of Scientific Management (Die Grundsätze wissenschaftlicher Betriebsführung)* umreißt Taylor Methoden, um Arbeitsschritte in die kleinsten messbaren Komponenten zu zerlegen und sie so effizient wie möglich wieder neu zu konfigurieren. Die wissenschaftliche Betriebsführung brachte unglaublich detaillierte Zeitpläne ebenso wie «Zeit- und Bewegungsstudien» hervor, Fotografien mit Langzeitbelichtung, auf denen die Hände der Arbeiter mit Lichtern versehen waren, um ihre Bewegungen nachzuverfolgen und besser zu verstehen. Ein Artikel im *Factory Magazine*, der einige dieser Methoden detailliert darlegte, machte die Gleichung explizit: «Um Einsparungen umzusetzen, muss Zeit reduziert werden... Der Mann, dessen Angelegenheit es ist, den Output pro Zeiteinheit zu vergrößern ist der Zeitstudienmann.»[93]

Als führender Zeitstudienmann, war Taylor dafür bekannt, in seinem Effizienzstreben geradezu fanatisch zu sein.[94] Braverman erwähnt, dass Taylor sich in seiner Jugend selbst taylorisierte: Er zählte seine Schritte, timte seine eigenen Aktivitäten und analysierte seine Bewegungen. Als er in den 1870ern Vorarbeiter in einem technisch fortschrittlichen Stahlwerk wurde, wandte er sein Effizienzstreben auf die ihm unterstellte Truppe von Mechanikern an. Taylor beobachtete unter seinen Mitarbeitern das Phänomen des «systematischen Soldatentums», wobei sich die Angestellten untereinander über ein annehmbares Tempo für die Quantität des Output verständigten – ein Output, der weit unter dem lag, was sie in Taylors Augen leisten konnten.

In einer Stellungnahme vor dem Special Committee of the U. S. House of Representatives beschrieb Taylor seine jahrelangen mühseligen Versuche, die Solidarität der Arbeiter zu brechen, um sie dazu zu bringen, seine intensiveren Methoden zu übernehmen. Er zeigte sie seinen Mitarbeitern immer wieder, aber sobald sie ihm den Rücken kehrten, führten sie alle Handgriffe wieder in der gewohnten Manier aus, und als die Firma ungelernte Leute anheuerte, um ihnen die neuen Methoden beizubringen,

Stoppuhr und Licht- und Bewegungsstudie von Frank Gilbreth. Gilbreth und seine Frau Lilian führten in den 1910er Jahren für Industriemanager Bewegungsstudien mit Arbeitern durch.

taten es diese den anderen gleich und weigerten sich, schneller zu arbeiten. Einmal erklärte er ihnen: «Ich werde Euer Pensum morgen halbieren, und Ihr arbeitet ab jetzt für den halben Lohn. Aber alles, was Ihr tun müsst, ist, ein anständiges Tagwerk zu produzieren, und Ihr könnt bessere Löhne bekommen als bisher.» Ähnlich wie George Washingtons «24 Stunden», bedeutete Taylors Definition eines anständigen Tagwerks ein Ausreizen bis an die Grenzen – was Braverman eine «krude psychologische Interpretation» nennt: «so viel Arbeit, wie ein Angestellter sie verrichten kann, ohne gesundheitlichen Schaden zu nehmen».

Und wieder fragt man sich: Wer misst wessen Zeit? Bei der wissenschaftlichen Betriebsführung ging es nicht nur um Zeiterfassung und Produktivitätssteigerung, sondern auch um Disziplin und Kontrolle. Wie Taylors jahrelanger Kampf zeigte, hatten Arbeiter eine gewisse Kontrolle über das Arbeitstempo, solange sie Kenntnisse über den Arbeitsprozess besaßen. Ziel des Taylorismus war nicht nur die Intensivierung, sondern ebenso die Zerlegung und Kodifizierung dieses Prozesses, so dass Wissen konzentriert in den Händen der Arbeitgeber und nicht der Arbeiter lag. «In unserem System wird dem Arbeiter ganz genau gesagt, was er zu tun hat und wie er es zu tun hat», schrieb Taylor, «und jede Veränderung, die er an seinen Aufgaben vornimmt, schadet dem Erfolg.» So machte der Taylorismus Arbeit abstrakter und austauschbarer und setzte einen Prozess in Gang, der oft als «Dequalifizierung» bezeichnet wurde. Unter anderem vertiefte das die Kluft zwischen den verschiedenen Arten, Zeit zu bewerten. Wie Braverman es formulierte: «Jeder Schritt im Arbeitsprozess wird so weit wie möglich von speziellen Kenntnissen und einer speziellen Ausbildung losgelöst und auf einfache Arbeit reduziert. Inzwischen werden die verhältnismäßig wenigen Personen, für welche spezielle Kenntnis und Ausbildung reserviert sind, so weit wie möglich von der Notwendigkeit befreit, einfache Arbeit zu leisten. Auf diese Weise erhalten die Arbeitsprozesse eine Struktur, an deren einem Extrem diejenigen konzentriert sind, deren Zeit unendlich wertvoll ist, und am anderen diejenigen, deren Zeit praktisch überhaupt keinen Wert hat.»[95]

Der «Zeitstudienmann» war der Vorläufer der «High-Level-Denker», Berater und Ideenmenschen, von denen viele ihren Stundensatz selbst bestimmen können, weil ihre Arbeit zwar eigentlich kaum zu beschreiben, von ihnen als Menschen aber noch nicht abgelöst ist. Der Business-Guru David Shing, auch als Shingy bekannt, ist zum Beispiel ein lächerliches Extrem solch einer Person, die über ihre eigenen «Produktionsmittel» (Ideen) verfügt. Die INFN-Physiker, die sich abschätzig über Fabrikjobs äußerten, weil ihre Tätigkeiten niemals so von ihnen abgelöst wurden, stehen irgendwo dazwischen. Für diejenigen hingegen, die durch den Zeitstudienmann kontrolliert werden, gleicht die Arbeit mehr dem, was der Tramp in *Modern Times* am Fließband verrichtet: eine konsistente und in hohem Maße terminierbare Tätigkeit, die immer weniger den Fähigkeiten des Arbeiters überlassen ist, der wiederum immer austauschbarer wird. Dass diese Entwicklung nur die alte Beziehung zwischen Standardzeit und Kontrolle erweiterte, wurde von Dan Thu Nguyen ausgeführt. Er schreibt, dass «die metrische Zeit uns zunächst die Herrschaft über Meere und Ozeane, dann die Kolonisierung von Land bescherte; sie lehrte uns, wie wir unsere Körper und Bewegungen bei der Arbeit zu strukturieren und wie wir uns zu erholen haben, wenn die Arbeit getan ist».[96]

Die taylorsche Kluft zwischen dem Getimten und dem Timer ist nur ein Schritt in Richtung einer Arbeitsteilung, die lange entlang geschlechterspezifischer und ethnischer Grenzen verlief. Zuallererst gibt es da die Grenze zwischen bezahlter und unbezahlter Arbeit – die

MEDIUM SIZE CCFK				
D	L	T	LBS	OZ
5/8"	10"	1¼"	3	11
3/4"	11"	1¼"	6	–
7/8"	12"	1½"	7	8
1"	13"	1½"	10	8

CCFK

SIZES GIVEN IN THE TABLE

USE ONE CBL AND ONE CSN

TAYLOR SYSTEM ELEMENTARY UNIT TIME

DIAMETER OF BOLT	5/8 AND 3/4				7/8 AND 1					
LENGTH OF BOLT	6	12	14	18	6	12	18	24	30	36
TIME FOR CLAMPING IN MINUTES	0.42	0.45	0.45	0.51	0.48	0.53	0.57	0.69	0.78	0.92
LIFT BOLT, CLAMP AND BLOCK TO TABLE	0.07	0.08	0.08	0.09	0.09	0.10	0.10	0.13	0.14	0.17
PUT BOLT IN SLOT	0.04	0.04	0.04	0.05	0.04	0.04	0.05	0.05	0.06	0.07
SLIP CLAMP ON BOLT AND ON WORK	0.05	0.05	0.05	0.05	0.05	0.05	0.05	0.06	0.07	0.08
PUT BLOCK UNDER CLAMP	0.04	0.05	0.05	0.05	0.04	0.05	0.05	0.07	0.08	0.10
SCREW NUT DOWN WITH FINGERS	0.05	0.06	0.06	0.07	0.06	0.07	0.08	0.10	0.11	0.14
TIGHTEN NUT LIGHTLY WITH WRENCH	0.08	0.08	0.08	0.10	0.11	0.12	0.13	0.15	0.17	0.19
DRAW NUT DOWN TIGHT WITH WRENCH	0.09	0.09	0.09	0.10	0.09	0.10	0.11	0.13	0.15	0.17
TIME FOR REMOVING IN MINUTES	0.16	0.17	0.17	0.18	0.22	0.22	0.24	0.26	0.29	0.33
LOOSEN NUT WITH WRENCH	0.11	0.12	0.12	0.13	0.17	0.17	0.19	0.20	0.22	0.25
REMOVE CLAMP FROM BOLT	0.05	0.05	0.05	0.05	0.05	0.05	0.05	0.06	0.07	0.08
TIME FOR CLAMPING IN MINUTES	0.30	0.33	0.34	0.37	0.35	0.39	0.42	0.51	0.58	0.68
SLIP CLAM ON BOLT AND ON WORK	0.05	0.05	0.05	0.05	0.05	0.05	0.05	0.06	0.07	0.08
PUT BLOCK UNDER CLAMP	0.04	0.05	0.05	0.05	0.04	0.05	0.05	0.07	0.08	0.10
SCREW NUT DOWN WITH FINGERS	0.05	0.06	0.06	0.07	0.06	0.07	0.08	0.10	0.11	0.14
TIGHTEN NUT LIGHTLY WITH WRENCH	0.08	0.08	0.09	0.10	0.11	0.12	0.13	0.15	0.17	0.19
DRAW NUT DOWN TIGHT WITH WRENCH	0.08	0.09	0.10	0.10	0.09	0.10	0.11	0.13	0.15	0.17
TIME FOR REMOVING IN MINUTES	0.24	0.25	0.25	0.27	0.30	0.30	0.33	0.37	0.41	0.47
LOOSEN NUT WITH WRENCH	0.11	0.12	0.12	0.13	0.17	0.17	[illegible]	[illegible]	0.22	0.25
REMOVE CLAMP FROM BOLT	0.05	0.05	0.05	0.05	0.05	0.05	0.05	0.05	0.06	0.07
REMOVE BOLT FROM SLOT	0.03	0.03	0.03	0.04	0.03	0.03	0.04	0.04	0.05	0.05
PUT CLAMP, BOLT AND BLOCK IN TOTE BOX ON FLOOR	0.05	0.05	0.05	0.05	0.05	0.05	0.05	0.08	0.08	0.10

CLAMPING — BOLT TO BE PUT IN SLOT. THE TIME GIVEN IN THIS SECTION TO BE USED ONLY FOR FIRST PIECE IN LOT OR ON OTHER PIECES WHEN BOLT HAS TO BE PUT INTO SLOT.

REMOVING — BOLT NOT TO BE TAKEN FROM SLOT. THE TIME GIVEN IN THIS SECTION TO BE USED FOR ALL PIECES IN LOT EXCEPTING THE LAST PIECE.

CLAMPING — BOLT ALREADY IN SLOT. THE TIME GIVEN IN THIS SECTION TO BE USED FOR ALL PIECES IN THE LOT AFTER THE FIRST PIECE WHEN BOLT HAS NOT BEEN REMOVED.

REMOVING — BOLT TO BE TAKEN FROM SLOT. THE TIME GIVEN IN THIS SECTION TO BE USED ONLY FOR LAST PIECE IN LOT OR ON OTHER PIECES WHEN BOLT HAS TO BE TAKEN FROM SLOT.

FIGURE II: THE DETAILED TIMING OF SETTING AND REMOVING WORK WHEN PERFORMED UNDER VARIOUS CONDITIONS IS TAKEN UP BY OPERATIONS ON THIS FORM

Frage, wessen Zeit und welche Arbeit überhaupt Geld ist (eine Frage, die von feministischen Denker*innen aufgegriffen wurde, denen ich mich in Kapitel 6 widme). Wenn in den Vereinigten Staaten Hausarbeit entlohnt wurde, dann wurde sie oft von schwarzen Frauen verrichtet, und im Vergleich mit Arbeit, die einen direkten Profit hervorbrachte, wurde (und wird) sie abgewertet.[97]*

Die Dequalifizierung, die mit dem Taylorismus einherging, bedeu-

* In *Women, Race and Class (Rassismus und Sexismus. Schwarze Frauen und Klassenkampf in den USA)* stellt Angela Y. Davis fest: «Da Hausarbeit keinen Profit generiert, wurden häusliche Tätigkeiten verglichen mit kapitalistischer Lohnarbeit grundsätzlich als niedrigere Arbeitsform definiert.»[98] Die Soziologin Barbara Adam brachte in *Timewatch* ein ähnliches Argument vor: «Recherchen über die Fürsorge (Care-Arbeit) und emotionale Arbeit von Frauen zeigen, dass Zeit, die nicht in Geld aufgerechnet werden kann, außerhalb des illustren Kreises bleiben muss ... Das bedeutet, zeitgenerierende und zeitgebende Tätigkeiten haben keinen Platz im entscheidenden Verbund von Quantität, Bemessung, Daten und Deadlines, von Kalkulierbarkeit, abstraktem Tauschwert, Effizienz und Profit.»

tete eine Teilung innerhalb der «produktiven» Lohnarbeit. Bis weit ins 20. Jahrhundert hinein wurden schwarze Arbeiter in amerikanischen Firmen von Jobs an Maschinen ferngehalten und ausschließlich für niedrige Tätigkeiten eingesetzt.[99] Während des Zweiten Weltkriegs wurden Frauen im militärischen Nachrichtendienst für die ermüdenden und repetitiven Kalkulationen eingesetzt, die den Begriff *kilogirl* prägten. (Ein *kilogirl* «war das Äquivalent von etwa tausend Stunden Computerarbeit».)[100] Je mehr zeitliche Überwachung ein Job mit sich bringt, desto seltener wird er offenbar von einer weißen oder männlichen Person ausgeübt. 2014, als Amazon Daten veröffentlichte, die zeigten, dass ihre Belegschaft überraschend divers war, kam schließlich heraus, dass größtenteils Schwarze und Latinos, die in den Auftragsabwicklungszentren arbeiteten, für diese «Diversität» verantwortlich waren.[101] 2021 war die Situation immer noch bei Weitem nicht ideal.

Je fragmentierter und kontrollierbarer Arbeit wird, desto bedeutungsloser wird sie. Marx' Beschreibung eines «Automaten», in dem «die Arbeiter selbst nur als bewusste Glieder desselben bestimmt sind»,[102] hallt nach in der Klage eines früheren Angestellten einer Bekleidungsfabrik, der 2020 rückblickend erklärte: «Deine Bewegungen werden kontrolliert wie verdammt noch mal alles kontrolliert wird.»[103] In einer Geschichte über die Arbeit eines UPS-Fahrers beschreibt Jessica Bruder einen mit Sensoren ausgestatteten Lieferwagen, der beinahe den Fahrer fährt: «[Der Sensor] berichtete, wann er die Tür zum Laderaum öffnete. Wann er rückwärts fuhr. Wann sein Fuß auf der Bremse war. Wann er stillstand. Wann er seinen Sicherheitsgurt anlegte.»[104] Diese Daten flossen zurück zu UPS, in ein System, dessen Name «Telematics» bezeichnenderweise ursprünglich aus dem militärischen Kontext stammt. Es enthielt sogar Zeit- und Bewegungsstudien zur Effizienzsteigerung, ähnlich denen von Taylor, die dem UPS-Fahrer erklärten, «wie er seinen Zündschlüssel handhaben sollte, in welche Hemdtasche er seinen Stift stecken sollte (Rechtshänder sollten die linke Tasche benutzen und umgekehrt), welchen Weg er vom Truck aus gehen und wie er beim Aufzugfahren die Zeit nutzen sollte».

In diesem Fall sind die unmittelbaren Gründe für eine solche Effizienz relativ simpel. «Zeit ist Geld, und das Management weiß genau wieviel», schreibt Bruder, bevor sie den Abteilungsleiter des Prozessmanagements zu Wort kommen lässt: «Nur eine Minute pro Fahrer im Laufe eines Jahres summiert sich auf 14,5 Millionen Dollar.» Aber diese Zeit ist auch auf andere Weise Geld. Daten, die durch Telematik-Systeme erfasst werden, wie das, was UPS verwendet, bereiten auch den Boden für fahrerlose Autos.[105]

Eine 2019 auf Channel 4 gezeigte Folge von *Secrets of the Superfactories [Geheimnisse der Superfabriken]* zeigte ein Amazon-Warenlager, in dem die Produktsortierung zum großen Teil Regalen überlassen war, die sich selbst mit der unheimlichen Geschmeidigkeit von Staubsaugerrobotern fortbewegten.[106] In dieser Lagerhalle waren trotzdem noch Menschen angestellt, aber viel weniger als früher. Und in der vollständig automatisierten Produktion des «Lights-out-Manufacturing» wird quasi nur noch ein einziger Mensch gebraucht.[107] Bei FANUC (Fuji Automatic Numerical Control), einem Komplex von 22 Firmen in Japan, replizieren sich Roboter 24 Stunden am Tag, sieben Tage die Woche. Die Roboter sind fantastische Arbeiter, die keine Heizung oder Klimaanlage brauchen. In einem Artikel der Software-Design-Firma Autodesk, der Kunden wie Tesla und Apple anführt, heißt es, dass «die Jobstabilität für FANUCs selbst-replizierende Roboter einen bisherigen Höchststand erreicht hat».

Weniger schlagzeilenträchtig ist jedoch eine unendliche Zwischenzeit, in der einige Menschen nicht von Robotern ersetzt werden, stattdessen aber wie sie agieren müssen. In *On the Clock* beschreibt Guendelsberger, wie sie diese Realität körperlich spürt, und beklagt, dass Menschen «immer mehr mit Computern, Algorithmen und Robotern konkurrieren müssen, die niemals müde, krank oder depressiv werden oder mal einen freien Tag brauchen».[108] Als sie eines Tages vor Schmerz und Erschöpfung bei Amazon kollabiert, hilft ihr ein langjähriger Mitarbeiter, Ibuprofen von den Automaten zu kaufen, welche die Firma auf dem Flur des Lagerhauses aufgestellt hat, und rät ihr: «Pass auf, dass Du es damit nicht übertreibst ... Ich muss vier davon nehmen, damit ich mich so fühle wie jetzt.» Angesichts ihrer Erfahrungen, ist Guendelsberger bemerkenswert offen für Taylor, der hoffte, dass die resultierende Produktivitätssteigerung Wert schöpfen würde, an dem die Arbeiter Anteil hätten. Aber dann weist sie auf das Diagramm von

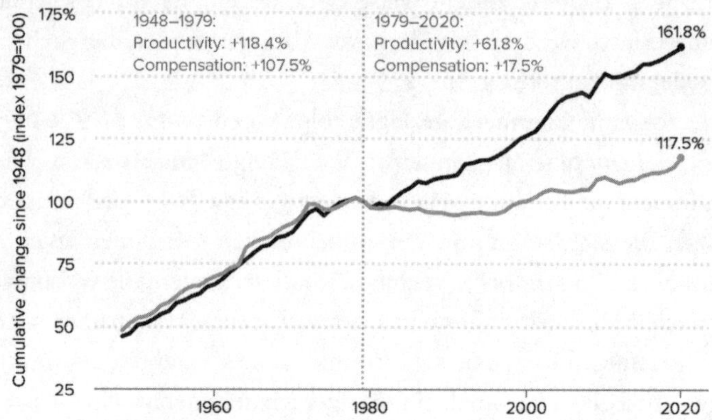

Notes: Data are for compensation (wages and benefits) of production/nonsupervisory workers in the private sector and net productivity of the total economy. "Net productivity" is the growth of output of goods and services less depreciation per hour worked.

Source: EPI analysis of unpublished Total Economy Productivity data from Bureau of Labor Statistics (BLS) Labor Productivity and Costs program, wage data from the BLS Current Employment Statistics, BLS Employment Cost Trends, BLS Consumer Price Index, and Bureau of Economic Analysis National Income and Product Accounts.

Economic Policy Institute

Wachstum versus Löhnen in den Vereinigten Staaten hin, in dem die Kurve für Löhne nach den 1970ern gegenüber der Produktivitätskurve jäh abfällt.[109] Heute führt mehr Produktivität weder zu freier Zeit, noch zu Geld für die amerikanischen Arbeiter. Ihre Zeit bedeutet zwar mehr Geld, aber für jemand anderen.

Vor diesem Hintergrund existiert ein verständlicher Anreiz, oberhalb der Trennlinie für Arbeit zu bleiben – oder wie manche sagen, «oberhalb des API» * (Application Programming Interface) –, wo das Gestal-

* Peter Reinhardt, CEO eines Unternehmens für Kohlenstoffeinspeicherung prägte offenbar den Ausdruck «über dem API» in einem Blog-Post von 2015 mit dem Titel «Replacing Middle Management with APIs» [«Die mittlere Führungsebene durch APIs ersetzen»]. Indem er automatisierte Prozesse bei Uber (freiberufliche Fahrer) und 99designs (freiberufliche Designer) beschreibt, gibt er Beispiele dafür, wo eine Codezeile von Menschen ausgeführt wird: «Das Uber-API

ten einer taylorisierten Schnittstelle bedeutet, nicht in ihr arbeiten zu müssen.[110]

In einem Video von 2019 über die Automatisierung von Call-Center-Jobs interviewte die Korrespondentin für Arbeit, Aki Ito, Laura Morales, eine Mitarbeiterin von OutPLEX, einem Call Center in Santo Domingo in der Dominikanischen Republik.[111] Morales, früher selber Telefonberaterin des Centers, arbeitete sich hoch und wurde ausgewählt, um den Einstieg des Unternehmens in die Automatisierung zu begleiten. Ihre neue Bezeichnung ist Chatbot-Designer. Nach einer Runde durch das Call-Center und einem Besuch bei Morales zu Hause, führen die beiden bei einem Drink ein seltsames Gespräch:

> Ito: Fühlt sich ein kleiner Teil von Ihnen schuldig, weil Sie den Job wegautomatisiert haben, der Ihnen den Start in Ihre Karriere ermöglicht hat und der im Augenblick der Job vieler Ihrer Kollegen ist?
> Morales: Überhaupt nicht, null Schuldgefühl.
> Ito: Ohne Zögern?
> Morales (an ihrem Drink nippend): Es passiert ja schon.
> Ito (resigniert): Sie könnten auch dazu gehören.
> Morales: Zum Glück gehöre ich dazu.

In *Labor and Monopoly Capital* gibt es eine surreale Passage, in der Braverman den Enthusiasmus der 1960er Jahre für die Taylorisierung von Büros beschreibt. Da er selbst sowohl in der metallverarbeitenden Industrie als auch im Verlagswesen gearbeitet hat, kann Braverman diesen Wandel gut beurteilen, und die Lektüre von Büchern wie *Scientific Office Management* führt ihm Zeitstudienmänner vor Augen, welche die Sekunden messen, die nötig sind, um Papier ordentlich zu stapeln, zum Trinkbecken zu laufen oder einen Drehstuhl zu schwenken.[112]

schickt einen Menschen los, um von Punkt A zu Punkt B zu fahren. Und das 99designs Tasks-API lässt einen Menschen ein Bild in ein Vektor-Logo umwandeln (schwarz, weiß und farbig). Menschen sind gerade dabei buchstäblich zu Zahnrädern in einer Maschine zu werden, komplett anonymisiert hinter einem API.» Reinhardt befürchtet, dass «die Softwareschicht dicker und damit die Kluft zwischen Unter-dem-API-Jobs und Über-dem-API-Jobs breiter wird».

Aber das Beste ist, wenn sie timen, wie lange es dauert, eine Stechkarte zu lochen:

Stechen der Kontrolluhr	
Auffinden der Karte	0,0156 [Minuten]
Herausnchmcn aus Ständer	0,0246 [Minuten]
Einstecken in Uhr	0,222 [Minuten]
Herausziehen aus Uhr	0,0138 [Minuten]
Platz suchen	0,0126 [Minuten]
Karte in Ständer stecken	0,0270 [Minuten]
	0,1158 [Minuten]

Hier wurden selbst mentale Teile des Prozesses wie «Auffinden der Karte» und «Platz suchen» zeitlich genau bestimmt (0,0156 Minuten, beziehungsweise 0,0126 Minuten). Das verweist auf eine andere Anwendung der Arbeitsteilung, nämlich die Dequalifizierung von Wissensarbeit. Braverman beschrieb in den 1970er Jahren etwas, das sich heute anhört wie Content-Moderation oder andere kognitive Beschäftigungstherapien: «Die Arbeit wird immer noch im Kopf geleistet, doch wird das Gehirn so eingesetzt wie der Detailarbeiter in der Produktion seine Hand benutzt, nämlich so, dass es einzelne ‹Daten› immer wieder ergreift und wieder loslässt.»[113]

Während ich dieses Buch las, dachte ich daran, wie die Zeit von Social-Media-Usern ebenfalls Zeit für die Plattformen und Anzeigenkunden ist.*

Ich googelte «Wie misst Instagram die Sekunden, in denen ein Post betrachtet wird?». Eines der Top-Ergebnisse war etwas mit dem Titel «Was ist die Durchschnittszeit, die jemand darauf verwendet, einen Instagram Post anzuschauen?»[115], auf einer Seite namens Wonder. Sie war von freiberuflichen Wissenschaftlern geschrieben worden, die sich «Ashley N.» und «Carrie S.» nannten, offensichtlich auf Anfrage eines zahlenden Kunden hin. Dieser Service erschien wie eine Mischung aus dem Fragen-

* Darauf Bezug nehmend, hat der Soziologe Richard Seymour die sozialen Medien eine «Chronophage» genannt, etwas, das «Zeit frisst».[114]

Beantworten von Quora und dem Mikrotasking von Fiverr, wo Freelancer kleine Jobs annehmen, die alle bei 5 Dollar beginnen. Auf der Hauptseite lautete ein Erfahrungsbericht: «Ich liebe Wonder. Es ist, als hätte man auf Abruf einen Elitehochschulabsolventen als persönlichen Forschungsassistenten, der niemals schläft (oder sich beklagt).»[116] Inmitten meiner Recherchen hatte ich selbst das Gefühl, als blickte ich auf die Mikrotasking-Version meiner eigenen Arbeit.

Auf Glassdoor, einer Unternehmensbewertungs-Website, beschrieb ein Mitarbeiter von Wonder Research 2018 den dort üblichen Vierstunden-Timer, der vermeintlich die Option bot, die Zeit bei Bedarf um 30 Minuten zu verlängern.[117] Trotzdem herrschte bei Wonder Research dieselbe Undurchsichtigkeit wie auf anderen Plattformen: «Sie müssen ihr System wohl gerade geändert haben, weil keine solche Verlängerung existiert.» Am Ende der vier Stunden wurde, was immer der Wissenschaftler fertiggestellt hatte, automatisch zum Review abgeschickt. (Die Bewertung eines anderen Mitarbeiters aus dem darauffolgenden Jahr gab an, dass jeder Auftrag mit 16 bis 32 Dollar bezahlt wurde.) Wenn die Arbeit kein entsprechendes Rating bekam, dann wurde sie dem Urheber zur Überarbeitung zurückgeschickt, und wenn dieser nicht wach oder online war, um die Verbesserungen vorzunehmen, dann wurde die Arbeit verworfen und der Mitarbeiter bekam keine Bezahlung. «Wirklich eine Verschwendung von wertvoller Zeit», schrieb der Rezensent.

Die gelebte Erfahrung einer Person, die mit einem anonymen, algorithmischen und undurchschaubaren Interface arbeitet, ist nur *ein* Beispiel dafür, dass die Automatisierung Arbeit weniger ersetzt, als dass sie ihren Inhalt, ihre Bedingungen und Geografie umgestaltet. In seiner Geschichte des Luddismus gibt Gavin Mueller einen hilfreichen Überblick über solche Umgestaltungen, wie etwa «Potemkin AI», Jathan Sadowskis Begriff für «Dienste, die vorgeben, mit hochentwickelter Software betrieben zu werden, jedoch tatsächlich auf Menschen zurückgehen, die irgendwo anders wie Roboter agieren».[118] Wenn man sich die «menschliche Cloud» vorstellt, dann können diese Menschen von überallher angeheuert und für ihre Zeit sehr spärlich bezahlt werden. Mueller erwähnt den Fall von Sama (früher Samasource), das Niedriglohnarbeiter aus Kibera, Kenia, (das als Afrikas größtes Elendsviertel gilt) rekrutiert, um die stumpfsinnige und endlose Arbeit der Einspeisung von Daten in ein maschinelles Lernsystem zu verrichten. Während das Erbe des Taylorismus immer smarter wird, gestaltet sich die Arbeit immer geistloser, billiger, schneller und weiter verstreut.

Als eine Form taylorisierter Kopfarbeit birgt so etwas wie Content-Moderation neben der Sinnlosigkeit noch andere Gefahren. In einem Verge-Artikel von 2019 über Cognizant, den Content-Moderation-Dienstleister, den Facebook nutzt, beschreibt Casey Newton einen sehr speziellen Arbeits-Zeitplan: Von den Moderatoren wird verlangt, mindesten 15 bis 30 Sekunden von jedem Video anzuschauen, das womöglich etwas unsagbar Schreckliches enthalten kann.[119] Die Angestellten bekommen neun Minuten «Wellness»-Zeit pro Tag, um mit diesem Trauma zurechtzukommen. Der Arbeitsplatz hatte so seine eigenen modernen Praktiken von «Knabbern und Knapsen»: Von den Mitarbeitern wurde erwartet, dass sie jedes Mal, wenn sie die Toilette aufsuchten, eine Browsererweiterung verwendeten, und weil Cognizant seinen Sitz in Florida hat, musste das Unternehmen keine Krankentage akzeptieren. Ähnlich einer düsteren Version der Billow-Fütterungsmaschine erzählte eine Frau im Gespräch mit Newton, dass ihr, als ihr einmal bei der Arbeit schlecht war und sie alle ihre Toilettenpausen aufgebraucht hatte, ein Manager einen Mülleimer brachte, in den sie sich übergeben sollte.

Der Job der Content-Moderation ist auf unbequeme Weise irgendwo zwischen dem eines Menschen und dem einer Maschine angesiedelt. Einerseits wird das Menschsein (mit körperlichen Bedürfnissen und, ebenso wichtig, emotionalen Limits) als ein Arbeitshindernis betrachtet, denn der Verkauf von Arbeitszeit setzt idealerweise einen Arbeiter voraus, der voll mit Arbeitszeit jedoch ohne andere Arten von Zeit, wie etwa biologische oder soziale Zeit, ist. Aber andererseits erfordert Content-Moderation auch menschliche Züge wie Empathie, Moral und kulturell verankertes Urteilsvermögen. Ein Psychopath würde einen schrecklichen Content-Moderator abgeben. Mark Zuckerberg und andere stellten sich vor, dass KI eines Tages für uns Content moderieren würde. Aber wie der Juraprofessor James Grimmelman hervorhob, haben selbst Menschen «Schwierigkeiten damit, zwischen Hassrede und

Parodien von Hassrede zu unterscheiden, und KI bleibt noch weit hinter den menschlichen Fähigkeiten zurück».[120]

Man kann Content-Moderation gewissermaßen als einen «Cyborg-Job» betrachten. Und doch wirft die Tatsache, dass ihre Akteure einerseits wie Roboter, andererseits aber genuin menschlich sein müssen, Fragen über viele andere scheinbar untaylorisierbare Arbeitsformen auf. Wenn Sie Grund dazu haben – und viele haben das –, dann können Sie alles so bemessen, dass ein bestimmtes numerisches Ergebnis maximiert wird: Wörter eines Contents pro Tag, Steigerung von Test- und Lernergebnissen pro Semester und Klienten, Kunden oder Patienten am Tag. Sozialarbeit, die ein unglaublich hohes Maß an Aufmerksamkeit für Kontext, Nuancen und Persönlichkeit erfordert, wird von der Bürokratie ebenso zerstückelt wie jede andere Form von Dienstleistung. Mueller zitiert einen Sozialarbeiter: «Wenn ich in einer Fabrik hätte arbeiten wollen, dann hätte ich in einer Fabrik gearbeitet.»[121] In solchen Jobs, die notwendigerweise immer noch (oder für immer) von Menschen verrichtet werden, demoralisieren Versuche, Arbeit zu kodifizieren und zu intensivieren, die Leute immer mehr, so, wie es auch bei den Angestellten der Fall war, die mit den ersten taylorisierten Aufgaben konfrontiert waren. Bei Cognizant, wo trotz der Bedingungen weiter Menschen arbeiten, erklärte ein Angestellter Newton, sie seien nur noch «Körper auf Stühlen».

Solche Körper vor Augen, existiert trotzdem immer noch so viel Anreiz wie eh und je, Zeit in mehr Geld zu verwandeln und für eine «dichtere Ausfüllung der Poren der Arbeitszeit» zu sorgen. Viele Unternehmen verkaufen Gamification-Systeme und Leaderboards (wie die von StaffCop und Teramind) an Call-Center wo sie auf Bildschirmen und Mobilgeräten erscheinen. Als ich 2021 die Website eines solchen Unternehmens, Spinify, besuchte, poppte ein Fenster auf, in dem zu lesen war, «Willkommen bei Spinify! Wettbewerbe, die Ihnen Sichtbarkeit und Anerkennung im Team verleihen», gefolgt von drei beliebigen Bildern mit Leuten in irgendwelchen Kreisen, die offensichtlich demonstrieren sollten, dass das Ganze mit Menschen zu tun hatte.[122] Es gab keinen X-Button, um das Fenster zu schließen, nur die Optionen «Chatte mit uns», «Demo anfordern» und «Ich browse nur». Bei dem Versuch, das Fenster loszuwerden, klickte ich «Ich browse nur», aber das führte lediglich dazu, dass sich ein Chatfenster öffnete, wo ein Chatbot antwortete, «Hab Spaß beim Browsen. Brauchst Du was bin ich da *[sic]*.» Und darauf wiederum folgte unmittelbar ein Angebot für «Das ultimative Sales Enablement-Strategie-Playbook», während ich in das nun veränderte Textfeld meine E-Mail-Adresse eingeben sollte.

Die Angabe meiner E-Mail-Adresse höflich ablehnend, scrollte ich durch die Angebote von Spinify und blieb bei einer Sektion namens «Gamify Your Team» hängen: «Setze nicht nur auf einzelne KPIs [Key Preference Indicators]. Verwende Deine Tiers und Badges Reps, sammle Punkte aus all ihren Goals und werde die Beste. Richte Celebrations ein, teile Nachrichten oder füge Countdown-Timer hinzu, um Spannung für Reps Goals aufzubauen [sic].»

Ein Beispiel eines Wettbewerbs nannte sich Eliminierung, die sich «auf den untersten Rang konzentriert und die Person auf dem letzten Platz wahllos eliminiert». Es ist unklar, was die Eliminierung in einer bestimmten Firma nach sich ziehen würde. In der begleitenden Illustration waren drei verniedlichte Figuren mit Statusbalken gezeigt, zwei von ihnen grün mit den Scores 55, beziehungsweise 63. Aber die dritte war rot, und anstelle einer Zahl hatte sie nur ein Mülleimer-Icon. Unten auf der Seite gab Graeme Johnston, Mitbegründer und Direktor eines nicht näher spezifizierten Unternehmens, einen etwas düster klingenden Bericht: «Spinify verstärkte den Wettbewerb im Team und brachte die Leute dazu, mehr Rechenschaft abzulegen. Man kann sich nicht mehr verstecken!»

Hinter den peppigen Parolen, freundlichen Comicfiguren und Pop-up-Fenstern verbargen sich ganz andere Implikationen: ein intensivierender Arbeitstakt, ein wenig freundschaftlicher Konkurrenzkampf und automatisierte Strafen. Ich musste dabei sofort an die Arbeitsplatz-Ästhetik in Keiichi Matsudas Science-Fiction-Kurzfilm von 2019, *Merger [Verschmelzung]*, denken. Hier sitzt eine namenlose Frau in einem Drehstuhl an einem rundum laufenden Schreibtisch, umgeben von verschiedenen holographischen Bildschirmen, und macht einen Job wie Kundenservice auf Steroiden.[123] Während Clippy, das Büroklammer-User-Interface von Microsoft Word, sie vom Schreibtisch aus beobachtet, tippt und wischt sie nervös, und immer mehr Bildschirme, Nachrichten und Meldungen erscheinen, begleitet von Dings und Boings. Mitten in dieser unerbitt-

lichen, allsehenden und personalisierten Fließbandatmosphäre kämpft sie sichtlich darum, Ruhe zu bewahren und hinterherzukommen.

Zu Beginn des Films hören wir eine Reihe von Empfehlungen einer Person (die Angestellte selbst, wie wir später realisieren), die jemandem nachspricht, der wie ein Therapeut aus dem Off klingt: «Beginnen Sie Ihren Tag mit Training. Das erhöht die Konzentration und trägt zu Ihrem allgemeinen Wohlbefinden bei. Richten Sie Ihre Arbeitsumgebung auf maximale Effizienz aus. Egal, was Sie vor sich haben, versuchen Sie in einem positiven Mindset zu bleiben.»

Weder Bentham noch Taylor hätte das missfallen. Diese Mitarbeiterin braucht keine Fütterungsmaschine; stattdessen nimmt sie ein Soylent-ähnliches Getränk mit einer Reihe Pillen zu sich und sagt dazu: «Ziel ist es, einen Laserfokus zu entwickeln und Wege zu finden, die Grenzen des menschlichen Körpers bei der Arbeit zu umgehen. Es bleibt nicht immer Zeit zur Nahrungsaufnahme, aber es gibt so viele innovative Möglichkeiten, um Körper und Geist aufzutanken.» Ironischerweise wird ihre Zeit so effizient absorbiert, dass man sich nur schwer vorstellen kann, wann sie einen freien Moment haben könnte, um noch ein weiteres Listicle darüber zu lesen, wie man in diesen harten Zeiten produktiver sein kann.

Merger ist ein 360-Grad-Film, aber anstatt dem Betrachter ein Gefühl der Freiheit zu geben, vermittelt das Umherscrollen klaustrophobische Empfindungen innerhalb der Video-Sphäre: Es gibt hier keine soziale oder biologische Zeit, keine physische Umwelt, keine persönliche Identität, keinen Humor, keine Mitarbeiter, keinen menschlichen Boss. Es gibt nur einen algorithmisch gelenkten Kosmischen Tag, 24 Stunden lang willkürlich wechselnde Hintergründe und unterschiedslose Arbeitszeit. Am Ende des Films begreifen wir, dass die Angestellte ihr Gespräch mit jemandem (oder etwas) führt, der dabei ist, sie «auf die andere Seite» zu versetzen. Von zehn rückwärts zählend, schließt sie erleichtert ihre Augen, um nun ein körperloser Algorithmus zu werden. Sie ist dem Reich der Daten entkommen, in dem Zeit kontrolliert werden kann. Sie ist selbst die Arbeit geworden.

Die Tragödie der austauschbaren Arbeitszeit besteht zunächst in ihrer historischen Assoziation mit Zwang, Ausbeutung und der Vorstellung des Menschen als Maschine. Zeit ist die strafende Dimension, in welcher der Lohnarbeiter sowohl gebenchmarkt als auch ausgepresst wird. Aber darüber hinaus wird eine Überbetonung der austauschbaren Zeit dem eigentlichen Wesen von Zeit und Arbeit nicht gerecht. Die industrielle Sichtweise von ‹Zeit als Geld› kann Zeit nur als Arbeit wahrnehmen, als die maskulinisierte Arbeit einer Maschine mit einem An/Aus-Schalter. Wie ein Raster, das sich vom taylorisierten Arbeitsplatz her ausbreitet, ob auf dem Flur einer Lagerhalle oder auf dem mobilen Interface einer Gig-Plattform, trägt dieses Gerüst zu einer Sichtweise von Individuen bei, für die Zeit quasi Privatbesitz ist – ich habe meine Zeit, und Du hast Deine, und wir verkaufen sie auf dem Markt. Es ist also nicht nur Dein Arbeitgeber, der Dich als 24 Stunden personifizierte Arbeitszeit sieht; es ist das, was Du siehst, wenn Du in den Spiegel schaust.

KAPITEL 2

Selbst-Timer

INTERSTATE 880 UND STATE ROUTE 84

Wichtiger als jeder gute Vorsatz für das neue Jahr ist ein Jahresbericht an Dich selbst. Dein «Ermittlungszeitraum» kann an jedem Tag beginnen – an jedem Tag, an dem Du beschließt, dass nun endlich die Zeit gekommen ist, jene Praxis der Selbstbilanzierung zu übernehmen, die den Status Deines Daseins in der Welt bemisst.

– P. K. Thomajan, «Annual Report to Yourself», in Good Business 1966[1]

Nur weil Du vorwärts gehst, heißt das nicht, dass ich rückwärts gehe.

– Billy Bragg, «To Have and to Have Not»[2]

Wir verlassen den Hafen südwärts auf der Interstate 880, eine der weniger malerischen Schnellstraßen der Bay Area, und zwar die, auf die alle gerne schimpfen. Ein weiterer doppelstöckig beladener Zug fährt parallel zu uns, und die Lücken zwischen den Containern geben den Blick auf schwarze zylindrische Waggons voll mit Öl frei. Eine Zeit lang erscheint unser Auto wie ein einsamer Käfer zwischen den Container transportierenden Lkws, aber als die Straße bergan, über das Zentrum von Oakland hinweg führt, bekommen wir Gesellschaft von Pendlern, Lkws für FedEx, Walmart und Amazon und ab und zu auch vom Bus der Oakland Technical High School. (Vor der Pandemie fuhr er öfter.) Zwischen flachen Industriegebäuden und dem sechsgeschossigen Bezirksgefängnis schließen sich die Autos von der Interstate 980 mit uns zu einer zäh fließenden anonymen Morgenmasse zusammen. Auf der Gegenfahrbahn fährt ein weißer Lkw vorbei, auf dessen Flanke «Daylight Transport – Saving Time since 1977» [«Daylight Transport – Zeitsparen seit 1977»] zu lesen ist.

«Bringen wir uns gemeinsam durch diesen Donnerstag!», sagt der DJ von Q102, dem Hit-Sender der Bay Area, bevor Werbung eingespielt wird. Upstart.com bietet an, unsere Schulden mit einem Kredit zu konsolidieren; Sakara Life will unsere Energie durch die Lieferung von Bio-Fertiggerichten fördern; Shopify weist darauf hin, dass Mütter überall die Plattform nutzen können und «vom First Sale zur Full Scale» [«Vom ersten Verkauf zum ganz großen Business»] übergehen können. Ein Podcast kündigt an, uns über Meme-Aktien, Kryptowährung und KI aufzuklären, «ob Sie ein routinierter Investor wie ich oder neu im Spiel sind». Zoom preist uns ein sogenanntes «Gemeinsames Paket» für große Unternehmen, kleine Betriebe und Privatpersonen an. Vor uns annonciert ein Werbeplakat, dass eine Tech-Firma «selbstfahrende Leute» anheuert.

In einem Artikel mit dem Titel «Warum Zeitmanagement unser Leben bestimmt» bemerkt Oliver Burkeman, dass wir, wenn unser Arbeitsplatz unsicher ist, «unseren Nutzen permanent durch fieberhafte Geschäftigkeit demonstrieren müssen».[3] Aber selbst wenn es nicht unbedingt nötig ist, Zeit als Geld zu betrachten, bleibt dieser Imperativ bestehen und hat oft einen moralischen Stellenwert. Wenn ich zum Beispiel versuche, mir das genaue Gegenteil von «fieberhafter Geschäftigkeit» vor Augen zu führen, dann denke ich an eine meiner Lieblingsfiguren aus *Futurama*, Hedonismbot, der wie ein unförmiger römischer Senator gestaltet ist und auf einer Chaiselongue liegt.[4] Bei seinen gelegentlichen Auftritten fordert Hedonismbot etwa, dass man ihn mit Schokoladenglasur bestreicht, fragt, ob die Orgiengrube «geschroppt und gebuttert» ist, und lässt Trauben über seinem Mund baumeln, während er ausruft, «Ich entschuldige mich für nichts!». Weit entfernt davon, «jede lichte Stunde zu optimieren» und umsichtig auf morgen zu blicken, konsumiert er Stunden (und viele andere Dinge) auf der Stelle und verkörpert scheinbar sündigen Abschaum.

Vor allem in den Vereinigten Staaten wird nicht einfach nur Geschäftigkeit an sich als gut angesehen – es geht vielmehr um ein spezielles Bild von Fleiß, welches das Ergebnis einer langen Romanze zwischen Moral, Selbstoptimierung und kapitalistischen Geschäftsprinzipien ist. Dies ist in großen Teilen dem Protestantismus geschuldet, einer äußerst strengen

und persönlichen Form des Christentums, die harter Arbeit huldigte. Der Protestantismus bildete sich mit dem europäischen Bürgertum heraus, das persönlichem Fleiß und Handel seine gesellschaftliche Dominanz verdankte.[5] Es handelt sich hier um dieselbe Rhetorik, die, wie im vorigen Kapitel beschrieben, in die Kolonien exportiert wurde. Gemäß der protestantischen Arbeitsethik, war man nicht dazu bestimmt, reich zu werden, um Geld auszugeben; Arbeit und die Mehrung von Wohlstand waren grundsätzlich gut als eine Möglichkeit, Gott zu dienen. Und wenn man es schaffte, reich zu werden, dann waren es nicht die eigenen Reichtümer, die man einfach ausgeben durfte; sie gehörten Gott und signalisierten ewiges Heil. Reich zu sein, aber asketisch zu leben, galt als der richtige Weg, und das «Business» des Lebens war eine moralische Angelegenheit.

Als eine Form des Protestantismus lud der Puritanismus des 17. Jahrhunderts zu Introspektion und permanenter Selbstbeurteilung, gemessen an einem hohen moralischen Standard ein, eine Praxis, die den Gebrauch von Tagebüchern voraussetzte, auf deren Grundlage Selbstbeobachtung und -einschätzung stattfinden konnte.[6] So befindet Margo Todd etwa bei genauerer Lektüre der Tagebücher von Samuel Ward, einem puritanischen Minister, der zwischen 1592 und 1601 schrieb, dass Ward «sich selbst als Prediger und Auditor, Mahnender und Büßer zugleich» darstellte.[7] Diese Spannung, so schreibt Todd, erklärt seinen uneinheitlichen Gebrauch von Pronomina sogar innerhalb eines einzigen Satzes – etwa in Beschreibungen wie «Deine Maßlosigkeit beim Essen, die Deinen Körper krank machte; auch meine Nachlässigkeit beim Beten …» In diesen Schriften spricht Ward mit der Stimme Gottes, wenn er sich ermahnt, und in seiner eigenen Rolle als Sünder, innerhalb einer Sphäre von Schuldbekenntnis und Tadel zugleich. (Hedonismbot hätte ihn sicherlich angewidert.)

Während der Industrialisierung in den Vereinigten Staaten war die protestantische Arbeitsethik bedroht, vor allem, weil Fließbandjobs weniger Raum für Weiterentwicklung boten und weniger sinnhaltig waren.[8] Dennoch hat das Gefühl überlebt, dass ein bestimmtes Modell von Sparsamkeit und Tüchtigkeit, ebenso wie der Hang zur Selbstbilanzierung, grundsätzlich gut sind. Und so bereitete die Rhetorik der «persönlichen Weiterentwicklung», die sich durch die gesamte amerikanische Kultur zog, dem Taylorismus den Boden. Letztlich beschränkte sich aber der Taylorismus als System zur Zeitordnung und Profitsteigerung niemals nur auf den Arbeitsplatz; das wäre unmöglich gewesen, zu einer Zeit, in der, wie Taylor es in den *Principles of Scientific Management* formulierte, «das *ganze Land* seinen wachsenden Wohlstand der größeren Produktivität jedes Einzelnen verdankt».[9] So war der Taylorismus nur Teil einer Obsession für Rationalisierung, Effizienz und Bewertung, welche die Kultur der Progressive Era, der fortschrittlichen Ära Amerikas, ganz und gar durchdrang.

Was passiert, wenn man versucht, den Taylorismus bei sich selbst anzuwenden? Eine mögliche Antwort findet sich in Donald Lairds Buch von 1925, *Increasing Personal Efficiency [Persönliche Effizienzsteigerung]*, «ein praktisches und detailliertes Handbuch, das dem Leser Schritt für Schritt zu besserer Selbstbeherrschung verhilft».[10] Laird, ein Psychologe, dessen Arbeit die moderne Ergonomie, Persönlichkeitstests und Self-Tracking vorwegnahm, spart nicht mit Bewunderung für Taylor und beklagt, dass nicht noch mehr Lebensbereiche ordentlich taylorisiert sind: «Ingenieure haben diese Welt im vergangenen Jahrhundert auf bemerkenswerte Weise verbessert; aber ich finde keine Autorität, die mir bestätigen könnte, dass der Mensch selbst sich in den letzten zwei Dutzend Jahrhunderten verbessert hat. Glauben wir den Argumenten der Eugeniker, dann müssten wir daraus sogar ableiten, dass die Menschheit in der Tat verkommt.»[11] Lairds Verweis auf «die Eugeniker» greift den Anfangsaspekt seines Buches wieder auf – die Zahl der Menschen, die damals wegen psychischer Erkrankungen in einer Institution aufgehoben waren. Vom systematischen Standpunkt aus interpretiert Laird mentale Zusammenbrüche als bedauernswerte Anzeichen verlorener Produktivität, ein Problem, das durch bessere Arbeitspraktiken gelöst werden könnte.

In einem Versuch, tayloristische Prinzipien von der Fabrik in den Geist zu verlagern, verspricht *Increasing Personal Efficiency*, dass man seinen Output signifikant erhöhen kann, indem man sein eigener «Zeitstudienmann» wird. Nachdem er auf Effizienzsteigerungen in Büros, Häusern und Autos hingewiesen hat, wagt er «eine persönliche Frage»: «Haben Sie ihrer persönlichen geistigen Effizienz genauso viel Aufmerksamkeit gewidmet? Mauern Sie ihre geistigen Ziegelsteine mit 18 Bewegungen oder mit 5?»[12] Die kulturelle Fixierung auf Geschwindigkeit, Kontrolle und die zielstrebige Meidung des Nutzlosen zieht sich durch das ganze Buch. Nach einer Passage, die Deine Schnelllesefähigkeit testet, drängt Dich Laird, beim Lesen «übermäßige Augenbewegungen zu vermeiden»[13], und gibt diesen einigermaßen verwirrenden Rat: «Lesen Sie nicht, was auf Zügen, Autos oder Bussen steht. Und schauen Sie auch nicht aus dem Fenster. Sehen Sie sich stattdessen die anderen Reisenden an und entspannen Sie sich. Jede Minute vollkommener Entspannung während der Fahrt kann von ihrem Schlaf abgezogen werden.»

Einer der düstersten und zugleich faszinierendsten Aspekte von *Increasing Personal Efficiency* ist die Art, wie das Buch eine Arbeitsaufteilung für das Denken selbst einführt. Laird eröffnet ein Kapitel mit dem Titel «Effektives Denken» mit einem bildhaften Vergleich.[14] Zuerst sehen wir einen leitenden Angestellten, der still alleine dasitzt, maschinengeschriebene Blätter durchsieht und lange eine kleine Karte betrachtet, bevor er einen Stenografen ruft. Die ganze Zeit über «war er offenbar bewegungslos wie eine Statue. Aber hat er nichts getan? Er tat vermutlich die schwerste Arbeit der Woche. Der Mann, den wir gerade beobachtet haben, war mit aktivem Denken beschäftigt.» Als Nächstes sehen wir ein Mädchen in einem bequemen Sessel, in ein Buch vertieft, während die Vorhänge im Wind flattern. Auch sie rührt sich nicht – bis sie träumerisch aufschaut, vor ihrem geistigen Auge Ritter und edle Damen.

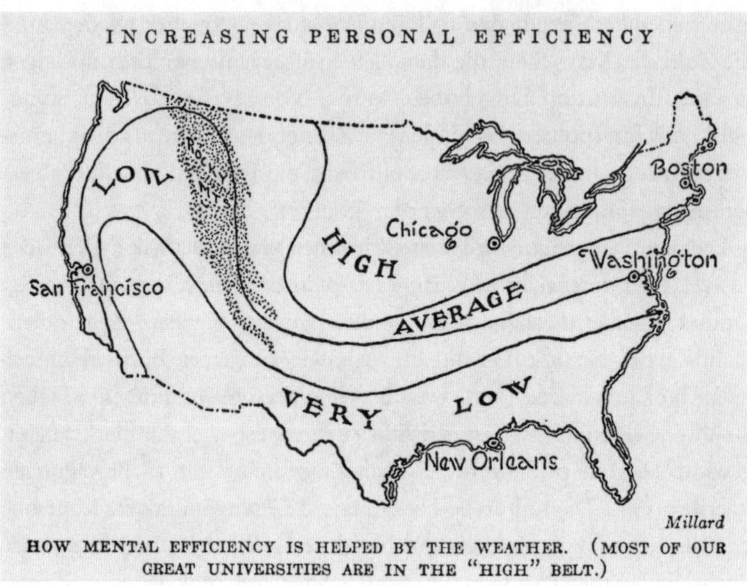

HOW MENTAL EFFICIENCY IS HELPED BY THE WEATHER. (MOST OF OUR GREAT UNIVERSITIES ARE IN THE "HIGH" BELT.)

Laird räumt ein, dass das Mädchen, wie der Geschäftsmann, nicht gerade nichts tut. «Auch sie war mit Denken beschäftigt», so schreibt er, «aber nicht auf die aktive, konstruktive Weise, die wir in der vorigen Szene beobachteten.» Der Unterschied hat mit dem zu tun, was das Denken hervorgebracht hat, vor allem unternehmerisch ausgedrückt: «Sie hat nichts geleistet, außer der Befriedigung ihrer Sehnsucht nach Romantik. Unser Geschäftsmann hat infolge seiner Stunde aktiven Denkens womöglich sein Tätigkeitsfeld revolutioniert.» Mit seiner Betonung der Intentionalität, könnte man Lairds aktives Denken irrtümlicherweise für das halten, was wir heute Achtsamkeit nennen. Aber aktives Denken, das «den Menschen vom Tier trennt», klingt für mich aggressiver. Es lässt etwas erkennen, das Samuel Haber in seiner Geschichte der Effizienz der Progressive Era beschrieb: eine «Hinwendung zu harter Arbeit und eine Abkehr vom Gefühl, hin zur Disziplin und weg vom Mitgefühl, hin zur Maskulinität und weg von der Unmännlichkeit».[15]

Am Ende des Kapitels über effektives Denken wird man ermahnt, sich selbst zu fragen: «Verbringe ich mehr Zeit mit aktivem Denken als mit passivem Denken?»[16] Mit anderen Worten, bin ich der Boss meines eigenen Geistes? Die seltsame Wahrheit liegt darin, dass Lairds Leser beides ist, der Zeitstudienmann und der Getimte, der Unternehmer und das tagträumende Mädchen. Anstelle der Frage «Wie viel ZEIT zahlen sie Dir?» haben wir hier nun etwas wie «Wie viel ZEIT zahlst Du Dir selbst?». Laird möchte nicht, dass man bei seiner Arbeit nachlässt – Schauen Sie nicht aus dem Fenster! –, nicht einmal im Bereich des eigenen Geistes. Er möchte uns einen Gefallen tun und uns helfen, in Form zu kommen, bevor wir im Wettbewerb untergehen, so wie ein Fabrikmanager, der das *Factory Magazine* nicht gelesen hat.

Auch wenn die Formen und Ausdrucksweisen der Persönlichkeitsentwicklung sich im 20. Jahrhundert gewandelt haben, bleibt das Erbe des Taylorismus in vielen Zeitmanagement-Handbüchern deutlich erkennbar. Generell kann man ihre Ratschläge wie folgt zusammenfassen:

1. Führen Sie immer detailliertere Aufzeichnungen darüber, wie Sie Ihre Zeit verbringen, um Defizite zu erkennen und Ihren Produktivitätszuwachs zu messen. (Dieser Teil beinhaltet oft das Ausfüllen einer Zeittabelle mit Schritten von nur 15 Minuten.)
2. Finden Sie heraus, welches Ihre produktivste Tageszeit ist, und verteilen Sie Ihre Arbeit entsprechend.
3. Vermeiden Sie um jeden Preis Ablenkungen, alles, was nicht mit Ihrer Arbeit zu tun hat. (Was vorher Zeitstehlen von Ihrem Chef war, bedeutet nun Zeitstehlen von Ihnen selbst als Chef.)

Innerhalb gewisser Grenzen und bei bestimmten Arten von Arbeit ist das kein schlechter Rat. Aber setzt man das in den historischen Kontext, dann ist interessant, welche Art von Zeit wir mit diesem Raster erfassen sollen. Es ist die austauschbare Zeit, die wir im letzten Kapitel kennengelernt haben, und das Konzept, dass jedes Individuum den gleichen «Vorrat» dieser austauschbaren, verwertbaren Stunden hat, ist noch immer die Grundlage des gängigen Zeitmanagements. Und obwohl das eine offensichtlich falsche Charakterisierung unserer tatsächlichen Zeitwahrnehmung ist, teilen viele Menschen noch immer die Meinung, dass «jeder die gleiche Anzahl von Stunden pro Tag hat» – im Grunde, dass jeder mit der gleichen Anzahl von Stunden in Gottes Bank auf die Welt kommt. So schreiben Roy Alexander und Michael S. Dobson in ihrem 2008 erschienen Buch *Real-World Time Management*:

> Ihre Zeit ist nicht annähernd so knapp wie das weitverbreitete Gejammer es suggeriert. Sagen wir, Sie arbeiten 40 Stunden pro Woche, fast 49 Wochen im Jahr (52 Wochen minus 2 Wochen Urlaub und 6 gesetzliche Feiertage). In einem Jahr beläuft sich Ihre Arbeitszeit auf 1952 Stunden. Ziehen Sie das von Ihrer insgesamt zu investierenden Zeit ab – 8760 (365x24) Stunden im Jahr. Dann ziehen Sie 488 Stunden für Fahrtwege zu und von ihrer Arbeitsstelle ab. 1095 Stunden für Mahlzeiten (3 Stunden am Tag, an jedem Tag des Jahres), dann weitere 365 Stunden für Ankleiden und Auskleiden (1 Stunde am Tag) und 8 Stunden Schlaf in der Nacht – setzen Sie 2920 Stunden dafür an. Ihr Abzug beträgt alles in allem 6820 Stunden. Subtrahieren Sie 6820 von 8760, und Sie erhalten 1940 Stunden, in denen Sie tun können, was Sie wollen. Das sind fast 81 Tage, von denen jeder 24 Stunden enthält, 22 Prozent des ganzen Jahres![17]

Das Buch ist ganz offensichtlich nicht für all diejenigen geschrieben, die sich mit Betreuungsaufgaben oder häuslichen Pflichten aufhalten müssen, aber dazu kommen wir in Kürze. Nehmen wir jetzt einmal an, dass Ihnen wirklich 1940 Stunden zur Verfügung stehen, mit denen Sie machen können, was Sie wollen. Wie in der wissenschaftlichen Betriebsführung können Sie statt mit Arbeitsstunden auch immer mit Arbeitsminuten rechnen. In seinem Buch *15 Secrets Successful People Know about Time Management: The Productivity Habits of 7 Billionaires, 13 Olympic Athletes, 29 Straight-A-Students, and 239 Entrepreneurs [15 Geheimnisse, die erfolgreiche Leute über Zeitmanagement wissen: Die Produktivitätsgewohnheiten von 7 Milliardären, 13 Olympiasportlern, 29 Einser-Studenten und 239 Unternehmern]* beschreibt Kevin Kruse, wie er ein riesiges Poster mit der Zahl 1440 in seinem Büro aufhängt: «Ich möchte Sie ermutigen, das selbst auszuprobieren. Schreiben Sie einfach eine große 1440 auf ein Stück Papier und kleben Sie es an Ihre Bürotür, unter Ihren Fernseher, neben Ihren Computerbildschirm – wo auch immer es Sie am besten an die stark begrenzte und so verdammt wertvolle Zeit erinnern kann, die Sie jeden Tag haben.»[18] Und wieder heißt es, dass Sie die gleiche Anzahl von Minuten haben wie jeder andere auch. Die einzige Aufgabe besteht darin, diese Minuten immer effizienter durch Ihr Unternehmen hindurchlaufen zu lassen,

als würden sie besonders sauberen Kraftstoff benutzen. Das ist wichtig, denn, wie Kruse schreibt, «Sie können nicht mehr Zeit generieren, aber Sie *können* Ihre Produktivität steigern. Die Verbesserung Ihrer Energie und Ihres Fokus ist das wichtigste Geheimnis, um in der gleichen Zeit zehn Mal produktiver zu sein.»[19] Momente – Ihre Momente – sind die Bausteine des Profits.

Verkehrsstau ist normalerweise nicht das, was in anderen Leuten gute Gefühle weckt. Während unsere Autos sich den Freeway zwischen den verblichenen roten Lärmschutzwänden entlangschieben, wird jede Bewegung, die ein Fahrer macht, entweder von einem anderen vorweggenommen oder neidisch verfolgt. Im Innern der Autos vertreiben sich Menschen die Zeit, indem sie Dinge hören, die wir nicht hören können, telefonieren, essen, sich schminken oder Shows auf Mobiltelefonen anschauen, die am Armaturenbrett festgeklemmt sind. Während einige sich in ihr Schicksal ergeben haben, schlängeln sich andere rastlos durch jede kleine Lücke, die sie erwischen. Als wir uns der Vorstadt von Hayward nähern, kriechen wir am gnadenlosen Blick des 880 Minion vorbei, eine bemalte Metallskulptur eines bakterienförmigen, Overall tragenden Minion aus Ich – Einfach unverbesserlich, *die jemand auf seinem Dach befestigt hat, so dass sie über der Lärmschutzwand aufragt.*

***

Mit ihrem vermeintlichen Egalitarismus scheint diese Betrachtungsweise der Zeit in einer Bootstrapping-Kultur gut zu gedeihen. Passenderweise kam die moderne Bedeutung von *Bootstrap* – «sich selbst durch intensive Anstrengung, ohne fremde Hilfe zu verbessern» – um dieselbe Zeit auf, in der auch Bücher wie das von Laird erschienen.*

Die heutige Bootstrapping-Kultur – die sich an neoliberalen Werten orientiert und sich durch den Rückgang öffentlicher Dienstleistungen, die Fragmentierung von Arbeit und die Erosion sozialer Sicherheitsnetze immer mehr verstärkt – fordert, dass jeder Einzelne für sein eigenes Schicksal verantwortlich ist und für seine eigene Sicherheit Sorge trägt. Um das zu gewährleisten, muss man seine eigene Zeit und Mühe investieren, sich selbst weiterbilden und auf eigenes Risiko arbeiten.[21]

In den Vereinigten Staaten kursiert die Idee vom Einzelnen-als-Unternehmer ebenso im kulturellen Äther wie in der Arbeitsstatistik. Eine Pew-Studie von 2012 fand heraus, dass 62 Prozent der Befragten aus den USA nicht einverstanden waren mit der Aussage «Erfolg im Leben wird von Kräften außerhalb unserer Kontrolle bestimmt».[22] Die Anzahl von Leuten, die so dachten, war in Spanien, Großbritannien, Frankreich und Deutschland (wo nur 27 Prozent anderer Meinung waren) niedriger. Als man wählen sollte zwischen «der Freiheit, Lebensziele ohne staatliche Einmischung zu verfolgen» und «staatlichen Garantien, dass niemand in Not ist» gewann die erste Option in den Vereinigten Staaten mit 58 Prozent gegenüber 35 Prozent, während sich diese Zahlen in den anderen vier Ländern im Grunde umgekehrt verhielten.**

In einer Studie von 2017 schrieben die US-Republikaner (wie zu erwarten), anders als die Demokraten, den Wohlstand einer Person «här-

* Ursprünglich war «sich an den eigenen Haaren aus dem Sumpf ziehen» («pulling oneself up by one's bootstraps»)[20] eine metaphorische Beschreibung dafür, das eigentlich Unmögliche zu versuchen. In einem Physikbuch von 1888 etwa, stand die Frage «Warum kann sich ein Mensch nicht selbst an den eigenen Haaren aus dem Sumpf ziehen?» direkt nach der Frage «Kann ein Mensch, der auf einer Gleiswaage steht, sich leichter machen, indem er an sich selbst zieht?».

**Diese Ergebnisse entsprechen einer späteren Pew-Studie von 2019, die ergab, dass ein Median von 53 Prozent der Befragten in Westeuropa und 58 Prozent der Befragten in Mittel- und Osteuropa mit der Aussage «Erfolg im Leben wird sehr stark von Kräften außerhalb unserer Kontrolle bestimmt» einverstanden waren, gegenüber 31 Prozent der amerikanischen Umfrageteilnehmer.[23]

terer Arbeit» zu und nicht etwa den «Vorteilen, die sie im Leben hatte», während sie Armut «mangelnder Anstrengung» zuordneten und nicht den «Umständen außerhalb ihrer Kontrolle».[24]

Das ist natürlich eine alte Debatte – Anstrengung versus Umstände. Wie ich in der Einleitung bereits erwähnt habe, ist die Frage, wie viel Spielraum jemand im Hinblick auf jene «Kräfte außerhalb unserer Kontrolle» hat, eines der immer wiederkehrenden Themen, nicht nur der Soziologie, sondern auch der Philosophie, insofern, als es irgendwann auch zu Fragen des freien Willens führt.[25]*

Aber was dieses Kapitel angeht, so kann man dem Thema auch durch ein Kartenspiel näher kommen. Ich habe es unter dem Namen «Arschloch» kennengelernt, aber es wird manchmal auch «Präsident», «Dreckskerl» oder «Kapitalismus» genannt, und offenbar kam es aus China, wo ähnliche Spiele (wie Zhēng Shàngyóu oder «gegen den Strom kämpfen») schon lange populär sind.[26]

Im Grunde genommen, ist Arschloch ein ganz normales Kartenabwurfspiel, bei dem man nur bestimmte Karten in bestimmten Momenten ablegen kann. Trotzdem wohnt diesem Spiel eine Art Generationengedächtnis inne. Der Gewinner der ersten Runde wird der «Präsident» und der Zweitplatzierte der «Vizepräsident», während der Verlierer das «Arschloch» wird und der zweite nach ihm das «Vizearschloch». Vor der nächsten Runde, muss jeder aufstehen und sich entsprechend um den Präsidenten herum platzieren. Das Arschloch muss mischen und neu ausgeben.

Wenn die Karten ausgegeben sind, muss das Arschloch zwei seiner besten Karten nehmen und sie gegen zwei beliebige Karten tauschen, die der Präsident loswerden will; das Vizearschloch tauscht eine mit dem Vizepräsidenten. Voilà! Eine Miniatur-Version struktureller Ungleichheit.**

* Zur Erforschung von «Kräften außerhalb unserer Kontrolle» siehe die Konzepte Feld, Habitus und kulturelles Kapital des Soziologen Pierre Bourdieu in *Praktische Vernunft. Zur Theorie des Handelns* und Harry Frankfurts Unterscheidung zwischen Wünschen erster Stufe (was man will) und Volitionen zweiter Stufe (was man wünscht zu wollen) in «Freedom of the Will and the Concept of a Person» («Willensfreiheit und der Begriff der Person»).

** Natürlich ist die Beziehung zwischen Regeln und Praktiken im wahren Leben

Das wirklich Quälende an diesem Spiel ist, dass, wenn Du das Arschloch bist, niemand die guten Karten sieht, die Du hattest und abgeben musstest, oder die schlechten, die Du erwischt hast. Und deshalb weiß auch niemand, inwieweit Dein schwaches Spiel mit dem anfänglichen Austausch zu tun hat oder mit der mangelnden Fähigkeit, die Karten, die man bekommen hat, gut zu spielen. Und weil die Regeln dieses Spiels nicht verhandelbar sind, ist Deine einzige Chance als Arschloch der verzweifelte Versuch, strategisch zu sein. Du musst Herr über Deine eigenen Karten sein.

Wenn wir dieses Spiel als Metapher nehmen, dann begreifen wir, wie sehr es sich lohnt, Menschen beizubringen, ihre Karten richtig zu spielen, in einer Kultur, die Wege zu veränderlichen Regeln systematisch blockiert. Die daraus erwachsende Rhetorik der Selbstbeherrschung, die für das Zeitalter von YouTube und Instagram umgestaltet wurde, findet ihren Höhepunkt mit einer Gruppe von Leuten, die ich ab jetzt «Productivity Bros» nennen werde, und vor allem mit einigen Produkten, die John Lee Dumas designt und verkauft. Unter anderem macht Dumas einen täglichen Podcast mit dem Titel *Entrepreneurs on Fire* [Unternehmer in Flammen], in dem Interviews mit erfolgreichen Unternehmern die Zuhörer zu eigenen unternehmerischen Projekten inspirieren sollen. «Wenn Sie es satthaben, 90% Ihres Tages damit zu verbringen, Dinge zu tun, die Sie nicht mögen, und nur 10% mit Dingen, die Sie lieben, dann sind Sie hier richtig», heißt es auf der Podcast-Website.[28]

2016 startete Dumas eine Kickstarter-Kampagne für etwas, das sich *The Freedom Journal* nannte, und versprach, dabei zu helfen, «Dein #1

komplexer und iterativer als in einem Kartenspiel wie «Arschloch». Aber dieses Extrembeispiel kann hilfreich verdeutlichen, wie es ist, verschiedene Positionen in einem Netzwerk von Vorteilen und Nachteilen einzunehmen. Tatsächlich wurde ein ähnliches Kartenspiel in einer Studie über die Wahrnehmung von Ungleichheit verwendet. Als Wissenschaftler der Cornell University Studienteilnehmern 2019 das «Swap Game» beibrachten, fanden sie heraus, dass die Gewinner das Spiel doppelt so oft als fair bezeichneten wie die Verlierer.[27] Zwar warnten die Wissenschaftler davor, Ergebnisse von Kartenspielen generalisiert auf sozioökonomische Ungleichheit zu übertragen, wiesen jedoch auf Ähnlichkeiten zu «Stratifizierungsprozessen im echten Leben hin, in denen die Verteilung von Chancen für die Verteilung von Ergebnissen eine Rolle spielt».

Ziel in 100 Tagen zu ERREICHEN».[29] Das in Leder gebundene Tagebuch wiederholt vor allem dieselben zwei Seiten immer wieder, auf denen die User aufgefordert werden, ihre Ziele zu definieren und dann ihre Fortschritte zu evaluieren, mithilfe von «10 Tages-Kurzzusammenfassungen» und vierteljährlichen Reviews. Dumas' Folgeprodukt, *The Mastery Journal,* beharrt auf der Quantifizierung von Aufgaben durch die Einteilung des Tages in vier Sessions mit selbst zu vergebenden «Produktivitäts-» und «Disziplin-»Scores. Diese Scores sollen gemittelt und in Zehntages-Produktivitäts-und-Disziplin-Diagramme eingetragen werden. Das *Freedom Journal* und das *Mastery Journal* wurden zusammen als Teil des «Success Pack für 2017» verkauft.[30] Die Kopplung von Freiheit und Beherrschung mag zufällig erscheinen, aber die Vorstellung, dass man zugleich befreit und beherrscht sein kann, sagt etwas aus über das ambivalente Gesicht des «Empowerment», der Selbstermächtigung.

Bei den Productivity Bros und vielen anderen hat sich die tayloristische Obsession für Routinen zu einer ungesunden Fixierung auf Morgenroutinen gewandelt. Craig Ballantyne, der sich selbst als «den diszipliniertesten Mann der Welt» beschreibt, hat mindestens zehn Videos zu diesem Thema gemacht.[31] In einem, «This Morning Routine Will Increase Your Productivity and Income» [«Diese Morgenroutine wird Ihre Produktivität und Ihr Einkommen steigern»], zeigt er, wie er seinen Morgen «beherrscht», um sein Traumleben zu leben und jedes Jahr in fünf neue Länder zu reisen. Wir sehen, wie er um 3:57 Uhr morgens aufwacht, «zwölf Minuten nach Mark Wahlberg und drei Minuten vor The Rock». Anders als andere Unternehmer, die ihren Morgen mit Yoga und Tagebucheinträgen verbringen, gibt sich Ballantyne 15 Minuten, um an den Computer zu kommen und an seinem Buch *The Perfect Day Formula: How to Own the Day and Control Your Life [Die Formel für den perfekten Tag: Wie Sie sich den Tag zu eigen machen und Ihr Leben kontrollieren]* zu arbeiten. Und natürlich wäre ein solches Video nicht komplett, ohne die Zubereitung eines Power-Smoothies.

Ballantynes andere Videos und Auftritte beinhalten Ratschläge, wie man folgende Dinge erreicht oder beherrscht: seine Ziele, Wettbewerb, Umsatz, Social Media, Chaos und das Leben selbst.[32] Die Freiheit, die Productivity Bros bieten, ist jedoch nicht einfach eine Form von Work-

Life-Balance innerhalb des Status quo. Sowohl Ballantyne als auch Dumas sind Anhänger von Tim Ferriss, Autor von *The 4-Hour Workweek [Die 4 Stunden-Arbeitswoche]*, die Freiheit von anderen Menschen verspricht – und von der Notwendigkeit, seine Zeit überhaupt zu verkaufen. Die Idee dahinter ist, dass man sich durch den Aufbau passiver Einkommensströme selbst von den Zwängen des Kapitalismus befreit, indem man ihn in der eigenen Person bündelt. Bücher wie Ari Meisels *The Art of Less Doing [Die Kunst, weniger zu tun]* versprechen, dass «moderne Methoden wie die 80/20-Regel, die drei Ds und plattformunabhängiges Repurposing Dir ermöglichen, eine hochleistungsstarke ‹Erfolgsfirma› im traditionellen Stil aufzubauen, die nur einen Angestellten braucht, um zu funktionieren».[33] Ebenfalls exemplarisch für das Genre ist die Website Screw the Nine to Five, deren Gründer uns mitteilen, wie sie Geld mit ihrer «Flotte von über 30 Online-Unternehmen» verdienen, während sie in Übersee leben.[34]

Verglichen mit anderen Versuchen, «den Nine-to-Five-Job loszuwerden» – gewerkschaftliche Organisation, Gesetzgebung und gegenseitige Hilfe –, soll der Reiz der Produktivitätslehre darin bestehen, dass man niemanden außer sich selbst braucht, um Freiheit zu erlangen. Das Problem ist aber, dass diesem Plan zufolge mehr Freiheit immer mehr (Selbst-)Beherrschung erfordert, ein immer besseres Ausspielen Deiner Karten. Zunehmend unfähig, irgendeinen Teil der Gegebenheiten um sich herum zu kontrollieren, riskiert der Konsument dieser Art von Selbsthilfe, sich gegen sich selbst zu wenden, durch fehlgeleitete Intensität, Selbstüberwachung mit Tabellen und Mittelwerten, Zielvorstellungen und der Zumessung von Strafen in einem säkularisierten Raum von «Bekenntnis und Tadel». Dieser Ansatz passt perfekt zur neoliberalen Weltsicht des totalen Wettbewerbs. Nicht nur, dass man keine Hilfe von anderen bekommt, sondern zudem wird jeder Dein Konkurrent, während Du eifersüchtig deine Zeit hütest und «überlädst». Ob Du genug Wert rausholst, hängt von Dir ab.

Die San Francisco Bay ist nicht weit weg, das müssen Sie mir jetzt einfach so glauben, denn sie ist auf unserer Fahrt nirgends zu sehen. Derzeit versperrt ein Logistikzentrum von XPO Logistics die Sicht, eine Firma, die von den Gewerkschaften wegen Lohndiebstahls und Ver-

suchen, Frachtlieferungen zu «uberisieren», angeklagt wurde.[35] *Gelegentlich wird die Monotonie des Verkehrsstaus unterbrochen durch den Anblick eines fast ganz weißen Reihers, der auf dem Weg in die Bay ist, eines massigen, rotschwänzigen Falken, der auf einem Tempolimit-Schild nach Nagetieren Ausschau hält, oder eines Truthahngeiers, der weite, schwankende Kreise am Himmel zieht. Ich habe erst kürzlich gelernt, dass diese Geier von allen Vögeln das größte olfaktorische System besitzen und Dinge aus einer Meile Entfernung riechen können. Hier im Auto können wir nur altes Plastik und Sitzpolster mit einem Hauch Bremsstaub riechen.*

Eine elektronische Anzeigetafel vor uns gibt die aktuelle Fahrtzeit nach Milpitas, zum San Jose International Airport und nach Menlo Park an, die sich je nach Verkehr immer wieder ändert. Diese Zahlen führen die fluktuierende Einbuße von Lebensminuten vor Augen, eine andere Art von Maut, als die, welche wir gleich auf der Brücke zahlen werden. Aber für die Menschen, die jene Minuten leben, haben die Zahlen unterschiedliche Bedeutung. Wir schauen wieder zu den anderen Fahrern hinüber, die sich durch ihre eigenen zeitlichen Topographien navigieren und sich hetzen, um einer unsichtbaren Anforderung nachzukommen. Auf der Suche nach erschwinglichen Wohnungen und einem angemessenen Ort, um Kinder großzuziehen, haben die Menschen begonnen, mehr als 150 Kilometer aus südlicher oder östlicher

Richtung zu Jobs in der Bay Area zu pendeln, und verbringen damit hin und zurück jeweils zwei bis drei Stunden im Auto.[36] *Auf die ein oder andere Weise versuchen die meisten Menschen hier einfach nur, die Dinge am Laufen zu halten.*

«Du wachst morgens auf, und siehe da! Deine Börse ist wie von Zauberhand mit 24 Stunden des unverarbeiteten, aus dem Universum kommenden Stoffes Deines Lebens gefüllt! ... Niemand kann ihn Dir wegnehmen. Er ist unstehlbar.»[37] Das ist eine Zeile aus Arnold Bennetts 1908 erschienenem Buch *How to Live on 24 Hours a Day (Wie lebt man von 24 Stunden am Tag)*. Henry Ford verteilte 500 Exemplare davon an seine Manager.[38] Der Titel ist noch immer populär und wurde von Macmillan 2020 in der Sparte Selbsthilfe neu aufgelegt.

Zu den Menschen, für die die Idee von 24 unstehlbaren Stunden wenig Sinn ergibt, gehören vor allem arbeitende Eltern. May Anderson, Administratorin einer Facebook-Gruppe arbeitender Mütter, erklärte mir, dass sie es aufgegeben habe, die gängigen Zeitmanagementbücher zu lesen, und verglich sie mit dem üblichen finanziellen Rat «Kauf einfach nicht den verdammten Caffè Latte».[39] Anders, als es das «1440»-Poster von Kevin Kruse suggeriert, sind nicht alle Minuten gleich. Nachdem sie die vielen Aufgaben aufgezählt hatte, die ein ganz normaler Tag als Ingenieurin und Mutter zweier Kinder im ländlichen Utah mit sich bringt – wobei «Arbeit» sowohl bezahlte Arbeit als auch unbezahlte Kinderbetreuung und Hausarbeit bedeutete –, beschrieb May, wie sehr der Druck, daran zu denken, was sie alles noch machen musste, sich in ihrem Kopf aufstaute und das Gefühl von Zeitmangel verstärkte. «Wenn Du Dich für zehn Minuten hinsetzt, um einfach nur zu entspannen, dann ist das leider nicht sehr entspannend», berichtete sie.

Der Druck von Verpflichtungen und die psychologische Variabilität von Zeit sind nur zwei Faktoren, durch welche die Vorstellung gleicher Stunden rasch hinfällig wird. Robert E. Goodin, Professor für Philosophie und soziale und politische Theorie, nennt diese vermeintliche Gleichheit einen «grausamen Scherz».[40] Zuallererst und ganz grundsätzlich kontrollieren einige Leute die Zeit anderer Leute. Während die Sklaverei (offiziell) abgeschafft wurde, verhält es sich immer noch so, dass die Mehrheit der Menschen «ihre Zeit an Arbeitgeber verpachten, um zu überleben». Bis man sich diesem Problem widmet – zum Beispiel durch universelles Grundeinkommen –, wird die «grobe Ungleichheit» zeitlicher Autonomie bestehen bleiben. Und außerdem spiegelt der Preis, für den man seine Zeit verkauft, bis man eine Art Berühmtheit oder hochkarätiger Berater ist, Aspekte, über die man keine Kontrolle hat, wie Geschlecht, ethnische Abstammung und die herrschende wirtschaftliche Situation.

Wie wir im vorigen Kapitel sahen, befinden sich Zeit und Arbeitstakt zum Teil ebenfalls oft außerhalb der Kontrolle der Angestellten. Da sich Zeitmanagementbücher oft an Einzelpersonen richten, wird dieser kontrollierenden Präsenz oft nicht Rechnung getragen, aber manchmal kann man einen Hauch davon spüren. Wie jener stellvertretende Direktor behauptete, «die Maschinen hielten ‹die Mädchen› an ihren Schreibtischen fest», beklagt ein Zeitmanagementbuch aus den 1990ern: «Der Computerchip hat uns nicht freier gemacht. Er hat uns gezwungen, in *seinem* Tempo zu produzieren.»[41] In *Real-World Time Management* führen Alexander und Dobson eine imaginäre Frage-Antwort-Runde mit einem imaginären Leser durch, der protestiert: «Sie sagen mir, ich solle an meinen Prioritäten arbeiten. Aber *die* werden mich nicht lassen!»[42] Die Antwort der Autoren ist ominös: «Sie müssen nicht nur die Prioritäten im Griff haben, sondern auch *die* (wer auch immer sie sind).»

Die Frage nach *denen* führt zu einer Zeitpolitik, die sich um mehr dreht als die Anzahl (zumal die ungleiche Anzahl) von Stunden auf der Bank. Auch wenn Zeitmanagement oft auf das Gefühl reagiert, «der Tag habe nicht genug Stunden», so ist Zeitdruck nicht immer oder ausschließlich das Ergebnis quantitativen Zeitmangels. Das Empfinden von Zeitdruck kann entstehen, wenn man ständig zwischen Aufgaben hin und her wechseln oder diese mit externen Faktoren koordinieren muss. Hier ist das deutsche Wort *Zeitgeber* hilfreich.[43] Frederick Winslow Taylors detaillierte Zeitdiagramme waren so etwas wie die Zeitgeber für Industriearbeiter (oder Käufer von Dumas' *The Freedom Journal*). Für nicht berufstätige Mütter sind die Stimmungen ihrer Kinder, gesundheitliche Bedürfnisse und Stundenpläne Zeitgeber. Lange Zeit waren das Zehn-Wochen-Quartalssystem der Universität und die immer mehr ausufernde Rush Hour in der Bay Area meine Zeitgeber. Für jemanden mit einer chronischen Erkrankung sind Krankheitszyklen ein Zeitgeber. Für einen Instacart-Mitarbeiter sind sowohl die Launen seiner Kunden, als auch das App-Interface Zeitgeber.

Hier lässt sich ein Muster erkennen: Mit einem Zeitgeber gibt immer jemand oder etwas jemand anderem Zeit – nicht in dem Sinne, dass demjenigen Minuten und Stunden geschenkt werden, sondern in dem Sinne, dass seine Zeiterfahrung determiniert wird. Einem Zeitgeber zu gehorchen, bedeutet, mitgezogen zu werden. Deine Aktivitäten werden von Mustern, die außerhalb Deiner selbst liegen, absorbiert, oder andere werden von Deinen Mustern absorbiert. Aber wie jeder, der unter einer chronischen Erkrankung leidet und in einem 9-to-5-Job arbeitet, weiß, können verschiedene Zeitgeber miteinander in Konflikt treten, und nicht alle Menschen sind gleich. So, wie die Stunden verschiedener Leute verschiedene «Mietpreise» haben, sind manche durch externe Strukturen dazu gezwungen, sich in das Leben anderer einzufügen.

In «Speed Traps and the Temporal» [Radarfallen und das Zeitliche] illustriert Sarah Sharma diese Prozesse durch eine Erfahrung, die sie mit ihrer Freundin machte, als ihr Zug einmal zu spät kam.[44] Ihre Freundin – auf dem Weg zu ihrem zwölf Wochen zu früh geborenen Baby, das im Krankenhaus auf sie und ihre transportable Kühltasche mit Muttermilch wartete – hatte keine Zeit zu verlieren. Sie schaute sich die Leute um sie herum an und suchte sich einen Geschäftsmann im dunklen Anzug aus, der anscheinend gerade dabei war, ein Uber zu bestellen. Seinem Aussehen und Benehmen nach, schloss sie, dass er auf dem Weg in die Innenstadt war, und sie beschleunigte ihren Schritt, um mit ihm mitzuhalten; er war zwar einverstanden, sich ein Uber mit ihr zu teilen, «verlangsamte aber seinen Schritt nicht einen Moment lang», sondern ging zügig weiter und tippte auf seinem Handy, bis sein Uber da war. Sharma schreibt, dass ihre Freundin mit Überlebensmodus-Intuition eine Machtdynamik ausnutzte – nach Erfassung «aller Signifikanten des ikonischen und privilegierten Protagonisten des schnellen Lebens in einer vom Diskurs der immer temporeicheren Welt geprägten Kultur»:

> Er hatte einen Anzug an, ging schnellen Schrittes und tippte wie verrückt auf seinem Smartphone herum. Er stand unter Strom und war sehr beschäftigt. Er nutzte Network Time, um den «Space of Flows»

zu steuern, und konnte so das öffentliche Verkehrssystem überbrücken, das zum Stillstand gekommen war. Er war in der Lage, die Kontrolle über seine Zeit zu behalten und ohne eine Minute zu verlieren zu seiner Arbeit zu kommen, indem er mit seiner Uber-App einen Fahrer bestellte. Er hatte das Kommando über seine Mobilität und Zeit, aber auch über die Mobilität und Zeit anderer.

Diese Art von Begebenheit steht in starkem Kontrast zum Mythos der gleichen Stunden. Für den Einzelnen ist Zeit nicht die Bemessung von etwas Realem, sondern eher ein «strukturierendes Machtverhältnis».[45] So, wie Deine Erfahrung mit einem Spiel wie «Arschloch» davon abhängt, was in der vorherigen Runde passiert ist, und wo Du sitzt, «hängen individuelle Zeiterfahrungen davon ab, wo Menschen innerhalb einer größeren Ökonomie temporalen Werts ihren Platz haben». Das ist eine wichtige Präzisierung, und sie erinnert mich an eine Goodreads-Rezension von Kate Northrups *Do Less: A Revolutionary Approach to Time and Energy Management for Ambitious Women [Tu weniger: Ein revolutionärer Zeit- und Energiemanagement-Ansatz für ambitionierte Frauen]*. In diesem Buch ist ein Rat etwa, seinen Arbeitszeitplan auf seinen Menstruationszyklus abzustimmen (ein weiterer Zeitgeber), um im Laufe des Monats abweichende Energielevel auszunutzen. Die Leserin Sarah K. bemerkt dazu, dass das nur für eine Frau Sinn ergibt, die Geld oder Kontrolle über ihre eigene Zeit hat. «Sagen wir, ich mach es mir einfacher, indem ich eine Haushälterin einstelle», schreibt sie. «Was tue ich, wenn sie in ihrer Neumondphase ist, die von Ruhe und Reflexion bestimmt sein sollte, und mein Haus nicht sauber machen kann? Hoffen wir lieber, das fällt mit der zunehmenden Mondphase zusammen, in der man sich in die Arbeit stürzen soll.»[46]

Im Falle einer berufstätigen Frau, die viel unterwegs ist und sich mithilfe der Dienste anderer Zeit erkauft, ist klar, welche Zeitlichkeit privilegiert ist. Aber am Arbeitsplatz gibt es mehr Abstufungen von Macht. Völlig losgelöst vom Phänomen der «zweiten Schicht» und der häufigen Rolle von Frauen als «Haupt-Elternteil», zeigen viele Studien, dass von Frauen am Arbeitsplatz erwartet wird, weniger oft Nein zu Arbeit zu sagen als Männer. So gab etwa eine Studie an, dass *sowohl Männer als auch Frauen* von Frauen erwarten, dass sie ihre Unterstützung selbst anbieten und auf Bitten um Hilfe reagieren; in der Studie zögerten Männer, sich zu melden, um jemandem einen Gefallen zu tun, wenn Frauen in der Gruppe waren, hoben ihre Hand jedoch früher, wenn die Gruppe nur aus Männern bestand.[47]

Mit den Worten von Sallie Krawcheck, einer Frau, die in einer *Elle*-Reportage über Frauen, die Nein sagen, interviewt wurde, sind «wir alle in dem Glauben sozialisiert, dass Mütter helfen und Väter Fußball schauen».[48] BIPoC-Frauen (Black, Indigenous and People of Colour) trifft diese Ungleichheit noch härter. In einem Artikel der *Harvard Business Review* beschrieb eine Managerin eines Technologieunternehmens dieses Dilemma: «Wenn ich die Büro-Hausarbeit nicht akzeptiere, dann bin ich für die anderen eine ‹Angry Black Woman›.» Andere berufstätige Frauen of Colour berichten, dass sie als «aggressiv, ihrer Rolle nicht entsprechend oder zu emotional» abgestempelt werden, wenn sie versuchen, ihre Zeit am Arbeitsplatz zu kontrollieren.[49]

Eines der Dinge, über die ich mit May, der Administratorin der Facebook-Gruppe für berufstätige Mütter, sprach, war, wie sehr alles, von Büros bis hin zu Autos, für Männer designt ist. (Crashtest-Dummys orientieren sich an sogenannten Durchschnittsmännern.)[50] Dann erzählte sie mir, wie jemand in einer Gruppe für Ingenieurinnen die Frauen, die befördert wurden, kritisiert hatte, weil sie sich wie Männer verhielten. «Jetzt werden also jene Frauen, die das tun mussten, um weiterzukommen, kritisiert», sagte sie. «Und ich sage mir, verstehe ich das? Ich weiß es nicht. Ich war schon auf beiden Seiten.» Ich nickte, während ich mir etwas laut klarmachte. «Es ist fast so wie der Autositz, aber als Metapher. Es ist, wie wenn man versucht, mehr wie ein Mann zu werden, um im Auto nicht zu sterben.»

Mehr wie ein Mann zu werden, um im Auto nicht zu sterben, war meine unabsichtliche Beschreibung einer *Lean In*-Art von Feminismus und von Zeitmanagement, das sich vor allem an Frauen richtete. Ein direktes Beispiel dafür ist Laura Vanderkams 2010 erschienenes Buch *168 Hours: You Have More Time Than You Think [168 Stunden: Du hast mehr Zeit als Du denkst]*, eine christlich gefärbte und etwas mildere Version von Selbsthilfe, um seine Ziele zu erreichen, sowohl als Karrierefrau als auch als Mutter. Zu Vanderkams Empfehlungen gehört, seinen Traumjob zu finden, Aufgaben, die man nicht mag, outzusourcen und seine «Kernkompetenzen» zu erkennen, um keine Zeit für Dinge zu verschwenden, die man noch nicht gut beherrscht.[51] Vanderkam stellt auch ihre Handy-Arbeitszeittabelle mit halbstündigen Intervallen vor, damit die Leser jene 168 Stunden vor Augen haben, die sie in der Woche als «unbeschriebenes Blatt» besitzen. Ob zu Hause oder bei der Arbeit, flexibel zu sein, bedeutet, flexibel wie ein Unternehmen zu sein. Eine *Publishers Weekly*-Rezension des Buches gab eine passende Zusammenfassung: Es enthält großartige Karriereratschläge, läuft aber zugleich Gefahr, «das Leben aus dem Leben herauszuprügeln».[52]

Das Versprechen von *168 Hours* besteht darin, dass die Leserin – die implizit als berufstätige Mutter in derselben sozioökonomischen Klasse wie die Autorin definiert wird – wirklich «alles haben» kann. Auch wenn es die um die Frage geht, warum Frauen immer noch einen übergroßen Anteil von bezahlter und unbezahlter Arbeit tun, und stattdessen nahelegt, dass die Antwort einer Frau auf diese Realität eine bessere Verteilung von Ressourcen sein sollte, ist es kein ganz grausames Buch. Es ist auch kein leeres Angebot, das sich verdächtig nach einem Schneeballsystem anhört, wie das der Productivity Bros, die offenbar Videos machen für Leute, die Videos machen, für Leute, die Videos machen. Was *168 Hours* bietet, ist eine Verbesserung – indem es für diejenigen, die dieselben Privilegien wie die Autorin haben, eine unbehagliche Situation behaglicher macht. In diesem Sinne hat *168 Hours* dasselbe Ziel wie viele Selbsthilfebücher: Es richtet sich an eine Einzelperson, die ihre Karten besser spielen soll.

In einem bestimmten Bereich ist das schön und gut. Selbsthilfe verspricht im Allgemeinen, Dein Leben zu revolutionieren, nicht die soziale oder ökonomische Hierarchie – und man kann wirklich niemanden dafür verantwortlich machen, ein Versprechen nicht eingehalten zu haben, das er nie gegeben hat. Zugleich kann sogar vermeintlich praktische Selbsthilfe als Einladung interpretiert werden, eine Nische in einer brutalen Welt zu finden und zu warten, bis der Sturm vorübergezogen ist. Der Anthropologe Kevin K. Birth beschrieb Uhren und Kalender, scheinbar inaktive Technologien, als «kognitive Hilfsmittel, die für ihre Benutzer denken», «kulturelle Zeitvorstellungen» und «strukturelle Machtanordnungen» reproduzieren.[53] Wie ein gerasterter Zeitplan die

Vorstellung von Zeit als austauschbare Einheiten vor Augen führt, so bekräftigt der Rat, «mehr wie ein Mann zu werden, um im Auto nicht zu sterben», die Existenz des falsch designten Autos nur umso mehr. Es ist ein fantastischer Rat, Deinen Traumjob zu suchen, aber in vielen dieser Bücher ist die unausgesprochene Antwort auf die Frage «Wer macht die Niedriglohnarbeit?» die, dass es egal ist, solange es einen nicht selbst trifft. Diese Antwort fühlt sich nicht besonders gut an.

Zeitmanagement beleuchtet die Annahmen hinter der Willen-versus-Umstände-Debatte, weil es das Individuum als absolute Einheit und die nahe Zukunft als Zeitrahmen voraussetzt – auf Kosten des kollektiven Gutes. Selbst Sharma begreift, dass im Reiz des Zeitmanagements zugleich seine Gefahr liegt. «Es ist eine berauschende Sache, wie man eine bessere Beziehung zu Zeitkontrolle und -technologie aufbaut», schreibt sie.[54] «Aber diese kulturelle Fixierung auf Zeitbeherrschung und die eigene Fähigkeit, Zeit zu modulieren, sie besser zu managen, zu verlangsamen und zu beschleunigen, verhält sich antithetisch zum kollektiven Zeitempfinden, das für ein politisches Zeitverständnis notwendig ist.» Genau dieses politische Zeitverständnis würde es uns ermöglichen, den Blick nach außen zu richten und sich verschiedene «strukturelle Machtanordnungen» vorzustellen. Das schafft man aber nicht allein, und es funktioniert auch nicht kurzfristig. In der sich lange hinziehenden Zwischenzeit kommt mir ein Spruch in den Sinn, den ein spanischer Journalist mir gegenüber einmal erwähnte, als wir über das Phänomen des Burnout sprachen: «Brauchst Du einen Therapeuten oder eine Gewerkschaft?»

Irgendwann kommt man an die Grenze dessen, was ein Individuum leisten kann. Das kommerzielle Zeitmanagement erkennt das und rät Dir, Teile Deines Lebens «outzusourcen», eine marktbasierte Version einer alten Intuition im Hinblick auf Supportnetzwerke. Es überraschte mich nicht, als May mir sagte, sie habe darüber nachgedacht, mit sieben anderen Müttern eine Gruppe zu bilden, in der jede einmal die Woche Abendessen für alle zusammen kocht. «Ich denke, ein Supportsystem muss so ähnlich funktionieren; es ist der beste Weg, Dir bei Deinem Zeitmanagement zu helfen», erklärte sie und verwies auf informelle Netzwerke von Verwandten und Freunden. Wenn wir das weiterspinnen, dann können wir uns vorstellen, was Angela Y. Davis sich 1981 vorstellte: «Kinderbetreuung sollte sozialisiert werden, Essenszubereitung sollte sozialisiert werden, Hausarbeit sollte industrialisiert werden – und all diese Dienste sollten für Leute aus der Arbeiterklasse leicht zugänglich sein.»[55] Wenn uns die Pandemie überhaupt etwas gezeigt hat, dann das Gegenteil: nämlich die Last jeder Familie, normalerweise der Frauen, die ihre Kinderbetreuung, Essenszubereitung und andere Haushaltspflichten selbst stemmen mussten.

Diese Perspektive ermöglicht es uns, die Regeln des Kartenspiels zu überdenken. Wenn Zeitmanagement nicht einfach aus Stundenzählen besteht, sondern voraussetzt, dass einige Menschen mehr Kontrolle über ihre Zeit haben als andere, dann muss die realistischste und umfassendste Version von Zeitmanagement kollektiv sein: Sie muss eine andere Verteilung von Macht und Sicherheit mit sich bringen. Im Reich der Politik bedeutet das Dinge, die offensichtlich mit Zeit zu tun haben – etwa subventionierte Kinderbetreuung, bezahlter Urlaub, bessere Überstundenregelungen, «fairere Wochenarbeitszeiten»[56], die den Zeitplan von Teilzeitbeschäftigten kalkulierbarer machen und eine Kompensation bieten, wenn das nicht der Fall ist. Weniger offensichtlich mit Zeit verknüpft – aber absolut relevant für diese – sind Kampagnen für einen höheren Mindestlohn, eine staatliche Arbeitsplatzgarantie oder ein universelles Grundeinkommen.*

Und dann gibt es da noch all diese zeitraubenden Dinge, über die

* Ein Pilotprogramm in Stockton[57], das einigen beliebig gewählten Einwohnern zwei Jahre lang ohne weitere Bedingungen 500 Dollar pro Monat gab, verringerte, wie sich zeigte, Ängste, Depressionen und finanzielle Anspannung unter den Empfängern und ermöglichte es vor allem «Frauen, die jahrelang die Bedürfnisse anderer über ihr eigenes Wohlergehen gestellt hatten … sich auf ihre Gesundheit zu konzentrieren und Lücken in der familiären Gesundheitspflege zu schließen». Als Beispiel für garantiertes Einkommen (wie universelles Grundeinkommen, aber an bestimmte Gemeinden gerichtet) gab der Magnolia Mother's Trust ein Jahr lang 1000 Dollar im Monat an 100 Familien, die schwarze Mütter in Sozialwohnungen in Jackson, Mississippi, durchbringen mussten. In einer Reihe des *Ms. Magazine*, die die Geschichten jeder Kohorte veröffentlichte, gab eine Teilnehmerin namens Tia einen persönlichen Bericht darüber, wie sehr ihr Zeitdruck sich verringerte: «Einfach das Wissen, dass es schon gehen wird, wenn Deine Kinder krank werden. Dass ich wenn nötig Urlaub nehmen und mich um mein Kind kümmern könnte, ohne Sorge zu haben, dass mein Gehaltscheck kleiner wird.»

jemand, der niemals Armut oder Behinderung erlebt hat, vielleicht nicht nachdenkt. In einem Beitrag über die «Zeitsteuer», mit der Menschen konfrontiert sind, die staatliche Dienstleistungen in Anspruch nehmen müssen, stellt Annie Lowrey fest, dass schlecht funktionierende Bürokratie die Kluft zwischen Reich und Arm, Schwarz und Weiß, Krank und Gesund vertieft.[58] Sie nennt das «einen regressiven Filter, der jede progressive Politik, die wir haben, aushöhlt». Lowrey schlägt die Abschaffung von Vermögensprüfungen oder Interviews und den Einsatz besserer Hilfsmittel vor – etwa einfach gestaltete Formulare, die in der eigenen Sprache gut lesbar sind. Aber sie macht sich auch bewusst, dass die Geschichte der Zeitsteuer tiefe, noch immer hartnäckige Wurzeln hat – im Rassismus, in der Skepsis gegenüber der Bürokratie und der alten Unterscheidung zwischen den Armen, die Hilfe verdienen, und denen, die sie nicht verdienen.

Ebenso darf ein wahrhaft politisches Verständnis von Zeit nicht davor zurückschrecken, sich den ganz allgemeinen, weitverbreiteten und fest etablierten Machtstrukturen zuzuwenden. In einem Talk mit dem Titel «The Racial Politics of Time» [«Die Rassenpolitik der Zeit»] etwa, beginnt die Autorin, Aktivistin und Kulturkritikerin Brittney Cooper mit der provozierenden Feststellung, «weiße Menschen besitzen Zeit».[59] Das hat sowohl mit der Perspektive zu tun, dass die Kolonisierten der Welt außerhalb der Geschichte stehen, als auch mit der Tatsache, dass überwiegend Weiße das Tempo des Arbeitstages und den Wert der Zeit aller anderen diktieren. Außerdem muss man in vielen Fällen die Zeit anderer nicht kaufen, um sie zu verschwenden. Wie einen direkten Tadel an Bennetts unstehlbaren 24 Stunden, zitiert Cooper Ta-Nehisi Coates: «Vielleicht wird die auferlegte Mitgliedschaft in der schwarzen Rasse durch nichts besser charakterisiert als durch den unausweichlichen Zeitraub …»[60] Anstelle des Gleiche-Stunden-Mythos hat Cooper folgenden Vorschlag:

> Nein, wir bekommen nicht alle die gleiche Zeit, aber wir können entscheiden, dass die Zeit, die wir kriegen, gerecht und frei ist. Wir können aufhören, unsere Postleitzahl zum bestimmenden Faktor unserer Lebensdauer zu machen. Wir können aufhören, schwarzen Kindern

durch übertriebenen Gebrauch von Suspendierungen und Verweisen Lernzeit zu stehlen. Wir können aufhören, schwarzen Menschen durch lange Haftzeiten für nicht gewalttätige Straftaten Zeit zu stehlen. Die Polizei kann aufhören, durch den Einsatz exzessiver Gewalt Zeit und schwarze Leben zu stehlen.

Wenn Zeit einfach Leben ist, dann kann man das Thema Zeitmanagement leicht herunterbrechen auf die Frage, wer wessen Leben kontrolliert. Das ist ein Beispiel für den Kontrast, den Sharma hervorhebt – zwischen dem politischen Verständnis von Zeit und dem Traum, Deine eigenen individuellen Zeiteinheiten zu beherrschen. Auf die darüber hinausgehende Frage, was Zeit *ist* – was viel mit Sprache zu tun hat –, werde ich in Kapitel 6 zurückkommen. Mein Punkt hier ist erst mal einfacher: Nur, wenn wir die realen Kontexte anerkennen, in denen sich Zeiterfahrungen abspielen, können wir zu einem anderen Begriff von «Zeitmanagement» gelangen – einem, der nicht einfach ein grausames Spiel reproduziert.

Nach einer Ausfahrt auf die 84 West, weicht das flache Terrain sanften Hügeln und knorrigen, windumtosten Bäumen. Auf einer Reihe von Schildern steht NICHT ANHALTEN, *bevor eine Kamera den Fas-Trak-Transponder in unserem Auto registriert, was ein zufriedenes Piepsen zur Folge hat. Das Wasser der Bay weht einen schneidenden Schwefelgeruch in unser Auto. Es ist das anaerobe Bakterium, das in den seichten Gewässern links und rechts von uns lebt, wo ein paar weitere Reiher vorsichtig umherstolzieren. Durch den Dunst hindurch, erstrecken sich die Santa Cruz Mountains in jede Richtung, so weit das Auge reicht, wie ein zerrissener Streifen blauen Papiers.*

Die Brücke führt uns bergauf, an riesigen Hochspannungsmasten vorbei und setzt uns auf der Halbinsel ab, einer feindlich anmutenden Ebene aus Salzsumpf und Beton. In der Ferne, halb von Monterey-Kiefern versteckt, kann man eine seltsame Ansammlung von Gebäuden erkennen, die meisten von ihnen weiß mit roten, türkisfarbenen, hellblauen, gelben und grauen Verkleidungen. Erst an der langen Ampel der Kreuzung, wo wir links abbiegen, sehen wir schließlich das Schild: ein gigantischer blauer Daumen nach oben und darunter der Text FACEBOOK: 1 HACKER

Way. Der Instagram-Hauptsitz befindet sich ebenfalls dort. Normalerweise sieht man dort auch Leute auf blauen Fahrrädern mit Facebook-Schriftzügen, die auf dem Weg zu einem der vielen Gebäude des Campus diese Straße überqueren, aber der riesige Parkplatz sieht leerer aus als sonst, und viele Angestellte arbeiten von zu Hause aus. Bevor die Ampel grün wird, schaue ich auf mein Handy, das nicht ganz in den alten Getränkehalter passt. Ein Gefährte, ja, aber zugleich ein Gerät, um Dein Leben zu vermessen.

Für den Einzelnen wäre das Gegenteil von Zeitmanagement vermutlich Burnout. Die Dinge türmen sich auf; sie lassen sich nicht mehr ins Zeitraster pressen. Das Leben wird bedrückend. Für Productivity Bros und auch für Donald Laird in *Increasing Personal Efficiency* ist Burnout ein wichtiges Anliegen, ein Versagen der Maschine.

In einem Paper über desynchronisierte Arbeit fand ich einmal eine peinlich genau ins Schwarze treffende Charakterisierung meines Lebens. Der Soziologe Hartmut Rosa beschreibt eine hypothetische Person namens Linda, eine überlastete Professorin, die durch ihren Tag hetzt und nie genug Zeit hat, all ihre Pflichten, ihren Studenten, Mitarbeitern, ihrer Familie und ihren Freunden gegenüber zu erfüllen; von der man erwartet, dass sie immer erreichbar und für jeden ansprechbar ist, und die das Gefühl hat, alldem nicht gerecht zu werden und den Dingen hinterherzurennen.[61] «Nicht genug Zeit zum Kochen, nicht genug Zeit für ihren Freund, nicht genug Zeit für Hausarbeit, keine Zeit, um zum Workout zu gehen. Ihr Arzt sagt, sie tue nicht genug für ihre Gesundheit. Letzten Endes ist sie selbst schuld, weil sie zu gestresst ist, nicht entspannt genug; sie kriegt ihre Work-Life-Balance nicht richtig hin.»

Innerhalb dieses Konfliktzustands unterstreicht Rosa besonders die Rolle digitaler Technologien für die Erweiterung «legitimer Forderungen» innerhalb und außerhalb der Arbeit – die Vorstellung, dass jemand für jeden überall und zu jeder Zeit erreichbar sein könnte. Linda kann nie Feierabend machen, hat nie das Gefühl von Freizeit, das Bauern und Landwirte vielleicht haben, wenn das Vieh abends im Stall steht und die Kinder zu Hause sind.[62] Sie findet eine Art von Feierabend vielleicht in seltenen Situationen wie dem Aufenthalt in einer Berghütte ohne Empfang. Ansonsten bedeutet die permanente Inanspruchnahme, dass das Missverhältnis zwischen dem, was Linda leisten kann und was von ihr gefordert wird, keine «abstrakte Tatsache des Lebens», sondern viel eher ein «akutes Dilemma» ist, das sie in jedem Augenblick erlebt.

Rosa fragt weiter, ob diese Geschichte für jemanden außerhalb einer «kleinen Jetset-Elite der Gesellschaft» überhaupt Sinn ergibt. (Ähnlich zitiert Elizabeth Kolbert Ökonomen, die Klagen über Busyness als «Yuppie-Gequake» abtun.)[63] Er vergleicht Lindas Situation mit der Zeitlichkeit, die ein Lkw-Fahrer, Fabrikarbeiter, eine Krankenschwester in der Klinik oder eine Verkäuferin erleben.[64] Menschen in diesen Rollen erfahren Zeitdruck vor allem *im* Job: Der Lkw-Fahrer kämpft darum, seine Lieferfristen einzuhalten, während er zugleich Tempolimits beachten muss, die Fabrikarbeiterin wird von ihrem Chef über ihre Kapazitäten hinaus beansprucht, der Verkäufer muss mit ungeduldigen Kunden zurechtkommen, und von der Krankenschwester wird mehr Fürsorge und Aufmerksamkeit erwartet, während die Klinik immer mehr Patienten aufnimmt. «Bei der Arbeit», so schreibt Rosa, «haben unterprivilegierte Angestellte sehr wenig Zeitsouveränität, weil ihr Chef oder externe Autoritäten, die ihr Zeitbudget regeln, ihnen Druck machen. Es sind diese externen Faktoren, die sie direkt als Urheber des

Drucks ausmachen können. Was Linda angeht, so entsteht ihr Druck außerhalb ihrer Jobsituation. Sie muss sich selbst dafür verantwortlich machen.»

Mit seinem Konzept von «Ermessenszeit»[65] trifft Goodin eine ähnliche Unterscheidung zwischen den Lindas und den Nicht-Lindas, um es mal so zu sagen. Wie Ermessensausgaben ist Ermessenszeit etwas, das man, streng genommen, nicht für etwas verwenden *muss*. Man entscheidet nur, das zu tun, aus welchem Grund auch immer. Dieser Ansatz ermöglicht es uns, zu unterscheiden zwischen jemandem, der wirklich keine freie Zeit hat, und (zum Beispiel) einer ehrgeizigen Person, die entsprechend ihrer persönlichen Auffassung von Notwendigkeit freiwillig Überstunden macht, sich aber dabei wünscht, mehr Zeit zu haben. Goodin stellt fest, dass manche Menschen, vor allem kinderlose Doppelverdienerpaare, eine «Zeitdruckillusion» hegen. Das sind Leute, die eigentlich massig freie Zeit haben – nur dass sie diese, ihrem Ermessen nach, nicht als frei betrachten.

Wenn für eine ausgebrannte Linda die Anforderungen wirklich hausgemacht sind, dann ist die Frage, warum? Bis zu einem gewissen Grad kann man sie teilweise auf zunehmende Arbeits-«Flexibilität» zurückführen. Wenn Du nicht weißt, was weiter auf Dich zukommt, dann wird die Vorbereitung auf die Zukunft eine niemals endende Aufgabe. Es gibt bestimmte Arbeitsformen (kreative, selbständige oder assistierende), bei denen es schwer ist zu sagen, ob jemand eine Linda oder eine Nicht-Linda ist. Ich habe viele Assistenzprofessoren kennengelernt, die wie Workaholics agieren mussten, um «relevant zu bleiben» und ihren Arbeitsplatz zu sichern – und selbst wenn sie das schaffen, dann kann ein Kurs (und damit die Bezahlung) in letzter Minute abgesagt werden. Assistenten bekommen normalerweise keine Zuschüsse, und 2019 war in Amerika ein Viertel von ihnen in irgendeiner Form von Sozialhilfe abhängig, während ein Drittel unter der Armutsgrenze lebte.[66]

Generell ist das «Ermessen» von Ermessenszeit in einer Kultur, deren Devise «friss oder stirb» erschreckend überzeugend sein kann, schwer fassbar. Im Hinblick auf die weltweite Zunahme von Burnout, erklärt Rosa, dass Drogen, die Menschen runterbringen, heute weniger konsumiert werden, während Speed, Amphetamine und andere Substanzen, die «‹Synchronisierung› versprechen (wie Ritalin, Taurine, Modafinil *[sic]*, etc.» auf dem Vormarsch sind.[67] Die meisten Formen menschlicher «Weiterentwicklung», sagt er, bedeuten, dass man bei irgendwas schneller wird. Der Autor und Futurist Jamais Cascio berichtet dazu in einer Dokumentation über Humanbiotechnologie über seine eigenen Erfahrungen: Da ihm Modafinil, eine Wachmacherdroge, für seine Auslandsreisen ordnungsgemäß verschrieben wird, wirft sich Cascio gelegentlich zu Hause eine Pille ein, wenn Deadlines näher rücken.[68] Zu einigen ziemlich komischen zusammengeschnittenen Bildern von Geschäftsleuten im Anzug, die auf einem Laufband rennen, kommentiert Cascio: «Die eigentliche Frage ist, was passiert, falls oder wenn Leute, mit denen ich konkurriere, sich entschließen, diese kognitiven Drogen öfter zu nehmen – und sie dann mehr und bessere Arbeit leisten? Der Punkt ist weniger, dass meine Arbeit nachlässt, sondern dass ihre so viel besser wird. Werde ich da mithalten können? Werde ich widerstehen können, diese Art von kognitiver Verbesserung öfter zu nutzen?»

Niemand ist sich über diese Situation mehr im Klaren als Laura Vanderkam. In *168 Hours* schreibt sie, dass Du Deinen Traumjob in Wahrheit deshalb finden musst, weil es Dich produktiver und kreativer macht, wenn Du für Deine Arbeit brennst: «Diese Leidenschaft ist die einzige Möglichkeit, an der Spitze zu bleiben, weil Du davon ausgehen kannst, dass Deine Konkurrenten über ihre Jobs unter der Dusche nachdenken.»[69] Man weiß im Allgemeinen, dass Fabrikjobs outgesourct werden, aber das funktioniert auch mit großen Teilen von Wissensarbeit. «Um in einer Welt Erfolg zu haben, in der immer jemand billiger ist, muss man sich, mit dem, was man tut abheben.» «Manchmal muss man Weltklasse sein, um einfach nur zu überleben.» Das bedeutet, dass man niemals stillstehen darf und dass man sich immer verbessern kann (muss).

Und doch muss hinter Lindas Burnout mehr stecken als Arbeit und unmittelbare wirtschaftliche Sicherheit, denn selbst diejenigen, die sich in einer äußerst komfortablen Situation befinden, neigen offenbar kurioserweise dazu, sich vollkommen abzuarbeiten. In *The Burnout Society* stellt Byung-Chul Han sogar ganz generell fest, dass «der Antrieb, die Produktion zu maximieren, Teil des sozialen Unterbewusstseins geworden ist», was wiederum das «Leistungssubjekt» (wie er es nennt) hervorgebracht hat.[70] Anstatt von etwas oder jemandem außerhalb ihrer selbst diszipliniert zu werden, sind Leistungssubjekte «Selbstunternehmer», Do-it-yourself-Bosse, die sich selbst antreiben.[71] Auch wenn es sich vor niemandem (anderen) zu verantworten hat, «reibt sich ein Leistungssubjekt in einem erbarmungslosen Wettkampf auf, in dem es gegen sich selbst kämpft»[72]: «... nicht mehr beherrscht zu werden, bringt keine Freiheit mit sich.[73] Stattdessen fallen Freiheit und Zwang dadurch zusammen. Und so verinnerlicht das Leistungssubjekt eine zwanghafte Freiheit – einen freien Zwang, Leistung zu maximieren. Mehrarbeit und Performance eskalieren zu Selbstausbeutung.»

Wie jeder Tech-Campus mit kostenlosem Essen, mit gebrandeten Rucksäcken und einer Kletterwand bestätigen kann, ist eine Gesellschaft von Leistungssubjekten großartig für den Profit. Es zeigt sich, dass Vanderkam recht hat bezüglich der Leidenschaft. Han schreibt, dass «die Positivität von *Können* viel effizienter ist als die Negativität von *Sollen*», und dass das «Leistungssubjekt schneller und produktiver ist als das Gehorsamssubjekt».[74] Ebendiese Grenzenlosigkeit treibt das Leistungssubjekt ins Burnout. Darin trainiert, die Unendlichkeit anzuvisieren, hat es nie das Gefühl, ein Ziel tatsächlich erreicht zu haben, und legt stattdessen die «Autoaggression» von Beherrscher und Beherrschtem zugleich an den Tag.[75] Es «springt andauernd über seinen Schatten», frustriert angesichts der unbezwingbaren Kluft zwischen dem, was ist, und dem, was sein könnte.[76]

Leider vergrößert sich diese Kluft immer mehr. Rosa schreibt, dass die kapitalistische Wachstumslogik kulturelle Vorstellungen guten Lebens infiltriert, wodurch Stillstand im Reich der Arbeit, aber auch des Geldes, der Gesundheit, des Wissens, der Beziehungen oder Moden als Zurückfallen bzw. Abrutschen in der sozialen Ordnung registriert wird.[77] Ich würde hinzufügen, dass die Sprache von Vergleich und Wettbewerb durch die sozialen Medien noch verstärkt wird – ein ständiges Scrollen, auch einfach nur durch die Fotos von Freunden, ist eine niemals endende Tour durch das, «was sein könnte». Studien dokumentieren den grausamen Teufelskreis, in den Menschen mit niedrigem Selbstwertgefühl geraten, die Social Media nutzen, um sich auszu-

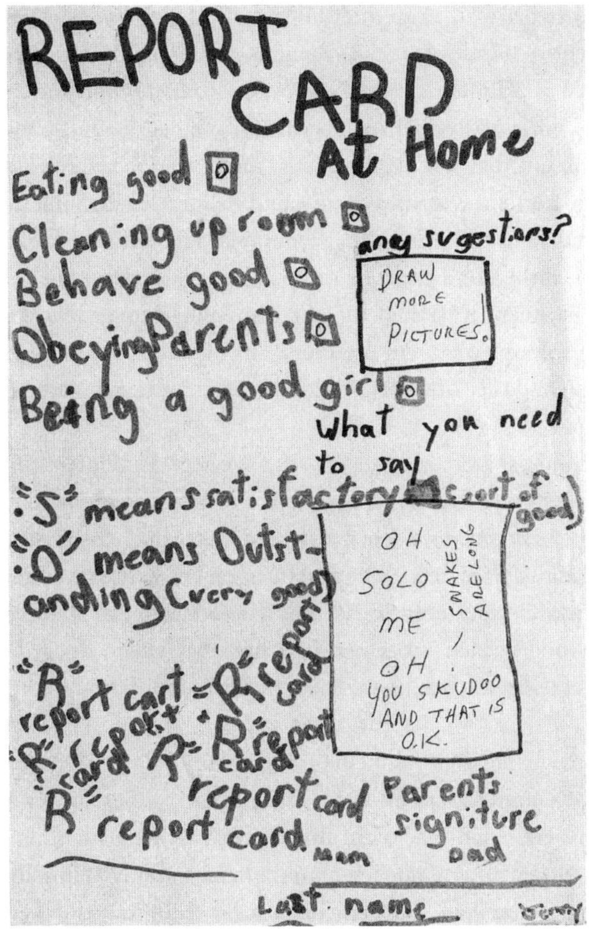

drücken und Beziehungen zu knüpfen, und sich damit aber nur «dem sozialen Vergleich nach oben» aussetzen, mit dem der Kreislauf wieder neu beginnt. Draußen in den Feeds bleibt die Ziellinie immer in Bewegung. Du hast 24 Stunden am Tag und musst sie immer besser – und besser und besser und *besser* – investieren!

Wir lernen schon früh im Leben, miteinander zu konkurrieren, am offensichtlichsten, indem wir in der Schule bewertet, zeitlich evaluiert und benotet werden. *Eine* Antwort auf ein System von Zeitvorgaben und Benotung ist zynisch: Du überlistest das System mit einer Art Cheat Code (so ähnlich wie die Lifehacks der Productivity Bros.).

Meine Antwort war, es zu internalisieren. Als ich in der ersten Klasse war, machte ich mir selbst ein «Zeugnis», *als Person*, und legte es meinen Eltern vor. Indem ich die Noten «O» (*outstanding*/herausragend) und «S» (*satisfactory*/befriedigend) von meinen Grundschulzeugnissen übernahm, bat ich meine Eltern, mich nach verschiedenen Kriterien zu beurteilen, wie «brav sein» und «Zimmer aufräumen». Meine Eltern, die das vermutlich süß, wenn auch merkwürdig fanden, taten mir den Gefallen und beurteilten mich in allen Kategorien als herausragend. In einem Kästchen für «eigene Anmerkungen» schrieb mein Dad «oh solo me oh», eine Referenz auf «O sole mio», ein neapolitanisches Lied, das er oft sehr dramatisch sang, um mich zum Lachen zu bringen.

Jahrzehnte später war ich es, die College-Studenten für Kunstprojekte benotete. Kunst zu benoten, ist ungefähr so leicht, wie eine Person zu benoten, und ich hasste es jedes Mal. Ich hasste es, dass man stigmatisiert wurde, wenn man in einem Kurs, in dem alle ihre Sache wirklich gut gemacht hatten, jedem ein A gab – und wie sehr die Benotung an den Einzelnen gerichtet war, wenn doch die besten Klassen eine unbeschreibliche Gruppendynamik hatten, zu der jeder beitrug.

So konventionell es erscheinen mag, wurde das A-F-Notensystem in den Vereinigten Staaten doch erst in den 1940er Jahren gänzlich standardisiert.[78] Ich war nicht direkt überrascht, als ich herausfand, dass das Notensystem, das ich benutzt hatte und dem ich selbst unterworfen gewesen war, in den frühen 1920er Jahren mit dem Social Efficiency Movement im Bildungssektor, wiederum beeinflusst durch den Taylorismus, Gestalt angenommen hatte.[79] Ein sozialeffizienter Bildungsplan sollte eher beruflich orientiert sein, weniger strikt akademisch, er sollte für Arbeitgeber oder das Militär gut nachvollziehbar sein und dabei helfen, Menschen in die Jobs zu lotsen, die für sie passend schienen.[80] Als eine Art der Evaluierung muss die Benotung auf eine normierte Skala zurückgreifen, auf der Qualitäten zu Quantitäten reduziert werden können – woran ich jedes Mal erinnert wurde, wenn ich ein Bewertungsschema für die Benotung von Kunstprojekten aufstellen musste. Der soziale Vergleich ist vermutlich so alt wie die Zeit selbst, aber um eine große Bandbreite von Menschen mit denselben Noten zu vergleichen, muss man diese Menschen in Daten verwandeln können und entscheiden, woraufhin man optimiert.*

Um ganz ermessen zu können, was das historisch bedeutete, und vor allem, was es mit Geschwindigkeit zu tun hat, müssen wir uns einige ältere Productivity Bros ansehen.

Nur zwei Jahre, bevor Taylors *Principles of Scientific Management* veröffentlicht wurden, gab Francis Galton, ein englischer Forscher und Anthropologe, außerdem Vorvater der Eugenik, seine Memoiren heraus. Galton war ein Freund von Klassen, Vierteln und Perzentilen. Er war besessen von der Vermessung und Einstufung von Dingen aller Art. In seinen Memoiren beschreibt Galton beiläufig seine Bemühungen zur Erstellung einer «Beauty Map»[82], einer «Schönheitenkarte» der Britischen Inseln, für die er mit einer Nadel heimlich Löcher in ein Stück Papier stach, um «gut», «mittel» und «schlecht» zu verzeichnen: «Diese Karte diente mir für meine Schönheitsdaten, mit denen ich die Mädchen auf der Straße und andernorts als attraktiv, durchschnittlich oder abstoßend klassifizierte», so schreibt er. Andere Bewertungsschemata Galtons waren ernsthafter. In seinem Buch *Hereditary Genius (Genie und Vererbung)* schildert er, wie er eine A-G-Skala erstellt, um Intelligenz zu messen, und diese dann dazu einsetzt, die weiße mit der schwarzen Rasse zu vergleichen.[83] Mit dem unglaublichen Vorbehalt, dass «soziale Behinderungen» (von denen man annimmt, dass er damit

* Amerikanische Schulen verwandten schon vor der Jahrhundertwende Ranking- oder Benotungssysteme.[81] Die Entwicklung, auf die ich mich beziehe, hat mit der Standardisierung des A-F-Notensystems zu tun, vor allem im Kontext des Social Efficiency Movements und von Ideen zur sozialen Utilität. Franklin Bobbit – Autor von *The Curriculum*, einem einflussreichen Buch über den strukturierten Lehrplan, schrieb 1913, dass der Klassenlehrer «eine Bemessungsskala braucht, die ihm in gleicher Weise dabei hilft, sein Produkt zu bemessen, wie die Skala von Fuß und Inches dazu dient, das Produkt des Stahlwerks zu vermessen». Wie Wissenschaftler zeigten, koinzidierte die Entwicklung der Standardbenotung mit der angestrebten Objektivität von IQ-Tests, mit dem Bedürfnis, eine dramatisch zunehmende Immigranten-Arbeiterschaft zu kontrollieren, und der Einführung von Noten für massenproduzierte Waren (wie Weizen), als die nationalen Märkte expandierten. Während die Begeisterung für soziale Effizienz irgendwann Mitte des Jahrhunderts abebbte, kamen Elemente der wissenschaftlichen Betriebsführung in modernen Standards und Tests wieder zum Vorschein, was die Gefahr der Dequalifizierung in der Bildungsarbeit erneut verstärkte.

Rassismus und andere Hinterlassenschaften der Sklaverei meint) die Daten «gröber» werden ließen, registrierte er dennoch «einen Unterschied von nicht weniger als zwei Noten zwischen der schwarzen und der weißen Rasse, und es könnte sogar mehr sein».

Bevor Galton aber zu jenem Teil über wissenschaftlichen Rassismus kommt, ist *Hereditary Genius* größtenteils ein Versuch, Genealogien berühmter Männer zu erstellen: Richter, Staatsmänner, Feldherren, Literaten, Wissenschaftler, Dichter, Künstler und Geistliche. Wenn die Bemessung von Arbeit im Taylorismus ein Versuch war, diese zu intensivieren, dann war die Vermessung der Menschen in der Eugenik ein Versuch, sie nach einem bestimmten Ideal zu «formen», eine mechanistische Kombination von mendelscher Genetik und Sozialdarwinismus. «Es scheint fast so, als wäre die physische Struktur zukünftiger Generationen so formbar wie Lehm in den Händen des Züchters», schreibt Galton.[84] «Es ist mein Wunsch zu zeigen ..., dass mentale Qualitäten gleichermaßen zu beherrschen sind.» Eine Möglichkeit, dorthin zu gelangen, so glaubte er, war es, unerwünschte Charakteristika «herauszuzüchten», indem man Ehen im Hinblick auf genetische Vorteile evaluierte. In diesem Lichte überrascht es wohl nicht, dass Galton in einem Kapitel über Familienleben der Beschreibung eines hocheffizienten Wandersnacks (Brot mit Käse und einer bestimmten Rosinenart) mehr Aufmerksamkeit widmet als seiner Frau. Was sie angeht, so erwähnt er lediglich die «ererbten Gaben» ihrer Abstammungslinie.[85]

Aber was genau waren die Qualitäten, die für Galton eine Anhebung der Noten rechtfertigten? Für ihn war Intelligenz von Natur aus mit Schnelligkeit verbunden.[86] In einem von ihm selbst gegründeten Prüfzentrum maß er Intelligenz anhand von Reaktionszeiten auf physikalische Stimuli. Aber was die menschliche Rasse anging, bemaß er Wert an einer anderen Art von «Reaktionszeit», nämlich der Fähigkeit, sich neuen sozialen Verhältnissen anzupassen. Zivilisation, womit Galton vor allem Kolonisierung meinte, war für ihn keine Frage menschlichen Tuns, sondern «eine neue Situation, die Menschen durch den Lauf der Dinge» auferlegt wurde, ähnlich wie erdgeschichtliche Ereignisse.[87] Da Galton der Ansicht war, die Menschheit sei zur Geschwindigkeit ausersehen, empfand er das «Verschwinden» kolonisierter Völker als «erschreckend», und ihr Schicksal war selbst ihm eine Warnung:

> Auf dem nordamerikanischen Kontinent, den Karibischen Inseln, am Kap der Guten Hoffnung, in Australien, Neuseeland und Vandiemensland wurden die menschlichen Bewohner weiter Regionen im kurzen Zeitraum von drei Jahrhunderten vollkommen ausgelöscht, und das weniger durch die Unterdrückung einer stärkeren Rasse, sondern durch den Einfluss einer Zivilisation, die sie nicht aushalten konnten. Und auch wir, die führenden Erschaffer dieser Zivilisation, erweisen uns allmählich als unfähig, mit unserer eigenen Arbeit Schritt zu halten.

Mit anderen Worten war es höchste Zeit, mehr wie ein Mann zu werden, um nicht im Auto zu sterben – selbst für die Männer, die es designt hatten –, durch Aussonderung von Nomadentum und «Bohème» (Eigenschaften, die Galton mit Barbaren assoziierte).[88] Lange bevor Vanderkam vor der Konkurrenz warnte, die sogar unter der Dusche über den eigenen Job nachdenkt, warnte Galton davor, dass eine bestimmte Arbeitsethik vermarktbar und damit adaptiv war: «Kein Mensch, der nur sporadisch arbeitet, kann heute seinen Lebensunterhalt bestreiten, denn er hat keine Chance, im Wettbewerb mit den permanent Arbeitenden mithalten zu können.» Hinsichtlich der idealen Eigenschaften des modernen britischen Arbeiters, zitiert Galton eine Liste von Sir Edwin Chadwick, einem Schüler von Jeremy Bentham (dem Erfinder des Panoptikums mit seinem menschlichen Hamsterrad). Dieser ideale Mann verfügte über «große körperliche Kraft, ausgeübt unter der Führung eines beständigen, bewahrenden Willens, mentaler Selbstzufriedenheit und Unempfindlichkeit gegenüber irrelevanten äußeren Eindrücken, was ihn durch die kontinuierliche Wiederholung mühseliger Arbeit trägt, ‹so beständig wie die Zeit›».

Nicht einmal Charles Darwin (sein Cousin) war von Galtons Vision permanenter Leistungsfähigkeit ausgenommen.[89] Als Galton ihm ein Exemplar von *Hereditary Genius* schickte, antwortete Darwin höflich, dass das Buch «harte Arbeit» sei, und dass er erst 50 Seiten gelesen habe – «woran ganz und gar mein Gehirn schuld ist und keineswegs Dein so erfreulich klarer Stil». Galton zitiert diesen Brief in seinen Memoiren und lässt wiederum seine eigene Retourkutsche folgen: «Die

Erwiderung, die man auf diese Bemerkung über harte Arbeit geben könnte, ist, dass Charakter, das Talent zur Arbeit miteingeschlossen, wie jede andere Fähigkeit erblich ist.»

Die Eugenik erfreute sich in den Vereinigten Staaten großer Beliebtheit, vor allem in Kalifornien, wo man manche Menschen nicht nur davon abhielt, Kinder zu bekommen, sondern Zigtausende, die als «unpassend» eingestuft wurden, sogar sterilisierte.*

Die Optimierungsrhetorik der Eugenik hielt auch in die Selbstverbesserungs-Literatur der Ära Einzug. (Man denke daran, dass die Eugenik auch in *Increasing Personal Efficiency* erwähnt wurde.) Ein exemplarisches Crossover erfolgte in *Physical Culture [Körperkultur]*, einem Gesundheits- und Fitnessmagazin, das von 1899–1955 erschien. Indem es sich selbst als «Zeitschrift für persönliche Probleme» bezeichnete, vermischte *Physical Culture* Ratschläge nach Bootstrapper-Manier und Bodybuilding-Inhalte mit Galtons Leidenschaft für Vermessung und «Rassenverbesserung». Das Magazin bot einmal 1000 Dollar für die Sieger eines Wettbewerbs um den Titel «Schönste Frau» und «Bestaussehender Mann», dessen Teilnahmeformulare einen ausdruckslosen, griechisch anmutenden Idealkörper zeigten und Spalten enthielten, in die man seine Maße eintragen konnte.[91]

Physical Culture wurde von Bernarr Macfadden – in vieler Hinsicht der ultimative Productivity Bro – gegründet und lange Zeit herausgegeben. Als Verfechter des Bodybuilding und der heute sogenannten «Wellnesskultur», war er einer der Ersten, der sich selbst als Marke aufbaute, indem er die Schreibweise seines originalen Namens «Bernard McFadden» änderte, um stärker zu klingen («Bernarr» sollte an das Gebrüll eines Löwen erinnern; «Macfadden» sollte sich vom gängigeren «McFadden» abheben).[92] Macfaddens Artikel trugen Titel wie «Werden Sie vitaler mit der Mono-Diät», «Machen Sie einen

* Auch wenn der Begriff *Eugenik* heute negativ konnotiert und nicht mehr selbstverständlich Teil des politischen Mainstreams ist, haben seine Ideen weiterhin Einfluss. 2021 bot Kalifornien Leuten, die in staatlichen Institutionen auf Grundlage eines Gesetzes von 1909 gegen ihren Willen sterilisiert worden waren, Entschädigungen an.[90] Diese Sterilisationen, die oftmals Individuen betrafen, welchen man die alten eugenischen Merkmale «kriminell», «geistig minderbemittelt» und «abartig» zuordnete, gab es auch in den 2000er Jahren noch.

Urlaub, der Ihnen Gesundheitsdividenden einbringt», «Bergsteigen in Ihrem eigenen Zuhause» und «Verschwenden Sie Ihr Leben?».[93]*

Auch wenn die Artikel einiges an Quacksalbereien enthielten, war ihr eigentliches Ziel klar: Damals wie heute bedeutete Verbesserung, sich zusammenzureißen, schneller zu werden und weiterzukommen.

In einer Art Brief des Herausgebers der *Physical Culture*-Ausgabe vom Februar 1921 betonte Macfadden, auch geistige Vitalität sei wichtig für überlegene Gesundheit und von dieser untrennbar, während Letztere wiederum untrennbar mit finanziellem Erfolg verbunden sei.[94] Er betrachtete all diese Ideen durch die Linse des Sozialdarwinismus und schrieb, dass jeder, der «seinen oder ihren physischen Organismus nicht vollständig ausbildet, kein wirklicher Mann oder keine ganze Frau» sei. Macfadden gab den folgenden Rat:

> Wir leben in einem Finanzzeitalter. Der Kampf um Wohlstand ist der Hauptzweck eines durchschnittlichen Lebens. Aber im Kampf um die großen finanziellen und anderweitigen Preise des Lebens, wird das Erkennen der Bedeutung von Supereffizienz schon bald überall das Bewusstsein der Menschen für die Bedeutung einer fantastischen Maschine wecken. Und eine Maschine dieser Art muss in jeder Hinsicht vollkommen sein. Ein Körper, der vor Kraft nur so strotzt, der übervoll ist von Energie, kann viel mehr und bessere Arbeit leisten als einer, der schwach und unentwickelt ist.

Inwieweit man Effizienz als Teil der DNA amerikanischer Kultur betrachten konnte, führt eine 1937 erschienene Ausgabe von *Physical Culture* grotesk vor Augen. In Fortführung von Galtons Gedankengang über genetisch vorteilhafte Ehen, brachte das Magazin einen Beitrag mit dem Titel «Was Sie tun können, um die menschliche Rasse zu verbessern: Mit den Ungeborenen spielen. Wie Sie den genetischen Würfel beeinflussen können, um überlegene Kinder zu gebären und das

* Die «Monodiät» schreibt vor, die Vielfalt der Mahlzeiten zu verringern. Macfadden berichtete, einen Monat lang nur grüne Bohnen und braunen Reis (einzeln) zu sich genommen, und das erstaunlicherweise «genauso, wenn nicht noch mehr, genossen zu haben als die Kombinationen, aus denen sich eine Mahlzeit normalerweise zusammensetzt».

Rasselevel zu heben.» Hier existierten genetische Kombinationen nicht nur innerhalb einer sozialen (den Eugenikern zufolge natürlich «wissenschaftlichen») Hierarchie von Geschwindigkeit und Fortschritt. *Die Gene selbst* waren produktiv oder unproduktiv, «viril» oder «verweichlicht», und sie waren Arbeiter[95]:

> Wir sind weit davon entfernt, zu verstehen, wie genau die Gene arbeiten. Aber wir wissen sehr gut um das, was sie tun. Lassen wir ihre geringe Größe einmal außer Acht, dann können wir sie uns ganz deutlich als Arbeiter vorstellen. Ein einziges Chromosom wäre eine Kette dieser Arbeiter – buchstäblich eine Sträflingskolonne –, denn die Gene sind miteinander verbunden, und jedes hat für immer seinen angestammten Platz. Einige dieser Gene sind tatsächlich Architekten, einige Chemiker, einige Ingenieure, Zimmerleute, Klempner, Steinmetze, Koloristen, Diätberater, etc.

Gene könnten auch schneller werden, schrieb der Autor. Anstatt Schwäche zu verursachen, könne eine Mutation auch mit der Willkür eines Blitzschlags einwirken und die Gene verbessern, indem sie sie «stimuliert oder ihr Tun ‹beschleunigt›». Das führe zu Genen für «physische Überlegenheit, brillante Wesensart und Genie». Eine begleitende Illustration verschiedener Gene als Strichmännchen zeigte ein «Champion»-Gen mit Boxhandschuhen, während ein schädliches Gen mit «schwarz» beschriftet war und zwei Bomben in Händen hielt.

Diese Entstehungsgeschichte deutet auf den Kern jener moralischen Gleichsetzung hin, mit der ich begann: geschäftig = gut. In einer Studie über «auffällige Geschäftigkeit»[96] stellte die Soziologin Michelle Shir-Wise fest, dass Geschäftigkeit, unabhängig von der Work-Life-Balance, zur lebenslangen Produktivitätsperformance werden kann, wobei, «sich nicht als geschäftig zu präsentieren, womöglich als Beweis für ein inadäquates und wertloses Selbst interpretiert wird» («weder ein richtiger Mann, noch eine ganze Frau», wie Macfadden es formuliert hätte). Uns wird von Anfang an beigebracht, dass man als *gut funktionierender Mensch* brav den größtmöglichen Wert aus seinen 24 Stunden herauspresst», beständig wie die Zeit; ein *gutes Leben* bedeutet, ständig zu expandieren, Möglichkeiten zu verfolgen und in jeder Erfahrungsarena weiterzukommen. Aber wenn Arbeit tatsächlich im sozialen Unterbewusstsein verankert ist, dann handelt es sich um Arbeit im Sinne eines historisch spezifischen Ideals: schnell, muskulös, unermüdlich und weiß. Wenn man begreift, wie tief bestimmte Konzepte von Schnelligkeit, Effizienz und Fortschritt mit unserer Kultur verwoben sind, dann verstehen wir Brittney Coopers Argument, dass «weiße Menschen Zeit besitzen» noch einmal anders.

Kommen wir in diesem Sinne kurz auf Linda zurück. Wenn eine Linda ausgebrannt ist, dann ist sie das vielleicht nicht auf dieselbe Weise, wie eine Nicht-Linda (eine sozial und ökonomisch prekärere Person) es wäre, und ein totales Burnout würde wahrscheinlich nicht zur Folge haben, dass sie auf der Straße landet. Aber es wäre falsch, zu denken, dass zwischen einem Linda-Burnout und einem Nicht-Linda-Burnout keine Verbindung besteht. Während eine Nicht-Linda direkt durch externe Umstände kontrolliert und überwacht wird, wird Linda in ihrer eigenen Wahrnehmung durch die kulturelle «Logik der Expansion» kontrolliert und überwacht. Wenn Linda nicht mehr mitmacht, wird sie beurteilt werden und einen – sozialen oder finanziellen – Preis zahlen müssen.

Der Unterschied zwischen Linda und der prekären Person ist, dass Linda diesen sozialen Preis zahlen kann. Die Ähnlichkeit zwischen Linda und Nicht-Linda ist, dass ihre «Timer» (im Fall der Linda die Kultur der Geschäftigkeit und im Falle der Nicht-Linda Arbeitslohn und strukturelle Benachteiligung) gemeinsame Wurzeln haben. Sie unterstützen dasselbe System, eines, in dem Zeit nur ein Mittel für Profit sein kann, und in dem eine andere Person immer Dein Konkurrent ist. Deshalb sollte Linda, um ihretwillen und um der anderen willen, in Betracht ziehen, diesen Preis zu zahlen – *weniger* wie ein Mann zu werden, um *nicht* in jenes Auto zu passen, in dem die meisten Menschen, auf die eine oder andere Weise, sterben. Ich möchte damit nicht behaupten, dass es an sich irgendwie revolutionär wäre, so zu handeln, aber dass es mehr Sinn ergibt. Und es öffnet die Tür für eine revolutionäre Erkenntnis: Es geht nicht um die gemeinsamen Konsequenzen, sondern um die gemeinsame Ursache.

In einer Konversation, die in *The Undercommons: Fugitive Planning and Black Study (Allseits unvollkommen: Plantokratie und Schwarzes*

Studium) wiedergegeben ist, zeichnet Fred Moten einen hilfreichen Weg nach, über eine solche Erkenntnis nachzudenken. «Mir geht es nicht in erster Linie um diejenigen, die ihr Selbstgefühl zufrieden als privilegiert angeben und akzeptieren», sagt er.[97] «Ich mache mir um sie erst mal keine Sorgen. Aber ich fände es großartig, wenn sie an den Punkt kämen, an dem sie die Fähigkeit entwickeln würden, sich um sich selbst zu sorgen. Denn dann könnten wir reden.» Anschließend umschreibt er das Denken von Fred Hampton, einem der Anführer der Black Panthers:

> Schau: Die Problematik von Koalition ist, dass Koalition nicht so funktioniert, dass Du kommen und mir helfen kannst, ein Manöver, das immer auf Deine eigenen Interessen zurückgeht. Die Koalition entsteht aus Deiner Erkenntnis, dass Du aufgeschmissen bist, genauso wie wir schon begriffen haben, dass wir aufgeschmissen sind. Ich brauche nicht Deine Hilfe. Ich brauche nur, dass Du einsiehst, dass dieser Mist Dich umbringt, wenn auch viel softer, falls Du das kapierst, Du blöder Wichser.

Was bedeutet das auf unmittelbarer individueller Ebene? Burkeman, der uns jene «fieberhafte Geschäftigkeit» attestierte, erklärte auch, dass im Sinne einer politischen Veränderung, auf die wir hinarbeiten, jemand wie das Leistungssubjekt seine oder ihre Sterblichkeit akzeptieren und das unmögliche Streben nach totaler Kontrolle und Optimierung aufgeben sollte.[98] Ich würde hinzufügen, dass der Aspekt des «Aufgebens» für diejenigen absolut zutrifft, die es sich leisten können, so zu handeln, was ein ehrliches und womöglich schmerzhaftes Abrechnen mit den eigenen Privilegien bedeutet. Es führt alles wieder zurück zu jenem *Ermessen* der Ermessenszeit. Nicht alle Aufgaben sind essenziell, um zu überleben, schreibt Burkeman, und es ist nicht universell «zwingend, mehr Geld zu verdienen, mehr Ziele zu erreichen, unser Potenzial in jeder Dimension auszuschöpfen oder sich besser anzupassen». Die Hetze bedeutet für verschiedene Leute verschiedene Dinge. Aber wenn Sie wirklich ein Leistungssubjekt sind, das sich nur selbst aufreibt, dann schlage ich eine Anpassung Ihres Ermessens vor: Experimentieren Sie in manchen Teilen Ihres Lebens mit dem, was Ihnen wie

Mittelmäßigkeit erscheint. Dann haben Sie vielleicht irgendwann einen Moment, in dem Sie sich fragen, *warum* und *wem* es mittelmäßig erscheint.

Ein Leben mit weniger Ambitionen einer bestimmten Art zu akzeptieren, bedeutet nicht, sich in einem Leben mit weniger Sinn einzurichten. Zu entscheiden, was (vermeintlich) mittelmäßig sein kann, bringt die Frage mit sich, was man innerhalb der Grenzen seines menschlichen Lebens will, und erst recht die Erinnerung daran, dass es überhaupt begrenzt ist – Themen, auf die ich in Kapitel 6 und 7 zurückkommen werde. Bis dahin lohnt es sich, den Rat, «Dein bestes Leben zu leben», als das zu dekodieren, was er manchmal ist: ein Imperativ, «*das* beste Leben zu leben», im Sinn eines Highscore. Wie wäre es, sich einfach nur dafür zu entscheiden, «*ein* Leben zu leben»? Manchmal, wenn ich merke, dass ich zu viel will, dann wiederhole ich für mich, fast in einem Ton, den Eltern gegenüber ihren Kindern anschlagen, dass *alles nicht alles sein kann.* Ein andermal versuche ich, die amerikanische Logik unaufhörlicher Expansion mit all ihrer Willkür und Absurdität mit Humor zu nehmen, und zugleich auch die ruhige, komische Würde zu besitzen, das alles abzulehnen. Dabei muss ich an eine bestimmte Szene aus *Beavis und Butt-Head* denken, in der ein Kunde in einem Fast-Food-Restaurant, in dem Butt-Head arbeitet, etwas bestellt. «Ich bekomme einen doppelten Cheeseburger, eine große Portion Pommes, ein kleines Root Beer und einen Apfelkuchen», sagt er. «Äh ... was?», antwortet Butt-Head. Der Mann wiederholt seine Bestellung lauter und ärgerlicher. Aber Butt-Head antwortet einfach «Ähm .... könnten Sie irgendwie *weniger Zeug wollen?*»[99]

Auf der anderen Straßenseite, gegenüber dem Facebook-Campus, befindet sich ein durstiger Flecken Gras mit Büschen: Kojotenbusch und rote Apfelbeere. Ich weiß bis heute nicht, was es mit diesem Flecken auf sich hat, ein «unproduktives» Gewirr, das auf Google Maps nur leer und grau aussieht. Während wir warten, erweist sich ein bewegungsloser Punkt über dem Rasenstück als Weißschwanzaar (ein Vogel, der aussieht wie eine Mischung aus Falke und Möwe): Indem er nur ganz wenig mit den Flügeln flattert, bleibt er schwebend immer am gleichen Ort, fast als wären seine Bewegungen eingefroren. Dann wird die Ampel grün, und wir biegen links ab, in Richtung Gebirge, wo nun die Umrisse einzelner Bäume zu sehen sind. Wir werden bald da sein.

Wenn man in einer Welt, die auf Expansion basiert, die Expansion aufgibt, dann kann das Probleme verursachen. 2016 kündigte ein junger chinesischer Fabrikarbeiter namens Luo Huazhong seinen Job und unternahm eine Fahrradtour von der Provinz Sichuan aus nach Tibet, eine Entfernung von gut 2000 Kilometern, und lebte währenddessen von Gelegenheitsjobs und seinen Ersparnissen.[100] Luo fasste seine Erfahrungen in einem Post auf Baidu mit dem Titel «Flach Liegen Ist Gerechtigkeit» zusammen. «Ich habe mich ausgeruht», schrieb er. «Ich kann wie Diogenes sein, der in seinem eigenen Fass schläft und sich sonnt.» Der Post löste die «Flach-Liegen-Bewegung» aus, die, während ich das hier schreibe, immer noch stark ist. Im Mai 2021 zirkulierte in den sozialen Medien in China eine Illustration eines sich zurücklehnenden Mannes mit dem Text: «Du willst, dass ich aufstehe? Das ist in diesem Leben nicht möglich.» Wie zu erwarten, waren die Staatsmedien der Kommunistischen Partei Chinas alles andere als begeistert. «Kampf ist immer die hellste Grundfarbe der Jugend», schrieb die *Nanfang Daily*. «Angesichts des herrschenden Drucks einfach zu beschließen ‹flach zu liegen›, ist nicht nur ungerechtfertigt, sondern beschämend.»

Als jüngere amerikanische Millennials diesen Trend 2021 aufnahmen, wurde er wieder als beschämend bezeichnet – aber von der Sprache der nationalen Pflicht in die des Bootstrapping übersetzt. In einem Bloomberg-Kommentar mit dem Titel «‹Liegt Flach› wenn Ihr wollt, aber seid bereit, den Peis zu zahlen» urteilte Allison Schrager amerikanische «Flachlieger» als einen privilegierten Haufen ab, deren Entscheidung auszusteigen ein «Luxus» sei, «den sie bereuen könnten».[101] Die Uhr tickte, und die Welt drehte sich schnell, mit denselben Friss-oder-stirb-Anteilen wie zuvor: «Die Wirtschaft macht einen großen Wandel durch. Technologie und Globalisierung haben sie vor der Pandemie verändert, und die Zeit danach wird diese Trends beschleunigen. Das wird unter denen, die bereit sind, den Wandel anzunehmen und von ihm zu profitieren, Gewinner und Verlierer hervorbringen. Aber es wird ein chaotischer und unvorhersagbarer Prozess sein. Eine Gruppe, die aber auf jeden Fall schlecht wegkommen wird, sind die Leute, die ganz aussteigen.»

Wie Vanderkam, gibt Schrager großartige Karriereratschläge, indem sie hervorhebt, dass man die meisten Lohnerhöhungen bekommt, bevor man 45 ist. Angesichts dessen, dass alle wichtigen Dinge – Kompetenzentwicklung und Networking – in Deinen Zwanzigern und Dreißigern passieren, ist das «eine denkbar schlechte Zeit, um eine Midlifecrisis zu haben». Aber Ratschläge, mit denen man das «Rat Race», das erbarmungslose Wettrennen, gewinnen kann, setzen voraus, dass man auch rennt, anstatt sich von einem flüchtigen Traum zu lösen. Auf Twitter antworteten «Flachlieger» auf den Artikel in scharfem Ton. «Es kommt mir nur schräg vor, dass wir jeden Tag Schlagzeilen über Pandemie, Klimawandel, Hunger, Dürre, Brände, Hurricanes, Waffenprogramme und Krieg lesen, und die Leute von Bloomberg einfach nur wollen, dass wir für $ 36 000 pro Jahr durcharbeiten», schrieb ein User.[102] Ein anderer fasste Schragers Artikel so zusammen: «Milliardär: ‹Schnell, Du Zeitung, die mir gehört: Schreibe eine Story darüber, dass junge Leute zu träge sind, um zu merken, dass sie mir noch mehr Geld einbringen, während sie kaum ihren eigenen Lebensunterhalt bestreiten können, niemals ein Haus besitzen werden, und, obwohl sie Vollzeit arbeiten, beide Eltern brauchen, um eine Familie zu unterhalten.›»[103] Und wieder ein anderer fragte: «Wozu hart arbeiten? Meine Arbeit gehört mir nicht.»[104]

Ich habe hier versucht, sowohl die Unterschiede *als auch* die Gemeinsamkeiten zwischen denen, die es sich leisten können, «flach zu liegen», und denen, die das nicht können, zu beleuchten; zwischen denen, die Arbeit ablehnen können, und denen, die es nicht können; zwischen denen, die sich Zeit nehmen können, und denen, für die das nicht möglich ist. Mit anderen Worten: zwischen den Selbst-Timern und den Getimten (auch wenn die Grenze, wie gesagt, nicht immer so klar ist). Eine Anerkennung dieser Beziehung – «dass dieser Mist Dich auch umbringt, wenn auch viel softer» – ist aus mehreren Gründen wichtig. Ganz grundlegend eröffnet sie die Möglichkeit zur Solidarität, ganz einfach im Sinne einer gemeinsamen Sache («dieser Mist»). Aber sie ist auch ein Schutz davor, wie privilegierte Leute manchmal auf ihr eigenes Burnout reagieren: nämlich mit der Verschanzung hinter ummauerten Gärten der Langsamkeit, des Minimalismus und der Authentizität. Im besten Falle macht eine solche Reaktion es den Menschen einfacher, sich von der Welt abzukapseln und den Status quo unangetastet zu lassen. Im schlimmsten Fall verstärkt sie den Status quo noch und schafft ein Szenario, in dem Langsamkeit zum Produkt wird, das man zulasten anderer kauft. Nirgendwo ist die Gefahr, dass das passiert, größer als im Reich der freien Zeit.

KAPITEL 3

Kann es Freizeit überhaupt geben?

DIE SHOPPING MALL UND DER PARK

Arbeit beherrscht alles um sie herum, wie ein Berg eine Ebene beherrscht.
– Michael Dunlop Young und Tom Schuller, Life after Work[1]

Auf unserem Weg in die Berge müssen wir zuerst an einer anderen Art von Campus anhalten. Wir steigen aus dem Auto aus und gehen an den wohldurchdachten Interiors einer Pottery-Barn-Filiale und dem süßsalzigen Geruch einer California Pizza Kitchen vorbei. In dieser Umgebung fühlen wir uns etwa so wie Render Ghosts, jene substanzlosen Leute, die man manchmal in aufwendigen Architektursimulationen sieht. Grüne Lautsprecher sind in Töpfe mit Rosen und Löwenmäulchen integriert, während noch weitere von ihnen sich über unseren Köpfen in Magnolienbäumen verstecken. Sie spielen Rod Stewarts «Forever Young». Eine Angestellte von Tiffany, die gerade Pause macht, eilt mit verschränkten Armen und gerunzelter Stirn, telefonierend an uns vorbei. Hinter ihr, im Schaufenster eines Geschäfts, das noch geschlossen ist, steht auf einem schlichten weißen Schild: «Das Glück liegt in den kleinen Dingen. Es ist unsere Leidenschaft, Alltagsroutinen zu bedeutsameren Momenten zu machen».

Unser Weg mündet in einen anderen, und beide bilden schließlich einen falschen Marktplatz mit einem antik anmutenden Schild, auf dem einfach nur PAVILLON steht; dort sind ein paar Kaffeetische vor einer Bäckerei mit dem Namen La Baguette aufgestellt. Um die Ecke hat man eine Wand so angemalt, dass sie wie eine andere Wand aussieht: wie ein Boulevard in Paris mit einer dunkel schattierten «Öffnung» zur Rue du Chat-qui-Pêche. Auch wenn die Öffnung nicht real ist, so ist der Griff einer gemalten Tür doch tatsächlich echt, und auch die leeren

*Terrakotta-Töpfe, die unter gemalten Fenstern hängen, sind es. Ein (realer) Bewohner dieser Stadt läuft an uns vorbei, eine leere Mineralwasserflasche schlenkernd, und rülpst kurz. Unsere Augen folgen ihm, vorbei an einer freistehenden Digitalanzeige, auf der gerade ein riesiges Bild einer Uhr zu sehen ist, welche auf 10:10 Uhr steht, die Zeit, die oft auch in der Uhrenwerbung verwendet wird.**

Es ist eine Anzeige für Piaget, eine Firma, die für 38 400 Dollar eine mit Diamanten übersäte Uhr namens Possession verkauft.

Als Teile der Welt Ende März 2020 in den Lockdown gingen, postete die Reise-Influencerin Lauren Bullen ein Foto von sich, wie sie im Regen aus einem Swimmingpool steigt, während sich im Hintergrund die Bananenstauden biegen. Ihre Augen waren geschlossen, ihr Mund zu einem Grinsen verzogen. «Alles was wir haben ist Jetzt», lautet der Text dazu.[3] Fünf Tage später lag sie in einem Nachthemd am Rand eines Infinitypools vor einem fliederfarbenen Himmel mit einem hübsch positionierten Vogel. Ihre Augen waren wieder geschlossen. Und der Untertitel lautete: «Auch das wird vorübergehen.»

Bullen reiste nicht mehr. Sie schien meist zu Hause zu bleiben, auf jenem Anwesen, das sie und Jack Morris im selben Jahr auf Bali mit dem Geld gebaut hatten, das sie als Influencer verdient hatten. Auf einem Foto mit dem Untertitel «Derzeit im Paradies festsitzend» präsentierte sie sich in einem weißen einteiligen Badeanzug, einen balinesischen gewobenen Fächer in Händen. Ein Video am nächsten Tag zeigt Bullens Kopf und Beine, die aus einer Steinwanne hervorschauen, mit noch mehr Bananenstauden im Hintergrund. Sie dreht sich um, lässt unter einer Kohle-Gesichtsmaske ein Lächeln erkennen, legt ihren Kopf auf ihren Unterarm und stellt so ihre Entspanntheit zur Schau. Diesmal erscheint dazu im Video ein gelber Untertitel: «Ein Moment der Selbstliebe».

Auf Instagram, wo das unausgesprochene Ziel so vieler Posts, sei es von Influencern oder nicht, die Beeinflussung ist, haben Posts über Langsamkeit, Selbstfürsorge und «sich eine Auszeit nehmen» einen va-

* *Diese Uhrzeit wird aus mehreren Gründen gerne eingesetzt, unter anderem, weil die Zeiger das Markenlogo umrahmen.*[2]

gen Hauch von Missionseifer an sich, den man nur schwer ignorieren kann. Wie Werbeanzeigen, lesen sie sich entweder implizit oder explizit als Ermahnungen an den Betrachter: *Auch Du könntest (solltest) so entschleunigt sein!* Diese Vision des Rückzugs ist oft sehr hübsch, exklusiv und existiert irgendwo anders – an einem Ort, der das Gegenteil von hier ist, wo die Verpflichtungen schwer wiegen, sich dreckiges Geschirr stapelt und ruhige Momente dünn gesät sind.

In «Slowing Down Modernity» [«Die Moderne entschleunigen»] wirft der Wissenschaftler Filip Vostal einen kritischen Blick auf die Rhetorik der Langsamkeit, sowohl in der Popkultur als auch in der akademischen Kultur. Er argumentiert, dass Langsamkeit «nicht unbedingt das Gleiche ist wie Gelassenheit, Achtsamkeit, langfristiges Denken, Ausdauer, Reifung und infolgedessen menschliche Verbesserung».[4] Die unmittelbare Ironie ist, dass Langsamkeit, die als Produkt verkauft wird, nur einen anderen Teil der Wachstumslogik darstellt, der wir im vorigen Kapitel zu entkommen versuchten. Als Extrembeispiel beschreibt Vostal eine «Slow Watch» für 260 Euro mit einem minutiös unterteilten 24-Stunden-Ziffernblatt, auf dem die Null ganz unten ist. In der dazugehörigen Anleitung steht: «Ich werde Dein treuer Gefährte sein, wenn Du durch ein vollkommen neues Leben reist – eines, in dem

Du lernen wirst, langsam zu sein.» Das Problem, so Vostal, ist nicht nur die «schiere Kommodifizierung der Marke ‹Slow›», sondern auch die Tatsache, dass das Zeitempfinden, welches das Ziffernblatt vorgibt, im Widerspruch steht zur herrschenden Uhrzeit: «Tatsächlich könnte es ein faszinierendes Ziel sein, die Gesellschaft der ‹Slower›, der Langsammacher, zu erschaffen, um, mit den Worten der Markengründer, ‹die Welt zu verlangsamen›, und doch scheint es, als könne das nur eine Gesellschaft privilegierter Individuen sein, die sich zum einen solche Accessoires leisten, und zum anderen, was viel wichtiger ist, eine andere Lesart der Zeit übernehmen können, in welcher Pünktlichkeit und Genauigkeit zu vernachlässigen sind.»

Die Uhr ist ein Musterbeispiel dafür, wie Produkte und Dienstleistungen «paradoxerweise integrale Bestandteile des .... schnellen Kapitalismus» werden.[5] In dieser Welt wird die Langsamkeit weniger gelebt als konsumiert: «... das langsame Leben steht nun ‹zum Verkauf› und ähnelt mittlerweile einem konsumistischen Lebensstil, der zumeist mittelständischen Großstädtern vorbehalten ist – deren Mehrheit vermutlich weit entfernt davon ist, transformative, progressive oder gar sozialistische Ziele zu verfolgen».[6] Sicher würden viele einräumen, dass «alles sich entschleunigen müsste», aber eine solche Langsamkeit würde dann meist nur konsumiert werden, und zwar privat.

Natürlich erwartet keiner sozialistische Absichten von jemandem wie Bullen, deren Job es schlichtweg ist, für bestimmte Tourismusziele das Image eines privilegierten Lifestyles zu verkaufen. Wenn es hier ein Problem gibt, dann ist es nichts weiter als die neueste Ausformung des Freizeitkonsumismus, in der «Slow-Produkte und Dienstleistungen» zufällig genau zu schnellen Produkten (oder jeder anderen Art von Produkten) passen. Schon 1899 beschrieb Thorstein Veblens *The Theory of the Leisure Class [Die Theorie der müßigen Klasse*[7]*]*, wie Menschen demonstrativen Konsum nutzten, um den Klassen unter ihnen ihren Status zu signalisieren, aber auch, um nach einem höheren Status zu streben. In den sozialen Medien, ein sich endlos drehendes Vergleichskarussell, kann man beides so bequem tun wie nie zuvor.

Elemente des Slow Living, der Loslösung und Selbstfürsorge sind zu beliebten Produkten der «Experience Economy» geworden. B. Joseph Pine II. und James Gilmore prägten diesen Begriff in einem 1998 erschienenen Artikel der *Harvard Business Review*, in dem sie erklärten, dass «Güter austauschbar, Waren tangibel, Dienstleistungen nicht tangibel und Erlebnisse erinnerbar» sind, wobei Letztere die am weitesten entwickelte Form ökonomischen Werts darstellen.[8] Je mehr das Erlebnis selbst tatsächlich die Ware darstellte, so spekulierten sie, desto mehr würde es auch für Unternehmen, die keine Themenparks sind, Sinn ergeben, Eintritt zu nehmen.*

Das könnte Zeit zu Geld machen, aber es würde auch ein Gefühl von psychologischer Einbettung erzeugen, mit deren Hilfe sich der Umsatz erhöhen ließe.

Zu den gefeierten Beispielen des Artikels gehörten Niketown Stores, Rainforest Café und die Forum Shops in Las Vegas, wo «jeder Mall-Eingang und jede Ladenfront eine aufwendige römische Neugestaltung ist ... und ‹Heil dir Cäsar› ein häufiger Ausruf». Bei der fanatischen Ausgestaltung eines vermarktbaren Themas, konnte kein Detail ausgelassen werden, kein Stein auf dem anderen bleiben. «Wenn ein Wirt im Restaurant sagt ‹Ihr Tisch ist bereit›, dann löst das nichts bei Ihnen aus. Wenn aber der Kellner eines Rainforest Café ruft ‹Ihr Abenteuer kann beginnen›, dann bereitet das die Bühne für etwas Besonderes.» Und während auf Mülleimern in Fast-Food-Restaurants normalerweise einfach ein Schild mit DANKE angebracht ist, könnte der clevere Experience Designer «stattdessen den Mülleimer in eine sprechende, Abfall essende Figur verwandeln, die ihre Dankbarkeit zum Ausdruck bringt, wenn der Deckel aufschwingt». Pine und Gilmore hatten wahrscheinlich nicht vorausahnen können, wie Social Media die Erlebnisökonomie pushen würden, indem sie die Welt selbst zu einem 24-Stunden-3-D-Warenhaus potenzieller 2-D-Kulissen machten. Während Orte wie das Museum of Ice Cream in San Francisco explizit auf Instagrammer ausgerichtet sind, kann eigentlich jeder Eisladen zu einer Art Museum gemacht werden, wenn jemand eine Kamera und die entsprechende Denkweise mitbringt: das aneignende Bewusstsein oder den «acquisitive mood», wie Susan

* Insofern, als sie jemanden auffordert, für eine bestimmte Zeitspanne an einem Ort zu bezahlen, überschneidet sich die Erlebnisökonomie gewissermaßen mit der Idee der Miete – eine andere Umwandlung von Zeit in Geld, die allerdings den Rahmen dieses Buches sprengen würde.

Sontag es nannte.[9] Im Kontext der Erlebnisökonomie, ist das als «sozial» angepriesene Instagram eher als Shopping App zu verstehen, ein Marktplatz, um entweder in tatsächlichen Anzeigen oder im bebilderten Leben von Freunden solche Akquisitionen zu verscherbeln oder nach ihnen zu stöbern.*

Während Pine und Gilmore offenbar dachten, das Erlebnis selbst sei das Souvenir, stellt sich nun heraus, dass ein Foto (das kommunizierbare Symbol des Erlebnisses) allein schon absolut ausreicht.

2017 kam in Japan der Ausdruck *Insta-bae* auf – ein Wort, das «Instagram» und «haeru», was leuchten bedeutet, miteinander kombinierte – und als Adjektiv etwas beschrieb, das sich gut auf Instagram machte.[11] Eine Studie im selben Jahr zeigte, dass zwei Fünftel der amerikanischen Millennials ihre Reiseziele nach deren «Instagrammability» (wie gut sie sich für Instagram fotografieren ließen) aussuchten.[12] Im *Independent* erklärte Rachel Hosie, dass zwar der Wunsch, an malerische Orte zu reisen, nicht neu war, es sich hier aber um etwas Spezifischeres handelte, denn «es gibt bestimmte Aussichten, Resorts und Infinity Pools, welche die Likes auf jeder Foto-Plattform sehr wahrscheinlich nach oben schnellen lassen».**

Angesichts der Tatsache, dass jeder Post, mit Absicht oder nicht, wie eine Werbeanzeige funktioniert, wirkt das Streben nach Instagrammability schnell ansteckend. (Einer von Bullens neueren Posts, in dem sie inmitten eines Lavendelfeldes posiert, teilt dem Betrachter praktischerweise gleich mit, was man in Google Maps eingeben muss, um zu diesem Ort zu gelangen).[14] Die Reiseindustrie hat davon natürlich auch

* Als ich das hier geschrieben habe, meinte ich es eigentlich im übertragenen Sinne. Aber im März 2022 kündigte Instagram an, dass es allen Usern, nicht nur den Content Creator*innen, ermöglichen würde, Produkte in ihren Instagram Posts zu verlinken.[10] Diese Funktion schloss sich an die anderen Shopping-Funktionen der App an, inklusive der Produktseiten und der Möglichkeit, mit der App Einkäufe zu tätigen.

**In seinem 2021 herausgekommenen Special *Inside*, macht sich Bo Burnham darüber lustig, dass «die Welt da draußen, die nicht digitale Welt, fast nur noch eine Theaterbühne ist, auf der man Content für den viel realeren, viel wichtigeren digitalen Raum inszeniert und aufzeichnet».[13] Man sollte die Außenwelt nur noch in Dienst nehmen, wie man ein Kohlebergwerk in Dienst nimmt. Sich anziehen, holen, was man braucht, und an die Oberfläche zurückkehren.

Notiz genommen. Beiträge im *Journal of Travel Research* führen die vielen Nutzungsmöglichkeiten von «Social Media-Neid» und «Incidental Vicarious Travel Consumption (IVTC)» [«sich spontan ergebendem stellvertretenden Reisekonsum»] detailliert auf, und bemerken dazu, dass vor allem Menschen mit schwachem Selbstwertgefühl dafür empfänglich und für die Vermarkter von besonderem Interesse sind.[15]

Wie man sieht, ist Langsamkeit also extrem Insta-bae. Einer von Bullens Posts aus einem Resort am Rande der Dolomiten zeigt, wie sie morgens aufsteht und mit einem Kaffee in der Hand genussvoll aus einem Panoramafenster auf die Berge blickt, bevor sie langsam und gemächlich aus dem Bild schlendert.[16] Es ist ein meisterhaft gestalteter Magnet für Neidgefühle. Aber andererseits kann irgendwie auch alles Insta-bae sein. Im September 2021 stieß die Schauspielerin und Komikerin Anna Seregina auf eine Fotoserie, die Reisende in einem Gefängnis in Oxford gemacht hatten, das zum Luxushotel umgebaut worden war.[17] Zu den Fotos, die sie sammelte und auf Twitter teilte, hatten Gäste Kommentare geschrieben wie «gerade eine Nacht im Gefängnis verbracht, und es war toll» oder «könnte mich ans Gefängnisleben gewöhnen». Auch wenn das haarsträubend klingt – und es auch ist –, haben das Hotel in Oxford und das Resort in den Dolomiten tatsächlich etwas gemeinsam. So, wie das Gefängnis zur neutralen, glatt geleckten Touristenattraktion wird (wo *The Shawshank Redemption*, dt. *Die Verurteilten*, gelegentlich auf dem Bildschirm läuft), wird die «Natur» im Dolomiten-Resort zur statischen Hintergrundkulisse.[18] Indem es «Ruhe als den neuen Luxus» bietet, versteht sich das Resort selbst als «Rückzugsort, umgeben von Natur, wo man die Zeit durch körperliche und geistige Achtsamkeit gegenüber sich selbst wieder spüren und mit emotionalen Werten füllen kann».[19]

Landschaften, Menschen, historische Denkmäler und Bewegungen, sie alle lieferten der Experience Economy Rohmaterial. Wie die Tourismusindustrie schon lange erkannt hat, sind Extraktion und Veredelung erforderlich, um diese Erlebnisse zu generieren – die Entfernung der Kontextschale, so wie bei jedem anderen Rohstoff auch, etwa Kaffeebohnen und Zucker, deren spezifische Eigenschaften und Produktionsbedingungen im Verborgenen bleiben. Leute, die Erlebnispakete kaufen, wollen nichts Kompliziertes bekommen – zumindest nichts, wofür sie nicht bezahlt haben. Pine und Gilmore haben das auch begriffen und legten nahe, dass Einzelhandelsangestellte nicht nur arbeiten, sondern *schauspielern* und im Grunde zu Bühnenrequisiten werden sollten. Ein prägnantes Bild für diese Dynamik ist zu Beginn der 2021 ausgestrahlten Fernsehserie *The White Lotus* zu sehen, die von ein paar überwiegend weißen Touristen in einem Luxusresort auf Hawaii handelt. Als er sieht, dass die Gäste eintreffen, gibt der Resort-Manager, Armond, einem neuen Angestellten Anweisungen:

> Armond: Ich weiß, es ist Ihr erster Tag in diesem Job, und ich habe keine Ahnung, wie das an Ihren anderen Arbeitsstellen gehandhabt wurde, aber hier sind Selbstauskünfte nicht erwünscht. Vor allem, was diese VIPs angeht, die dort gerade mit dem Boot anlegen. Sie sollten nicht zu charakteristisch auftreten. Seien Sie als Präsenz, als Identität bitte eher generisch.
>
> Lani: Generisch …
>
> Armond: Ja, wissen Sie, das ist ein japanisches Ethos, für das wir hinter unseren Masken als freundliche, austauschbare Helfer verschwinden müssen. Es ist so eine Art … tropisches Kabuki. Und das Ziel ist es, für die Gäste rundherum einen Eindruck von … Vagheit zu schaffen, der sehr befriedigend sein kann. Sie sollen alles kriegen, was sie wollen, aber nicht einmal wissen, was sie wollen oder welcher Tag gerade ist, wo sie sind, wer wir sind und was zum Teufel hier eigentlich abgeht.[20]

Wenn ich eine gewisse Abneigung gegenüber konsumistischer Freizeit hege, dann hat das damit zu tun, dass ich in einem Vorort der Bay Area groß geworden bin, umgeben von themenparkartigen Rainforest-Café Klonen. Dass ich in einem wirklichen Themenpark gearbeitet habe, machte es nicht besser. Zwei Sommer lang war es mein Job, auf falschen öffentlichen Plätzen herumzuhängen, die Namen trugen wie «Hometown Square», «Celebration Plaza» oder «All American Corners» und die Passanten dazu bringen sollten, sich hinzusetzen und Karikaturen von sich zeichnen zu lassen. Was die Leute kauften, war eigentlich gar

nicht die (oftmals schreckliche) Zeichnung – für die ich zehn Minuten Zeit hatte, während ich am besten noch Small Talk machen sollte und ab und zu einen der unangenehmen Familienväter dort aushalten musste –, sondern viel mehr das Erlebnis, gezeichnet zu werden. Wir wurden nicht nur dadurch angetrieben, dass wir auf Provisionsbasis arbeiteten, sondern auch durch die Regel, dass wir uns nur hinsetzen durften, wenn wir jemanden zeichneten.

Je nachdem, wo ich für den jeweiligen Tag abgestellt war, dudelten Lautsprecher neben mir entweder Songs aus Paramount-Filmen und Shows (darunter auch das Thema aus *Everybody Loves Raymond*) oder nichtssagende patriotische Musik, die retrospektiv klang, als hätte man eine KI mit dem gesamten Repertoire von John Philip Sousa gefüttert. Als wir eines Tages wieder einmal unter roten Plastikschirmen standen, bemerkten mein Kollege und ich, dass der Bodenbelag so heiß war, dass man Teile davon mit dem Schuh ablösen konnte und darunter kochendes Wasser zum Vorschein kam.

Das Pausenareal, auf dem ein Snack-Automat stand, befand sich direkt neben einer Achterbahn, und alle fünf Minuten etwa flogen baumelnde Beine vorbei, begleitet von spitzen Schreien. Wenn meine Schicht zu Ende war, verließ ich den Park mitten durch die große Achterbahn hindurch, ein riesiger Backstagebereich, in dem man schlaffe

Tierfiguren, die als Preise dienten, die Rückseite von Kulissen aus Sperrholz und hin und wieder ein erschöpft aussehendes SpongeBob-Maskottchen sah, das eine Raucherpause einlegte. Auf dem schnellsten Weg nach Hause kam ich dann an thematisch gestalteten Shopping-Centern vorbei, die mir das Gefühl gaben, ich hätte den Park gar nicht erst verlassen. Auch wenn ich einige meiner Kollegen mochte, bringen meine Tagebücher aus dieser Zeit jugendlichen Zynismus zum Ausdruck. «Ich glaube nicht, dass das Leben wirklich viel Sinn hat, wenn Du einfach nur arbeitest, und Deine Arbeit im Grunde darin besteht, Leute abzuzocken», schrieb ich.

Diese Erfahrung hat mir die Idee von «Spaß», der mir in einem sorgfältig erdachten Paket verkauft wird, weiter verleidet. Ich war bezahlten Überraschungen, bezahlter Geselligkeit und bezahlter Transzendenz gegenüber allzu skeptisch – die klassische Teenager-Klage, dass «die Welt so ein *Fake* ist». Als man 2002 nur wenige Kilometer von unserem Haus entfernt, in kürzester Zeit ein Outdoor-Shopping-Areal mit Namen Santana Row hochzog, wurde angekündigt, dass es die natürliche Vielfalt eines echten Stadtzentrums an einem unbestimmten Ort irgendwo in Europa nachahmen würde.[21] Da wir nichts Besseres zu tun hatten, schlenderten meine Schulfreunde und ich dort über das Kopfsteinpflaster wie gelangweilte Filmstatisten, flanierten an Geschäften von Luxushandelsketten, riesigen Outdoor-Schachfeldern und neuen Wänden vorbei, die so angemalt waren, als wären sie alt – eine bestimmte Vorstellung einer Vorstellung einer Vorstellung «von Urbanität». Wenn ich versuchte, etwas wirklich anderes, Überraschungen oder Geschichte an Orten wie diesen zu finden, fühlte ich mich wie Jim Carreys Figur am Ende der *Truman Show*, wenn das Segelboot, das er steuert, an eine Wand stößt, die so angemalt ist, als wäre sie der Horizont.

Es ist diese alte Skepsis, die mein Verständnis der Erlebnisökonomie prägt. Ich möchte gar nicht sagen, dass es nicht auch eine Kunst sein kann, Erlebnisse zu designen und umzusetzen, noch, dass es nicht vielleicht unkompliziert «authentische» Erfahrungen hinter der Projektionsfläche ihres kommerziellen Pendants geben kann (wenn sie für mich nur greifbar wären), noch, dass Menschen nicht einfach eine gute Zeit an Orten wie Themenparks haben können. Es ist nur so, dass ich durch die Ausweitung der Experience Economy auf kommodifizierte Begriffe von Dingen wie Langsamkeit, Gesellschaft, Authentizität und «Natur» – und das alles, während die Einkommensungleichheit wächst und die Zeichen des Klimawandels sich verstärken – Panik bekomme, weil ich sehe, wie mögliche Fluchtwege immer mehr blockiert sind. Ich möchte immer noch etwas *tun* und nicht nur das Erlebnis davon konsumieren. Aber auf der Suche nach neuen Daseinsweisen finde ich nur neue Wege, Geld auszugeben.

In einem Artikel mit dem Titel «Warum Millennials keinen Kram kaufen wollen» passt Josh Allan Dykstra, ein Mitglied des Young Entrepreneur Council, Pines und Gilmores Erlebnisökonomie auf eine Bevölkerung an, die auf sinnvolle Beziehungen aus ist: «Die größte Einsicht, die wir aus dem Tod des Eigentums gewinnen können, dreht sich um Beziehungen. Das ist es, was jetzt knapp wird, denn wenn wir alles ganz einfach kaufen können, dann stellt sich die Frage ‹Was fangen wir damit an?›. Der Wert liegt jetzt im Tun.»[22] Dykstras Empfehlung ist es, «durch Dein Unternehmen Menschen dabei zu helfen, zu anderen Menschen Beziehungen zu knüpfen», und er fügt hinzu, dass es «im Vertrieb nicht mehr tatsächlich ums Verkaufen geht, sondern darum, eine Gemeinschaft aufzubauen». Aber andererseits geht es dann doch wieder sehr um Verkaufen: «Wir müssen über das ‹Zeug›, das wir verkaufen, einfach etwas anders nachdenken.» Ich kann mir keine bessere Beschreibung der kommerziellen Social Media vorstellen, in denen «das Zeug» eine Art von Zugehörigkeit darstellt. Mit der Idee eines sozialen Online-Netzwerks habe ich kein Problem; ich möchte mir aber mein Gemeinschaftsgefühl nicht durch das Ansehen von Werbung erkaufen, auf einer Plattform, die mich implizit dazu ansporrt, mich selbst zu vermarkten, und das alles, während meine Daten gesammelt werden. Das fühlt sich für mich niederträchtig an, etwa so, wie wenn Nestlé uns das öffentliche Wasser in privaten Flaschen verkauft.[23]*

Bilder und Erlebnisse sind die Freizeit-Pendants von Zeitmanagement-

* Instagram erlaubt seit 2017 Werbung in Instagram-Storys.[24] Ich werde nie vergessen, wie ich einmal die tief empfundene Geschichte einer Freundin las, die erfahren hatte, dass jemand, der ihr sehr nahestand, gestorben war, unmittelbar gefolgt von einer Anzeige für VÖOST's «Umwerfend zischende Vitamin Böosts».

Selbsthilfe. Die gleiche Person, die dazu animiert wird, Zeit von anderen zu kaufen, anstatt ein wechselseitiges Support-Netzwerk zu unterhalten, wird ebenfalls dazu animiert, immer wieder Slowness-Erlebnisse zu konsumieren, anstatt so zu handeln, dass sie ihre Zeit wieder für sich zurückerobern kann – oder anderen helfen kann, ihre zurückzuerobern. In gewisser Hinsicht könnte man das nicht nur als Geltungskonsum, sondern als Kompensationskonsum betrachten, indem man etwas kauft, um mit einem psychologischen Defizit oder einer Bedrohung zurechtzukommen.[25] Und gerade heute gibt es so vieles, womit man zurechtkommen muss. Als man ihn über den Begriff *Insta-bae* befragte, wies Hiroshi Ishida, der zum «Lebenslauf» junger Japaner forscht, auf ein hohes Maß an Zukunftsangst hin.[26] «Deshalb haben sie das Gefühl, dass sie jetzt, während sie es noch können, wertvolle Erlebnisse sammeln müssen», erklärte er. Ob Geltungskonsum, Kompensationskonsum oder beides, zwischen Konsum und Freizeit besteht schon seit langem eine Beziehung, die aus der Freizeit eine merkwürdige Art begrenzter Freiheit macht. Auch wenn Freizeit typischerweise als das Gegenteil von Arbeit definiert wird, ist das, was beide trennt, zugleich auch das, was sie historisch miteinander verband. In einer Diskussion über die internen Paradoxa der protestantischen Arbeitsethik beschreibt Kathi Weeks, wie die Ethik – die ursprünglich einmal davor warnte, den Reichtum auszugeben, für den man arbeitete – dem Konsumismus im frühen 20. Jahrhundert Vorschub leistete: «Mehr noch als die Ersparnisse allein, wurde der Konsum zur grundlegenden wirtschaftlichen Praxis; im Gegensatz zur bloßen Faulheit, erkannte man die Nichtarbeitszeit als ökonomisch relevante Zeit, als Zeit, in der man neue Gründe schaffen konnte, noch mehr zu arbeiten.»[27]

Weil es bei der protestantischen Arbeitsethik vor allem um die Arbeit geht, war es in Ordnung, Dinge zu erwerben, solange man dafür arbeiten musste. Tatsächlich konnte Freizeit schon fast für Arbeit stehen. Und wie Soziologen herausfanden: Seit durch die Fließbandarbeit nicht mehr klar ersichtlich war, wie gut oder hart jemand gearbeitet hatte, wurde stattdessen klar sichtbar, in welchem Maße jemand in der Lage war, zu konsumieren.[28] Dieser Konsum wiederum stellte eine neue Möglichkeit dar, zu signalisieren, wie hart man gearbeitet hatte. Weeks zitiert Max Webers klassische Studie der protestantischen Arbeitsethik:

«Und *nur* weil der Besitz die Gefahr dieses Ausruhens mit sich bringt, ist er bedenklich.»[29]

Heutzutage kann Arbeit den Konsum von Freizeit noch viel direkter beeinflussen, und das teilweise durch die «Expansionslogik». Chris Rojek stellte fest, dass «nicht durchgeplante Freizeit eine Form von Life Coaching geworden ist».[30] Ein Extrembeispiel ist Sensei Lāna'i, ein «evidenzbasiertes» Resort[31], das der frühere Oracle-CEO Larry Ellison auf Lāna'i eröffnete, eine der hawaiianischen Inseln, die er 2012 fast alle kaufte.[32] Die Gäste werden im Rahmen des «Optimal Wellbeing Program» aufgefordert, sich physische und mentale Ziele für ihren Aufenthalt zu setzen, während das Spa ihren Schlaf, ihre Ernährung und ihre Durchblutung aufzeichnet. Ein Kommentar der Firma wies darauf hin, dass «die Gäste den Luxus unbegrenzter Wahlmöglichkeiten» genössen, ein anderer wiederum erklärte, dass Sensei das japanische Wort für «Meister» sei, wobei der Meister hier die Daten sind.

Die meisten Menschen werden sich niemals einen Sensei-Aufenthalt leisten können, aber die Rhetorik ist vertraut. Wie die Vision der Progressive Era von gesellschaftlich nutzbringender öffentlicher Freizeit (wohin wir gerade wieder kommen), birgt der private Konsum von Freizeit ähnliche Vorstellungen von Nützlichkeit. Wir haben vielleicht kein persönliches Wellness-Team, aber es gibt Hunderte von Selftracking-Apps, aus denen man wählen kann. Eine App, Habitshare, lässt Dich tägliche Ziele definieren und macht Deine Fortschritte für Freunde sichtbar.[33] Aber die viel gängigere App, mit der man seinen Fortschritt für Freunde sichtbar macht, ist Instagram, wo man sein eigenes Image aufbauen, verbessern und pflegen kann und ständig Feedback bekommt.

Wie jeder, der die Sozialen Medien braucht, um seinen Lebensunterhalt zu bestreiten, weiß, bedeutet das Arbeit, und es kann darauf hinauslaufen, dass man schließlich wie seine eigene Werbeagentur agiert. Rachel Reichenbach, eine Künstlerin, die als College-Studentin einen Kleiderladen aufmachte und schließlich auf die Beschäftigung mit Instagram angewiesen war, schrieb über eine Konversation, die sie 2020 mit einem Medienexperten des Instagram Partnerships-Team führte: «Stell Dir das so vor, als würde der Algorithmus Dich in eine bestimmte Klasse einstufen», schrieb sie.[34] «Ein Test allein bestimmt Dein Level noch nicht ganz – es gibt immer noch Partizipationspunkte, Hausaufgaben, Klassenarbeiten, Projekte und mehr. Du musst an der Klasse als Ganzes teilhaben, nicht nur zum Test auftauchen und Dir ein A abholen.» Der Medienexperte, mit dem sie sprach, empfahl, drei Posts zu erstellen, acht bis zehn Storys, vier bis sieben Reels und ein bis drei IGTV-Videos (heute einfach Instagram Videos) pro Woche. Reichenbachs Illustration für den Blog Post ist ein erschöpft aussehender Frosch mit müden Augen, der manisch lacht: «HA HA HA HA HA.» Nachdem die Führungsspitze von Instagram 2021 ankündigte, dass es ab jetzt «keine Foto-Sharing-App» mehr sei und sich stattdessen mehr auf Videos konzentriere, brachten einige Content Creator*innen Angst, Ärger und Ermüdung zum Ausdruck und beklagten die viele Arbeit und das Exponiertsein, welche mit Videos verbunden sind.[35]

Zugegeben, Reichenbach und andere führen ein Unternehmen, und die meisten Instagram-User haben keine so konkreten Gründe, sich darum Sorgen zu machen, wie sie ihre Metriken aufpolieren. Aber das ist genau das Problem mit den sozialen Medien: Es ist niemals klar, wo eine Privatperson aufhört und die Privatperson-als-Unternehmer anfängt. Und das gilt vor allem in einer Ära, die «Flexibilität» feiert, und zu einem Zeitpunkt, zu dem «Was macht Dich einzigartig?» in Bewerbungsgesprächen eine Standardfrage ist. Dadurch wird das, was einmal wie Freizeit erschien, rasch zur Arena für ein ewiges Selbst-Upgraden und für die Jagd nach einer Form von Einzigartigkeit, die man ausschlachten kann. Marketing-Ratschläge, die man früher an Firmen weitergab – zum Beispiel, «seine Nische zu finden» –, lassen sich heute komplett und rund um die Uhr auch auf Individuen anwenden.

Umgeben von fotogenen Familien, sitzen wir eine Weile auf einem anderen Platz, diesmal zwischen einem Apple Store, einem Tesla Shop und einem Macy's, und sehen zu, wie gelegentlich ein Hund auf der kleinen Raseninsel ausflippt. Vor Jahren nistete sich einmal ein Bienenschwarm in ein paar Reben ein, die an der Wand von Macy's rankten, und jemand brachte ein Schild an, auf dem in strengen Lettern zu lesen stand BIENENAKTIVITÄT. Heute gibt es keine solche Aktivität mehr. Stattdessen singt Rob Thomas für uns aus den Pflanzkübeln, dass wir «unser Leben vielleicht eines Tages in vollen Zügen leben werden», und ich bin langsam genervt. Es ist Zeit, sich in die Berge aufzumachen.

Um dorthin zu kommen, müssen wir an einem riesigen Golfplatz, einer Reihe von Banken, Hedgefonds und Venture-Capital-Gesellschaften vorbeifahren. Ihre unscheinbaren Bürogebäude sind meist hinter Bäumen und kleinen Hügeln verborgen, aber hin und wieder erhascht man kurz einen Blick auf ihre Namen – Accel-KKR, Lightspeed, Aetos, Altimeter, Schlumberger, Kleiner Perkins, Battery Ventures. Wir kreuzen die Autobahn und schlängeln uns durch die Bäume auf die andere Seite, wo ähnlich versteckte Häuser derzeit für drei bis fünf Millionen weggehen.

Bald aber kommen keine Häuser mehr, und wir fahren auf den Schotterparkplatz eines offenen Reservats. Der zerrissene Streifen blauen Papiers, den wir von der Brücke aus sahen, hat sich zu etwas anderem gewandelt: gelbe, grasbedeckte Hügel und dunkle Gruppen von Eichen, die alle nach Westen hin ansteigen und in die dichter bewaldeten Berge übergehen. Wir sind jetzt mitten in *den Kulissen. Sie pusten uns heiße, unglaublich trockene Luft ins Gesicht. Im Besucherzentrum gibt es eine gewaltige topografische Karte in 3-D, welche die drei Pflanzengesellschaften des Parks zeigt (Grasland, Eichenwälder und Uferkorridore), Mörserschalen des Ohlone-Stammes, eine Broschüre mit einem Zitat des Naturschützers Aldo Leopold, und einen Knopf, den man drücken kann, um den Ruf einer Wiesenlerche zu hören. Zwar scheint alles in der Sommerhitze vor sich hin zu siechen, aber die Landschaft ist trotzdem immer noch schön, die Ausläufer der Eichenwälder und das Gras scheinen wie von der Sonne elektrisiert. Und vor allem ist es hier ruhig.*

An dieser Stelle möchte ich noch einmal auf Josef Piepers *Muße und Kult* zurückkommen, das ich in der Einleitung erwähnt habe.[36] In deutlichem Gegensatz zu einem Erlebnis, das man konsumiert oder einem Ziel, das man erreichen will, ist Piepers Muße eher ein Gemütszustand oder eine emotionale Haltung – eine, zu der man, vergleichbar mit dem Einschlafen, nur durch Loslassen gelangen kann. Sie umfasst eine Mischung aus Ehrfurcht und Dankbarkeit, «etwas von der Heiterkeit des Nichtbegreifenkönnens, von der Anerkennung des Geheimcharakters der Welt». Sie öffnet sich für das Chaos, findet Frieden darin und in den Dingen, die größer sind als das Selbst, etwa so, wie man empfindet, wenn man auf eine gigantische Felswand blickt – oder auch in einen Sonnenaufgang. Als «eine Gestalt jenes Schweigens, das eine Voraussetzung ist für das Vernehmen von Wirklichkeit», erfordert wahre Muße die Art von Leere, in der Du Deiner eigenen Lebendigkeit wieder gewahr wirst.

Sie erinnern sich vielleicht an die erste von Piepers Unterscheidungen: dass Muße eine fundamental andere Haltung gegenüber der Zeit bedeutet, als diejenige, die man in der Arbeitswelt vorfindet. Muße ist kein Kraftspender für neue Arbeit, sondern etwas vollkommen anderes, das um seiner selbst willen existiert. Die andere Unterscheidung, die Pieper trifft, ist die, dass Muße als «seelische Haltung» und «ein Zustand der Seele» sich nicht automatisch aus den Umständen ergibt.[37] Er betont zum Beispiel, dass diese Haltung «mit den äußeren Fakten von Arbeitspause, Freizeit, Wochenend *[sic]*, Urlaub nicht schon gegeben» ist. Es existieren viele Gründe, warum jemand auch während des Urlaubs vielleicht nicht in der Lage ist, Muße zu empfinden, inklusive der internalisierten Phänomene, die ich bereits erwähnt habe (neben dem Bewusstsein, dass man wieder zur Arbeit gehen muss, wenn die Reise vorbei ist). Zugleich gibt es aber viele Arten, auf die man das erfahren kann, was Pieper Muße nennt, während man alles andere als Urlaub macht.

In Interviews über mein erstes Buch *Nichts tun* wurde ich manchmal gefragt, welche Art von Beschäftigung ich wählen würde, um «nichts zu tun». Dass Piepers Muße eine Geisteshaltung ist und kein Ort, Produkt oder keine Dienstleistung, half mir zu verstehen, warum es eigentlich so schwer war, diese Frage zu beantworten. Ich habe schon «Muße» empfunden beim Kochen, Sockensortieren, Briefkastenleeren beim Warten auf den Bus und besonders beim Busfahren selbst. Falls Sie jemals einen guten Trip auf Psychedelika hatten, dann wissen Sie, wie etwas normalerweise Langweiliges und Alltägliches, das Teil des horizontalen Reichs der Zeit ist, ins vertikale Reich überwechseln kann und verwirrend und faszinierend fremdartig werden kann.

Während der Pandemie, als ich einmal einfach nur mit vorgegebenem Abstand in einer Schlange vor dem Lebensmittelladen stand, sah ich die Straße plötzlich aus einem ungewohnten Blickwinkel und nahm dadurch Details wahr, die mir sonst nie aufgefallen waren: die neuen Blätter, die an den Bäumen sprossen, der Stuck an der Wand neben mir, wie das Licht zu dieser speziellen Tageszeit aussah. Die Leute vor mir in der Schlange waren keine Hindernisse zwischen mir und dem Laden, sondern Mitreisende in einem surrealen historischen Moment. Kurz gesagt, ich vergaß die Zeit und fühlte, bevor ich reinging, einen Augenblick lang Piepers «Nichtbegreifenkönnen» und seine «Anerkennung des Geheimcharakters der Welt».

Doch auch wenn es vielleicht stimmt, dass Muße sich nicht einfach aus externen Faktoren ergibt, kann man trotzdem nicht sagen, dass sie in *keiner* Beziehung zu diesen steht. Wenn auch nicht immer unmittelbar oder deterministisch, so wird die Geisteshaltung, die Pieper beschreibt, doch von Zeit, Raum und Umständen mitgeprägt. Man braucht vielleicht keinen Park, um Piepers Muße zu erfahren, aber es ist natürlich schön, in der Nähe eines Parks zu wohnen und dort ungestört zu sein. Man kann außerhalb des Urlaubs Muße finden, aber es hilft durchaus, wenn das ganze Leben nicht von Unsicherheit, Angst und Trauma bestimmt ist. Diese Muße stellte sich bei mir in der Schlange vor dem Laden auch deshalb ein, weil ich mir keine Sorgen machen musste, wie ich meine Einkäufe bezahlen sollte.

Sich von Piepers Definition zu entfernen, ist schwierig, weil selbst ein mentaler Zustand den Kräften eines historischen und politischen Spielfeldes unterworfen ist. Die Schwierigkeit, dem Rechnung zu tragen, besteht nicht nur darin, individuelles Handeln mit strukturellen Einflüssen in Einklang zu bringen, sondern auch darin, das Vertikale im Horizontalen, das Freie im Unfreien zu sehen und selbst in einer von Gewalt geprägten Welt innere Ruhe finden zu können. Wenn ich diesen Pfad weiterverfolge, dann gelange ich zu etwas, das sich anfühlt wie ein offenes Feld – und wo das gesamte Konzept von Muße oder auch nur einfach «freier» Zeit, in Gefahr ist, zum Trugbild zu werden. Was bedeutet Muße in einer Welt wie dieser?

Um das zu veranschaulichen, möchte ich auf ein Argument aus *Nichts tun* zurückkommen, diesmal aus einem anderen Blickwinkel. Ich assoziiere dort freie Zeit mit öffentlichem Raum und beschreibe eine Situation, in der «die Parks und Bibliotheken des Selbst» permanent im Begriff sind, «in Eigentumswohnungen verwandelt zu werden».[38] Mein Beispiel, eine nichtkommerzielle Freizeitfläche, ein kommunaler Rosengarten in Oakland, sollte einen Rückzug weg vom Produktiven und Kommerziellen hin zu etwas anderem bieten – einen Ort, an dem man frei von Sorgen und Arbeit sein kann, einschließlich der Arbeit an der

Selbstoptimierung. Eine Besucherin des Parks kann theoretisch anstatt einer Arbeiterin oder Konsumentin einfach nur sie selbst sein. Verglichen mit kommerziellen, «gescripteten» und überwachten Arealen wie Universal City Walk, so schrieb ich, ist man im öffentlichen Raum «idealerweise ein Bürger mit Handlungsmacht»; in einem unechten öffentlichen Raum indessen, ist man «entweder Konsument oder eine Bedrohung für die Konzeption dieses Ortes».[39]

In meiner Wahl des Rosengartens als Metapher steckte, wenngleich unfokussiert, auch Nostalgie für die öffentlichen Freizeitideale der New-Deal-Ära. Oaklands Morcom Rose Garden wurde mit staatlichen Geldern während der Weltwirtschaftskrise angelegt, ein Jahr, bevor die Works Progress Administration (WPA) begann, im ganzen Land mehr als tausend Parks zu errichten.[40] Diese Projekte spiegelten die Idee, dass es in der Verantwortung des Staates liegt, seinen Bürgern Freizeitressourcen zur Verfügung zu stellen, eine Vorstellung, die geprägt war vom Progressivismus, den aufkommenden Sozialwissenschaften und von etwas, das heute lächerlich klingt – dass man sich Gedanken um die wachsende Zahl an Menschen machte, die zu viel Zeit hatte.[41] 1930 stellte der britische Ökonom John Maynard Keynes die Hypothese auf, dass die Modernisierung zu einer 15-Stunden-Arbeitswoche führen würde, und rang die Hände angesichts potenziell frei werdender Zeit, ein «beängstigendes Problem für den gewöhnlichen Menschen ohne besondere Talente, sich selbst zu beschäftigen».[42] Mit der hohen Arbeitslosenquote und den «Blanket Codes», welche die Unternehmen ermutigten, Arbeitswochen auf 35 bis 45 Stunden zu begrenzen, wurde für einige schließlich ein Überfluss an Nichtarbeitszeit während der Wirtschaftskrise Realität.[43]

Rojek wies darauf hin, dass «die Entstehung der modernen Freizeit ... unlösbar mit dem Thema der Führung freier Bürger in der zivilen Gesellschaft verbunden sei».[44] Mit ähnlicher Sensibilität wie das Social Efficiency Movement, das Schulnoten festlegte, betrachteten Reformer im frühen 20. Jahrhundert Freizeit einerseits als Risiko, andererseits aber auch als Möglichkeit, um Menschen gesünder und nützlicher zu machen. Die National Commission on the Enrichment of Adult Life ging sogar so weit, 1932 zu behaupten, das, «was die Amerikaner in ihrer Freizeit tun», würde «fortan weitgehend den Charakter unserer Zivilisation bestimmen».[45] Während öffentliche Freizeit sorgfältig von den

Zwängen konsumistischer Freizeit abgegrenzt wurde, konnten ihre vorgegebenen Nutzungen zu jener Zeit absolut pragmatisch sein: Im Lichte der abnehmenden Geburtenrate während der Wirtschaftskrise konstatierte eine Studie, es sei eine wichtige Funktion von Freizeit, dass die Menschen sich träfen, heirateten und fortpflanzten; eine andere hob den Erhalt der Gesundheit für den potenziellen Militärdienst hervor.[46]

Ein 1950 ausgestrahlter Film zur öffentlichen Bildung mit dem Titel *A Chance to Play* vermittelt einen guten Eindruck davon, wie nützlich so etwas wie Erholung aus institutioneller und wirtschaftlicher Perspektive in Amerika war: Sie konnte Jugendliche vor Schwierigkeiten schützen, bewirken, dass Männer besser in Form blieben, falls sie eingezogen würden, Geisteskranke vor der Heilanstalt bewahren (eine Belastung für die Steuerzahler) und die Familie zusammenhalten.[47] Generell machte sich Freizeit im Hinblick auf «Gesundheit, Wohlbefinden und Effizienzsteigerung» bezahlt. Der Film hebt hervor, dass das auch den Firmen nicht entgangen war: «Viele große Industrieunternehmen realisieren, dass der amerikanische Arbeiter, der in seinen freien Stunden Gelegenheit hat zu spielen, stets bessere Arbeit leisten wird, egal in welcher Sparte er tätig ist. Fortschrittliche Firmen ermutigen ihre Mitarbeiter heute nicht nur dazu, an Freizeitaktivitäten teilzunehmen, sondern engagieren sich auch, indem sie ihnen mit Flutlicht beleuchtete Sportplätze zur Verfügung stellen.» Dieser abschließende Kommentar ist der Beginn einer ganzen Filmsequenz über die Notwendigkeit von ausgeleuchteten Freizeitflächen – was nicht weiter überrascht, wenn man weiß, dass der Film nicht nur von der National Recreation Association, sondern auch von General Electric präsentiert wurde.*

Neben diesem Pragmatismus konnte man Freizeit natürlich auch in erster Linie als etwas Heilsames betrachten, durch das man die Mög-

* Siehe auch *Better Use of Leisure* (Coronet Instructional Films) aus demselben Jahr.[48] In diesem Film erklärt der Erzähler einem jungen Mann, wie leicht er es im Vergleich zu seinen hart arbeitenden Vorfahren hat, und dass es seine Pflicht ist, seine Freizeit mit einer konstruktiven Tätigkeit zu füllen. Der junge Mann wählt die Fotografie, welche die Anforderungen erfüllt, da sie nicht nur ein Hobby ist, sondern auch zum Beruf werden könnte. Am Ende des Films spricht der Erzähler den Betrachter direkt an: «Werden Sie Ihre Zeit vergeuden oder sie gut einsetzen?», während die Kamera die Uhr heranzoomt und das Ticken lauter wird.

lichkeit hatte, sich frei zu bewegen und auszudrücken. Sie konnte demjenigen, der sie in Anspruch nahm, Raum und Zeit zur Verfügung stellen, um, im Gegensatz zu Arbeit und Konsum, in eigenständiger Weise zu agieren. Dass etwas, das nur dazu diente, das Leben zu genießen, öffentlich gefördert werden kann, ist eine schöne Idee. Und genau dieses Konzept, diese Art von Freiheit, steht im Grunde hinter meiner Park-Metapher.

Wir gehen dort entlang, wo normalerweise der Bach verläuft – jetzt allerdings nur noch ein armseliger Uferkorridor, dessen obere Schicht in der Trockenheit vor sich hin siecht. Es ist so heiß, dass man zwischen den schattigen Flecken kaum etwas anderes denken kann, als möglichst schnell zum nächsten zu gelangen. Aus den Bergen auf der anderen Seite des Bachs schallt der Lärm von Wartungsfahrzeugen, die Hochspannungsleitungen unter die Erde verlegen, um die Brandgefahr in der Gegend zu verringern.

Der Pfad, der einmal zu einer Ranch führte, verschwindet in einem Wäldchen mit großen Eichen und Lorbeerbäumen. Ich beschreibe Ihnen den Geruch eines abgefallenen Lorbeerblattes: eine Mischung aus Vanille, Gewürznelke, Zitrone und schwarzem Pfeffer. Ich habe keine Ahnung, wie alt diese Bäume sind. Wenn wir sie uns anschauen, dann reisen wir aus der Gegenwart in die Vergangenheit dieses Ortes – wie er war, als hier noch eine Ranch und eine ganz andere Art von Heimat existierte. Der Ohlone-Mörser mit Stößel, den wir im Besucherzentrum gesehen haben, datiert von etwa 1750 – gar nicht so lange her.

Die Straße führt einen Hang hinauf, bevor sie eine Privatstraße kreuzt und dann wieder abfällt. Zu unserer Rechten weist ein großes Schild darauf hin, dass das Anwesen dahinter privat ist. Vor uns: ein Tor, hinter dem sich eine spektakuläre Aussicht eröffnet. Dieses Tor markiert die Grenze zu einem zweiten Park, einem, der bis letztes Jahr[49] *nur den Bewohnern von Palo Alto zugänglich war, seit den 1960ern eine überwiegend weiße Stadt.*[50] *Die ACLU (American Civil Liberties Union) reichte eine Klage im Namen des lokalen NAACP-Ortsverbandes (National Association for the Advancement of Coloured People) ein, der argumentierte, dass die Beschränkung unter anderem ein Echo der Segregation der Jim-Crow-Ära war. Heute weist nichts mehr auf*

diese Beschränkung hin, nur ein Schild informiert uns darüber, dass wir einen anderen Park betreten.

In einer amerikanischen Gesellschaftsstudie von 1934, die Menschen über positive Freizeiterfahrungen befragte, nannten mehrere Teilnehmer selbstbestimmtes Wandern.[51] Ein 49 Jahre alter Sozialarbeiter etwa beschreibt eine dreistündige Tour und eine Mittagspause in einem vermutlich öffentlichen Park in den Bergen. Seine ausführliche Beschreibung des Tages enthält viele Piepersche Momente der Kontemplation und Wertschätzung. Am Ende fügt der Mann hinzu, dass er «den Tag vor allem deshalb genoss, weil»:

1. ich Urlaub hatte und mir um nichts Gedanken machen musste.
2. ich eine kongeniale Begleitung hatte, mit der Schweigen ebenso angenehm war wie eine Unterhaltung.
3. weil die Natur, die Wolken, die Bäume, das Sonnenlicht, die flirrende Luft von großer Schönheit waren.
4. und was am wichtigsten war: Weil unsere Erholungszeit nicht durchgeplant oder von jemandem bestimmt wurde. Wir gingen hin, wo wir wollten und wann wir das wollten, ohne ein vorgegebenes Ziel.

Auch ich habe gerne ungeplante Wanderungen auf einigen sehr schönen Trails unternommen, auf denen ich mich eine Zeit lang sorgenfrei fühlte. Aber 1941 hätte ein Großteil der amerikanischen Bevölkerung diese Schilderung befremdlich gefunden. Und sicher würde es vielen Leuten heute noch so gehen.

In seinem 2016 erschienenen Essay «Walking While Black» («Ein Schwarzer geht durch die Stadt») vergleicht Garnette Cadogan die Spaziergänge seiner Kindheit durch Kingston, Jamaika, mit seinen späteren Streifzügen durch New Orleans und New York. Vielfältig und berauschend, boten ihm seine Wanderungen durch Kingston Sicherheit und Erholung von den Misshandlungen zu Hause.[52] Aber wie sich rasch erwies, war das in New Orleans anders. Von dem Moment, in dem er morgens eine «Polizisten-sichere Kleidung» anzog, bis zu seiner Rückkehr nach Hause, war es nicht mehr einfach oder befreiend, durch die Stadt zu gehen. Stattdessen wurde es zu einer «schwierigen und oft bedrückenden Verhandlungssache»:

> Wenn nachts eine weiße Frau auf mich zukam, wechselte ich die Straßenseite, um ihr zu zeigen, dass sie in Sicherheit war. Hatte ich zu Hause etwas vergessen, kehrte ich nicht sofort um, wenn jemand hinter mir ging, da ich festgestellt hatte, dass plötzliches Umwenden viele Leute erschreckte. (Ich hatte eine Grundregel: Ich hielt immer großen Abstand zu Menschen, die womöglich eine Gefahr in mir sahen. Sonst konnte es gefährlich für *mich* werden.) Plötzlich fühlte sich New Orleans gefährlicher an als Jamaika. Der Bürgersteig war ein Minenfeld, jedes Zögern und jede selbstzensierende Ersatzhandlung beschnitt meine Würde. Trotz all meiner Bemühungen fühlte sich die Straße nie angenehm, nie sicher an. Selbst ein einfaches Grüßen war verdächtig.

All das setzt Cadogans Spaziergängen unausweichliche Grenzen und macht den Genuss der *Flânerie* (umherstreifen, sich treiben lassen) unmöglich. «Für Schwarze ist das Gehen ein eingeschränktes Erlebnis, ihnen ist die klassisch romantische Erfahrung nicht vergönnt, allein unterwegs zu sein», schreibt Cadogan und zieht Parallelen zu den Erfahrungen von Freundinnen, für die jene Freiheit ebenso trügerisch ist.

Piepers Definition von Muße betont das Einssein; es kann diese Muße nur geben, «wenn der Mensch eins ist mit sich selbst, wenn er seinem eigentlichen Sein zustimmt».[53] Aber Cadogan wird diese Beziehung in keiner der amerikanischen Städte, in denen er lebt, zugestanden. Anstatt eines Einsseins spiegelt seine Erfahrung das, was W. E. B. Du Bois das «doppelte Bewusstsein» nannte: das Gefühl, «sich selbst immer nur durch die Augen anderer wahrzunehmen, der eigenen Seele den Maßstab einer Welt anzulegen, die nur Spott oder Mitleid für einen übrig hat».[54]

In seinem Essay macht sich Cadogan bewusst, dass er sich nur eins mit sich selbst fühlt, wenn er für eine Zeit lang nach Jamaika zurückkehrt: «Ich hatte wieder das Gefühl, als wäre die einzige Identität, auf die es ankam, meine eigene, nicht die beschränkte, die andere für mich konstruiert hatten ... ich unternahm einen Streifzug in mein besseres Ich.» Die Lakota-Schriftstellerin Barbara May Cameron beschreibt einen ähnlichen Moment am Ende ihres Essays «Gee, You Don't Seem Like an Indian from the Reservation» [«Na so was, Du siehst gar nicht aus wie eine Indianerin aus dem Reservat»], der vor allem davon handelt, in einer von Weißen dominierten Welt missverstanden zu werden und sich unwohl zu fühlen. Erst als sie ihre Heimat in South Dakota besucht, stellt sich so etwas wie Piepers Geisteshaltung ein:[55]

> Ich fand mich dort in den Hügeln wieder, auf den Prärien, im Himmel, auf der Straße, in den stillen Nächten, zwischen den Sternen, während ich dem entfernten Heulen der Kojoten lauschte, auf Lakota-Erde ging, auf den Bear Butte blickte, in die zerfurchten Gesichter meiner Großeltern sah, unter den Donnergeistern [Wakinyan] stand, die Paha Sapa (Black Hills) roch und im kostbaren Kreis meiner Familie war. Mein Zeitgefühl veränderte sich, meine Art zu sprechen änderte sich, und eine gewisse Freiheit zog wieder in mir ein.

Freizeit bedeutet mehr, als nur von der Uhrzeit frei zu sein. Jede Betrachtung von Freizeit als geistige Haltung – ihre Definition, Bedingungen und ihr Zweck – wird erschwert durch Amerikas Geschichte der aktiven Zerstörung von allem und jedem, das die Menschen für ihr Einssein, für ein Gefühl von Handlungsmacht und Seelenfrieden gebraucht hätten. Es gibt viele Menschen, die, wenn sie einfach nur eine Straße entlanggehen, ob öffentlich oder privat, als «Bedrohung für das Design des Ortes» angesehen werden und deren bloßes Erscheinen in der Öffentlichkeit mancherorts als Einladung zur Gewalt interpretiert wird. 2021, ein Jahr, in dem anti-asiatische Hassverbrechen zunahmen, wurde eine philippinisch-amerikanische Frau im Alter meiner Mutter in New York City brutal von einem Mann angegriffen, der sagte, sie gehöre nicht dorthin.[56] Ich erinnere mich noch, dass ich beobachtete, wie meine Mutter sich in der Öffentlichkeit, durch die potenzielle Bedrohung eingeschränkt, plötzlich anders bewegte.

So, wie die soziale Hierarchie die Erfahrung eines jeden durchdringt, der in ihr lebt, so durchdringt sie auch die Geschichte dessen, was vermeintlich öffentliche Freizeit war. Das steht in direktem Kontrast zu ihrem Image als neutralem, unpolitischen und nichtkommerziellen Raum, in dem man einfach «abschalten» kann. Während die Vorstellung von Freizeit als öffentlichem Gut immer populärer wurde, sorgte zugleich die Rechtspraxis des Redlining für die räumliche Aufteilung von Städten. Auch wenn die Besucher dort heute diverser sind, war Oaklands Morcom Rose Garden, als er angelegt wurde, de facto weiße Zone. (Auf einer Karte aus den 1930ern, welche die Kategorien der Wohngebiete für das Redlining verzeichnet, liegt der Rosengarten in einem Gebiet vom Typ B, im Gegensatz zu West und East Oakland, die als Typ D eingestuft wurden und wegen der vorherrschend nichtweißen Bevölkerung ein hohes Kreditrisiko bargen.)[57]

In den 1930ern existierte das Konzept von Freizeit nicht nur in einem Feld sozialer Hierarchien; es reproduzierte und etablierte diese Hierarchien auch aktiv. Das passierte automatisch, wenn sich das Versprechen von Sicherheit und «Sorgenfreiheit» für *eine* Gruppe auf die implizite und gewaltsame Ausgrenzung *anderer* Gruppen gründete. Sicherheit und Reinheit bedeuteten weiß und nichtbehindert; Verbesserung bedeutete mehr Weiße und mehr Nichtbehinderte. Tatsächlich provozierten sowohl öffentliche als auch private Freizeitflächen die Angst vor dem Schreckgespenst der Rassendurchmischung *genau deshalb*, weil sie mit Freiheit assoziiert wurden. Die Historikerin Victoria Wolcott schreibt, dass auch schon «vor der Kodifizierung der Jim-Crow-Gesetze in den 1890ern Weiße die Rassentrennung viel eher in Erholungsräumen durchsetzten als irgendwo anders».[58] Im Film *A Chance to Play* werden kaum nicht-weiße Menschen gezeigt.

In Freizeiteinrichtungen war Zeit nur ein weiteres Mittel zur Ausgrenzung. Einige Besitzer und Mitarbeiter von Vergnügungsparks im Amerika des frühen 20. Jahrhunderts öffneten ihre Tore für nicht-weiße Besucher nur an einem Tag in der Woche, oft montags, oder sogar nur an einem einzigen Tag im Jahr (etwa Juneteenth).[59] In Ironton, Ohio, war das einzig öffentliche Schwimmbad für schwarze Besucher jeweils nur montags für vier Stunden geöffnet, obwohl es mit WPA-Geldern erbaut worden war, in die auch Dollars von schwarzen Steuerzahlern geflossen waren. Das Jahr selbst wurde in Premium- und Nicht-Premium-Besuchstage eingeteilt, da manche Parks schwarze Besucher nur an sogenannten Off-Days, besuchsschwachen Tagen, in weniger angenehmen Jahreszeiten zuließen. Diese Beschränkungen begleiteten für viele Menschen die Erfahrung von «freier» Zeit. In seiner Autobiografie erinnert sich Jackie Robinson, wie seine Freunde, eine Gruppe von schwarzen, japanischen und mexikanischen Kindern, gegen diese Restriktionen aufbegehrten: «Wir durften nur an Dienstagen im öffentlichen Schwimmbad der Stadt [Pasadena] schwimmen, und einmal wurden wir vom Sheriff mit vorgehaltener Waffe ins Gefängnis eskortiert, weil wir im Stausee schwimmen waren.»[60] Sammy Lee, ein koreanisch-amerikanischer Turmspringer, der später, 1948 und 1952, die Goldmedaille gewann, wurde aus demselben Schwimmbad in Pasadena ausgeschlossen – außer an Dienstagen – und musste sich ein Sprungbrett bauen und eine Sprunggrube ausheben, um an den anderen sechs Tagen der Woche zu trainieren.[61]

Letztlich ließen viele Besitzer von Einrichtungen, die durch Demonstranten und Organisationen wie die NAACP angegangen worden waren, ihre Anlagen einfach verkommen, schlossen sie oder verkauften sie an private Bauträger. In ihrem Buch über rassengetrennte Erholung in den Vereinigten Staaten, stellt Wolcott fest, dass Nostalgie für das verlorene «goldene Zeitalter» der öffentlichen Freizeit, die auch ich unwissentlich aufkommen ließ, diese Geschichte beschönigt und vergisst. Manchmal dringt die Geschichte aber doch auf unerwartete Weise an die Oberfläche. Wolcott beschreibt, wie Immobilienunternehmer in Stonewall, Mississippi, im Jahr 2005 bemerkten, dass auf einigen ihrer Grundstücke Beton aus der Erde herausschaute, und so einer Reihe früherer Ereignisse auf die Spur kamen: «Weitere Ausgrabungen legten ein ganzes gekacheltes Schwimmbecken mit Unterwasserbeleuchtung frei. Die Verantwortlichen der Stadt hatten das Becken in den 1970ern eiligst zugeschüttet, anstatt ihre weißen Kinder dort mit der schwarzen Bevölkerung schwimmen zu lassen.»[62]

Die Vorstellung, dass ein sicherer Freizeitraum ein weißer Raum ist, dringt auf immer neue Weise empor, auch online. Nachdem 2020 eine weiße Frau die Polizei gerufen hatte, weil der Wissenschaftsautor Christian Cooper im Central Park Vögel beobachtete, organisierten Corina Newsome, Anna Gifty Opoku-Agyeman und andere die Black Birders Week (Woche der schwarzen Vogelbeobachter). In den sozialen Medien, bei Events und in Artikeln, tauschten die Teilnehmer Geschichten von Unbehagen und Schikanen bei der Ausübung einer früher überwiegend weißen, männlichen, bürgerlichen Freizeitaktivität aus. Der Künstler Walter Kitundu, der bei der Vogelbeobachtung verschiedene Zusammenstöße mit der Polizei hatte, sagte der *Washington Post*: «Ich kann mir wirklich nichts Heilsameres vorstellen, als unter einem Baum zu stehen und einem Kolibriweibchen dabei zuzusehen, wie es sein Nest baut, aber ich denke, wenn unsere Aktivitäten über den Rahmen des Möglichen, den die weiße Vorstellung uns gesetzt hat, hinausgehen, dann wird es für uns gefährlich.»[63]*

Aber als man #blackbirdersweek Content (einschließlich des *Washington Post*-Artikels)[65] an Online-Gruppen von Vogelbeobachtern postete, wurde dieser manchmal gemeldet oder entfernt, oder die Person, die ihn gepostet hatte, wurde ganz gesperrt – eine moderne Version des begrabenen Schwimmbads.[66]

Ich dachte später in jenem Jahr wieder daran, als die gemeinnützige Organisation Save the Redwoods League ein Statement über die Rolle

* Nachdem ein Mann im Park in Hörweite zu ihm die Polizei gerufen und zu ihm gesagt hatte, «Die Polizei wird sich um Dich kümmern», postete Kitundu Flyer mit einem Foto von sich mit seiner Fotoausrüstung und der Überschrift «WARNUNG! Haben Sie diesen Mann gesehen?».[64] Der Text erklärt, dass er «ein schwarzer Mann und außerdem Vogelfotograf» ist. «Und auch wenn diese Kombination vielleicht selten ist, seien Sie versichert, dass sie im Allgemeinen nicht GEFÄHRLICH ist.» Der Flyer zeigt auch «aktuelle Fotos, die dieser Mann gemacht hat».

eines ihrer Gründer in der amerikanischen Eugenik-Bewegung veröffentlichte. So lächerlich es klingt, assoziierte doch Madison Grant Küstenmammutbäume mit der nordischen Rasse und setzte die Gefahr für ihr Überleben mit der Bedrohung für die Rassenreinheit gleich.[67] Er war der Verfasser von *The Passing of the Great Race (Der Untergang der großen Rasse)*, ein Buch, das schließlich direkten Einfluss auf die Politik der NSDAP haben sollte. Auf der Website der Save the Redwoods League waren die meisten Kommentare zu diesem Bekenntnis positiv und brachten Erleichterung darüber zum Ausdruck, dass dieses Thema überhaupt zur Sprache kam. Aber ein Kommentator war gar nicht zufrieden. Er bezeichnete das Statement als «deplatziert» und beharrte darauf, dass «Hautfarbe etwa die gleiche Bedeutung habe wie Haarfarbe oder Augenfarbe». «Für mich», so schrieb er, «waren die Redwoods ein besonderer Ort des Friedens, ohne identitätspolitischen Bezug, und aus meiner Sicht wurde diese Heiligkeit mit den letzten Posts auf Ihrer Website geschändet ... Meine Hoffnung ist es, dass die League die Redwoods weiterhin bewahrt, als das Heiligtum, das sie sein sollten – frei von polarisierender Identitätsrhetorik, die den Rest der Gesellschaft bereits entzweit hat.» Die Worte *Frieden*, *Heiligkeit* und *Heiligtum* werfen die Frage auf: Heiligtum, für *wen?* Ganz zu schweigen von der ahistorischen Vision eines Ortes, der etwas Bestimmtes «sein sollte», als hätte er immer so ausgesehen und als hätte es um ihn keine Geschichten von Gewalt, Plünderungen und Mord gegeben. Autoren wie Mark David Spence, der Verfasser von *Dispossessing the Wilderness: Indian Removal and the Making of the National Parks* [Die Enteignung der Wildnis: Die Vertreibung der Indianer und die Errichtung der Nationalparks], haben geschildert, wie die Einrichtung von Nationalparks und Wildnisgebieten in den Vereinigten Staaten nicht nur Verträge mit indigenen Stämmen missachtete, sondern auch ganz generell die amerikanische Vorstellung einer «‹wirklichen› Wildnis» oder «‹jungfräulichen› Landschaft» aufkommen ließ.[68]

Ich grübelte noch lange über den Kommentar dieses Mannes zur Website der Save the Redwoods League nach. Er hatte etwas an sich, die Art, wie er seine Augen vor der Wirklichkeit verschloss, das mich dazu brachte, noch einmal durchzudenken, was Freizeit genau bedeutete. «Wozu» diente Freizeit, über die Erholung von der Arbeit hinaus?

Auch ich hatte in *How to Do Nothing* Ausdrücke wie Heiligtum und Seelenfrieden benutzt, indem ich beschrieb, wie der Rosengarten von Oakland in einen Hügel eingebettet war, fernab vom Gewimmel der Umgebung. Dass aber dieser Mann so auf seinem Heiligtum beharrte, ließ diese Vorstellung fehlgeleitet und absurd erscheinen – wie einen Kühlschrank inmitten der Wüste.

Nachdem wir am Tor wieder umgekehrt sind, bleiben wir an einem Weiher stehen, der ganz anders aussieht, als ich ihn in Erinnerung hatte. Er ist vollkommen ausgetrocknet, wie ich es noch nie gesehen habe, und anstelle von Wasser wächst darin ein Miniaturwald seltsamer Pflanzen – vielleicht Gänsefuß. Eigentlich gibt es hier Massen an Vögeln, und ich bekomme ein Bild nicht aus dem Kopf, dass ich vor Monaten gesehen habe: ein toter Fisch in einem ähnlichen Tümpel etwa 30 Kilometer südwärts, ein Tümpel, der durch die Trockenheit immer kleiner wurde. Wir setzen uns auf eine Bank und bleiben dort so lange, bis uns die kleinen, aber hartnäckigen schwarzen Käfer zu unangenehm werden. Eine weißbrüstige Spechtmeise (Käferesser) besucht uns für einen Augenblick, stößt ein paar nasale Eearrn-*Rufe aus und verschwindet dann. Diese Bank, die einem kürzlich Verstorbenen gewidmet ist, wurde hier aufgestellt, damit die Menschen den Weiher genießen konnten. Was immer wir jetzt tun, fühlt sich angesichts dieser Szenerie anders an, aber ich bin immer noch lieber hier als im Einkaufszentrum.*

Die Frage, *wozu* Freizeit dient, habe ich mir auf einem Vogelbeobachtungs-Trip in der Nähe von Pescadero, einer kleinen Küstenstadt südlich von San Francisco, erneut gestellt. Gleich zu Beginn meiner gemütlichen Wanderung entlang der Felsen, sah ich eine merkwürdige Kontur im Sand. Es war ein toter Haubentaucher, und es blieb nicht der einzige angespülte Meeresvogel, den ich an diesem Tag finden sollte. Auch wenn ich weiß, dass viele Menschen regelmäßig sehr viel schlimmere Dinge sehen, war es ein schmerzhafter Anblick. Mit einem Balken Empfang auf meinem Smartphone suchte ich nach «2021 Pescadero tote Seevögel» und scrollte durch die Artikel über das Seevogelsterben im ganzen Land. Gedanken über Klimawandel und Verluste beschäftigten

mich für den Rest des Tages. Ich bemerkte, dass Pflanzen früher als gewöhnlich blühten, und brütete über den bislang in diesem Winter fehlenden Regen nach. Als die Sonne unterging, saß ich, von Trauer überwältigt, auf einem Baumstamm am Strand und sah aufs Meer hinaus, als könnte es mir eine Antwort geben. Es reagierte nur mit seinem üblichen Tosen – ein weiterer Tag, eine weitere Wellenfolge.

War das Muße? Nach herkömmlichen Maßstäben vermutlich nicht. Für die Vorstellung von Freizeit als makellosem Heiligtum hätte man die toten Vögel ausblenden müssen, dem Ausblenden «irrelevanter» und unangenehmer Aspekte in den kommerziellen Freizeitresorts gar nicht so unähnlich. Der Strand hätte so gezeigt werden müssen, «wie er sein sollte», zeitlos, ohne Hinweise auf invasive Schneckenarten und die sinkende Forellenpopulation. Ich hätte mir auch der Amah Mutsun nicht bewusst sein dürfen, dem lokalen Volksstamm, deren Angehörige gewaltsam in die Missionen von San Juan Bautista und Santa Cruz verschleppt worden waren, heute aber daran arbeiten, die Balance ebendieses Landstrichs wiederherzustellen.[69] Ich hätte, was die Besucher des Parks anging, «farbenblind» sein müssen. Mit anderen Worten, die Situation hätte eine Postkarte sein müssen – und ich der Käufer der Postkarte – und nicht Ort und Zeit, die lebendig atmen und denselben Qualen und Ungerechtigkeiten unterworfen sind wie überall.

Wenn mein Ausflug auch keinen Seelenfrieden brachte, so gab er mir doch ein Gefühl von Bestätigung und Verantwortung. Mein Schmerz ließ mich die Vögel nicht weniger lieben; er machte das Meer nicht weniger schön; er durchflutete meinen Blick auf sie nur mit einem tiefen Verlangen danach, dass die Dinge anders lägen. So gesehen, konnte man meinen Trip nicht als den eines Konsumenten charakterisieren, der ein Produkt kauft, noch als den eines sorglosen Parkbesuchers, sondern als den eines besorgten Wesens, das auf eine leidende Welt trifft. Und vor allem fand diese Begegnung *in der Zeit* statt. Sie war das Gegenteil einer Postkarte, etwas, das man nicht abbilden konnte – da ein Bild sofort wieder überholt wäre, und weil es so viel gab, das die Kameralinse nicht festhalten konnte. Diese Begegnung war komplex und bittersüß und ereignete sich irgendwo zwischen ökologischer Zeit, meinen persönlichen Erinnerungen, Geschichten von Unrecht und Sorge um die Zukunft – alles eingetaucht in ein flüchtiges Muster aus Licht.

Vielleicht ist es genau das, was Pieper mit seiner «vertikalen» Zeit meinte – vielleicht ist sie vertikal nicht nur im gegenteiligen Sinne von horizontal, sondern auch, weil sie bis in die Tiefen der Geschichte reicht und sich zugleich nach einem unendlichen und utopischen Ideal streckt. Wenn das Konzept von Freizeit irgendeinen Nutzen hat, dann ist es für mich dieser: eine Unterbrechung, eine Ahnung, ein flüchtiger Blick auf die Wahrheit und zugleich auf etwas ganz anderes als das, was wir normalerweise sehen. Diese Art von Freizeit ist nicht nur der Arbeitswelt, sondern auch der gewöhnlichen Alltagswelt fremd. Angesichts der Möglichkeit, langsamer zu machen, entdecke ich nicht nur die Langsamkeit an sich, sondern ganz einfach das, was die ganze Zeit über passiert ist, nur außerhalb meiner Wahrnehmung.

Während der COVID-19-Pandemie äußerten viele Menschen, die zu Hause bleiben konnten, Unmut über ihre plötzliche Situation als Stubenhocker. In einigen Kontexten interpretierte man das als den Drang, unbedingt produktiv sein zu müssen, aber ich denke, zumindest in einigen Fällen war es etwas anderes. Ich glaube, die Menschen fühlten sich unwohl damit, Ruhe und Komfort zu genießen, während andere das genaue Gegenteil erlebten. Vielleicht wollten sie gar nicht «produktiv» sein um der Produktivität willen – als wüssten sie wie Charlie Chaplins Tramp in *Modern Times* nicht, wie man mit den Arbeitsbewegungen aufhört – sondern sie wollten vielmehr einfach etwas *tun* und wünschten sich, ihre freie Zeit könnte sinnvoll oder hilfreich sein.

Wenn man über eine Art von Freizeit nachdenkt, die der gegenwärtigen Ordnung etwas entgegensetzt, anstatt sie zu stützen, dann ermöglicht das einem, sie nicht mehr als exklusive Flucht zu betrachten, sondern als etwas, das grundlegend mit politischen Vorstellungen verbunden ist. Während Freizeit für die Menschen, die von solchen Normen begünstigt werden, ein unpolitisches Heiligtum ist, war sie für die weniger Begünstigten, für die der Zugang zu einem guten und würdevollen Leben unweigerlich eine Frage der Gerechtigkeit ist, seit jeher politisch. Ich denke hier an etwas, das Mark Hehir, Aktivist für die Inklusion von Menschen mit Behinderung in der Bay Area, einmal sagte, als ich ihn fragte, was er am Wandern am meisten mochte. Auch Mark ist «die klassisch romantische Erfahrung, allein unterwegs zu sein» nicht vergönnt: 1996 wurde bei ihm eine Muskeldystrophie diagnostiziert, und heute braucht er einen Rollstuhl und ein Beatmungsgerät, weshalb er Wandertouren nicht ohne Begleitung unternehmen kann. «Ich sage oft, dass ich zu Hause bin, wenn ich eine Wanderung beginne», erzählte mir Mark einmal.[70] Doch sein Gefühl, in der Natur zu Hause zu sein, konnte nur entstehen, weil er sich dieses Zuhause erobert hatte, etwa durch jahrelanges Bewerten von Trails und Rückmeldungen an die Verantwortlichen der Parks, zunächst unaufgefordert und heute als offizielle Kontaktperson für Menschen mit Behinderung für die Santa Clara County Parks.

Früher wie heute sind Bemühungen von Institutionen zur inklusiveren Gestaltung öffentlicher Räume extrem wichtig, und viele dieser Institutionen haben maßgebliche Schritte in diese Richtung unternommen. Trotz ihrer komplizierten Geschichte liegen mir öffentliche Parks, die während der Pandemie mein Leben gerettet haben (und vermutlich auch das Leben vieler anderer, die von zu Hause aus keinen Zugang zu Außenflächen hatten) noch immer am Herzen. Aber man sollte sich auch die Geschichte jener weniger sichtbaren, mitunter inhärent politischen Freizeiträume vor Augen führen: Kirchen, Küchen, Hinterhöfe, Gewerkschaftshäuser, Schwulenbars, Gemeinschaftsgärten und Aktivistenzentren aller Art.[71] Manchmal prekär, kurzlebig, unterfinanziert und zum Underground gehörend, sind das seit jeher nicht nur Orte, an denen man inneren Frieden, Geselligkeit und Heilung finden, sondern auch Kräfte aufbauen kann – nicht zuletzt, weil ihre Existenz naturgemäß im Widerspruch zu ihrer Umgebung steht.

Wenn das Heiligtümer sind, dann sind es weniger Orte, an denen man die Augen vor der Wirklichkeit verschließen kann, als vielmehr solche, an denen verschiedene Sprachen von Zeit und Sein am Leben erhalten werden. Sie sind Enactments einer Art von Zuhause, ein «Anderes» um seiner selbst willen, als würde Piepers Geisteshaltung auf kollektiver Ebene realisiert. In einem Interview, das sie 2021 gab, schilderte Saidiya Hartman, die sich als Autorin und Wissenschaftlerin auf afrikanisch-amerikanische Studien konzentriert, eine Möglichkeit, sich ein Zuhause außerhalb wirtschaftlicher und sozialer Hierarchien zu schaffen: «Oft ist Fürsorge für die Leute eine ausgesprochen private Sache. Ich meine, sich um uns selbst zu sorgen, führt teilweise dazu, dass wir diese Welt zerstören und eine andere schaffen. Wir können einander helfen, einen andernfalls unbewohnbaren und brutalen sozialen Kontext zu bewohnen.»[72]

Die Arbeit der Dichterin, Performance-Künstlerin und Aktivistin Tricia Hersey gibt ein Beispiel sowohl für Gemeinschaftsfürsorge als auch für eine politische Langsamkeit, die, im harschen Kontrast zum «Slowifying» nicht einfach nur bedeutet, das System wieder neu zu etablieren. Ihre Organisation, das Nap Ministry, bietet Schreibkurse, diverse Workshops, Performances und kollektive Schlaferfahrungen an. «Erholung ist kein hübscher kleiner Luxusartikel, den man sich selbst als Extrabehandlung gönnen kann, nachdem man wie eine Maschine gearbeitet hat und ausgebrannt ist», tweetete Hersey im Oktober 2020.[73] «Erholung ist unser Weg in die Freiheit. Ein Tor zur Heilung. Ein Recht.»

Hersey nutzt die sozialen Medien für ihre Arbeit, kritisiert jedoch, wie diese eine Kultur der Schufterei fördern, die von Weißen bestimmt wird und deren historische Wurzeln im Kapitalismus liegen. Sie nimmt die Content Creators aufs Korn, die bis zur Erschöpfung «Memes, Infografiken, Reels, TiK Tok [sic]-Dance Challenges, geistreiche, lustige Parodien und Instagram-Livestreams» produzieren, und tweetet: «Ihr haut alle ständig diese Dinge raus, und wenn ich das nur mitansehe, muss ich mich gleich auf die Couch legen und eine Runde schlafen.»[74]

Hersey ist sich auch im Klaren darüber, dass ihre Worte und Ideen von der weißen kapitalistischen Wellness-Bewegung vereinnahmt werden (die in ihren Posts offenbar Material findet, das Insta bae ist). Darin steckt eine besonders grausame Ironie, wenn man bedenkt, dass sich das Nap Ministry speziell mit dem Schlafentzug versklavter Menschen und ihrem Status als kommodifizierte Körper beschäftigt. Für Hersey ist Erholung zugleich «eine spirituelle Praxis, eine Frage von Rassengerechtigkeit und sozialer Gerechtigkeit».[75]

In einem vierminütigen Spot in *All Things Considered*, dem Nachrichtenprogramm des öffentlichen Radionetzwerks NPR, wurde Hersey über ihre Rolle als selbsternannte Nap-Ministerin befragt: «Was sagen Sie den Menschen, wie Sie das in ihrem Leben realisieren, vor allem, wenn diese das Gefühl haben, dass sie sich jetzt eben gerade nicht ausruhen können?», fragte der Moderator.[76]

Hersey antwortete, «Ja, wissen Sie, ich stelle mir Erholung gerne außerhalb eines kapitalistischen und kolonisierten Systems vor. Ich denke also gerne, dass es subversiv und erfinderisch ist, sich zu erholen – einfach zehn Minuten lang seine Augen zu schließen, länger in der Dusche zu brauchen, seinen Tagträumen nachzuhängen, zu meditieren, zu beten. So können wir uns ausruhen, wo immer wir uns aufhalten, denn wo unsere Körper sind, können wir Befreiung finden, weil unser Körper ein Ort der Befreiung ist. Die Zeit, sich zu erholen, ist also genau jetzt. Wir können immer –.»

«Ich muss Sie hier leider unterbrechen», warf der Moderator an dieser Stelle ein und schnitt Hersey das Wort ab. Ihre Zeit war um.

Nachdem wir den Weiher hinter uns gelassen haben, stößt der Weg auf einen markanten Streifen angepflanzter Eichen und Redwoods. Es gibt hier keinen Zaun, aber auf der anderen Seite dieser Trennlinie wird das trockene struppige Gras plötzlich zum bewässerten Rasen, der sich weiter in die Ferne erstreckt, als wir sehen können. Es ist der Palo Alto Hills Golf and Country Club. Als wir online über ihn nachlesen, sehen wir, dass die Website des Clubs seine Preise dezent vorenthält, jedoch erklärt, was man mit der Aufnahmegebühr, den Monatsbeiträgen und den richtigen Beziehungen alles kaufen kann: Golf, einen Pool, Tennis, ein Fitnesscenter und viele Aktivitäten für den Nachwuchs. Ich war noch nie in einem Country Club, weshalb ich mir die meisten von ihnen so vorstelle wie den in der Sitcom Curb Your Enthusiasm (Lass es, Larry!). *Möglicherweise, um diesen Assoziationen vorzugreifen, versichert uns die Website des Clubs, dass «Wandel, Innovationen, Spaß und Freunde jetzt Monat für Monat den Tag bestimmen, in diesem multikulturellen Club, in dem die Diversität regiert und für jeden was dabei ist.» Oben auf der Seite befindet sich als Aufmacher ein Bild einer großen über dem Clubgelände aufragenden Uhr, überblendet von der Zeile «TIME WELL SPENT» (GUT INVESTIERTE ZEIT).*

Das Konzept von Freizeit war immer ambivalent. Historische Verfechter von Freizeit und Freizeitwissenschaftler lassen sich in zwei unterschiedliche Kategorien einteilen: Rojek nennt sie Pragmatiker und Visionäre. Pieper war ein Visionär, aber der Visionär par excellence war Aristoteles. Für ihn war die Trennung zwischen der Welt der Arbeit und der Muße so fundamental, dass jegliche Tätigkeit, die zu einem praktischen Zweck ausgeübt wurde, selbst ein Spiel, nicht als Freizeit gelten konnte.[77] Einzig und allein die Philosophie – kontemplieren, reflektieren und der Natur der Dinge auf den Grund gehen – sah er als höchste Berufung des Menschen an.

Dennoch brauchte auch Aristoteles' Definition von Freizeit die Arbeit als Infrastruktur: Das antike Griechenland war eine Sklavengesellschaft. Indem er zwischen verschiedenen Arten von Nachdenken unterschied, vertrat Aristoteles die Ansicht, dass einige Menschen ohne die Fähigkeit zu höherstehenden Erwägungen zur Welt gekommen seien, was sie zu «natürlichen Sklaven» mache. Wie er glaubte, kennzeichnete dieser Wesenszug vor allem die Nichtgriechen – was angesichts der Tatsache, dass die Mehrheit der versklavten Menschen in Griechenland Nichtgriechen waren, eine bequeme Sichtweise war.[78] Aristoteles räumte ein, dass eine Polis, die über autonom arbeitende Maschinen verfüge,[79] keine Sklaven mehr bräuchte, aber indessen war es eine gute Sache, dass es natürliche Sklaven gab.[80] Es war gut, weil es der idealen Polis Freizeit ermöglichte, denn damit einige Menschen über Freizeit verfügten, mussten andere arbeiten. Darüber hinaus profitierten versklavte Menschen, die nicht unabhängig denken konnten, davon, dass sie unter der Ägide von jemandem arbeiteten, der nachdenken *konnte*, und ihr Leben erhielt durch ihren Beitrag zu den Freizeitvergnügungen ihres Herrn einen Sinn.[81] Dieses Modell natürlicher Unterlegenheit und gegenseitiger Wohltätigkeit wurde im Dienste der Kolonialisierung, der Sklaverei und der Unterjochung von Frauen immer wieder heraufbeschworen.[82]*

Wenn es hier eine Infrastruktur der Freizeit gab, dann war das ganz einfach eine soziale Hierarchie, in der die Versklavten keinen Anteil an der Freizeit hatten, die sie erst möglich machten.[84] Das ist der Kern der in Kapitel 1 geschilderten Arbeitsteilung, durch welche die Zeit der Menschen nicht nur weniger wertgeschätzt, sondern auch so betrachtet wird, als existiere sie nur um der Zeit anderer Leute willen. Diese Auffassung blieb auch noch bestehen, als sich die Arbeitslandschaft änderte. Während die Arbeiterschicht im Norden der USA verstärkt begann, sich selbst zu bilden, hielt ein Jacksonscher Demokrat 1830 eine Ansprache, in der er seiner Hoffnung Ausdruck verlieh, dass «in puncto literarischer Kenntnisse der ärmste Bauer auf einer Ebene mit seinen wohlhabenderen Nachbarn stehen wird».[85] Daraufhin beharrten die Herausgeber der *National Gazette* in Philadelphia darauf, dass die Klassenteilung nicht nur die Hochkultur, sondern auch Stabilität gewährleiste. «Der ‹Bauer› muss während der Stunden des Tages arbei-

* Über dieses Modell schrieb Aristoteles in seiner *Politik*: «Dies lässt sich gleich an der Seele zeigen. In dieser besteht von Natur ein Herrschendes und ein Beherrschtes, deren Tugend verschieden ist, indem das eine Vernunft hat und das andere nicht. Offenbar verhält es sich auch bei den Anderen so und bei den meisten beruht das Herrschen und Gehorchen auf ihrer Natur. Auf eine andere Weise herrscht der Freie über den Sclaven und der Mann über die Frau, und der Erwachsene über das Kind; alle besitzen dieselben Bestandtheile der Seele, aber auf verschiedene Art. Dem Sclaven fehlt überhaupt der überlegene Theil der Seele; die Frau hat ihn zwar, aber ohne die erforderliche Macht und auch das Kind hat ihn, aber noch nicht entwickelt.»[83]

Später wurde diese Hierarchie auch aus christlicher Warte gesehen. In den Vereinigten Staaten argumentierte 1856 ein presbyterianischer Reverend aus dem Süden in einer Rede für die Sklaverei, dass diese Institution nur die natürliche christliche Ordnung spiegele, und zitierte einen Vers aus dem Buch Genesis, der sich an Eva richtet: «Du hast Verlangen nach deinem Mann, er aber wird über dich herrschen.» Der Reverend fügte hinzu: «Hier in diesem Gesetz liegt der Ursprung der gottgewollten Herrschaft. Hier beginnt die Herrschaft der Überlegenen über die Unterlegenen, die gehorchen müssen ...»

ten, in denen sich sein wohlhabender Nachbar der Kultur widmen kann …; der Mechaniker kann den Betrieb seiner Werkstatt nicht für allgemeine Studien unterbrechen; täte er das, … dann würden sich in allen Klassen bald Trägheit, Verfall, Armut [und] Unzufriedenheit bemerkbar machen.»

Mit anderen Worten kann Freizeit als fassbare Zeitkategorie nur durch den Kontrast zur Arbeitszeit entstehen, die jemand anderem geschuldet ist. So warf der Wissenschaftler Joan-Lluís Marfany das Argument über Bord, dass Freizeit im Europa der frühen Neuzeit von einer gelangweilten müßigen Klasse «erfunden» worden war, die nach etwas Neuem suchte, und führte ins Feld, dass «Gesellschaften von Jägern und Sammlern oder primitive Landwirte vermutlich noch nichts damit anfangen konnten, Begriffe wie ‹Arbeit› und ‹Freizeit› einander gegenüber zu stellen, man aber nur schwer glauben kann, dass diese Opposition nicht in dem Moment aufkam, als eine Form von sozioökonomischer Unterscheidung eingeführt wurde» – zum Beispiel Indentur oder Lohnarbeit. Für die müßige Klasse war der Quell der Langeweile freie Zeit, für alle anderen hingegen war es die Arbeit. So hatte die arbeitende Bevölkerung keinerlei Schwierigkeiten, zu entscheiden, was sie mit ihrer Freizeit – wie viel ihnen auch immer zugestanden wurde – anfangen sollte. Und das hat sich bis heute nicht wesentlich verändert. Marfany schreibt: «Wirklich auffallend ist, dass die beliebtesten Beschäftigungsformen immer noch dieselben sind wie vor fünf, sechs, sieben Jahrhunderten: bestimmte Spiele, trinken, tanzen, sich einfach im Dunkeln oder am Feuer verplaudern. Die Leute spielen heute im New Yorker Bryant Park Dame, so wie sie es auf dem Platz in Bagà taten.»[86]

Wenn wirkliche Freizeit tatsächlich «senkrecht zum Ablauf des Arbeitstages» steht, dann ist ihre Realisierung zumindest der Anfang eines Eintretens für ein Leben außerhalb der Arbeit, eine Geste gegenüber dem Konsum, der die Arbeit rechtfertigt und gegenüber der Betrachtungsweise von Menschen als Speicher für Arbeitsstunden. Schon lange, bevor Keynes sich um die freie Zeit sorgte, kamen in den amerikanischen Bewegungen für einen kürzeren Arbeitstag immer wieder drängend Fragen darüber auf, wie hoch der Stellenwert der Arbeit im Leben der Angestellten sein sollte. Wenn man im 19. Jahrhundert Freizeit forderte, dann bedeutete das auch, die fundamentale

Frank Blackwell Mayer, *Freizeit und Arbeit*, 1858

Frage zu stellen, ob Arbeiter für die Kapitalisten existierten oder für sich selbst. Wie viel von diesem einen kostbaren Leben war dem Kapital geschuldet?

Damals wurde freie Zeit ganz und gar nicht als etwas Träges, Untätiges angesehen. Die Agitatoren, die Forderungen nach kürzeren Arbeitszeiten mit dem Aufruf zur Beendigung von Kinderarbeit verbanden, erachteten Freizeit als etwas inhärent Dynamisches: nicht nur als einen Bereich der Vergnügung, sondern auch der Selbstbildung und Selbstorganisation, die wiederum größere Forderungen und größere politische Macht ermöglichen würden. Anders als die Sozialreformer der 1930er plagten sich die Arbeiterführer nicht mit den potenziellen Auswirkungen dieser neu entdeckten Zeit. Ira Steward, unter den Arbeiterführern bekannt für seine radikal inklusive Version der «Bruderschaft der Arbeit», war einer der führenden Verfechter kürzerer Arbeitszeiten im späten 19. Jahrhundert.[87] Er beschrieb Freizeit als «Leerzeichen – ein Negativ – ein weißes Blatt».[88] Den Achtstundentag zu erringen, war kein Selbstzweck, sondern vielmehr «ein notwendiger *erster* Schritt»[89]: Er würde den Arbeitern Zeit verschaffen, um sich über weitere Maßnahmen zur Befreiung klar zu werden, und «eine Koalitien zwischen dummer Arbeit und selbstsüchtigem Kapital am Wahltag zu verhindern».[90] So wie in den anderen Fällen von politisierter Freizeit, die ich erwähnt habe, war Stewards «Leerstelle» weniger wie ein Polster, das die Hierarchien wahrte, sondern mehr wie ein Gas, dessen Ausdehnung stets das Potenzial barg, weitere Risse im System zu verursachen.

Dieser expandierende Impuls und das Streben nach Freiheit traten bei den Arbeitern der 1970er wieder in den Vordergrund, bevor die organisierte Arbeiterschaft durch neoliberale Politik und Globalisierung geschwächt wurde. Peter Frase stellte fest, dass sich der «fordistische Kompromiss», der beinhaltete, dass Arbeiter die Forderungen der Arbeitgeber im Austausch gegen steigende Löhne akzeptierten, für beide Seiten als unbefriedigend erwies; Firmenbesitzer mussten mit einer starken Gewerkschaftsbewegung verhandeln, und die Arbeiter merkten, dass sie eigentlich mehr als nur Geld und die Verlockungen der Freizeit wollten – sie wollten vor allem ihre Zeit nicht mehr verkaufen müssen.[91] Im Hinblick auf Jefferson Cowies Schilderung des «Blue Collar-Blues», des Blues der (blaue Overalls tragenden) Arbeiter, erklärt Frase, dass diese Unzufriedenheit auf das wirkliche Anliegen der Blue Collars hinwies: «mehr freie Zeit, um Kontrolle über die Arbeitsprozesse zu haben, um sich von der Lohnarbeit zu befreien». Oder wie Harvey Keitels Figur im Film *Blue Collar* von 1978 sagt, «ein Haus haben, Kühlschrank, Geschirrspüler, Wäschetrockner, Fernseher, Stereoanlage, Motorrad, Auto. Diesen und jenen Scheiß kaufen. Alles, was Du hast, ist ein Haufen Scheiße.»[92]

In seiner nutzlosesten Form spiegelt das Konzept von Freizeit einen würdelosen Prozess: arbeiten, um die temporäre Erfahrung von Freiheit zu kaufen, und dann schön brav Luft holen in den kleinen Lücken, welche die horizontale Ebene der Arbeit zulässt. Ruhe und Erholung werden zur Instandhaltung eingesetzt – die Freizeitmaschine passend zur Fütterungsmaschine. Barbara Lucks Gedicht von 1981 «The Thing That Is Missed»[93] [«Das was fehlt»] artikuliert die Absurdität dieser «Freiheit»:

> The thing that is missed is
> time without plans

time that invents itself
like children with summer vacation
day after day of it
not one free square
on your mark get set go
Have FUN-dammit-FUN
RUN-dammit-RUN

Time's up.
Back on the line.
Well did you have fun?
Not too much fun?
Too hectic?
More relaxing to work
isn't it …
heh heh heh heh

Das was fehlt ist
Zeit ohne Pläne
Zeit die sich selbst erfindet
wie Kinder mit Sommerferien
Tag für Tag davon
nicht ein freies Quadrat
Achtung fertig los
Hab SPASS – verdammt – SPASS
RENN – verdammt – RENN

Die Zeit ist um.
Wieder in der Reihe.
Und hast Du Spaß gehabt?
Nicht allzu viel Spaß?
Zu hektisch?
Entspannter zu arbeiten
oder …
ha ha ha ha

In ihrer nützlichsten Form hingegen ist Freizeit ein einstweiliges Mittel, um die Grenzen der Arbeit, die sie umgibt, infrage zu stellen. Wie ein Stent in einer Kultur, die das, was wie Leere aussieht, nicht erträgt, kann sie jener vertikale Riss in der horizontalen Dimension von Arbeit und Nicht-Arbeit sein – jene wichtige Pause, während der sich die arbeitende Person fragt, warum sie so viel arbeitet, in der man gemeinsam Leid verarbeitet, und in der der Ansatz von etwas Neuem zart hervortritt.

Nachdem wir uns dem Tempo dieses Ortes angepasst haben, nehmen wir nach und nach weitere Hinweise auf Behausungen und Unterschlupfe wahr, die manchmal auch durch menschliche Hilfe entstanden sind: Hirschspuren, Rotluchs-Fährten, Vogelhäuschen, Schlangenlöcher in der Erde, Spechtlöcher in den Bäumen, Nester von Buschschwanzratten (die wir zuvor nur für eine Ansammlung von Stöcken gehalten hatten). Kleine Zylinder im Gras erweisen sich als geschützte Eichensetzlinge, Teil einer lokalen Initiative, die Eichenwälder wieder aufzuforsten. Andere Wesen, andere Leben. Während wir weitergehen, beobachtet uns ein Strauchkaninchen hinter trockenen, spröde aussehenden Fenchelstauden und huscht in Richtung des Bachbettes davon. Es weiß nicht, was «Park» bedeutet, und für den Bruchteil einer Sekunde geht es uns wie ihm.

Als ich dieses Kapitel schrieb, führte ich eine Konversation mit Niki Franco, Organisatorin einer abolitionistischen Gemeinschaft und Künstlerin, die in Miami lebt. Sie erzählte mir von der aggressiven Polizeiüberwachung, die sie und ihre Freunde in Nationalparks oft hatten ertragen müssen, und dass sie häufig nicht einmal ihren eigenen Garten genießen konnten, weil sie der Klang der Polizeisirenen manchmal sogar bis dorthin verfolgte.[94] Zusammen fragten wir uns, wie Freizeit eigentlich möglich sein konnte in einer Welt, die von Patriarchat, Kapitalismus und altem und neuem Kolonialismus beherrscht wird. Und schließlich stellte ich ihr die Frage aus der Freizeit-Studie von 1934: In welcher Situation hatte sie zuletzt einen Zustand von Muße empfunden?

Als Antwort nannte Niki die wöchentlichen Wanderungen, die sie mit engen Freunden während eines längeren Aufenthaltes in Puerto

Rico unternommen hatte. Dieses Erlebnis war alles andere als «politisch leer» gewesen: Sie hatte sich immer klargemacht, dass Puerto Rico die älteste Kolonie der Welt ist und unter militärischer Kontrolle der Vereinigten Staaten steht. Sie konnte Puerto Rico nicht getrennt von jenem Schmerz betrachten, den sie empfunden hatte, als sie von Miami aus zugesehen hatte, wie die Insel von Hurricane Maria verwüstet wurde, ein Sturm, von dem sich die Insel, wie viele sagten, niemals erholen würde. Aber auf diesen Wanderungen – durch die bloße Kraft der Dankbarkeit, das Zusammensein mit Freunden, denen sie zutiefst vertraute, und das Gefühl, vom Regenwald und seinen Vögeln eingehüllt zu werden, war es auf mysteriöse Weise so, «als würde es all das gar nicht geben»:

> Es ist etwas passiert, das es mir möglich machte, zurückzugehen und die Größe unserer Existenz zu fühlen, und auch, wie klein wir sind. Als wäre ich zu unserem eigentlichen Menschsein zurückgekehrt ... und das klingt jetzt ziemlich dramatisch, aber genau so fühlt es sich an. Und weißt Du, einfach nur zu spüren, dass mein Leben nicht nur an meinen Job, Social Media und was immer es noch dazwischen gibt – die Dinge die eben passieren – gebunden ist, das ist wie *Oh wow, ich bin ein lebendiger Mensch, genau in diesem Augenblick. Und wow, auch mit alldem Mist bin ich tatsächlich tief dankbar, am Leben zu sein.*

Etwa einen Monat, nachdem wir dieses Gespräch geführt hatten, fuhr ich, während die Santa-Ana-Winde wehten, spontan in die Mojave-Wüste. Die Santa Anas sind unglaublich starke, trockene Winde, die von der Hochwüste herunter bis zur Küste wehen. Sie können Böen mit einer Geschwindigkeit von über 60 km/h entwickeln, und sind der lokalen Überlieferung nach dafür berüchtigt, die Menschen nervös und ungestüm zu machen. Während der ersten beiden Tage meines Aufenthaltes, bestand das Leben nur aus Wind: ihm zuzuhören, von ihm beunruhigt zu sein und zu versuchen, nicht direkt in ihn hineinzugeraten. Aber am dritten Tag legte sich der Wind, und fast augenblicklich kamen die Vögel heraus, die ganzjährig in diesem Gebiet wohnten: Texasspechte, Weißscheitelammern, Roadrunner, Wüstenspottdrosseln und Zimtbauch-

Phoebetyrannen. Sie füllten die neue Stille mit ihren Liedern. Ich bemerkte einen kleinen, mir unbekannten Vogel, der direkt vor dem Haus, in dem ich wohnte, von einem Nest aus immer hin und her flog. Der Vogel hatte eine kluge Wahl getroffen: Er hatte sein Nest nicht in den überall wachsenden Kreosotbüschen, sondern in einem jungen Palo-Verde-Baum gebaut, dessen Zweige so dicht und üppig waren, dass das Innere den 80km/h-Winden widerstanden hatte, die überall die Terrassenmöbel umhergeworfen hatten.

Am vierten Tag kehrte der Wind zurück. Er war so heftig wie zuvor. Aber ich erinnerte mich an diese wohltuende Pause und alles, was ich währenddessen gehört und gesehen hatte. Ich wusste jetzt, wie die Wüste ohne Wind war. Und ich dachte an Piepers vertikale Zeit, die «senkrecht zum Ablauf des Arbeitstages» steht, jene fundamentalen Unterbrechungen, die immer wieder in die horizontale Zeit zurück kippen, und an die Vögel, die Niki in jener kurzen Zwischenzeit von Dankbarkeit und Ehrfurcht gehört hatte, bevor sie wieder in die Landschaft des Schmerzes zurückkehrte. Welche Lieder hört man, wenn der Wind sich legt? Was konnte aus der Zeit, die man der Arbeit entrissen hat, am Leben erhalten und vor der fortdauernden Zerstörung bewahrt werden – welche Momente der Erkenntnis, welche Formen von Beziehungen, welche anderen Vorstellungswelten, welche anderen Selbsts?

Welche anderen Arten von Zeit?

KAPITEL 4

Die Zeit wieder an ihren Platz rücken

EIN STRAND IN DER NÄHE VON PESCADERO

Doch plötzlich bricht am unteren Rand der leeren, schwarzen Scheibe der toten Sonne ein perfekter kleiner Leuchtpunkt hervor. Er hüpft und brennt. Er ist unvorstellbar kräftig, unerträglich hell, irgendwie wie … ich schäme mich fast, es zu schreiben, aber bitte: wie ein Wort. Und so beginnt die Welt von Neuem.

– *Helen Macdonald, «Verfinsterung»*[1]

Wir fahren vom Park aus westwärts und überqueren die uralte San-Andreas-Verwerfung. Auch wenn wir die Verwerfung nicht sehen können, fühlt sich auf der anderen Seite irgendetwas anders an. Wir haben die Hügellandschaft hinter uns gelassen, und die Straße windet sich in Haarnadelkurven aufwärts in den Schatten von Küstenmammutbäumen, Douglasfichten, Notholithocarpus densiflorus *und großblättrigem Ahorn. Die gelegentlich auftauchenden handgemalten Schilder, welche den Feuerwehrmännern danken, erinnern mich an die riesige Brandnarbe vom letzten Jahr, die wir noch nicht sehen können. Wir kommen an einem Teil des Hügels vorbei, der mit Steinen befestigt wurde, um ihn vor dem Abrutschen zu bewahren, an einer Straße namens* Memory Lane *und einem einsamen, 1889 erbauten Krämerladen.*

Auch wenn der letzte Abschnitt des Highways baumlos und sonnig ist, liegt vor uns eine Dunstdecke. Sie hüllt uns ein, als wir die Küste erreichen, und vor uns erscheint das schieferblaue Meer mit seiner einschüchternden Aura von Finalität. Wir parken und nähern uns der Abbruchkante einer Gruppe von Klippen, auf denen sich eine zähe Schicht von Eiskrautgewächsen kaum merklich im Wind bewegt. Trotz der Wellen, die unter uns an die Klippen schlagen, und den sporadischen Schreien der Möwen, richten sich unsere Augen vor allem nach

Westen, dem immer gleichen Horizont entgegen, der durch nichts gestört wird, nicht einmal durch ein Schiff. Dort draußen sieht das Meer wie eingefroren aus.

Wenn die sozialen Medien überhaupt ein Indikator sind, dann brachte der Beginn der COVID-19-Pandemie eine Abkehr von den gängigen Formen, die Zeit zu strukturieren. Da weniger gependelt wurde, gesellschaftliche Anlässe wegfielen und die Leute von zu Hause aus arbeiteten, wurde die Zeit zur Belastung: Es gab zu viel davon, und außerdem war sie gleichförmig geworden. Über die scheinbare Beliebigkeit der Zeit wurden viele Scherze gemacht:

> Mauroy @_mxuroy · 9. April 2020
> falls jemand sich nicht sicher ist, heute ist Donnerstag der 47. April

> James Holzhauer @James_Holzhauer · 17. März 2020
> Bin so froh, dass ich alle meine Uhren eine Stunde vorgestellt habe, gerade noch rechtzeitig, bevor Zeit ein sinnloses Konzept wurde.

> Jello @JelloMariello · 28. März 2020
> die Quarantäne hat unseren Zeitbegriff so sehr durcheinander ge-

bracht … jetzt hab ich doch glatt schon 2 Uhr-morgens-Breakdowns am helllichten Tag um 10 Uhr …

Seinfeld Current Day @Seinfeld2000 · 7. April 2020
ich, wie ich heute Nacht um 3 auf der Straße rumrenne, nachdem ich jedes Zeitgefühl verloren habe [gefolgt von einem Bild von George Costanza, der durch die Straßen tanzt und «Es ist Juni!» ruft][2]

Damals erlebte ich am eigenen Leibe, wie seltsam Zeit sich anfühlen kann. Ich unterrichtete zwei Klassen über Zoom in dem Raum, in dem ich auch schlief; meine Studenten loggten sich aus weit entfernten Zeitzonen ein, etwa aus Kenia, Südkorea oder von der Ostküste der Vereinigten Staaten. Wochentage und Wochenenden waren meist nicht zu unterscheiden. Der Unterschied zwischen Arbeit und Freizeit bestand oft nur in zwei verschiedenen Tabs in meinem Browser. Wenn ich nicht an der Vorbereitung meiner Seminare oder an diesem Buch arbeitete oder am selben Laptop mit Freunden zoomte, dann unternahmen mein Partner Joe und ich Spaziergänge durch unser Viertel, wobei sich die möglichen Routen zum Verrücktwerden ähnelten. Jeden Abend sahen wir beim Essen fern, oft eine Episode einer langen Serie wie *Die Sopranos*. Ich kann nicht gerade behaupten, dass das eine sehr unkomfortable Situation war. Aber so wie in den Pandemie-Memes, war die Zeit, die ich erlebte, repetitiv, gleichförmig, und sie schien in einem Vakuum abzulaufen. Und vor allem war in diesem Moment kein Ende der Pandemie in Sicht. Ich sah nur das vor mir: Zeit-Schachteln, die ich in meiner Schachtel von einem Zimmer füllen musste, und das für immer und ewig.

Inmitten all dessen begann ich, mir eine Live-Webcam auf Explore.org anzusehen, die einen nistenden Adler in Decorah, Iowa, zeigte. Im März hatte das Adlerweibchen bereits seine Eier gelegt, und es stand nur ab und zu auf, um zu prüfen, ob alles in Ordnung war oder um für die Kamera unsichtbare Eindringlinge zu verjagen. Ich begann schon bald, eine zweite Webcam mit Wanderfalken im Sather Tower der UC Berkeley zu verfolgen; und dann noch eine mit Fischadlern, die auf dem Kran eines Werftgeländes in Richmond nisteten, etwa eine halbe Stunde nördlich von meinem Wohnort. In jedem Nest schlüpften die Küken

Ende April, und sie alle wuchsen sehr schnell von unbeholfenen, flauschigen Kugeln zu Wesen heran, die immer mehr ihren Eltern ähnelten. Die Webcams wurden Shortcuts auf dem Bookmark-Balken meines Browsers; manchmal ließ ich sie in einer Ecke meines Bildschirms offen, wo sie zu einer Art tröstendem Talisman wurden. Manchmal schaute ich spätnachts auf das dunkle Bild der Fischadler-Webcam und versuchte, mir zu sagen, *Es ist Nacht, Schlafenszeit.*

Im September 2020, als die Feuer in der näheren Umgebung so schlimm wurden, dass der Blick auf den Luftqualitätsindex (Air Quality Index, AQI) und eine Windkarte zur notwendigen Bedingung wurden, wenn man rausgehen wollte, wechselte ich zu einem anderen Tab: eine pulsierende Karte von Windströmen auf windy.com. Unweigerlich zoomte ich heraus, um nachzusehen, wie die lokalen Winde in größeren Mustern entlang der Küste herumwirbelten und dann über dem Pazifik in noch größere Muster übergingen. Bald fand ich mich bei 100km/h-Winden an der antarktischen Küste wieder. Natürlich war mir schon klar, dass es an den Küsten der Antarktis windig ist, aber in diesem Fall war das Interessante, wie ich dorthin gekommen war: indem ich den Mustern von dort aus, wo ich über meinen Computer gebeugt saß, einfach folgte. Ich zoomte rein und raus und dachte über diese ganze Luft nach, die andere Luft herumschob. Diese violetten Wirbel hatten tatsächlich etwas mit meinen lokalen grünen Wirbeln zu tun.

Und dann war da noch mein wirkliches Fenster. Ohne, dass ich in dem Moment sagen konnte, warum, holte ich mein altes Stativ raus, montierte eine Kamera darauf und richtete sie nach draußen hin aus – genau über die Wohnungen auf der gegenüberliegenden Straßenseite hinweg, so dass die Ansicht größtenteils Himmel zeigte. Einige Monate lang ging ich mehrmals am Tag hin, drückte den Auslöseknopf und scrollte später in einer Art Do-it-yourself-Zeitraffer die Fotos durch. Zufällig ist der März einer der Monate, in denen der Himmel in meiner Gegend am abwechslungsreichsten ist. In meinem Zimmer fühlte sich die Zeit immer gleich an, aber auf den Fotos regnete oder stürmte es, und von San Francisco her strömte der Nebel herein. Manchmal waren die Wolken gewaltig und scharf konturiert, dann wieder nur entfernt und zart sichtbar. Mittags konnte der Himmel tief dunkelblau sein; am frühen Abend ging er in unbeschreibliche Violett- oder Rosatöne über.

Wenn die Arbeit und das Online-Leben wie die Zeitschleife aus *Und täglich grüßt das Murmeltier* waren, dann fühlte sich das, was ich in diesen Ausschnitten des Tages sah, ganz anders an. Ich begann, mich an etwas zu erinnern, das ich bemerkt hatte, als ich 17 war. In meinen Tagebüchern aus dieser Zeit, in denen ich mich für gewöhnlich über Langeweile oder zu viele Hausaufgaben beklagte, erwähnte ich auch, dass ich gelegentlich etwas gesehen hatte, das ich als «Es» bezeichnete. «Es» war weder ein Ding in der äußeren Umgebung, noch ein inneres Gefühl (wenn so etwas möglich ist). Stattdessen war es eine Art von Gestalt, die immer unerwartet und flüchtig auftrat – als wolle man einen Hauch oder so etwas für den Bruchteil einer Sekunde einfangen und sich an etwas ganz Großes erinnern. Auch wenn meine Ausführungen einfältig und schwammig waren – immer beschrieb ich etwas, das «nicht hier war» oder eine Zeit «außerhalb der Zeit» –, so hatte ich diese Begegnungen nichtsdestotrotz dokumentiert und notiert, dass mein zukünftiges Ich genau wissen würde, wovon ich sprach.

3. November 2003
Neulich hat diese ... namenlose, nicht identifizierbare «Andersheit», für die mir (ernsthaft) kein besseres Wort einfällt, ihr Gesicht öfter als gewöhnlich gezeigt. Ich würde es durch unpassende Beschreibungen vielleicht umbringen. Das ist, wie wenn man versucht, eine Farbe zu beschreiben, die man nie gesehen hat. Mir fehlt einfach das Vokabular.

8. November 2003
Dieser Ort ist fremd, nicht nur was seine Lage angeht, sondern auch in der Zeit. Er liegt entweder unendlich weit in der Zukunft oder in der Vergangenheit. Er hat so etwas fundamental anderes an sich. Fast außerirdisch, aber nicht auf einem anderen Planeten.

21. November 2003
Ich sah es an der Kreuzung von Junipero Serra Freeway und Stevens Creek, in der Straße, die links von der Schule her kommt. Nur für

den Bruchteil einer Sekunde, als ich nicht aufpasste. Es ist etwas sehr Erinnerndes. Ein Dejavou (Schreibweise?), das durch bestimmte Eindrücke herbeigeführt wird.

9. Dezember 2003
Ich habe es in der Zeitung gefunden – ein Krater in der Nähe von Bolivien und Chile – den ein Expeditionsteilnehmer beschrieb als «die Essenz der Erde» und «überwältigend, grandios».

10:43 Uhr morgens, unbekanntes Datum
Es ist mir wieder begegnet, auf der Fahrt zur Saratoga Library. Draußen ist es unglaublich sonnig, und die Berge sehen fünfmal höher aus als sonst. Ich bin an zwei Orten gleichzeitig. Einer ist Saratoga und der andere ist sehr, sehr weit weg.

Unbekanntes Datum und unbekannte Zeit
Es ist etwas viel Größeres, als ich das erklären könnte, größer als meine Wahrnehmung. Etwas, das sich durch bestimmte Dinge zeigt, und es ist so unamerikanisch, so un-irgendwas.

Erst als ich erwachsen war, bekam ich so langsam eine bessere Vorstellung davon, was «Es» bedeutete. Den ersten Hinweis, den ich aus der Literatur erhielt, fand ich in dem 1907 verfassten Buch des französischen Philosophen Henri Bergson, *Schöpferische Entwicklung*. Für Bergson war Zeit Dauer – etwas Schaffendes, Entwickelndes und etwas Mysteriöses, im Gegensatz zum Abstrakten und Messbaren. Ihm zufolge, rührten all unsere Schwierigkeiten, die wahre Natur der Zeit zu erfassen, von unserem Bedürfnis her, uns separate Momente vorzustellen, die nebeneinander im Raum angeordnet sind. Er schrieb weiter, dass dieser «Raum» kein greifbarer Raum unserer Umgebung, sondern etwas rein Konzeptuelles sei: Denken Sie an jenes grüne Raster auf schwarzem Grund, das manchmal im virtuellen Nichtraum von Science-Fiction-Filmen erscheint, und stellen sie sich Momente in dieser Art von Zeit als Kuben vor, die im Raum existieren. (Diese Vorstellung bildete auch die Grundlage für das Konzept von austauschbarer Zeit, das ich in Kapitel 1 und 2 erwähne.) Bergson glaubte, dass unsere Neigung, über Zeit mit dieser Art von räumlichen Begriffen nachzudenken, von unserer Erfahrung herrührte, träge Materie manipulieren zu können; wir wollen Zeit genauso betrachten, wie etwas, das wir abschneiden, stapeln und umherbewegen können.*

Mithilfe von Metaphern des abstrakten Raumes über die Zeit nachzudenken, bewahrheitete sich für Bergson nicht. Ihm schien diese auffallende Konzeption «eine Art Reaktion gegen jene Heterogenität vorauszusetzen, die unserer Erfahrung zutiefst zugrunde liegt».[5] Stattdessen basierte sein Zeitkonzept auf einander durchdringenden und überlappenden Sukzessionen, Zuständen und Intensitäten. In *Schöpferische Entwicklung* ist sein Modell für diese Art von Bewegung die biologische Evolution, ein Prozess von sich verästelnder und überlagernder Entwicklung, in dem jeder Schritt bereits im vorherigen angelegt sein musste, dessen Ablauf aber nichts Deterministisches an sich hatte. Das andere Bild, das ich hilfreich finde, um über Bergsons Idee der Zeit nachzudenken, ist das eines Lavastroms, der über relativ ebenen Grund fließt und dessen Spitze lebendig und dynamisch ist. Zwar könnte man an jedem Punkt zurückblicken und den kontinuierlichen Weg sehen, den die Lava nahm, um dort anzukommen, wo sie jetzt ist, aber das bedeutet ganz und gar nicht, dass die Lava dazu bestimmt war, dort zu landen; und wir können ebenso wenig voraussagen, wo genau sie noch hinfließen wird. Der Versuch, bestimmte Momente dieses Prozesses voneinander zu trennen, wäre vergeblich – wie das Trennen von Kuben im Raum.

Und während man dort steht und über sie nachdenkt, schiebt sich die lebendige Zunge der Lava vorwärts in die Zukunft, die in jedem

* Abstrakte Zeit und abstrakter Raum beschäftigten Bergson fortwährend. In *Schöpferische Entwicklung* konstatiert er, «wahrgenommen wird ein solches Medium niemals; es wird nur gedacht».[3] In *Materie und Gedächtnis* beschreibt er die abstrakten Kategorien Zeit und Raum fast wie eine Picknickdecke, die über einer sich stets wandelnden Gegenwart ausgebreitet wird – als ein «abstraktes Schema der Sukzession …, ein homogenes und indifferentes Milieu, welches für den Verlauf der Materie in der Längsrichtung wäre, was der Raum in der Breitenrichtung. (…); sie sind die Schemata unserer Wirksamkeit auf die Materie».[4] Bergson räumt ein, dass die Menschen dieser Hilfsmittel für ihre Wahrnehmung bedürfen; das Problem besteht nicht darin, sie einzusetzen, sondern darin, sie als Struktur der Realität zu wichtig zu nehmen.

gegenwärtigen Moment bereits angelegt ist, aber auch die Geschichte von allem, das zuvor geschah, in sich trägt. Ein anderes Beispiel wäre ein Samen, der von einer einzelnen Pflanze in eine Pflanzengeneration gefallen ist und die Information für eine zukünftige Pflanze enthält. Die Art von Zeit, die sich in diesen Prozessen ausdrückt – welche Bergson mit dem von ihm geprägten Begriff *Élan vital* beschreibt (für gewöhnlich mit «Lebensschwung» oder «Lebenskraft» übersetzt) –, ist keine abstrakte Quantität, die zusammengezählt und gemessen werden kann. Stattdessen ist sie eine weitere unwiderrufliche Drehung des Kaleidoskops, etwas, das Teilung, Fortpflanzung, Wachstum, Verfall und Komplexität vorantreibt.[6] Auch das alte Sprichwort, «Man kann nicht zweimal in denselben Fluss steigen» bringt das, was Bergson beschreibt, ziemlich gut zum Ausdruck, vor allem, wenn man sich noch die Veränderungen der Ufer, die Täler, die der Fluss langsam gräbt, und vielleicht sogar die zellulären Prozesse in den eigenen Füßen bewusst macht.

Aber so intuitiv diese Artikulation der Zeit mir auch erscheinen mag, so fällt es mir doch auch oft schwer, jene vertrauten und abstrakten räumlichen Metaphern ganz über Bord zu werfen – Zeit als ein linearer Pfad von gleichförmigen, separaten, aneinandergereihten Zeiteinheiten. Es ist *eine* Sache (und schon verwirrend genug), etwas über die historische Spezifität des in uns verankerten Zeitempfindens zu erfahren, und eine ganz andere, einen alten konzeptuellen Haltegriff loszulassen, der mit der eigenen Hand schon fast verwachsen ist. Diese Schwierigkeit rührt an etwas noch Allgemeineres als das Zeitgefühl, das mir durch Stundenpläne in der Schule, Prüfungen mit Zeitlimit und Zeugnisse eingetrichtert wurde; Letztere sind einfach nur Teile oder Symptome einer umfassenderen Kultur, in der ich aufwuchs und noch immer lebe. Über alldem steht ein Zeitmodell, das linear ist und auf abstrakten räumlichen Metaphern basiert. Es ist eine Tatsache meines Lebens, etwa so, wie ich voraussetzen kann, dass, wenn ich dort, wo ich mich befinde, den Fernseher einschalte, die meisten Leute Englisch sprechen werden. Dieses Empfinden ist tatsächlich so tief verwurzelt, dass mir alles andere wie «aus der Zeit gefallen» vorkäme.

Schauen Sie sich das folgende Diagramm an, das die Zeit einer Sonnenuhr gegenüber der Standardzeit misst.

Diese Grafik zeigt, in welchem Teil des Jahres, die Zeit, die eine

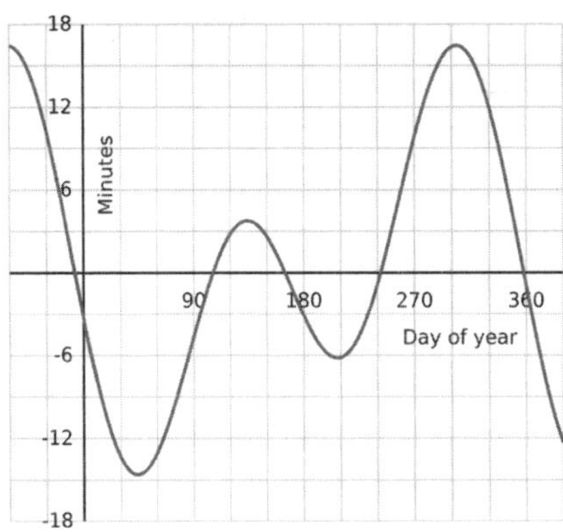

Sonnenuhr anzeigt, der einer Standarduhr vorauseilen, und in welchem Teil des Jahres sie hinterherhinken würde. Wie John Durham Peters schreibt, entsteht diese Differenz, weil «die Sonnenuhr unmittelbar natürliche Tatsachen abbildet, weil sie veränderliche Tage und Stunden wiedergibt, die sich ausdehnen und zusammenziehen, während die Erde ihren elliptischen Weg um die Sonne zurücklegt. Die Standarduhr hingegen, stabilisiert die solaren Launen, nivelliert die jährlichen Schwankungen der Sonne zu Mittelwerten von 24-Stunden und tickt unbeeindruckt von Sonne oder Wolken weiter.»[7] Darin besteht die Differenz zwischen ortsbasierter Beobachtung und dem abstrakten, standardisierten System, dessen Entwicklung wir in Kapitel 1 gesehen haben.

Das Diagramm zeigt beide Lesarten der Zeit, und doch sind sie einander nicht ebenbürtig. *Sonnen*zeit wird mit den Begriffen der *Uhr*zeit beschrieben, welche die Vergleichsgrundlage bilden. Es ist, «als wäre die Uhr selbst dic Materialisierung irgendeines universalen Zeitempfindens», wie die Anthropologin Carol J. Greenhouse es beschreibt.[8] Die Uhrzeit ist nicht die einzige Form von Zeitrechnung, die wir erleben, aber sie steht sicher im Vordergrund, da so viele von uns über den «Stoff» der Zeit nachdenken. Und es war die treue Bindung an die Uhrzeit, die Kolonisten, Anthropologen und zeitgenössischen westlichen Beobachtern im Allgemeinen die Argumente in die Hand gab, nichtwestliche und indigene Kulturen als zeitlos oder außerhalb der Zeit stehend zu betrachten.

In *Time Blindness: Problems in Perceiving Other Temporalities [Zeitblindheit: Schwierigkeiten bei der Wahrnehmung anderer Temporalitäten]*, schreibt Kevin K. Birth über die Sprachbarriere im Hinblick darauf, wie wir über die Zeit nachdenken.[9] In einer Studie von 2011 verweist er auf Forscher von der University of Portsmouth und der Federal University of Rondônia in Brasilien, die herausfanden, dass die Amondawa, eine indigene Gemeinschaft in Amazonien, Metaphern und Ausdrücke für Zeit verwandten, die jemand mit westlicher Perspektive einem westlichen Publikum grundsätzlich nur schwer erklären konnte. In einem Versuch, falschen Übersetzungen bei der Vermittlung an die Öffentlichkeit zuvorzukommen, schrieben die Autoren der Studie: «Wir distanzieren uns entschieden von jeder Interpretation der hier von uns präsentierten Daten, welche die Amondawa etwa durch die Behauptung, sie seien ein ‹Volk ohne Zeit› exotisieren würde.» Dennoch hatten die Medien nichts Besseres zu tun, als die Forschungsergebnisse zu verdrehen, um das Bild von zeitlosen «Primitiven» zu präsentieren. Die Überschriften, die sie benutzten, sprechen Bände und waren so formuliert, als wäre etwas gar nicht vorhanden und nicht einfach nur anders: «Über Zeit: Der Stamm ohne Zeit» (*New Scientist*), «Dem Amondawa-Stamm fehlt jeder abstrakte Zeitbegriff» (BBC), «Amazonas-Stamm hat keine Sprache für Zeit» (*Australian Geographic*).

Die beste Beschreibung, die ich für dieses Problem gefunden habe, kommt aus einem Buch von Tyson Yunkaporta, der als Wissenschaftler, Kunstkritiker und Angehöriger des im australischen Queensland beheimateten Apalech-Stammes beide Welten umspannt. In *Sand Talk: How Indigenous Thinking Can Save the World (Sand Talk: Das Wissen der Aborigines und die Krisen der modernen Welt)*, erläutert er:

> So ist es zum Beispiel ein vergebliches Unterfangen, die Aborigine-Zeitbegriffe zu erklären, denn auf Englisch [bzw. auf Deutsch] lassen sie sich nur als nichtlinear beschreiben, was sofort eine dicke Schneise mitten durch die Synapsen schlägt. Das «nicht» wird nicht registriert, nur das «linear»: So wird das Wort verarbeitet, das ist die Gestalt, die es in deinem Kopf annimmt. Am schlimmsten jedoch: Das Konzept wird beschrieben durch das, was es nicht ist, und nicht

> durch das, was es ist. In unseren Sprachen haben wir kein Wort für nichtlinear, denn es würde niemandem auch nur einfallen, auf geradem Weg zu reisen, zu denken oder zu sprechen. Ein Pfad ist immer ein sich schlängelnder Pfad und braucht keinen Namen.[10]

Die Herausforderung, die Barriere zu überwinden und eine andere Vorstellung von Zeit zu entwickeln – nicht als irgendeine Art exotischer Alternative oder müßiger Spekulation, sondern in fundamental *gefühlter* Weise –, ist schwierig und faszinierend zugleich. Es ist notwendig, diese Herausforderung anzunehmen, eine wichtige politische und ökologische Angelegenheit. Zeitvorstellungen sind eng damit verbunden, wie und wo wir Handlungsmacht sehen, einschließlich in uns selbst. Sie sind vor allem heute von Bedeutung, da die Welt nicht nur nach Taten schreit, sondern auch nach einem weniger um den Menschen zentrierten Modell, wem oder was man Respekt und Gerechtigkeit schuldet.

Über Jahre hinweg konnte ich diese andere Zeitkonzeption irgendwie auf einem abstrakten, intellektuellen Level nachvollziehen, wenn ich darüber las. Aber ich brauchte länger, um sie mit meinem persönlichen Erleben jenes «Es» zu verbinden. Wenn ich in den vergangenen paar Jahren meines Lebens etwas gelernt habe, dann ist es, dass ein Unterschied dazwischen besteht, etwas zu denken oder es wirklich zu glauben. Es ist eine Sache, die Prozesse der Natur zu beobachten, aber eine andere, mit der Tatsache umzugehen, dass (wie Birth hervorhebt) die Annahme gleichförmiger Zeit von Anfang an unsere Beobachtungen bestimmt.[11] Ähnlich wie der Moment, in dem ein 3-D-Bild aus einem *Das magische Auge*-Muster hervorspringt, könnte es, wenn wir uns anstrengen, passieren, dass wir die Bedeutung von Zeitraster und Sonnenuhr vertauschen. Aber wie schaffen wir das?

Das können wir nicht von hier oben. Wir werden runter an den Strand gehen müssen.

Ein Bach wäscht langsam einen Teil der Klippe aus, auf der wir stehen, und bildet eine kleine Schlucht. Wir steigen langsam hinunter, an karamellfarbenen Wänden entlang, gespickt mit unerschrockenen Küsten-Sukkulenten. Überall, wo die Wände den Wind abblocken, umgibt

uns ein scharfer Geruch von Seetang, und wir müssen kleine Strandfliegen verscheuchen. Gelegentlich spritzt hinter den schwarzen, der Küste vorgelagerten Klippen eine weiße Gischt-Explosion hervor, und mahnt uns, vor Sneaker Waves auf der Hut zu sein.

Das Zischen und Getöse des Meeres ist hier unten um ein Vielfaches lauter. Als wir den Strand erreichen, knirscht der Sand unter unseren Füßen – eigentlich ist es mehr so etwas wie Protosand. Wenn man sich hinunterbeugt, dann sieht man kleine Steinchen von gut einem halben Zentimeter Durchmesser in allen möglichen Farben – Dunkelrot, Schwarz, Grau, Orange, Sandfarben, schimmernd Weiß, Grün – mit einigen winzigen Stücken weißer Muscheln dazwischen. Wir nehmen ein paar Hände voll und sortieren sie der Form nach: Klumpen, Pillen, Scherben, Kugeln, Bohnen.

Darunter sind Feuerstein, Quarz, Schluffstein und Sandstein.[12] *Die Identität eines Gesteins ist untrennbar mit Zeit und Ort verbunden. Um zum Beispiel ein Feuerstein zu werden, musste man schon vor vielen Millionen Jahren «da gewesen» sein, weit vor der Küste, für gewöhnlich in einer Auftriebszone, im flachen Meer, wo mikroskopische Meeresorganismen namens Radiolarien Kieselskelette auf den Meeresboden regnen ließen. Während des Mesozoikums bildete sich aus diesem Material Feuerstein, der dann zerbrach, erodierte und in Form*

von Kieselsteinen mehrfach wieder auftauchte. Beim letzten Mal, als der Meeresboden durch tektonische Aktivität angehoben wurde – im Pleistozän, einer Epoche, in der Säbelzahntiger und Schreckenswölfe das Festland durchstreiften –, waren die Kieselsteine in das restliche Material des Meeresbodens eingeschlossen worden.[13] *Weitere Wellen erodierten das emporgehobene Land, spülten die Kiesel frei (die dann der Schotter wurden, auf dem wir jetzt stehen), während der Rest des Bodenmaterials wieder hinaus ins Meer getragen wurde. Natürlich ist es nicht so, dass dieser Prozess jetzt abgeschlossen wäre. Vor unseren Augen werden die Kiesel langsam zu Sand, da sie eine Welle nach der anderen weiter zermalmt.*

Wir schauen uns die Kiesel noch einmal an und lassen uns nicht täuschen: Sie sind weder Zeichen noch Symbole der Zeit. Nein – sie sind wirklich zwei Dinge auf einmal: Meeresgrund aus der letzten Eiszeit und zukünftiger Sand.

Graben wir ein wenig im Kies. Unsere Hände fühlen etwas Weiches. Als wir die Steinchen beiseiteschieben, sehen wir eine horizontal zerfurchte Oberfläche:

Diese Grate gehen über in eine Gruppe breiter zerklüfteter Felsen um uns herum, deren Streifen zwischen den Klippen, die wir gerade

hinabgestiegen sind, und dem Meer verlaufen. Jeder Streifen ist eine Sedimentschicht, die sich unter Wasser vor 100 bis 65 Millionen Jahren gebildet hat, lange vor der Ankunft der Kieselsteine. Wir stellen uns Schichten normalerweise von oben nach unten angeordnet vor, aber anders als die Sedimente der Klippen hinter uns, hat die tektonische Aktivität diese Reihe von Ablagerungen 63 Grad abweichend von ihrer originalen Position aufgeworfen. Das bedeutet, dass die Zeit in diesen Felsen seitwärts gekippt über den Strand läuft.

Hier zu sein, vermittelt uns ein ganz anderes Gefühl davon, «zur rechten Zeit» da zu sein. Anstelle von Avataren, die ein leeres Kalenderfeld durchqueren, stehen wir tatsächlich auf dem materiellen Ergebnis von Prozessen, die sich Millionen von Jahren sowohl in die Vergangenheit als auch in die Zukunft erstrecken. Plötzlich ist alles, was wir anschauen, von konkreter Zeit durchtränkt: nicht nur Kieselsteine, Klippen und Felsen, sondern auch das langsame Wallen des Nebels in Richtung Süden; der unwiederbringliche Ausdruck von Gezeiten und Wind in einer jeden Welle; die fieberhafte Aktivität der Strandfliegen; die Zirkulation von Luft und Wasser durch unsere Körper; und selbst die Chemikalien, die durch unsere Synapsen zucken, während wir gerade eben diese Gedanken denken. Auch das alles wird sich nie wiederholen, und auch das wird die Welt erneuern.

Felsen lehren einen die Untrennbarkeit von Zeit und Raum. (Wenn ich hier an dieser Stelle «Raum» sage, dann spreche ich über Raum im Sinne von Umwelt, nicht über das newtonsche Raster.) Die Geologin Marcia Bjornerud nannte dieses Empfinden «Zeitbewusstheit» («Timefulness») und schrieb darüber: «Ich sehe, dass die Ereignisse der Vergangenheit noch immer gegenwärtig sind … Es ist ein Blick, nicht in die Zeitlosigkeit, sondern in die Zeitbewusstheit, den mir dieser Eindruck gewährt, ein jähes Bewusstsein, dass die Welt von der Zeit, oder besser aus Zeit gemacht ist.»[14] In einem Satz, der mich an Gesteinsschichten, Baumringe und Perlmuttschichten in einer Venusmuschel erinnert, schreibt Bergson: «Wo immer Leben ist, liegt auch ein Buch aus, dem die Zeit sich einschreibt.»[15] Wir können unsere Entfremdung von solchen «Büchern» teils entweder der Ignoranz oder dem mangelnden Zugang zur Welt der Natur zuschreiben. Aber diese Schwierigkeit hat auch in entscheidender Weise damit zu tun, wie wir über Zeit und Raum denken. Für Bergson sind abstrakte Zeit und abstrakter Raum Konzepte, die gemeinsam entstehen; in der Vorstellung, die hinter Bjorneruds Zeitbewusstheit steht, ist es sinnlos, Zeit und Raum trennen zu wollen. Ich glaube, auch Bergson hätte einen Strand angeschaut und etwas gesehen, das voll von Zeit ist.

Wie das Konzept von Zeit als Geld ist die Abstraktion und Trennung von Zeit und Raum kulturell spezifisch und ein ziemlich neues Geschehen in der Geschichte der Menschheit. Die Idee fand ihren vollständigsten Ausdruck in Isaac Newtons «Clockwork Universe» («Uhrwerk-Universum»), wo sich Ereignisse und Interaktionen zwischen separaten und begrenzten Entitäten abspielen: eine Art Billardkugel-Universum von Ursache und Wirkung, das vollständig beschrieben und vorhergesagt werden konnte, wenn wir nur genügend Informationen hätten. Im Reich der Physik war dieses Konzept jedoch nicht von Dauer; etwa zweieinhalb Jahrhunderte, nachdem Newton seine *Principia Mathematica* geschrieben hatte, artikulierte Einstein die Existenz von Raumzeit, und Denker wie Bergson und Alfred North Whitehead stellten das Konzept von abstrakter Zeit auf mehreren Ebenen infrage.[16] Dennoch hielt sich das newtonsche Ideal hartnäckig. Der aus dem Standing-Rock-Reservat stammende Sioux-Aktivist, Historiker und Theologe Vine Deloria Jr. stellte fest, dass der größte Teil der westlichen Gesellschaft, trotz der Entwicklungen in Quantenphysik und Philosophie, der newtonschen Anschauung treu geblieben ist, während Denker und Philosophen den Glauben, dass ‹da draußen› Natur existiert aufgegeben haben.[17]*

Hier sollte man anmerken, dass diese Hartnäckigkeit nicht allein auf die kulturelle Trägheit geschoben werden kann: Abstrakte newtonsche Zeit ist die Art von Zeit, die gemessen, gekauft und verkauft werden kann. Die Lohnarbeit zwingt uns dazu, Zeit als «Stoff» von Körpern und Umweltkontexten getrennt zu betrachten.

Um die kulturelle Besonderheit von abstrakter Zeit und abstraktem Raum zu verstehen, hilft es auch, die «newtonsche Perspektive» mit den Beschreibungen von Realität in indigenen Weltanschauungen (von Deloria und anderen Autoren) zu vergleichen. Jahreszeiten etwa liefern uns ein Beispiel für einen Kontext, in dem der Versuch, Zeit und Raum zu trennen, funktionell sinnlos ist. Während, wie Nanni bemerkt, die Abstraktion der Zeit es den Europäern ermöglichte, «die vier Jahreszeiten mit sich zu nehmen und sie, wo immer sie sich auf der Erde befanden den lokalen Jahreszeiten überzustülpen», hatten (und haben) die meisten Orte gar keine vier Jahreszeiten.[19] Stattdessen gibt es an jedem von ihnen eine Reihe von Phasen, die dem ökologischen Charakter dieses spezifischen Ortes entsprechen. So kannten etwa die Kulin-People im heutige Melbourne «sieben Jahreszeiten, jede unterschiedlich lang, gemäß dem Auftreten der spezifischen Flora und Fauna»: «Die Känguru-Apfel-Jahreszeit, die grob dem Monat Dezember entspricht, die Trockenzeit (um Januar/Februar herum), die Aal-Saison (etwa März), die Wombat-Saison (ungefähr April bis August), die Orchideenzeit (September), die Kaulquappen-Saison (Oktober) und die Grasblütenzeit (etwa November).

* In einem 1992 verfassten Artikel für *Winds of Change* legt Deloria genau dar, wie die Relativität in der Physik mit der Seinslehre der Native Americans in Einklang steht: «Für die indigenen Völker Nordamerikas … war es nicht nötig, die Existenz einer idealen Welt oder perfekter Formen zu postulieren, die von Raum und Zeit unangetastet blieben, oder zu behaupten, dass Zeit und Materie inhärente und absolute Qualitäten der physikalischen Welt seien, die, wenn man sie mit mathematischen Formeln genau beschrieb, das Universum angemessen erklären könnten.» Er fügt hinzu, dass es «für die meisten indianischen Stämme ausreichte, wenn sie verstanden, wie lebendige Dinge, sich verhielten».[18]

Außerdem wurden noch zwei längere, die anderen überlagernden Jahreszeiten wahrgenommen: Feuer (etwa alle sieben Jahre) und Überflutung (etwa alle 28 Jahre).»

Es gibt an sich keinen Grund dafür, dass eine Jahreszeit eine bestimmte Länge haben sollte, und noch weniger dafür, dass es davon vier gleich lange, einander ausschließende Abschnitte gibt. Bis vor relativ kurzer Zeit war die Benennung und Erkennung von Jahreszeiten oder jahreszeitlichen Wesenheiten ein Indikator für bestimmte Dinge, die getan werden mussten: sammeln, jagen, ernten.[20]*

Ebenso wenig kann irgendein Element einer Jahreszeit isoliert von Raum, Zeit oder anderen Komponenten betrachtet werden – Sie werden hier keine perfekten Billardkugeln finden, nur dichte Maschen miteinander verbundener oder einander überlappender Prozesse. Yunkaporta schreibt über die australischen Silbereichen, deren ursprünglicher Name und medizinische Verwendung nur in einem erweiterten raumzeitlichen Kontext verstanden werden können: «In den Aborigine-Sprachen ist der Name der Silbereiche gleichlautend mit dem Wort für Aal. Ihr Holz besitzt die gleiche Maserung wie Aal-Fleisch, und sie blüht in der Jahreszeit, in der die Aale am fettesten sind. Sie signalisiert uns, wann die beste Zeit ist, um Aale zu essen. In ebendieser Jahreszeit ist das Fett Medizin, die gegen Fieber hilft.»[21]**

Es herrscht allgemein die irrtümliche Wahrnehmung, die Bay Area habe, verglichen mit anderen Orten, «keine Jahreszeiten». So fühlt es sich vermutlich vor allem für jemanden an, der aus dem Mittleren Westen oder von der East Coast kommt, wo die Winter brutal, die Temperaturschwankungen größer sind, und klimatische Ereignisse eher den Takt des Alltags unterbrechen. Aber selbst als jemand, der hier auf-

* Ein Echo der Zweckmäßigkeit von Jahreszeiten hat sich in dem englischen Wort *Season*, das vom Lateinischen *satio,* auf Deutsch «säen», abstammt, noch erhalten.

** Deloria nennt ein weiteres Beispiel einer solchen Zeitmessung: Stämme, die am Missouri River lebten, pflanzten Mais an und verließen die Felder dann zeitweilig, um im Mittsommer in die Hochebenen und Berge zu gehen. Da sie gelernt hatten, die Seidenpflanze in den Bergen als Indikatorpflanze zu gebrauchen, wussten sie, wann der Fruchtstand ein gewisses Reifestadium erreicht hatte, in dem es Zeit war, zurückzukehren, um den Mais zu ernten.[22]

wuchs, habe ich diese falsche Wahrnehmung der Bay Area verinnerlicht, was mich wiederum für ihre Jahreszeiten unempfänglich machte.

Als ich das vor Kurzem gegenüber jemandem erwähnte, der lange in den Santa Cruz Moutains gelebt hatte, stellte er die Theorie auf, dass wir hier anstelle von abrupten Veränderungen eine konstante und graduelle «Entfaltung» haben. Über die Jahre hinweg, habe ich gelernt, das wahrzunehmen: Die Pazifische Hundszunge kommt immer vor der Douglas-Iris, die vor der Gauklerblume kommt. Riesentafelenten kommen im Winter, Schmuckseeschwalben im Sommer. Da sich die Trockenzeit hinzieht und die Waldbrandsaison immer länger wird, bin ich den feuchten Jahreszeiten mehr denn je zugetan – den Regenfällen im Februar und März und der Nebeldecke, die sich im Sommer über die Küste legt. Wenn, wie Deloria es formuliert, jeder Ort eine «Persönlichkeit»[23] zeigt, dann steckt in ihr ebenso viel *wann* wie auch *wer*: eine Kette überlappender Entwicklungen wie die Tonspuren eines Liedes. Dieses Lied klingt an jedem Ort etwas anders: Selbst in den Santa Cruz Mountains habe ich bemerkt, dass die vom Chaparral bedeckte Seite eines Berges andere Abläufe zeigt als die Seite, auf der die Redwoods stehen.

Die Begleiterscheinung von austauschbarer Zeit ist austauschbarer Raum: die Fläche eines Grundstücks oder etwas Lästiges, das man auf dem Weg zu einem bestimmten Ziel hinter sich bringen muss. Ob aufgrund mangelnden Interesses, mangelnder Zeit, mangelnden Zugangs zu sicheren Außenflächen oder wegen einer Kombination aus allen dreien kämen viele Städter in arge Bedrängnis, wenn sie das lebendige Profil – das, was Deloria die «Persönlichkeit» nennt – des Ortes, an dem sie tagtäglich leben, oder den Grund und Boden unter dem Einkaufszentrum, genauer bestimmen sollten. In «Indigenizing the Future: Why We Must Think Spatially in the Twenty-first Century» [«Die Zukunft indigenisieren: Warum wir im 21. Jahrhundert räumlich denken müssen»] fragt Daniel R. Wildcat, ein aus dem Volk der Yuchi stammendes Mitglied der Muskogee Nation von Oklahoma, «was wohl passieren würde, wenn die Menschen die Orte – die räumliche Dimension –, an denen wir konstitutiv für unsere Geschichte lebten, wieder als Zeit oder als zeitliche Dimension begreifen würden».[24] Das ist eine entscheidende Frage, die gegen das Raster der austauschbaren Zeit drückt wie die Wurzeln eines Baumes gegen den Gehsteig, vor allem, weil es für immer mehr Menschen schwierig wird, längere Zeit an einem Ort zu leben. Was würde mit unserer Zeitauffassung passieren, wenn wir unser Wo besser wahrnehmen könnten?

Wir dringen tiefer an diesen Ort vor, bis zu einer Stelle, wo sich in den Mulden zwischen den Sedimentgraten, die wir beim Graben nach den Kieselsteinen entdeckten, Gezeitenbecken gebildet haben. Ein Schild auf dem Parkplatz hatte uns schon darüber informiert, dass man «das Leben der Gezeitenbecken am besten beobachten kann, wenn man still sitzen bleibt, bis sich die Tiere dort wieder zeigen und ihre gewöhnliche Aktivität erneut aufnehmen». Wir postieren uns also an einem der tieferen Becken und schauen konzentriert auf eine scheinbar unbewegte Szenerie: von Sand und Wasser glatt geschliffene Felsen, bedeckt mit Algen, kleinen roten und schwarzen Seegräsern und feinen gewundenen Meersaiten.

Einige Augenblicke später erkennen wir, dass die dunklen runden Dinger, die wir für kleine Steine hielten, Schnecken sind. Manche bleiben regungslos, während andere in ihrem winzigen Unterwassergebirge umhergleiten. Ein paar Zentimeter weiter betritt ein Krebs den Schauplatz. Als er einem bestimmten Felsen zu nah kommt, taucht ein größerer Krebs auf, und es ergibt sich ein kurzer, geräuschloser Kampf zwischen den beiden, ein Miniaturdrama, das sich in einer völlig anderen Dimension abspielt als die der Wellen, welche hinter uns noch immer an die Klippen schlagen. Je länger wir zuschauen, desto mehr Drama entsteht zwischen den Felsen.

In einem Essay von 1973 mit dem Titel «Annäherungen an was?» prägte der französische Autor Georges Perec den Begriff des «Infra-Ordinären».[25] Medien und die öffentliche Wahrnehmung der Zeit, so schrieb er, fokussierten sich auf das *Extra*ordinäre – die Dinge außerhalb des Gewöhnlichen wie Katastrophen und Umwälzungen. Das Infra-Ordinäre sei stattdessen jene Schicht innerhalb oder direkt unterhalb des Gewöhnlichen, und um es wahrnehmen zu können, muss man sich der Herausforderung stellen, durch das Gewohnte hindurchzublicken. Das ist angesichts der Tatsache, dass die Unsichtbarkeit Teil der Natur von Gewohnheiten ist, keine geringe Aufgabe. «Das ist nicht einmal mehr Akklimatisierung, das ist Anästhesie», schreibt Perec. «Wir verschlafen unser Leben in einem traumlosen Schlaf. Aber wo ist unser Leben? Wo ist unser Körper? Wo unser Raum?»

Fest entschlossen, das Vertraute zu verfremden, schrieb Perec einmal einen 300-Seiten-Roman, ohne den Buchstaben e zu verwenden.[26] Und auch, um das Infra-Ordinäre zu finden, hatte er seine ganz eigenen Methoden. In «Versuch, einen Platz in Paris zu erfassen» wählte er die Place Saint Sulpice, einen großen öffentlichen Platz unweit des Stadtzentrums, als Ort für seine Studien. Er ging einige Tage lang mehrmals täglich dorthin, setzte sich in verschiedene Cafés und auf eine Bank und notierte von dort aus alles, was er bemerkte. Seine Liste klingt wie eine Art Beschwörung und erinnert mitunter an ein Polizei-Protokoll:

> Ein Lieferwagen der Post.
> Ein Kind mit einem Hund
> Ein Mann mit einer Zeitung
> Ein Mann, der ein großes «A» auf seinem Pullover hat
> Ein «Que sais-je?»-Laster: «Die Reihe ‹Que sais-je?› hat auf alles eine Antwort»
> Ein Spaniel?
> Ein 70er
> Ein 96er
> Aus der Kirche werden die Trauerkränze getragen.
> Es ist halb drei.
> Vorbeifahrt eines 63ers, eines 87ers, eines 86ers, eines weiteren 86ers und eines 96ers.
> Eine alte Frau beschattet ihre Augen mit der Hand, um zu erkennen, welche Nummer der Bus hat, der gerade kommt (aus ihrem enttäuschten Gesicht kann ich schließen, dass sie gern den 70er nehmen würde)
> Man trägt den Sarg heraus. Die Totenglocke beginnt wieder zu läuten.
> Der Leichenwagen fährt davon, gefolgt von einem Peugeot 204 und einem grünen Méhari.
> Ein 87er

Ein 63er
Das Totengeläut hört auf.
Ein 96er
Es ist viertel vor drei.
Pause[27]

In der Einleitung zu diesem Text führt Perec kurz die normalen Anziehungspunkte der Place Saint Sulpice auf, wie das Rathaus des Arrondissements, ein Polizeikommissariat und «eine Kirche, an der Le Vau, Gittard, Oppenord, Servandoni und Chalgrin gebaut haben». Aufgrund ihrer Identifizierbarkeit war Perec an ihnen nicht interessiert. Seine Absicht, so schrieb er, sei es «eher, das Übrige zu schildern: das, was man im Allgemeinen nicht notiert, das was nicht bemerkt wird, was keine Bedeutung hat, das, was passiert, wenn nichts passiert außer Zeit, Menschen, Autos und Wolken».

Das, was passiert, wenn nichts passiert. Perec war sich der Ironie dieses Satzes zweifellos bewusst, denn es ist niemals so, dass nichts passiert. Wetter, Menschen, Autos und Wolken, sie alle bewegen sich. Selbst wenn wir auf einem weiten, sterilen Betonplatz mitten in der Wüste stünden, wären wir umgeben von umherwirbelnden Luftpartikeln, dem Lauf der Sonne über unseren Köpfen, einer driftenden tektonischen Platte unter unseren Füßen und dem Altern von Körper und Geist, die man braucht, um diese Dinge wahrzunehmen. Im Nachwort des Übersetzers einer 2010 erschienenen englischen Ausgabe von *Versuch einen Platz in Paris zu erfassen – An Attempt at Exhausting a Place in Paris* – hebt Marc Lowenthal den «Versuch» in Perecs Titel hervor, indem er schreibt, dass «die Zeit unaufhaltsam gegen [Perecs] Projekt arbeitet … Jeder Bus, der vorbeifährt, jede Person, die vorübergeht, jedes Objekt, Ding und Ereignis – alles, was passiert und eigentlich doch nicht passiert, dient keinem anderen Zweck, als es auch die vielen Chronometer, Signale, Methoden und Anhaltspunkte zur Einteilung von Zeit tun, nämlich der Erodierung von Dauerhaftigkeit».[28]

Vier Jahre in Folge gab ich meinen Design-Studenten von Quartal zu Quartal im Unterricht die gleiche Aufgabe, die sich grob an Perecs Text orientierte. Ich bat sie, für fünfzehn Minuten den Seminarraum zu verlassen und Dinge zu notieren, die sie bemerkten. Wenn sie in den Unterrichtsraum zurückkamen, diskutierten wir gemeinsam nicht nur über das, was sie wahrgenommen hatten, sondern auch darüber, warum sie ebenjene Dinge wohl wahrgenommen hatten. Meist führten meine Studenten diese Übung auf dem Campus aus, und sie tendierten dazu, vor allem menschlich-soziale Interaktionen wahrzunehmen. Aber als ich diese Aufgabe im April 2020 stellte, waren viele von uns nicht auf dem Campus. In den meisten Fällen loggten sich meine Studenten von den Wohnungen ihrer Eltern oder von Freunden aus in Zoom ein, und um der Aufgabe nachzukommen, schauten sie entweder aus dem Fenster oder gingen hinaus in einen Hof oder Garten. Als sie wieder zurück waren, um ihre 15-minütige Studie zu besprechen, zeigte sich, dass vor allem ein Thema im Vordergrund stand: Viele von ihnen hatten Vögel bemerkt. Und überdies war ihnen klar geworden, dass sie diese Vögel niemals zuvor bemerkt hatten – zumindest nicht an diesen Orten.

Ihre Beobachtungen waren vielleicht symptomatisch für einen größeren nationalen Trend: Den Leuten, die während der Pandemie zu Hause blieben, fielen Vögel auf einmal stärker auf. In «The Birds Are Not on Lockdown, and More People Are Watching Them» [«Die Vögel sind nicht im Lockdown und immer mehr Menschen beobachten sie»] interviewte die *New York Times* Corina Newsome, die darauf hinwies, dass der Beginn der Lockdowns mit dem Frühjahrszug zusammenfiel. Sie formulierte die These, dass die Vogelbeobachtung uns vielleicht «Frieden und Ruhe vermitteln könnte, um zu begreifen, dass, auch wenn unser Rhythmus unterbrochen ist, doch immer noch ein größerer Rhythmus existiert, der sich weiter fortsetzt».[29] Die Online-Datenbank eBird verzeichnete 2021 37 Prozent mehr User, die Beobachtungen posteten, und einen Tag im Mai 2020, an dem die Zahl der Beobachtungen alle Rekorde gebrochen hatte.[30] Die Umsätze durch den Verkauf von Ferngläsern waren im Juni 2020 im Vergleich zum Vorjahr um 22 Prozent gestiegen, und im August 2020 verzeichnete Lizzie Mae's Bird Seed einen Anstieg der Verkäufe von Vogelfutter und Accessoires zur Vogelbeobachtung um 50 Prozent.[31] Merlin, die Vogelerkennungsapp des Cornell Lab of Ornithology erreichte im April 2020 einen Rekordzuwachs an Downloads.[32]

Diese verstärkte Beteiligung ist vermutlich den laufenden Bemühungen geschuldet, die Vogelbeobachtung einem im Hinblick auf Alter, Klasse und Ethnie diverserem Publikum nahezubringen. Aber diese Entwicklung muss auch damit zu tun haben, dass manche Menschen zu Hause festsaßen und regelmäßig aus dem Fenster schauten – oder auf die andere Seite einer Kamera: Im Mai hatten sich die Besuche der Vogel-Webcams des Cornell Labs verdoppelt.[33] Für manche, die bereits daran gewöhnt waren, Vögel zu beobachten, bedeutete die Pandemie eine Wende von der Beobachtung seltener Arten in Naturparks hin zur Würdigung dessen, «was passiert, wenn nichts passiert», oder der winzigen Aktivitäten von Vögeln, die immer schon direkt nebenan lebten. Tatsächlich stieg die Zahl der eBird-Beobachtungen von Spezies, die in städtischen Randbezirken vorkommen, in einigen Gegenden, wo Ausgangssperren verhängt wurden, signifikant an.[34] In Idaho führte der staatsweite Lockdown zu einem Anstieg der eBird-Checklist-Einsendungen um 66 Prozent, während sich Berichte über «gewöhnliche heimische Vogelarten» mehr als verdoppelten, darunter Raben, Meisen und Andenbaumläufer, «eine geheimnisvolle Spezies, die immer leichter zu erspähen ist, je mehr Zeit man damit verbringt, aus dem Fenster zu schauen».

Der rätselhafte Andenbaumläufer ist vermutlich ein recht gutes Beispiel für etwas, das sich erst dann offenbart, wenn man seine Umgebung ausdauernd und aufmerksam beobachtet. Er ist 13 Zentimeter lang, wiegt nur 9 Gramm und ist schokoladenbraun und weiß gefleckt, wodurch er sich an Baumstämmen extrem gut tarnen kann. Außerdem sitzt dieser Vogel nicht oft auf Zweigen, wie andere das tun, sondern hängt seitlich an Baumstämmen und bewegt sich mit verstohlenen, nervösen Bewegungen langsam auf und ab. Ich sagte einmal im Scherz zu Freunden, dass wir einen Andenbaumläufer wohl nur zu Gesicht bekommen würden, wenn wir unseren Blick zufällig genau im richtigen Moment auf einen Baumstamm richteten. Als ich zum ersten Mal – natürlich zufällig – einen sah, dachte ich einen Moment lang, ich hätte eine Halluzination, und ein Stück des Baumstammes wäre abgebrochen und würde sich irgendwie aufwärts bewegen. Da ich mittlerweile gelernt habe, ihre winzigen Stimmen herauszuhören, kann ich ein wenig zielgerichteter vorgehen oder zumindest grob in die richtige Richtung schauen, wenn ich einen von ihnen höre. Aber wie der Online-Guide des Cornell Lab, All About Birds, in seiner Beschreibung der Spezies empfiehlt, muss ich immer noch geduldig warten und «wachsam auf Bewegungen achten».[35]

Die meisten lebendigen Wesenheiten und Systeme auf diesem Planeten richten sich offensichtlich nicht nach der Uhrzeit westlicher Menschen (auch wenn sich manche, wie die Krähen, die sich die tägliche Route der Müllabfuhr durch die Stadt merken, natürlich an die Zeiten menschlicher Tätigkeiten anpassen).[36] Wenn man also einen Andenbaumläufer beobachtet, wie er langsam auf und ab klettert, in Risse späht und mit seinem kleinen Pinzettenschnabel Käfer herauszieht, dann kann man so dem Raster für einen Moment entkommen und einen ganz und gar anderen, für uns kaum vorstellbaren Zeitbegriff spüren. Aus Jennifer Ackermans Buch *The Bird Way (Die Geheime Welt der Vögel)* erfuhr ich, dass der männliche Schwarzpipra, ein südamerikanischer Singvogel, so schnell Salto schlagen kann, dass ein Mensch das nur in einem Slow-Motion-Video sehen kann.[37] Manches Vogelgezwitscher enthält Töne, die zu schnell gesungen werden oder zu hoch sind, als dass wir sie hören könnten.*

Wilson-Drosseln, eine Spezies, die mit der Wanderdrossel verwandt ist, können Hurrikans Monate im Voraus spüren und richten ihre Zugroute danach aus, und niemand weiß, wie sie das machen.[39] Die Körper selbst von Vögeln und ihre Bewegungen sind eine Verflechtung von Raum und Zeit: Wenn sich ein Haubentaucher in den höheren Breiten aufhält, dann ist Sommer, und der Vogel ist überwiegend schwarz mit einem auffallenden weißen Streifenmuster. Wenn eben ein solcher Haubentaucher in der Nähe meines Studios in Oakland auftaucht, dann ist Winter, und der Vogel ist kaum wiederzuerkennen mit seinem matten graubraunen Gefieder. (Das einzige Mal, dass ich einen Haubentaucher mit Schwarz-Weiß-Muster gesehen habe, war, als ich weit genug nach Norden, in den Bundesstaat Washington, gereist war.) Wenn Sie also einem erfahrenen Vogelbeobachter ein Bild einer bestimmten Spezies in

* Ein besonders schönes Beispiel dafür ist die verlangsamte Aufnahme eines Pazifikzaunkönigs bei BirdNote: https://www.birdnote.org/listen/shows/what-pacific-wren-hears.[38]

der Mauser zeigen würden, dann könnte er auch erkennen, wo dieser Vogel auf seiner Reise gewesen ist.[40]*

Im Juni 2020 berichtete eBird, dass Neuanmeldungen für Yard Lists um 900 Prozent zugenommen hätten.[42] Auf eBird sind Yard Lists eine Unterart von «Patchlists», wobei Beispiele für Patches «der Park in Deiner Nähe, Dein Viertel, Dein Spazierweg [oder] Lieblingssee oder auch ein Klärwerk» sein können.[43] Die Idee eines Patches ist instruktiv. Anders als Straßen, Grundstücks- und Stadtgrenzen, existieren Patches oft im Bereich des Infra-Ordinären als inoffizielle, nur durch die Aufmerksamkeit umrissene Räume. Diese Aufmerksamkeit reagiert wiederum auf die Tatsache, dass die Natur, wie Margaret Atwood es in einem Interview formulierte, «zur Klumpenbildung neigt», etwa insofern, als Vögel ihre eigenen besonderen Nachbarschaften pflegen. Meine eigenen Patches liegen um meine Wohngegend herum: so zum Beispiel die Ecke eines ungepflegten kleinen Parks, in der ich, wie ich bereits weiß, in den richtigen Monaten einen Feuchtwald-Schnäppertyrannen sehen kann. J. Drew Lanham, Vogelbeobachter und Wildtierbiologe an der Clemson University, schrieb einmal schmerzlich über einen von vielen Spatzen bevölkerten Patch an einer öffentlichen Straße in South Carolina, in dem er sich «unzählige Stunden herumgetrieben hatte», bevor eine rassistische Begegnung mit einem Farmer aus der Gegend ihn innehalten ließ. Davor jedoch hatte er dort «gesessen, um einfach nur zuzuschauen, zuzuhören – und diese ganze dichte Spatzigkeit in mich aufzunehmen».[44]

* Ich erfuhr zum ersten Mal etwas über Haubentaucher, als ich 2019 ein von der Golden Gate Audubon Society organisiertes Tauchenten-Seminar bei Megan Prelinger mitmachte. In ihrem Essay «Loons, Space, Time, and Aquatic Adaptibility» [Haubentaucher, Raum-, Zeit- und Wasseranpassung] schreibt Prelinger, dass *Gaviiformes* oder Seetaucher, die Ordnung, zu denen Haubentaucher gehören, noch einen ganz anderen, viel längeren Zug unternommen haben: Nachdem sie sich ursprünglich in der südlichen Hemisphäre entwickelten, leben sie heute nur noch in der nördlichen Hemisphäre.[41] Mit anderen Wasserlebewesen haben *Gaviiformes* auch mehrere weltweite Aussterbewellen überstanden. Wie Prelinger bemerkt, fehlt «dem *Homo Sapiens* die tiefe Geschichte, die es uns ermöglichen würde, diese epochalen Zeiträume zu erfassen oder intuitiv zu erahnen», und so legt sie nahe, dass «wir gut daran täten, den Seetauchern nachzueifern: das heißt, uns vorzustellen, dass unsere Spezies Millionen von Jahren auf der Erde durchstehen muss».

Ein Patch ist so klein, wie man ihn haben möchte. Der kleinste, den ich je hatte, ist ein einziger Ast einer Kalifornischen Rosskastanie in einem nahe gelegenen Stadtpark, ein Ort, den ich während der Pandemie Hunderte Male besuchte oder durchquerte. Kastanienbäume fallen hier in der Gegend nur zu bestimmten Zeiten auf: Sie gehen im Spätsommer in die Winterruhe und sehen dann mit ihren kahlen Ästen wie ein verkabeltes Gehirn aus, bis sie irgendwann harte, braune, giftige Samenkapseln so groß wie Pfirsiche austreiben. Der Duft ihrer weißen Blüten im Frühling ist mein Lieblingsduft, und ich freue mich jedes Jahr wieder darauf.

Seit Ende 2020 ging ich, jedes Mal, wenn ich den Park besuchte, zu «meinem Ast», wie ich ihn mittlerweile nannte, um nach ihm zu sehen. Ende Dezember trug die Spitze des Astes eine kleine rötliche Knospe. Im Januar wurde die Knospe größer und färbte sich grün. Anfang Februar öffnete sie sich, und man konnte kleine, eng zusammengefaltete Blättchen sehen. In den darauffolgenden Wochen wurden diese Blätter und ihre Stiele schnell größer, und Ende des Monats hatten sie sich ganz entfaltet, ihre Runzeln und ihren wächsernen Glanz verloren, ein dunkleres Grün angenommen und waren regelrecht labbrig geworden. Im März bemerkte ich, dass Insekten einige Löcher in die Blätter hineingefressen hatten und der Zweig einen Blütenstängel ausbildete. Im April wurde der Blütenstängel doppelt so groß, und dann öffneten sich einige, aber nicht alle, seiner Blüten – endlich war da wieder dieser Duft! – und reckten lange Staubblätter der Sonne entgegen. Im Mai waren alle Blüten offen, was nicht nur eine Einladung für mich war, sondern auch für einen Ansturm von Bienen, deren Summen noch in den angrenzenden Straßen zu hören war. Anfang Juni hatten einige der Blüten begonnen zu welken, und ein leuchtendes Gelb kroch von den Spitzen her über die Blätter. Mitte Juli waren alle Blüten verwelkt, und die Blätter waren dünn, braun und brüchig geworden wie trockenes Papier. Erste Kastanienfrüchte zeigten sich im August, zuerst minzgrün und flauschig, dann wurden sie härter, und im September, als die toten Blätter kümmerlich herunterhingen, nahmen die Fruchtschalen eine bräunliche Farbe an. Im Oktober waren die Blätter komplett abgefallen, aber die Knospen der Blätter für das nächste Jahr hatten sich bereits gebildet. Im November waren alle Kastanien vom Baum gefallen.

Und außerdem geschah das alles ungleichmäßig und innerhalb klei-

nerer und größerer Zeitmuster. An einem Blütenstängel hatten sich ein paar Blüten geöffnet und andere nicht, und genau zur selben Zeit hatten einige andere Bäume entlang des Weges gerade erst Knospen oder schon ganz verwelkte Blüten. Dasselbe galt für den Alterungsprozess: Einige Bäume wurden vor ihren Nachbarn trocken, und das Gelb drang selbst innerhalb eines Astes ungleichmäßig vor. Würden Sie meinen Ast abschneiden, dann würden Sie die Ringe sehen, die sich sogar jetzt gerade bilden: Es sind weniger als im Stamm, da der Ast jünger ist. Eines Tages wird der Baum natürlich sterben; Kastanienbäume werden normalerweise 250 bis 300 Jahre alt.[45]

Irgendwann, so überlegte ich, musste der Baum im Park gepflanzt worden sein, aber wann und wie sich wilde Kastanien in offener Landschaft ansiedeln, ist schwerer nachzuvollziehen. Viele Pflanzenarten sind auf Vögel und andere Tiere angewiesen, um ihre Samen zu verbreiten, was das Muster ihrer Ausbreitung zu einem Echo lebendiger Bewegungen der Vergangenheit macht. Aber infolge seiner Anpassung an seine räuberische Umwelt, ist jeder Teil eines Kastanienbaumes giftig. In einem *Bay Nature*-Artikel schreibt Joe Eaton, dass sich Kastanien, im Unterschied zu den anderen auf Tiere angewiesenen Arten, überwiegend durch die großen und schweren Samenkapseln vermehren, die herunterfallen und den Hügel hinabrollen.[46] Und doch, so stellt er fest, «sind die Bäume nicht auf Täler begrenzt. Einige wachsen auf Bergkämmen, Hügelkuppen und sogar an Felskanten.» Führt man sich den Nutzen der Kastanie für lokale indigene Völker vor Augen – die die Samen auslösten und rösteten, um sie zu entgiften oder sie verwendeten, um Fische im Fluss zu betäuben –, dann könnten die Kastanienbäume hoch oben auf den Graten auch aus Samen gewachsen sein, die jene Völker an ehemaligen Verarbeitungsorten weggeworfen hatten.

Außerdem täuscht die schiere Existenz der Kastanienbäume – und jeder anderen Spezies – über einen evolutionären Moment hinweg. Der unverkennbare Anblick ihrer kahlen Zweige im Spätsommer ist ein Indiz für den Klimawandel, der vor 3 Millionen Jahren stattfand, als sich Kastanienbäume an die neuen trockenen Sommer anpassten, die ihre damaligen Zeitgenossen dahinrafften. Tatsächlich passten sie sich an, indem sie ihren eigenen Kalender umstellten: Indem sie ihren Wachstumszyklus im Spätwinter beginnen und im Sommer ihre Blätter abwerfen, verlieren die Bäume weniger Wasser durch Verdunstung.

Was ist eine Uhr? Wenn es etwas ist, das «die Zeit anzeigt», dann war mein Ast eine Uhr – aber anders als die Uhr zu Hause würde er nie mehr zu seiner Ausgangsposition zurückkehren. Stattdessen war er ein physischer Zeuge und Nachweis einander überschneidender Ereignisse, von denen einige lange zuvor stattgefunden hatten und andere noch immer geschehen, während ich das hier schreibe.

Diese Beobachtungsübung ist, wie ich inzwischen denke, ein Beispiel für «das Auftauen von etwas in der Zeit». Das zu tun, bedeutet, etwas oder jemanden von seinen Grenzen zu befreien, es oder ihn als stabile, individuelle Wesenheit zu begreifen, die in der abstrakten Zeit existiert – und diese nicht nur innerhalb der Zeit, sondern auch als fortlaufende Materialisierung der Zeit selbst zu betrachten. An dieser Stelle ist es mir wichtig zu betonen, dass ein Unterschied dazwischen besteht, den Baum als *Evidenz* für die Zeit oder als *symbolisch* für die Zeit zu betrachten. Während es natürlich möglich ist, von der verzweigten Struktur eines Baumes einige fruchtbare Gedanken über Zeit und Schicksal abzuleiten, geht es mir aber um etwas anderes: Der wirkliche Baum vor Ihnen trägt die Zeit in sich, aber genauso den Wandel, der in ebendiesem Moment stattfindet.

Diese Übung, etwas in der Zeit aufzutauen, ist eigentlich einfach. Wenn Sie ein Beispiel für Zeit haben wollen, die nicht austauschbar ist, dann suchen Sie sich einfach einen Punkt um sich herum aus – einen Ast, einen Hof, ein Quadrat auf dem Trottoir, eine Webcam – und schauen Sie ihn sich einfach nur immer wieder an. Dort entfaltet sich eine Geschichte. Wie die immer größeren Windformationen auf windy.com ist die Geschichte untrennbar mit der Geschichte allen Lebens verbunden, auch mit Ihrer. Diese Geschichte ist letztlich die Signatur des «Es»: das rastlose, unaufhaltsame, sich überschlagende Ding, das *alles am Laufen hält*.

Die Flut strömt langsam herein. Es sieht aus, als würde sie die Becken gleich schlucken, die letztendlich nur ein Moment in der (Gezeiten-) Zeit waren. Die Schnecken ziehen sich zurück, die Krebse machen sich bereit weiterzuziehen, und die in der Gezeitenzone lebende Springspinne verkriecht sich in einer Seepocke, die sie mit ihrer Seide verschließt. Diese Felsen werden für eine Weile verschwinden. Und wir werden das auch tun. Wir drehen uns um und wollen wieder zu den Klippen zurückzugehen.

Doch bevor wir das tun, sollten wir diese Ansicht von unten auf die Klippen und das merkwürdig ebene Land, auf dem wir vorher standen, noch einmal in uns aufnehmen. Auch diese plane Ebene ist ein Indiz. Es ist eine Meeresterrasse, und sie bildete sich zu einer Zeit im Pleistozän, in der der Meeresspiegel lange genug stabil war, dass die Wellen sich seitlich in die Küste fräsen und eine Ebene hinterlassen konnten, die später durch tektonische Aktivität angehoben wurde. Je nachdem, wie sich die Dinge in der nächsten Kaltphase entwickeln, könnte sich oberhalb von dort, wo wir jetzt stehen, einmal eine Terrasse bilden.[47]

Was passiert in einer Welt, in der Bergsons Dauer und Bjorneruds Zeitbewusstheit fühlbar sind, und in der die Zeit wieder an ihrem Platz ist? Anstelle von Dingen, die der leere «Stoff» der Zeit einfach fortspült, sieht man «die Dinge» vielleicht öfter als Muster in der Zeit. Wie die Architektur einer Stadt wird die Welt zu einem Flickenteppich aus Hinterlassenschaften verschiedener Wochen, Dekaden und Jahrhunderte, und das alles wird wieder überbaut und erodiert – und drängt, rieselt, fliegt vorwärts ins Unbekannte.

Taut man etwas in der Zeit auf, dann kann es sich von einer Ware zu etwas anderem wandeln. Dieser Prozess bedeutet oft auch, anerkennen zu müssen, dass ein Phänomen – etwas mit dem «Es» Verbundenes – einzigartig ist und sich dem Prozess der Kommodifizierung nicht anpasst. Robin Wall Kimmerer, Pflanzenforscherin und Mitglied der Citizen Potawatomi Nation, schrieb in ihrer Geschichte der Moose ein bezeichnendes Kapitel mit dem Titel «Der Besitzer». Unter anderem ist es eine Geschichte über jemanden, der Zeit nicht auf die Weise kaufen kann, wie er das vorhat, vor allem, weil er sie nicht zu beobachten versteht. In ihrer Eigenschaft als Moosforscherin, wird Kimmerer auf ein Anwesen eingeladen, dessen Besitzer «eine exakte Replik der Pflanzenwelt der Appalachen» erschaffen will. Damit es authentisch wird, möchte er als Teil des Gesamtentwurfs natürliche Moose integrieren.[48]

Als Kimmerer auf dem Grundstück ankommt, weist sie ein Angestellter darauf hin, dass sie zu spät ist. «Mit Blick auf seine Uhr erklärt er, dass der Besitzer die Zeiten der Berater genau kontrolliert. Zeit ist Geld.» Ein Gärtner führt sie über das Anwesen, wobei Kimmerer mit Befremden einen Blick auf eine Galerie mit afrikanischer Kunst wirft. Die Objekte sind echt, wie der Gärtner stolz erklärt. Aber sie sind nicht nur gestohlen; sie sind in der Zeit eingefroren. «In einem Schaukasten ist ein Ding nur noch ein Faksimile seiner selbst, wie etwa die Trommel, die an der Galeriewand hing», schreibt Kimmerer. «Eine Trommel wird authentisch, wenn menschliche Hände auf Holz und Tierhaut treffen. Nur dann erfüllt sie ihre Bestimmung.»

Wie sich herausstellt, hat der Besitzer Ähnliches mit dem Moos vor. Als ihr ein riesiger nachgebildeter Felsen mit schönen Moosen gezeigt wird, sieht Kimmerer sofort, dass es sich nicht um eine natürliche Kombination handelt – diese Arten würden niemals so zusammen wachsen. Als sie fragt, wie sie das hinbekommen haben, antwortet der Gärtner schlichtweg, «Sekundenkleber». Aber Sekundenkleber wird an der gewaltigen Steinwand, für die der Besitzer Kimmerers Hilfe braucht, nicht funktionieren. Sie wird darüber informiert, dass diese Wand, eine Kulisse für den Golfplatz, aussehen muss, als befände sie sich schon jahrelang dort. «Die Moose werden dafür sorgen, dass sie alt aussieht, deshalb müssen wir sie zum Wachsen bringen.» Kimmerer weiß, dass das unmöglich ist: Die einzigen Moose, die auf säurehaltigen Felsen in der prallen Sonne ohne Feuchtigkeit wachsen, sind nicht die sattgrünen, die sich der Besitzer vorstellt. Als sie das zu erklären versucht, bleibt der Gärtner dennoch unbeeindruckt und sagt, sie könnten ein Befeuchtungssystem installieren oder sogar «einen Wasserfall über das Ganze laufen lassen, wenn das helfen würde». Mit anderen Worten, Geld spielt keine Rolle. «Aber was die Moose brauchten war nicht Geld, sondern Zeit», schreibt Kimmerer. «Und die ‹Zeit ist Geld›-Gleichung funktioniert eben nicht andersherum.» Als die beiden sich ein Tal in der Nähe, voller Felsen und Moose, anschauen, sagt der Gärtner, das sei genau das, was der Besitzer oben an seinem Haus auch haben wolle. «Ich begann erneut mit meinen Ausführungen über die Beziehung zwischen Zeit und Moosen», berichtet Kimmerer, und stellt fest, dass die Moosbetten wahrscheinlich mehrere Hundert Jahre alt sind. Dem Wunsch des Eigentümers, die Moose auf eine Felsterrasse auf dem Anwesen zu transplantieren, steht sie ebenfalls skeptisch gegenüber. Da sie speziell darüber geforscht hat, auf welchen Felsen und wie Moose «entscheiden» zu wachsen, weiß Kimmerer, dass ebendiese Moose «gegenüber der Domestizierung ungewöhnlich resistent sind».

Ein Jahr später ist Kimmerer wieder auf dem Anwesen eingeladen, nur um festzustellen, dass sie es irgendwie geschafft haben, Moos auf der Terrasse wachsen zu lassen. Zuerst ist sie beeindruckt, aber als sie erfährt, wie es dazu kam, ist sie entsetzt: Die Gestalter der Anlage haben im nahe gelegenen Tal die «schönsten» Flecken ausgesucht und die moosbedeckten Felsen mit Sprengstoff freigesprengt. Der Grund, warum man sie hergeholt hat, ist, dass die gestohlenen Moose krank geworden sind und sich gelb verfärben. Kimmerer, die zu diesem Zeitpunkt immer noch nicht weiß, wer der Besitzer eigentlich ist, wird wütend: «Wer war dieser Mann, der einen wilden Felsbewuchs mit Moosen zerstörte, um seinen Garten mit der Illusion von Alter zu schmücken? Wer war dieser Mann, der Zeit kaufte und der mich kaufte?» Sie denkt über das eigentümliche Besitzverhalten der Menschen nach und fragt sich, was der Eigentümer sieht, wenn er seinen Garten betrachtet: «Vielleicht gar keine Lebewesen, nur Kunstwerke, die so leblos sind wie die zum Schweigen gebrachte Trommel in seiner Galerie.»

Kimmerer empfindet die Felssprengungen als eine Art Verbrechen, auch wenn der Initiator die Felsen formal «besitzt». «Das Besitzen reduziert die ursprüngliche Souveränität von etwas», schreibt sie. Wenn der Eigentümer wirklich etwas für Moose übriggehabt hätte, «dann hätte er sie in Ruhe gelassen und wäre jeden Tag hingegangen, um sie zu betrachten». Etwas in der Zeit zu betrachten, heißt zuzulassen, dass es ein Leben hat und zu akzeptieren, dass dieses Leben mehr bedeutet, als das mechanistische Ursache-Wirkung-Prinzip einer newtonschen Welt. In dieser Anschauung «entscheiden» Moose, auf welchen Felsen sie leben wollen, und selbst Felsen haben ein Leben.*

In ihrem Buch *Natural Causes* [Natürliche Ursachen], auf das ich im letzten Kapitel noch ausführlicher zurückkommen werde, artikuliert Barbara Ehrenreich ein Verständnis von Handlungsmacht, das für die westliche Denkweise untypisch ist und eher der von Kimmerer ähnelt. Indem sie sich auf ihre Doktorarbeit über Zellbiologie beruft, beschreibt sie die zelluläre Entscheidungsfindung – dass «in jeder Sekunde sowohl

* Diese Geschichte und die Vorstellung des «Auftauens in der Zeit» weist gewisse Parallelen dazu auf, wie Bergsons Begriff der Intuition – eine Art zu sehen, die Dauer zulassen kann – von der Négritude-Bewegung übernommen wurde, um Kritik an der europäisch-kolonialen Betrachtungsweise zu üben.[49] Léopold Sédar Senghor, ein senegalesischer Politiker, Theoretiker, Dichter und Mitbegründer der Bewegung, schrieb, dass der europäische Betrachter «eine Trennlinie zieht zwischen sich selbst und dem Objekt [und] es auf Distanz hält, *es außerhalb der Zeit* und in gewisser Hinsicht auch außerhalb des Raumes *lahmlegt*, es fixiert und erschlägt» [Hervorhebung der Autorin]. In *African Art as Philosophy: Senghor, Bergson and the Idea of Negritude*, nennt Souleymane Bachir Diagne das «den einfrierenden Blick».

die individuelle Zelle als auch die Anhäufung von Zellen, die wir den ‹Menschen› nennen, das Gleiche tun: Daten verarbeiten und Entscheidungen treffen».[50] Ehrenreich sieht das auch im noch kleineren Maßstab und zitiert dazu den Physiker Freeman Dyson: «Atome haben eine gewisse Freiheit herumzuspringen, und dabei scheinen sie ganz selbständig zu entscheiden, ohne irgendeinen Einfluss von Außen. In gewisser Weise haben Atome also einen freien Willen.» Für Ehrenreich – die, wie ich vermute, mit Kimmerer einer Meinung wäre, was die Felsen und Moose angeht – bedeutet Handlungsmacht ganz einfach «die Fähigkeit, eine Handlung anzustoßen». Nach dieser Auffassung «beschränkt sich Handlungsmacht nicht allein auf Menschen, ihre Götter oder Lieblingstiere. Sie ist über das ganze Universum verteilt...» Wenn wir an Bergsons «Buch» denken, «dem die Zeit sich einschreibt», dann scheint es, als seien diese Handlungen und Entscheidungen Teil des Eintrags.

Wenn sich in Ihnen etwas gegen die Vorstellung sträubt, dass Felsen lebendig sein könnten, dann lade ich Sie einfach ein, sich zu fragen, warum. Auch wenn die Unterscheidung zwischen lebend und nichtlebend vielleicht offensichtlich erscheint – oder «suprakulturell», wie Sylvia Wynter es formulieren würde –, ist sie unbestreitbar kulturell. Im Rahmen einer Studie mit dem Titel «Models of Living and Non-Living Beings among Indigenous Community Children» [Modelle von lebenden und nichtlebenden Wesen bei Kindern indigener Gemeinschaften] interviewten mexikanische Wissenschaftler Nahua-Kinder darüber, ob verschiedene Kategorien von Dingen für sie lebendig waren. Die Antworten spiegelten oftmals die in der Schule gelehrte «biologische» Perspektive, in der lebendig sein bedeutet, zu essen, zu atmen, sich zu reproduzieren etc.[51] Aber dann reflektierten sie auch wieder das «kulturelle» Modell, nach dem «lebendig sein bedeutet, dass unbeseelte Objekte die Fähigkeit haben, das Leben von Mensch und Tier zu beeinflussen, oder dass sie aus einem bestimmten Material bestehen» – ein Modell, das Ehrenreichs Kriterium, «eine Handlung anstoßen zu können», ähnelt. Dieses zweite Modell taucht in einem Gespräch der mexikanischen Wissenschaftler mit einem sechs Jahre alten Nahua-Schüler wieder auf:

Wissenschaftler: Was zählt zu den lebendigen Dingen?
Schüler: Der Boden.
Wissenschaftler: Warum ist der Boden lebendig?
Schüler: Weil wir darauf leben.
Wissenschaftler: Weil wir darauf leben. Aber warum lebt *er?*
Schüler: Weil eben. Wegen der Tiere.
Wissenschaftler: Aber wenn wir die Tiere mal außer Acht lassen, lebt der Boden dann immer noch?
Schüler: Ja (nickt mit dem Kopf).
Wissenschaftler: Ja, warum?
Schüler: Wegen der Pflanzen.

Für die westliche Denkweise stellen Felsen vermutlich die größte Herausforderung dar, wenn es darum geht, Handlungsmacht zu erkennen. Auf Quora wird die Frage, ob Felsen lebendig sind, meist negativ beschieden, aber einige Nutzer ringen mit den Grenzen dieser Frage[52]:

> Kalkstein besteht aus den Überbleibseln von Meeresorganismen. Der Felsen selbst war niemals lebendig, aber die Partikel, aus denen er sich einst gebildet hat, waren Teil lebender Tiere und Pflanzen.
>
> ... Aber wenn doch Organismen wie zum Beispiel Flechten auf Felsen wachsen, dann könnte man diese als lebendig bezeichnen. Ein lebendiger Felsen hat also eigentlich kein eigenes Leben, sondern ermöglicht es eher.
>
> Ist radioaktiver Zerfall einfach Felsensterben? Wenn wir die Messweise änderten, würden wir dann Leben bemerken? Was ist, wenn Felsen atmen, ein einziges Einatmen aber ein Jahrhundert lang dauert ... hätten wir das dann wahrgenommen? Könnten wir das messen?
>
> Wir wissen nicht sicher, ob Felsen lebendig sind. Aber basierend auf unseren gängigen Definitionen für Leben (die ein ganz und gar menschliches Konstrukt sind), gelten Felsen als nicht-lebende Dinge. Diese Frage reicht in die Philosophie hinein. Wir wissen nicht genau, ob Felsen so viel toter sind als Menschen.

Ich teile die Meinung, dass die Definitionen von tot und lebendig menschliche Konstrukte sind, aber das gilt auch für die Definition eines Felsens. Wenn ein Felsen lebendig ist, gibt es dann Beschränkungen in Größe und Zusammensetzung? Wenn nicht, dann weitet sich die Frage von «einem Felsen» zu einer Reihe von zusammenhängenden vulkanischen und/oder metamorphen Gesteinen (und Sedimentgesteinen?) aus, und dann weiter auf etwas in der Größenordnung eines Gebirgszuges, bis hin zu einem ganzen Kontinent.

In einem ganz grundlegenden Sinn stammen wir von Felsen und werden vermutlich auch wieder zu Felsen.

In «The Stones Shall Cry Out: Consciousness, Rocks and Indians» [«Die Steine werden aufschreien: Bewusstsein, Felsen und Indianer»] postuliert George «Tink» Tinker, Wissenschaftler aus dem Stamm der Osage, die Möglichkeit, dass Felsen sprechen können.[53] Indem er darauf hinweist, dass derzeit kein Einvernehmen darüber herrscht, was Bewusstsein ist, hält Tinker es für so paradox wie arrogant, dass «die sich gerade herausbildende Weltkultur … von globalisiertem Kapital und westlicher Wissenschaft es gleichermaßen als erwiesen ansieht, dass Felsen natürlich kein Bewusstsein haben».

Die Fähigkeit, hören zu können, wie Felsen sprechen, erfordert eine kopernikanische Wende weg vom Anthropozentrismus. Tinker beschreibt, wie er einmal einer Konferenz beiwohnte, auf der ein Kanaka-Maoli-Künstler die Frage beantwortete, wie er die Felsblöcke fände, die er bearbeitete. «Ich finde sie nicht; sie finden mich!», hatte der Künstler erwidert. «Ich gehe vielleicht den Strand entlang, und einer von ihnen streckt sich nach mir und beißt mich in die Ferse.» Tinker berichtet, dass ein britischer Professor für Amerikanistik sofort konterte: «Das ist es, was mit Leuten wie Euch nicht stimmt. Ihr seid so anthropozentrisch! Ihr denkt, dass alles in der Welt so funktioniert wie ihr.» Tinker denkt über diese Kritik nach, die ihm eher «emotional als rational» erscheint:

> [Sie] wurzelte in der Frustration darüber, dass er über eine Woche lang vergebens versucht hatte, über kulturelle Barrieren hinweg zu

kommunizieren, und außerdem darin, dass er bereits ein Leben lang in einer Kultur verhaftet war, die sich selbst als irgendwie universal und normativ – und damit als naturgemäß überlegen – ansieht, eine intellektuell faschistische Position, wenn auch naiv. Als er seine kurze Tirade beendet hatte, setzte ich mit dem Argument an, dass doch genau das Gegenteil der Fall sei: «Verzeihen Sie, Professor W., aber diese Äußerung kann nicht so stehen bleiben. Wissen Sie, Ihr seid die eigentlich Anthropozentrischen. Ihr glaubt, dass alles in der Welt anders funktioniert als Ihr.»[54]

Mit anderen Worten, eine Sichtweise wie die von Professor W. bedeutet, Natur als vom Menschen grundlegend verschieden zu betrachten, weil sie sich deterministisch verhält. Wenn hier Zeit mit im Spiel ist, dann wird sie nicht primär durch eine Reihe von Handlungen beschrieben, sondern vielmehr als eine Kraft, die auf Materie einwirkt, als wäre diese inert.[55] Tinker schreibt, dass «Eurowestlichkeit die Welt in eine klare Hierarchie von Göttlichem, Menschlichem und Natur eingeteilt habe – vom Großartigsten bis hin zum Geringsten, in dieser Reihenfolge».

Im Zuge einer Entwicklung, auf die ich im nächsten Kapitel noch einmal zurückkomme, wurde diese Einteilung historisch mit der Herausbildung von Rasse als Konzept assoziiert: Damals begann man, die Menschen, welchen die Europäer auf ihren Expeditionen begegneten und die später versklavt wurden, als frühere Stufen einer darwinistischen Progression in Richtung der wahren Zivilisation abzuwerten. Indigene Völker wurden nicht nur als «außerhalb der Geschichte stehend» betrachtet, sondern man glaubte häufig auch, dass sie als Individuen und Gemeinschaften faul seien und ihnen jedes Interesse an der Zukunft fehle, oder ganz einfach die Fähigkeit, diese zu begreifen. Kurz gesagt, man war der Meinung, sie hätten keine wirkliche Handlungsmacht, während das Vorbild für Handlungsmacht europäisch geprägt war.

Ein Wort, das in Tinkers Abhandlung über Felsen häufig vorkommt, lautet *Respekt*. Wenn er zum Beispiel die reduktionistische Sichtweise des Geistes als «physische Prozesse des Gehirns» diskutiert, beklagt er die Anmaßung, «dass ein hochentwickeltes neokortikales Gehirn im

Hinblick auf das Bewusstsein anscheinend die ultimative Errungenschaft sein soll».*

Im Gegensatz dazu stellt Tinker fest, dass «das Nichtvorhandensein eines neokortikalen Gehirns oder sogar des limbischen Systems, etwa bei Reptilien, indigene Völker nicht davon abbringen könnte, tiefen Respekt und Wertschätzung für die Intelligenz und das Bewusstsein von Eidechsen zu hegen». Und als J. Drew Lanham Krista Tippett in einer Episode von *On Being* erklärte, dass er jeden Vogel, den er sieht, «verehrt», wurde deutlich, dass diese «Verehrung» etwas ganz anderes ist als die aneignende, akquisitorische «Liebe» für Moose des oben erwähnten Grundbesitzers.[57] Der Unterschied dazwischen, etwas zu respektieren oder es nicht zu respektieren, besteht darin, anzuerkennen, dass etwas kein Automat ist, dass dieses Etwas Zeit durch Handeln *festschreibt* und nicht einfach nur in der Zeit existiert.

Auch wenn ich diesen Unterschied bisher mit dem Kolonialismus assoziiert habe, so wird eine Variante davon in unseren täglichen Interaktionen mit anderen Menschen sichtbar. Adam Waytz, Juliana Schroeder und Nicholas Employ bezeichnen dies als das «Lesser Minds Problem», das Problem des geringeren Geistes, ein kognitives Vorurteil, das uns dazu verleitet, die emotionalen Realitäten anderer geringzuschätzen oder zu übersehen, weil sie uns anders als unsere eigenen erscheinen, einschließlich der voreingenommenen Haltung, dass diese Menschen viel voreingenommener sind als wir.[58] Wir könnten das so interpretieren, als sähen wir die Menschen in diesen «Außengruppen» mehr als Automaten denn als Menschen. Die Autoren beschreiben ein unglaubliches Experiment, in dem die Teilnehmer gebeten werden, sich «typische entmensch-

* Ein Beispiel dieses Reduktionismus können wir anhand eines alltäglichen Phänomens beobachten, nämlich, wenn unsere Erinnerungen in physischen Objekten, Orten und Landschaften wieder «aufzuleben» scheinen. Vergleichbar mit unserem Gebrauch der Schrift und anderen Erinnerungshilfen, ist es manchmal so, dass man sich an etwas nicht mehr erinnern kann (etwa Details aus einer bestimmten Phase unseres Lebens), bis man wieder an einem bestimmten Ort ist. Ein Beispiel dafür, wie indigene Kulturen sich diese Beziehung zunutze gemacht haben, indem sie Geschichten und Erinnerungen mit bleibenden Merkmalen der physischen Umwelt verknüpft haben, beschreibt Keith H. Basso in *Wisdom Sits in Places: Landscape and Language Among the Western Apache [Weisheit sitzt an Orten: Landschaft und Sprache bei den westlichen Apachen]*.[56]

lichte Außengruppen» wie Drogensüchtige oder Obdachlose anzusehen. Wenn jemand, der nicht zu ihnen zählt, an Menschen aus diesen Gruppen denkt, dann aktiviert das für gewöhnlich nicht die Regionen des Gehirns, die mit der «Theory of Mind», der Fähigkeit, sich in die mentalen Zustände anderer hineinzuversetzen, verknüpft sind. Aber «wenn [Teilnehmer] gebeten werden, sich direkt mit den mentalen Vorgängen dieser Mitglieder von Außengruppen zu beschäftigen, etwa indem sie einfach fragen, ob eine obdachlose Person ein bestimmtes Gemüse mögen würde, dann werden diese neuronalen Regionen aktiviert, ebenso wie das auch bei Mitgliedern von Außengruppen mit höherem Status der Fall ist».[59]*

Die Frage nach dem Gemüse setzt voraus, dass es sich um eine Person mit Wünschen handelt. Und Wünsche, eine Haltung gegenüber der Zukunft und eine Spiegelung der eigenen Vergangenheit, können nur in der Zeit existieren – der Zeit, in der diese Person lebt.

Ich denke, das ist Teil dessen, was Kimmerer meint, wenn sie von «angeborener Souveränität» spricht, und wovor wir in Tinkers Augen Respekt haben sollen. Sich Souveränität an neuen Orten vorzustellen, erfordert möglicherweise ein ziemliches Umdenken, und für eine Person, die an den Anthropozentrismus gewöhnt ist (und auch den Eurozentrismus), kann es verwirrend sein, die ganze Welt in der Zeit aufzutauen. Ich erinnere mich zum Beispiel daran, wie mich eine bestimmte Passage der 2001 gezeigten Dokumentation *Winged Migration* (*Nomaden der Lüfte – Das Geheimnis der Zugvögel*) völlig durcheinandergebracht hat. Der Film, der an ein und demselben Ort, in derselben Jahreszeit beginnt und endet, zeigt uns etwas ganz Einfaches und doch sehr Tiefgründiges: das Leben und den Kampf verschiedener Zugvögel. Für die gesamte Dokumentation benutzten die Filmemacher leichtgewichtige Kameras, die sich neben Kanadagänsen und anderen Vögeln

* Shonda Rhimes, die Autorin von *Grey's Anatomy* und *Scandal* brachte in einem Seminar über das Erschaffen realistischer Fernsehshow-Charaktere ein ähnliches Argument vor. Nachdem sie erklärt hatte, dass überzeugende Charaktere vollständig ausgeformte Hoffnungen und Wünsche haben – mit anderen Worten, Haltungen gegenüber der Zeit –, ergänzte Rhimes, dass die Gefahr von stereotypen, statischen und langweiligen Charakteren am größten ist, wenn Leute versuchen, Charaktere zu kreieren, die ganz anders als sie selbst sein sollen.[60]

herbewegten, um die Landschaft so weit wie möglich aus einem ihnen ganz nahen Blickwinkel zu zeigen.[61]*

Dass der Film nur spärlich mit Musik und Kommentaren unterlegt ist, erleichtert es, diese Perspektive einzunehmen oder zumindest das eigene Bedürfnis zu spüren, dies zu tun.

Die besonders verwirrende Sequenz für mich war die, in der gezeigt wurde, wie Kanadagänse über New York City hinwegflogen. Als Teil einer Reise, welche die Gänse schon seit Tausenden von Jahren unternahmen, sah die Skyline für mich plötzlich befremdlich aus; «New York» wurde zu einer merkwürdigen Ansammlung harter Formen und Erhebungen entlang eines bestimmten Flussufers. Die Stadt existierte auch für die Gänse, aber sie lasen sie anders, vielleicht als einen Wegweiser auf einem Pfad mit anderen Wegweisern, zu denen vielleicht andere Flüsse gehörten. Ihre Flugroute verband diese Orte zu einem großen Kalender.[63] Ich kann natürlich nicht sagen, dass ich gesehen habe, was diese Gänse sahen, als sie den Hafen durchquerten (selbstverständlich habe ich nicht die Fähigkeit, das Magnetfeld der Erde wahrzunehmen), aber ich sah nicht das, was ich normalerweise sehe. Wenn auch nur für einen sehr kurzen Moment, so vertauschten sich doch die Sonnenuhr und das Raster, und ich erhaschte einen Blick auf etwas außerhalb der (meiner) Zeit.

* In einer Ausgabe des *Journal for Critical Animal Studies* rezensierte Nicole R. Pallotta *Nomaden der Lüfte*, einschließlich einiger der invasiveren Filmtechniken der Dokumentation. Sie schreibt, «in einer idealen Welt – zumindest in *meiner* idealen Welt – würden Menschen nicht in das Leben nichtmenschlicher Tiere eingreifen und sie in Ruhe lassen. Allerdings ist unsere Welt weit davon entfernt, ideal zu sein, und in *dieser* Welt hat dieser Film wichtiges Potenzial und könnte einem bedeutenden Zweck dienen.»[62] Sein Stellenwert liegt teilweise in der Art und Weise begründet, wie sich das «Ähnlichkeitsprinzip» (vergleichbar mit dem Lesser-Minds-Vorurteil) nicht nur auf menschliche Außengruppen, sondern auch auf Untergruppen von Tieren erstrecken kann. So fand eine Studie von 1993 zum Beispiel heraus, dass die Befragten, auf einer Skala für die Fähigkeit, Schmerz zu fühlen, Vögel unter Säugetieren und über Reptilien und Fischen einstuften; die Einstufungen folgten dem Empfinden der Befragten, wie ähnlich die Tiergruppen den Menschen waren. Mit Einschränkungen beurteilt Palotta *Nomaden der Lüfte* zumindest als gelungene «Übung in Entobjektifizierung», in der «die Vögel von ‹Punkten› in ‹Charaktere› verwandelt werden».

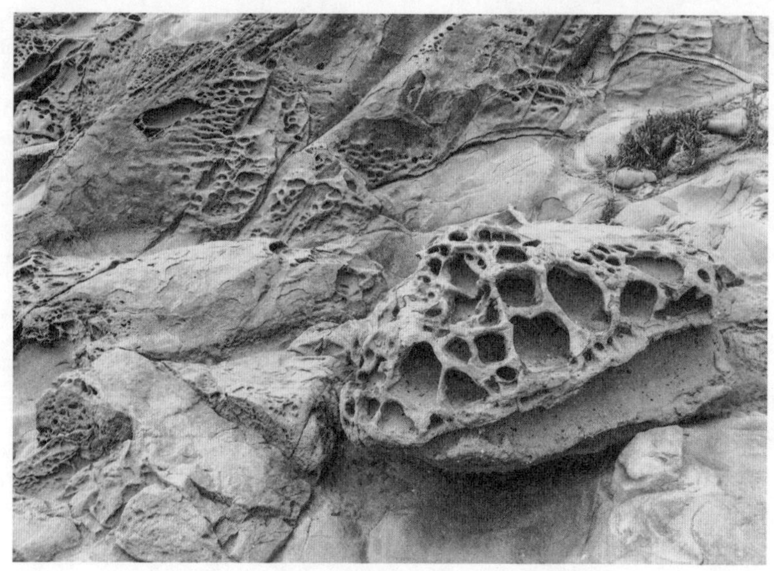

Hinter uns liegen seltsame, schwammartige Felsformationen. Man nennt sie Tafoni, und auch wenn man im Allgemeinen annimmt, dass sie durch eine Art von Salzverwitterung entstanden sind, bleiben sie doch irgendwie ein Rätsel. Salz mag dafür verantwortlich sein, dass sich Löcher in den Gesteinen auftaten, aber das ist nicht der einzige Faktor: Die heutigen verschachtelten Ausbuchtungen, Höhlungen und Stege bildeten sich unterschiedlich heraus, je nach Zusammensetzung der Felsen und auch in Abhängigkeit von anderen Einflüssen.[64] *Um diese Signatur von Felsen, Salz, Luft und Wasser wirklich zu erklären, müssten wir mehrere einander überlappende Prozesse und Rückkoppelungsschleifen an diesem speziellen Ort begreifen. Die Tafoni sind dramatische Visualisierungen von Prozessen, die tatsächlich überall, die ganze Zeit über ablaufen, auch in Ihrem Körper, genau jetzt: Dinge, die auf andere Dinge einwirken. Sie sind Spuren einer Art von Erleben.*

Im Englischen hat das Wort für Erleben oder Erfahren, *Experience*, den gleichen Ursprung wie *Experiment*.[65] Etwas zu erleben, bedeutet, dafür präsent zu sein, der reaktive Mitgestalter von etwas zu sein, das passiert – wie die Enten und Gänse, die mit ihrem Zug beginnen, indem sie das Wetter fühlen und entscheiden, wann sie losfliegen. Mel Baggs, verstorbene (non-binäre) Blogger:in über Autismus und Behinderung, demonstrierte eine eigene Form von Erleben in einem freimütigen und berührenden Video mit dem Titel «In My Language» [«In meiner Sprache»].[66] Das Video zeigt, wie Baggs verschiedene Teile des Körpers einsetzt, um zu Hause mit diversen Gegenständen zu interagieren, Effekte zu produzieren, Bewegungen und Sounds wie die Aufnahme von Gesangsstücken im Hintergrund. Die ersten Minuten des Videos enthalten keine Worte (im gängigen Sinne von «Worte»). In der Sequenz mit dem Titel «A Translation» [Eine Übersetzung] liest eine Computerstimme die Untertitel, während Baggs' Hände sich in kreisenden Bewegungen unter einem Wasserhahn bewegen. «Der vorige Teil dieses Videos war in meiner Muttersprache. Und weil ich das sage, haben viele Leute angenommen, jeder Teil des Videos müsste eine besondere symbolische Botschaft enthalten, die der menschliche Geist deuten kann. Aber in meiner Sprache geht es nicht darum, Worte oder sogar visuelle Symbole so zu setzen, dass die Leute sie interpretieren können. Es geht darum, ständig im Gespräch mit jedem Aspekt meiner Umwelt zu sein.»

Ähnlich wie der Künstler, der feststellte, dass Steine «ihn fanden», sagt Baggs, dass das Wasser im Video «gar nichts symbolisiert. Ich interagiere einfach nur mit dem Wasser, so wie das Wasser mit mir interagiert.» Im Video wird die Beziehung zwischen Erleben und Experiment deutlich: Erfahren oder Erleben bedeutet, die eigene Umwelt zu testen, auszuprobieren und auf sie zu reagieren – eine Art Call and Response zwischen verschiedenen Akteuren. Aber was auch deutlich wird, ist die politische Natur der Frage, wem die Fähigkeit, die Welt zu erleben, zugestanden wird. Der bloße Akt der Übersetzung in Baggs' Video (in englische Worte) wird notwendig durch den vermeintlichen Zustand des Nichtseins und Nichterlebens, in der man sich Menschen mit Behinderung für gewöhnlich vorstellt. «Die Art, in der ich von Natur aus denke und auf Dinge reagiere, sieht so anders aus und fühlt sich so anders an als Standardkonzepte oder auch gängige Visualisierungen, dass manche Menschen sie erst gar nicht als Denken in Betracht ziehen», so heißt es in Baggs' Übersetzung, «aber es ist eine Art zu denken, die ihre eigene Berechtigung hat.» Das eigene Erleben zu artikulieren, und das sogar in der dominanten Sprache, bedeutete für Baggs, sich selbst zum Akteur gegen die Kräfte zu erklären, die Baggs zum Automaten reduzierten.

Eine weitere Illustration der Beziehung zwischen Erleben und Experiment – ebenso wie Ethik – liefert Ted Chiangs Geschichte «The Lifecycle of Software Objects» [Die Lebensdauer von Softwareobjekten]. Ana, ursprünglich Tiertrainerin, wird mit der Aufgabe betraut, künstlich intelligente «Digients» aufzuziehen, ein jahrelanger Prozess, der sich als ähnlich erweist wie das Großziehen eines Kindes.[67] Als technische Softwareobjekte interagieren die Digients mit ihrer Umwelt und testen ihre Fähigkeiten in einer virtuellen Welt, und, wenn sie gelegentlich in Roboterkörper gesteckt werden, auch in einer physischen Welt. Schließlich wird eine Firma, die Haushaltsroboter herstellt, auf die Digients aufmerksam, aber die Verhandlungen geraten ins Stocken, als das Unternehmen erfährt, dass Ana und Jax, ihr Digient, beide hoffen, Jax könne den Status einer juristischen Person erlangen. Die Firmenleitung äußert Verständnis dafür, dass Ana nach all der Zeit eine so starke Bindung empfindet, aber sie suchen nach «superintelligenten Produkten» und nicht nach «superintelligenten Angestellten».

In einem privaten Moment, in dem sie alles noch einmal für sich durchdenkt, erkennt Ana, dass die Firma «etwas will, das wie eine Person reagiert, dem man aber nicht die gleichen Verpflichtungen schuldet wie einer Person». Sie findet sich in einer ähnlichen Situation wieder wie Kimmerer, die wusste, dass hundert Jahre alt aussehende Moose hundert Jahre lang wachsen müssen, und die mit dem Ärger der Bewahrerin reagierte, als sie gestohlen wurden. Geld kann diese Art von Zeit nicht kaufen:

> ... Erfahrung ist nicht nur der beste Lehrmeister; sie ist der einzige Lehrmeister. Wenn sie irgendetwas dabei gelernt hatte, Jax großzuziehen, dann, dass es keine Abkürzungen gibt; wenn Du den gesunden Menschenverstand erschaffen willst, der daraus erwächst, 20 Jahre lang auf der Welt zu sein, dann musst Du Dich dieser Aufgabe 20 Jahre lang widmen. Du kannst keine gleichwertige Sammlung von Heuristiken in kürzerer Zeit aufbauen; Erfahrung ist nicht algorithmisch komprimierbar.
>
> Und auch wenn es möglich ist, eine Momentaufnahme von all dieser Erfahrung zu machen und sie unendlich zu vervielfältigen, auch wenn es möglich ist, Kopien billig zu verkaufen oder sie umsonst ab-

zugeben, so hätte doch jeder dieser Digients eine bestimmte Zeit lang sein Leben gelebt. Jeder hätte die Welt einmal mit neuen Augen gesehen, für ihn hätten sich Hoffnungen erfüllt oder wären enttäuscht worden, jeder hätte gelernt, wie es sich anfühlt zu lügen und wie es sich anfühlt, belogen zu werden.

Und das bedeutet, jeder von ihnen verdiente Respekt.

Draußen auf den nassschwarzen Felsen kann man die silbrigen Leiber ruhender Seehunde erkennen. Ein Austerndieb, ein komplett schwarzer Küstenvogel mit einem comic-orangefarbenen Schnabel läuft emsig über die kleineren Felsen und lässt sich nie von einer Welle überraschen. Auf einem Klippenpfad entdecken wir zwischen den verblassten Resten von Wildblumen eine Reihe von kompakten hölzernen Schildern, welche die lokale Geologie und die Adaption der Pflanzengesellschaften an die raue Umgebung beschreiben. Aber ein Schild über den Prozess der Erosion ist schwerer zugänglich. Der alte Weg dorthin ist erodiert. Danach hat sich ein neuer in die Klippen gegraben.

Wenn man größere Teile der Welt als konstitutiv für die Zeit betrachtet, ihnen Handlungsmacht und mehr Respekt zugesteht, dann bedeutet das, dass man die Hierarchie, die Tinker erwähnt, zwischen dem

Handelnden und dem, das diesen Handlungen ausgesetzt ist, hinter sich lassen muss. Ist das anregend oder eher erschreckend? Wildcat schreibt, dass «indigene Denker nicht nur die Kontingenz anerkennen und akzeptieren, dass der Mensch die Welt nicht kontrollieren kann, sondern das auch als Ermächtigung sehen, als etwas, das demütig macht, und nicht als etwas Beängstigendes».[68] Wenn «ermächtigend und demütig machend» paradox klingt, dann liegt das an unserer Auffassung von Macht. In einer Weltsicht, in der Macht, Handlungsfähigkeit und Erleben nicht an einzelne Körper gebunden sind, sondern «in und durch die Beziehungen und Prozesse existieren, die das Leben ausmachen» löst sich dieses Paradox auf.

Das eigentliche Paradox ist ein Geist, der die Welt als inert ansieht, schließlich aber begreift, dass er denselben deterministischen Gesetzen unterworfen ist wie alles andere auch – in gewisser Weise das ultimative Eigentor. In der Autobiografie, die ich in Kapitel 2 erwähne, schildert der Eugeniker Francis Galton, wie er Experimente machte, um seine Ideen vom Menschen als «bewusste Maschine» und «Sklave von Erbgut und Umwelt», dessen Handeln weitgehend vorhersagbar war, zu erproben.[69] Angeblich auf der Suche nach einem Residuum des freien Willens, schreibt Galton: «Je sorgfältiger ich nachforschte, ob im Bereich erblicher Verhaltensähnlichkeiten, der Lebensgeschichten von Zwillingen oder introspektiv in den Aktivitäten meines eigenen Geistes – der Raum für ein mögliches Residuum wurde immer kleiner.» Auch Bergson räumt ein, dass unsere Handlungen auf einer Skala von komplett habituell bis vollkommen frei rangieren – aber die Freiheit, die er am einen Ende findet, ist von großer Bedeutung, öffnet sich hin zur Unendlichkeit und existiert innerhalb und außerhalb des Menschen. Indem er die Lebenskraft mit einer Rakete vergleicht, deren Funken als Materie und Form immer wieder herunterfallen, beharrt er darauf, dass sie nicht ein *Ding*, sondern eine «Kontinuität des Emporschießens» ist. So ist die Schöpfung auch kein «Mysterium», denn «wir erfahren sie in uns selbst, sobald wir frei handeln».[70] Freiheit ist die Möglichkeit, zu wählen, und Wahlmöglichkeiten sind über das ganze Universum verstreut, treiben das an und wirken auf das ein, das sie einengen würde.

Für Bergson zeigt die alltägliche Erfahrung des Lernens und Erkennens sowohl die Neuheit eines jeden Moments, als auch die Unumkehrbarkeit der Zeit. Er beschreibt, wie er durch eine vertraut wirkende Stadt spaziert, in der er jeden Tag dieselben, ihm gleich erscheinenden Häuser sieht. Als er sich aber daran zurückerinnert, welchen Eindruck diese Gebäude auf ihn machten, als er sie zum allerersten Mal sah, kommt ihm ein Vergleich in den Sinn, der die Welt einen Moment lang auftaut: «Es scheint, als ob jene Gegenstände, die ich beständig perzipierte und die sich unablässig in meinem Geiste abbildeten, sich schließlich etwas von meiner bewussten Existenz angeeignet hätten; sie haben ihr Leben gehabt wie ich und sind wie ich älter geworden. Es ist dies nicht eine bloße Illusion; denn wenn der Eindruck von heute dem gestrigen absolut identisch wäre, wo bliebe da der Unterschied zwischen Perzipieren und Wiedererkennen, zwischen Kennenlernen und sich Erinnern?»[71]

Auch Yunkaporta spricht von Lernen und «Schöpfungsereignissen» im Kontext von *Turnaround*, ein englisches Wort der Aborigines, bevor Siedler den allgemein bekannteren Ausdruck *Dreamtime*, Traumzeit, erfanden. Er erläutert die Zusammenhänge zwischen der abstrakten Welt des Geistes und der konkreten Welt von Land, Beziehungen und Handeln und schreibt dazu: «Die Schöpfung ist kein in der fernen Vergangenheit liegendes Ereignis, sondern sie entfaltet sich kontinuierlich und benötigt Hüter, die fortwährend an ihr mitwirken, indem sie durch die kulturelle Praxis und mithilfe von Metaphern die beiden Weiten verbinden.»[72] Ein «kleinerer, aber ähnlicher Turnaround» läuft bei der Freisetzung von Dopamin im Gehirn ab, und zwar immer dann, wenn wir wirklich etwas Neues begreifen. Ein Wissensbewahrer, schreibt Yunkaporta, «ist ein Hüter kleiner und kleinster Schöpfungsereignisse, wie sie in den Köpfen der Menschen, die zu Wissen gelangen, fortwährend stattfinden müssen».

Wie Felsen, die aus den Tiefen nach oben drängen, und das Wasser, das sie abschleift, wie braune, reif gewordene Kastanien, die vom Baum fallen und den Hügel hinunterrollen, wie Poesie, die an den Grenzen einer erstarrten Sprache rüttelt, oder wie Bergsons unaufhaltsam kaskadierende Rakete, spielen sich die mit-schöpferischen Ereignisse unseres Lebens nicht in einer externen homogenen Zeit ab. Sie sind der Stoff der Zeit selbst. Begreift man das ganz und gar, dann ist das so, als würde man ein Gespräch, das man im Kopf geprobt hat, wirklich führen. Die Probe kann nie vollkommen sein, weil in der Imagination nicht nur die Person fehlt, mit der man spricht, sondern vor allem *man selbst in jedem Moment* – die Person, die sich verändert und reagiert, während die Konversation voranschreitet. Wenn Sie das in Erinnerung behalten, dann sieht die Zukunft vielleicht nicht mehr wie ein abstrakter Horizont aus, dem Ihr abstraktes Ich in seinem einsamen Behältnis von einem Körper entgegentappt. Stattdessen ist das «Es», jene nicht zu unterdrückende Kraft, welche diesen Moment schon in den nächsten treibt, etwas, das auch immer wieder zu Ihnen spricht – sogar und vor allem von unerwarteten Orten aus. Die Aufgabe, der viele von uns sich stellen müssen, ist es, wieder von Neuem zu lernen, wie man hinhört.

KAPITEL 5

Subjektwechsel

DER UFERDAMM VON PACIFICA

Allein hat die Menschheit keine Zukunft.
– Achille Mbembe, «The Universal Right to Breathe»
[«Über das allgemeine Recht zu atmen»]

Wir befinden uns knapp 50 Kilometer weiter nördlich und schauen von einer anderen Klippe aus übers Meer. Diesmal jedoch beginnt direkt hinter uns die Stadt, und der Nebeldunst ist weiter draußen über dem Ozean. Auf dem Schaufenster eines Cafés, das «Kaffee, Gebäck und Kuchen» verkauft, ist das Wort Kuchen vom salzhaltigen Wind schon ganz abgerieben, und die Rinnsteine sind voller Sand. Vor uns fällt die Klippe steil zum Strand hin ab, und weiter die Straße hinunter

ist ganz am Rand des Steilufers ein flacher, leerer, eingezäunter Bereich zu erkennen. Ein speziell angelegter Aussichtspunkt? Nein, wie sich herausstellt. Es ist die Grundfläche eines alten Hauses, das abgerissen wurde, bevor es ins Meer gerutscht wäre.[1] *In der Nähe stehen zwei Schilder: Eins warnt uns vor den «gefährlichen Klippen», das andere vor Rippströmungen und macht zugleich darauf aufmerksam, dass es hier keine Strandwächter gibt.*

Mitten in der Waldbrandsaison 2020, am 9. September, wachte ich von einem rostfarbenen Schimmer auf, der durch die Jalousien drang. Ich fand schnell heraus, dass es ein Gemisch aus Nebel und Rauch von den nahe gelegenen Feuern war, die sich teilweise eine Woche zuvor in einer verhängnisvollen Nacht durch Trockenblitze entzündet hatten. Solarkollektoren, so las ich, lieferten null Prozent Leistung.[2] Die Nachrichten und sozialen Medien waren für den Rest des Tages eine Art apokalyptischer Porno, eine komplett orangefarbene Timeline. Da waren der orangefarbene Bernal Hill. Die orangefarbene Transamerica Pyramid, der orangefarbene Hafen von Oakland. Je nachdem, wo und wann Sie das hier lesen, ist das vielleicht gar nicht mehr so ungewöhnlich, aber zu jener Zeit hatte ich das Gefühl, dass es so etwas noch nie gegeben hatte.

Um neun Uhr morgens war es immer noch so dunkel, dass ich in der Küche das Licht einschalten musste. In einem sinnlosen Versuch, mich zu trösten, briet ich Knoblauch an für eine vegetarische Version von *Tapsilog*, ein philippinisches Frühstück, und sah zu, wie er auf einem Küchenkrepp trocknete. Der Himmel wurde sogar noch dunkler, wie eine Uhr, die rückwärts läuft, und das kam meinem Tierkörper absolut falsch vor. Rick Prelinger, ein Freund, der die Prelinger Library mitbetreibt, tweetete, «der Morgen ist abgesagt». Aber auch wenn der Morgen abgesagt war, war es der Arbeitstag trotzdem nicht. Auf der gegenüberliegenden Straßenseite brannte auch im Haus meiner Nachbarin Licht; sie war bereits bei der Arbeit, bereits am Zoomen. Ich selber musste Kurse vorbereiten und Arbeiten benoten. Als ich mich an meinen Laptop setzte, um mit der Arbeit zu beginnen, fühlte ich angesichts des Kontrasts zwischen meinen drögen Aufgaben und der makabren Umgebung eine solche Scham, dass ich mich nicht entscheiden konnte, ob ich die Jalousien oben lassen oder besser herunterfahren sollte.

Am Ende dieses gleichförmigen Tages machten Joe und ich unseren mittlerweile gewohnten Pandemie-Spaziergang, weg von unserem Apartmentkomplex, hinein in das Land der Einfamilienhäuser. Zum ersten Mal konnten wir ins Innere der Häuser sehen, an denen wir immer vorbeikamen, weil sie alle das Licht eingeschaltet hatten. Draußen war die Luft winterkalt, leer, geruchlos; der Rauch war noch zu hoch oben in der Atmosphäre, um den AQI zu beeinflussen. Das spiegelte, wie ich mich innerlich fühlte: gespenstisch ruhig, wie im Halbschlaf. Aber später, in der Nacht, träumte ich, ich würde zum Zahnarzt gehen, wo das, was er tat, was auch immer es war, so wehtat, dass ich zu weinen und dann zu schreien anfing. Der physische Schmerz in meinem Traum war real und überwältigend. Als der Zahnarzt mich fragte, was denn los sei, sagte ich: «Sie haben mir wirklich so wehgetan, dass ich schreien musste!»

Der Rauch kam am nächsten Tag bis zu uns herunter, wie eine Art von Zins, der fällig wird. Der AQI ging hoch und kletterte schließlich über 200; die Leute klagten über Kopfschmerzen, Husten, Halskratzen und brennende Augen. Körperliche und emotionale Erschöpfung waren schwer zu unterscheiden. Der Himmel wurde weiß; die Bäume in der Umgegend verschwanden, als wären sie ausradiert worden. Keine Spaziergänge mehr. Meine Albträume setzten sich fort, aber jetzt ging es darin um Feuer: Ich steckte in einem Verkehrsstau fest, während ich versuchte, einem Brand zu entkommen. Ich war auf einer Wanderung mit einer Gruppe von Leuten und rannte vor den Flammen davon. Ich sah Menschen, die in einem Teich angelten, aber anstatt Fische zu fangen, fischten sie Ertrunkene heraus, die versucht hatten, sich vor dem Feuer zu retten. In diesen Träumen kam immer eine Wand auf mich zu – eine Wand aus Feuer oder eine Wand aus Rauch, und sie rückte mit furchterregender, unbeteiligter Endgültigkeit näher, wie der Abspielkopf einer Video-Timeline.

Die Feuerträume begannen, sich mit Träumen von meinem eigenen Tod zu vermischen, die während der Pandemie häufiger geworden waren. Ich schrieb in mein Tagebuch:

> *Die Zukunft ist verschwunden – ich möchte sagen, hinter einem Horizont, aber es gibt keinen Horizont, nur diesen Rauch-Nebel. Ich habe nie deutlicher gefühlt, dass jedes Jahr ein noch schlimmeres Jahr werden wird, dass jede Minute näher an die Katastrophe und an unwiederbringliche Verluste heranführt. So, wie man sich angesichts seines eigenen alternden Körpers fühlt, aber auf alles in der Welt bezogen, und es gibt nicht einmal den Trost, dass sie blühen wird, wenn man selbst nicht mehr da ist, als würde wirklich alles zu Ende gehen.*
>
> *Ich denke immer wieder an meine Kindheit, und wie ich aufwuchs, ohne zu wissen, was Flächenbrände überhaupt sind, und wie ich dachte, dass ich in einer «normalen Zeit» lebe, und jetzt fühlt sich alles in meiner Vergangenheit an, als wäre es auf der Oberfläche eines gefalteten Stückes Papier abgelaufen. Und genau jetzt kippen wir über den Falz, und alles danach dreht sich nur noch ums Überleben. Alles wird anders sein, auf eine Weise, die ich mir gar nicht vorstellen kann, und es gibt gute Gründe, anzunehmen, dass es viel schlimmer sein wird, und die tiefe Angst, die all das begleitet, ist, glaube ich, die Angst, die meine Träume hervorruft. Nicht nur die vom Sterben, sondern auch die vom Leiden.*

Wenn ich das während einer anderen albtraumhaften Feuersaison – eine, die viel früher begann als sonst – noch einmal lese, dann erkenne ich meine eigenen Gefühle wieder und kann sie erneut nachempfinden.[3] Und ich fange außerdem an, diese Albträume als meine Internalisierung des «Deklinismus» zu begreifen, des Glaubens, dass eine einst stabile Gesellschaft unweigerlich und unumkehrbar ins Verderben rennt. Anders als eine klar durchdachte (und tief betrübte) Einschätzung unserer Situation, ist der Deklinismus vermutlich eine der gefährlicheren Formen von linearer, deterministischer Abrechnung mit der Zeit. Letzen Endes ist es *eine* Sache, die vergangenen und künftigen Verluste zu akzeptieren, die aus dem folgen, was geschehen ist; eine andere ist es jedoch, die Geschichte und die Zukunft tatsächlich mit der unerbittlichen Amoral eines Video-Abspielkopfes zu registrieren, den nichts anderes vorantreibt als er selbst. Indem sie die Handlungsmacht sowohl menschlicher als auch nichtmenschlicher Akteure nicht anerkennt, lässt eine solche Sichtweise Anstrengungen und Kontingenz unsichtbar werden, um stattdessen Nihilismus, Nostalgie und letztlich Lähmung hervorzubringen.

Der Deklinismus ist ein enger Verwandter der Nostalgie, und Gegenstände der Nostalgie sind oft atemporal, und es fehlt ihnen die Lebendigkeit. Ein Beispiel: Sagen wir, Sie trennen sich von jemandem, und viele Jahre später denken Sie mit Wehmut an die Beziehung zurück. Wen haben Sie dann in diesem melancholischen Sehnen vor Augen? Falls diese Person immer noch in der Nähe ist, dann ist es sicher nicht Ihr Ex-Partner oder Ihre Ex-Partnerin, wie sie jetzt sind, wie sie älter geworden sind und sich entwickelt haben. Stattdessen ist es eine eingefrorene, idealisierte Version von ihnen, wie ein Hologramm, das in und ungeachtet der Gegenwart überlebt. Überdies enden einige Beziehungen wohl vor allem, weil Partner einander nicht mehr *in der Zeit* sehen, wenn ein Partner sein lebendiges, sich veränderndes Gegenüber durch ein statisches Bild ersetzt hat, das keine Überraschungen mehr bereithält, nur eine beruhigende Präsenz. Wie wir anhand der Moose gelernt haben, bedeutet, jemanden oder etwas zu lieben oder wertzuschätzen, noch lange nicht, dass man diesen Personen bzw. Dingen ihre Realität einfach zuweisen kann oder sie ganz und gar kennt.

So verhielt es sich mit mir und «der Umwelt» viele Jahre meines

Lebens. Als ich Kind war, unternahm meine Familie manchmal Ausflüge mit dem Auto hoch in den Norden, entlang der scheinbar undurchdringlichen Gebirgszüge der Santa Rosa und Klamath Mountains. Wenn wir den Highway 101 hinauffuhren, sah ich vom Rücksitz unseres Autos Hunderte Kilometer lang Redwoods und Douglasfichten. Ich bewunderte ihre ungebrochene Dichte und dachte dabei, dass ich uralte Wälder betrachtete. (Auch Kinder können nostalgisch sein.) Selbst mit Anfang 30 hatte ich mich nicht sehr weit über die einfache Formel «Bäume = gut; Feuer = schlecht» hinaus entwickelt. Ich musste noch lernen, dass Kalifornien und große Teile der Welt tatsächlich gerade ein Feuerdefizit hatten.[4] Mir war nicht bewusst, wie eng die lokale Ökologie koevolutionär mit periodischen Bränden entstanden war, und ebenso wenig, in welchem Maße sich indigene Völker weltweit Feuer zunutze gemacht hatten oder wann solche Praktiken verboten worden waren. Mit anderen Worten, ich dachte, ich sehe Naturgeschichte, nicht Politik- oder Kulturgeschichte – als könnte man die beiden überhaupt voneinander trennen.

Seither habe ich mehr darüber gelernt, inwieweit Feuer Teil einer Ökologie sein kann. Der Chaparral – die Mischung aus Gräsern und struppigen immergrünen Büschen, deren Variationen man vom Südwesten Australiens über Chile bis nach Kalifornien findet, und auch dort, wo ich lebe – ist nur eine Pflanzengesellschaft, die von periodischen Wildfeuern abhängt. Weil dieser Lebensraum so trocken ist, dass nur weniges verrottet oder fortgespült wird, haben regelmäßig wiederkehrende kleine Feuer die Funktion, totes Unterholz zu entfernen, Raum für neues Wachstum zu schaffen und dem Boden wieder Nährstoffe zuzuführen.[5] Die Samen und Knospen bestimmter Pflanzen können ohne Feuer nicht sprießen und haben eine wachsartige, ölige Schicht ausgebildet – im Grunde extra-brennbar. In den weiter oben gelegenen Wäldern brauchen Spezies wie die Küstenkiefer Feuer, um Samen aus ihren sonst verschlossenen Zapfen zu streuen.[6] Wenn Feuer fehlt, dann hat das also Kaskadeneffekte; so gefährdet zum Beispiel ein Rückgang des Löcher in Holz bohrenden Prachtkäfers wiederum Spechte und andere höhlenbrütende Spezies. Der Lebensraum aus abgestorbenen Bäumen, der nach einem Feuer bleibt, ist überraschend biodivers – wie ich selbst das auf Wanderungen durch (wie ich irgendwann begriff) zuvor verbrannte Gebiete sah – und einige Tierarten fühlen sich dort besonders wohl.[7]

Menschen sind in der nostalgischen Sicht der Natur oft nicht vorhanden, eine Auslassung, die sich etwa in der zu Pandemie-Zeiten verbreiteten Bemerkung wiederfindet, dass «die Natur heilt». Offensichtlich herrscht ein Unterschied zwischen einem gesunden Ökosystem und einem, das durch Menschen und Umweltverschmutzung strapaziert wird. Aber darüber hinaus ist der Versuch eines in der westlichen Welt lebenden Menschen, sich eine Vorstellung davon zu machen, wie die Dinge «sein sollten», für gewöhnlich vorbelastet, weil er sich nicht klarmacht, wer dieses Sein-Sollen festlegt. Von indigenen Gemeinschaften sagt man manchmal, dass sie besser auf Veränderungen und zeitliche Hinweise ihrer Umwelt achten: Blütezeiten, Wettergeschehen und Wanderbewegungen. Und doch liest man das allzu leicht als passive Adaption, als komplett fehlenden Fußabdruck, anstatt als aktive Konstruktion und Zusammenarbeit mit der nichtmenschlichen Welt.

Indigene Praktiken können, wie andere auch, etwas beschleunigen oder aufhalten – beides im Maßstab individueller Pflanzen und in der Größenordnung ganzer Landschaften und Gemeinschaften. Bis zur Kolonisierung nutzten eingeborene Stämme in vielen Regionen Feuer, um in Wäldern und Prärien bestimmte Verhältnisse und einen bestimmten Zustand zu erhalten. In vielen Teilen des heutigen Kalifornien brachten die Jahre nach einem Brand eine verstärkte Samenproduktion, große Triebe, die Hirsche und Wapitis anzogen, und buschige Pflanzen, die ideal waren, um Körbe zu flechten, Seile und Fallen herzustellen.[8] Schädlinge, die sich unter Eichen tummelten und eine Gefahr für die Nahrung darstellten, die der Baum lieferte, wurden durch die Flammen periodischer Brände angelockt und getötet. Menschen, Pflanzen, Tiere, Feuer, Land und Kultur existierten in einem veränderlichen koevolutionären Muster, das in Kalifornien und an vielen anderen Orten der Welt beständig variierte.

Auf einem vom Berkeley Center for New Media 2021 veranstalteten Event über Feuermanagement, war eine der Rednerinnen Margo Robbins, die geschäftsführende Direktorin eines Gremiums, das gezielte Brände auf Yurok-Gebiet unterstützt. Robbins zeigte ein Foto, das vor den Bränden entstand, und eines, das danach aufgenommen wurde, um die Bedeutung des Feuers in ebenjenen Wäldern vor Augen zu führen, die ich als Kind betrachtet hatte. Mit meinem ungeübten Auge erschien mir das Foto zuerst als unauffälliges «natürliches Gebiet», das man auch auf einem Wanderweg durch einen Nationalpark um sich herum sähe. Robbins beschrieb es jedoch als einen Prozess: Weil das Gebiet nicht verbrannt worden war, trieben die Haselnusssträucher (eine Pflanze, die verzögert Saatgut verbreitet, was bedeutet, dass sie feueradaptiert ist) laufend Zweige, die für die Korbherstellung der Yurok nutzlos waren. Zudem überwucherten andere nicht abgebrannte Büsche den Hasel so sehr, dass die Tiere nicht mehr an die Nüsse herankamen, um sie zu essen, und die Pflanze deshalb schließlich die Produktion einstellte. Zuletzt zeigte Robbins eine junge Douglasfichte als Repräsentantin des Waldes. «Diese Fichte dringt langsam dorthin vor, wo eigentlich eine Eichensavanne *sein sollte*», erklärte sie (Hervorhebung der Autorin).

Wie Stephen Pyne in *Fire in America* schreibt, waren kontinuierlich angezündete Prärien[9] und «parkähnliche Umgebungen»[10], wie die Landvermesser des 19. Jahrhunderts es nannten, nicht nur an der Tagesordnung, sondern häuften sich zur Zeit der amerikanischen Kolonisierung sogar noch.

Was das angeht, war mein Kindheits-Ich rückständig: Weil Kolonisten indigene Feuerpraktiken verboten hatten, folgten die Wälder den Spuren der europäischen Invasoren. Pyne schreibt, dass «der große amerikanische Wald vielleicht eher ein Produkt als ein Opfer der Siedlungstätigkeit ist». Robbins betonte dieses Argument ebenfalls: «Als die Nicht-Eingeborenen kamen, waren unsere Landschaften so, wie sie waren, wegen der menschlichen Intervention ... Die Ureinwohner machten es mit Absicht so, um die Dinge im Gleichgewicht zu halten. Es ist, als hätten Sie einen großen Garten und würden nichts darin tun. Wie wird dieser Garten in fünf Jahren aussehen, in sechs Jahren, in zehn? Unser Garten ist also der Wald, und wir haben uns um ihn gekümmert, so wie sich die Leute um ihre umzäunten Gärten kümmern.»[11] Yurok-Land, so erklärte sie, bestand einmal zu 50 Prozent aus Prärie. Heute sind nur noch einzelne Flecken davon übrig, und die Wapitis sind fort. «Eines der Ziele, die wir uns gesetzt haben, ist es, diese Prärien wieder zu vergrößern, damit die Wapitis nach Hause kommen».

Die Wälder, die ich sah, stammten also gar nicht aus uralten Zeiten, an die wir uns nicht mehr erinnern, sondern waren stattdessen materialisierte Erinnerung: geschaffen, geprägt und später gefährdet durch verschiedene Feuerregime. Diese Regime wiederum spiegelten Machtkämpfe und verschiedene Anschauungen davon, was das Land eigentlich war. Die anfänglichen Feuerverbote – durch die Spanier im 18. Jahrhundert[12] und den gerade erst gegründeten Staat Kalifornien im 19. Jahrhundert[13] – waren koloniale Machtdemonstrationen gegenüber indigenen Stämmen und brachten andere Gesetze mit sich, die Unterjochung, Zwangsarbeit und das Auseinanderreißen von Familien ermöglichten.*

Auch wenn einige Bewohner des Grenzlandes von indigenen Stämmen lernten und mit dem Verbrennen weitermachten[15], trieb der angehende U. S. Forest Service zu Beginn des 20. Jahrhunderts ein Programm zur Unterdrückung von Feuern voran.[16] Sie betrachteten die Wälder als Holzspeicher der Nation, in einer Zeit explosionsartigen wirtschaftlichen Wachstums.

Dieser Anschauung nach wurde Land zum stummen Behältnis von Rohstoffen. Feuer und unregulierte Abholzung erschienen als Bedrohung für diese Rohstoffe. In seinem 1871 verfassten Bericht über die Waldwirtschaft (*Report upon Forestry*) beschwerte sich Franklin Hough, der erste Leiter des späteren Forest Service, über ein Feuer in New Jersey, das «15 bis 20 Quadratmeilen» verbrannt hatte, «die vor

* Absatz 10 des 1850 erlassenen California Act for the Government and Protection of Indians[14] untersagte die langjährige Praxis des Abbrennens der Prärien. Bezeichnenderweise stand er zwischen einem Absatz über die Bestrafung indigener Häuptlinge bei Verstößen gegen die Kolonialgesetze und einer anderen Sektion, die festsetzte, dass eine geschädigte weiße Person eine beschuldigte indigene Person vor den Friedensrichter bringen konnte, ohne ein ordentliches Gerichtsverfahren. In einem Dokument, welches das California Research Bureau erstellte, fasst Kimberley Johnston-Dodds die umfassende Verordnung und ihre Zusätze so zusammen: «[Sie] erleichterten die Vertreibung kalifornischer Indianer aus ihren traditionellen Gebieten, die Trennung mindestens einer Generation von Kindern und Erwachsenen von ihren Familien, ihrer Sprache und Kultur (1850–1865) und die Indentur indianischer Kinder und Erwachsener durch die Weißen».

dem Feuer pro Morgen $ 10 bis $ 30 wert gewesen waren und danach nur noch $ 2 bis $ 4», während ein anderes Feuer in New York «so viel stehendes Holz zerstörte, dass man das gar nicht mehr genau erfassen konnte».[17] Nathaniel H. Egleston, der Hough nachfolgte und für den «die Geschichte unserer Rasse zugleich die Geschichte der Kriegsführung gegen die Baumwelt» war, sah Bäume nicht nur als ökonomisch, sondern auch als kulturell wertvoll an, da sie eine gewisse ästhetische Anziehungskraft besäßen, die junge Menschen davon abhielten, in die Stadt zu ziehen.[18]

Auf politischer Ebene wurde folglich die Vorstellung befördert, dass jedes Feuer gefährlich sei,[19] die Veröffentlichung von Studien, die etwas anderes sagten, wurde verhindert, und die ruralen Feuerpraktiken wurden herablassend als «Paiute-Waldwirtschaft» bezeichnet.[20] Die Debatte über periodische Brände versus totale Suppression wurde während des Zweiten Weltkriegs zum Abschluss gebracht, als die Propaganda des Forest Service die Feuerprävention mit den Kriegsanstrengungen verband. Ein Poster von 1939 zeigte so etwas wie die Grenzer-Version von Uncle Sam, der auf einen Waldbrand zeigt und sagt: «Deine Wälder – Deine Schuld – Dein Verlust!»[21] Andere Poster formulierten es geradeheraus: «Waldbrände helfen dem Feind.»[22] Diese Botschaft hielt sich auch nach dem Krieg noch. Ein Poster von 1953 zeigt den relativ neuen Smokey Bear mit einer Schaufel, einem Waldranger-Hut auf dem Kopf und lodernden Flammen im Hintergrund.[23] «Diese schändliche Verschwendung SCHWÄCHT AMERIKA» heißt es da. «Denk dran, nur Du kannst DIESEN WAHNSINN VERHINDERN!»

In den darauffolgenden Jahrzehnten stand Kalifornien an der Spitze eines landesweiten Booms, in die Vororte hinauszuziehen.[24] Ich wuchs in einem dieser Häuser auf, Teil einer schäbigen durchschnittlichen Trabantenstadt, die etwa zur gleichen Zeit hochgezogen wurde, in der das Smokey-Poster in Druck ging.[25] Viele dieser Vororte lagen an der Grenze zwischen Stadt und Wald, wo die Feuergefahr hoch war, und sie zogen Vorstadtbewohner an, die mit Feuer eher weniger vertraut waren und Smokey Bears sehr amerikanische Null-Toleranz-Botschaft bereitwillig annahmen.[26] In den 1970er Jahren, als der Forest Service seine Vorgehensweise änderte, und Feuer in Wildnisgebieten (später auch indigene Kultfeuer)* zuließ, hatten die vergangenen Jahrzehnte der Unterdrückung bereits eine kulturelle und ökologische Narbe hinterlassen.

Auf dem Feuer-Event, auf dem Robbins sprach, äußerte Valentin Lopez, Vorsitzender der Amah Mutsun-Stammesgruppe und Präsident des Amah Mutsun Land Trust, Bedauern darüber, dass die Beziehung nicht indigener Menschen zu Feuer dadurch bestimmt ist, «dass Feuer als etwas Erschreckendes und sehr Destruktives angesehen wird». Robbins stimmte dem zu, und verlieh ihrer Hoffnung Ausdruck, dass jüngere Menschen dazu beitragen könnten, dieses Narrativ und die Wahrnehmung des Feuers zu verändern.

Das ist eine schwierige Aufgabe, vor allem in Anbetracht des Spektakels der Megafeuer, die sowohl eine Folge der jahrzehntelangen Suppression als auch der immer intensiveren Perioden von Feuerwetter sind. Nachdem 2021 ein anfänglich noch entferntes Feuer die Richtung gewechselt und eine Handvoll Häuser in der Lake-Tahoe-Region zerstört hatte, gab der Forest Service dem politischen Druck nach und verhängte ein zeitweiliges Verbot für gelenkte Brände.[28] Wie so viele Dinge, die mit dem Klima zu tun haben, stieß das eine Debatte über Zeithorizonte an. Würde eine Übergangslösung unsere kumulierte «Feuerschuld» nicht nur noch steigern? Wie die Ökologin Crystal Kolden erklärte, bedeutete dieses Verbot, «das Problem weiter auszusitzen, bis diese Brennstoffe dann unter noch heißeren und trockeneren Bedingungen in Flammen aufgehen».[29] In Bezug auf eine ähnliche Debatte über Wildfeuer in Colorado äußerte Jonathan Bruno, Einsatzleiter einer gemeinnützigen Umweltorganisation: «Wenn wir uns nicht darüber klar werden können, wie wir unsere Mittel investieren, und weiterhin unseren Ausweg aus dieser Lage

* Während der Forest Service, wie Jan W. van Wagtendonk feststellt, 1905 mit der «Brandbekämpfung als Daseinsberechtigung» ins Leben gerufen wurde, ging die Abkehr von der Brandbekämpfung nur schrittweise voran.[27] 1968 änderte der National Park Service seine Politik und ließ zu, dass durch Blitze entzündete Feuer in einigen Parks ihren Lauf nehmen durften, wenn sie in bestimmten genehmigten Bereichen auftraten, und 1974 handhabte der Forest Service es mit Blitzbränden in Wildnisgebieten genauso. Außerdem gestattete er inzwischen indigenen Gemeinschaften, kulturelle Brände durchzuführen. 2021 erarbeitete der Yurok-Stamm Richtlinien für ein kalifornisches Recht zur Abschaffung des Haftungsrisikos für Privatpersonen und Indigene, die kontrollierte Brände durchführten.

verbauen, dann werden wir gar nichts verändern... dann gießen wir buchstäblich nur Wasser auf glühende Kohlen – und das immer wieder.»[30]

***

Unten vom Strand aus gesehen, erscheinen die Klippen wie ein chaotisches Durcheinander von Felsen, Rohren, Leitungen, orangefarbenen Plastikkegeln, zerrissenen Planen, alten Zäunen und Überbleibseln von Betonmasten. An einer Stelle können wir das alte Fundament eines mittlerweile verschwundenen Apartmenthauses sehen, das über den Rand der Klippe gerutscht ist, verrostete Stahlgitter, die wild in der Luft schwanken. Die Rohre sollen das Wasser die Klippen hinabführen, ohne sie zu erodieren, aber man kann unmöglich sagen, welche Rohre noch in Betrieb sind, und welche den Felsen überlassen wurden. Über alldem liegt eine beunruhigende Ad-hoc-Atmosphäre, als würde gerade eine Beerdigung stattfinden, während die Leute ein paar Meter entfernt sitzen und einen Tag am Strand genießen.

Es sind verschiedene Versuche zu sehen, die Klippen vor dem Abrutschen zu bewahren. An ihrem Fuße befinden sich große Gesteinsbrocken, die man dort entlang aufgereiht hat und die mitunter als «Küstenbewehrung» bezeichnet werden. An anderen Stellen wurde ein lehmartiges Material an die Flanken geklatscht, wie eine übertriebene Kuchenglasur. Und wieder andernorts hat man ein feinmaschiges Netz über die Klippen gespannt. Unter alldem hat jemand «OHLONE» in den Sandstein gemeißelt.

In einem der wenigen Apartmenthäuser, die noch auf den Klippen stehen – es sieht aus, als würde es als Nächstes verschwinden –, reckt sich eine Reihe baufälliger Balkone der Sonne entgegen. Auf einem lehnt ein Mann mit nacktem Oberkörper am Geländer. Er schaut mit unergründlicher Miene, eine E-Zigarette dampfend aufs Meer hinaus.

«Unseren Ausweg aus dieser Lage blockieren» ist eine gute Kurzform für eine Reihe von Dingen, welche die gelebte Realität strukturieren, an die ich und viele andere Leute, die nicht auf dem Land wohnen, gewöhnt sind. Wenn man einmal darauf achtet, dann ist es nicht schwer,

in Kalifornien blockierte Landschaften zu finden: Staudämme, Uferdämme, Sandzäune, Netze, Schuttbecken, betongesäumte Flussbetten und gelegentlich zugepflasterte Berghänge – all das, um Wasser und Felsen davon abzuhalten, sich so zu bewegen, dass es für die Menschen und ihre Anwesen ungünstig wäre. Bei vielen dieser Projekte, vor allem bei denen aus dem 20. Jahrhundert, ist das Scheitern (in vielerlei Hinsicht) offenbar nur eine Frage der Zeit. In ihrem ansonsten politisch agnostischen Buch *Geology of the San Francisco Bay Region* kann sich die Geologin Doris Sloan mit einem Urteil über den Highway 1 nicht zurückhalten, eine schmale Straße, die sich in der Bay Area zwischen dem Pazifik und einer sagenhaft instabilen Klippenlandschaft entlangschlängelt: «Es bedarf ständiger Reparaturen, und es werden immer aufwändigere (und teurere) technische Verfahren eingesetzt, um die Straße in einem Gebiet zu erhalten, in dem man vielleicht nie eine Straße hätte bauen sollen.»[31] Erdrutsche auf und neben der Straße sind ein häufiges Problem. Im Januar 2021 stürzte ein 45 Meter langes Stück des Highway 1 nahe Big Sur eine Klippe hinab, woraufhin die Straße bis April desselben Jahres gesperrt blieb.[32]

Diese problematische Straße – die zwischen 1935 und 2001 mindestens 53 Mal gesperrt war[33] – würde auch in John McPhees *The Control of Nature* passen, eine Sammlung von drei Berichten, in denen Menschen versuchen, die Bewegung von Wasser, Lava oder Felsen aufzuhalten. Einige der dramatischsten Bilder des Buches kommen im letzten Teil vor, wo es um die Menschen in Los Angeles geht, die ganz oben an den San Gabriel Mountains leben. Die San Gabriels sind eine steil ansteigende und geologisch noch junge Bergkette, die «so schnell zerfällt, wie es nur selten auf der Welt vorkommt», und von der regelmäßig gewaltige Muren abgehen.[34] Nach einem Sommerfeuer im Bergchaparral kann ein heftiger Winterregen Hunderte Tonnen Gestein, Schlamm und Wasser in einen Canyon schicken. Muren gehören zum Leben dieser Berge und formten sogar die flache Ebene, auf der das übrige L. A. liegt.[35] Aber heutzutage können die Geröllströme, wenn sie die Wohnviertel erreichen, gigantische Brocken, Autos und Teile anderer Häuser mit sich führen. McPhee erzählt die Geschichte einer Familie, deren Haus in Shields Canyon sich innerhalb von 60 Minuten mit Steinen und Schlamm füllte[36]: «Gerade als die Tür zu war, wurde sie schon wieder eingedrückt und krachte in den Raum hinein. Schlamm, Geröll und Wasser strömten herein und drückten alle an die rückseitige Wand. ‹Springt aufs Bett›, sagte Bob. Das Bett wurde angehoben. Darauf kniend – auf einem goldenen Überwurf aus Samt – konnten sie schon bald ihre Handflächen gegen die Decke pressen.»

Im vorigen Kapitel habe ich geschrieben, dass man Zeit zum Beispiel wahrnehmen kann, wenn man sich einen kleinen Flecken aussucht und ihn aufmerksam beobachtet. Das gilt auch für größere Flecken und längere Zeitspannen. Einige Bekannte, die seit 50 Jahren in den Santa Cruz Mountains leben, erzählten mir von einer Zeit, in der man noch zu einem riesigen Felsen bei Pescadero laufen konnte, der mittlerweile permanent draußen im Meer liegt. In den späten 1980ern, als McPhee *The Control of Nature* schrieb, erinnerten sich viele Leute, die entlang der San Gabriels lebten, ganz einfach nicht mehr an die letzte große Mure oder sahen sie nicht als Teil eines Musters.[37] Von Flüchtigkeit und Unaufmerksamkeit bestimmt, konnte die kulturelle Bildfrequenz der «Stadtzeit» das Geologische nicht erfassen: ein Super-Event 1934? 1938? 1969? 1978? Wer erinnert sich schon noch daran? ... Bergzeit und Stadtzeit scheinen bifokal. Selbst wenn die Geologie in solch bemerkenswert kurzen Intervallen ihre Wirkung zeigt, haben die Menschen jede Menge Zeit, das zu vergessen.

Das sind schlechte Nachrichten, außer für Bauunternehmer und Immobilienmakler. Ein Mann, der seit 1916 in L. A. lebt, äußerte gegenüber MacPhee: «Die Leute, die die Häuser kaufen, wissen nicht, dass früher oder später was runterkommen und hier durchfließen wird wie Scheiße durch einen Trichter.»[38] Allerdings wissen einige der Menschen in McPhees Buch das durchaus. Eine Reaktion ist, dass man Mauern und Befestigungen um die eigenen Häuser zieht, so, wie die Stadt zuvor praktisch an jeder Ecke Schuttbecken errichtete. Eine andere Familie installierte Rolltore an der Hinterseite ihrer eingebauten Garage: «Um die Ströme zu lotsen, bauten sie Lenkungsmauern in ihren Hinterhof. Wenn die Brocken jetzt also kommen, dann öffnen sie beide Seiten ihrer Garage, und der Geröllstrom fließt hindurch auf die Straße.»[39] Das ist eine innovative Art, Bergzeit anzuerkennen.

Aber gibt es nicht auch noch etwas anderes als Bergzeit, das sich in einer Reihe aufgezeichneter Ereignisse bemerkbar macht und hier ebenfalls anerkannt werden sollte? Und wenn wir «unseren Ausweg aus dieser Lage blockieren», was ist dann eigentlich genau «die Lage»? Auf der materiellen, alltäglichen Ebene handelt es sich in diesem Fall um eine Reihe von Gesteinsbrocken, die immer wieder Häuser zerstören, trotz der verstärkten infrastrukturellen Bewehrungen der Stadt. Aber es geht mir um mehr: darum, dass «die Lage» daraus resultiert, dass wir den Berg selbst nicht verstehen. Während die Menschen, die MacPhee interviewt, vielleicht wertschätzen, was die höher gelegene Landschaft ihnen bietet – eine vertikale Flucht aus der Stadt, Nähe zur «Natur», eine herrschaftliche Sicht über das Tal oder sogar einige hübsche Felsen –, sind die San Gabriels für sie eigentlich nur eine Kulisse oder ein Ärgernis, eine Ansammlung leblosen Materials, das eben einfach da ist. Der Berg als inert und damit kontrollierbar – was die tragisch komische Überheblichkeit einer Zeitungs-Headline erklärt, die MacPhee zitiert: «PROJEKT WILL DIE EROSION DER BERGE STOPPEN; DIE FÜR DAS TAL ZUSTÄNDIGEN AUTORITÄTEN STIMMEN DAFÜR, DASS ERDRUTSCHE UNNÖTIG SIND.»[40]

Diese vernagelte Mentalität erwächst aus der gleichen Haltung, die auf der totalen Unterdrückung von Feuern beharrt. In ihrer Studie über Feuerregime in Kalifornien und Griechenland beschreibt eine Gruppe griechischer Geografen eine Denkweise, die ebenso gut auf Felsbrocken, Überflutungen oder Berglöwen übertragen werden könnte: «Die allgemeine öffentliche Wahrnehmung ist, dass Waldbrände kontrolliert werden und keine Bedrohung für Menschen und Häuser darstellen sollten», so schreiben sie. «Es ist interessant, sich klarzumachen, dass das, was Menschen dazu bringt, am Waldrand leben zu wollen, gewissermaßen das Leben in einer ‹natürlichen Umgebung›, merkwürdigerweise umgesetzt wird, indem man das ‹Wilde› aus der Wildnis eliminiert.»[41]

Die Geografen beobachten, dass uns eine «historisch vor Ort gewachsene» Beziehung zum Feuer in einer dynamischen Landschaft verloren gegangen ist. Bevor immer mehr Menschen in die Städte abwanderten, gehörte periodisches Verbrennen in Griechenland zum vertrauten Umgang der Landpächter mit ihrer spezifischen Umgebung, für die sie Sorge trugen. Und auch in Kalifornien, so bemerkt Robbins, achteten die Yurok während ihrer regelmäßigen Jagdzüge darauf, ob Gebiete, an denen sie vorbeikamen, einen Brand brauchten. Victor Steffenson, Experte für indigene Landbewirtschaftung, der von Stammesältesten großgezogen wurde, schildert ebenfalls, wie sehr das Verbrennen mit der Identität einer Gegend verbunden war: «Immer wieder blieben die beiden alten Männer an bestimmten Orten stehen und erzählten die Feuergeschichten der unterschiedlichen Landschaften.[42] Sie sprachen über die richtige Zeit für Brände, wie all die Tiere sich einfügten, welche Pflanzen wo lebten, und über die Bodenbeschaffenheiten.» Feuer war Teil einer wechselseitigen Verantwortung zwischen einem Subjekt (die Menschen) und einem anderen (Land).

Mit 19 Jahren wurde Steffenson von einem Nationalpark-Ranger angeheuert, um ihm mit dem Feuermanagement zu helfen: «Die Ranger breiteten Karten auf der Motorhaube des Trucks aus und zogen mit ihren Fingern ihren Angriffsplan nach. ‹Wir werden auf dieser Seite des Weges einen Brand legen, aber nicht auf der anderen›, so wurde entschieden. Sie unterteilten ihre Feuerzonen durch Straßen und Zäune, anstatt das Land zu lesen und die richtigen Stellen zu verbrennen, wie die Alten das taten.» In diesem besonderen Fall übersprang das Feuer die Straßen, was ein ziemliches Drama zur Folge hatte. Ich möchte das nicht generell auf alle Interaktionen zwischen staatlichen Akteuren und indigenen Gruppen übertragen, von denen einige sicher fruchtbar waren und in guter Absicht geschahen. Was diese Geschichte aber zeigt, ist ein extremer Kontrast zwischen verschiedenen Betrachtungsweisen von Land. In der ersten ist Land der eingefrorene Zustand, in dem sich jene, denen Identität zugestanden wird, bewegen können; in der zweiten *ist* Land Identität, die sich in der Zeit ausdrückt. Oder wie Paula Gunn Allen schreibt: «Das Land ist eigentlich nicht der (von uns getrennte) Ort, an dem wir das Drama unserer jeweiligen Einzelschicksale ausleben. Es ist kein Überlebensinstrument, kein Schauplatz für unsere Angelegenheiten ... es ist vielmehr Teil unseres Daseins, dynamisch, bedeutsam, real. Wir selbst sind das Land.»[43]

In den Vereinigten Staaten nahm sich der frühe Forest Service die wissenschaftliche Forstwirtschaft Deutschlands zum Vorbild, welche das Anpflanzen akkurater Reihen des in wirtschaftlicher Hinsicht wertvollsten Nutzholzes vorschrieb: ein Rohstoff-Wald, in dem alle Bäume gleich alt und von der gleichen Art waren.[44] James C. Scott stellt fest, dass die wissenschaftliche Forstwirtschaft in Deutschland wirkliche Bäume durch «abstrakte Bäume» ersetzen wollte, die bekannte Nutzholzmengen repräsentierten. Das lohnte sich zwar für eine Generation von Bäumen, erwies sich dann aber als Desaster – und das nicht nur für die deutschen Bauern, die von der älteren Waldökologie abhingen, da sie durch diese ihr Weideland, Nahrung und Medizin gewannen. Monokulturen machten den Wald anfälliger für Sturm und Krankheiten, und der einzige Grund, warum die erste Generation von Bäumen so gut wuchs, war, dass sie von den angehäuften Ressourcen des vorherigen altgewachsenen Waldes zehren konnte. Danach wurde *Waldsterben* Teil des deutschen Wortschatzes, und Versuche, künstlich (in Form von Nistkästen, Ameisenkolonien und Spinnen) alles wieder einzuführen, das die Nutzwaldstrategie übersehen hatte, mussten mit der ungünstigen Tatsache der Monokultur fertigwerden.

Scott erzählt diese Geschichte ganz am Anfang seines Buches *Seeing Like a State: How Certain Schemes to Improve the Human Condition Have Failed* [Mit den Augen des Staates sehen: Wie bestimmte Schemata zur Verbesserung des menschlichen Daseins scheiterten] als Parabel:

> … [Diese Geschichte] verdeutlicht, wie gefährlich es ist, ein außergewöhnlich komplexes und kaum verstandenes Geflecht von Beziehungen und Prozessen zu zerlegen, um ein einziges Element von instrumentellem Wert zu isolieren. Das Werkzeug, das Messer, das den neuen verkümmerten Wald herausschnitt, war das extrem scharfe Interesse an der Produktion eines einzelnen Rohstoffes. Alles, das der effizienten Produktion dieses zentralen Rohstoffes im Weg stand, wurde unerbittlich eliminiert. Alles, was offenbar nicht mit effizienter Produktion verbunden war, wurde ignoriert. Da man den Wald nun als Rohstoff ansah, machte sich die wissenschaftliche Forstwirtschaft daran, ihn zur Rohstoffmaschine umzugestalten. Die utilitaristische Vereinheitlichung im Wald war ein effektiver Weg, die Holzproduktion kurz- und mittelfristig zu maximieren. Letztlich jedoch fielen ihre Fixierung auf Gewinn und Scheingewinn, ihr relativ kurzer Zeithorizont und vor allem die vielen Auswirkungen, die sie entschieden ausklammerte, ihr wieder auf die Füße.

Ich war auf dem College, als der Begriff Anthropozän, das geologische Zeitalter, in dem die Menschen den entscheidenden Einfluss auf Klima und Umwelt haben, in den Natur- und Geisteswissenschaften immer präsenter wurde. Die Métis-Anthropologin Zoe Todd und andere Wissenschaftler auf dem Gebiet indigener Studien haben den Begriff bereits aus einer Reihe von Gründen kritisiert, einschließlich seiner generellen Annahme einer Hierarchie von Menschlichem und Nichtmenschlichem, «Fleisch und Dingen».[45] Im Gegensatz zu Allens Formulierung, in der «wir selbst das Land sind», zwängen in einigen Versionen des Anthropozäns die naturgemäß ausbeuterischen Menschen einer von ihnen getrennten Entität, die ihrerseits keinen Willen zu haben scheint, ihren Willen auf. Das ist eine ganz andere Geschichte als die der Jahrtausende währenden Verstrickung und Koevolution von «Fleisch und Dingen».

Durch die Linse des Anthropozäns gesehen, ist die nichtmenschliche Welt inert, es ist allerdings komisch, dass die naturgemäß ausbeutenden Menschen dieser Sichtweise zufolge bei näherer Betrachtung auch keine Handlungsmacht haben. Sie tun einfach, was sie tun – einen

«Naturzustand» durcheinanderbringen –, und sie tun es alle. Das Anthro- von Anthropozän wirft die Menschen zusammen in einen Topf, als wäre nicht ein spezifischer Teil der Menschheit für eine Kultur der Ausbeutung verantwortlich, die ökologische Gräuel über den Rest der Welt gebracht hat. Diese stumpfsinnige Ansicht hat den unaufhaltsamen «Video-Abspielknopf» meiner Albträume in Gang gesetzt – eine Geschichte ohne Akteure, nur Mechanismen; keine Momente des Kampfes, nur lineare Evolution. Viele Definitionen des Anthropozäns führen es zum Beispiel auf die Erfindung der Wattschen Dampfmaschine im späten 18. Jahrhundert zurück und sehen diese als Beginn seiner Entwicklung, während sie das Soziale und Politische einfach ausklammern. In «Anthropocene, Capitalocene and the Problem of Culture» schreibt Daniel Hartley, «dem Diskurs über das Anthropozän ist eine rein mechanische Konzeption historischer Kausalität eigen: ein eins-zu-eins Billardkugelmodell von technologischer Erfindung und historischem Effekt. Aber das wird den aktuellen sozialen und relationalen Modi der historischen Kausalität nicht gerecht. Die Tatsache, dass die Technologie selbst an soziale Beziehungen gebunden ist und im Klassenkampf oft als Waffe benutzt wurde, spielt im Anthropozän-Diskurs überhaupt keine Rolle.»[46] Wie Hartley feststellt, spiegelt diese Art von Determinismus ein Bild der Geschichte als gleichlaufender und unaufhaltsamer Marsch des Fortschritts, der nie infrage gestellt oder umgelenkt werden kann, nur beschleunigt oder verlangsamt. Er zitiert zwei Passagen aus einem populären Essay über das Anthropozän von 2011:

1. «Die Abwanderung in die Städte bringt für gewöhnlich gesteigerte Erwartungen und schließlich steigende Einkommen mit sich, was wiederum gesteigerten Konsum nach sich zieht»; und
2. «Der Beginn der ‹Großen Beschleunigung› kam wohl etwa ein halbes Jahrhundert verzögert, *unterbrochen* von zwei Weltkriegen und der Weltwirtschaftskrise» (Hervorhebung von Hartley).[47]

Hartley schreibt, der erste Satz erscheine «fast gewollt blind gegenüber der Geschichte der Massenarmut in den Städten, der Gentrifizierung und Akkumulation durch Enteignung. Der zweite behauptet offenbar, dass das blutigste Jahrhundert der Menschheitsgeschichte – einschließlich Hiroshima, Nagasaki, der Bombardierung Dresdens, den Gulags und dem Holocaust – nur eine kleine Unregelmäßigkeit in der ansteigenden Fortschrittslinie war.»

Deterministisch zu denken, bedeutet, Dinge, die sowohl in der Zukunft als auch in der Vergangenheit liegen, als selbstverständlich vorauszusetzen. So, wie ich die bewaldeten Berge als Kind nicht richtig verstand, indem ich sie in eine vermeintlich gleichförmige Vergangenheit projizierte, so hat das Konzept des Anthropozäns das Potenzial, die Ergebnisse bestimmter Handlungen von bestimmten Menschen wie eine natürliche und unvermeidliche Bedingung aussehen zu lassen.*

Wenn die Resultate nicht so erschreckend wären, dann könnte man dieses Phänomen fast lustig finden. Tatsächlich hat es den Beigeschmack eines meiner Lieblingssketche aus der Fernsehserie *I Think You Should Leave [Ich denke, Du solltest jetzt gehen]*, in der ein Auto in Form eines Hotdogs, ohne Fahrer, in ein Bekleidungsgeschäft kracht.

«Jemand muss die Polizei rufen! Wir müssen den Fahrer finden!», sagt einer der Umstehenden.[48]

«Wessen Auto ist das?!», schreit ein anderer.

Die Kamera schwenkt auf Tim Robinson, der in einem riesigen Hotdog-Kostüm steckt und übertrieben überrascht aussieht.

«Ja, kommt schon Leute, wer auch immer das war – gebt es einfach zu! Wir versprechen auch, dass wir nicht sauer sind!»

Obwohl er verdächtigt wird, will der Hotdog-Mann nicht gestehen. «Wisst Ihr, ich muss hier nicht bleiben und mich so beleidigen lassen», sagt er. «Ich werde mir einfach so viele Anzüge schnappen, wie ich tragen kann, in dieses unbekannte Hotdog-Auto steigen – unbekannte*!!* – und zurück zur Wiener Hall fahren.»

2020 wurde dieser Sketch oft in Bezug auf Trump und sein ewiges Backtracking zitiert. Aber was er für mich an dieser Stelle veranschau-

* Damit möchte ich nicht leugnen, dass Bedingungen mit der Zeit ein Eigenleben führen und sich in gewisser Weise selbst erhalten oder natürlicherweise zu anderen Ergebnissen führen können. Der Punkt ist, dass Handlungen irgendwann durchaus einmal eine Rolle bei der Schaffung eines Zustandes spielten – im Gegensatz zur zeitlosen, inhärenten Kondition, die nicht hinterfragbar ist.

licht, ist ein generelleres Leugnen, denn offenbar möchte keiner mit dem, was auch in den reduktivsten Versionen des Anthropozäns *unbestreitbar ist*, etwas zu tun haben. Die jamaikanische Autorin und Theoretikerin Sylvia Wynter schrieb darüber, wie die Kategorie Mensch während der Aufklärung definiert wurde: Der «Mensch» (der weiße Homo oeconomicus, der Kolonist oder der Mensch in «Mensch vs. Natur») wurde in Abgrenzung zum «Nichtmenschen» definiert, zu einer Zeit kolonialer Ausbeutung. Deren Folgen wiederum wurden zu den biologischen, atemporalen Bedingungen umgemünzt, welche die angeblichen Rassemerkmale von «rückständigen», «zeitlosen» oder «weniger fortschrittlichen» Menschen erklärten, die eigentlich nicht menschlich waren.*

Tatsächlich verschleierte dies auf bequeme Weise die historische Verantwortung – etwa so, wie wenn ein Brutalo Dich rempelt und dann vorgibt, dass Du ein Jammerlappen bist. Und es suggerierte neue Gegebenheiten: Die Weniger-als-Menschlichen waren von Natur aus unterlegen, während die richtig Menschlichen natürlich kapitalistisch und individualistisch waren. Das ergab sich nun nicht mehr aus den Entscheidungen und Überzeugungen der Menschen, sondern es waren in erster Linie Merkmale, für die wiederum niemand verantwortlich war. (So sagt der Typ im Hotdog-Sketch, «Wir suchen alle den Kerl, der das getan hat!».)

* Diese Definition ist Teil eines umfassenderen Wandels, den Wynter in ihrem 2003 verfassten Paper «Unsettling the Coloniality of Being/Power/Truth/Freedom» [«Die Erschütterung der Kolonialität von Dasein/Macht/Wahrheit/Freiheit»] beschreibt. Diesem Wandel ging eine religiöse Konzeption des Menschen voraus, die das «wahre christliche Selbst» in Opposition zum «unwahren christlichen Anderen» stellte: Ketzer, Ungläubige und so weiter.[49] Als der Mensch einmal zu jenem rationalen und politischen Untertan des Staates umdefiniert worden war, kam einer neuen Gruppe die Rolle des Anderen zu: «Die Völker der militärisch enteigneten Territorien der Neuen Welt (also die Indianer), ebenso wie die versklavten Menschen Schwarzafrikas (also die Neger)… wurden nun in die frei gewordene Anders-Spalte der Matrix gepresst – um zur physischen Referenz der Idee des irrationalen/subrationalen menschlichen Anderen gemacht zu werden. So gründete sich die eigentliche Definition dessen, was es bedeutete, menschlich zu sein, auf einer naturwissenschaftlichen Grenze zwischen Menschen und jenen, die «von der Evolution aussortiert worden waren, bis etwas anderes bewiesen werden konnte».

Indem er sich auf Wynters Arbeit bezieht, verweist auch der Autor serynada auf das 18. Jahrhundert, in dem Denker wie Adam Smith zur Idee eines westlichen Menschen beitrugen, dessen Antrieb der «Überlebensimperativ» war[50]:

> Menschen wurden zu ökonomischen Maschinen gemacht, die danach streben, ihren Anteil an den spärlichen natürlichen Ressourcen zu maximieren. Die Voraussetzung eines bioevolutionären und damit unweigerlichen Impulses hinter dem Aufstieg des westlichen Menschen – «wir wollen alle mehr Ressourcen abgreifen, nur gelang das den Europäern besser als jedem anderen» – rechtfertigte schließlich den Kapitalismus, die weiße Vorherrschaft und die imperiale Expansion. Der Westen erfand den Menschen und projizierte ihn in die Vergangenheit als naturhaft und zeitlos und eben nicht als historisch und kulturell.

Aus dieser Warte erscheint das Anthropozän weniger als Beschreibung, sondern viel eher als ein Symptom des Glaubens an eine «naturhafte und zeitlose» kapitalistische Menschheit und eine hilflose Natur. Es liegt eine gewisse Ironie darin, dass die Prozesse der Extraktion und vor allem der Akkumulation lange vor der Dampfmaschine dadurch mit angestoßen wurden, dass man so großen Teilen der Welt die Subjektivität absprach. In *This Changes Everything: Capitalism vs. the Climate* beschreibt Naomi Klein den Extraktivismus auf eine heute vielleicht vertraut klingende Weise: «eine nichtreziproke, dominanzbasierte Beziehung zur Erde», eine «Reduktion des Lebens zu Gebrauchsobjekten für andere, denen keine Integrität oder kein Eigenwert zugestanden wird», und «eine Reduktion von Menschen auf Arbeit, die brutal ausgebeutet wird und jedes Limit überschreitet, oder alternativ auf eine soziale Last, auf Probleme, die an den Rand abgeschoben und in Gefängnissen und Reservaten weggeschlossen werden».[51] Mit anderen Worten, abstrakte Menschen, abstrakte Bäume, abstrakte Tiere, abstraktes Land; keine Subjekte mit Handlungsmacht; alle bereit, sich abbauen, ausquetschen, ausklammern oder einfach zerstören zu lassen.

Wir gehen weiter nach Süden, auf eine Promenade zu, die eigentlich ein Uferdamm ist. Als ich im Winter zuletzt hier war, erschien mir die Anlegestelle wie ein wildes Durcheinander aus orangefarbenen Kegeln, Barrikaden und Sandsäcken. Vor einem der schmutzig aussehenden Häuser entlang dieser Promenade hatte ich, versteckt in einem Teppich von damals violett blühenden Sukkulenten, die Statue einer Meerjungfrau entdeckt, deren Kopf und ausgestreckter Arm abgebrochen waren. Heute aber sind eine Menge Leute draußen, um den klaren Tag zu genießen. Auch wenn die Bewegungen der See unter uns bleiben, können wir hören, wie die Wellen sich ständig am Beton brechen, und auf einem gelben Schild steht Achtung – Wellen können über den Damm branden. Weiter unten zeigt eine Tafel an einem hohen Mast ein Satellitenbild dieser Gegend und lädt uns ein, an den Gesprächen über das Resilienzprojekt für die lokale Infrastruktur teilzunehmen. Ich erkenne das Schild wieder, denn als ich die Gegend erkundet habe, bin ich an Einladungen zu einer früheren Versammlung vorbeigekommen. Die Anwohner konnten sich scheinbar nicht darüber einigen, ob die Stadt einen Damm bauen oder eine Renaturierung mit Pflanzen und anderen natürlichen Elementen anstreben sollte.[52] *Jemand hatte geäußert, es bestünde kein Interesse an einem «lebendigen Uferstreifen» oder einer «Ausdeichung»; was sie wirklich wollten, sei ein Uferdamm, der mindestens 50 Jahre halten würde. Ich fragte mich, wie sie genau auf diese Zahl gekommen waren.*

Als ich dieses Kapitel schrieb, schaute ich gelegentlich aus dem Fenster in den aschgrauen Himmel, in dem die nahe gelegenen Berge verschwunden waren, und dachte an etwas, das Stephen Pyne in *Fire in America* schreibt. Er erklärte ganz einfach, dass die Kontroverse an der Wende zum 20. Jahrhundert «im Grunde ein Konflikt zwischen zwei Arten von Feuerpraktiken war, von denen eine in weiten Teilen von den Indianern lernte und in eine Grenzland-Ökonomie, basierend auf Jagd, Tierhaltung und wechselndem Ackerbau, integriert wurde, während die andere besser an die industrielle Forstwirtschaft angepasst war».[53] Und er fügt hinzu: «Es gab a priori keinen Grund, warum die amerikanische Forstwirtschaft rigoros alle Formen von kontrollierten Bränden hätte ausschließen müssen.» A priori keinen

Grund. Keinen unvermeidlichen Marsch in Richtung technokratischer «Weisheit» oder Feuer-Suppression. Stattdessen gab es einfach nur unterschiedliche Weltsichten und ein Wirrwarr politischer Machenschaften, die lange vor meiner Geburt einsetzten. Aber nun war die Feuerschuld in meinen Lungen, und ich war erschöpft. Diese unter einer weißen Schicht liegenden Tage fühlten sich wie ein Fegefeuer an, und Fegefeuer zehrt an den Nerven. Für mich besteht die Gefahr darin, dass es so nervenzehrend werden kann, dass keine Kraft mehr bleibt, um über die Grenzen der Gegenwart hinauszublicken. Aber diese schleichende Ahnung der Unvermeidbarkeit fühlt sich nicht nur schlecht an; es rückt die Akteure, welche die Schlinge zuziehen, ins Dunkel und auch jeden, der gekämpft hat und noch immer kämpft, um freizukommen. Die Geschichte des aufgeklärten Menschen lehrt mich eine allzu simple Wahrheit: dass die Menschen, die den größten Gewinn aus dem Determinismus (der für andere gilt) ziehen, typischerweise diejenigen sind, die determinieren. Diese Strategie ist nicht nur langfristig durch die Geschichte hindurch zu erkennen, sondern auch in den derzeitigen Manövern jener Energiekonzerne, die heute den Klimawandel vorantreiben.

In *Overheated: How Capitalism Broke the Planet – and How We Fight Back [Überhitzt: Wie der Kapitalismus den Planeten zerstört hat – und wie wir uns wehren]*, beschreibt Kate Aronoff einen Moment, in dem die Energiebranche lernte, Unvermeidbarkeit zu verkaufen. In den 1960ern waren ein paar Führungskräfte von Shell zu einem Seminar des Hudson Institute über Szenarioplanung eingeladen.[54] Von Zukunftsforschern und Verteidigungsstrategen während des Kalten Krieges entwickelt, beinhaltete Szenarioplanung das imaginative Ersinnen und Ausgestalten verschiedener Zukunftsszenarien, um potenziellen Gegnern zuvorzukommen. Das sollte ein expliziter Bruch mit dem linearen Denken sein (das zum Beispiel Computermodelle nutzte). Das Szenarioplanungsseminar wollte diese Praxis auf die multinationale Unternehmenswelt übertragen, und die Idee fiel bei den Shell-Managern auf fruchtbaren Boden – vor allem bei dem exzentrischen «Ideenmann» Pierre Wack, der sehr nach Hank Scorpio von den *Simpsons* klingt:

> Wack, Newland und ihre Kollegen wurden innerhalb der Firma zu Evangelisten der Szenarioplanung. In der Anfangsphase gingen Shells hellste Köpfe «Into the Green», in Schlösser in Südfrankreich, um frühe Szenarien zu entwerfen, Wein mit langen Mahlzeiten und Spaziergänge zu genießen, und dazwischen feurige Marathonsitzungen abzuhalten, in denen sie das sich wandelnde Gesicht von Geopolitik und Entwicklungen in der Öl- und Gasbranche vorzeichneten … Bekanntermaßen teilte Wack seine Zeit zwischen dem Westen und dem Osten auf, wo er, seit er 20 war, in entlegenen Aschrams und Klöstern nach spiritueller Führung suchte. Sein Büro roch nach Räucherwerk. Ein Mitglied des Planungsteams erinnerte sich, dass sein letztes Bewerbungsgespräch für den Job bei Wack gewesen war, der es «in einer komplizierten Yogaposition» führte.

Aronoff hebt hervor, dass Szenarioplanung viel mehr – oder vielleicht auch viel weniger – als eine viel gepriesene philosophische Übung war, denn «man musste kein großes Genie sein … um zu begreifen, dass lineare Prognosemodelle nur für die Ölindustrie der späten 1960er so lange funktionieren würden».[55] In dieser Zeit bekam Shell Druck vom Globalen Süden, und sah sich den Auswirkungen von Berichten wie *Grenzen des Wachstums* von 1972 gegenüber, welche hervorhoben, dass fossile Brennstoffe nicht nachhaltig waren. Wie die Wirtschaftshistorikerin Jenny Andersson Aronoff schildert, musste Shell Möglichkeiten finden, «mit der Zukunft umzugehen», die einen selbstzerstörerischen Determinismus abwenden würden, und suchte nach «anderen Zukunftsversionen, die für sie nicht katastrophal waren».[56] Das ist einfach guter Geschäftssinn. Und es erinnert einen auch daran, dass Shell, wie Aronoff schreibt, «einen konstitutiven Block hat, der verhindert, dass der Konzern ein Verbündeter im Klimakampf wird: die Unfähigkeit, sich eine Zukunft ohne Shell vorzustellen».[57] Die übergeordnete Mission, für sich selbst und seine Profite ein unbefristetes Leben zu sichern.

Seither verband Shell Szenarioplanung mit einer Art direkterer PR. Nachdem sie in den 1970ern die Finanzierung von Anzeigen, deren Inhalte den Klimawandel leugneten, wieder einstellten und dazu übergingen, «[sich selbst] grün anzumalen», verkauften dieselben Firmen, die dem «selbstzerstörerischen Determinismus» entgegentraten, der Öffentlichkeit in den 2000er Jahren ihre eigene Version von Determinismus.[58] Energieunternehmen haben allen Grund, um *ihre* Zukunft zu *der* Zukunft zu machen. In einer beeindruckenden, 2021 verfassten Studie über ExxonMobils Klimawandel-Kommunikation seit Mitte der 2000er finden Naomi Oreskes und Geoffrey Supran eine Sprache, welche die Extraktion und Verbrauchernachfrage als unabdingbar darstellt:

> Ein ExxonMobil Unternehmens-Advertorial erklärt: «Um 2030 wird die globale Energienachfrage um etwa 30 Prozent höher liegen als heute … Öl und Erdgas werden erforderlich sein, um den Energiebedarf der Welt zu decken.» Eine andere Werbeanzeige von 2007 sagt, dass «der zunehmende Wohlstand in den Entwicklungsländern der Hauptantrieb für den größeren Energiebedarf (und die folglich steigenden CO_2-Emissionen) sein wird». Ein 1999 erschienenes Advertorial von Mobil ist sogar noch ungeschminkter: «Die wachsende Nachfrage wird die CO_2-Emissionen in die Höhe treiben.» Mit anderen Worten, sie stellen den wachsenden Energiebedarf als unvermeidlich hin und behaupten, dass man diesem nur mit fossilen Brennstoffen begegnen könne.[59]

Es war BP, das den Begriff eines individuellen CO_2-Fußabdrucks populär machte, indem es zum Beispiel 2004 einen CO_2-Fußabdruck-Rechner herausbrachte. Das war einer von mehreren Wegen, auf denen die Energiefirmen suggerierten, dass die Verantwortung für die Lösung des Klimawandel-Problems beim Verbraucher läge.

Es ist natürlich auch richtig, dass sich die Konsumgewohnheiten radikal ändern müssen; Klein weist darauf hin, dass die wohlhabendsten 20 Prozent einer Bevölkerung am ehesten für solche tiefgreifenden Veränderungen in der Verantwortung stehen.[60] Aber wenn wir erreichen wollen, dass sich Reduktionen über «achtsame Städter, die samstags auf Bauernmärkte gehen und upgecycelte Kleider tragen» hinaus erstrecken, dann, so schreibt Naomi Klein in ihrem Buch *This Changes Everything: Capitalism vs. The Climate* weiter, brauchen wir «umfassende Strategien und Programme, die dafür sorgen, dass CO_2-arme Entscheidungen künftig leicht und für alle tragbar sind».*

Indessen ist die Hervorhebung des Verbrauchs durch die Energiefirmen unredlich. Diese Rhetorik erinnert an Big Tobaccos Bemühungen, sich selbst als neutrale Lieferanten von etwas darzustellen, das die Konsumenten angeblich unbedingt haben wollen.[62] Mit anderen Worten, *Wir verkaufen die Zigaretten ja nur; Sie sind diejenigen, die sie rauchen.*

Eine Ansicht wie diese gibt vor, der Klimawandel sei allein «unsere» Schuld, wobei das «unsere» die Gesamtheit der Konsumenten ist, die ihren CO_2-Fußabdruck-Rechner benutzen sollten. Und bei alledem, so schreibt Aronoff, «weist jede Spur eines Beweises darauf hin, dass die Energieindustrie mit voller Kraft voraus in die entgegengesetzte Richtung steuert, Exploration und Produktion vorantreibt, während die Temperaturen und die Meerespegel steigen und Brände wüten». Eines rauchigen Tages, als ich dieses Kapitel schrieb, fragte mich ein Wells-Fargo-Geldautomat, ob ich spenden wolle, um die Brandbekämpfung zu unterstützen.[63] Ich starrte konsterniert auf den Bildschirm. Wells Fargo ist einer der größten Geldgeber für fossile Brennstoffe, der in den vier Jahren nach dem Übereinkommen von Paris $ 198 Milliarden in die Kohle-, Öl- und Gasindustrie investiert hat.

So, wie die Industrie des individuellen Zeitmanagements die Idee von

* Ebenso bemerkt Aronoff in *Overheated*, dass, «wenn es überhaupt so etwas wie die kohlenstoffarme Gesellschaft geben kann, der Regierung die Aufgabe zukommt, diese aufzubauen».[61] Natürlich sind persönliche Entscheidungen innerhalb der Strukturen, die wir haben, noch immer wichtig. Douglas Rushkoff macht in *Survival of the Richest: Escape Fantasies of the Tech Billioniares* folgenden Vorschlag: «Anstatt zu debattieren, ob Sie nun ein Elektro-, Gas- oder Hybridauto kaufen sollten, behalten Sie lieber den Wagen, den Sie haben. Noch besser bilden Sie Fahrgemeinschaften, laufen Sie zur Arbeit, arbeiten Sie von zu Hause aus oder arbeiten Sie weniger. Wie Jimmy Carter uns während seiner oft belächelten Kamingespräche versuchte zu sagen, drehen Sie das Thermostat runter und ziehen Sie einen Pulli an. Das ist besser für Ihre Nebenhöhlen und für jedermann.» Gegen Ende ihres Buches zieht Aronoff die Möglichkeit in Betracht, weniger zu tun, und führt die Argumente auf die dargelegten Vorteile einer kürzeren Arbeitswoche zurück. In gewisser Weise erinnern diese Empfehlungen an das Ende von Kapitel 2 dieses Buches: an die Idee, bestimmte Dinge aufzugeben, im Sinne von Butt-Heads Frage: «Könnten Sie irgendwie weniger Zeug wollen?»

Zeit als Geld dem isolierten Bootstrapper weiterverkauft, verkaufen die Energiefirmen die Idee des CO_2-Fußabdrucks, um von breiteren und wichtigeren Wegen der Veränderung abzulenken. Diese schließen sowohl technologische als auch politische Mittel ein, zu denen wir bereits Zugang haben. Für Klein, Aronoff und andere sind einige dieser Mittel öffentliche Regulierung und Aufsicht – Dinge wie der Green New Deal –, und dass man den Welthandelsabkommen, die den suizidalen Zeithorizont der Energiekonzerne begünstigen, die Stirn bietet. Darüber schrieb Klein ein ganzes Kapitel mit dem Titel «Planning and Banning» [«Planen und Verbieten»].

Klein räumt ein, dass dies in den Vereinigten Staaten, wo sowohl Planung als auch Verbote derzeit als staatliche Überregulierung in Verruf sind, ein harter Kampf, eine «Bergaufschlacht» ist. Nichtsdestotrotz, so schreibt sie, «sollten wir uns über die Art dieser Herausforderung im Klaren sein: Es ist nicht so, dass ‹wir› am Boden sind oder es uns an Möglichkeiten fehlt. Das Problem ist, dass unsere politische Klasse absolut nicht bereit ist, dahin zu gehen, wo das Geld ist (außer wenn es um Wahlkampf-Unterstützung geht), und die Unternehmerklasse ist absolut nicht bereit, ihren gerechten Anteil zu zahlen.»[64] Aronoff selbst unternimmt in ihrem Buch große Anstrengungen, um uns in Erinnerung zu rufen, dass der Berg in der «Bergaufschlacht» historisch spezifisch ist: «Indem sie die gesamte menschliche Existenz als ein endloses Streben in Richtung der Marktgesellschaft hinstellten, mussten die Neoliberalen nicht nur die Möglichkeit einer Zukunft, sondern auch jegliche Erinnerung an eine Vergangenheit tilgen, in der es den Menschen gelungen war, sich anders zu organisieren. Die Art von Werkzeugen, die nötig wären, um aus der Klimakrise heraus zu finden – Dinge wie Kollektiveigentum, Vollbeschäftigung, oder auch einfach nur strenge Bestimmungen, sind in Vergessenheit geraten.»[65] Aronoff spricht vor allem von der Politik der New-Deal-Ära, bevor eine globalisierte Wirtschaft sich etablierte und die Wahrnehmung staatlicher Regulation in eine neoliberale Atmosphäre mündete. Aber man könnte dieses Bild einer politischen Amnesie sogar noch weiter zurückverfolgen und als Echo dessen begreifen, was serynada schildert: die Neuschreibung der Geschichte vom Menschen als ökonomische Maschine.

Und wieder zehrt das Fegefeuer an den Nerven. Wie eine Nebelmaschine, die zunächst eine Dystopie erzeugt, verkaufen Energieunternehmen noch immer ihre sichere Zukunft, entwickeln noch immer Ziele und stellen uns so dar, als würden wir hilflos in ihre Arme treiben. Ich denke an meine Albträume und daran, wie die Zukunft darin aussieht. Wer hat dieses Szenario entworfen?

Ein Steg ragt von der Promenade aus in diesen kompromisslosen Ozean. Als wir an der Mauer entlanglaufen, wird die Gewalt, mit der die Wellen dagegen schlagen, immer deutlicher und lauter. Während wir über den bevölkerten Steg gehen, kommen wir an Gruppen von Krabbenfischern vorbei, die sich an den Seiten mit Tischen, Eimern, Schirmen und Radios eingerichtet haben.

Von hier draußen blicken wir zurück zum Uferdamm. Jetzt kann man ihn erst richtig sehen – das nördliche Ende der Mauer bröckelt, bröckelt vielleicht schon lange. Es sackt nach unten ab, scheint immer dünner zu werden und dann irgendwie ganz zu verschwinden. Aus dieser Entfernung, von wo aus die Häuser und Straßen wie einige prekäre Tupfen der Zivilisation auf den ruhelosen, umtosten Klippen aussehen, ist die ganze Abfolge von Ereignissen tatsächlich besser nachzuvollziehen.

Ich erinnere mich nicht mehr, in welchem Jahr ich die apokalyptische Sprache bemerkte, die in meinen Kunstseminaren in Stanford Einzug hielt. Ich erinnere mich aber an den Studenten, der ein detailliertes, animiertes Triptychon, basierend auf Hieronymus Boschs *Der Garten der Lüste*, kreiert hatte. Die drei Collagen wurden von links nach rechts dunkler und kahler. «Es ist so eine Art … Sonnenuntergang der Menschheit», sagte der Student und lachte dabei nervös. Und da war auch der Student, der uns vor einer Leinwand sein 3-D-Projekt vorstellte und, als er es erklären sollte, mit einer dünnen gequälten Stimme sagte, «Na ja, ich habe eben das Gefühl, dass die Welt am Ende ist und so», woraufhin alle stumm nickten. Ich weiß noch, wie ich dachte, dass es geschmacklos ist, nach alldem weiter über Vektoren und Shader zu sprechen. Und ich erinnere mich, dass ich am liebsten durch den Seminarraum gerannt wäre, um diesen Studenten zu umarmen.

Jahre später, sah ich, dass mein voriges Buch in einem Forum für Menschen empfohlen wurde, denen der Klimawandel das Herz brach, und die einen Zivilisationskollaps befürchteten. In einem für das Forum typischen Post schrieb jemand: «Ich weiß, dass ich dankbar sein sollte, dass noch alles da ist, aber jede Kleinigkeit erscheint mir wie eine Erinnerung daran, dass es eines Tages auf elende Weise verschwinden wird.» «Ich könnte einfach nichtexistent sein, und es würde niemandem wehtun», schrieb jemand anders. In diesem Forum wurde auf solche Äußerungen typischerweise mit gutwilligen transzendentalen Anregungen reagiert: den buddhistischen Ideen der Vergänglichkeit nachgehen, sich auf die kleinen Freuden des Lebens besinnen und einmal auch *Nichts tun* lesen.

Es ist wichtig, zu trauern, vor allem gemeinsam zu trauern. Ich würde Klagen und Schmerz der Leugnung und einem unrealistischen Optimismus immer vorziehen. Aber dabei in der Luft zu hängen, mit nichts anderem verbunden, fühlte sich ähnlich an wie mein Albtraum und das, wofür er stand – eine Nicht-Zukunft, in der die Überzeugungen und das Verhalten der Menschen so determiniert sind, wie auch die Erde inert und hilflos erscheint. Ohne die Trauer zu unterdrücken, muss es eine andere Möglichkeit geben, über Zeit nachzudenken, als die, in welche wir auf unserem ganzen Weg bis zum Ende eingespannt sind. Eine davon, die ich zuvor umrissen habe, besteht darin, die Kontingenzen von Vergangenheit und Gegenwart wieder zu entdecken. Eine andere ist es, seinen temporalen Schwerpunkt zu verlagern, indem man sich diejenigen anschaut, deren Welten schon viele Male am Ende waren.

2019 verfasste Thom Davies eine Studie über einen Ort in Louisiana, der inoffiziell Cancer Alley (Krebs-Allee) genannt wird.[66] Er interviewte Einwohner von Freetown, einst Teil der Landry-Pedescleaux-Zuckerplantage, die als Siedlung von ehemals versklavten Menschen während der Reconstruction gegründet wurde und heute von der Petrochemie-Industrie überrollt wird. Während Davies schrieb, war die Bayou-Bridge-Rohölpipeline noch im Bau, ein Prozess, in dessen Verlauf 16 Demonstranten und ein Journalist verhaftet und schwerer Straftaten angeklagt wurden. Aber wie ein Anwohner Davies erzählte, war alles schon so schlimm und die Luft an manchen Tagen «so voller Gas, dass man kaum atmen konnte».

Für Davies veranschaulicht das, was in Cancer Alley passiert, das Konzept der *langsamen Gewalt*, ein Begriff, den Rob Nixon vom High Meadows Environmental Institute prägte, um Schädigungen zu bezeichnen, die unter dem Level der öffentlichen Wahrnehmung bleiben, weil sie zu graduell voranschreiten und nicht spektakulär genug sind. Aber Davies stellt etwas Wichtiges klar: «Anstatt Nixons häufig zitierte Definition der langsamen Gewalt als ‹außer Sichtweite› zu akzeptieren, müssen wir die Frage stellen: ‹außer Sichtweite für wen?›» Ein spektakuläres Ereignis bedeutet für diejenigen, die es eine Woche lang in den Nachrichten verfolgen, etwas anderes als für die Menschen die mittendrin leben. «Nachdem ich fast zehn Jahre damit verbracht habe, das Leben von Gemeinschaften in verschiedenen toxischen Gegenden zu untersuchen – einschließlich Tschernobyl, Fukushima und nun ‹Cancer Alley› ..., ist das Letzte was ich über diese Räume sagen würde, dass sie unspektakulär sind», schreibt Davies. «Gemeinschaften, welche der langsamen Gewalt toxischer Belastung ausgesetzt sind, haben so viel gesehen, sind voller Erlebnisse und Verluste, welche die Brutalität der graduellen Umweltzerstörung bezeugen.»

Mit anderen Worten, in die Zukunft blicken, kann eher bedeuten, sich umzuschauen als vorauszuschauen. Aufgrund meiner Familiengeschichte tendiere ich dazu, über den Ozean zu schauen. Wie in anderen südpazifischen Ländern wüteten auf den Philippinen seit den 1970er Jahren immer mehr Tropenstürme, und zwischen 1960 und 2012 stieg der Meeresspiegel in der Manila Bay Area neunmal so schnell wie im globalen Durchschnitt.[67] In Sitio Nabong, in einem Gebiet direkt nördlich von Manila, erzählten die Einheimischen Channel News Asia, dass es Jahrzehnte gedauert habe, bis sie dort auf gepflasterten Straßen laufen konnten.[68] Sie wohnen dem Gottesdienst in Booten bei. Aber verschiedene Perspektiven müssen geografisch nicht weit von mir oder voneinander entfernt liegen. So schlug zum Beispiel der Titel einer *New York Times*-Kolumne vom August 2021 einen zukunftsängstlichen, hypothetischen Ton an: «Kalifornien zeichnete sich immer durch angenehmes Wetter aus. Was passiert, wenn das vorbei ist?»[69] Im Kontrast dazu erklärte die kalifornische Farmarbeiterin Martha Fuentes einen Monat zuvor gegenüber einem Al-Jazeera-Reporter, dass sie seit 31 Jahren draußen auf dem Feld sei und durchaus schon Temperaturverschiebungen wahrnehme.[70]

Und damit kommen wir wieder zu dieser Frage des Anthropozäns, und was man selbst als Wendepunkt ansieht. In *A Billion Black Anthropocenes or None [Eine Milliarde schwarzer Anthropozäne oder keins]* schreibt Kathryn Yusoff dagegen an, dass das Anthropozän «in einer Zukunftsform konfiguriert wird, und nicht im Bewusstsein der Auslöschungen, die schwarze und indigene Menschen bereits durchgemacht haben».[71] Die Maori-Klimaaktivistin Haylee Koroi antwortete auf die Frage, wie sie sich angesichts der zeitgenössischen Idee der Klimadepression und Klimaerschöpfung fühle: «... ohne diejenigen, die so empfinden, entwerten zu wollen, ist es doch die Realität, dass wir die Symptome der Klimakrise durch die Kolonisierung seit Generationen erleben».[72] Ebenso bezeichnet Elissa Washuta ihr Volk als «post-apokalyptisch»;[73] für sie liegt die Vernichtung nicht in der Zukunft, sondern vielmehr in der Vergangenheit, und setzt sich in einer weißen amerikanischen Gegenwart fort, welche «die Siwash, die man in mir sieht, ausradieren will».

Ich zitiere diese Perspektiven nicht, um jene (zu denen auch ich selbst gehöre), deren Welten erst jetzt am Ende scheinen, zu beschämen. Viel eher hebe ich für die Nihilisten, die sich keine Zukunft vorstellen können, eine Perspektive hervor, die das vor langer Zeit eingetretene Ende der Welt überlebt hat und auch weiter überlebt. Es gibt viele Menschen und Orte, die weder den Fortschritt des Menschen der Aufklärung noch den Billiardkugel-Deklinismus des Anthropozäns akzeptieren können – weil das Narrativ von Natur aus auf ihrer Zerstörung, Kommodifizierung und Reduktion auf einen Status des Nichtseins basiert. Für diese Menschen und Orte kann die historische Vergangenheit niemals Gegenstand von Nostalgie sein, und die Zukunft war immer in Gefahr. Wenn Sie «die Dose nicht einfach weiter die Straße hinunter kicken wollen», dann schauen Sie sich jene an, für die es gar keine Straße gibt.

***

Zurück am Uferdamm, sehen wir einen Kreis von fünf Holzpfosten, die wie ein Miniatur-Stonehenge aussehen, das ikonischste aller Kalenderbilder. In der Mitte des Kreises können wir gerade noch den Text einer Tafel erkennen, die in den Boden eingelassen wurde und vom Sand halb verdeckt ist.

ANCHOR OF THE BRIG ROLPH
A FOUR MAST SAILING VESSEL
SANK OFF POINT SAN PEDRO 1910
ANCHOR RAISED BY THE SEA LIONS CLUB IN
1962 AND DONATED TO THE CITY OF PACIFICA
WEIGHT 2000 POUNDS

ANKER DER BRIG ROPLH
EIN VIERMASTIGES SEGELSCHIFF
DAS AM POINT SAN PEDRO 1910 SANK
ANKER VOM SEA LIONS CLUB 1962 GEHOBEN
UND DER STADT PACIFICA GESCHENKT
GEWICHT 2000 PFUND

Die Tafel liest sich eher wie eine Gedenktafel für ein Denkmal als für ein Artefakt, weil der Anker aus irgendwelchen unbekannten Gründen gar nicht mehr da ist. Und die Tafel gibt uns auch keine Auskunft darüber, wohin das Schiff unterwegs war. Wir blinzeln zum Horizont, und ich erzähle von der Route des Schiffes, wie es Kalk, Heu und Holz zu einer Zuckerplantage in Hana, Hawaii, brachte.[74] Die Plantage wurde von Theo H. Davies and Company geleitet, einem der «Big Five» Handelskonglomerate, die auf Hawaii das meiste Land besaßen und die Wirtschaft monopolisierten. In dem Bestreben, eine leistungsstarke und stabile Arbeiterschaft aufzubauen – die einheimischen Hawaiianer protestierten gegen die Arbeitsbedingungen[75] und wurden außerdem von ausländischen Krankheiten heimgesucht[76] –, importierten die Unternehmen Menschen aus China, Japan, Norwegen, Deutschland, Puerto Rico, Russland, Korea, den Philippinen und Portugal[77] und stellten Arbeiter unter Arrest, wenn sie nicht schnell genug schufteten.[78]*

Um den Zucker abtransportieren zu können, betrieben die Big Five

* Ronald T. Tanaki schreibt in *Pau Hana: Plantation Life and Labor in Hawaii, 1835–1920*, dass die einheimischen hawaiianischen Arbeiter auf einer der ersten Plantagen der Insel dem Plantagenbesitzer die «Kontrolle und Loyalität» verweigerten, die er erwartete.[79] Indem er rassistische Ideen von Arbeit und Zeit erläuterte, hoffte dieser, unter den Ureinwohnern (Kānaka) zuverlässige, gehorsame Männer vorzufinden, die «sich selbst zu ‹weißen Kanakas› wandeln würden».

außerdem die Matson Navigation Company – derselbe Matson, dessen Name uns im Hafen von Oakland begegnet ist.[80]

Es gibt ein hawaiianisches Sprichwort, das übersetzt etwa heißt, «Das Land ist der Herr, der Mensch ist sein Diener».[81] *Tatsächlich bewirkten die kommerziellen Interessen auf Hawaii ihren eigenen Klimawandel: Indem sie uralte Bäume fällten und Weidevieh hielten, veränderten sie vermutlich die lokalen Niederschlagsmuster zu ihrem eigenen Nachteil.*[82] *Unter dem Einfluss der Zuckerinteressen arbeitete die Territorialregierung fieberhaft daran, die Hänge wieder aufzuforsten; bedauerlicherweise tat sie das jedoch mit schnell wachsendem, standortfremdem Eukalyptus, der weniger komplexe Wälder mit weniger Spezies bildete.*

In jener Nacht 1910 fiel das vollbeladene Schiff auf seinem Weg zu den Plantagen dem dichten Nebel und starken Strömungen zum Opfer. Es zerschellte genau an dem Punkt, an dem ein anderes Schiff bereits sechs Jahre zuvor unter ähnlichen Umständen havariert war.[83] *Niemand starb, aber die Bemühungen, das Schiff zu bergen, blieben erfolglos – die Felsen gaben es nicht mehr frei. Jetzt sieht der Ozean ruhig aus, und ein Nebelstreif gleitet so langsam über den Horizont, dass er fast bewegungslos erscheint.*

Das Wetter spricht, wenn auch nicht auf Englisch. Viele der spektakulären Ereignisse des Klimawandels sind nie da gewesene Versionen dieser alten Sprache: Feuer, Sturm, Flut – nur lauter und an neuen Orten. Während wir «unseren Weg aus dieser Lage blockieren», rutschen Berge ab, Bruchlinien verschieben sich, Lava strömt, wo sie will, und der Chaparral zeigt «eine immer weiter voranschreitende, sich schonungslos verstärkende unbedingte Notwendigkeit, in Flammen aufzugehen».[84] Bäche treten über die Ufer, und Flüsse ändern immer wieder ihren Verlauf. Im ersten Teil von *The Control of Nature*, der von der verlorenen Schlacht handelt, den Lauf des Mississippi davor zu bewahren, durch den Atchafalaya River «zurückerobert» zu werden (was in New Orleans immer höhere Dämme erfordern würde), wird die nichtmenschliche Handlungsmacht in einem unerwarteten Kontext für einen kurzen Moment anerkannt. Das passiert in einem Gespräch zwischen einem Contact Pilot für den Fluss und einem Bauingenieur: «Cano spekulierte über die Chancen des Atchafalaya, den Mississippi eines Tages zurückzuerobern, trotz aller Versuche, ihn davon abzuhalten.[85] ‹Mutter Natur ist geduldig›, sagte er. ‹Mutter Natur hat mehr Zeit als wir.› Rabelais sagte einmal, ‹Sie besitzt nichts, außer Zeit.›»

Die Arroganz, die «ERDRUTSCHE FÜR UNNÖTIG … ERKLÄRT», und der Glaube, isoliert von dem leben zu können, was sie verursachte, sind fehl am Platz. In *Technics and Civilization* stellt Mumford fest, dass dieses isolierende Element und die Möglichkeit zur Überlistung der Zeit genau das ist, was die Industriellen an der Kohle mochten, «die, lange bevor man sie benötigte, abgebaut und eingelagert werden konnte und die Industrie nahezu unabhängig machte von jahreszeitlichen Einflüssen und den Launen des Wetters».[86] Wie sich herausstellen sollte, war das eines der ersten Male, dass wir die Dose die Straße weiter hinunter kickten und das Problem vor uns her schoben. Bereits 1934 hatte Mumford geahnt, dass der Industrialismus tatsächlich «einen langfristigen zyklischen Wandel des Klimas selbst» verursachen könnte.[87]

Um die Zeit jenes sonnenlosen Tages im September fügte ich meinem Browser ein Bookmark für AirNow hinzu, einer Website, die die Luftqualität vorhersagte. An dem Tag war der Kreis rot, mit einem AQI von etwa 153. Die Überreste der verbrannten Bäume waren als PM2.5 – «PM» für «fine particulate matter» (Feinstaub) – angekommen, und hatten sich den ganzen Tag über nicht verzogen. «Sind Sie in Ihrer Terminplanung flexibel?», fragte die Website. «Auch wenn die Vorhersage rot ist (ungesund), dann könnte es über den Tag verteilt trotzdem Zeiten geben, in denen die Luftqualität für Outdoor-Aktivitäten OK ist. Checken Sie die momentane Luftqualität, um zu sehen, ob es eine gute Zeit für Sie ist, draußen aktiv zu sein.» Jahrhunderte, nachdem man in den Vereinigten Staaten begonnen hatte, die Kohle kommerziell auszuschlachten, traten die Launen des Wetters nun auf dem Bildschirm vor mir offen zutage.[88] *Hör mir zu*, sagten sie. *Wenn Du mich ignorierst, wird es für Dich gefährlich.*

Ich kann dem wirklich nichts abgewinnen, dass Leben durch Megafeuer und Megastürme zerstört werden, vor allem dann nicht, wenn die Armen der Welt disproportional unter den Folgen leiden. Wetterereignisse und die Sprache, mit denen sie verbunden sind, begegnen einem überall wieder, und verfolgen einen manchmal geradezu. Ich denke da an das Schild, das ich manchmal an nordkalifornischen Stränden sehe, die keine heftige Strömung, übermäßig große Wellen und deshalb keine Rettungsschwimmer haben, und an denen ahnungslose Leute manchmal ins Meer hinausgezogen werden. Es lautet «Wenden Sie dem Meer niemals den Rücken zu». Dieses Schild führt mir immer wieder meinen Platz vor Augen. Es erinnert mich daran, dass der Strand keine Freizeitanlage für die Menschen ist – dass ich mich dort aufhalten kann, aber die Gesetze des Ozeans besser kennen sollte, wenn ich am Leben bleiben möchte.

In diesen Zeiten sehen wir uns immer mehr gezwungen, in unserer «Terminplanung flexibel zu sein» und zeitweise zu Menschen zu werden, welche die Sprache von Feuer und Flut lernen müssen. Es gab auch bereits rechtliche Anerkennungen der nichtmenschlichen Welt: Neuseeland gestand 2017 dem Mount Taranaki dieselben Rechtsansprüche zu wie einer Person;[89] Bangladesh verfuhr 2019 ebenso mit all seinen Flüssen; und 2022 wurde ein See in Florida zum Kläger in einem Prozess gegen Bauunternehmer.*

Aber im Wesentlichen muss das, was die Aufklärungsfantasie von Eliminierung und Kontrolle nicht zulassen konnte, noch weitgehend (wieder) zugestanden werden: der Subjektstatus des Nichtmenschlichen. Ich weiß, dass mir nicht jeder Leser hier folgen wird, aber ich muss so weit gehen. Das vor allem inmitten des Klimawandels nicht wahrhaben zu wollen, ist, als hätte man Mitbewohner und würde vorgeben, sie exis-

* In einem Kapitel von *The Metaphysics of Modern Existence* mit dem Titel «Expanding the Legal Universe» (Das juristische Universum ausweiten) schreibt Vine Deloria Jr.: «Die Natur hat in unserem Justizsystem keine eigenen Rechte. Wenn unsere Justiz unsere Sicht der Wirklichkeit spiegelt, dann glauben wir also, dass wir über und abseits der physischen Welt stehen.»[90] Er diskutiert auch Christopher Stone, einen Juraprofessor der University of Southern California, der 1972 eine Theorie über gesetzlichen Status ins Feld führte, als er sich in die Debatte über *Sierra Club v. Morton* einbrachte und schließlich das Buch *Should Trees Have Standing? [Sollten Bäume einen Status haben?]* schrieb. Seither gab es in Ecuador, Argentinien, Peru, Pakistan, Indien, Neuseeland, Kanada und den Vereinigten Staaten ähnliche Fälle. 2019 gestand der Yurok-Stamm (derselbe Stamm, der im Auftrag der kalifornischen Regierung den Leitfaden für kontrollierte Brände erarbeitete) dem Klamath River im Rahmen seiner Stammesgesetze einen juristischen Personenstatus zu, in der Hoffnung, das würde rechtliche Schritte zugunsten des Flusses voranbringen.

tierten nicht – als würde man sich nicht klarmachen, dass man sie und sich selbst in diesem Prozess tötet. Es handelt sich also um eine Frage, die das Praktische mit dem Moralischen verbindet. Die Māori-Autorin Nadine Anne Hura (Ngāti Hine, Ngāpuhi) stellt folgende Diagnose: «Es geht uns nicht gut, weil es Papatūānuku nicht gut geht.[91] Und es wird noch schlimmer werden. Wie können wir darüber reden, diese Krankheit zu lindern, wenn wir ihre grundlegenden Ursachen nicht anerkennen? Gier, Verschwendung, die Anhäufung individuellen Reichtums und ein arroganter Glaube an die Überlegenheit des ‹Menschen› über jeden anderen lebendigen Organismus und die Wahrnehmung von Land als Ressource, die wie ein schmutziger Lappen ausgewrungen und dann entsorgt werden kann.»

Ebenso warnt der Energiepolitik- und Klimawissenschaftler Seth Heald davor, über Klimaanpassung und Resilienz zu sprechen, «ohne zu erwähnen, an was wir uns da anpassen oder gegen was wir versuchen resilient zu sein».[92] Er zitiert eine Studie, die feststellt, dass die meisten Amerikaner den Klimawandel unter ökologischen, wissenschaftlichen oder ökonomischen Aspekten betrachten, nicht aber unter dem Aspekt von Moral oder sozialer Gerechtigkeit. Für Heald ist das eine Form von «partiellem Klimaschweigen». Während es zweifellos gut ist, dass mehr Menschen angeben, sich Gedanken über den Klimawandel zu machen, wird ein partielles Schweigen aber nur partielle Lösungen bringen. Womöglich wird man in der Zukunft über die zunehmend brennende, stürmende, abrutschende Welt schimpfen, während man sie zugleich unterdrückt und ihr die Handlungsmacht abspricht – so, wie man das mit allen Objekten im Kolonialismus getan hat. Aus dieser Perspektive würden (und werden) Wellen von Migranten auf dieselbe objektive Weise betrachtet wie ein Hurricane, indem man sie für so «unnötig» erklärt wie einen Erdrutsch und, anstatt endlich Rechenschaft abzulegen, technokratische Interventionen vorzieht.

***

Der Pfad entlang auf dem Uferdamm führt zu einer befestigten Böschung, die einen Golfplatz – und die bedrohte Froschart, die nun dort

in den Teichen lebt – vor dem Meer schützt. Zu unserer Linken stehen Zypressenbäume, die der Wind dauerhaft verformt hat, und vor uns befindet sich eine Reihe kahler Hügel, in denen Wanderer zu kleinen Punkten werden und schließlich verschwinden. Wir beschließen, ihnen zu folgen.

Der Pfad wird schmaler und läuft unter einem kleinen Zypressenhain entlang. Erstaunlicherweise blühen hier noch immer Dinge: Küsten-Indianerpinsel und eine Blume mit einem Namen, der die Zeit vor Augen führt: «Farewell to Spring» (Sommerazalee). Oben in der kargen Hügellandschaft stoßen wir auf ein weiteres Schild, das uns sagt, wir sollten uns von den brüchigen Klippen fernhalten. Von hier aus können wir alles sehen: den Steg, die bröckelnde Mauer, die Klippen im Norden und Süden und jenen unendlichen Ozean, der noch unendlicher erscheint, je höher man kommt.

Hier draußen sehen wir etwas: eine Nebelexplosion. Sie ist so weit weg, und die Sonne ist so gleißend, dass es auch eine optische Täuschung sein könnte, aber dann sehen wir es noch einmal. Es ist ein Wal.

Einen Moment lang bin ich sprachlos. Dann sage ich so etwas Blödes wie, dass ich schon ganz vergessen hätte, dass es Wale im echten Leben und nicht nur auf Autoaufklebern gibt. Was ich wirklich denke, ist, dass nicht nur der Wal, sondern auch das Meer plötzlich realer aus-

sehen. Die ganze Zeit über war es ein Universum, das an unseres grenzte, eine unergründliche Umwelt, *die nicht für uns da ist.**

Die Verlagerung unseres Wahrnehmungsschwerpunktes lässt den Wal und das Meer zum Herrscher werden, für dessen Welt die Klippen die Grenze sind, ebenso wie für unsere Welt.

Wenn wir der Klimakrise eine moralische Dimension zugestehen, dann werden bestimmte Dinge, die im Nebel verschwunden sind, wieder klarer, einschließlich ihrer Beziehung zu anderen fundamentalen Ungerechtigkeiten. Zum Beispiel sind die scheinbar zweckmäßigen Erwägungen der Energiekonzerne und Investoren mit der Argumentation der Sklaverei-Apologeten im Amerika des 19. Jahrhunderts zu vergleichen, die ihre Sache ebenfalls als apolitisches, wirtschaftliches Problem mit technokratischen Lösungen sahen. Nur, indem er versklavte Menschen als Nichtsubjekte betrachtete, konnte jemand wie Henry Lascelles, Second Earl of Harewood, 1823 bei einer Zusammenkunft, auf der es um seine karibischen Plantagen ging, plausibel von einem «progressiven Zustand» der «Verbesserung in der Sklavenbevölkerung» sprechen.[94] Diese Verbesserung war technischer Art, eine Frage dessen, wie man Objekte besser einsetzte; der Abolitionismus war moralisch, eine Frage dessen, wer als Subjekt galt. Energiefirmen können sich eine Zukunft ohne die Objekte der Extraktion nicht vorstellen und müssen deshalb eine Weltsicht propagieren und finanzieren, in der die Erde ein Objekt bleibt. Plantagenbesitzer konnten sich eine Zukunft ohne die Objekte der Sklaverei nicht vorstellen und propagierten und finanzierten deshalb eine Weltsicht, in der die versklavten Menschen Objekte blieben. Diese Beziehung ist mehr als eine Analogie: Verschiedene Wissenschaftler haben zum Beispiel die Rolle von Plantagenbaumwolle für die Textilfabriken, welche die Industrielle Revolution vorantrieben, hervorgehoben.

Einem modernen Subjekt erscheint dieser historische Moment womöglich in vielerlei Hinsicht rettungslos kompliziert und verworren –

* Im frühen 20. Jahrhundert verwandte der deutschbaltische Biologe Jakob von Uexküll das Wort *Umwelt*, um vor allem die Welt zu bezeichnen, wie sie ein bestimmter Organismus erlebt. Zu einer genaueren Darlegung dieses Konzepts siehe Ed Yongs *An Immense World: How Animal Senses Reveal the Hidden Realms Around Us.*[93]

aber einige Dinge sind dennoch ganz klar. Immer wenn ich sehe, wie die Zukunft mit kalten Berechnungen vertan wird, immer wenn jemand sagt, es ist eine ökologische und ökonomische und keine moralische oder politische Frage, immer wenn eine technokratische Ansicht die Arroganz der vergangenen Jahrhunderte verschleiert und fortführt, immer wenn die Kolonisierten und Objektifizierten als Kläger nicht in Erscheinung treten, immer wenn die Profitierenden nicht als Verteidiger in Erscheinung treten, immer wenn ich den Horizont nicht mehr sehen kann und vergesse, warum der Rauch da ist – dann spiele ich diese Argumentation in meinem Kopf durch. *Es ist ein kompliziertes Thema*, sagt die eine Seite. *Nein, eigentlich nicht*, sagt die andere.*

Die Alternative dazu, zu sagen «das ist so», ist der Gedanke, dass es noch nie so war. Die Bäume, die ich als Kind sah, waren nicht zeitlos. Wie ich die Wälder, die aus der Feuer-Supression hervorgingen, falsch wahrnahm und die Frage, ob Wälder ein *Wer* oder *Was* sind, nicht stellte, wuchs ich auf einem falschen Plateau auf, das ich für die Unendlichkeit hielt. Und bis ich begriff, dass es anders ist, war alles, was ich wahrnehmen konnte, der Verlust dessen, was mir vertraut und tröstlich erschien. Nun bemühe ich mich, meinen Griff zu lockern. In die Zukunft zu blicken, bedeutet, um sich zu blicken; um sich zu blicken, bedeutet, in die Geschichte zu blicken – nicht hin zur künftigen Apokalypse, sondern in die apokalyptische Vergangenheit, zur Apokalypse, die noch immer dabei ist, sich weiter zu entfalten. Indem sie darauf aufmerksam macht, dass das griechische Wort *Apokalypsis*, ursprünglich «durch das Verborgene» oder «Enthüllung» bedeutete, folgert Washuta, dass «Apokalypse sehr wenig mit dem Ende der Welt zu tun hat, dafür aber umso mehr mit der Vision, die das Verborgene sieht, die Leinwand durchstößt».[95] Ebenso schrieb die französische feministische Dichterin und Philosophin Hélène Cixous, «wir müssen die Welt verlieren, um eine Welt zu verlieren und um herauszufinden, dass es mehr als eine Welt gibt, und dass die Welt nicht das ist, wofür wir sie halten».[96] Die derzeitige Bedeutung von Apokalypse ist mo-

* Das sind Zeilen aus einem Dialog über den Klimawandel zwischen einem Priester und dem Besitzer einer umweltverschmutzenden Fabrik in Paul Schraders Film *First Reformed* von 2017.

dern; im Mittelenglischen bedeutete *Apocalypse* einfach nur «Vision», «Einsicht» oder auch «Halluzination».

Die Welt endet – aber welche Welt? Bedenken Sie, dass viele Welten erloschen sind, so, wie viele Welten entstanden sind oder gerade dabei sind, zu entstehen. Bedenken Sie, dass keine von ihnen auf irgendeine Weise vorrangig ist. Nur ein Gedankenexperiment – stellen Sie sich vor, Sie wären nicht am Ende der Zeit geboren, sondern zu *genau der richtigen Zeit*, dass Sie, wie der Dichter Chen Chen schreibt, aufwachsen, um «eine Jahreszeit des Planeten mit planetengroßen Stürmen» zu werden.[97] Denken Sie sich ein Szenario aus, stellen Sie sich selbst darin vor. Und dann sagen Sie mir, was Sie sehen.

Und was ist mit der Zwischenzeit, in der die Albträume immer noch da sind? Die Zukunft ist nicht festgeschrieben, aber der Verlust zeigt sich bereits, der Verlust, der jetzt geschieht, und der Teil des Verlustes, der bereits in der Tiefe angelegt ist. Als ich dieses Kapitel schrieb, gab es Momente, in denen ich mich fühlte, als würde ich Gift trinken – oder vielleicht passender, als ließe ich mehrere Tonnen von San-Gabriel-Felsbrocken durch das kleine Haus meines Selbst rollen. Ich war mir nicht sicher, ob die Wände das aushalten würden.

Trauer in dieser Größenordnung kann einen einsamen Trauernden umbringen – wenn nicht physisch, dann doch auf andere Weise. Das ist nur ein weiterer Fluch des isolierten *Homo oeconomicus*: Was die Verbraucher tun, ist «grün kaufen», anstatt einander zu umarmen und zu weinen. Wenn wir «aller Erinnerungen der Vergangenheit, in der die Menschen es geschafft haben, sich anders zu organisieren», beraubt worden sind, dann muss sich das auch auf unser emotionales Leben auswirken: Deine Probleme sind persönlich und pathologisch, die Lösungen dafür beschränken sich auf Deine eigenen Lebensentscheidungen und ein paar Selbsthilfeslogans.

Ich erinnere mich noch, wie ich zwei engen Freunden kurz vor Beginn der COVID-19-Pandemie erzählte, dass ich irgendwie ziemlich deprimiert sei. So, wie ich darüber sprach, hätte man denken können, es handle sich um gebrochene Gliedmaßen, einen Nährstoffmangel oder sogar eine persönliche Niederlage und nicht um den Kummer einer Person, die in einer Welt existiert. «Na ja, Jenny», sagte einer von ihnen, «es gibt ja auch eine Menge, weswegen man deprimiert sein kann». Der andere legte einfach seinen Arm um mich.

Die Gegenwart kann und sollte nicht allein getragen werden. Auch Trauer kann neue Formen von Subjekthaftigkeit lehren. Ich denke da an eine Art von Doppelheit, eine Gegenseitigkeit mit der Kraft, hinzusehen und sich nicht abzuwenden. Das, was mich von Tag zu Tag durchbringt, war immer ein anderer Körper, sei es der eines Freundes, eine Vogelschar in einem Busch oder die nach Osten gewandte Seite meines Lieblingsberges. Ich ziehe etwas aus ihrer Nähe, ziehe aus ihnen *etwas*, das ich selbst nicht wirklich in mir trage. In einer Rezension von *Nichts tun* hieß es einmal, ich würde «den ärgerlichen Begriff ‹Körper› benutzen», obwohl ich sicherlich Leute oder Menschen meinte.[98] Aber ich meine nicht «Leute» oder «Menschen». Ich meine *Körper*: doppelte Körper, dreifache Körper, Verbindungen und Amalgame, die sich verändern, das Gewicht tragen und die Wände stützen können. Diese Zeit erfordert es, dass wir uns aneinanderdrängen, uns an die Welt drücken. Jetzt ist nicht der Moment, dem Meer den Rücken zuzukehren.

Damals im September 2020 endeten die meisten meiner Albträume damit, dass ich zuschaute, wie sich das Feuer weiter ausbreitete. Aber es gab eine bemerkenswerte Ausnahme: In einem Traum, rannte ich zu einem Fremden, der einen Hund dabeihatte, und bat ihn um Hilfe. Er nahm mich an der Hand, und wir alle drei rannten um unser Leben auf einen Parkplatz vor einem Lebensmittelgeschäft. Als uns das Feuer umzingelt hatte, standen wir da und betrachteten es gemeinsam. Es war das Ende der Welt aber nicht meines Traums. *Was jetzt?*, fragte ich.

KAPITEL 6

Ungewöhnliche Zeiten

DIE GEMEINDEBIBLIOTHEK

Wir leben nach der Sonne, nicht nach der Uhr.
Frau aus Sevilla, zitiert im BBC-Artikel «Spain Considers Time Zone Change to Boost Productivity», 2013[1]

Wir fahren von den Klippen aus in Richtung Nordosten, überqueren wieder die San-Andreas-Vewerfung und landen im nächsten Verkehrschaos: diesmal auf dem Highway 101, in der Nähe eines Krankenhauses von San Francisco, das nach Mark Zuckerberg benannt ist. Gerade als der Stau richtig dicht wird, fahren wir links ab in Richtung South of Market und gelangen auf eine breite, aber befahrene Strasse, die zum Financial District führt. Hier stehen kastenförmige, viergeschossige Wohnkomplexe neben alten Industriegebäuden, die heute Unternehmen wie Leather Etc beherbergen, das Leder und Bondage-Artikel verkauft.

Wir verziehen uns in den Eingang eines dieser alten Gebäude. In den 1920ern befand sich an diesem Ort eine gewerbliche Wäscherei, die im Telefonbuch unter einer Anzeige für die Anti-Jap Laundry League stand, zu einer Zeit, als die Unternehmen «weiße Arbeit» stolz bewarben, als handle es sich um ein Fair-Trade-Label. Hundert Jahre später drücken wir «P» für «Prelinger» auf der Gegensprechanlage des Gebäudes. Ein Aufzug trägt uns fort vom Straßenlärm in den zweiten Stock, wo aus einem Poledance-Studio Bässe wummern. Ein warmes Licht lockt am Ende des Flurs, da eine der Doppeltüren offen steht. Innen: drei Gänge zwischen deckenhohen stählernen Bücherregalen, zwei lächelnde Bibliothekare und ein paar Leute, die an einem großen Tisch über verschiedene Bücher und Karten gebeugt sitzen.

Wie schaffen wir ein Zuhause für unsere Wünsche? Das ist eine schwierige Frage für jeden, der in der Art von Bootstrapper-Gesellschaft lebt, in der Unzufriedenheit als persönlich beschämend gilt, und in der *das, was Du möchtest* und *das, was tatsächlich ist*, komplett unverbunden erscheinen können. Zynismus und Nihilismus lassen Dich vertrocknen, wie einen Boden, der hart und festgewalzt ist, weil man ihn vernachlässigt und misshandelt hat. Aber der Boden trägt das Gedächtnis des Lebens in sich, und mit etwas Wasser und einer Forke kann man ihn wieder gesunden lassen. Dabei ist es hilfreich, sich klarzumachen, dass man nicht allein ist. Schauen Sie sich um. Ist es wirklich so, dass jeder Zeit als Geld betrachtet? Oder ist es vielmehr so, dass alle ihre gesamte Zeit darauf verwenden, sich zu wünschen, dass diese nicht wie Geld betrachtet würde?

Ich würde diesen Boden gerne auflockern, indem ich ein anderes Gedankenexperiment versuche. Wie ich in Kapitel 2 beschreibe, existieren für das Zeitmanagement oft verschiedene Zeiteinheiten auf individuellen Zeitbanken: Ich habe meine, und Sie haben Ihre. Wenn ich Ihnen in dieser Welt etwas von meiner Zeit schenke, dann habe ich weniger davon. Unsere Interaktionen können nur transaktional sein. Wenn dem nicht so wäre – wenn Sie und ich in einem Feld gegenseitiger Beeinflussung existierten, in dem Zeit weder austauschbar noch kommodifiziert wäre –, was würde «Zeitmanagement» dann bedeuten?

Ich denke, es würde wohl, zumindest teilweise, eine Art wechselseitig förderliche Übereinkunft zwischen Ihnen und mir bedeuten, durch die wir uns darüber verständigen, wann und wie wir Dinge tun wollen. Das könnte auch im ganz kleinen Maßstab stattfinden. Einer meiner Freunde und ich, wir haben zum Beispiel eine explizite Vereinbarung getroffen, dass wir uns nie entschuldigen müssen, wenn einer von uns verspätet auf eine E-Mail antwortet; wir haben beschlossen, dass man schreibt, wenn man eben dazu kommt. Zwischen meinem Partner und mir gibt es die unausgesprochene Regel, dass derjenige, der kocht, dafür den Abwasch nicht machen muss. Aber wir alle leben in einem viel größeren, ernsthafteren Kontext solcher Verhandlungen. Anstatt «im Gleichschritt auf den Abgrund zuzumarschieren», wobei sich die Mahnung, realistisch zu bleiben, auf eine zunehmend unhaltbare Realität bezieht, haben wir zumindest das Recht, uns zu überlegen, wessen Zeit was wert sein sollte, wessen Zeit etwas wert ist, und wozu unsere Zeit da ist.

Wenn wir versuchen, uns andere Zeitlandschaften vorzustellen, dann können wir vielleicht etwas von Allen C. Bluedorns «temporalen Gemeingütern» lernen, den gesellschaftlichen Vereinbarungen, welche die Zeiterfahrungen der Beteiligten bilden und definieren.[2] Bluedorn macht sich besonders um bedrohte zeitliche Phänomene Gedanken, wie etwa die spanische Siesta, die immer weniger Beachtung findet. Wenn Gesetze die Siesta nicht schützen oder wenn die Menschen sie aus anderen Gründen nicht mehr wahrnehmen, dann wird sie als Zeitform verschwinden. Wie alle anderen Gemeingüter braucht auch ein temporales Gemeingut Bewahrer. «Die Idee ist nicht, Zeit im Sinne des Zeitmanagements zu sparen, sondern viel eher *Zeiten* zu retten», so schreibt Bluedorn. «Oder zumindest manche von ihnen zu bewahren.»[3]

Aber ein temporales Gemeingut existiert nicht in einem Vakuum, und es kann oft zu seiner Umgebung in Widerspruch stehen. An einer Stelle schildert Bluedorn Leslie Perlows Experiment von 1999, in einer Fortune-500-Softwarefirma «Ruhezeiten» einzuführen. Die Ingenieure dort waren frustriert, weil sie ihre Arbeit mit den regelmäßigen Unterbrechungen nicht effizient erledigen konnten. Perlows «Ruhezeit» bedeutete, dass es eine (manchmal zwei) Phasen am Tag gab, in denen «spontane Interaktionen und Unterbrechungen» von Mitarbeitern nicht erlaubt waren. Bluedorn erinnert uns daran, dass «die Ruhezeit nicht einfach stattfand; wie so viele Zeiten war sie konstruiert, gesellschaftlich konstruiert, und in diesem Fall war sie außerdem gesellschaftlich vereinbart».[4]

Perlow gewann aus dieser Studie über verschiedene Arten von Arbeitszeit wichtige Einsichten. Aber was schließlich in der Softwarefirma geschah, ist bezeichnend. Auch wenn die Ruhezeit beliebt war und manche der Ingenieure sie nach Ablauf des Experiments beibehalten wollten, konnte sich die Struktur nach Perlows Weggang nicht durchsetzen: «Offensichtlich hatten sich die Kernelemente der Organisationskultur wie etwa die *Erfolgskriterien* nicht verändert, und das förderte Verhaltensweisen, die wiederum dazu führten, dass die Ruhezeit ‹sich in Luft auflöste›.» (Hervorhebung der Autorin)

Was hätten die Ingenieure tun müssen, um die Ruhezeit zu «bewahren», nachdem Perlow nicht mehr da war? Vielleicht hätte es mehr als eine informelle Vereinbarung gebraucht – zum Beispiel eine Art Kodifizierung neuer «Erfolgskriterien», die jeden vor den alten geschützt hätte. Diese Art von Spannung tritt bis zu einem gewissen Grad sogar innerhalb der kleinen Beispiele auf, die ich Ihnen genannt habe: Die Vereinbarung mit meinem Freund entzieht sich der allgemeinen Erwartung, man müsste immer für E-Mails erreichbar sein. Die Vereinbarung mit meinem Partner lehnt die allgemeine Erwartung ab, dass Frauen die gesamte Hausarbeit tun.

Aus Bluedorns Buch *The Human Organization of Time [Die menschliche Organisation der Zeit]* lernte ich das deutsche Wort *Zeitgeber*, etwas, das Deine Zeit organisiert und gestaltet.[5] Wie Sie sich aus Kapitel 2 vielleicht erinnern, kann ein Zeitgeber mit einem anderen in Konflikt geraten und diesen ausstechen. Mit dieser «Eroberung» im Blick, können wir den Untertitel von Naomi Kleins Buch *This Changes Everything: Capitalism vs. The Climate (Die Entscheidung: Kapitalismus vs. Klima)* noch einmal anders überdenken. Klein beschreibt, wie internationale Handelsabkommen wie das Nordamerikanische Freihandelsabkommen (NAFTA) die individuellen Bemühungen der Länder behinderten, den Verkauf und die Extraktion von fossilen Brennstoffen zu regulieren oder neue Infrastrukturen für erneuerbare Energien aufzubauen.[6] Multinationale Unternehmen können sie sogar nutzen, um Erfolge der Graswurzelbewegung zu kippen, wie etwa das Moratorium von Quebec zum Erdgas-Fracking. Mit anderen Worten, wir haben internationale Handelsorgane, und wir haben Klimagipfel; beide haben verschiedene zeitliche Ziele im Blick, aber diese Ziele wurden nie gleichberechtigt durchgesetzt. Klein zitiert einen WTO-Beamten, der 2005 verlauten ließ, die Organisation ermögliche es, «fast jede Maßnahme zur Reduktion von Treibhausgasemissionen» anzufechten, und sie fügte hinzu, dass dies zu jener Zeit wenig Protest hervorrief, obwohl es das hätte tun sollen.

Jahrhunderte, nachdem Sandford Fleming sich einen gänzlich vom irdischen Kontext abgelösten kosmischen Tag erträumt hatte, scheint der Zeitgeber, der unser Leben dominiert, nicht die Atomkriegsuhr zu sein, sondern der Vierteljahresbericht. Das erklärt wohl die seltsame zeitliche Spaltung, die ich in diesem Sommer eines Tages empfand, als der AQI zu hoch war, um rauszugehen, und ich in den Transkriptionen der Telefonkonferenz zum Quartalsergebnis herumstöberte, die BP auf seiner Website veröffentlicht. In der Frage-und-Antwort-Sektion für Aktionäre des Protokolls von 2018 fragt ein Analyst der Santander Bank höflich nach Tortue, dem Erdgasfeld, das die Firma vor der Küste zwischen Mauretanien und dem Senegal plante. 2020, als das Gasfeld in Betrieb war, jedoch durch die COVID-19-Pandemie ruhte, fragte ein Analyst von Panmure Gordon, einer britischen Investmentbank, wieder danach:

> Ja, danke, dass Sie meine Frage aufgreifen. Es ging noch mal um das Gas. Eines der Projekte, das Sie nicht erwähnt haben, Bernard [Bernard Looney, CEO von BP], war, wie die Dinge mit Tortue stehen, und wenn Sie vielleicht, noch weiter gefasst, etwas dazu sagen könnten, wie die künftigen Entwicklungen in Mauretanien und im Senegal sich auf die Ziele von 25 Millionen Tonnen und 30 Millionen Tonnen LNG [Liquid Natural Gas, Flüssigerdgas] jährlich, 2025 und 2030 auswirken. Und vor allem, wie stellen Sie sicher, dass diese zu ausgereiften FID-Projekten [Foreign Income Dividend, ausländische Dividendenerträge] werden? Danke schön.[7]

Looney versichert dem Analysten, dass trotz der COVID geschuldeten Verzögerungen alles *nach Plan* liefe. Außer meinem stummen Entsetzen bei der Vorstellung von 30 Millionen Tonnen Flüssiggas, ist an diesem Austausch überhaupt nichts Bemerkenswertes. Wie Marx in *Das Kapital* schreibt: «‹*Après moi, le déluge!*› [Nach mir die Sintflut] ist der Wahlruf jedes Kapitalisten und jeder Kapitalistennation.»*

Das wichtigste Erfolgskriterium ist für die meisten Firmen Wachstum. Bernard Looney machte seine Arbeit; die Bank machte ihre Arbeit. Und die Marketingleute von BP machen ihre Arbeit, indem sie Anzeigen gestalten, die Erdgas als «sauber» verkaufen. In einem anderen Quartal würde es ein weiteres Meeting geben, und das würde ebenso lässig und sorglos ablaufen. Ich sah durch ein Fenster auf einen anderen Tag, auf eine extraktive Industrie, die vor einem für sie selbst günstigen Zeithorizont arbeitete. Und doch betraf mich das, was ich sah, als Zeitgeber und Bestimmer meines eigenen Zeithorizontes ganz direkt.

Wir durchstreifen die Gänge zwischen den Bücherregalen. Diese Bibliothek ist nicht nach dem Dewey-Dezimalsystem katalogisiert, sondern nach der intuitiven, psycho-geografischen Ordnung der Bibliothekare. Es beginnt links mit Themen rund um San Fransciso, geht von da aus entlang der Regale in den amerikanischen Westen über, zu Weltgeografie und Naturgeschichte, bis in die Bereiche Extraktion, Transportwesen, Infrastruktur, Wohnen, Kunst, Film, vernetzte Medien, materielle Kultur, Sprache und Gender, Rasse und Ethnizität, U. S.-Politikgeschichte, Geopolitik, unamerikanische Aktivitäten und schlussendlich in eine Abteilung mit dem Namen Abstrakt und Überirdisch.

Wir gehen in die letzte noch verbleibende Abteilung, Oversize, und ziehen aus einer Reihe gebundener Zeitschriften einen Band heraus. Es ist das Factory Magazine. *Wir überfliegen die Anzeigen für Kontroll-*

* Dieser Ausruf findet sich im selben Abschnitt von *Das Kapital* («Der Arbeitstag»), aus dem ich in meinem ersten Kapitel zitiert habe, und er folgt auf Marx' Vergleich der Ausbeutung arbeitender Körper mit jener der Erde: «Was es [das Kapital] interessiert, ist einzig und allein das Maximum von Arbeitskraft, das in einem Arbeitstag flüssig gemacht werden kann. Es erreicht dies Ziel durch Verkürzung der Dauer der Arbeitskraft, wie ein gieriger Landwirt gesteigerten Bodenertrag durch Beraubung der Bodenfruchtbarkeit erreicht.»[8]

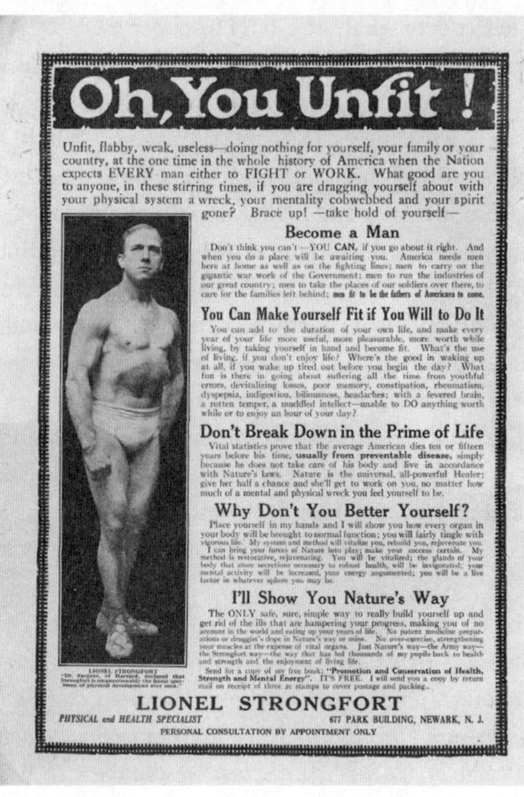

uhren und Effizienz-Systeme. «Für die Zeit gerüstet» lautet eine von ihnen. «Erfolgreiche Menschen wissen, dass es im Business ein Element gibt, das die anderen kontrolliert – Zeit.» In einer weiteren Anzeige, die Arbeiter an einem Tisch zeigt, heißt es, «Menschliche Effizienz bestimmt die Firmeneffizienz».

Wir biegen um die Ecke und finden einige Ausgaben von Physical Culture. *«Oh, Du Untauglicher!» steht über einer ganzseitigen Anzeige aus der Zeit des Ersten Weltkriegs, verfasst von Lionel Strongfort, der daneben in Unterwäsche posiert und angestrengt seinen muskulösen Bauch einzieht. «Unfit, wabbelig, schwach, nutzlos – Du tust nichts für Dich selbst, Deine Familie und Dein Land, genau zu der Zeit in der gesamten Geschichte Amerikas, in der die Nation von JEDEM Mann erwartet, entweder zu KÄMPFEN oder zu ARBEITEN.» Und weiter unten: «Warum arbeitest Du nicht an Dir?» Es ist irgendwie lustig, sich diese Originale anzuschauen. Auch wenn wir uns dessen bewusst sind, wie sehr diese Ideen die Kultur, in der wir leben infiltriert haben, wirkt die Sprache auf dieser Seite desperat, willkürlich und angreifbar.*

Auf seiner Mission «Zeiten zu retten» klingt Bluedorn oft wie ein Ethnologe, der sich Sorgen macht, weil immer mehr Sprachen der Welt verschwinden. Tatsächlich ist jedes gemeinsame Zeitgefühl zutiefst mit Sprache verbunden, da diese selbst ein System zur Ordnung und Gliederung der Welt ist, dessen Konturen durch Worte, Sätze und Ideen darüber, was Zeit ist, aufrechterhalten werden. Der Soziologe William Grossin schilderte eine «Korrespondenz» zwischen «der Wirtschaft einer Gesellschaft, der Art, wie sie Arbeit organisiert, den Mitteln, die sie zur Produktion von Waren und Dienstleistung einsetzt, und der Weise, wie sich Zeit im kollektiven Bewusstsein widerspiegelt, ein Bild, das jedes Individuum aufnimmt, verinnerlicht und fast immer ohne Probleme akzeptiert».[9]

Fast immer. Was passiert, wenn ein Problem auftaucht?

Sprache ist dynamisch, widerspenstig, sie zersplittert immer wieder. Das muss so sein, weil wir im Umgang mit ihr Worte und Konstruktionen nutzen, die wir nie gewählt haben und sie das tun lassen, was wir – als große oder kleine Kollektive – von ihnen wollen. Im März 2021, mitten in der Pandemie, schrieb Kathryn Hymes für den *Atlantic* eine Geschichte über «Familekte», Dialekte und Kurzformen, die sich zwischen denjenigen entwickeln, die viel Zeit miteinander im selben Umfeld verbringen, und sie spekulierte, dass die Lockdowns während der Pandemie diese Prozesse eventuell beschleunigt haben.[10] Eine der befragten Personen nennt Himes das Beispiel *Hog*, was eine etwas kleinere Tasse Kaffee bedeutet: «Sie erklärte, das komme von ‹einem Kaffeebecher, den meine Zimmerkameradinnen und ich eines Tages fanden. Er ist kleiner als die anderen, mit einem Igel (Hedgehog) darauf.› Der *Hog* ist bei ihr zu Hause zu einer etablierten Maßeinheit geworden: ‹Ich habe jetzt auch schon nach *einem halben Hog* gefragt und ihn bekommen.›»

Wir verstehen Übereinkünfte innerhalb eines bestimmten gemeinsamen Zeitbereichs vermutlich als Zeit-Familekt – ähnlich dem, was ich in Bezug auf E-Mails und Abwasch oder die Beobachtungen meiner philippinischen Verwandten hinsichtlich «philippinischer Zeit» beschrieben habe, eine generelle Akzeptanz dessen, was in anderen Kontexten als zu spät gelten würde (ein Thema, auf das ich noch zurückkomme … später). Man könnte sich sogar vorstellen, einen willkürlichen Zeit-Familekt zu kreieren, wie etwa mit nur einem Freund zu beschließen, alle acht Tage eine Art Ritual zu begehen. Immer, wenn man nicht nur miteinander, sondern mit anderen zu tun hat, ist es dann aber vielleicht etwas mühsam, eine zeitliche Sprache aufrechtzuerhalten, die der normalen Sieben-Tage-Woche entgegensteht.

Acht-Tage-Zyklen mögen zwar merkwürdig klingen, aber sie sind eigentlich nicht merkwürdiger als das historische Phänomen, dass verschiedene Religionen verschiedene Tage für den Sabbath wählen, nur um sich von den anderen zu unterscheiden. Der philippinische Zweig meiner Familie sind Siebenten-Tags-Adventisten, eine christliche Glaubensgemeinschaft, die im frühen 19. Jahrhundert aus dem Second Great Awakening, der zweiten großen Erweckungsbewegung, hervorging.[11] Eines der signifikantesten Kennzeichen dieser Religionsgemeinschaft ist, dass sie den Sabbath samstags feiert.[12] Dank der Missionare konnte sie sich im frühen 20. Jahrhundert einen Stützpunkt auf den Philippinen aufbauen.[13] Um diese Zeit gelang es ihnen auch, meinen Urgroßvater zu bekehren – jedoch nicht meine Urgroßmutter, die katholisch blieb. Bis meine Urgroßmutter sich auch bekehren ließ, erzeugte der Sabbath häufig Spannungen. Man erzählt sich in unserer Familie, dass sie samstags in der Küche absichtlich Unordnung machte, damit ihre Töchter an diesem Tag aufräumen mussten und alle zu spät zur Siebenten-Tags-Adventisten-Messe kamen.

Verweigerer von neuen Zeitordnungen haben ihre Gründe, die unbedeutend und praktisch sein können, aber auch symbolischer und separatistischer Natur. Diejenigen, welche die neuen Zeitzonenstandards als Zumutung empfinden (und sich ihnen manchmal verweigern), sind vermutlich auch oft jene, für die solche Veränderungen die größten Dissonanzen verursachen. Zum Beispiel bedeutet, 7,5 Längengrade von einem Zeitzonenmeridian entfernt zu sein, mit einem Standardmittag zu leben, der sich bis zu einer halben Stunde von der beobachteten Mittagszeit unterscheidet. Standardzeitzonen könnten auch als «blasphemische Einmischung in die göttliche Ordnung» gesehen werden;[14] Eviatar Zerubavel schreibt in seiner Studie über standardisierte Zeit, dass muslimische Länder zur Festlegung der Gebetszeiten auf der Sonnenzeit beharren (basierend auf dem Sonnenstand anstatt auf dem Lesen einer Uhr). In einer Aktion, die der Samstagsmesse der Siebenten-Tags-Adventisten ähnelt, stellte Twin Oaks, eine der Kommunen der 1960er, die ich in *Nichts tun* erwähne, alle ihre Uhren in Abgrenzung zur «Außenzeit» bewusst eine Stunde vor, um nach Twin Oaks Time (TOT) zu leben.[15] Und bis 1911 weigerten sich die Franzosen hartnäckig, Greenwich Mean Time zu übernehmen – die in England beheimatet war –, und auch, als sie sich dann durchgerungen hatten, sprachen sie von der «um 9 Minuten und 21 Sekunden verspäteten Paris Mean Time».[16]

Wie das letzte Beispiel zeigt, war die Standardzeit oft die rechte Hand der Identität eines Staates. 1949 setzte Mao Zedong als Vorsitzender der KP ganz China auf Peking-Zeit und berief sich damit auf die nationale Einheit.[17] Diese eine Zeitzone besteht bis heute, mit einer Ausnahme, auf die ich noch einmal kurz zurückkommen werde. Während des Zweiten Weltkriegs übernahm Deutschland die Sommerzeit und übertrug sie auch auf Teile des von den Nazis besetzten Europas.[18] Und als Zeichen der Solidarität mit Hitler stellte der spanische Diktator Francisco Franco Spanien in den 1940ern auf mitteleuropäische Zeit (Central European Time, CET) um.[19] Einzig aus diesem Grund teilt Spanien immer noch eine Zeitzone mit Deutschland und ist Marokko, das genau südlich liegt, um eine Stunde voraus.[20] 2019 gab es im Europaparlament ein Votum, um die Zeitumstellung loszuwerden, aber ihre tatsächliche Abschaffung wurde ironischerweise durch COVID-19 und Unstimmigkeiten darüber, ob man bei der Sommerzeit oder der Winterzeit bleiben solle, verschoben.

In den Vereinigten Staaten ist die Geschichte der Sommerzeit ziemlich lächerlich, beeinflusst von jener speziell amerikanischen Mischung von Kriegsmoral und offensichtlichen kommerziellen Interessen. In seinem überraschend komischen Buch *Spring Forward: The Annual Madness of Daylight Saving Time [Frühling vor: Die jährliche Verrücktheit der Sommerzeit]* schreibt Michael Downing, dass im März 1918, schon bald, nachdem die USA die Daylight Saving Time übernommen hatten, «die hochtrabenden humanitären Ziele der Sommerzeit – dass arbeitende Mädchen sicher vor Einbruch der Dunkelheit nach Hause gelangten, Väter und Mütter zu ihren Kindern kamen, bevor Schatten in den Hinterhofgarten fielen, die physische und mentale Gesundheit von Fabrikarbeitern gestärkt wurde, indem man ihnen täglich mehr Gelegenheit zu Sport und Erholung gab – auch einer innovativen Strategie zur Steigerung der Einzelhandelsumsätze glich».[21] Uhrenhersteller schalteten Tausende von Anzeigen für Wecker, für arbeitende Frauen wurden neue «fünf bis Mitternacht»-Outfits auf den Markt gebracht, und es gab haufenweise Rabatte auf Gartenwerkzeuge, Sportartikel und Ferienhäuser.

Downing kann ein ganzes Buch mit dem Thema der Sommerzeit in den Vereinigten Staaten füllen, weil die Umstellung so chaotisch war (und es immer noch ist). In einer Schilderung, die James C. Scott gefallen würde, schreibt Downing, dass die Sommerzeit mit Beginn der 1960er eine Nation erschaffen habe, die «auf absurde Weise mit sich selbst uneins ist»:

> 1965 folgten 18 Staaten der Sommerzeit, ihre Uhren gingen der Standardzeit also 6 Monate im Jahr um eine Stunde voraus. 18 andere Staaten machten halbherzig mit, was bedeutete, dass die Uhren dort in einigen Städten und Großstädten jedes Jahr für einen Zeitraum von 3 bis 6 Monaten eine Stunde vor der Standardzeit waren – in einigen Städten aber auch nicht; zwölf Staaten schlossen sich der Sommerzeit überhaupt nicht an und ließen ihre Uhren, verglichen mit den fügsamen Staaten, weiterhin eine Stunde nachgehen; und in Regionen von Texas und North Dakota führten die Einwohner «umgekehrte Tageslichtnutzung» ein, so dass ihre Uhren eine Stunde hinter der Standardzeit und zwei Stunden hinter der Sommerzeit herliefen. In diesem Jahr schätzte *The Nation*, dass «100 Millionen Amerikaner nicht mehr mit den übrigen 80 Millionen synchron waren», und zitierte den Offizier einer U.S.-Marinesternwarte, der die Vereinigten Staaten als den «schlechtesten Zeitmanager der Welt» bezeichnet hatte.[22]

Praktische Belange stehen weiterhin dagegen. Arizona richtet sich nicht nach der Sommerzeit, denn, wie zwei Einwohner Arizonas es formulierten, «wenn Du in der Wüste lebst, wird Tageslicht überbewertet ... Deshalb, nein, wir wollen es nicht sparen».[23] Zur Sommerzeit überzugehen, würde die Sonnenuntergänge im Sommer auf der Uhr um eine Stunde nach hinten verschieben und damit «unsere Hitzequalen nur verlängern». In Arizona folgt jedoch die Navajo-Nation durchaus der Sommerzeit – was erforderlich ist, weil sie ein rechtliches Territorium bewohnen, das sich von Arizona bis New Mexiko und Utah erstreckt. (Während jedoch das Hopi-Reservat, das innerhalb der Grenzen Arizonas liegt und von der Navajo-Nation umgeben ist, der DST nicht folgt). Da einige Teile des Navajo-Gebiets ziemlich bunt zusammengewürfelt sind, kann es passieren, dass man auf einer einzigen Highway-Strecke in Arizona mehrfach aus einer Sommerzeitzone heraus- und wieder hineinfährt.[24]

Das Beispiel von Sommerzeit und Zeitzonen mag zunächst trivial erscheinen, einfach eine Frage von Stunden und Tageslicht und weniger dessen, was Zeit selber bedeutet und wofür sie da ist. Aber die eigentliche Idee von Zeitzonen und Standardisierung impliziert Dominanz – die Unterordnung eines Zeitgebers (zum Beispiel die lokale Sonnenzeit oder regional verwurzelte landwirtschaftliche Signale) unter einen anderen (internationale Zeit und standardisierte kommerzielle Landwirtschaft). Die Frage von offiziell versus inoffiziell wird zu einer Variation über die Frage, die ich in Kapitel 1 stelle: Wer timt wen?

In China ist der einzige Verweigerer der Peking-Zeit Xinjiang, eine gebirgige und karge Region im Westen, die teilweise Xinjiang-Zeit (oder Ürümqi-Zeit, nach der Hauptstadt Xinjiangs benannt) befolgt.[25] An Chinas Grenze zu Kasachstan gelegen, ist Xinjiang die Heimat der Uiguren, deren panislamische und pantürkische Identität der Kommunistischen Partei Chinas noch nie gepasst hat. Auch wenn Xinjiang in den 1950er Jahren zum autonomen Gebiet erklärt wurde, versuchte China, es sich politisch einzuverleiben, ein Plan, der 1968 den Versuch mit einschloss, die Xinjiang-Zeit offiziell abzuschaffen.

Einerseits erscheint die Xinjiang-Zeit vor allem praktisch: Xinjiang liegt über 1500 Kilometer westlich von Peking, was bewirkt, dass seine Sonnenzeit zwei Stunden hinter jener der Hauptstadt zurückliegt. Ein Mitarbeiter der Stadtreinigung in Ürümqi erklärte der *New York Times*, er denke, sie seien wohl die einzigen Menschen, die um Mitternacht zu Abend essen (womit er Mitternacht nach Peking-Zeit meinte).[26] Aber Xinjiang-Zeit ist etwas grundlegend Kulturelles und orientiert sich an ethnischen Linien: Lokale Fernsehsender legen die Sendezeiten für chinesische Sender in Peking-Zeit fest, während uigurische und kasachische Programme nach Xinjiang-Zeit senden.[27] In einer Zeit, in der die Anstrengungen der Kommunistischen Partei Chinas von der Assimilation bis hin zur antiislamischen Vernichtung reichen, könnte das Befolgen von Xinjiang-Zeit kaum politischer sein. Die Uiguren wurden zwangssterilisiert, mussten Zwangsarbeit verrichten und wurden in Umerziehungslagern interniert, während ihre kulturellen und materiellen Praktiken verboten wurden.[28]

Zu Beginn seines Buches über die Sommerzeit scherzt Downing darüber, dass er seine Uhr schon lange vor dem offiziellen Beginn der Sommerzeit um zwei Uhr morgens umgestellt hatte, weil er müde war und ins Bett gehen wollte.[29] «Du hast das Gesetz gebrochen», erklärt ihm ein Nachbar am nächsten Morgen und bietet ihm an, «für ihn zu lügen, falls die Sicherheitspolizei vorbeikäme und Fragen stellte». Aber in Xinjiang ist es kein Scherz, sich nicht an die Zeit zu halten. Ein Uigure, der früher einmal in politischer Gefangenschaft war, erzählte Human Rights Watch von einem Mann, der inhaftiert wurde, weil er seine Armbanduhr zwei Stunden zurück, auf Xinjiang-Zeit gestellt hatte.[30] Dies sei ein Beweis dafür, dass es sich um einen Terroristen handle, so behaupteten die chinesischen Behörden.

Wie jede andere Sprache, kündet ein Zeitsystem von einer gemeinsamen Welt. Wenn Sie und ich praktische Gründe hätten, unseren rituellen 8-Tages-Zyklus zu befolgen, dann wäre das nicht willkürlich; es wäre eine natürliche Folge unserer Beziehung – zueinander und in unserer gemeinsamen Situation –, und es wäre genauso relevant für uns wie die anderen Zeitformen der Welt. Wenn alle Bewohner eines Hauses die *Hedgehog*-Tasse kennen und regelmäßig von einer bestimmten Menge Kaffee sprechen, dann ergibt ein *Hog* Kaffee absolut Sinn.

In *Seeing Like a State* zitiert Scott ein javanisches Sprichwort: *Negara mawa tata, desa mawa cara* – «Die Hauptstadt hat ihre Befehle, das Dorf seine Gebräuche».[31] In einem Teil von Malaysia wird jemand, der fragt, wie lange es dauern wird, irgendwohin zu kommen, keine Angabe in Minuten erhalten, sondern die Antwort, «so lange wie dreimal Reis garen», da ganz einfach jeder weiß, wie lange Reis kocht, wobei der Reis selbst von Ort zu Ort variiert. Offenbar hatten die Staatsverwaltungen einen praktisch-politischen Grund, all jene lästigen dörflichen

Messweisen und Zeitberechnungen zu vereinheitlichen oder der Unergründlichkeit der «irreduziblen lokalen» Maßeinheiten anders zu begegnen. Dasselbe galt für die Kommunikation. Entweder war die örtliche Sprache für die Administration hegemonial und unbegreiflich, oder die Staatssprache war für das Dorf hegemonial und unbegreiflich. Die Staatssprache zu sprechen, bedeutete, für den Staat verständlich zu sein; verständlich zu sein, bedeutete in einem Land, das zunehmend durch den Staat dominiert wurde, schlicht zu überleben.*

Wie die Tayloristen, welche die Arbeitspraktiken in ihren wissenschaftlichen Zeitplänen kodifizierten, neu mystifizierten, damit die Fähigkeiten der Arbeiter verkümmern ließen und sie bald vollständig auf die Zeit des Firmenmanagements ausrichteten, würde jeder, der einen Gesellschaftskörper entmachten wollte, logischerweise bei dessen Sprache beginnen.

So nahmen die kolonialen Anstrengungen zur Ausrottung indigener Kulturen sowohl sprachliche als auch zeitliche Praktiken ins Visier. Aber wenn Eroberung Internalisierung bedeutete, dann scheiterten diese Pläne ganz klar. Es ist schwer, eine Sprache auf einen Schlag oder überhaupt zu töten. In *The Colonisation of Time* zitiert Nanni Richard Elphicks Beobachtung, dass «zwei Denksysteme nicht miteinander ‹kollidieren›; vielmehr verhandeln reale Menschen ihren Weg durch das Leben, indem sie verschiedene Elemente aufgreifen, kombinieren und einander gegenüberstellen».[33] In Nannis Schilderung der südafrikanischen Kolonien waren diese Verhandlungen mitunter gewalttätig. So brannte zum Beispiel eine Xhosa-Gruppe zuerst die Mission der Kolonisten nieder und zerschmetterte dann die Missionsglocke an einem Stein – und brachte damit den europäischen Zeitgeber zum Schweigen, der den Sabbath und die regulären Arbeitstage ausrief.[34] Aber selbst die sogenannte Akzeptanz bedeutete oft Aneignung und Adaption. Die

* Für die europäischen Kolonialmächte fand dieser Prozess auch zu Hause statt. Wie Scott schreibt, erfolgte, noch bevor man den französischen Kolonien außerhalb die französische Sprache aufzwang, eine Art inländische Kolonisierung, durch die ausländische Provinzen wie die Bretagne und Okzitanien «sprachlich unterworfen und kulturell einverleibt» wurden.[32] Je mehr die Menschen die offizielle Sprache (Französisch) benutzen mussten, desto mehr wurden «diejenigen an der Peripherie, denen Französischkenntnisse fehlten, zum Schweigen gebracht und an den Rand gedrängt».

christliche Zeit konnte auch nutzbringend eingesetzt werden, wie das Beispiel einer Xhosa-Gruppe zeigte, die den Missionaren an einem Montag nicht zuhörten, weil es (wie sie betonten) kein Sabbath war.[35]

Nur, weil man jemandem eine Sprache aufzwingt, bedeutet das nicht, dass sie kontrolliert werden kann; und nur weil sie gesprochen wird, heißt das nicht, dass sie auch internalisiert wird. Auch wenn die Reservate der Native Americans in den Vereinigten Staaten bis weit ins 20. Jahrhundert hinein von weißen «Indianeragenten» überwacht wurden, welche die traditionellen Tänze üblicherweise stark einschränkten, fanden die Lakota in den 1920ern heraus, dass sie ihre Tänze am 4. Juli vollumfänglich abhalten konnten – wenn sie das unter dem Vorwand des Patriotismus taten.[36] Als diese Taktik funktionierte, verbreitete sie sich über die nördlichen und südlichen Ebenen mit Petitionen für Tänze an Silvester, den Geburtstagen von Washington und Lincoln, dem Memorial Day, dem Flag Day und dem Veteranentag. In seinem Buch *Indian Blues* zitiert John Troutman Severt Young Bear: «Die Agenten waren der Meinung, das seien keine gefährlichen Anlässe, und so konnten wir tanzen.» Diese vermeintlich nationalistischen Feiern erschienen nur gefährlich, so schreibt Troutman, «wenn die Agenten realisierten, dass sie die Symbolik der Feiertage, welche die Lakotas durchaus begehen durften, nicht im Griff hatten».

An der Geschichte, wie die Xhosa den Sabbath nutzten, um ihre Ziele durchzusetzen, ist etwas zutiefst Komisches. Sie ist wie ein Insider-Witz, den nur die Lakota verstanden und nicht die weniger cleveren Agenten, die sich geschmeichelt fühlten bei dem unglaublichen Gedanken, dass die Indianer den 4. Juli feiern wollten. Die Lakota waren trotz der zeitlichen und räumlichen Überwachung der Indianeragenten in der Lage, inmitten der Sprachwirren einen interstitiellen Schlupfwinkel zu finden. Diese Art der Adaption fand immer wieder statt, wofür in jüngerer Zeit die chinesischen Staatsbürger, die sich einer Mischung aus Homonymen, Bildern und Sarkasmus bedienten, um der Internetzensur der 2010er Jahre zu entgehen, ein Beispiel sind.[37]*

* Ein geläufiges Beispiel ist die Entwicklung der Mandarin-Wendung, die als Gras-Schlamm-Pferd[38] übersetzt und mit dem Widerstand gegen die Internetzensur assoziiert wird.

Ein Insiderwitz schafft ein neues «Innerhalb», ein neues Zentrum. Wenn der Staat sich auf Verständlichkeit stützt, dann ist der Insiderwitz eine Möglichkeit, für die Aufseher unverständlich zu sein, einander innerhalb einer Gruppe aber gleichzeitig zu verstehen.*

In Kapitel 1 erwähne ich, wie die Messung der Arbeitszeit sich unter der Plantagensklaverei entwickelte. Gleichzeitig schufen versklavte Menschen aber zwischen dem, was in den Geschäftsbüchern vermerkt war, innere Räume, in denen Zeitformen bewahrt werden konnten. In «Plotting the Black Commons» verwendet J. T. Roane den Begriff *Plotting* zunächst im Bezug auf die *Plots of Land*, die Stückchen Land auf den amerikanischen Plantagen, die man versklavten Menschen gab, um ihre eigene Nahrung anzubauen und Medizin herzustellen, dann aber auch mit Blick auf die *Burial Plots*, die Grabparzellen, auf denen westafrikanische Bestattungsriten ausgeübt und einem neuen Umfeld angepasst wurden, und schließlich verweist der Begriff auf den breiteren Kontext des Flusses und der «Schlupflöcher», welche das Suchen, Verbergen und Geheimhalten von Kommunikation ermöglichten.[40] Die versklavten Menschen «nutzen den *Plot* [Anm. d. Übers.: im Englischen neben *Parzelle* oder *Grabstelle* auch *Verschwörung*] in allen Fällen als gestohlene Zeit, in der sie sich ihren eigenen unabhängigen Visionen des Selbst, von Familie und Gemeinschaft widmen konnten».[41] Die *Plotter* [Verschwörer] fanden einen Weg, eine verbotene Sprache zu sprechen, so wie die Lakota, die am 4. Juli tanzten: «Indem sie sich

* Diese Taktik ist natürlich nicht inhärent gut. Rassistische und konservative Gruppen machen oft von ähnlichen Strategien Gebrauch, auf eine Weise, die wir heute als «Hundepfeifen-Politik» bezeichnen, indem sie, mit ihrem eigenen Rassismus konfrontiert, auf die «Witzigkeit» des Insiderwitzes zurückgreifen. Werbeleute sind ebenfalls Experten für sprachliche Innovationen: Was ist eine Marke anderes, als ein neues Wort, das etwas Wiedererkennbares für bestimmte Menschen sein soll? Mein Punkt hier ist es, ganz einfach hervorzuheben, dass der Gebrauch von Sprache ein Machtinstrument ist; wie alle Machtinstrumente, kann sie eingesetzt werden, um zu schaden oder zu befreien. Als etwas, woran wir alle teilhaben, ist Sprache auch ein leichter Zugangspunkt, um über die Verknüpfung von Individuum und Kollektiv, von informell und strukturell nachzudenken. Dazu siehe James C. Scotts Kontrast zwischen «öffentlichem Transkript» und «privatem Transkript» in *Domination and the Arts of Resistance [Herrschaft und die Kunst des Widerstands]*, wo beschrieben wird, dass strenge Dominanz oftmals ein «verborgenes Transkript korrespondierender Vielfalt» hervorbringt.[39]

unsichtbar machten und sozialgeographische Grammatiken entwickelten, die selbst direkt vor den Augen der Außenstehenden für diese unverständlich waren, bohrten die Versklavten Schwarze Löcher in die Landschaften der vermeintlich totalen Kontrolle, Herrschaft und Überwachung und bereiteten damit die Basis des Schwarzen Gemeinguts.»[42]

Nach Roanes Schilderung ist diese Art von Verschwörertum nicht nur deshalb so bemerkenswert, weil es inmitten der schlimmsten Ausbeutung und schärfsten Überwachung aufkam, die man sich nur vorstellen kann, sondern auch, weil es seitens ebenjener initiiert wurde, die in der Subjekt-Objekt-Beziehung des Kapitalismus als Objekte betrachtet wurden. Was bei den Black Commons, den Schwarzen Gemeingütern, überwog, war nichts weniger als «Vorstellungen von Wert und Werten, die der kapitalistischen Eingrenzung und Herrschaft» ein Fluch waren. Indem sie diese Commons schufen, lebten Schwarze Menschen eine Kosmologie, die mit dem Außen inkompatibel war, da sie «ihrer simplen Verdinglichung trotzte».

Diese Art von Innen hat ihr eigenes Zentrum. In einer Studie von 2004 über die Beziehung zwischen Aufgabenorientierung und Lohnarbeit im Pine-Ridge-Reservat, warnt uns Kathleen Pickering davor, die Zeitpraktiken der Lakota lediglich als Widerstand aufzufassen – eine Warnung, die genauso gut für die Neuerung der «Schwarzen Löcher» gelten könnte. Sie schreibt, dass es «bei den Zeitkonstruktionen der Lakota um mehr geht, als um deren Platz in Beziehung zu den Euroamerikanern, nämlich um die Lakota-Gesellschaft selbst».[43] Zum Beispiel dachten im 20. Jahrhundert einige Lakotas, die an eine aufgabenorientierte Gesellschaft gewöhnt waren, tatsächlich, dass die Idee «Zeit ist Geld» Faulheit bedeute, «weil sie Arbeit auf nur acht Stunden am Tag begrenzte, egal ob die Arbeit getan war oder nicht».[44] Pickering zitiert einen Lakota-Ältesten: «Zeit war nie eine bestimmte Minute, sondern eher Zeiträume, wie früher Morgen, einfach Nachmittag oder vor Mitternacht. Die wirkliche Bedeutung indianischer Zeit kommt von … *nake nula waun yelo*, eine Zeile in traditionellen Liedern, die bedeutet ‹ich bin bereit für alles, überall, immer gerüstet›.»[45] Weit entfernt davon, die euroamerikanische Arbeitsethik zu internalisieren, gehen die Lakota im Pine-Ridge-Reservat der Lohnarbeit nur so weit wie nötig nach. Um das nicht als «bloßen Widerstand» zu sehen, muss ein westlicher Betrachter versuchen, etwas anderes zu sein als «der Siedler, der das Zentrum mit sich bringt, selbst das Zentrum ist, egal wohin er geht», wie Fred Moten es formuliert.[46] Am Ende von *The Colonisation of Time* findet sich ein hilfreiches Beispiel hierfür. Nanni schreibt, dass der Gemeinderat einer entlegenen australischen Stadt 1977 mitten im Zentrum eine riesige, elektrisch betriebene Uhr aufstellen ließ.[47] Bei den Einwohnern der Stadt handelte es sich größtenteils um Pitjantjatjara, die keine Uhrzeit brauchten. So fand der Uhrenturm keine Beachtung: «Ironischerweise wies ein weißer Sozialarbeiter zehn Jahre später darauf hin, dass die Uhr ‹reine Zeitverschwendung war›. ‹Fakt ist›, so erklärte dieselbe Person, ‹dass niemand darauf schaut. Die Uhr ging monatelang nicht, aber niemand merkte das.›»

Das lässt mich wieder auf die Philippinozeit zurückkommen.[48] Aus einem Blickwinkel erscheint der Begriff geringschätzig, vor allem wenn man weiß, dass die Amerikaner den Begriff prägten, als sie auf den Philippinen um die Jahrhundertwende die Kontrolle übernahmen und feststellten, dass Pünktlichkeit durchaus nicht zu den Stärken der Einheimischen gehörte. Diese Unpünktlichkeit taucht noch immer häufig als eine Art von Insiderwitz auf oder wird in ironischer Weise als etwas angeführt, worauf man stolz sein kann, zumindest unter den Menschen, die ich kenne. Als vor Kurzem ein Gedenkgottesdienst, dem meine Mutter beiwohnte, zu spät begann, sagte mein Cousin: «Was erwartest Du? Es ist eine Philippino-Kirche.»

Ein Post auf der Website Medium von Brian Tan, einem Produktdesigner auf den Philippinen, veranschaulicht die Ansicht, dass die Philippinozeit ausgedient hat.[49] Das hat seiner Meinung nach damit zu tun, wie die Philippinozeit in der Außenwelt mit ihren modernen Zeitgebern und ihrem Produktivitätsethos wahrgenommen wird. Es bestand die Gefahr, dass die Unpünktlichkeit «das Markenzeichen unseres Volkes und Landes» werden würde – ein gravierender Nachteil. Ich verstehe das schon. Zerubavel schrieb, dass das Befolgen von Zeitsystemen es uns, wie jede Sprache, ermöglicht, an einer «intersubjektiven Welt» teilzuhaben, und die größte intersubjektive Welt heutzutage ist eine globale kapitalistische Welt. Aber wenn wir nur für einen kurzen Moment historisch und kulturell spezifische Vorstellungen von uhrzeitbasierter Pünktlichkeit und Zeit als Geld hinter uns lassen, dann stellt die Philippinozeit eigentlich gar kein Problem mehr dar. Wenn Du selbst und alle, die Du kennst, danach leben, dann ist es einfach nur Zeit.*

Die Bücher und Zeitschriften, die wir uns anschauen möchten, türmen sich auf dem Tisch neben den Stapeln von anderen Lesern. Ein Besucher blättert ein riesiges, von Hand angefertigtes Buch über die Entwicklung im South of Market District durch, das Zeitungsartikel aus über 50 Jahren umfasst, die ein Ortsansässiger sammelte und auf die Seiten zwischen Vorder- und Rückendeckel eines Zeichenblocks klebte. Ein anderer liest in einer Ausgabe des Ebony Magazine *von 1966 einen ethnografischen Bericht mit dem Titel «Der typsiche weiße Vorstädter». Und die Artist in Residence der Bibliothek studiert eine alte Zeitschrift namens* Display World *und sucht darin nach Bildern von «Männern in Anzügen ..., die mit ihrer selbsternannten Macht und Geltung die Probleme der Welt lösen», um sie in ihrem Künstlerbuch zu verwenden.***

Unweigerlich kommen unsere Stapel miteinander ins Gespräch, und wir mit ihnen. Der Bodybuilder in Physical Culture *redet mit den Män-*

* Es ist ergiebiger, wenn man Philippinozeit neben anderen nichtwestlichen Zeitbegriffen betrachtet, sowohl mit Blick auf ihre ursprüngliche Konnotation mit Verspätung oder Faulheit, als auch auf ihr Potenzial zur Wiederaneignung, als etwas, das der westlichen Zeit die Stirn bietet. Meg Onli, Kuratorin einer Ausstellung mit dem Titel *Colored People Time: Mundane Futures, Quotidian Pasts, Banal Presents [Coloured People-Zeit: profane Zukünfte, alltägliche Vergangenheiten, banale Gegenwarten]*, die 2019 im Institute of Contemporary Art an der University of Pennsylvania gezeigt wurde, stützte sich auf Ronald Walcotts Ergründung der «Colored People's Time» (CPT) in der Schwarzen Literatur. In ihrer Erklärung als Kuratorin schrieb Onli, «die CPT interessiere sie als Begriff des Lebens und der Befreiung», weil sie «für schwarze Menschen ein sprachliches Werkzeug bereitstelle, mit dem diese sich durch ihre eigene Zeitlichkeit navigieren können, innerhalb und in Abgrenzung zum Konstrukt westlicher Zeit».[50] Ebenso erklärte Vernelda Grant, ein Mitglied des San Carlo Apache Tribe, gegenüber *Indian Country Today*, dass «indianische Zeit» – von außen auch als Unpünktlichkeit interpretiert – erst als solche identifizierbar wurde, als «der weiße Mann kam und den Natives sagte, sie sollten ‹Dinge innerhalb einer bestimmten, vorgegebenen Zeit erledigen (Frühstück um sieben Uhr morgens versus aufstehen, um Frühstück zu machen, kurz bevor die Sonne aufgeht)›».

**Dieses Werk der Künstlerin Sarah Tell mit dem Titel *No Reason to Worry* befindet sich derzeit in der Entstehung. Es wird eine Veröffentlichung von Tells Imprint, Distress Press (@distress_press on Instagram) sein.

nern im Anzug, die wiederum die «Slumsanierungen» der 1960er in den Zeitungsartikeln ansprechen, während diese sich ihrerseits mit den Vorstädtern unterhalten.

***

Ich befasse mich näher mit diesen Beispielen, weil man die Geschichte ohne sie allzu leicht als einen linearen Verlauf des Vordringens kapitalistischer Zeit an alle Schauplätze und in alle Bereiche des Lebens lesen kann. Während diese Geschichte aus einer bestimmten Entfernung wahr ist, birgt sie dieselben Gefahren wie jene, die ich im Bezug auf das Anthropozän beschreibe, in dem die Geschichte als geschmeidiger, deterministischer, verwüstender Ansturm erscheint, in dem alles andere («Widerstand») wie ein Aufschieben des Unvermeidlichen aussieht, anstelle einer Öffnung hin zu einem anderen Weg.

Das Sprechen einer Sprache ist eine Art, zur Schaffung, Bewahrung und Entwicklung von Welten beizutragen. Zeitfamilekte, unbemerkte Sprachen, Schwarze Löcher und die Möglichkeit von neuen und alten Zeitgebern erinnern mich an Fred Motens Artikulation von «Studieren». In einem Interview am Ende von *The Undercommons: Fugitive Planning and Black Study (Die Undercommons. Flüchtige Planung und Schwarzes Studium)* definiert er Studieren so:

> Studieren ist das, was man mit anderen Leuten macht.[51] Es bedeutet, mit anderen Leuten zu reden und herumzulaufen, mit ihnen zu arbeiten, zu tanzen, zu leiden, irreduzible Konvergenzen von allen dreien, die unter dem Begriff spekulative Praxis laufen … Indem man das als «Studieren» bezeichnet, betont man, dass die unablässige und unumkehrbare Intellektualität dieser Aktivitäten bereits präsent ist. Diese Tätigkeiten werden aber keineswegs geadelt durch die Tatsache, dass wir jetzt sagen, «oh, wenn Du diese Dinge auf eine bestimmte Weise tätest, dann könnte man von Dir sagen, Du hast sie studiert». Diese Dinge zu tun, bedeutet, in eine Art gemeinsame intellektuelle Praxis involviert zu sein. Und dabei ist es wichtig, zu erkennen, dass das der Fall war – denn das Erkennen ermöglicht einem den Zugang zu einer vollständigen, vielfältigen, alternativen Gedankengeschichte.

Diese Form der Interaktion als Studieren zu wertzuschätzen, heißt nicht nur, eine andere Betrachtungsweise von Geschichte anzunehmen, sondern auch, die Grenzen zwischen dem zu verwischen, was sich andernfalls hoffnungslos separat anfühlen kann: persönliche Handlungsmacht und struktureller Wandel. Sozialität (zusammenkommen, miteinander sprechen) klingt schon im Namen einer der bekanntesten Triebkräfte des Wandels an, der Gewerkschaft [engl. *Union*]. Und ob es sich um eine traditionelle Gewerkschaft handelt oder nicht, die meisten Veränderungen in einem erheblichen Machtungleichgewicht beginnen mit der simplen Binsenweisheit, dass «die Menschen miteinander reden sollten».

2019 nahm ich an einem Event mit dem Titel *Gig Economy, AI Robotics, Workers and Dystopia San Francisco* teil, nachdem ich im Studio von KPFA, einem lokalen Radiosender, zufällig auf einen Flyer gestoßen war. Die Veranstaltung war Teil des Festivals LaborFest, das den Jahrestag des Generalstreiks von San Francisco 1934 feiert, und fand in einem kleinen Gebäude der International Longshore and Warehouse Union statt, in derselben Hafengegend, wo der viertägige Streik begonnen hatte. Durch die Talks an diesem Abend zog sich wie ein roter Faden die Frage, wie man sich organisieren kann in einer Welt, in der Arbeit sich fragmentiert hat, traditionelle Arbeiterbewegungen geschwächt wurden und Unternehmen neue technologische Überwachungsmöglichkeiten haben.

Mehmet Bayram, ein IT-Mitarbeiter beim International Labor Media Network, beschrieb die «mentale Barriere», die Büroangestellte – unter anderem, weil sie Computer benutzen – haben, wenn sie sich selbst als Teil der Arbeiterklasse betrachten sollen.[52] Er schilderte noch einmal die neo-tayloristischen Praktiken, welche die Erfahrung der IT-Mitarbeiter prägen, und erklärte: «Das Werkzeug ändert sich, aber die Profitgier nicht.» Dann erzählte er die Geschichte, wie er einmal versucht hatte, seinen Mitarbeiter davon zu überzeugen, sich mit ihm gemeinsam zu organisieren. Als der Mitarbeiter antwortete, dass seine Mutter Büros geputzt habe, und dass *sie* zwar der Arbeiterklasse angehöre, er aber nicht, machte Bayram ihn darauf aufmerksam, dass ihre Unterhaltung während der Arbeitszeit um 9 Uhr abends stattfand, Stunden nach dem üblichen Feierabend, und das im Grunde auch noch

ohne Vergütung. Das war ein einfaches Beispiel zweier Leute, die noch spätabends im Büro saßen und darüber sprachen, was für eine Art von Arbeiter sie waren und was ihre Zeit wert war.

Die Materialien auf dem Tisch haben mich an eine meiner Lieblingszeitschriften erinnert, Processed World. *Ich ziehe eine heraus, und wir sehen uns das Cover an: Es zeigt den Terminator, der einem sehr nervösen, seinen Kaffee umklammernden und von Zigarettenstummeln umgebenen Angestellten ein Kündigungsschreiben überreicht. Wir schlagen die Zeitschrift auf und blättern bis zu einem Essay über schlechte Arbeitsmoral, in dessen Mitte ein Cartoon zu sehen ist: Eine Illustration im Stil der 1950er zeigt einen Geschäftsmann über dem Bild einer Satellitenschüssel, der auf den Leser zeigt. «LEUTE», heißt es hier, «Ihr habt gesehen, was die Technologie alles kann. Wollt Ihr zulassen, dass die Natur Euch jetzt stoppt?»*

In den frühen 1980er Jahren benutzte eine Gruppe entfremdeter Büro-Zeitarbeiter in San Francisco Papier von lokalen Niederlassungen der Bank of America, von Federal Reserve und der Crocker Bank, um darauf *Processed World* zu drucken, eine Sammlung von Artikeln, Gedichten, Geschichten, Comics und anderen Arten bildender Kunst, deren Urheber ihre Beiträge unter Pseudonymen veröffentlichten.[53] Zu Hause oder in Kellerräumen gebunden, wurden die Exemplare der Zeitschrift per Hand an Passanten im Financial District verteilt; sie wurden außerdem durch radikale Kollektive in der ganzen Welt verschickt und an jeden gesandt, der danach fragte, einschließlich Interessenten, die im Gefängnis saßen. *Processed World* liest sich wie ein respektloses marxistisches Gewerkschaftsmagazin mit einem Hauch von *Daria* und *Office Space*. Das Blatt ist ernst, aber zugleich zum Schreien komisch, und meistens beides gleichzeitig. Neben Betrachtungen zu entfremdeter Arbeit und Berichten über verschiedene Streiks von Büroangestellten findet der Leser auch Insiderwitze und satirische Anzeigen – wie etwa die für «BFB: Brains for Bosses, Inc.», das «die aktuellsten Fortschritte der Wissenschaft» nutzt, «um Ihnen die schlausten und dennoch formbarsten Arbeiter zu liefern, die Sie je hatten».[54] Eine Ausgabe enthält ein frisiertes Konferenzprogramm, das *Processed World*-Mitglieder in Kostümen verkleidet, mit Bildschirmterminals auf ihren Köpfen, die sie bei der Office Automation Conference von 1982 verteilt hatten.[55] Dem Titelbild fügten sie die Zeile «Internationale Konferenz zur Perpetuierung einer stumpfsinnigen Existenz» bei und veränderten das Programm-Icon von einer am Computer sitzenden Figur zu einer, die mit einem Schlagstock auf den Monitor losgeht.

Manchmal zeigte *PW* ein Artefakt der Geschäftswelt fast ohne Kommentar; in diesem Kontext war *das* der Witz. In einem Artikel von 1982 über Büro-Sabotage gab eine Autorin unter dem Namen «Gidgit Digit» ironisch ein von der Bank of America verliehenes Zertifikat für «Teamgeist» zum Besten.[56] Der «Geist», der den Betrachter inmitten von vier Bank-of-America-Logos anlächelt, ist mit einem weißen Laken umhüllt, was ihn ein wenig wie die niedliche Cartoon-Version eines Ku-Klux-Klan-Mitglieds aussehen lässt. Eine weitere Ausgabe druckte den gesamten Text von «ein wirklicher Test im Schreibmaschine-Schreiben, durchgeführt von Temps Inc. in San Francisco» ab – den ich hier ebenfalls in voller Länge wiedergebe:

Zeit ist das Eine, worin wir alle gleich sind.[57] Es gibt dieselbe Anzahl Stunden am Tag, dieselbe Anzahl von Minuten pro Stunde und dieselbe Anzahl Sekunden pro Minute für Sie, ebenso wie für mich. Wir sind natürlich nicht alle gleich in unserer Produktionsfähigkeit; aber viele Menschen lernen, das Produktionsmaximum zu leisten, während andere scheinbar niemals begreifen werden, dass ihnen dieselbe Anzahl von Stunden pro Tag zur Verfügung steht, um zu arbeiten und ihre Produktion zu steigern.

Die Zeit ist reif zu erkennen, dass es die Pflicht eines jeden Arbeiters ist, für den Lohn eines ganzen Tages auch die Arbeit eines ganzen Tages zu leisten. Zu viele Leute im Job sind eher Job-Besetzer als Arbeiter. Oft wollen sie nur die Arbeit einer vollen Stunde für den Lohn eines ganzen Tages geben. Aber so funktioniert ein Unternehmen nicht, wenn es überleben will. Alle Arbeitgeber haben ein Recht darauf, von jedem Arbeiter zu erwarten, dass er mehr produziert als das, wofür er bezahlt wird. Dieses «Mehr» bildet den Profit, der das Überleben eines Unternehmens sichert.

Das Wörterbuch ist der einzige Ort, wo «Success» vor «Work» kommt. Die materiellen Dinge, die wir uns wünschen, können nicht einfach vom Himmel fallen; sie müssen von jemandem produziert werden, und das bedeutet, dass jemand arbeiten muss. Der schnellste Weg zum Erfolg ist es, dafür zu arbeiten – der sicherste Weg, die materiellen Dinge, die wir haben wollen, zu bekommen, ist es, für sie zu arbeiten. Arbeit ist kein Hexenwerk, und sie liefert Ergebnisse, die besser sind als alles, was Hexerei jemals hervorbringen könnte. Um zu begreifen, was wir alles leisten können, müssen wir lernen, die Arbeit zu lieben.

In Anspielung auf Marx' *Kapital*, nahmen sich die Herausgeber lediglich die Freiheit, den sarkastischen Titel «Arbeitswerttheorie?» hinzuzufügen.

Die Anliegen von *Processed World* wiesen in vielerlei Hinsicht auf die Belange der Lohnarbeit und der Gig Economy voraus. Die Gründer der Zeitschrift waren meist in ihren Zwanzigern und hatten Zeitarbeitsjobs angenommen, um dafür mehr freie Zeit zu haben, ähnlich, wie auch Gig-Arbeiter oft zeitliche Flexibilität als Grund für ihre

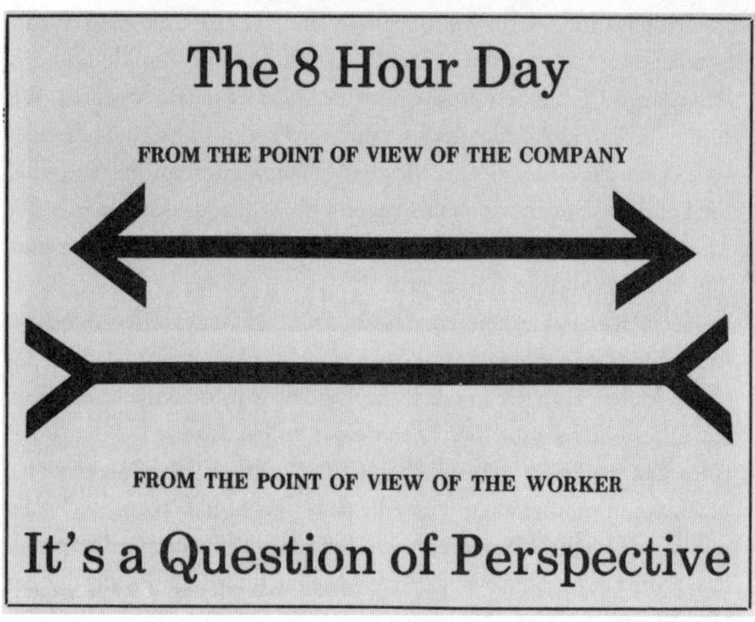

Bild aus der ersten Ausgabe von *Processed World*, 1981

Wahl angeben.[58] Die «Temporären» arbeiteten auch mit Computern und waren den sich weiterentwickelnden Formen von Automatisierung und Überwachung der Büroarbeit unterworfen. Zu einer Zeit, zu der Tech-Enthusiasten und Geschäftsleute genauso atemlos in die Zukunft der Arbeit blickten, wie sie es heute tun, erhielt *Processed World* eine Skepsis aufrecht, die an jene erinnert, welche die Angestellten im verarbeitenden Gewerbe gegenüber dem Taylorismus hegten.

In ihrem Artikel über Büro-Sabotage sagte Gidgit Digit (Gewinnerin des «Teamgeist»-Zertifikats) richtig voraus, dass Computer es den Menschen vielleicht eines Tages ermöglichen würden, von zu Hause aus zu arbeiten, «es aber unwahrscheinlich ist, dass das Management die Kontrolle über den Arbeitsprozess aus den Händen geben wird».[59] Indem sie zufällig eine Software wie StaffCop beschrieb, sah sie voraus, dass «die betriebswirtschaftlichen Statistikprogramme, die von vielen neuen Systeme angeboten werden, die Angestellten nicht etwa dem prüfenden Blick ihrer Vorgesetzten entziehen, sondern im Gegenteil die sorgfältige Kontrolle des Outputs eines jeden Arbeiters ermöglichen werden, egal wo die Arbeit getan wird».

Processed World waren in gewisser Weise ihre eigenen Social Media. Die Sektion für Leserbriefe – oftmals voller Debatten über die Ethik der Sabotage, die Rolle etablierter Gewerkschaften und die Frage, ob die Zeitschrift Gefahr laufe, ein Nischenanliegen zu werden[60] – war oft eine Plattform für isolierte Arbeiter, die auf andere Briefe antworteten und Dankbarkeit äußerten, ganz einfach, weil das Magazin überhaupt existierte. «DER ALLMÄCHTIGE SEI GEPRIESEN! ES GIBT INTELLIGENTES LEBEN DA DRAUSSEN! WIR STEHEN EUCH ZU DIENSTEN ...», schrieben zwei Sekretärinnen.[61] «Schön zu wissen, dass da draußen jemand atmet! ... Wir möchten der edlen Sache unsere Dienste anbieten. Wir haben begrenzte Möglichkeiten, mit einem hochauflösenden Minolta-Kopierer zu kopieren, wenn das von Nutzen ist.» Jemand anders schrieb, er habe die Ausgaben 4 und 5 von einem Freund bekommen, der «in Büro-Sabotage hochqualifiziert» sei, und fügte hinzu, «Herrgott noch mal, ich glaube, ich war nicht mehr so dankbar, seit man mir das Lesen beibrachte!».[62] Ein Arbeiter, der an einem Videoterminal schuftete (häufig Zielscheibe von *PW*), schrieb:

> ... eines Tages um sieben Uhr morgens (viel zu früh für die Chefs) beginne ich meine Schicht und finde eine Ausgabe von *Processed World*, die jemand auf meinem Schreibtisch liegengelassen hat.[63] Innerlich aufgewühlt, aber nach außen hin ganz lässig, lasse ich sie in meine Schublade gleiten, um später genussvoll jede Seite zu verschlingen. In diesem unterteilten, schalldichten, mit PCB ausgekleideten Büro-Dschungel ist es wirklich das schlimmste Schicksal, an den Traum Deines Chefs zu glauben, nach dem Wohl der Firma zu streben. Danke *Processed World*, für die Erkenntnis, dass es noch andere gibt, die die Ziele verachten, für die sie angestellt sind.

Diese Art von horizontaler Kommunikation ist heute umso wichtiger, da immer mehr Leute Teilzeit-, Vertrags- und Gig-Arbeit annehmen, die Arbeit fragmentierter wird und immer weniger geteilter physischer Raum oder gemeinsame Zeit gewährleistet sind, in der sich Gespräche oder Solidarität entwickeln können. Manchmal tauchen plötzlich zufällig neue Begegnungsstätten auf; Gig-Arbeiter in Europa, die Essen ausliefern, kommen zum Beispiel automatisch an realen Wartepunkten ins Gespräch.[64] Aber im Wesentlichen hat sich der Austausch in Online-Foren verlagert. Geografisch entfernte Menschen können Informationen und Geschichten weitergeben, entweder, um einander zu bemitleiden oder um zu versuchen, die Algorithmen, die ihre Arbeit und Zeit abrufen, zu entmystifizieren.*

Isolation ist der Vorläufer der Ausbeutung, und die Foren geben Angestellten wie den Gig-Arbeitern die Möglichkeit, Kommentare und Strategien zu vergleichen. Aber auch wenn einige Arbeiter beschließen, zum Beispiel keine Posten unter einer bestimmten Bezahlung anzunehmen, springen andere dafür oftmals ein, zunächst vor allem aufgrund ihrer finanziellen Not, und «irgendjemand ist immer bereit, die Fahrt zu machen».[66] Indessen scheitern Versuche, Grenzen zu etablieren und diese sogar in der staatlichen Gesetzgebung zu verankern, mitunter an der globalen Realität. Der traditionellen gewerkschaftlichen Organisierung sind gesetzlich ganz anders die Hände gebunden als den multinationalen Unternehmen. Auf die Frage, ob eine gewerkschaftliche Organisierung möglich sei, schildert ein kenianischer Mitarbeiter bei GigOnline die Dinge sehr scharfsichtig: «Sie werden den Job einfach irgendwo anders vergeben, wenn die gewerkschaftlich organisierten Freelancer in Nairobi die Arbeit nicht für eine bestimmte Anzahl Dollar machen wollen ... Sie werden ihn nach Nigeria auslagern, sie werden ihn nach Gabun bringen, auf die Philippinen. Sie werden ihn in allen möglichen Ländern anbieten ... Die Gewerkschaften werden nicht genügend Macht haben, denn ich habe gesehen, was die Globalisierung anrichten kann.»[67]

* In einer Studie von 2020 über «Fehlverhalten» unter kanadischen Uber-Fahrern hoben die Arbeitswissenschaftler die Rolle von Online-Foren hervor, vor allem den Slogan «Don't take a poo» («Nimm keine Scheißaufträge an!»).[65] Der Satz bezog sich auf Ubers neuen UberPool-Service, der bei den Fahrern unbeliebt war. UberPool-Fahrten waren nicht nur aufwendiger, sondern auch noch schlechter bezahlt als reguläre Uber-Fahrten. In einer kanadischen Stadt gaben sich die Fahrer über eine Untergruppe von UberPeople.net Tipps, wie man es vermeiden konnte, «Poo»-Fahrten zu übernehmen – zum Beispiel, indem sie ihre Telefone zwischenzeitlich auf Flugmodus stellten. «Nimm keinen Poo!», war eine gegenseitige Ermahnung unter den Fahrern, diese Fahrten nicht anzunehmen, damit Uber seine Bedingungen ändern musste.

Die Situation verlangt nach einer neuen Sprache und neuen Kommunikationswegen.

2021 berichtete *The Nation* über jüngste Erfolge gegen ausbeuterische GigWork-Unternehmen. In einem Fall verfolgten Uber-Angestellte in verschiedenen Ländern die Wirtschaftsnachrichten, antizipierten Ubers Börsendebut (IPO) und sprachen sich über eine Arbeitsniederlegung in 25 Städten ab, um zum passenden Zeitpunkt Medienaufmerksamkeit zu erlangen.[68] Das ebnete den Weg für eine neue internationale Gewerkschaftsorganisation namens International Alliance of App-based Transport Workers (IAATW), die ihre Arbeit mithilfe eines «transnationalen Widerstandsnetzwerks über Foren, Gruppenchats und Videocalls» leisten konnte. 2021 erzielten Deliveroo-Mitarbeiter zusammen mit der Independent Worker's Union of Great Britain (IWGB) einen ähnlichen Erfolg wie die Uber-Fahrer.

Teil dieser Sprache ist die Artikulation einer globalen Arbeiterklasse, die sich über die gängigen Begriffe, von Blue Collars und White Collars, Fabrikarbeiter und Büroangestellte, hinaus erstreckt. Diese Kommunikation ist umso bemerkenswerter angesichts der vielen Arten, auf die GigArbeit ihre weit verstreuten Mitarbeiter atomisiert und anonymisiert. Nicole, ein IAATW-Mitglied, die dabei half, die Uber-Proteste zu koordinieren, beschrieb diese neue Landkarte des Widerstands: «Ein Arbeiter in Kalifornien ist eng mit dem Uber-Fahrer in Kenia, dem Fahrer in Indien oder Malaysia verbunden... Wir schuften doch alle für die 40-Millionen-Dollar-Villa eines Milliardärs aus San Francsico.»

Die Tätigkeiten der IAATW – und jene der über 100 Jahre alten International Transport Workers' Federation, die sie mittlerweile unterstützt – veranschaulichen das, was Oli Mould eine wirklich kreative Aktivität nennt, im Unterschied zur «Kreativität» unter dem Kapitalismus.[69] In *Against Creativity* stellt Mould fest, dass Jobs aller Art heute ihre Angestellten dazu ermutigen, «kreativ» zu sein, was oft kompetitive Flexibilität, Selbstmanagement und individuelle Risikoübernahme bedeutet. Indessen macht sich der Markt selbst nominell antikapitalistische kreative Arbeit, ob Kunst, Musik oder Slogans, mühelos zu eigen. Mould schreibt, dass Kreativität weder im einen noch im anderen Fall wirklich kreativ ist, weil sie lediglich «*mehr von derselben* Gesellschaftsform produziert». Wenn sie vorwärts drängt, dann ist es das Vordringen der kapitalistischen Logik in immer kleinere Winkel unseres täglichen Lebens, womit sie das, was Braverman «den universalen Markt»[70] nennt, noch universaler macht.*

Das ist eine wichtige Unterscheidung, in einer Zeit, in der die COVID-19-Pandemie Gespräche über die Work-Life-Balance und die Möglichkeit komprimierter Arbeitstage oder -wochen wiederbelebt hat. Was zunächst kreativ und emanzipatorisch erscheinen mag, kann sich als Wiederverfestigung erweisen: Unternehmen glauben, sie könnten ihren Leuten weniger zahlen, wenn diese kürzer arbeiten, während aber «die Zeit, die sie bei der Arbeit verbringen, so produktiv wie nur möglich ist».[71] Schon in den 1970ern beobachtete Harry Braverman, dass Unternehmen wie IBM die Arbeit «humanisierten», indem sie den Stil des Managements veränderten und nicht die Position des Arbeiters.[72] Wie Mr. Burns lustige Hüte, waren diese Strategien nichts weiter als eine «einstudierte Vorspiegelung der Arbeiter-‹Mitbestimmung›, eine gnädige, scheinbar liberale Geste, die es dem Arbeiter gestattete, eine Maschine zu justieren, eine Glühbirne zu wechseln, von einer fragmentierten Tätigkeit zur anderen zu wechseln und sich vorzumachen, Entscheidungen treffen zu können». Es handelt sich um die gleiche Erkenntnis wie jene der Firmen in den 1950ern, die mit Flutlicht beleuchtete Sportplätze einrichteten: Glücklicher Arbeiter = höherer Output, und wenn das Unternehmen dafür weniger zahlen muss, umso besser. Die «Erfolgskriterien» haben sich jedoch noch immer nicht verändert. Einerseits kann man einem Unternehmen nicht vorwerfen, die Sprache des Profits zu sprechen. Andererseits aber könnte man auch die alte Frage stellen: Warum erwartet man von Individuen, «resilient» zu sein, wenn es die Firmen nicht sind?

In jenem *Processed World*-Artikel über Büro-Sabotage formuliert Gidgit Digit ähnliche Ideen dazu, was radikaler Wandel tatsächlich bedeutet. Die vermeintlich befreienden Annehmlichkeiten, welche die 1980er boten, sieht sie kritisch:

* Besonders der «universale Markt» verweist auf den Markt, der entsteht, wenn die Beziehungen zwischen Individuum und Gesellschaft durch Transaktionen zwischen Konsumenten ersetzt werden.

> Die individuellen «Freiheiten», welche die technologischen Wunder des Teleshopping und Homebanking uns brachten, sind illusorisch.[73] Zumeist handelt es sich um Annehmlichkeiten, die eine effizientere Gestaltung des modernen Lebens ermöglichen. Die Basis des Soziallebens wird durch diese «Revolution» nicht angerührt. Wie im Büro bleibt sie hierarchisch. Im Grunde wird die Macht derer, die Kontrolle ausüben, sogar noch gestärkt, weil die Illusion von größerer Freiheit aufkommt. Den Einwohnern dieses elektronischen Dorfes wird im Rahmen ihrer persönlichen «User ID» vielleicht totale Autonomie zugesprochen, aber sie werden systematisch von der Teilnahme an der «Programmierung» des «Betriebs»-Systems ausgeschlossen.

Auch wenn sie aus ganz verschiedenen Kontexten stammen, haben Fred Motens Konzept des Studierens, Oli Moulds Kreativität und Gidgit Digits (Re-)Programmierung etwas gemeinsam – den Wunsch, von den hierarchischen Formen des Marktes oder einer Institution nicht eingeengt zu werden und diese auch nicht zu unterstützen, sondern irgendwo zwischen den Zeilen zu verweilen, irgendwo einen Zwischenraum zu finden, entgegen der Ordnung. Das kann unter anderem heißen, eine neue oder verbotene Sprache zu sprechen (offen linguistisch oder nicht), um zu sagen, was derzeit nicht gesagt werden kann. Im Raum, den der Insiderwitz schafft, bedeutet das, indirekt dagegen zu sprechen, anstatt sich mit etwas einfach abzufinden, indem man sich dessen bedient, was Fred Moten die «mutierende Grammatik» der Verweigerung nennen würde.[74]

Wie Carole McGranahan schreibt, «Verweigerung heißt nein zu sagen. Aber nein, das ist noch nicht alles. Sich zu weigern kann produktiv und strategisch sein, ein bewusster Schritt auf eine Sache, Überzeugung, Praxis oder Gemeinschaft zu und von einer anderen weg. Verweigerungen zeigen Grenzen und Möglichkeiten auf, vor allem, aber nicht nur, die des Staates oder anderer Institutionen.»[75] Die Verweigerung beginnt vielleicht in einem selbst, aber sie kann nicht mit einem selbst enden. Sie muss ausgesprochen werden, in Mitteilungen, Zeitschriften, Foren und nach Feierabend, in einer andauernden «Probe». Wenn es um das Heraufbeschwören einer Welt geht, ist das vermutlich das Kreativste, was man tun kann.

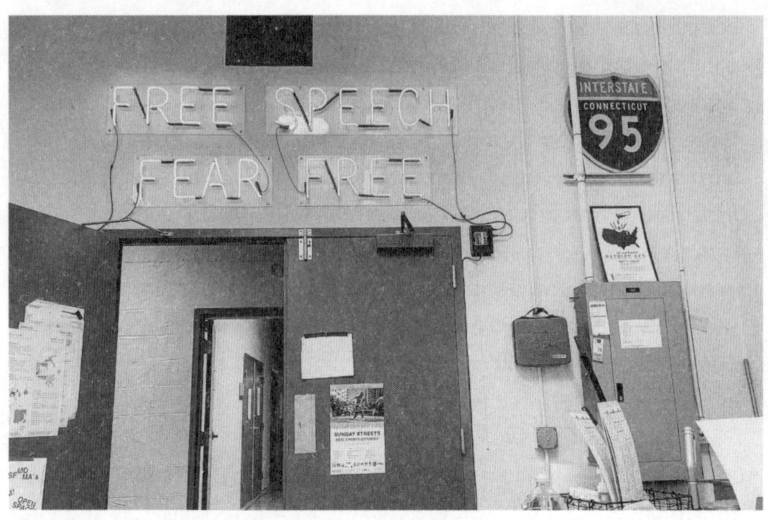

Einer der Bibliothekare bietet uns Pfefferminztee an. Während das Wasser kocht, haben wir Zeit, uns einige der Poster an den Wänden anzuschauen. Eines ist auf Stoff gedruckt und zeigt 198 gewaltlose Aktionen aus Gene Sharps The Politics of Nonviolent Action. *Ein anderes trägt den Titel «Weiße Vorherrschaft in Archiven erkennen und abbauen: Eine unvollständige Liste weißer Privilegien in Archiven und Aktionspunkte, um damit aufzuräumen» aus Michelle Caswells Vorlesung an der UCLA:* Archive, Aufzeichnungen und Erinnerung. *Einige der Privilegien haben direkt mit Sprache zu tun. Zum Beispiel: «Wenn ich in Archiven nach Materialien meiner Community suche, dann sind sie in der Schlagwortsuche und den Katalog-Einträgen in der Sprache verzeichnet, die wir nutzen, um uns selbst zu beschreiben.»*

In jeder Sprache können bestimmte Dinge auftauchen oder ausgesprochen werden und andere nicht. Dieser Gedanke steckt schon im Titel von Marilyn Warings 1988 erschienenem Buch *If Women Counted: A New Feminist Economics [Wenn Frauen zählen würden: Eine neue feministische Ökonomie]*.[76] Heute dafür bekannt, dass sie den Begriff Bruttoinlandsprodukt als Erfolgskriterium scharf kritisierte, wurde Waring 1975, mit 23 Jahren, Mitglied des neuseeländischen Parlaments, wo neben ihr nur noch drei andere Frauen vertreten waren. Als sie 1978 zur Vorsitzenden des Finanzausschusses ernannt wurde, gehörten diesem nur zwei Frauen an. Im Ausschuss konterte sie immer dann, wenn im Wirtschaftsjargon gesprochen wurde, mit «der Kunst der dummen Frage»[77] – wie etwa einfach nachzufragen, was ein bestimmtes Wort bedeutete – und spürte schon bald Standards auf, die die unbezahlte Arbeit von Frauen absolut unsichtbar und eine sinnvolle Vorsorgeregelung unmöglich machte.

Terre Nashs 1995 herausgekommene Dokumentation über Warings Karriere zeigt, wie sie private, staatliche und internationale Ökonomie miteinander in Beziehung setzt. Sie reist in Länder im Globalen Süden, spricht mit Frauen auf dem Land über ihre niemals endende Arbeit, erstellt visuelle Zeitstudien und registriert, dass Dinge wie kostengünstige Wasserpumpen und neue Öfen faktisch die «produktivsten» Interventionen wären. Waring besucht außerdem die Rechnungsprüfungsausschüsse, Finanzministerien und Haushaltsgremien anderer Länder, um mehr Informationen zu sammeln. Zunächst in dem Glauben, die «enormen Paradoxa und Pathologien», die sie in ihrem eigenen Ausschuss bemerkte, seien spezifisch für Neuseeland, wird Waring schließlich klar, dass «das nichts mit Neuseeland zu tun hat. So läuft es überall.»

Bei einem Vortrag in Montreal in den 1990ern präsentiert sie das Beispiel von Cathy, einer ihrer Wählerinnen:

> Cathy, eine junge Hausfrau aus der Mittelklasse, verbringt ihren Tag damit, Essen zu machen, den Tisch zu decken, Mahlzeiten zu servieren, Essen und Geschirr wieder abzuräumen, Geschirr zu spülen, zu bügeln, auf die Kinder aufzupassen und mit ihnen zu spielen, ihre Kinder anzuziehen, sie zu erziehen, sie in die Betreuung oder in die Schule zu bringen, den Müll wegzubringen, Staub zu wischen, Wäsche zu sortieren, Wäsche zu waschen, zur Tankstelle und zum Supermarkt zu fahren, Haushaltsgegenstände zu reparieren, Betten zu machen, Rechnungen zu bezahlen, zu nähen, zu flicken, zu stricken, mit Hausierern an der Tür zu sprechen, den Rasen zu mähen, Unkraut zu jäten, ans Telefon zu gehen, Staub zu saugen, die Böden zu kehren und feucht zu wischen, Schnee zu schippen, das Bad und die Küche zu putzen und ihre Kinder ins Bett zu bringen.

Dann die harte Pointe: «Cathy muss sich eingestehen, dass sie ihre Zeit mit völlig unproduktiven Dingen verbringt. Sie ist außerdem ökonomisch inaktiv, und die Ökonomen verzeichnen sie als erwerbslos.» Der Witz daran ist eine falsche Übersetzung, ein Zusammenprall von Sprachen und von Werten, die durch diese Sprachen zugewiesen werden (oder nicht). Gloria Steinem, die in Warings Dokumentation einmal kurz auftaucht, um zu sagen, dass die meisten Ökonomen «ihre Arbeit für umso wertvoller halten, je weniger sie für andere verständlich ist», lobt Waring dafür, dass sie die Leser daran erinnert, was Ökonomie eigentlich ist: «die Art, und Weise, in der wir dem, was wir als wertvoll erachten, Wert zuschreiben».

In *If Women Counted* empfiehlt Waring eine veränderte Anrechnung: einen Wandel der offiziellen Kriterien, um angemessener wiederzugeben, was als produktive Tätigkeit betrachtet werden sollte. Die in den 1970ern gegründete «Wages for Housework»-Bewegung («Lohn für Hausarbeit») vertritt noch deutlicher antikapitalistische Vorstellungen, die auf ähnlichen Beobachtungen basieren.*

Die Wendung «Wages for Housework» stammte von Selma James, die auch den heute gängigen Begriff *unbezahlte Arbeit* für Hausarbeit, Care-Arbeit und das Aufziehen von Kindern, die Frauen umsonst leisten sollten, prägte. Sie und andere Mitglieder der Bewegung kämpften Seite an Seite mit Müttern, die in England von Sozialhilfe lebten, und mit der größtenteils von schwarzen Müttern angeführten National Welfare Rights Organization in den Vereinigten Staaten,[78] die ebenfalls ein garantiertes angemessenes Einkommen (Guaranteed Adequate Income, GAI)[79] forderten und postulierten, dass «die Arbeit von Frauen wirkliche Arbeit ist».

Wages for Housework griff auf die Erkenntnisse schwarzer Sozialaktivistinnen und der italienischen Bewegung für die Arbeiterautonomie, des sogenannten *Operaismo* (Operaismus), zurück. Aus ihrer Perspektive waren Frauen Sklavinnen der Lohnsklaven (Männer), und die

* In den 1970er Jahren kamen in den USA und Großbritannien mehrere, einander überlappende Bewegungen auf, die mit «Wages for Housework» assoziiert waren, wie etwa Black Women for Wages for Housework (mitbegründet von Magaret Prescod und Wilmette Brown), das Wage for Housework Committee (mitbegründet von Silvia Federici) und Wages Due Lesbians.

Arbeit von Frauen hielt ein allgegenwärtiges System der Ausbeutung aufrecht, das sowohl den Frauen als auch den Männern schadete.[80] 1975 veröffentlichten James und die italienische Autonomistin Mariarosa Dalla Costa *The Power of Women and Subversion of the Community [Die Macht der Frauen und die Subversion der Gemeinschaft]*, worin sie feststellen, dass die Arbeit, die Frauen leisten, «eine private Dienstleistung außerhalb des Kapitals darstellt».[81] Zusammen mit einer Arbeitsgruppe hatte James den ersten Band von Marx' *Kapital* gelesen, wodurch sie mit dem Verkauf von Arbeitskraft als Ware und mit der Arbeitsteilung vertraut wurde.[82] Aber es wurde nirgends gesagt, *wer* die Arbeitskraft *machte,* oder wo nicht entlohnte Arbeiter in dieser Aufteilung standen. In der Einleitung zu ihrem Buch beschreibt James, wie viel Zeit in die Schaffung der Art von Arbeit fließt, die für Lohn verkauft werden kann:

> Arbeiten kann nur ein Mensch, dessen Leben im Produktionsprozess aufgezehrt wird.[83] Zuerst muss er neun Monate im Mutterleib bleiben, muss gefüttert, angezogen und erzogen werden; wenn er dann arbeitet, muss sein Bett gemacht werden, sein Boden geputzt, seine Lunchbox gefüllt, seine Sexualität zwar nicht befriedigt, aber in Zaum gehalten werden, sein Abendessen muss fertig sein, wenn er nach Hause kommt, auch wenn es acht Uhr morgens nach der Nachtschicht ist. Auf diese Weise wird Arbeitskraft produziert, die täglich in der Fabrik oder im Büro konsumiert wird. *Ihre grundlegende Produktion und Reproduktion zu beschreiben, bedeutet, die Arbeit der Frauen zu beschreiben.*

Zu dieser Zeit reichte die Kritik an Lohn für Hausarbeit von praktischer Undurchführbarkeit bis hin zur Gefahr, Frauen auf Frauenrollen festzulegen. Aber der Bewegung ging es niemals nur darum, Lohn für Hausarbeit einzufordern. In erster Linie war diese Forderung Teil einer Reihe anderer Forderungen: eine kürzere Arbeitswoche, Reproduktionsfreiheit, Lohngleichheit und garantierte Einkommen für Männer und Frauen.[84] Und noch wichtiger: Es war eine Geste, ein Versuch, sich eine Option für Frauen vorzustellen, die jenseits der Annahme einer zweiten Schicht in der Kernfamilie lag oder jenseits einer

Rivalität mit Männern in einer Art *Lean In* (Häng-dich-rein)-Feminismus, wie wir heute sagen würden. Indem sie der Arbeit von Frauen und damit der Care-Arbeit Wert zuschrieben, strebte *Wages for Housework* nach einer Gesellschaft, in der Fürsorge und kollektive Befreiung, anstelle von persönlichem Ehrgeiz und Brutalität, gleichbedeutend wären – für alle und zum Wohle aller.[85] In ihrer Diskussion der *Wages for Housework*-Bewegung betont Kathi Weeks scharfsinnig, welcher Art deren *Forderungen* waren: weniger ein Ersuchen um Geld, als eine unmissverständliche Demonstration von Stärke und eine Äußerung von Anliegen.[86] Ihre Forderung ist die totale Zurückweisung einer Situation, die, nach Braverman, «jene, deren Zeit unendlich wertvoll ist», von denjenigen unterscheidet, «deren Zeit fast nichts wert ist», ein sehnlicher Wunsch nach einer Welt, in der wir nicht weiterhin in auf Männer zugeschnittenen Autos sterben.

In *The Problem with Work* nutzt Weeks diese Art von Energie, um eine Forderung nach einem bedingungslosen Grundeinkommen und einer kürzeren Arbeitswoche ohne Lohnausfall zu entwerfen.*

Nachdem sie in weiten Teilen ihres Buches der zentralen Bedeutung und dem unbestrittenen Nutzen von Arbeit im modernen Leben gründlich nachgeht, vertritt Weeks die Auffassung, dass so etwas wie ein bedingungsloses Grundeinkommen auf einer pragmatischen und einer moralisch-idealistischen Ebene zugleich wirken würde. Einerseits könnte das bedingungslose Grundeinkommen vielen Menschen unmittelbar Erleichterung verschaffen, wenn es um die Tatsache geht, die James und Dalla Costa in ihrem Buch so einfach formuliert haben: «Zeit zu haben, bedeutet weniger zu arbeiten.»[88] Aber insofern, als es Menschen aus der totalen Lohnabhängigkeit herausholt, ist das bedingungslose Grundeinkommen außerdem kreativ, indem es Raum für mehr Kreativität schafft. Wir könnten die Forderung nach weniger Arbeit stellen, «nicht damit wir das bekommen, tun oder sein können,

* Es ist hier nicht von Belang, dass Selma James, ihrem Beitrag für den *Independent* von 2020 zufolge, ein bedingungsloses Grundeinkommen nicht unterstützt und stattdessen ein Einkommen für Care-Arbeit vorzieht, das sich speziell an Care-Arbeiter richtet.[87] Worüber sich James und Weeks aber vermutlich einig sind, ist, dass die derzeitigen Vergütungsmodelle ein ungerechtes System spiegeln, das, eng gefasst, bestimmte Arbeits- und Existenzarten höher bewertet.

was wir bereits wollen, tun oder sind, sondern weil es uns ermöglichen würde, bestimmte Lebensformen in Betracht zu ziehen und auszuprobieren, damit zu experimentieren, etwas anderes zu wollen, zu tun oder zu sein».[89]

Es ist das «Wollen» in Weeks Kombination aus «wollen, tun und sein», das am meisten hervorsticht. Alltägliche Bedürfnisse, Intuition und sogar stille Verzweiflung fühlen sich oft wie ein Unterton an, eine Untersprache oder die «Undercommons» [eine Art von kritischem subversiven Raum][90] – unter den Zeitgebern des Arbeitstages, der Arbeitswoche, der Produktivitätskalkulation und den Quartalsergebnissen. Gleich zu Beginn der Dokumentation über Marilyn Waring interviewt ein Journalist Leute in der Lobby, die offenbar ein heimlicher Zweifel zu ihrer Vorlesung zog. Ein junger Mann erklärt dem Interviewer, dass er dort sei, weil er «Verdacht» hege. Was für einen Verdacht?, fragt der Journalist. «Den Verdacht …, dass die Dinge nicht so sind, wie sie scheinen, denn ich komme aus einer Familie, in der ich bei meiner alleinerziehenden Mutter aufwuchs und merkte, dass es große Ungerechtigkeiten gibt», sagt der Mann.

Verdacht bleibt zwischen den Zeilen. Manchmal schwelt er. 1980, ein Jahr, bevor sie mit *Processed World* begannen, produzierten die Gründer der Zeitschrift zum Tag der Sekretärinnen, National Secretaries Day, ein sarkastisches Faltblatt mit dem Titel «Innervoice #1» [«Innere Stimme #1»].[91] In einer scherzhaften Rechnung listete es die Kosten der Arbeit als Sekretärin auf: sechs Stunden ununterbrochenes Tippen macht «1 x Rückenschmerzen, 1 steifer Nacken», 70 Stunden die Woche Bluthochdruck kostet «1 x geistige Gesundheit», und 40 Stunden nervtötende Beschäftigung kostet «einmal Vorstellungskraft». Aber natürlich konnte Innervoice #1 selbst nur aufgrund der Vorstellungskraft entstehen, was immer auch von ihr übrig war. Das Faltblatt war im Grunde ein Vorläufer des Humors von *Processed World*, der die schmerzlich erkennbare Manie entlarvte, sich betrügen zu lassen, und das eigene Leben zu verkaufen, nur um immer noch mehr davon verkaufen zu dürfen.

Mitunter brach das mit überraschender Offenheit durch. Mitten unter den Comicstrips, Fake-Anzeigen und schneidenden Kommentaren enthielt eine Doppelseite eine melancholische Collage aus einem Gesicht in einem Computerterminal, Händen in Handschellen, einem Telefon und einer Reihe kleinerer Köpfe mit dem Text, «Noch so ein Tag im Büro: Was haben wir verloren?».[92] In einem Brief fragte J. C. aus Toronto: «Was macht man, wenn man merkt, dass man im Job auf der Stelle tritt? Man entwickelt eine Menge Zynismus, Apathie und Ärger, für die es kein Ventil gibt.»[93] Und J. Gulesian aus San Francsico stellte folgende Überlegung an:

> *Liebe PW,*
> *ich möchte noch weitere Eindrücke aus dem Alltagsleben einer Sekretärin mittleren Alters hinzufügen. Es ist alles sehr hart, wirklich, dieses Leben tagein tagaus. Es verlangt mir so oft mehr ab, als ich geben kann und nimmt so viel von mir, dass ich meine freie Zeit dazu brauche, um zu versuchen, die Kontinuität zwischen dem, was ich bin, und dem, was ich sein muss, wiederherzustellen. Was ich bin, bedeutet, dass ich menschliche Beziehungen knüpfen und aufrechterhalten möchte. Was ich sein muss, macht das gefährlich und schmerzhaft. Sie wissen, wie es ist.*[94]

Nicht jeder hatte dafür Zeit. In derselben Ausgabe schrieb Walter E. Wallis von Wallis Engineering an *PW*, «Sucht Euch einen Job!», als würde er eine Bande Hippies anschreien wollen – ähnlich wie Tommy Anderberg, jener Steuerzahler, der sich nicht darum scherte, ob Physiker an ihre Schreibtische gekettet wurden. Nachdem er einige Tipps gegeben hatte, wie man «seinen Wert in der Firma steigern» kann, schloss Wallis mit dem Kommentar: «Wenn Dir die Last, Dich Deiner Aufgabe so zu widmen, dass der Kunde das Beste für sein Geld bekommt, nicht zusagt, dann verpiss Dich, heul und jammer rum, betrüge, stiehl und erzähl Scheiße, Dein Leben lang, denn Du bist nichts weiter als ein verdammter, heulender, jammernder, betrügender, stehlender kleiner Scheißer … .»[95] In seiner Antwort nahm sich ein *PW*-Redakteur Wallis' Argumente in aller Ruhe eins nach dem andern genau vor und schloss ungeniert mit der Vision einer «neuen, frei kooperierenden und gemeinschaftsorientierten Gesellschaft, die in der gegenwärtigen bereits schlummere». Es sei Wallis, der arm sei, weil ihm jede Vorstellungskraft fehle: «Anstatt solche Möglichkeiten in Erwägung zu ziehen, erteilt er uns verständlicherweise lieber vulgäre und herablassende Ratschläge, wie wir ‹vorankommen› in einer Welt, die im Gleichschritt auf den Abgrund zumarschiert.»

Der *PW*-Redakteur versuchte, «über die Möglichkeit einer Welt nachzudenken», in der alle Voraussetzungen von Wallis' Welt – eine, in der man ganz einfach persönlichen Ehrgeiz einsetzt, um andere auszustechen, sich selbst die Schuld gibt, wenn man scheitert, und die anderen für ihr Scheitern anklagt – durch etwas anderes ersetzt würden. Nach Wallis' Ansicht ist man für seine Zeit selbst verantwortlich, und diese existiert nur innerhalb einer unerbittlichen und unflexiblen Struktur; für den Redakteur konnte Zeit wirklich etwas ganz anderes bedeuten, denn es bestand ja die Möglichkeit, die Struktur aufzulösen. Für Wallis war das Ziel persönliche Macht; für *PW*, würde ich sagen, war das Ziel Sinn und Anerkennung.

In Kapitel zwei schlage ich vor, dass ein überarbeitetes Leistungs-Subjekt sich selbst retten sollte, indem es den persönlichen Ehrgeiz herunterfährt. Aber so, wie das Emporklettern auf der Karriereleiter nur eine Art von Streben ist – eines, das auf einer spezifischen Ebene stattfindet und diese verstärkt –, gibt es viele Arten von Frustration jenseits dessen, was wir für gewöhnlich einfach als Burnout bezeichnen. Einige dieser Frustrationen, ob man nun begünstigt oder benachteiligt ist, basieren auf folgenden Faktoren: seine Zeit verkaufen zu müssen, um leben zu können, das kleinere Übel wählen zu müssen, das eine sagen zu müssen, während man eigentlich das andere glaubt, sich selbst aufbauen zu müssen, während man darunter leidet, dass man keine Beziehung zu anderen mehr aufbauen kann, arbeiten zu müssen, während der Himmel draußen rot ist, und alles und jeden ignorieren zu müssen, obwohl einen diese Ignoranz tief im Herzen umbringt. Man kann mehr für sich selbst wollen, aber man kann auch einfach *mehr wollen.*

Selma James ist in der «International Wages for Housework»-Kampagne (heute eher als Global Women's Strike bekannt) immer noch aktiv.[96] 2012 erzählte sie der Journalistin Amy Goodman, wie sie ein Jahr zuvor in London am SlutWalk teilgenommen hatte – einer länderübergreifenden Bewegung gegen sexuelle Gewalt. James war von der Energie und dem Antirassismus der Gruppe begeistert. «Als ich mit ihnen lief, hatte ich nicht das Gefühl von Frauen umgeben zu sein, die ihrem Ehrgeiz nachhingen»,[97] sagte sie, und bezog sich damit auf den Kontrast zu dem Teil der Frauenbewegung, der sich darauf konzentrierte, die Leiter hochzuklettern, während das Gemeinwohl immer mehr in den Hintergrund trat. «Wir brauchen wirklich einen anderen Grund als den persönlichen Ehrgeiz, um zusammenzukommen, was unsere wahre Daseinsbedingung ist.» *Persönlich* ist hier das operative Wort. So, wie Wallis aus der *PW*-Perspektive arm war, ist ein begeisterter Leiterkletterer in einem anderen Sinne unambitioniert. Es ist viel «ambitionierter», die Forderung zu stellen, die James auf dem SlutWalk fühlte: «Wir wollen die Freiheit haben, das Leben so zu leben, wie wir es möchten, und deshalb sind wir zusammengekommen.»

Wir fragen, ob wir uns die Künstlerbücher ansehen können. Sie sind ganz oben auf den Regalen, und so rolle ich die große grüne Leiter hinüber und steige dort hoch, wo die alphabetisch geordneten grauen Kästen warten. In ihrem Innern findet sich alles, von leinengebundenen Büchern bis hin zu Magazinen und Postkarten-Sets, jedes Objekt in seiner eigenen braunen Mappe, die sorgfältig nach den jeweiligen Maßen zugeschnitten ist. Viele von ihnen stammen von lokalen Künstlern und zeigen oft Projekte, die mithilfe der Recherche in ebendiese Bibliothek entstanden sind. Die Bücher und Objekte in den Mappen sind wie Pflanzen, die im Archiv gewachsen sind und uns jetzt Samen für unsere eigenen Projekte liefern.

In einem Ordner in der E-F-Box finden wir ein schlankes in Leinen gebundenes und mit einem Lederriemen umwundenes Buch – ein Werk des Künstlerkollektivs Futurefarmers. Der Titel lautet «SOLE SERMONS» [Sohlenpredigten], wobei das Wort SOUL [Seele] über «SOLE» gedruckt wurde. Wir lösen vorsichtig den Riemen und öffnen das Buch. Der Text darin wurde im Letterpress in die Seiten geprägt, aber mit einer hellen Tinte, was den Anschein erweckt, als könnten sich die Worte zwar noch am Papier festhalten, sich aber auch jeden Moment verflüchtigen. Es handelt sich um einen Essay über das Gehen von Rebecca Solnit. Ihr Gehen klingt wie das Gegenteil von «im Gleichschritt marschieren»:

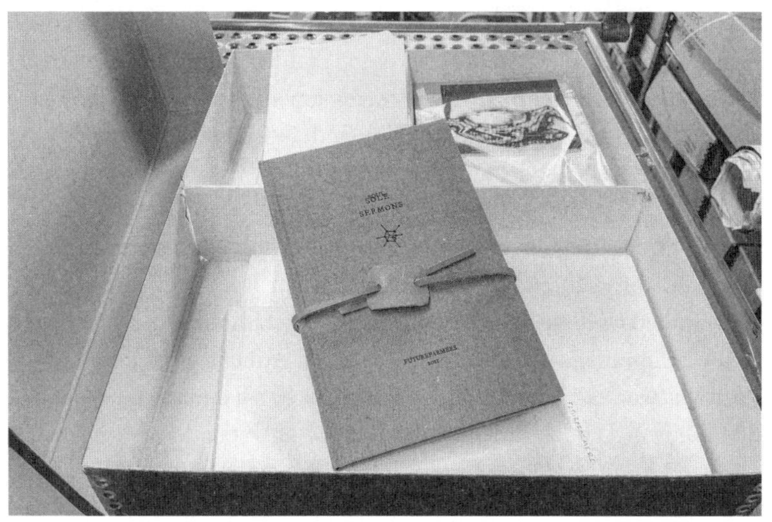

Gehen besteht aus Schritten, aber ein Schritt ist noch keine Wanderung; eine Wanderung entsteht durch Ausdauer, dadurch, dass man kontinuierlich einen Fuß vor den anderen setzt, und dieser Prozess der Wiederholung ist nicht redundant, sondern eine Form der Erkundung. «Wo gehen wir hin?», lautet die universale Frage, aber die Antwort ist, einfach zu gehen, zu laufen, bis Deine Schuhe abgelaufen sind, sie dann neu zu besohlen und weiter zu laufen. «I walked to the floor till I wore out my shoes / Lord they're killing me – I mean them lowdown blues» [Ich ging auf dem Boden, bis meine Schuhe abgelaufen waren / Gott, er bringt mich um – ich meine den Tatsachen-Blues], sang Hank Williams, und das Laufen hält Dich am Leben. Weiter gehen heißt, weiterleben, weiter zu erkunden und weiter zu hoffen. Hoffen und Gehen haben mich in den letzten 12 Jahren beschäftigt, aber ich musste eine weite Strecke auf diesen beiden Pfaden zurücklegen, bis ich merkte, dass sie eigentlich derselbe Pfad waren, dessen Gesetz die Bewegung ist, dessen Belohnung die Ankunft im Unerwarteten ist, und deren eigentliche Natur im Gegensatz zur Grundhaltung unserer Zeit steht, einer Zeit, die mit der Ankunft und dem Quantifizierbaren befasst ist. Viele lieben die Gewissheit so viel mehr als die Möglichkeit, dass sie die Verzweiflung wählen, die selbst eine Form der Gewissheit ist, nämlich die Gewissheit, dass die Zukunft nennenswert und bekannt ist. Sie ist weder noch. Zu verzweifeln bedeutet, nicht weiter zu gehen, und nicht weiter zu gehen bedeutet, in Verzweiflung oder Depressionen zu verfallen, die beide Merkmale der Seelenlandschaften und Geisteszustände sind – ein Loch, das tiefer ist als nur eine Furche.

Früher in diesem Jahr hielt ich mich im Garten einer siebzigjährigen Freundin auf, während sie darin irgendwelche Bohnen pflanzte. Sie erzählte mir, dass diese Bohnen von Pflanzen abstammten, die sie 20 Jahre zuvor bekommen hatte, sie erinnere sich aber nicht mehr genau, wo – vielleicht war es Home Depot –, und sie habe sie danach nie mehr finden können. Damals hatte sie die Bohnen an Freunde verteilt, die sie alle liebten, sie aber auch nirgendwo anders mehr fanden. Aber einige Freunde ließen die Bohnen reifen und trocknen, bewahrten sie auf und gaben sie ihr zurück. Sie hatte keine Ahnung, wie viele Leute sie mittlerweile besaßen, und vermutete, dass diese Bohnen-Abstammungslinie sich womöglich im ganzen Land verbreitet hatte. Als sie sie einpflanzte, dachten wir darüber nach, dass es zwar ein Geben und Nehmen zwischen ihren Freunden und ihr gegeben hatte, dieses aber keine Transaktion war – sie nahm nicht die Dinge zurück, die sie ihnen gegeben hatte, auch wenn zwischen beiden natürlich eine Verbindung bestand.

Sie machte mit einigen Salatbeeten weiter und sagte, ich solle mir ruhig ein wenig Salat mitnehmen. Ich dachte, sie wolle nur höflich sein, aber sie erklärte mir, dass sie die äußeren Blätter entfernen müsse, damit die inneren Blätter weiter wachsen könnten, bevor die Pflanzen ganz ausgereift wären. Sie gäbe den Leuten ständig beutelweise Blätter mit. Diese einfache Geste und die Geschichte der Bohnen machten mir bewusst, dass meine geistigen Mechanismen so kaputt waren, dass ich offenbar nicht über den transaktionalen Austausch hinausdenken konnte. Zum Teil ist das so, weil ich nie irgendwo gelebt habe, wo ich gärtnern konnte. Ich hatte irgendwie vergessen, dass eine Pflanze weiter wächst, und dachte, dass mehr Salatblätter für mich weniger Salatblätter für sie bedeuteten.

Aber das war nicht das Einzige, was ich vergessen hatte. Der Philosoph Ivan Illich machte sich 1978 Gedanken darüber, dass «unzählige Infrastrukturen, in denen die Menschen sich über Wasser hielten, spielten, aßen, Freundschaften schlossen und einander liebten, zerstört worden sind», was eine öde Soziallandschaft von «gewaltigen Nullsummenspielen und monumentalen Liefersystemen» hinterlassen habe, «in der jeder Gewinn für den einen sich als Verlust oder Bürde für den anderen erweist, während beiden wirkliche Zufriedenheit versagt bleibt».[98] In diesem Moment fühlte ich mich so ähnlich wie der junge Gig-Arbeiter, der den Soziologen in einer Studie erklärte, warum prekäre Beschäftigte in New York City während der Pandemie keine Arbeitslosenunterstützung beanspruchten: «Du meldest Dich einfach an und sagst, ‹Ich habe keinen Job›, und die Regierung gibt Dir Geld? Was soll das? Wenn das so einfach wäre, würde es dann nicht jeder machen? Ich versteh das nicht.»[99] Den Salat mitzunehmen, war für mich und für meine Freundin gut. Aber ich verstand das nicht.

Einige Monate später saß ich in einem anderen Garten, diesmal in einem botanischen Garten, der frei zugänglich war. Zwei Kinder hatten eine Wiese neben mir gekapert und spielten ein Rote-Ampel-grüne-Ampel-Spiel. Ihre Version war allerdings viel komplexer als die, welche ich als Kind gespielt hatte. «Rote Ampel» bedeutete immer noch stop und «grüne Ampel» immer noch losrennen, aber für sie hieß «lila Ampel» tanzen und «hellblaue Ampel» rückwärts tanzen. «Goldene Ampel» bedeutete, sich auf den Boden zu werfen, und «baumgrüne Ampel» bedeutete, zu muhen und dabei auf allen vieren zu krabbeln. Es gab sogar noch speziellere Kommandos wie «Schuhe-wegwerf-Ampel» aber auch «Schuhe-wieder-an-Ampel». Es war albern, aber ich war beeindruckt, dass sie einander nie daran erinnern mussten, was irgendeine der Bezeichnungen bedeutete; sie hatten sie sich gemeinsam ausgedacht und eingeprägt.

Zeit kann viele Rhythmen haben, und Rhythmen können viele Bedeutungen annehmen. Als er über die Demoralisierung der Arbeit durch Prozesse wie den Taylorismus schrieb, stellte der Soziologe Richard Sennett fest, dass «Routine herabwürdigen, aber auch schützen kann; Routinen können Arbeit zergliedern, aber aus ihnen kann sich auch ein Leben zusammensetzen».[100] Etwa durch den Aufbau eines Rituals, so, wie der Rabbi Abraham Joshua Heschel den Sabbath «einen Palast» nannte, «den wir in der Zeit gebaut haben».[101] Wie die «Ampeln» des Rote-Ampel-grüne-Ampel-Spiels war der botanische

Garten komponiert und choreografiert worden; verschiedene Teile hatten verschiedene Charaktere; die Dinge wuchsen in unterschiedlicher Gestalt und Größe und blühten zu unterschiedlichen Zeiten. Der Garten repräsentierte die diversen Ansichten der hier beschäftigten Gärtner darüber, welche Arten von Arrangements ein harmonisches Ganzes ergeben, und die Besucher hielten sich in den Teilen auf, die sie mochten. Da es kein großes Gelände war, erschien der Garten dicht und vielschichtig – nicht nur ein Raum für Biodiversität, sondern auch für Chronodiversität, da er die Menschen dazu einlud, sich mit verschiedenen Lebensmodi und -geschwindigkeiten auseinanderzusetzen. Hier war nicht nur klar, dass Zeit nicht Geld ist, sondern auch, dass die Kategorie «nicht Geld» unendlich weiter gedacht werden konnte.

Wäre es möglich, Zeit nicht zu sparen und auszugeben, sondern sie zu kultivieren wie in einem Garten – indem man bestimmte Lebensrhythmen rettet, erfindet und pflegt? Und wäre das nicht einfach eine Anerkennung und Nutzung der Chronodiversität, die auf einer bestimmten Ebene, individuell oder gemeinschaftlich, für alle von uns bereits existiert? Die Soziologin Barbara Adam, die ich in Kapitel 1 zitiere, weil sie austauschbare Zeit beschrieben hat, ist sich auch darüber im Klaren, dass die Chronodiversität unvollständig dominant und außerdem kontraintuitiv ist: «Tempo und Intensität umgeben uns auf jeder Ebene: Wir wissen, dass es sich für ein kleines Kind wie eine Ewigkeit anfühlen kann, wenn ein Geburtstag morgen stattfindet, während ein Geburtstag vor einem Jahr sich für einen alten Menschen so anfühlen kann, als wäre er gestern gewesen. Auf die Vegetationsruhe im Winter folgt ein explosionsartiges Wachstum im Frühling … Unsere soziale Zeit, so wie sie aus dem gemeinsamen Gebrauch erwächst, ist mit den Rhythmen der Erde untrennbar verbunden. Die Komplexität herrscht uneingeschränkt.»[102]

Wenn man Zeit wie in einem Garten kultivieren kann, dann ist es auch möglich, sich ihr Wachstum nicht als ein individuelles Anhäufen, sondern als etwas anderes vorzustellen. Bevor ich den Garten meiner Freundin verließ, gab sie mir ein paar Prunkbohnen von einem Bauernhof mit, den es nicht mehr gibt. Sie liegen jetzt auf einem Metallregal neben den im Laden gekauften Bohnen, die Joe und ich, wie viele an-

dere Leute auch, während der Pandemie auf Vorrat kauften. Ich hatte so viel Zeit, die Bohnen anzuschauen und über sie nachzudenken, aber ich habe mir nie klargemacht, was sie eigentlich sind. Ich googelte nach «kann man im Laden gekaufte Bohnen einpflanzen?», und die Antwort lautete ja. Diese Dinge in den Tüten – sie waren nicht einfach nur Waren. Natürlich konnte man sie essen, aber sie waren keine Endpunkte, und sie waren nicht tot. (Sie waren noch nicht einmal patentgeschützt wie Monsanto-Samen!) Zumindest trugen einige von ihnen etwas in sich: die Möglichkeit zukünftiger Bohnen.

Als ich anderen Freunden von dieser Sache erzählte, wurde sie zu einem Insiderwitz, zu einem neuen Familekt: *Zeit ist nicht Geld. Zeit ist Bohnen.* Dieser Witz war so ernst, wie viele Witze es sind, also halb ernst. Das zu sagen, bedeutete, dass man Zeit nehmen und geben konnte, aber auch, dass man Zeit anpflanzen, und mehr davon ziehen konnte, und dass es verschiedene Arten von Zeit gab. Es bedeutete, dass Deine gesamte Zeit aus der Zeit von jemand anderem hervorgegangen ist, vielleicht aus etwas, das jemand lange zuvor gepflanzt hatte. Es bedeutete, dass Zeit nicht die Währung eines Nullsummenspiels war, und dass die beste Art, mehr Zeit zu bekommen, für mich manch-

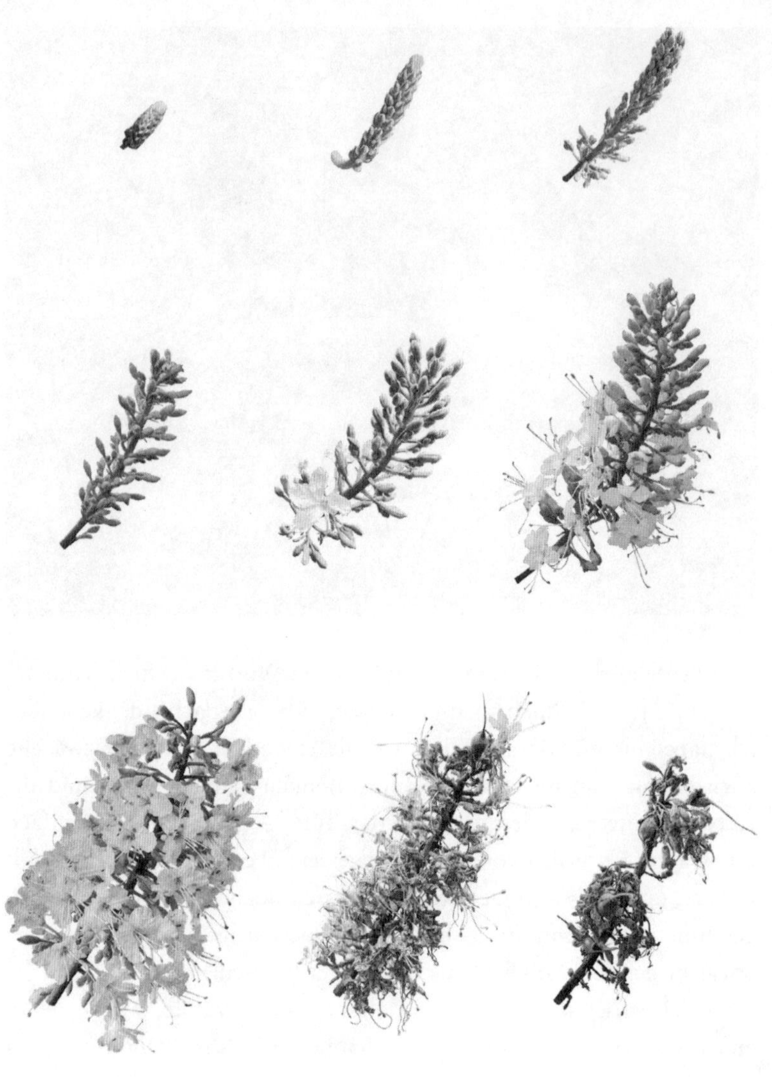

mal ist, sie Dir zu geben, und die beste Art für Dich, welche zu bekommen, ist es womöglich, sie mir wieder zurückzugeben. Wenn Zeit keine Ware wäre, dann wäre Zeit, unsere Zeit, nicht so knapp, wie sie jetzt noch erscheint. Gemeinsam könnten wir alle Zeit der Welt haben.

KAPITEL 7

Lebenserweiterung

DAS KOLUMBARIUM UND DER FRIEDHOF

> Resonanz aber ist [im Gegensatz zur Anerkennung] immer ein dynamisches Geschehen, sie drückt eine lebendige Antwortbeziehung aus, die sich vielleicht am trefflichsten am Aufleuchten der Augen ablesen lässt ... Resonanz [meint] stets das Geschehen *zwischen* zwei oder mehreren Subjekten ... *Ich werde anerkannt*, aber nur *zwischen uns* ereignet sich Resonanz. Liebe als Resonanzerfahrung bezeichnet daher nicht den Umstand, zu lieben und geliebt zu werden, sondern den Moment (oder die wiederholten Momente) der wechselseitigen, transformativen und verflüssigenden Begegnung und Berührung.
>
> *Hartmut Rosa, Resonanz: Eine Soziologie der Weltbeziehung*[1]

Wir haben die Bay Bridge überquert und sind wieder in Oakland, unterwegs in Richtung Osten. Von einer Straßenseite her schallt «Signed, Sealed, Delivered» aus der offen stehenden Tür eines Pilates-Studios, das sich im Parterre eines luxuriösen Apartmenthauses befindet. «Also los geht's», übertönt der Lehrer die Musik mit Schwung und Autorität, «den linken Fuß zurück, fünf, vier, drei, zwei uuuuund eins. Ja, Ihr schafft das. Wir sind schon fast am Ende der Stunde angekommen, wirklich fast.»

Vor uns tauchen Friedhofstore auf und ein Gebäude im Stil der spanischen Kolonialarchitektur mit einem Turm, auf dem in kleinen Metalllettern Bestattungsinstitut – Krematorium – Kolumbarium steht. Ich stoße die schwere Metalltür auf, damit wir hineingehen können, und sofort hüllt uns ein süßer Begräbnisduft ein: lebendige Pflanzen, feuchte Steine, Staub, Asche, Weihrauch. Gedämpftes Sonnenlicht fällt durch die Dachfenster, durch die riesigen tropischen Pflanzen und Steinbögen, während alles still ist, bis auf das traurige Tröpfeln eines Brunnens in der Nähe. Die Wände sind dichte Gitter aus Glaseinfassungen,

die den Eindruck einer Bibliothek vermitteln. Anders als dort, wo wir gerade waren, sind hier die «Bücher» hinter dem Glas Urnen, die so geformt sind, dass sie wie Bücher aussehen, mit Gruppen verschiedener Bände, welche die einzelnen Mitglieder einer Familie enthalten. Um jedes Buch ist eine gewisse Schwere: der Beginn eines Lebens und das Ende eines Lebens. Und die «Buchdeckel» kann man nicht öffnen.

Als ich noch sehr jung war, stieß ich in einem Buch aus den 70er Jahren mit dem Titel *Magic Fairy Stories from Many Lands [Magische Feengeschichten aus vielen Ländern]*, das meine Mutter auf einem Flohmarkt erstanden hatte, auf eine Furcht einflößende Geschichte. Ein Junge, der es kaum erwarten kann, erwachsen zu werden, geht durch den Wald, wo ihm eine Hexe erscheint und ihm eine Kugel gibt, aus der ein goldener Faden hervorschaut.[2] Wenn er an diesem Faden zieht, so erklärt sie ihm, wird die Zeit schneller laufen. Aber er muss dieses Instrument klug einsetzen, denn der Faden kann genauso wenig wieder einfach in die Kugel zurückgeschoben werden, wie die Zeit rückwärts laufen kann. Man ahnt es schon, der Junge kann sich nicht zurückhalten: Voller Ungeduld, endlich von der Schule nach Hause zu kommen, zieht er am Faden; weil er so schnell wie möglich seinen Schwarm heiraten möchte, zieht er am Faden; weil er endlich ein Kind haben möchte, zieht er am Faden. Und viel zu rasch findet er sich am Ende seines Lebens wieder, ohne das Gefühl, es auch wirklich gelebt zu haben.

Die Moral dieser Geschichte handelt vermutlich davon, «im Augenblick zu leben», und von der Torheit, manche schlechten Abschnitte des Lebens einfach überspringen zu wollen, um gleich zu den guten zu gelangen. Aber als ich die Geschichte las, waren die Dinge, die mich in ihren Bann zogen, der Faden und die Kugel, ganz einfach als Bild für die Unumkehrbarkeit der Zeit. Und auch wenn es am Ende gut ausgeht (die Hexe findet den alten Mann und lässt ihn sein Leben noch einmal von Neuem beginnen), war es in meiner Erinnerung lange Zeit eine Horrorgeschichte.

Zeitmanagement macht sich oft eine Form dieses Horrors zunutze. Denken Sie etwa an Kevin Kruse, den Unternehmer, der das «1440»-Poster in seinem Büro aufhängte, um sich selbst daran zu erinnern, wie viele Minuten er täglich hatte. In seinem Buch fordert er den Leser, kurz bevor er dieses Poster erklärt, dazu auf, seine Hand auf sein Herz zu legen und sich seinen Atem bewusst zu machen. Denken Sie jetzt nichts Falsches: Das ist keine Achtsamkeitsübung. Kruse sagt, «Sie werden diese Schläge niemals mehr wieder bekommen. Sie werden diese Atemzüge niemals mehr wieder bekommen. Tatsächlich habe ich Ihnen gerade drei Herzschläge und zwei Atemzüge Ihres Lebens weggenommen.»[3] Und er lässt auch sofort eine pointierte Metapher folgen: Sie würden doch auch niemals Ihre Brieftasche einfach so offen liegen lassen, und Zeit ist Geld. Warum lassen Sie also zu, dass Leute Ihnen Geld stehlen?

Wenn man logisch schlussfolgert, dann versucht die Idee der Zeit als persönliche und nichterneuerbare Ressource, zwar die Sterblichkeit zu umgehen, ist aber zugleich von ihr besessen. Was stellt Kruses «1440»-Poster letztlich anderes dar, als ein Memento mori, das so ernüchternd ist wie der Totenschädel in der Ecke eines niederländischen Stilllebens aus dem 17. Jahrhundert? Jeden Tag und jedes Mal, wenn man Kruses Poster anschaut, bleiben einem weniger als 1440 Minuten. In «Why Time Management Is Ruining Our Lives» [Warum Zeitmanagement unser Leben ruiniert] stellt Oliver Burkeman fest, dass das detaillierte Protokollieren von Zeit, um diese zu sparen oder klüger einzusetzen, ironischerweise «Dein Bewusstsein für die Minuten, die vorüber ticken und dann für immer verloren sind» schärft.[4] Ob auf der Ebene von Minuten oder von Lebensstufen und Benchmarks, je mehr man sich auf die Zeit fixiert, desto grausamer scheint sie einem durch die Finger zu rinnen.

Es gibt viele Apps, die behaupten, sie könnten Dir sagen, wie viele Jahre Du noch zu leben hast. Aus einer ängstlichen Neugierde heraus habe ich kürzlich eine heruntergeladen, die «Wann werde ich sterben?» hieß. Nachdem ich eine Reihe von Fragen über meine Lebensweise und Veranlagung beantwortet und eine 30 Sekunden lange Anzeige für ein Spiel mit dem Namen Wishbone ausgehalten hatte («Wählen Sie die Schönste!» ermunterte mich der Text über zwei Zufallsbildern von Maniküren), erschien ein Cartoon-Grabstein, dessen Inschrift lautete, Jenny Odell, gestorben im Alter von 0 Jahren.[5] Die Zahl schnellte dann von null aus hoch, als würde ich ein Casino-Spiel spielen, dessen Preis das Leben selbst war. Es blieben mir noch ein paar Momente, um sehr greifbar zu fühlen, dass ich nicht sterben wollte, dass die Zahl noch höher klettern sollte; und schließlich blieb sie bei 95 stehen.

So albern und unwissenschaftlich die App war, konnte man sich doch eine viel detailliertere App vorstellen, in der buchstäblich jede Entscheidung, die man trifft, erfasst und in einen Algorithmus eingespeist würde, der die noch verbleibende Lebenszeit bestimmte. (Was gar nicht so anders wäre als das Endgame, das manche Versicherungsgesellschaften mit einem spielen.)*

Das ist eine gängige Antwort auf das existenzielle Problem, das die Zeit darstellt: zu versuchen, die gesamte Zeitmenge, die man in seiner persönlichen Zeitbank hortet, zu vergrößern. Diese Version der «Wachstumslogik» erklärt die Anziehungskraft des Resorts, das ich in Kapitel 3 erwähne, in dem die Gäste auf Larry Ellisons Insel ihre Vital-

* Einige Autoversicherungsgesellschaften nutzen Telematik und Auto-Tracker (ähnlich wie jene, die ich in Kapitel 1 erwähne), um Daten über das Fahrverhalten zu sammeln und die Versicherungssumme danach zu berechnen.[6] Und Beam Dental, das eine eigene elektronische Zahnbürste einsetzt, um Zahnputz-Daten von seinen Nutzern zu erhalten, verspricht einen «niedrigeren Beitrag bei Gruppenteilnahme am Beam®Perks Wellness-Programm, und wenn die ganze Gruppe insgesamt einen Beam-Score von A erreicht».

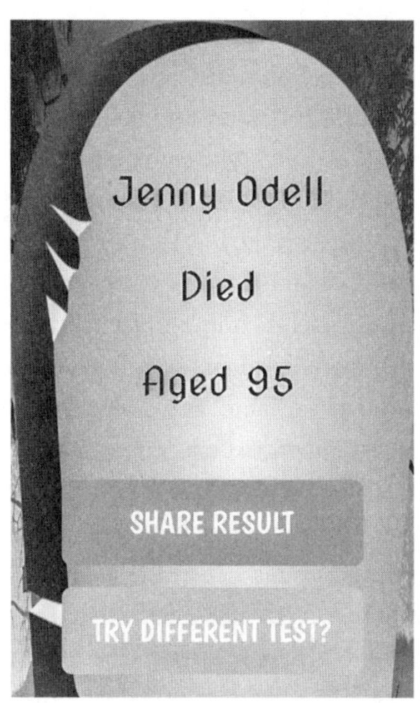

funktionen und Fortschritte im Hinblick auf bestimmte Ziele aufzeichnen lassen – und sie ist vermutlich auch der Grund, warum die Power-Smoothies der Productivity Bros so beliebt sind. Als natürlicher Partner des Zeitmanagements wird Wellness zum einen als Mittel gepriesen, um besser zu «performen», zum anderen aber auch als Möglichkeit, die eigene Lebensdauer zu verlängern, als wäre man ein Auto oder eine Uhr.

Doch wie die Produktivität, kann dieses Streben nach einem kalkulierbaren Optimum leicht jedes vernünftige Gesundheitsziel überschreiten – auch eine Art, obsessiv zu zählen, was man zurückbekommt. Numerische Lebensdauer und (eine sehr spezielle Version von) Wellness werden zu den finalen Metriken, vermeiden aber die Frage, *für was* wir uns eigentlich wohlfühlen und leben wollen, ganz zu schweigen von der Ironie eines Lebens, das durch die Anstrengung aufgezehrt wird, mehr aus sich selbst zu machen. Diese und andere Probleme sind bereits im Untertitel von Barbara Ehrenreichs Buch *Natural Causes* prägnant zusammengefasst: *An Epidemic of Wellness, the Certainty of Dying, and Killing Ourselves to Live Longer [Natürliche Ursachen: Die Wellness-*

Epidemie, die Gewissheit des Todes, und wie wir uns selbst töten, um länger zu leben].[7] Ehrenreich übt auf vernichtende Weise Kritik an der Wellness- und Anti-Aging-Industrie und stellt das monomane Projekt, sich zu einer mageren, elenden Maschine machen zu wollen, infrage. Für sie besteht das Produkt, das eine kapitalistische Form von Wellness uns anbietet, in den «Mitteln, sich selbst zu einer immer perfekteren, selbstkorrigierenden Maschine umzugestalten, die in der Lage ist, sich Ziele zu setzen und mit geschmeidiger Entschlossenheit auf diese zuzusteuern».[8] Indem sie eine lange Liste von Büchern über «erfolgreiches Altern»[9] zitiert, enttarnt sie eine grausame Dynamik, die mit dem Bootstrapper-Ethos des individuellen Zeitmanagements verbunden ist:

> All die Bücher aus der Erfolgreich-altern-Sparte beharren darauf, dass ein langes und gesundes Leben für jeden in Reichweite ist, der sich der erforderlichen Disziplin unterwirft. Es hängt an Dir ganz allein, egal, welche Narben – durch Überanstrengung, genetische Defekte oder Armut – Dein vorheriges Leben hinterlassen hat. Außerdem ist es kaum oder gar nicht von Interesse, welche materiellen Faktoren die Gesundheit einer älteren Person beeinflussen, wie etwa persönlicher Wohlstand, Zugang zu Transportmitteln oder soziale Unterstützung. Bis auf Deinen Fitnesstrainer oder Erfolgreich-altern-Guru bist Du auf Dich allein gestellt.

In dieser Arena haben sich die Dinge seit der Zeit von *Physical Culture*, als gesund sein und erfolgreich altern bedeutete, keine Hilfe von jemand anderem zu benötigen und immer oben auf der Welle zu schwimmen, nicht groß verändert. Diese Antwort lässt viel zu wünschen übrig. Ich erinnere mich noch, dass mich das während der Highschool sehr beschäftigte – falls ich mal eine Minute Zeit fand, um über die hyperkompetitive Atmosphäre der beschleunigten Kurse und den Gospel des PSAT (Preliminary Scholastic Aptitude Test) hinauszudenken. In meinem letzten Schuljahr entwickelte ich die Angewohnheit, regelmäßig den Unterricht zu schwänzen und in den Park zu gehen, um den Stockenten zuzusehen. Eines Tages blieb ich nach dem Kunstunterricht länger, um mit meiner Freundin Louise und unserem Lehrer zu sprechen, dem Maler William Rushton, der mit dem Kunstbudget einer öffentlichen Schule wahre Wunder vollbrachte. (Wir malten mit Latex-Fassadenfarbe.) Unserer Unterhaltung nach zu schließen, war mir bei den Enten auch keine Erleuchtung gekommen. «Ich versteh das nicht», sagte ich. «Man strengt sich in der Highschool an, damit man auf ein gutes College gehen kann, dann strengt man sich im College an, damit man einen guten Job bekommt, und dann strengt man sich im Job an, damit man in den Ruhestand gehen kann, und dann stirbt man. Wozu soll das gut sein?» Bill schaute mich an, mit einer Mischung aus Sorge und Mitleid, und sagte zu mir: «Jenny, genau so funktioniert es eben nicht.»

Man muss aufpassen, dass man sich hier drinnen nicht verirrt. Dieses labyrinthartige Gebäude besitzt drei Stockwerke mit Dutzenden von Räumen, und die Logik ihrer Anordnung ist keineswegs ersichtlich. Nachdem wir an einem riesigen Atrium nach links abgebogen sind, weiten sich die Räume und alles, was uns hier präsentiert wird, ist weniger formal. Es gibt gerahmte Fotografien und noch viel mehr: Sonnenbrillen (manchmal dieselben wie auf dem begleitenden Foto); Kreuze; Miniaturautos; Parfüm; Angelgeräte; eine Stickerei mit dem Geburtsdatum von jemandem; eine mitternachtsblaue Flasche mit einer chinesischen Spirituose; ein Wonder-Woman-PEZ-Spender; ein Glasfrosch auf einem Keramikteller; eine Uhr, die um 7:10 h stehen geblieben ist; ein winziges Set grüner Gartenscheren mit einer dazu passenden Gießkanne und einer Gartenkelle; und zwei kleine Gläser mit Himbeer- und Boysenbeer-Konfitüre, scheinbar aus den 1980ern, die einmal den ersten Preis eines Wettbewerbs in Santa Rosa, Kalifornien, gewonnen haben.

Seit ich das letzte Mal hier war, ist dieser Ort voller geworden, und immer wenn wir die Zahl «2020» sehen, frage ich mich unwillkürlich, ob die betreffende Person an COVID verstarb – unmittelbar oder damit assoziiert durch Kummer und Isolation. Manchmal stehen auf dem Boden unter den Urnen kleine Ansammlungen von Dingen: Sonnenblumen, Rosen, Teller mit Zitrusfrüchten, in Reis gesteckte Räucherkerzen, in Flaschen abgefülltes Wasser, vietnamesischer kandierter Ingwer. Das alles dort zu sehen, ist, als würde man eine Welle begierigen Lebens an eine Todesmauer branden sehen – was weniger wie das

Ende einer Person als vielmehr wie das Durchtrennen von Bindungen erscheint.

Wenn ich an dieses Gespräch in der Highschool zurückdenke, dann weiß ich, dass Bill mir helfen wollte, zu spüren, dass es eine andere Art von «Wozu» gab, die ich nicht sah. Aber sich ein anderes «Wozu» vorzustellen, erfordert mehr als das Verbiegen der Regeln, um dasselbe alte Spiel anders zu spielen. Man muss dazu ein vollkommen anderes Spiel begreifen und spielen, eines bei dem «gewinnen» etwas bedeutet, das man vorher eigentlich nicht artikulieren konnte.

In ihrem Buch *What Can a Body Do? How We Meet the Built World [Was kann ein Körper tun? Wie wir die gebaute Welt kennenlernen]* zeigt die Autorin und Designforscherin Sara Hendren, wie nützlich eine nichthegemoniale Perspektive sein kann, um sich etwas vorzustellen, das außerhalb des kapitalistischen Spiels liegt. Sie bietet eine Lesart des Konzepts der «Crip Time» («Krüppelzeit»), ein Begriff, den Irving Zola und Carol Gill populär gemacht und eingesetzt haben, um die Spannung zwischen der Temporalität einer behinderten Person und den auf Uhrzeit basierenden, industrialisierten Abläufen der modernen Gesellschaft zu beschreiben.[10] Alison Kafer beschrieb *Crip Time* als ein «Bewusstsein dafür, dass behinderte Menschen vielleicht mehr Zeit brauchen, um eine Tätigkeit zu vollbringen oder irgendwohin zu kommen», etwas, das es letztlich notwendig macht, dass wir «unsere Vorstellungen davon, was in einer bestimmten Zeitspanne geschehen kann und sollte, überdenken».

«Krüppelzeit» kann sich auf kurze und lange Zeitintervalle beziehen; Hendren fügt hinzu, dass sie «größere systemische Entwicklungsschübe» umfassen kann – «die dornige, unvorhersagbare Zeit, die eine Person benötigt, um die ziemlich strenge, auf allen möglichen normativen Chronologien basierende Ausbildung vom Kindergarten bis zum Abitur zu durchlaufen».[11] Für Hendren ist dieses Verständnis eine persönliche Angelegenheit. Sie lehrt nicht nur an der Schnittstelle zwischen Design- und Disability Studies (Studien über Behinderung), sondern ist auch die Mutter von Graham, bei dem, als er zur Welt kam, ein Down Syndrom diagnostiziert wurde. Graham großzuziehen, entfernte die Familie vom Gleichschritt der Kultur um sie herum und deren industrialisiertem Zeitgefühl, etwas, das als so selbstverständlich vorausgesetzt wird, dass «Fragen über die Zeit», über Graham und die Diagnostik seiner Verzögerungen, vor allem aber über die Ungewissheit seiner Zukunft, sich für die Familie als entfremdender erwiesen haben als irgendetwas anderes an dieser Erfahrung.[12]

Aber Hendren sagt auch, dass Grahams «Einladung, nach ‹Krüppelzeit› zu leben» für sie ein Geschenk war, weil es ihr die Möglichkeit gab, zeitliche Normen von außen zu betrachten.[13] Wenn es um das Thema eines guten Lebens geht, dann fällt ihr etwas auf, das sich wie ein roter Faden durch alles hindurch zieht: «Das ökonomische Tempo der Uhr prägt all unsere Gespräche», während Schulen und Arbeitsplätze eine «Art von körperlich-tauglicher Produktivität» entwickeln, «ein Ideal von Geschwindigkeit und Effizienz».[14] Weil sie selbst von dieser Zeitachse losgelöst ist, sieht Hendren nicht einfach eine Uhr, sondern ein ökonomisches Instrument, das für eine Welt gemacht ist, in der «ökonomische Produktivität – ein Leben, das in normativer, regulierter Zeit geführt wird – noch immer die unbestrittene und erdrückend dominante Metrik für menschlichen Wert» ist.[15] Indessen demonstriert Graham sowohl eine andere Zeitorientierung als auch eine andere Daseinsart, und zeigt damit, wie eng beides miteinander verwoben ist. Indem sie sich bewusst macht, dass «das hartnäckige, uhrengetriebene Messen der Kindheit von außen kommt, nicht von ihm selbst»[16], kann Hendren in ihrem Sohn und durch ihn etwas ganz anderes sehen:

> Die Akkuratheit der Kurven für die Entwicklungsstufen sich typisch entwickelnder Kinder, wie schnell oder wie langsam, selbst mit Unschärfen in den Randbereichen – das war für Graham nie generalisierbar oder eine zutreffende Prognose, niemals. Die meisten Zeitachsen passten einfach nicht. Und vor allem war seine relative Schnelligkeit oder Langsamkeit, verglichen mit seinen Altersgenossen und zwei jüngeren Geschwistern, bisher für sein Selbstwertgewühl kaum von Interesse. Seine Assoziationen mit Schule und außerschulischen Aktivitäten wie Tanzen oder Sport waren primär Neugier und Freundschaft – zwar nicht immer einfach, aber insgesamt mit Freude verbunden und nicht getrübt von komparativen Prozentzahlen und Interpretationen.

Dieses Geschenk ist für Hendren in mancher Hinsicht analog zum Geschenk der Disability Studies im Allgemeinen, die das infrage stellen, was ein gutes Leben bedeutet, und das nicht nur für Menschen mit Behinderung, sondern für jeden Menschen mit einem Körper, der keine Maschine ist, und einer Seele, die mehr ist als nur ein Arbeiter. Bei einer Diskussion über Behinderung kommen natürlich Fragen darüber auf, an was oder wen wir uns anpassen. «Wie lange», so fragt Hendren, «braucht oder sollte ein Körper brauchen, um sich durch die Welt zu bewegen, durch die 40-und-mehr Stunden-Woche, durch die Erfordernisse der Pflege erkrankter Eltern, durch die täglichen körperlichen Veränderungen mit ihren wechselnden Bedürfnissen über die Dauer eines Lebens hinweg – ein schwangerer Körper, ein alternder, ein Körper, der sich nach einer schweren Verletzung erholen muss?».[17] «Ist die Uhr der industriellen Zeit überhaupt für Körper konstruiert?» Indem sie eine andere Art von Uhr vorschlägt, erschüttert die «Krüppelzeit» das, *was Zeit bedeutet* (wie Sharma sagen würde). Heterogen, nicht der Norm entsprechend und auf den Körper bedacht, erscheint sie der Sonnenzeit näher als der Uhr.

Eine weitere eloquente Artikulation der Topografie von «Krüppelzeit» – und wirklich jeder Zeit, wenn man sie außerhalb der Uhr, des Rasters oder der Karriereleiter betrachtet – folgt ganz am Ende der Dokumentation *FIXED: The Science/Fiction of Human Enhancement* (dieselbe Dokumentation, in der Jamais Cascio sich über die Einnahme der Wachmacher-Droge Modafinil Gedanken macht). Der Film stellt die Debatten zwischen Transhumanisten, Futuristen, Disability-Wissenschaftlern und Aktivisten über ein gutes Leben zusammen. In Anlehnung an Ehrenreichs Beobachtungen über die reibungslos funktionierende Maschine, denkt die im Rollstuhl sitzende Aktivistin Patty Berne darüber nach, dass die Idee der menschlichen Verbesserung das Versprechen, immer «besser als gut» zu sein, miteinschließt, ein Ideal, dessen Reiz sie durchaus anerkennt.[18] Sie könne jeden verstehen, so sagt sie, der am Ende eines Arbeitstages müde ist und denkt, «ich möchte besser als gut sein. Ich bin müde … aber ich möchte immer herausragend sein». Berne findet diese Vorstellung jedoch in gewisser Weise leblos. Ihr Kommentar dazu wird eingeblendet, während sie und ein Freund im Rollstuhl durch das Viertel unterwegs sind und einfach nur aus Spaß ziemlich schnell fahren. «Es ist wirklich okay, sich in einem Spektrum der Realität zu bewegen. Das bedeutet eben, dass es Zeiten gibt, in denen es besser läuft, und Zeiten, in denen mal Dürre herrscht, es gibt Zeiten, in denen man müde ist, und Zeiten, in denen man eine Menge Energie hat. Das ist eigentlich Teil des Lebens. Das ist Lebendigsein.»

Es lohnt sich, hier kurz innezuhalten, um sich bewusst zu machen, wie anders Bernes Auffassung von «Lebendigsein» ist, als die von Hendren diagnostizierte kulturelle Sichtweise, nach der erkennbar «lebendig» zu sein, bedeutet, zu produzieren, und produzieren eine gewisse Beherrschung der Zeit voraussetzt. Bernes «Lebendigsein» ist näher an der Moral jener Geschichte über den Faden, in der der Junge lernen muss, dass sich das Leben selbst aus den Mustern der guten Zeiten wie auch der schlechten Zeiten *zusammensetzt*. Der Versuch, die reiche Topografie der Erfahrung zu einem Instrument maximalen Outputs zu reduzieren, ist Teil derselben Philosophie, die dem Meer oder der inneren Landschaft von jemandem den Rücken zukehrt, obwohl mit der Flut dort immer etwas Neues angespült wird.

Die «Krüppelzeit» wirft die Rhetorik der Beherrschung nicht nur im Hinblick auf tägliche Zeitpläne und Karrierewege, sondern auch auf die Zukunft ganz generell über Bord. In einem Beitrag für den *Atlantic* vom April 2020 stellte Ed Yong fest, dass sich durch die COVID-19-Pandemie viele Menschen ohne Behinderung in ein für sie beunruhigendes Verhältnis zu Zeit und Sterblichkeit bringen mussten, das der Gemeinschaft der Menschen mit Behinderungen jedoch zutiefst vertraut war.[19] Die Wissenschaftlerin Ashley Shew schilderte gegenüber Yong eine Erfahrung von «Krüppelzeit», bei der es nicht einfach nur um Dissonanz oder Unbequemlichkeit ging, sondern um ein anderes temporales Gravitationszentrum, eines, das näher an die Gegenwart heranrücken musste: «Alles, was ich in meinen Kalender eintrage, ist für mich im Geiste mit einem Sternchen versehen ... Vielleicht wird es stattfinden, vielleicht auch nicht, je nachdem, wie mein nächster Krebs-Scan ausfällt oder was in meinem Körper passiert. Ich lebe bereits in dieser Welt, wenn ich in kürzeren Zeiträumen rechne, wenn meine Zukunft immer wieder anders aussieht, als gedacht.»

Zum einen weist das auf die Unmenschlichkeit von standardisierten

Zeitplänen und Erwartungen für Menschen mit Behinderung hin.[20] Aber zum anderen sagt es auch etwas Wahres über die Conditio humana im Allgemeinen aus. Steven Miller, ein in Seattle lebender Fotograf, erzählte mir, dass er, nachdem bei ihm eine seltene Krebsart diagnostiziert worden war, die Angewohnheit entwickelte, bis in die Mitte eines nahe gelegenen Sees hinauszuschwimmen.[21] Der See war sicher 100 Meter tief. Als er dort draußen war, dachte er über den Abgrund nach, in dem Wissen, dass seine Schwimmbewegungen und die Auftriebskraft seines Körpers das Einzige waren, das ihn am Leben hielt. Es mag einem, wie er sagte, vielleicht vorkommen, als sei man in einer ungewöhnlichen Situation – wenn man keine Ahnung hat, wie viel Zeit einem noch bleibt –, aber das gelte ja eigentlich für jeden von uns. Wir alle schwebten schließlich über demselben Abgrund.

Steven entwickelte eine große Leidenschaft für den See und seine Tiefen, ein Kontrollverlust, der zugleich eine stützende Erfahrung von Lebendigkeit bedeutete. In *The Burnout Society* findet Byung-Chul Han etwas Ähnliches in einem Essay von Peter Handke mit dem Titel «Versuch über die Müdigkeit». Handke vergleicht die «entzweiende Müdigkeit», die isolierende Erschöpfung des Burnout, mit einer resignierteren, «weltvertrauenden» (oder sich dem See ausliefernden) Müdigkeit.[22] Zu abgekämpft, um einzugreifen, und gezwungen, sich zurückzulehnen, spürt die müde und resignierte Person, dass etwas anderes über sie hereinflutet: die Welt in all ihren Details, mit ihren unentwegt handelnden, unendlich verstreuten Akteuren und ihren minütlichen Verwandlungen. Handke schreibt: «Die Müdigkeit gliederte – ein Gliedern, das nicht zerstückelte, sondern kenntlich machte – das übliche Gewirr durch sie rhythmisiert zur Wohltat der Form – Form, soweit das Auge reichte – großer Horizont der Müdigkeit.»[23] Wie Josef Piepers Muße ist diese «Müdigkeit» eine grundlegend destabilisierende Erfahrung, ein Verlust persönlicher Kraft, der uns dabei hilft, ein Zuhause in etwas Größerem zu finden. Han fügt Handkes Beobachtungen hinzu, dass «tiefe Müdigkeit die Identitätsstrukturen lockert. Die Dinge flackern, flimmern und vibrieren an den Rändern.»

Ich hatte das Glück, in meinem Leben bislang nicht die Erfahrung einer lebensbedrohlichen Krankheit durchmachen zu müssen. Aber die «resignierte Müdigkeit» und die aus ihr folgende Öffnung beschreiben

für mich einen lebensverändernden Moment, den ich selbst erfahren habe, als ich 27 war. Damals hatte ich einen Vollzeitjob, ohne jeden Bezug zu der Kunst, die ich eigentlich machen wollte, und ich hatte gerade eine Nachtschicht eingelegt (etwas, das ich heute nicht mehr schaffe), um ein wahnsinnig kleinteiliges Projekt für eine bevorstehende Ausstellung fertigzustellen. Am darauffolgenden Nachmittag war ich trotz meiner Müdigkeit so aufgedreht, dass an Schlaf nicht zu denken war. In diesem Moment allein in der Wohnung, die ich damals mit zwei Mitbewohnern teilte, hatte ich mich also auf der Couch ausgebreitet und rührte mich nicht mehr. Wie erschlagen, starrte ich passiv, mit offenem Mund, durchs Fenster nach draußen, hoch in die Krone eines Redwood-Baumes im Garten des Nachbarn. Der Baum trieb ganz oben kleine Birnen, die locker gruppiert waren. Oder nein: Es waren Vögel, mindestens 30 Stück, die sich alle dem Sonnenuntergang zuwandten, eine überirdische zitronengelbe Schattierung.

Damals wusste ich noch fast gar nichts über Vögel. Aber ich bekam das Bild nicht aus dem Kopf, und in den darauffolgenden Monaten googelte ich unbeholfen Dinge wie «San Francisco gelber Vogel» – was mich nicht weiterbrachte. Erst fünf Jahre später, als ich mich genügend darum bemühte, das Leben der lokalen Vogelarten kennenzulernen, wurde mir letztlich bewusst, was ich da gesehen hatte: Zedernseidenschwänze. Als sie mir aufgefallen waren, hatten sie wohl gerade in der Bay Area überwintert;[24] irgendwann waren sie dann nach Norden geflogen. Aber innerhalb dieses allgemeinen Musters sind Zedernseidenschwänze Nomaden, ein lebendiger Ausdruck von Zeit. Sie folgen der Beerenreife in ausgelassenen, lärmenden Schwärmen und werden manchmal von den überreifen Früchten sogar betrunken. Während viele Vogelarten dabei sind, zu verschwinden, nimmt die Zahl der Zedernseidenschwänze sogar zu, weil sie die Beeren von beliebten Vorstadtpflanzen fressen. Seit den 1960er Jahren hatten plötzlich manche von ihnen leuchtend orangefarbene Schwanzbänder, anstatt der gewöhnlichen gelben – sie hatten die Beeren einer exotischen Heckenkirsche gefressen, die sie in den Gärten am Stadtrand fanden, und das rote Pigment kam nun in ihren Federn wieder zum Vorschein.

Ich erinnere mich nicht nur deshalb so klar an diese Vision auf der Couch, weil sie der Beginn eines bleibenden Interesses an Vögeln und ihren Territorien war. Auf allgemeinerer Ebene bleibt sie mir als eine Art Öffnung hin zur Grenzenlosigkeit im Gedächtnis. Durch diese Öffnung sah ich etwas anderes – *jemand* anderen, der aus einer anderen Version von Raum und Zeit herüberwinkte, in der Vorstadtgärten, weit entlegene Überwinterungsgebiete, Sommer und Winter allesamt miteinander verwoben waren. Von irgendwoher außerhalb *meiner selbst*. Ganz ähnlich beschreibt Handke eine bestimmte Art von Müdigkeit als befähigend, «als das Mehr des weniger Ich», die Realität, die sich ausbreitet, wenn das Ego zurücktritt. Indem er Handke zitiert, schreibt Han, «die weltvertrauende Müdigkeit ‹öffnet› das Ich und ‹schafft einen Durchlass› für die Welt … Man sieht und man wird gesehen. Man berührt und wird berührt … Weniger Ich bedeutet mehr Welt: ‹Die Müdigkeit war jetzt mein Freund. Ich war wieder da, in der Welt …›» Und darin liegt eine mögliche Antwort auf meine Klage als Teenager. Vielleicht ist das «Wozu» nicht, *mehr* zu leben im buchstäblichen Sinne eines längeren oder produktiveren Lebens, sondern eher, in jedem Moment, den man hat, *lebendiger* zu sein – eine Bewegung nach außen und quer hindurch, und kein starres Vorpreschen auf einer begrenzten und einsamen Bahn.

Hinter uns kommt eine Frau aus dem Fahrstuhl und geht in einen kleinen Seitenraum, um eine Vase mit Wasser zu füllen. Sie hat eine sanfte Entschlossenheit an sich, als würde sie oft hierherkommen. Während wir an den Glaskästen entlanggehen, fällt uns auf, dass die Leute auf den gerahmten Fotos darin meist nicht allein sind. Sie halten Kinder, Geliebte, Tiere fest. Eine Person taucht mit einer Meeresschildkröte, eine andere lächelt etwas oder jemanden neben der Kamera an, ihre Haare und ihr Mantel sind voller Schnee. Eine sitzt in einem Primärwald von Mammutbäumen, winzig klein im Vergleich, und schaut mit einem Ausdruck vollkommener heiterer Gelassenheit und Wertschätzung zu einem Baum hinauf. Das sind nicht nur Menschen, die gestorben sind; es sind Menschen, die auf der Erde gestorben sind.

* * *

«Krüppelzeit» bietet nicht nur ein anderes Wertesystem, sondern auch eine intuitive Art, Zeit als soziales Gewebe zu betrachten, zum Teil, weil sie den vorherrschenden liberalen Konzepten von Unabhängigkeit, Freiheit und Würde vollkommen widerspricht. Behinderungen heben etwas hervor, das für uns alle gilt: Egal, wie unabhängig und fit wir uns fühlen mögen, wir sind nicht nur einfach *am Leben*, sondern werden vielmehr *am Leben* gehalten – entgegen den Schwierigkeiten, die manche Menschen ignorieren können, weil sie privilegiert genug sind. In ihrem Buch zitiert Hendren die Arbeit der Philosophin Eva Feder Kittay, ebenfalls Mutter eines behinderten Kindes, die feststellt, dass das Abhängigkeitsverhältnis zwischen ihr und ihrer Tochter zugleich einzigartig und doch auch ganz gewöhnlich ist. «Menschen schießen nicht wie Pilze aus dem Boden», schreibt sie.[25] «Menschen müssen ein Leben lang von anderen Menschen versorgt und genährt werden.»*

Wenn am Leben sein berühren und berührt werden bedeutet – *in* der Welt sein, am Leben gehalten werden –, dann ist die Abstufung zwi-

* Ganz ähnlich zitiert Mia Birdsong in *How We Show Up* Desmond Tutus Beschreibung der südafrikanischen Vorstellung von *Ubuntu*: «Wir sagen ein Mensch ist ein Mensch durch andere Menschen. Das heißt nicht, Ich denke also bin ich. Es heißt vielmehr: Ich bin menschlich, weil ich dazugehöre, partizipiere und teile.»[26]

schen lebendig und tot unausweichlich sozial. Im Dezember 2020 schrieb der Palliativmediziner B. J. Miller im Rückblick auf ein Jahr, das uns «die Tatsache, dass wir sterben, wieder bewusst gemacht hat», einen Kommentar in der *New York Times*, in dem er fragte, «Was ist der Tod?».[27] Der Beitrag fuhr fort mit verschiedenen Interpretationen und räumte ein, dass die Antwort wohl für jeden anders ausfallen dürfte. Einige Menschen, so hob er hervor, betrachteten sich vielleicht als «tot», wenn sie nicht mehr in der Lage wären, Sex zu haben, ein Buch zu lesen oder Pizza zu essen. Millers persönliche Definition von Lebendigsein erinnert stark an die Beziehung des Fotografen zum See und an das, was Handkes «Müdigkeit» ermöglicht: «Für mich ist Tod, wenn ich nicht mehr an der Welt um mich herum teilnehmen kann; wenn ich nichts mehr in mich aufnehmen und mich deshalb nicht mehr mit ihr verbinden kann. Manchmal bringt mich das Social Distancing dazu, mir die Frage zu stellen, ob ich wirklich noch da bin, aber das ist nur so, weil ich es vermisse, die Menschen zu berühren, die ich gern habe … und abgesehen davon berühre ich den Planeten ja den ganzen Tag.»

Verbindungen sind wie eine Straße, die in zwei Richtungen befahren wird. Wenn es möglich ist, dass wir einander am Leben halten, dann können wir einander auch tot sein lassen. Ich spreche das in Kapitel 4 an, sowohl im Falle der voreingenommenen Haltung gegenüber Menschen mit vermeintlich «geringerem Geist» als auch der historischen Kategorisierung von Menschen, die «außerhalb der Zeit» stehen. Wenn es um Behinderung geht, dann wird eine behinderte Person vielleicht als hoffnungsloser Fall bezeichnet oder als statische Verkörperung eines Zustandes. So schreibt Hendren zum Beispiel darüber, wie die Diagnose ihres Sohnes eine schmerzhafte Dissonanz schuf zwischen der Art, wie Menschen in ihrem engsten Kreis ihn sahen, und der Art, wie alle anderen ihn sahen. Für Letztere «wurde Graham die Diagnose – für immer in erster Linie gezeichnet, verstanden und interpretiert durch seinen genetischen Status». In Mel Baggs Video über Sprache kommt eine ähnliche Dissonanz zum Ausdruck, wenn Baggs bemerkt: «Ironischerweise wird die Art, wie ich mich bewege, wenn ich auf alles um mich herum reagiere, als ‹in einer eigenen Welt sein› beschrieben.» Baggs und ihre Umwelt sind füreinander, einer gegenüber dem anderen, lebendig, aber erscheinen den Leuten von außen betrachtet beide eben nicht vollständig lebendig.

Wir treten aus dem Kolumbarium hinaus, mit einem Mal umflutet von hellem Tageslicht und Wind. Wir wenden uns nach links und gehen durch ein Eisentor auf einen am Hang gelegenen Friedhof. Zwischen den Zedern und Eichen sind über den trockenen Boden kleine und größere Gräber verteilt, überragt von einem riesigen Monument oben auf dem Hügel – ein Gebäude, zu dem tatsächlich eine eigene kleine Treppe und ein Stück Rasen auf der sogenannten Millionaire's Row gehören. Es handelt sich um das Grab von Charles Crocker, neben Leland Stanford einer der Big Four der interkontinentalen Eisenbahn. Es war Crockers Idee, chinesische Arbeiter anzuheuern, aber für ihn besaßen sie keine andere Qualität als nur Fleiß. Als die Arbeiter für kürzere Arbeitszeiten streikten, war Crocker sicher, dass nicht sie es waren, die den Protest vorantrieben.[28] *Opiumhändler oder Konkurrenzunternehmen mussten die Schuldigen sein.*

Anstatt Crockers Grab zu besichtigen, biegen wir nach rechts ab, überqueren ein Feld mit rechteckigen Steintafeln, kaum größer als Ziegelsteine und teilweise ganz unter Gras, Löwenzahn und herabgefallenen Amberbaum-Blättern verborgen. Das nächste Areal sieht überhaupt nicht aus, als wäre es Teil eines Friedhofs; hier ist fast nichts außer vertrocknetem Gras, ein paar Redwoods und Akazien. Man würde nie darauf kommen, dass das die «Fremden-Sektion» war, ein Ort, an dem die Stadt im späten 19. Jahrhundert die Mittellosen begrub, für die niemand einstand.[29] *Bei einigen der hier Begrabenen handelt es sich um chinesische Arbeiter, die 1880 bei der gigantischen Explosion einer Dynamitfabrik in Berkeley umkamen – einer Fabrik, deren Produkt, das sie «den Freund des Minenarbeiters» nannten, auch für den Bau von Bahnlinien vermarktet wurde. Das lässt sich für 22 Gräber nachweisen. Als jedoch eine Dozentin dieses Gräberfeld 2011 erforschte, fand sie Hunderte chinesischer Nachnamen.*

Es war Orlando Patterson, der den Begriff *Sozialer Tod* in seiner 1982 publizierten Studie zur Sklaverei durch die Weltgeschichte hindurch zum ersten Mal formulierte. Seither wurde er von Wissenschaftlern aufgegrif-

fen, um die unzähligen Bedingungen zu beschreiben, durch die eine Person oder eine Gruppe ihres menschlichen Status beraubt wird und in einem Schwellenzustand zwischen Anerkennung und Vernichtung existiert. In ihrem Buch *Raising the Dead: Readings of Death and (Black) Subjectivity [Die Toten großziehen: Lesarten von Tod und (schwarzer) Subjektivität]*, legt Sharon P. Holland nah, dass man Tod nicht als ein Ereignis, sondern als «metaphorisches Zum-Schweigen-Bringen oder einen Prozess der Auslöschung» auffassen kann.[30] Mit dem formalen Ende der Sklaverei in den Vereinigten Staaten, so schreibt sie, blieb dennoch ein gewisser Lebendig-tot-Status bestehen, weil «die Transmutation vom versklavten zum befreiten Subjekt nie wirklich auf der Ebene der [weißen] Imagination ankam». Holland zitiert bell hooks: «Auf die Maschinerie körperlicher Arbeit reduziert, lernten schwarze Menschen, vor Weißen zu stehen, als seien sie Zombies, indem sie sich angewöhnten, den Blick zu senken, um nicht dreist zu erscheinen. Jemandem direkt in die Augen zu schauen, war eine Behauptung von Subjektivität, Gleichheit. Das Vortäuschen von Unsichtbarkeit gewährte Sicherheit.»[31]

Der soziale Tod ist mit dem physischen Tod insofern verbunden, als einen Ersterer einem höheren Risiko für Zweiteren aussetzt, aber der soziale Tod betrifft auch eine allgemeinere Erscheinungsform von «Tod». Die Grenze zwischen lebendig und tot wird zum Beispiel durchlässiger, wenn «einige Subjekte in den Augen anderer *niemals* den Status der ‹Lebendigen› erlangen».[32] Die sozial Toten werden auf eine Weise tabuisiert, die vergleichbar ist mit der amerikanischen Unfähigkeit, über den Tod im Allgemeinen nachzudenken, zu sprechen oder seine historische Vergangenheit zu betrachten.

In den Vereinigten Staaten ist eines der offensichtlichsten Beispiele für die soziale Tötung die Masseninhaftierung, vor allem zu einer Zeit, zu der an jedem Tag einer von 12 schwarzen Männern zwischen 30 und 40 Jahren in Untersuchungshaft oder im Gefängnis sitzt.[33] Während Haftstrafen früher einmal – wie allein schon das Wort *Penitentiary* (Besserungsanstalt) zeigt – als rehabilitativ betrachtet wurden, hatten Gefängnisse später, als Angela Y. Davis 2003 ihr Buch *Are Prisons Obsolete? [Sind Gefängnisse überholt?]* veröffentlichte, diesen Anspruch kaum mehr. Davis wies auf den Niedergang der Bildungsprogramme in Gefängnissen hin, einschließlich eines Kriminalitätsgesetzes von 1994, das die Pell Grants [staatliche Studienzuschüsse] für inhaftierte Studenten verbot, und so jahrzehntealte Programme, für die Gefangene einst gekämpft hatten, einfach abschaffte.[34] (Das Verbot wurde im Dezember 2020 schließlich aufgehoben.)[35] Davis beschreibt eine Szene in der Dokumentation *The Last Graduation [Die letzte Abschlussprüfung]*, in der Bücher aus der Gefängniseinrichtung Green Haven Correctional Facility in Stormville, New York, abtransportiert werden, nachdem man das Programm mit dem Marist College gestoppt hatte: «Der Häftling, der viele Jahre lang die Bürokraft für die College-Angelegenheiten gewesen war, erinnert sich traurig, dass es, nachdem man die Bücher weggebracht hatte, im Gefängnis nichts mehr zu tun gab – außer vielleicht Bodybuilding. ‹Aber›, so fragte er, ‹was nützt es denn, Deinen Körper zu trainieren, wenn Du Deinen Geist nicht trainieren kannst?› Ironischerweise wurden nicht lange nach der Abschaffung von Bildungsprogrammen auch Gewichte und Bodybuildinggeräte aus den meisten U. S.-Gefängnissen entfernt.»

Wenn Gefängnisse nicht rehabilitativ sind, was sind sie dann? Für Davis und andere, die den gefängnisindustriellen Komplex definiert haben, sind sie Teil eines größeren politisch-ökonomischen Gefüges, das nicht nur Gefängnisse, sondern auch Unternehmen, Medien, Gewerkschaften von Wachleuten und Gerichts-Agenden umfasste.[36] Gefangene mögen «tot» sein, aber sie selbst und die Gefängnisse, die sie füllen, haben immer noch ökonomischen Wert. Auf Ebene der öffentlichen Vorstellung und vor allem im Kontext von Zeit jedoch, wird das Gefängnis einfach nur zur Black Box: ein abgeschotteter Ort, der für die breitere Kultur so unvorstellbar ist wie der Tod selbst. In *Governing through Crime [Durch Kriminalität regieren]* nennt Jonathan Simon dieses Modell das «Giftmülldeponie-Gefängnis»: «Die bezeichnende neue Form und Funktion des Gefängnisses heute ist ein reiner Aufbewahrungsraum, eine menschliche Lagerhalle oder sogar eine Art menschliche Entsorgungsanlage, in der Erwachsene und auch einige Jugendliche, denen die Gesellschaft einzig die Eigenschaft der Gefährlichkeit zuweist, eingepfercht werden, um die größere Gemeinschaft zu schützen.»[37]*

Um dieses Konzept geht es in einem Kapitel mit dem Titel «Project Exile», von Simon nach einem Strafjustizprogramm aus den 1990ern benannt, das in Richmond, Virginia, begann und dann weithin populär wurde.[39] Indem er sich den Namen lieh, um Strategien der totalen Beseitigung zu beschreiben, unterstrich Simon einen wichtigen zeitlichen Faktor: die «unveränderliche Neigung» eines Individuums oder einer Gruppe zur Kriminalität, etwas, das sich als politisch nützliches Konzept erwiesen hat. Die unveränderliche Neigung ist nur eine weitere Art, jemanden als außerhalb der Zeit stehend zu betrachten. Wie Menschen mit Behinderung, die als «hoffnungslose Fälle» bezeichnet wer-

* In Gefängnissen gibt es jedoch noch immer Rehabilitationsprogramme, und in manchen Fällen wurden sie sogar erweitert.[38] In Kalifornien entschied der U.S. Supreme Court acht Jahre, nachdem *Are Prisons Obsolete?* publiziert worden war, dass die kalifornischen Gefängnisse derart überfüllt waren, dass sie als grausame und außerordentliche Strafen eingestuft werden müssten. In Reaktion darauf erweiterte der Staat die Finanzierung für Rehabilitationsprogramme. Als eine Studie von 2019 feststellte, dass die Ergebnisse der Programme (an Rückfallquoten gemessen) enttäuschend waren, erklärte Lenore Anderson, Geschäftsführerin von Californians for Safety and Justice, der *Los Angeles Times*, dass dies angesichts der «vielen Jahrzehnte eines ungeheuerlichen Gefängnissystems ohne jeden Fokus auf Rehabilitierung» nicht überraschend sei. Der Bericht fand auch heraus, dass die Programme effektiver waren, wenn sie an gemeinschaftsbasierte Dienstleistungen für gerade entlassene Insassen gekoppelt waren. Durch ihre Innerhalb-Außerhalb-Perspektive konnte man diese Koppelung als eine Möglichkeit begreifen, die Trennlinie einzureißen, die Jonathan Simon in *Governing Through Crime* beschreibt.

den, oder jene Gruppen, die unter der Eugenik zur Vernichtung vorgesehen waren, durchlaufen die der Kriminalität Angeklagten ein System, in dem sie unauslöschlich gebrandmarkt sind, als Individuen, die eine Gefahr für die Gesellschaft sind oder diese Gefahr in sich tragen.

In den letzten 30 Jahren haben lebenslange Freiheitsstrafen in den USA in einem Maße zugenommen, das den generellen Zuwachs der Gefängnispopulation weit übertrifft.[40] Der Organisation The Sentencing Project zufolge, war 2020 jeder siebte Häftling lebenslänglich auf Bewährung, ohne Bewährung oder so gut wie lebenslänglich (50 Jahre oder mehr) verurteilt. 2021 waren zwei Drittel von diesen lebenslänglich Verurteilten People of Colour. Eine lebenslange Freiheitsstrafe stellt eines der extremsten Beispiele für die soziale Tötung dar, da ein Mensch so zur Person ohne Zukunft wird. In ihrer Reihe von Kurzbiografien lebenslänglich verurteilter Menschen berichtet Ashley Nellis, wie einem ihrer Protagonisten jegliche Bildungsprogramme verweigert wurden, und stellt freiheraus fest, dass «einige Verwaltungen es als Geldverschwendung ansehen, denjenigen, die nie mehr freigelassen werden, solche Programme zu ermöglichen».[41]

Ohne sich hier näher mit der Willkür von Strafjustiz und Bewährungsrichtlinien beschäftigen zu wollen, kann man sagen, dass im «Gefängnis sitzen» schwieriger ist, als einfach eine bestimmte Anzahl von Jahren, wenn nicht das gesamte Leben, an den Staat zu bezahlen. Selbst wenn sie aus der Gesellschaft verschwunden und auf der «Giftmülldeponie» gelandet sind, existiert Zeit weiterhin auch für inhaftierte Personen, sozial vermittelt und dehnbar wie für alle Menschen. In gewisser Weise wird sie verlangsamt, da die Außenwelt mit ihren veränderlichen Gebräuchen und Technologien vorwärts rast.*

* Eine passende Beschreibung dessen findet sich in *Facing Life*, Pendarvis Harshaws und Brandon Tausziks Reihe von Video-Interviews mit frisch entlassenen Gefängnisinsassen, die zuvor lebenslänglich verurteilt worden waren. Auf die Frage, was der Staat tun könne, um Menschen wie sie zu unterstützen, antwortet Lynn Acosta, dass diejenigen ohne Freunde oder Familie, die ihnen eine Orientierung bieten können, nichts über Dinge wie Eingliederungsgeld wissen oder darüber, welche zusätzliche Hürde die technologische Entwicklung darstellt. «Wenn Sie zehn oder mehr Jahre einsaßen, dann sind Sie, so kam es mir jedenfalls vor, wie ein Geist in der Maschine», sagt sie. «Du fängst also im Grunde wieder bei null an».[42]

Aber auf andere Weise wird es auch schneller: Studien haben eine «beschleunigte Alterung» unter Inhaftierten beobachtet, wobei Menschen, die numerisch zwischen 50 und 60 Jahre alt sind, gesundheitliche Probleme aufweisen, die typisch sind für Menschen ab 70.[43]

Diese Dehnbarkeit betrifft auch jeden, der mit einer inhaftierten Person in Beziehung steht. Jackie Wang hat in ihr Buch *Carceral Capitalism [Gefängniskapitalismus]* ein melancholisches Zwischenspiel mit dem Titel *«Ripples in Time: An Update» [Wellenschlag in der Zeit: Ein Lagebericht]* eingefügt, in dem sie über die Jugendstrafe ohne Bewährung nachdenkt, die ihr Bruder einmal absitzen musste, und darüber, wie sich das auf sie und ihre Familie ausgewirkt hat. Sie stellt sich selbst die Frage, «Was ist Gefängnis?», und ihre Antwort lautet: «Immobilität, ja, aber auch die Manipulation der Zeit als eine Form von psychischer Folter. Die Reglementierung von Zeit. Die Phänomenologie des Wartens. Die Agonie des juristischen Limbus. Der sich langsam ausbreitende Gefängniseffekt, wenn ein Leben vom Staat geholt wird, wie das die Zeitlichkeit eines jeden verzerrt, der sich im Orbit der verschwundenen Person befindet.»[44]

Neben Wangs persönlichen Erinnerungen bietet Garrett Bradleys Dokumentarfilm *Time* von 2020 einen evokativen visuellen Eindruck dieser «Phänomenologie des Wartens». Der Film begleitet Sibil Fox Richardson, eine ehemals inhaftierte sechsfache Mutter. Sie kämpft für die Freilassung ihres Mannes Robert, der eine Freiheitsstrafe von 60 Jahren wegen Raubüberfalls absitzt.[45] In die Schilderung sind Clips aus Richardsons Jahrzehnte früher entstandenem Video-Tagebuch eingefügt, dessen Einträge sich manchmal direkt an Robert richten. Darin sprechen sie und ihre Kinder mit jemandem, der da ist und auch wieder nicht da ist. Der komplett schwarz-weiß gedrehte Film ist voll von Bildern des Wartens und der Zeit: Richardson nennt in ihren Videos das Datum, das Datum blinkt auf der Uhr ihres Autos auf, am Himmel ziehen langsam Wolken vorüber, eine zweiminütige Aufnahme von Richardson, die in der Telefonwarteschleife des Gerichts hängt, und ein riesiges Bohrgerät, das sich vor dem Fenster in die Erde gräbt, während sie wieder am Telefon sitzt und mit mühsam bewahrter Höflichkeit antwortet, während man ihr sagt, sie solle später wieder anrufen.

Was *Zeit* greifbar macht, ist der Unterschied zwischen abstrakter Zeit

und gelebter Zeit, wobei Letztere ein unaufhaltbares Vorwärtsschreiten ist, das nie mehr wieder zurückgeholt werden kann. Bradley macht einen Schnitt zwischen Sibil Richardsons Videos der herumalbernden Kinder und seinem eigenen Filmmaterial, auf dem sie als erwachsene Männer ihrer Arbeit nachgehen, und zwischen Sibil als trotziger junger Mutter und Sibil als Aktivistin, durch 20 Jahre Kampf gealtert. Später gibt Richardson eine Beschreibung, die so sehr das Gegenteil von austauschbarer Zeit ist, wie nur möglich: «Zeit ist, wenn Du Bilder Deiner Kinder anschaust, als sie noch kleiner waren, und dann siehst Du sie, und sie haben Bärte, während die größte Hoffnung, die Du hattest, war, dass sie die Chance hätten, ihren Vater zu erleben, bevor sie zu Männern würden.»

In der Zwischenzeit bestimmt die emotionale und finanzielle Erschöpfung die Zeitachse der Familie. Einer von Richardsons Söhnen bemerkt schlicht: «Diese Situation war einfach eine lange Zeit. Eine wirklich lange Zeit.» Wie Ismail Muhammad in seiner Besprechung des Films hervorhebt, wird das Innere des Gefängnisses nie gezeigt, und man sieht auch Richardson nie in Sträflingskleidung.[46] Stattdessen «sind die einzigen Ansichten des Gefängnisses von oben aufgenommen, aus der Vogelperspektive, was deutlich macht, wie es vom Rest der Gesellschaft abgeschottet ist. Diese Abschottung macht das Gefängnis zu einer Art schwarzem Loch, das die Zeit außerhalb seiner Mauern ‹verzerrt› (wie Wang es formulieren würde).»

Wenn die «unveränderliche Neigung» einer Person zur Kriminalität einmal deklariert wurde, dann erstreckt sich die Zeitverzerrung über die formale Freilassung hinaus. In Joshua Prices *Prison and Social Death [Gefängnis und sozialer Tod]* erzählt ein Mann, der aus dem Gefängnis entlassen wurde: «Denke oder glaube niemals, dass Du

Deine Schulden bei der Gesellschaft irgendwann beglichen hast. Das wird nicht passieren. Du bist nicht mehr Teil der Gesellschaft. Denk niemals, Du seist Teil der Gesellschaft. Du bist ein Ausgestoßener.»[47] Indem er eine ehemalige Inhaftierung als «Dauerzustand» diagnostiziert, schreibt Price, dass für jene, die sie erleben, «die Zeit auf merkwürdige Weise zusammengebrochen ist; die ursprüngliche strafrechtliche Verurteilung definiert die Person noch Jahre und sogar Jahrzehnte danach», was ein Mann, der eines Kapitalverbrechens angeklagt wurde, ihm gegenüber bestätigt: «Ich habe meine Tat vor 30 Jahren begangen, aber es hätte genauso gut gestern gewesen sein können.» Um den sozialen Tod zu verdeutlichen, führt Price eine vollständige Liste von Rechten an, die ehemals Inhaftierten verwehrt bleiben, einige davon generell, einige lokal begrenzt und einige scheinbar nach Gutdünken der Bewährungshelfer.[48] Diese Beispiele, die sich mit der räumlichen Überwachung überlagern, schließen oft die Kontrolle der Zeit einer Person mit ein – Ausgangssperren schon ab sieben Uhr abends, Bewährungswiderruf, wenn man zu einem Treffen zu spät kommt, oder die Auflage, täglich an Antiaggressionstrainings oder Psychotherapien teilzunehmen.

Price macht klar, wie leicht das zurückbleibende Stigma eines Richterspruchs zum «nützlichen Deckmantel oder Alibi» für Rassendiskriminierung wird und Bürger zweiter Klasse schaffen kann – die im Falle von Drogendelikten zusätzlich zu der täglichen Diskriminierung, welche die Verurteilung wegen schwerer Straftaten ohnehin mit sich bringt, limitierten Zugang zu Sozialleistungen haben.* Um dem Nachdruck zu verleihen, übernimmt Price Patricia Williams Ausdruck *Spirit Murder,*

* Im April 2022 begann das U. S. Department of Housing and Urban Development (Das U. S.-Ministerium für Wohnen und Städteplanung), nach Möglichkeiten zu suchen, Menschen mit krimineller Vergangenheit den Zugang zu Sozialwohnungen zu erleichtern.[50] Der Consolidated Appropriations Act von 2021, dasselbe Gesetz, das das Verbot der Pell Grants für inhaftierte Menschen aufhob, erweiterte auch die Berechtigung für die Federal Student Aid (FAFSA) für Bewerber, die wegen Drogendelikten verurteilt worden waren. In einigen Staaten jedoch, sind Menschen, die schwerer Drogendelikte angeklagt wurden, noch immer mit Schwierigkeiten konfrontiert, wenn sie das Supplemental Nutrition Assistance Program (SNAP, früher bekannt als Essensmarken) beantragen wollen, und in South Carolina sind sie lebenslänglich davon ausgeschlossen.

Seelenmord, den die Autorin für «die Missachtung anderer» gebraucht, «deren Leben qualitativ von unserer Betrachtungsweise abhängt».[49]

Price, dessen Buch nicht nur Forschung und Analyse bietet, sondern auch den sozialen und familiären Kontext von Inhaftierten und ehemals Inhaftierten beleuchtet, macht darauf aufmerksam, dass die Kosten des sozialen Todes der Menschen, die er kennt, nicht nur zu deren Lasten gehen, sondern auch zulasten aller anderen. «Die versteckten Kosten des Seelenmordes bestehen vielleicht darin, die vielfältigen Lebenswelten um uns zu versäumen», schreibt er, «indem man die Neugier, die man am Innenleben seiner Zeitgenossen und Landsmänner haben könnte, durch Hirngespinste ersetzt, die Feindseligkeit und Hass provozieren.»[51] Diejenigen, die dem sozialen Tod den Weg ebnen, beschwören eine Welt von Zombies herauf.

Prices Beobachtungen werfen im Gegensatz dazu Licht auf Personen, die offensichtlich lebendig sind, Hoffnungen und Wünsche haben und auf die Zukunft hin orientiert sind:

> Dezember 2008. Ich spreche in geschützten Räumen des Gefängnisses mit einer Gruppe von Insassen darüber, wie sie ihrer Bildung nachgehen. Wir versuchen, im Gefängnis ein Pilotprogramm zu erstellen, da wir uns nur wenige Minuten von einer staatlichen Universität entfernt befinden. Viele von ihnen sagen mir, dass sie gerne wieder in die Schule gehen würden, wenn sie draußen sind. Zwei Männer, die etwas abseits unseres Kreises sitzen, rufen dazwischen, dass sie die Oper gerne besser verstehen würden. Ein junger Mann sagt etwas schüchtern, dass er gerne Altgriechisch lernen würde, und einige Leute kichern. Jemand anders erzählt, dass er zeichnet und gerne lernen würde, wie man eine Graphic Novel macht. Nach der Sitzung kommt er mit ein paar Zeichnungen, um sie mir zu zeigen.

Menschen, die von einer Gefängnisstrafe betroffen sind, nehmen zweite Chancen und Lebendigkeit vielleicht auf ganz besondere Weise wahr, wo andere das nicht tun. Ein 2019 veröffentlichter Artikel über die Schließung von Rikers Island und seinen Garten – angelegt und gepflegt von Häftlingen unter Leitung der Horticultural Society of New York, wo einige ehemalige Gefangene als bezahlte Praktikanten arbeiten – enthielt die Schilderung einiger Perlhühner, die um die Füße eines Insassen herum pickten.[52] Aus der Schar sticht ein Vogel, das Geschenk einer Gefängnisfarm auf Long Island, hervor: Limpy, der verletzt wurde, als er in einen Stacheldrahtzaun flog. Hilda Krus, die Direktorin des Gartens, berichtet, dass die Häftlinge eine gewisse Zuneigung für Limpy empfinden und ihr erklärt haben: «Dieser Vogel ist wie ich. Ich bin auch verletzt, und sie wollen mich vielleicht loswerden, aber das schaffen sie nicht.» Krus fügt hinzu, dass sie die gleiche Haltung gegenüber angeschlagenen oder unansehnlichen Pflanzen haben. «Die Schüler sagen mir, ‹Wir wollen unvollkommene Dinge nicht loswerden›. Und sie tun alles, was sie können, um sie zu retten.»

Diese Geschichte zeigt neben anderen Episoden in Prices Buch, auf welche Weise die sozial Toten ein soziales Leben aufbauen, was oftmals durch die Verbindung zu anderen geschieht, welche die Inhaftierung ebenfalls zu zerstören droht. Price beschreibt, wie gegenseitige Achtung und Selbstachtung innerhalb einer brutalen Sphäre der Geringschätzung wachsen, was er als *Gnade* bezeichnet.*

Gnade bleibt trotz und nicht wegen der Inhaftierung, so schreibt Price, denn «Gewalt ist weder notwendig noch erstrebenswert, um Gnade zu erhalten». Für mich ist Gnade mit dem Bedürfnis nach Selbst-Transzendenz verbunden, wie Viktor Frankl, der Autor von *Man's Search for Meaning (… trotzdem ja zum Leben sagen. Ein Psychologe erlebt das Konzentrationslager)*, sie beschreibt. In «Self Transcendence as a Human Phenomenon» [Selbst-Transzendenz als menschliches Phänomen] beschreibt er etwas, das wie das Gegenteil einer «unveränderlichen Neigung» klingt: «Es ist eine konstitutive Eigenschaft des Menschseins, dass es immer auf etwas verweist und gerichtet ist, das außerhalb seiner selbst liegt. Deshalb ist es eine ernste und schwerwiegende Fehldeutung des Menschen, mit ihm umzugehen, als wäre er ein geschlossenes System. Menschlich zu sein, bedeutet in der Tat, offen zu sein für die Welt, eine Welt, die existiert, die voll von anderen Wesen ist, denen man begegnen kann, und von Sinn, den man erfüllen kann.»[53]

* Ein Beispiel, das Price gibt, ist All of Us or None, ein Interessenverband ehemaliger Häftlinge.

Inhaftierung ist die logische Antwort auf die Vorstellung von Menschen im geschlossenen System. Als extreme Form von institutionell kodifizierter sozialer Gewalt – etwas, das, wie Price sagt, den sozialen Tod zu «einer unmissverständlichen sozialen Tatsache macht» – existiert sie zugleich in einem Spektrum mit feineren Abstufungen, die jedoch nicht weniger bedeutsam sind. In der Rubrik Leserbriefe zu einem *Washington Post*-Artikel von 2021 über einen Bericht von The Sentencing Project, demonstrierte ein Leser exemplarisch die Beziehung zwischen beiläufigem Rassismus und sozialem Tod, als er fragte: «Steht in dem Bericht irgendetwas über die möglicherweise signifikante Tendenz von Nicht-Weißen, Straftaten zu verüben, die eine lebenslange Haft verdienen?»[54] An die Sprache der Eugenik erinnernd, wies dieser Leser darauf hin, dass nicht-weiße Menschen gewissermaßen solche Tendenzen in sich tragen könnten, und nicht etwa als Individuen in komplexen, generationenübergreifenden Geflechten von Gefahr, Leid und Trauma existierten. Für jeden, der sich so einfach «Menschen im geschlossenen System» vorstellen kann, ist das Konzept einer restorativen Justiz (einer wiederherstellenden, ausgleichenden Justiz) weder möglich noch wünschenswert.

In Kapitel 2 erwähne ich Ta-Nehisi Coates' Zitat über den «unausweichlichen Zeitraub». Als er an seinen Sohn schreibt, spricht Coates nicht von etwas, das von vornherein so festgelegt ist, wie Jahre, die auf der sozialen Müllkippe eines Gefängnisses landen. Stattdessen beschreibt er etwas Feinkörnigeres und Näherliegendes, eine Art von Seelenmord, der auf der Ebene von Identität und alltäglicher Interaktion in einer von Weißen dominierten Welt geschieht. Wie Garnette Cadogans «Polizisten-sichere Kleidung» und seine bedachten Bewegungen auf der Straße, stellt dieser Raub eine Zermürbung dar: «ein maßloser Energieaufwand, ein langsames Absaugen der Substanz», was «zum schnellen Zusammenbruch unserer Körper» beiträgt.[55] Es kostet Zeit und Erfahrungen, wenn einem eingetrichtert wird, «doppelt so gut» zu sein und sich mit «halb so viel» zufriedenzugeben:

> Vielleicht wird die auferlegte Mitgliedschaft in der schwarzen Rasse durch nichts besser charakterisiert als durch den unausweichlichen Zeitraub – all die Augenblicke, die wir damit zubringen, unsere Mas-

> ken zu richten oder uns darauf einzustellen, uns mit halb so viel zufriedenzugeben, und die wir nie zurückbekommen. Der Zeitraub wird nicht in Lebensdauer gemessen, sondern in Augenblicken. Er ist die letzte Flasche Wein, die du entkorkt hast, aber keine Zeit hast zu trinken. Er ist der Kuss, für den du keine Zeit findest, bevor sie aus deinem Leben verschwindet. Er ist das Floß aus zweiten Chancen für die anderen und Dreiundzwanzig-Stunden-Tage für uns.[56]

Kodifiziert oder nicht, Formen der Geringschätzung können in jeder sozialen Hierarchie spürbar sein: Rasse, Geschlecht, Leistungsfähigkeit, Klasse. Und die Situation kann von einem Augenblick auf den anderen wechseln (man denke etwa an Cadogans Schock in New Orleans, gefolgt von der Erleichterung, die er empfindet, als er wieder in Jamaika ist). Marc Galanter, ein Psychiater, der über ein Jahrzehnt lang Forschung über verschiedene Kulte und charismatische Gruppen betrieben hat, beschrieb einmal einen surrealen Moment, in dem er sehr schnell von der «Ingroup» in die «Outgroup» geriet und wieder zurück. Galanter besuchte mit einem Kollegen ein nationales Festival, das die Divine Light Mission in einem Vorort von Orlando, Florida, veranstaltete, und auf dem sie freundlich behandelt wurden, da angesehene Mitglieder sich für sie verbürgt hatten.[57] Aber als ein argwöhnisches Mitglied sie fragte, ob ihr Projekt von anderen hochrangigen Vertretern der Gemeinschaft genehmigt worden sei, konnten sie das nicht klar beantworten. Es wurde also auf höchster Ebene um Bestätigung gebeten, und als diese Anfrage negativ beschieden wurde, so erinnert sich Galanter, geschah Folgendes: «Ich fühlte mich schon bald wie eine Unperson, die zwar höflich, aber kalt behandelt wurde, und ich war so schnell zum Outsider geworden, wie man mich zuvor zum Insider gemacht hatte. Dieselben Leute, die uns nicht von der Seite gewichen waren, um uns bei unserem Vorhaben zu unterstützen, wollten nun nicht mehr mit uns sprechen. Die Anwesenden schienen durch mich und meinen Kollegen *hindurch* zu sehen, anstatt uns direkt anzuschauen.» Als die Entscheidung von oben schließlich revidiert wurde, wechselte der Status der beiden Wissenschaftler wieder zurück: «Als wäre ein Schalter umgelegt worden, erfüllte eine neue Atmosphäre von Vertrautheit unseren Austausch.» Galanter und sein Kollege waren wieder reale, dreidimensionale Menschen – als wären sie sozial tot gewesen und nun wiederauferstanden.

Am Anfang dieses Kapitels sprach ich über den Impuls, das eigene Leben zu erweitern durch die Verlängerung der numerischen Lebensdauer. Wenn das pathologische Züge annimmt, wie Ehrenreich sie beschreibt – indem das Leben zur imaginierten Reserve austauschbarer Zeit in einem Nullsummenspiel wird –, dann erinnert mich das an Donald Trumps Logik, keinen Sport zu machen. Da er den menschlichen Körper als eine Art Batterie betrachtet, mit einer begrenzten Menge an Energie, kann Sport für ihn nur ein permanentes Abheben von dieser Energiebank bedeuten.[58] Im Kontrast zu dieser Hortungsmentalität möchte ich einen anderen Weg zur «Lebenssteigerung» vorschlagen, einen, der mit dem Blick für die Welt zu tun hat, welcher durch den sozialen Tod verloren geht. Es handelt sich um eine Art von Lebenserweiterung, die sich nach außen erstreckt, anstatt nach vorn, eine Steigerung der Lebendigkeit *für jeden*, die mit der gegenseitigen Achtung voreinander beginnt – eine Welt mit lebendigen Wesen darin, nicht Zombies.

Was ich damit nicht sagen möchte, ist, dass die in irgendeiner sozialen Hierarchie privilegierten Menschen andere von den Toten zurückholen können, indem sie ihnen plötzlich Aufmerksamkeit widmen, auf eine Weise, die diese Hierarchien unangetastet lässt. Auch hier sind Beziehungen wieder eine Straße, die in beide Richtungen befahren wird. Wie Price andeutet, wenn er über die «versteckten Kosten des Seelenmordes» schreibt, sind Menschen, die sich durch eine tote Welt bewegen, selbst weniger lebendig, als sie es sein könnten. Menschen und Dinge sind lebendig, wenn wir *füreinander lebendig werden.* Jemanden zu respektieren, ist ein Ausbalancieren von Macht, ein Einverständnis, nicht einfach das eigene Gravitationszentrum zu verlagern, sondern zwei Zentren zuzulassen. Hendren schlägt etwas ähnlich Irritierendes vor, wenn sie sich eine Welt vorstellt, in der Graham das volle Maß an Menschlichkeit zugestanden würde. Diese Welt würde sich um mehr drehen als darum, ihn netter in gängige ökonomische Begriffe von Person-Sein zu übersetzen, und das hätte Konsequenzen für jeden: «Mein Sohn braucht keine sanfte und beruhigende Form der ‹Inklusion›. Inklusion ist notwendig, aber sie wird nie ausreichen. Er braucht eine

Welt mit einem kräftigen, dagegenhaltenden Verständnis von Menschsein, Beteiligung und Gemeinschaft, menschliche Werte, die lebendig sind und außerhalb der Logik des Marktes und seiner hartnäckigen Uhr funktionieren können. Er braucht das, und wir anderen auch.»[59]

Es ist nichts Abstraktes an der Art, wie wir einander betrachten; sie gibt und nimmt Leben, jeden Tag. So, wie die Inhaftierung den sozialen Tod als «soziale Tatsache» herauskristallisiert, sie einer spezifischen Politik einkodiert und in diesem Prozess atemporale Unpersonen schafft, wäre viel gewonnen, wenn man versuchen würde, in die entgegengesetzte Richtung zu steuern. Gegen Ende seiner Autobiografie schreibt Albert Woodfox, Gefängnisaktivist und früherer Black Panther, der 43 Jahre in Einzelhaft verbrachte, bevor er 2016 aus dem Gefängnis freikam, an seinem 69. Geburtstag: «Ich habe Hoffnung für die Menschheit. Ich hoffe, dass sich ein neues Wesen des Menschen herausbilden wird, so dass sinnloser Schmerz und unnötiges Leiden, Armut, Ausbeutung, Rassismus und Unrecht nur noch der Vergangenheit angehören werden.»[60] Woodfox bittet den Leser inständig, sich nicht von den Inhaftierten abzuwenden, und nennt Organisationen und Kampagnen, die sich für die Abschaffung der Einzelhaft engagieren und den gefängnisindustriellen Komplex niederreißen wollen.*

Wenn er Frantz Fanon zitiert – «Überlegenheit? Unterlegenheit? Warum nicht einfach versuchen, den anderen zu berühren, den anderen zu spüren, mir den anderen zu offenbaren?»[62] –, dann erinnert er daran, wie viel möglich ist. Wenn man daran arbeitet, der Gefängnislogik ein Ende zu setzen, dann schafft das Raum für eine wundervolle Entdeckung: eine Welt, die für sich selbst lebendiger ist, erfüllt mit Seelenleben anstelle von Seelenmord. Wenn es stimmt, dass Zeit ganz einfach Lebendigkeit ist, dann ist das der sicherste Weg, Zeit zu gewinnen.

Das Leben entfaltet sich weiter vor uns, während wir an einer Reihe von Teichen vorbeikommen, in denen sich das Flusswasser auf seinem

* Woodfox nennt die Black-Lives-Matter-Bewegung, die Safe Alternatives to Segregation Initiative, Stop Solitary (eine Kampagne von VOTE [Voice of the Experienced]), Solitary Watch, *Prison Legal News*, Critical Resistance und das Malcom X Grassroots Movement.[61]

Weg hinunter an die Küste staut. Football-förmige Nachtreiher halten sich gerne im dichten Gezweig am Ufer auf, bewegungslos, das Wasser nach Fischen absuchend. Auf der anderen Seite stehen drei Leute zusammen und lachen über irgendetwas. Und auch Gänse schnattern miteinander, während sie über die Wiese marschieren. Der Wind raschelt in den Eichen, und am Stamm einer Zeder – wir haben ihn gerade entdeckt – sitzt ein Andenbaumläufer.

Wir haben die äußere Begrenzung des Friedhofs erreicht. Wenn wir uns umdrehen, können wir die Bay sehen, deren Wasser sich gleißend hell von Hügeln und Himmel abhebt. Da unten liegt alles vor uns: die Kräne des Hafens von Oakland, die ihre Container hin und her schieben; der Freeway, verstopft vom zähen Strom der Autos; die Santa Cruz Mountains, über denen eine Nebelschicht hängt; das South-of-Market-Viertel, in dem unsere Bibliothek liegt; das Dach des Kolumbariums, durch das Licht ins Gebäude fällt. Der ganze Tag liegt vor uns räumlich ausgebreitet. Der größte Teil meines Lebens hat sich innerhalb dieses Ausblickes abgespielt, der sich uns gerade bietet, und meine Kindheit ist nach Süden hin nur knapp außer Sichtweite. Ich könnte auf verschiedene Dinge in dieser hügeligen Tapisserie zeigen und Ihnen alles erzählen, an das ich mich erinnere. Wenn wir hier lange genug zusammensäßen und ich meine Sache gut machen würde, dann könnten Sie mich wirklich kennenlernen: wer ich war, wer ich bin, und wer ich gerne werden möchte.

Am Ende ihrer Darlegung des «Lesser Minds Problem», der Voreingenommenheit gegenüber einem vermeintlich geringeren Geist, die ich in Kapitel 4 erwähne, eröffnen die Autoren eine überraschende Erkenntnis: Ein entmenschlichendes Vorurteil kann auch auf «intrapersonaler» Ebene auftreten.[63] Das heißt, wir betrachten eventuell nicht nur andere als geistig geringer und weniger lebendig, sondern auch unser zukünftiges und vergangenes Selbst. Außerdem tun wir das offensichtlich aus demselben Grund: Weil uns der «direkte Zugang» zu den mentalen Zuständen unserer eigenen Identitäten fehlt, wollen wir nicht sehen, dass sie ein Innenleben entwickeln.

Ich habe schon sehr jung angefangen, Tagebücher zu führen. Und ich sehe sie mir gerne wieder durch, wenn meine Beziehung zur Zeit sich irgendwie sträflich anfühlt, wenn ich mich selbst dafür kasteie, dass ich noch nicht das geworden bin oder geleistet habe, was ich eigentlich wollte. In diesen Tagebüchern finde ich anstelle von Momentaufnahmen einer Person im geschlossenen System ein lebendiges Selbst, das immer fragt, immer «versucht, es zusammenzukriegen», immer auf die Zukunft hin schreibt und die Vergangenheit noch einmal durchdenkt.

Im vorigen Jahr, als ich an Kapitel 4 schrieb, besuchte ich mein Elternhaus und durchforstete dort die Garage, um die Highschool-Tagebücher zu finden, in denen ich jenes «Es» erwähnt hatte. Ich nahm eines von ihnen mit und deponierte es eher zufällig zu Hause auf meinem Schreibtisch, neben meinem aktuellen Tagebuch. Es war surreal, die beiden so nebeneinander zu sehen. Zwischen ihnen lagen fast 30 Jahre – und doch waren sie von derselben Hand geschrieben. Als ich jünger war, dachte ich, mein Impuls, Tagebuch zu schreiben, sei eine Art Streben nach Unsterblichkeit, ein eifersüchtiges Schnappen und Pressen der Zeit, als wären Momente Schmetterlinge. Aber heute kann ich diesen Prozess dafür wertschätzen, dass er mit dem Mythos eines vollends entwickelten Selbst aufräumt. Als ich beide Tagebücher dort liegen sah, dache ich, *Ich bin jetzt 35 und suche immer noch nach diesem «Es»*. Einen Moment lang überflutete ich meinen Zeitcontainer: Ich lebte in einem Augenblick, der nicht exakt linear, sondern eher vielstimmig war.

Damals hatte ich gerade die britische Dokumentarserie *Up* zu Ende geschaut. 1964 begonnen, wollte die Serie «ein Bild des Vereinigten Königreichs im Jahr 2000» vermitteln, indem sie eine Reihe britischer Siebenjähriger aus verschiedenen gesellschaftlichen Kontexten über ihre Meinungen und Träume interviewte.[64] Die merkwürdige Prämisse des Films ist, dass grundlegende Aspekte der Persönlichkeit bereits voll da sind, wenn man sieben Jahre alt ist. Nach 1964 übernahm Michael Apted die Regie für das Projekt, suchte die Teilnehmer alle sieben Jahre wieder auf und begleitete sie durch verschiedene Schulen, Ausbildungen, Jobs, Ehen und Scheidungen, er dokumentierte, wie sie selbst Kinder und Enkelkinder bekamen, bis hin zu *63 Up* im Jahr 2019.

Es wäre am naheliegendsten gewesen, sich einfach irgendwann den aktuellsten Teil dieser Serie zu anzuschauen, da jede Staffel immerhin einige Ausschnitte aus den vorherigen Teilen enthält und den Betrachter damit wieder auf den neuesten Stand über das bisherige Leben der Hauptfiguren bringt. Stattdessen sahen Joe und ich uns jede Episode an, beginnend mit der ersten von 1964, was bedeutete, dass wir, als wir bei der letzten Folge angelangt waren, bestimmte Clips der Protagonisten als Kinder so oft gesehen hatten, dass wir ihre Antworten fast mitsprechen konnten (etwa die von Nicholas Hitchon, der später Physiker wurde und auf die Frage, was er einmal werden wolle, wenn er groß sei, antwortete: «Ich möchte alles über den Mond und so herausfinden»).

Keine Dokumentation – und auch keine andere Präsentation zu diesem Zwecke – ist in der Lage, eine Person oder einen Ort vollständig zu porträtieren, und die *Up*-Reihe stellt hier keine Ausnahme dar. Tatsächlich beschweren sich viele Teilnehmer zu verschiedenen Zeiten, dass sie sich nicht richtig getroffen fühlen, vor allem angesichts der anfänglich extrem starken Konzentration des Films auf Klassenhintergründe. Trotzdem ist nicht zu bestreiten, dass die einander immer weiter überlagernden Clips aus der Vergangenheit den nachfolgenden Teilen eine gewisse Tiefe verleihen, denn jede neue Episode erscheint wie der zarter gefärbte neue Trieb einer Pflanze im Frühling. Der Prozess der schichtweisen Bearbeitung scheint auch den Regisseur selbst beeinflusst zu haben. In den letzten Folgen wird Apted vom Interviewer zum Gesprächspartner und gibt den Hauptpersonen des Films Gelegenheit, sich darüber zu äußern, wie das Framing seiner Fragen auf sie gewirkt habe.[65] In seiner Stimme, die nun nicht mehr die eines objektiven «Beobachters» ist, schwingen Vertrautheit und Anteilnahme mit. Man hat das Gefühl, dass er sein Gegenüber mehr und mehr als Mensch und nicht als Testperson sieht. Und einige der Teilnehmer, die Apted kritisch gegenüberstanden, scheinen ihrerseits milder ihm gegenüber, da sie nun alle gemeinsam dem Ende ihres Lebens entgegengehen. In *63 Up* starb einer der Protagonisten, und der Physiker bekam eine Krebs-Diagnose. Apted selbst starb 2021.[66]

Vielleicht meinte Joe deshalb, als wir mit *63 Up* durch waren, wie gut diese Serie als «Empathiemaschine» funktioniere, Roger Eberts Begriff dafür, was ein Film leisten kann.[67] Während es die These der Dokumentation war, dass der Kern eines Charakters im Alter von sieben Jahren bereits angelegt ist, dementierte die Serie dennoch jegliche Tendenz, ein Individuum als festgelegten Punkt in Raum und Zeit zu sehen. Auf der einen Seite gibt es definitiv Charakterzüge, die in einigen der Protagonisten von *Up* bereits von Beginn an vorhanden scheinen. Auf der anderen Seite erweist sich keines der Ereignisse in ihrem Leben und keine ihrer Reaktionen darauf als vorhersagbar. Dass beides der Fall sein kann, legt nahe, wie sehr alles, was in dieser Welt lebt, ein Ausdruck von Zeit ist.

Ich dachte, wie anders sich die Identitäten dieser Leute anfühlen im Vergleich zu jenen in den Arenen der Social Media – die als Game Player abgebildet werden, vollständig ausgebildet auftauchen, sui generis, und augenblicklich identifizierbar sind. Dort interagieren unsere Icons wie in einem newtonschen Billardkugel-Universum – alterslos, im abstrakten Raum aneinanderstoßend und durch den Aufprall unverändert. Im Kontrast dazu, ist die stille Größe von *63 Up* vergleichbar mit Garrett Bradleys *Time*, insofern, als sie aus einer Dimensionalität kommt, die nicht nur Menschen involviert, sondern auch Zeit im Sinne von Entwicklung, Verfall und Erfahrung. Wie die alten Moose, die man, wie Robin Wall Kimmerer weiß, nicht mit Geld kaufen kann, braucht man nicht weniger als 56 Jahre, um einen Film zu machen, der 56 Jahre Veränderung aufzeichnet. Und es kann auch keine 63 Jahre alte Person geben ohne die 62 Jahre alte, die 61 Jahre alte, die 60 Jahre alte und so weiter, zurück in die Vergangenheit, bis hin zur Geburt und den Geschichten ihrer Vorfahren.

Es überrascht vielleicht nicht, dass es von Peter Handke, eben dem Autor, der eine ego-abmildernde «Müdigkeit» beschrieb, ein Gedicht gibt, das in perfekter Weise ein Selbst schildert, welches eher ein Akkord ist als eine einzelne sich verändernde Note. Das Gedicht trägt den Titel «Lied vom Kindsein», und jede Strophe beginnt mit der Zeile «Als das Kind Kind war».*

Zunächst besteht das Gedicht aus einer Reihe schmerzhafter Kontraste. Als das Kind Kind war, «erschienen ihm viele Menschen schön / und jetzt nur noch im Glücksfall, / stellte es sich klar ein Paradies vor /

* Handke schrieb «Lied vom Kindsein» für Wim Wenders' Film *Der Himmel über Berlin* (1987); das Gedicht kommt dort in verschiedenen Szenen vor.

und kann es jetzt höchstens ahnen»; und während es früher «mit Begeisterung» spielte, ist es jetzt «so ganz bei der Sache wie damals, nur noch, / wenn diese Sache seine Arbeit ist». Bis hierhin klingt das wie eine lineare Entwicklung. Aber der letzte Teil des Gedichts spricht etwas an, das offen bleibt:

Als das Kind Kind war,
fielen ihm die Beeren wie nur Beeren in die Hand
und jetzt immer noch,
machten ihm die frischen Walnüsse eine rauhe Zunge
und jetzt immer noch,
hatte es auf jedem Berg
die Sehnsucht nach dem immer höheren Berg,
und in jeder Stadt
die Sehnsucht nach der noch größeren Stadt,
und das ist immer noch so,
griff im Wipfel eines Baums nach den Kirschen
in einem Hochgefühl wie auch heute noch,
eine Scheu vor jedem Fremden,
und hat sie immer noch,
wartete es auf den ersten Schnee,
und wartet so immer noch.

Als das Kind Kind war,
warf es einen Stock als Lanze gegen den Baum,
und sie zittert da heute noch.

Das Gedicht veranschaulicht Frankls Vorstellung, dass Menschsein bedeutet, auf etwas anderes hin orientiert zu sein als auf sich selbst, und Patty Bernes Beobachtung, dass das Erleben von Spannung innerhalb der Zeit das Leben selbst *ist*. Es erklärt auch, warum ich in jenen Momenten einer wahren Begegnung, die an der Grenze zwischen mir und etwas oder jemand anderem rüttelt – wenn die Zeit stillzustehen und sich dann auszudehnen scheint – manchmal eine merkwürdige Nebenerscheinung wahrnehme. Wie der Auftrieb von Tiefenwasser im Meer kommen lange begrabene Erinnerungen an die Oberfläche: Bilder und Seelenzustände, an die ich mich aus meiner Kindheit, aus der College-Zeit, aus meinem frühen Erwachsenenleben erinnere. Diese Erinnerungen sind oft ähnliche Momente der Begegnung, als ob unter dem Raster von Kalenderjahren und Karrieresprüngen noch eine andere Dimension verborgen läge, eine, in der all diese Begegnungen ineinandergreifen. Bergson würde das vielleicht als die Dimension des «inneren Ich» bezeichnen und argumentieren, dass die wahrhaftigsten, willentlichsten Taten aus ihm herauskommen.[68] Wenn wir sagen, dass uns etwas «bewegt», dann ist es, wie ich glaube, dieses Ich, nicht nur das heutige Ich, das bewegt ist.

Diese Unbestimmtheit verweist auf den letzten Grund, warum ich über die Erweiterung von Leben als Bewegung nach außen und nicht nach vorn nachdenken möchte, vor allem, wenn es um den Tod geht. Wie ich in Kapitel 2 nahelege, bedeutet die Ablehnung der Steigerungslogik das Zulassen der Vorstellung von Grenzen, einschließlich der Grenze des eigenen Lebens. Egal, wie optimiert, gesund und produktiv ich bin, ich werde einfach nicht permanent mehr oder besser werden, was bedeutet, dass es Dinge gibt, die ich nie tun und nie sein werde. Wie dieses Buch, das alles hätte werden können, als ich damit begann, wird mein Leben manche Wege nehmen und andere nicht – und dann wird es enden, der Faden wird aus der Kugel gezogen sein, und keine Hexe ist da, die mit mir nachsichtig ist und ihn wieder hineinzaubert. Sich klarzumachen, dass man nicht alles sein kann, ist in gewisser Hinsicht unglaublich befreiend. Es bedeutet, dass es nicht in meiner Verantwortung liegt, alles sein zu müssen. Und dennoch ist die Tatsache, dass das Leben irgendwann zu Ende ist, für jeden, der es genießt, lebendig und in der Welt zu sein, grundsätzlich auch traurig.

Religionen und Kulturen reagierten durch die Geschichte hindurch auf diese Bedingung, indem sie die Grenzen des Individuums auflösten und den Tod als heilige Wiedereinführung in die Welt betrachteten. Die Verstorbenen werden in die Erde gelegt; sie werden verbrannt, und ihre Asche wird über Wasser und Hügel verstreut, sie werden mit Rinde bedeckt und in den Höhlungen von Bäumen eingeschlossen;[69] sie werden auf Anhöhen gebracht, damit die Vögel sie auffressen;[70] sie werden ins Meer geworfen. In «Was ist Tod?» formuliert Miller eine ähnliche Anerkennung der Grenzenlosigkeit:

... Dein Tod ist nicht das Ende Deines Körpers. Die chemischen Verbindungen, die Dich auf Molekularebene zusammenhalten, brechen in den Minuten und Monaten nach Deinem Tod immer weiter auseinander. Gewebe oxidieren und zerfallen wie eine reifende Banane. Die Energie, die den Körper einmal belebt hat, endet nicht: Sie transformiert. Verfall von der einen Seite her, Wachstum von der anderen.
Der Verfallsprozess schreitet unaufhörlich voran, bis alles, was einmal Dein Körper war, etwas anderes wird, das in anderen weiterlebt – im Gras und den Bäumen, die aus der Erde wachsen, in der Du vielleicht einmal ruhst, mithilfe der Kriechtiere, die dort ihre Nahrung finden. Und genau Deine Gene, kleine Pakete mit Material, werden auf unbestimmte Zeit so lange leben, wie sie einen neuen Wirt finden. Selbst nach der Beerdigung oder Einäscherung bleiben Deine Atome intakt und verteilen sich, um andere Dinge zu werden, so wie sie vorher existierten und zu Dir wurden.[71]

Ich denke, diese physikalische Beschreibung kann auch auf das Soziale übertragen werden. Wie die Bürgerrechtlerin Yuri Kochiyama sagte, das Leben ist nicht nur Dein ganz eigenes, es ist auch «der Beitrag eines jeden, der Dein Leben berührt hat, und jede Erfahrung, die darin eingeflossen ist».[72] Das gilt für jetzt und für die Zeit nach Deinem Tod. Ich denke da an meine Stiefgroßmutter, zu der ich mein ganzes Leben lang aufblickte, und die ich während der Pandemie verlor. Das letzte Mal sah ich sie nur wenige Wochen vor dem Lockdown, als mein Partner, meine Eltern und ich sie zum Mittagessen trafen. Am Tisch drückte sie mir liebevoll meine Hand und gratulierte mir zu *Nichts tun*. Ich werde immer das Bild vor Augen haben, wie sie auf dem Parkplatz von uns wegging, rüstig und mit einem strahlenden Lächeln, als sie uns noch einmal über die Schulter zuwinkte. Jetzt, da sie weg ist, erinnern mich winzige Dinge an mir selbst manchmal unerwartet an sie: ein bestimmtes Lachen, eine bestimmte Haltung oder sogar die Art und Weise, wie ich eine Nadel in mein Haar stecke. Auch wenn dieser «Spuk» ihre Präsenz nicht ersetzen kann und noch immer den scharfen Schmerz des Verlustes in sich trägt, freue ich mich darüber. Ihr Leben hat sich in meinem fortgesetzt.

Wenn Ehrenreich in *Natural Causes* nichtmenschliche Handlungsmacht hervorhebt, dann ist diese Durchlässigkeit der Identität Teil dessen, was sie interessiert. Ob auf zellulärer oder sozialer Ebene, das begrenzte Ich ist eine Illusion, die Konföderation des «Ich» ist potenziell anarchisch. 36 gregorianische Kalenderjahre lang bestand ein identifizierbares Muster von Material und Einflüssen erkennbar in meiner Person, belebt von ich weiß nicht was. Nach «mir» werden sie weiter bestehen und etwas anderes sein. Aus dieser Perspektive erscheint die Aussicht auf den eigenen Tod etwas weniger einsam. Ehrenreich, die über 70 war, als sie *Natural Causes* schrieb, und ironisch scherzte, sie sei «alt genug, um zu sterben», schreibt am Ende ihres Buches:

> Es ist eine Sache, in einer toten Welt zu sterben und, metaphorisch gesprochen, seine Knochen in einer Wüste vor sich hin bleichen zu lassen, die nur von einem sterbenden Stern beleuchtet wird. Aber es ist eine andere Sache, in der gegenwärtigen Welt zu sterben, die vor Leben pulsiert, vor Handlungsmacht, die nicht unsere eigene ist, und allermindestens vor endlosen Möglichkeiten. Für diejenigen von uns, und das sind vermutlich die allermeisten, die – mit und ohne Drogen oder Religion – flüchtige Blicke auf dieses belebte Universum erhaschen konnten, ist der Tod kein erschreckender Sprung in den Abgrund, sondern mehr eine Umarmung des fortdauernden Lebens.[73]

Auch diese Umarmung kann sich fortsetzen. Wenn wir an unsere Lieben denken, die nicht mehr bei uns sind, dann wünschen wir uns sicherlich, dass wir sie mehr umarmt hätten, buchstäblich und im übertragenen Sinne. Ältere Leute, die auf ihr Leben zurückschauen, sagen manchmal, dass sie es, wenn sie noch einmal von vorn anfangen könnten, viel mehr «umarmen» und schätzen würden. Wie Millers Definition von Lebendigkeit als «den Planeten berühren», Handkes Beschreibung des «Berührtwerdens und selber Berührenkönnens»[74] oder Hartmut Rosas «Resonanz» im Epigraf zu diesem Kapitel ist meine Definition von Lebendigsein ganz einfach: die Umarmung. Ich fühle mich lebendig, wenn ich nicht allein im Äther bin, sondern von ihm «umarmt» und eingehüllt werde. Ich fühle mich lebendig, wenn die Augen von jemandem aufleuchten und meine das auch tun. Ich fühle mich lebendig, wenn ich ein Reh betrachte *und* bemerke, dass es auch mich betrachtet; wenn

Gänse schnattern, und das wie eine Sprache klingt; wenn ich über den Erdboden laufe und fühle, dass er mir von unten entgegenfedert. Ich bin in dem Maße lebendig, wie ich mich von den Dingen berühren lassen kann.

Aber damit das geschieht, damit «das Mehr des weniger Ich» hervorkommen kann, muss das vorwärtsstrebende Ego, das nach der Zeit greift, sterben – zumindest für diesen Moment. Dieser Tod kann sich anfühlen, als würde man sich vertrauensvoll in Zeit und Sterblichkeit fallen lassen. Der Philosoph Jiddu Krishnamurti schreibt, in einem Zustand vollkommener Aufmerksamkeit «existiert der Denker, das Zentrum, das ‹Ich› nicht länger».[75] Diese vermeintliche Leere schafft Raum für so viel mehr, denn «nur die Seele betrachtet einen Baum oder die Sterne oder das funkelnde Wasser eines Flusses mit vollkommener Hingabe, die weiß, was Schönheit ist, und wenn wir wirklich sehen, dann sind wir in einem Zustand der Liebe».[76] Dieser Zustand, so sagt er, kennt «kein Gestern und kein Morgen».[77] Das ist natürlich leichter gesagt als getan, und mein ganzes bisheriges Leben scheint aus dem Vergessen und Wiedererinnern dieser Weisheit zu bestehen. Aber immer, wenn ich mich wieder an sie erinnert habe, verzeihe ich mir das Vergessen. Ich sehe den wahrhaft lebendigen, ego-auflösenden Zustand mittlerweile weniger als ein Ziel, auf das man zusteuert, sondern eher als so etwas wie Regen. Er kommt und geht, und wenn er kommt, dann nutzt Du ihn und bedankst Dich.

Merkwürdigerweise «regnet» es bei mir sogar im Schlaf. Etwa einmal im Monat taucht plötzlich ein Klartraum in einem meiner üblichen Stressträume auf: Ich renne durch einen Flughafen, komme zu spät zum Bus oder zu meinem eigenen Seminar oder muss eine Rede halten und bin unvorbereitet. Zuerst ist gar nichts anders, außer, dass ich auf einmal innehalte und Verdacht schöpfe, dass ich ja eigentlich schlafe. Die Szene und das Drumherum bleiben gleich, aber fühlen sich neutralisiert an, losgelöst von jenem angsterzeugenden Skript, das sie erschuf. Stattdessen rücken sie als Objekte der Faszination, in der Zeit aufgetaut, in den Vordergrund. Auch ich taue auf: Ich merke, dass ich in der Lage bin zu handeln, als hätte ich zum ersten Mal Kontrolle über meine Arme und Beine erlangt.

Klarträume sind in Wahrheit ein Zwischenzustand zwischen Schla-

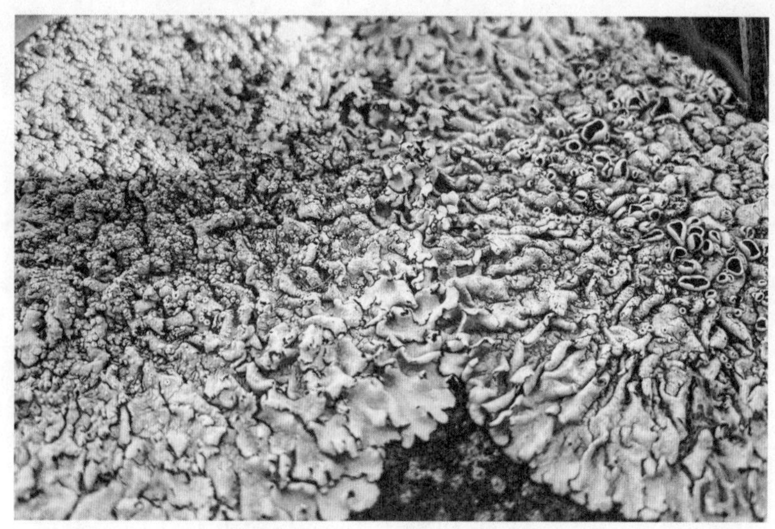

fen und Wachen; ich weiß im Traum, was für ein Tag gerade ist, welche Kleider ich trage, und was ich in anderen Klarträumen getan habe. Ich bin mir auch dessen bewusst, dass der Traum vermutlich in einigen Minuten enden wird, die Frage ist also, wozu man die übrige Zeit noch nutzen sollte. Aber dieses «Wozu» unterscheidet sich sehr stark von dem, was mich noch wenige Augenblicke zuvor beschäftigte, denn ich würde generell behaupten, dass mein Ziel in einem Klartraum darin besteht, «mich einfach umzuschauen». Ich weiß, dass ich bald aufwachen werde, und ich möchte den Traum verlängern. Aber ich habe keine Angst davor, aufzuwachen. Ich bin lediglich dankbar für diesen vorübergehenden glücklichen Zustand und nutze die Zeit, indem ich die Umwelt wahrnehme und überprüfe. Wenn ich meine Hand ausstrecke, ist es, als würde ich nach etwas greifen, aber es ist nicht der eiserne Griff der Angst. Stattdessen fühlt es sich an, als würde ich etwas festhalten, als würde ich den «Planeten berühren», bevor ich unweigerlich davondrifte.

* * *

Von unserem Standpunkt auf dem Hügel aus nehmen wir Geräusche wahr: Autos, Drosseln, Menschen, Wartungsfahrzeuge und Luft; der

Wind in unseren Ohren, das Geraschel der kleinen Kojotenbusch-Blättchen nur etwa einen Meter entfernt und der Bäume unter uns, zwischen den Gräbern. Neben uns liegt ein Grünsteinbrocken, ein metamorpher Felsen, der einmal als Lava in einen vorzeitlichen See floss. Heute wachsen darauf Flechten, eine winzige Zivilisation, die man mit dem Finger spüren kann.[78] *Eine Hummel – eine der harmlosen, die wirklich nur brummt – kommt näher und fliegt wieder weg. Bienenaktivität.*

Die Sonne wird irgendwann hinter dem Horizont untergehen. Aber in der Zwischenzeit bietet sich uns, wenn wir die Augen nach oben richten, eine andere Aussicht. In der Highschool gab mir mein Kunstlehrer noch einen Rat: Der Trick, um einen richtigen «California Blue Sky» hinzubekommen, ist, einen fast nicht wahrnehmbaren Klecks Alizarin-Karmesin hinzuzufügen. Dort, zwischen uns und dem Weltraum, liegt ein Blau voller Karmesinrot und allem möglichen anderen – der Kreise ziehende Falke, der Truthahngeier, der jetzt nach Westen fliegt, der rastlose Schwarm kleiner Schwalben, die über unseren Köpfen unberechenbar herumschwirren wie Luftmoleküle. Auch wenn wir es noch nicht sehen können, rotiert die Erde ganz langsam unsere Aussicht, sie verändert das Blau und verlängert unsere Schatten. Sie hält uns fest, und dreht uns dem Morgen entgegen.

CONCLUSIO

Zeit zweiteilen

Wissenschaftler sagen, die Zukunft wird sehr viel futuristischer werden, als sie das ursprünglich vorhergesagt haben.

Southland Tales (2006)[1]

... niemand ist verantwortlich für eine Entstehung, niemand kann sich ihrer rühmen; sie geschieht in einem leeren Zwischen.

Michel Foucault, «Nietzsche, die Genealogie, die Historie»[2]

Im Winter 2010 startete eine Kooperation zwischen staatlichen Behörden in Kalifornien und gemeinnützigen Organisationen eine bürgerwissenschaftliche Initiative namens California King Tides Project mit dem Slogan «Fotografiere die Küste, sieh die Zukunft!».[3] Anwohner wurden aufgefordert, empfohlene Gebiete entlang der Küste zu besuchen und während der jährlichen Springflut, einem immer wiederkehrenden Phänomen, bei dem sich die Positionen von Sonne und Mond in einer bestimmten Weise ausrichten und die Flut so um ein paar Fuß anheben, Fotos zu machen. Da dieser natürliche, zeitweilige Anstieg zufällig mit dem für die kommenden Jahrzehnte erwarteten menschengemachten Anstieg des Meeresspiegels zusammenfiel, wollte die California Coastal Commission das Phänomen weiter nutzen. Sie schlugen vor, die Betrachter sollten sich beim Beobachten der Springflut «vorstellen, diese Fluten (und die damit verbundenen überschwemmten Straßen, Strände und Sümpfe) fast täglich zu sehen». Diese Imaginationsübung würde den zukünftig steigenden Meeresspiegel greifbarer machen und uns idealerweise «dazu motivieren, mit dem Verbrennen fossiler Energien aufzuhören». Wie jemand aus einer Zeitmaschine, der die Menschen in der Vergangenheit warnt, so erscheint die Springflut wie eine Explosion der Zukunft in eine Gegenwart hinein, die sonst keinen Zugang zu ihr hätte.

Elf Jahre später lief das California King Tides Project immer noch. Auf seiner Website arbeitete ich mich durch die fleißig beigesteuerten Fotos der Springflut von 2020 hindurch, indem ich blaue Punkte auf einer Satellitenkarte von Kalifornien anklickte. Vertraute Plätze sahen darauf fremd aus. In der Nähe meines Ateliers, am Jack London Square, waren ein paar Stufen, auf denen ich oft Leute herumhängen sehe, komplett überflutet und die Geländer restlos unter Wasser. Am Middle Harbor Shoreline Park standen Schwimmen-oder-Waten-verboten-Schilder bis zum Hals im Bay-Wasser. In San Francisco sah man am Baker Beach wesentlich weniger Strand als sonst. Und egal, auf welches Küstengebiet man klickte, es entstand eine merkwürdige zeitliche Dissonanz, da der Sand auf dem Foto nur ein Fragment dessen war, was man auf der Satellitenkarte sah.

Das Foto, das mich am meisten ergriff, war von Alan Grinberg, ein Mann, der an den Klippen in Pacifica lebt. Es trägt den Titel «Das teuerste Foto, das ich je geschossen habe» und zeigt den vollkommen weißen Hintergrund einer Welle, die hinter einer Buddha-Statue in seinem Garten anbrandet. Auf Grinbergs Flickr-Account sah ich die nächsten fünf Fotos, die er gemacht hatte, und den Grund für den Titel: Die Welle kommt näher, überspült den Buddha, überspült den Garten und schließlich auch seine Kamera. Das erste Foto war nicht nur wegen seiner Hintergrundgeschichte eindrucksvoll, sondern auch wegen seiner Kontraste: die Statue mit ihren geschlossenen Augen und ihren ruhig gefalteten Händen, während die Zukunft mit aller Gewalt über sie hereinbricht.

Wie er so inmitten einer chaotischen Zwischenzeit still da saß, erinnerte mich der Buddha an eine Anekdote von Ajahn Chah, einem thailändischen Meditationslehrer: «Siehst Du diesen Kelch? Ich liebe dieses Glas. Es umfängt das Wasser auf bewundernswerte Weise. Wenn die Sonne hineinscheint, dann reflektiert es das Licht wunderschön. Wenn ich dagegen klopfe, hat es einen lieblichen Klang. Und dennoch ist dieses Glas für mich schon zerbrochen. Wenn der Wind es umwirft, mein Ellbogen es vom Regal stößt, es auf den Boden fällt und zersplittert, dann sage ich ‹Natürlich›. Denn wenn ich verstehe, dass dieses Glas bereits zerbrochen ist, dann ist jede Minute mit ihm kostbar.»[4]

Als ich die Fotos auf der Coastal-Conservancy-Seite öffnete und wieder schloss, dachte ich auch *Natürlich*, aber ich war zu einer solchen

Gelassenheit nicht in der Lage. Stattdessen blickte ich an einem schönen Tag aufs Meer hinaus und fühlte mich, als müsste ich durch die Spannung zwischen Jetzt und Nicht-Jetzt implodieren. 2020 gingen die Springfluten zurück, wie sie das immer getan haben. Aber auf den Fotos hinterließen sie etwas Bleibendes: eine Erinnerung aus der Zukunft, die über der Gegenwart hängt wie ein Sargtuch, wie die Welle, die der Kameraauslöser einfriert.

Die Zwischenzeit bedeutet warten, ein weniger wichtiges Feld zwischen zwei festgelegten Zeiten. Wenn man sich vor etwas fürchtet oder irgendeinen Zeitpunkt in der Zukunft überbewertet, dann kann die Zwischenzeit auch leer erscheinen: Aber während es nur die Distanz zwischen Dir und Deinem Ziel gibt, ist das Ereignis möglicherweise schon eingetreten. Es ist, als hätte man ein wundersames Fernglas, das einem etwas, das in weiter Ferne liegt, so detailliert zeigt, dass man eigentlich gar nicht mehr dorthin zu gehen braucht. *Bringen wir es einfach hinter uns*, sagt das untröstliche Subjekt, unfähig, an seiner bereits zerbrochenen Tasse Freude zu haben.

Und obwohl ich ja akzeptiere, dass Wandel bis zu einem gewissen Grad mit dazugehört, klingt in mir immer noch Bergsons Klage über diese Haltung gegenüber der Zwischenzeit nach. Du machst die Zeit zum Raum, würde er sagen. Du stellst Dir leere Zeitblöcke vor, die sich vor Dir ausdehnen, und überwindest gedanklich die Distanz zu diesem Etwas, das Deiner Meinung nach schon passiert ist, anstatt, dass Du den kreativen Aspekt der Zeit anerkennst, die sich stets entfaltet, verändert und in jeder Sekunde die Welt – und Dich mit ihr – durch die Kruste der Gegenwart, hinein in die Zukunft hievt.*

Und doch müssen wir uns klarmachen, dass diese «Distanz», im Gegensatz zu Bjorneruds «Zeitbewusstheit» («Timefulness») so etwas wie das Feld im abstrakten Raster eines Kartografen ist. Und auch wenn ich die Grenzen des abstrakten Raumes als Metapher für die Zeit sehe, denke ich, dass es eine andere Art von räumlichem Verständnis gibt (oder zumindest eine, die zunächst räumlich erscheint), das dem westlichen Subjekt helfen kann, in der Zwischenzeit etwas Konkretes festzuhalten.

In *Nichts tun* greife ich das Konzept des Bioregionalismus auf, ein Gefühl von Vertrautheit und Verantwortung für einen bestimmten Ort, der die eigene Identität mit ausmacht.[6] Auch wenn der Begriff in den 1970ern populär wurde, sind seine Grundkonzepte nicht neu; im besten Fall spiegelt der Bioregionalismus die Art und Weise, wie indigene Völker sich dem Land gegenüber verhielten, indem sie für ein Netzwerk von Lebensformen, Wasserwegen und anderen jeweils ortsspezifischen Akteuren Sorge trugen und diesen Anerkennung zollten. Bioregionen unterscheiden sich voneinander, aber ihre Grenzen sind durchlässig, und wie Netzwerke, verbinden sie sich sowohl im Großen (ein Wettersystem oder eine Meeresströmung), als auch im Kleinen (Mikromklimata und symbiotische Artenkomplexe). Früher nutzte ich den Bioregionalismus als Modell für Identität, da er ein Muster von Strömen, Wechselbeziehungen und eine Form grenzenloser Vielfalt vor Augen führt, die ich als Person von gemischt-ethnischer Abstammung besonders hilfreich finde.

Der Bioregionalismus erweist sich außerdem als ein nützlicher Weg,

* In *Zeit und Freiheit* schreibt Bergson: «... und aus diesem Grunde kann keine Rede davon sein, die künftige Dauer zu verkürzen, um sich ihre Bruchstücke im voraus vorzustellen; diese Dauer kann man nur erleben, in dem Maße, als sie abläuft.»[5]

um über Zeit nachzudenken. Ich spreche das bereits in Kapitel 6 an, mit der Idee der Chronodiversität, der «Garten»-Zeit und Barbara Adams Beobachtung, dass in psychologischen Zeitexperimenten «Komplexität» vorherrscht. Mein Freund und Mentor, der Dichter John Shoptaw, schrieb ein Gedicht mit dem Titel «Timepiece» [«Zeitmesser»], mit einer topografischen Sprache, über die ich oft nachdenke, etwa über Zeilen wie «a steep night, a tangled week, an August that shelves / down toward a swift dream».[7] [«eine schroffe Nacht, eine wirre Woche, ein August, der die Dinge aufschiebt, abwärts, einem geschwinden Traum entgegen»] Könnte es sein, dass das Gegenteil eines selbstsicheren Blicks durch ein Fernglas in eine flache Ebene die Perspektive wäre, die man erhält, wenn man eine Bergwanderung macht – eine, auf der die Dinge, auch wenn man weiß, wo man gerade ist, nach jeder Biegung anders aussehen?

Der Bioregionalismus ist hier als Metapher und auch als konkrete Demonstration hilfreich, und zwar insofern, als seine Zeitskalen sich überlappen und manchmal außerhalb der menschlichen Perspektive liegen. Auch wenn sie sich einfach als Wandel ausdrücken, sind ökologische und geologische Zeiten voller Gegensätze: Dinge passieren sowohl langsam als auch schnell, sowohl auf kleinster als auch auf unfassbar monumentaler Ebene. Sandsteinfelsen etwa bilden sich schrittweise, während Vulkangesteine wie Obsidian durch brachialen Kontakt entstehen. Verschiedene Gebirgszüge erheben sich unterschiedlich schnell, wobei sich manche, wie man vermutet, (relativ gesehen) «wie ein Eis am Stil» nach oben geschoben haben. Ich schrieb dieses abschließende Kapitel mit Blick auf den Mount Rainier (Tacobud), dessen Gipfel vor ungefähr 5700 Jahren durch eine gewaltige Mure um etwa anderthalb Kilometer abgetragen wurde,[8] in der mündlichen Überlieferung des Nisqually-Stammes aber vielleicht bewahrt werden kann.*

* In der mündlichen Überlieferung der Nisqually[9] gibt es die Geschichte einer Zeit, in der der Mount Rainier ein Monster war, das alles, was ihm in die Quere kam, verschlang, bis der Wandler in Gestalt eines Fuchses erschien und machte, dass dem Berg ein Blutgefäß platzte. Vine Deloria Jr. bemerkt, dass diese Geschichte mit einigen Unterschieden von vier verschiedenen Stämmen der Region erzählt wird. Einige vermuten, dass das geplatzte Blutgefäß für die gewaltige Schlammlawine steht.[10]

In den kommenden paar Hundert Millionen Jahren wird der Kontinent, auf dem ich mich befinde, wie die Geologen vorhersagen, mit Asien zusammenstoßen.[11] In der Zwischenzeit werden wir Erdbeben erleben, deren Verwerfungen sich zehnmal so schnell ausbreiten wie die Schallgeschwindigkeit in trockener Luft.[12]

In dem Jahr, in dem ich dieses Buch schrieb, fegte Brut X, eine Population der periodischen Zikaden, die alle 17 Jahre auftreten, über die Ostküste und den Mittleren Westen hinweg, und verstopfte einmal sogar das Hilfstriebwerk eines Flugzeugs, das bei Joe Bidens erster Auslandsreise als Präsident eingesetzt wurde.[13] Ein Baumpfleger in Royal Oak, Michigan, bekam ungewöhnliche Anrufe von Leuten, die beunruhigt waren, weil von ihren Bäumen plötzlich gewaltige Mengen Eicheln fielen, und er erklärte ihnen daraufhin, was die Mastjahre sind – ein zeitliches Phänomen, bei dem sich die Bäume koordinieren und ihre Früchte alle gleichzeitig abwerfen.[14] (Robin Wall Kimmerer beschreibt die Mast bei Pecanussbäumen und weist auf Studien hin, die nahelegen, dass die Bäume unterirdische Mykorrhiza-Netzwerke nutzen – anders ausgedrückt, miteinander kommunizieren –, um eine solche «Zweckeinheit» zustande bringen zu können.)[15] Westlich der Sierras machte eine Borstenkiefer, die 5000 Jahre zuvor begonnen hatte zu wachsen, weiterhin Fotosynthese auf einem uralten weißen Kalksteinboden.[16] In Tillamook County, Oregon, besuchen die Leute noch heute den Neskowin Ghost Forest, einen allerdings nur bei Ebbe zu sehenden Friedhof von Stümpfen der Sitka-Fichten, die starben, als ein Erdbeben sie 1700 plötzlich mit Schlamm überflutete.[17]

Ich vermische hier absichtlich scheinbar biologische und geologische Beispiele, zum einen, um die sich überlagernden Eigenschaften verschiedener Kreisläufe hervorzuheben, zum anderen aber auch, weil Felsen in Wahrheit schwer von dem zu unterscheiden sind, was wir (heute) typischerweise als lebendig betrachten. Kalkstein aus dem Karbon entstand aus Muscheln und den harten Teilen von Meeresorganismen. In den Santa Cruz Mountains existiert eine Pflanzengesellschaft[18], die überall dort sprießt, wo der Boden Serpentinit enthält, eine Art von eisen- und magnesiumhaltigem Mantelgestein, das sich veränderte, als sich die Pazifische Platte unter die Nordamerikanische Platte schob. Iain Stewart weist in der Dokumentarserie *Rise of the Continents* auf

Freiliegender Manhattan-Schiefer an der Bennett Avenue

ein anderes Echo dieser Art hin: Weil man für gewöhnlich Wolkenkratzer dort baut, wo unter der Oberfläche hartes Gestein liegt, kann man die Silhouette der Skyline von Manhattan als eine Übersetzung der unterirdischen Präsenz des Manhattan-Schiefers lesen.[19] Wie Serpentinit hat Schiefer eine Zusammensetzung, die mit seiner Geschichte untrennbar verbunden ist: Er ist deshalb so hart, weil er vor über 300 Millionen Jahren unter einer Bergkette, ähnlich hoch wie der heutige Himalaya, zusammengepresst wurde. Dieser Gebirgszug bildete sich, als zwei Landmassen innerhalb des Superkontinents Pangäa kollidierten.

Die Skyline von Manhattan, ebenso wie der Schiefer, der aus dem Boden des Central Parks hervorragt, sind gleichermaßen Beispiele für die unscharfe Grenze zwischen Vergangenheit und Gegenwart. Auf andere unscharfe Grenzen treffen wir, wenn es darum geht, was als Individuum zählt und was als Lebensdauer oder Ereignis – Fragen, die am Ende zutiefst miteinander verbunden sind. Ein enormes Rhizomnetzwerk, das sich über Tausende Morgen Land in den Blue Mountains in Oregon erstreckt und dessen Alter irgendwo zwischen 2400 und 8650 Jahren liegen könnte, hat, einem Artikel des *Scientific American* zufolge, «die Debatte, worauf sich ein individueller Organismus gründet, wieder angefacht».[20] Ein Wissenschaftler erklärte, ein Organismus sei «eine Ansammlung genetisch identischer Zellen, die miteinander

kommunizieren, eine Art gemeinsames Ziel haben oder sich zumindest selbst koordinieren können, um etwas zu tun». Im Falle von Pando, einer Klonkolonie von Zitterpappeln in Utah – die immer im Singular genannt wird und deren Name vom lateinischen *pando*, «ich breite mich aus», stammt –, beträgt die Lebensdauer der einzelnen Bäume etwas mehr als hundert Jahre, aber das mit ihnen verbundene Wurzelsystem ist Tausende Jahre alt.[21] Ein Foto von Pando zeigt eine Umrisslinie, die auf einer Luftaufnahme dort eingezeichnet wurde, wo man sonst ganz einfach eine mit Bäumen bedeckte Hügellandschaft vermuten würde.

Die Bäume von Pando und die sichtbaren Pilze eines Rhizomnetzwerks sind beides Beispiele von Körpern, die außerdem vollkommen in eine andere Art von Körper eingebettet sind. Auch Ereignisse können eine ähnliche Ambiguität aufweisen. Wenn McPhee beschreibt, wie der Geröllstrom der San Gabriel Mountains innerhalb von sechs Minuten ein Haus füllt, dann ist es schwierig, dieses Ereignis losgelöst von den Vorbedingungen zu sehen: zum Beispiel ein Erdbeben, das die Felsen aufsprengte, oder ein Feuer, das in einem früheren Sommer auf den Bergen ausbrach. Tatsächlich erwähnt McPhee ein Sommerfeuer, das damals, 1977, die Verantwortlichen von Hidden Springs dazu veranlasste, die Einwohner vor den möglicherweise im Winter folgenden Geröllmassen zu warnen (allerdings erfolglos, auch wenn sie am Ende recht behielten).[22] Nahm die Mure ihren Anfang, als die Felsen sich bewegten? Oder als der Chaparral Feuer fing?

Diese Spannung kommt in einem anderen *Scientific American*-Artikel zur Sprache, dessen Titel («Das längste bekannte Erdbeben dauerte 32 Jahre») scheinbar im Widerspruch zu seinem Untertitel steht («Das ‹Slow Slip-Event› ging einem verheerenden Beben voraus, das 1861 mit einer Stärke von mindestens 8,5 auf der Richterskala Sumatra erschütterte»). Der einleitende Abschnitt offenbart ein Ereignis innerhalb eines Ereignisses, wie eine langsam reifende Frucht, die plötzlich vom Baum fällt: «Ein verheerendes Erdbeben, das die indonesische Insel Sumatra 1861 erschütterte, wurde lange für einen plötzlichen Bruch in einer zuvor inaktiven Verwerfung gehalten. Aber neue Studien fanden heraus, dass die tektonischen Platten unter der Insel bereits vor der Katastrophe über 32 Jahre hinweg langsam, still und leise aneinandergestoßen waren.»[23]*

Für eine nichtwestliche Perspektive, die sich nicht für bestimmte Arten von Grenzen oder Modelle von Subjekthaftigkeit interessiert, ist es vermutlich kein so großes Problem, die Dinge von ihrem Kontext zu trennen. Auch für Bergson war es das nicht. In *Schöpferische Entwicklung*, wo Dauer ein Prozess des Werdens ist, und wo Zustände fortwährend in andere Zustände übergehen, betrachtet er Individualität demnach auch nicht als absolute Kategorie, sondern als etwas, das innerhalb eines Spektrums existiert. «Wäre die Individualität vollkommen, kein vom Organismus abgetrennter Teil dürfte gesondert zu leben vermögen», so schreibt er. «Doch würde damit die Fortpflanzung unmöglich. Denn was in der Tat ist diese, wenn nicht Aufbau eines neuen

* In *Zeit und Freiheit* beschwört Bergson eine ähnliche Dynamik herauf, wenn er den Prozess persönlicher Erwägung und Entscheidungsfindung beschreibt.[24] Während wir uns die Erwägung typischerweise «in Gestalt eines Oszillierens im Raume» vorstellen (zwischen zwei oder mehr Ergebnissen), besteht sie für Bergson «in einem dynamischen Fortschritt …, bei dem das Ich und die Motive selbst in einem fortwährenden Werden begriffen sind wie wirkliche Lebewesen». Und in diesem Prozess entwickelt sich das Ich so weit, «bis die freie Handlung sich von ihm ablöst gleich einer überreifen Frucht».[25]

Organismus aus einem abgetrennten Bruchstücke des früheren?» Alle lebendigen Dinge tragen die Mittel in sich, ihre eigenen Grenzen zu überwinden. «Im eigenen Hause also beherbergt die Individualität ihren Feind», wie Bergson in diesem Sinne notiert.[26]

Wenn ich versuche, eine Linie um mich herum zu ziehen, dann muss ich mich fragen, *Bin ich Jenny, oder bin ich die Tochter meiner Mutter, die Enkelin meiner Großmutter?*, und so weiter. Und wenn ich ein Ereignis bin, wann habe ich dann begonnen? Vor 35 Jahren? Vor Hunderten von Jahren? Vor Tausenden? Bin «Ich» nicht wie der sichtbare Pilz, der aus einem Nährboden heraus wächst, außerhalb dessen ich unbegreiflich, ja sogar unmöglich wäre? Karlo Mila, eine Dichterin tongaischer, samoanischer und europäischer Abstammung, stellt eine solche Frage in einem Gedicht mit dem Titel «Inside Us the Dead (The NZ-born Version)» [«In uns die Toten (Die neuseeländische Version)»]. Sie schreibt, «Aus Büchern habe ich gelernt / Ich bin ein Individuum», erklärt jedoch kurz darauf an ihre Vorfahren gerichtet, «Ich vermute, mein Körper erinnert Euch alle»:

The curve of my legs,
the shape of my fingers,
the face of my son.

Yes, every limb,
every bend
every bone
is a recollection of
who has been before.

A memory
of all the bodies that have been
the making of me.

[Die Krümmung meiner Beine,
die Form meiner Finger,
das Gesicht meines Sohnes.

Ja, jedes Glied,
jede Krümmung
jeder Knochen
ist eine Rückbesinnung auf
die, die vorher waren.

Eine Erinnerung
an all die Körper, die waren,
damit ich entstehen konnte.][27]

In *Sand Talk* bemerkt Yunkaporta, es sei manchmal schwierig, «auf Englisch zu schreiben, wenn man gerade mit seiner Urgroßmutter am Telefon gesprochen hat und sie auch deine Nichte ist und es in ihrer Sprache keine unterschiedlichen Wörter für Zeit und Ort gibt».[28] Er erklärt, dass im Verwandtschaftssystem seiner Urgroßmutter/Nichte alle drei Generationen ein Reset stattfindet, «bei dem die Eltern deiner Großeltern in einem ewigen Kreislauf der Erneuerung als deine Kinder eingeordnet werden», denn «die Mutter der Großmutter geht zurück ins Zentrum und wird zum Kind». Außerdem bedeutet eine Frage, die sich ins Englische unmittelbar als «an welchem Ort?» übersetzt, in ihrer traditionellen Sprache eigentlich «zu welcher Zeit?». Gemäß dem Paradigma, dem seine Urgroßmutter/Nichte folgt, sind diese beiden Eigenschaften natürlicherweise miteinander verwoben: «Verwandtschaft bewegt sich in Zyklen, das Land bewegt sich in saisonalen Zyklen, der Himmel bewegt sich in Sternenzyklen, und die Zeit ist in diese Dinge so sehr eingebunden, dass sie sich begrifflich nicht vom Raum unterscheidet. Wir erleben Zeit ganz anders als Menschen, die in flachen Terminplänen und geschichtenlosen Oberflächen versunken sind. In unseren Existenzblasen verläuft die Zeit nicht in einer geraden Linie, und sie ist so spürbar wie der Boden, auf dem wir stehen.»

Machen wir uns bewusst, wie sehr sich «der Boden, auf dem wir stehen», vom abstrakten Raum unterscheidet. Yunkaportas «Boden» ist keine Metapher. Er bezieht sich auf den realen Boden, der mindestens so konkret ist wie das newtonsche imaginäre Raumraster leer, abstrakt und «flach» ist.

Unser Denken darüber, was Zeit ist und welche Gestalt sie hat, bestimmt, wie wir uns durch sie hindurchbewegen. Flache Zeit bietet nur eine begrenzte Anzahl von Optionen. Wenn ich mir über die Beziehung zwischen Sehen und Sich-Bewegen Gedanken mache, dann kommt mir eine Szene aus dem 1986 erschienenen Jim-Henson-Film *The Labyrinth* in den Sinn, an den ich mich 30 Jahre, nachdem eine Babysitterin namens Liz die Videokassette mit zu uns nach Hause brachte, noch immer erinnere. Sarah (gespielt von der jungen Jennifer Connelly) hat sich gerade in einem eindrucksvollen Labyrinth auf den Weg gemacht, in dessen Innern sich ein Schloss befindet, in dem wiederum der Koboldkönig (ein fantastisch frisierter David Bowie) wartet.[29] Als sie sich auf einem langen gleichförmigen Abschnitt befindet, auf dem es nur geradeaus oder zurück geht, beklagt sich Sarah: «Was soll das für ein ‹Labyrinth› sein? Es gibt hier keine Abzweigungen, Ecken oder irgendwas dergleichen. Es geht einfach immer so weiter.» Einen Moment lang argwöhnisch, dass es sich vielleicht um etwas anderes handeln könnte, beginnt sie zu rennen, ist aber bald erschöpft und hämmert mit den Fäusten auf die Ziegelwände ein, bevor sie zu Boden sinkt.

Sie bemerkt nicht, dass ein paar moosartige Pflanzen mit Augen an den Spitzen sich ihr zuwenden, um sie anzuschauen. Und dann ruft ein kleiner Wurm mit blauen Haaren und einem roten Schal, der auf einem der hervorstehenden Ziegel sitzt, «Ello!». Als sie ihren Schock überwunden hat, fragt Sarah den Wurm, ob er den Weg durch das Labyrinth kenne. Er antwortet, dass er ihn nicht kenne, aber lädt sie stattdessen ein, hereinzukommen und «seine bessere Hälfte» kennenzulernen. Sie sagt, sie müsse das Schloss finden, und wiederholt ihre Klage, dass das Labyrinth keine Ecken oder Öffnungen habe. «Na, du schaust eben nicht richtig», sagt der Wurm. «Es ist voller Öffnungen. Du siehst sie nur einfach nicht.» Dann zeigt er auf einen scheinbar ganz gewöhnlichen Ziegel in der Wand. Sarah geht zu der Stelle und sieht den Wurm skeptisch an. Sie versteht nicht, was er meint. «Die Dinge sind hier nicht immer, wie sie scheinen», sagt der Wurm. «Du kannst dich auf nichts verlassen.»

Der Moment, der mich als Kind so sehr beeindruckte, war der, als Sarah sehr zögerlich ihre Hand ausstreckt und dann wundersamerweise in und durch die Wand läuft. Dank der Special Effects der 1980er verschwindet sie zuerst nach links. «Geh nicht da lang!», ruft der Wurm.

«Nimm niemals diesen Weg.» Nachdem sie die Richtung geändert hat und nach rechts verschwindet, liefert der Wurm die Pointe: «Wenn sie den Weg weiter gegangen wäre, dann wäre sie genau zu diesem Schloss gekommen.» Die Wendung in letzter Minute erinnert mich an das, was Yunkaporta sagt, als er darauf hinweist, dass das Wort *nichtlinear* die Linearität als Standard voraussetzt. Er erzählt von einem Mann, der «vor vielen Tausend Jahren versuchte ..., sich in einer geraden Linie fortzubewegen; er wurde als *wamba* (verrückt) bezeichnet und zur Strafe hinauf in den Himmel geworfen». Und Yunkaporta fügt hinzu, dies sei «eine sehr alte Geschichte, eine der vielen Geschichten, die uns erzählen, wie wir in frei mäandernden Mustern zu reisen und zu denken haben, und uns davor warnen, auf verrückte Weise vorankommen zu wollen».[30]

Sarahs Verschwinden in der Wand fühlt sich überdies an wie eine Veranschaulichung des Unterschiedes zwischen *Chronos* und *Kairos*. Wie ich zu Beginn dieses Buches schreibe, ist *Chronos* homogen, während *Kairos* eher heterogen ist und einen entscheidenden Moment, um zu handeln, mit sich bringt. In «Out of Time: Listening to the Climate Clock» [«Aus dem Takt: Auf die Klimauhr hören»], ein Essay, der meine gesamte Argumentationslinie in diesem Buch grundlegend beeinflusst hat, schreibt Astra Taylor, dass *Kairos* im modernen Griechisch heute «Wetter» bedeutet, und legt die Nützlichkeit des Begriffs in ökologischer Hinsicht dar: «Vielleicht ist die passende Zeit, um zu intervenieren, flüchtig, wie ein durchziehender Gewittersturm oder der Höhepunkt des Frühlings, und wir riskieren, sie zu verpassen, wenn wir zu spät reagieren.»[31] Wenn ich das lese, dann scheint es mir, dass es nicht «Zeit nutzen», sondern «*die* Zeit nutzen» heißen muss.

Verglichen mit *Chronos*, klingt *Kairos* wie die Domäne jener Wanderer, die wussten, dass Zeit und Raum nicht voneinander zu trennen sind, und dass jeder Ort-Moment besondere Aufmerksamkeit erfordert, damit man seine Chance nicht verpasst. Das bedeutet nicht, dass man nicht planen kann, aber dass die Zeit im Plan nicht flach, tot, inert ist. Stattdessen wartet man in der «Zwischenzeit» mit dem Ohr am Boden auf Muster von Vibrationen, die sich niemals wiederholen. Mit dieser Flachheit konfrontiert, sucht man nach einer Öffnung, und wenn sie kommt, dann geht man hindurch und schaut nicht zurück.

Ich schrieb diese Conclusio in einer Wohnung auf Maury Island, die, mit Vashon Island verbunden, im Puget Sound liegt, und nur mit der Fähre zu erreichen ist. Das Haus, in dem ich dort wohnte, stand an einer breiten, verschlafenen Straße, die am Quartermaster Harbor, einem breiten Meeresarm, entlangführte. Ich ging gerne diese Straße hinunter, wenn ich mein Tagwerk beendet hatte, was jedoch bedeutete, dass es meist schon dämmerte. Eines Abends sah ich vor mir in der Ferne eine seltsame Gestalt, die sich langsam bewegte, innehielt und sich dann weiter fortbewegte. In der rasch dichter werdenden Dunkelheit konnte ich irgendwann wirklich nicht mehr sagen, ob es ein Tier oder ein Mensch war. Ich spürte, wie mein Gehirn sich nicht entschließen konnte, was es mit dieser Gestalt anfangen sollte, und so musste ich warten und es aufmerksamer beobachten, als ich das normalerweise getan hätte. Schließlich stellte sich heraus, dass es sich um eine Person handelte, die einen weiten Mantel trug und nun irgendwo hinter den Büschen verschwand.

Während ich so verharrte, hatte ich Zweifel gespürt, und dieser Zweifel hatte meine Sensitivität für alles geschärft. Die Etymologie des englischen Wortes für Zweifel, *doubt,* enthält die proto-indoeuropäische Wurzel *dwo* für «two» [zwei] und das spätere lateinische *dubius*, das «im Zwiespalt, unentschieden zwischen zwei Dingen» bedeutet.[32] Aber auch wenn mich die zeitweilig nicht erkennbare Person zum Stehenbleiben veranlasst hatte, bedeutet Zweifel nicht Stillstand. In dieser Unterbrechung wächst etwas, auch wenn es im nächsten Moment schon wieder kippt.

In *Zeit und Freiheit* räumte Bergson ein, dass unser Denken und Handeln in großen Teilen durch Gewohnheiten beschränkt wird, die wir einfach wie automatisierte Prozesse laufen lassen. Allmählich, so schrieb er, bilden diese Gewohnheiten eine «dichte Kruste, die unsere persönlichen Gefühle überzieht», wodurch wir unsere wahre Fähigkeit zu handeln nicht mehr erkennen können. Aber die Kruste wird nicht immer geschlossen bleiben. Bergson gibt das Beispiel eines Problems, das man vielleicht zu lösen versucht und sich dabei Rat bei seinen Freunden holt, die alle sehr vernünftige Empfehlungen geben. Vielleicht ist man schon dabei, die logische Schlussfolgerung aus dieser Reihe von Ratschlägen zu ziehen, und plötzlich geschieht etwas ganz anderes:

> Nicht selten ist es aber auch der Fall, daß im Augenblick, wo die Handlung stattfinden soll, ein Gegenstoß erfolgt. Nun steigt das untere Ich an die Oberfläche empor. Nun bricht die äußere Kruste und weicht einem unwiderstehlichen Drucke. In den Tiefen dieses Ich und unterhalb jener sehr verständig nebeneinander gereihten Argumente begann es zu sieden und dadurch entstand eine wachsende Spannung von Gefühlen und Vorstellungen, die zwar gewiß nicht unbewußt waren, die wir aber nicht beachten wollten.[33]

Solch ein «Brechen» mag später einmal aussehen wie abgekühlte Lava oder ossifizierte Geschichte, die uns die Kontingenz des Augenblicks, in dem ein Ereignis passierte, vergessen lassen. Man kann den gleichen Fehler auch in entgegengesetzter Richtung machen, indem man vergisst, dass die Zukunft viele solcher Momente des Zweifels bereithält – oder indem man es sogar versäumt, einen solchen wahrzunehmen, wenn man mittendrin steckt.

Meine Freundin, die Künstlerin Sofia Córdova, erzählte mir, dass sie, als sie schwanger wurde, beschloss, die lateinamerikanische Tradition der *Cuarentena* zu begehen, eine Zeit nach der Geburt, in der die Mutter mit dem Baby 40 Tage lang zu Hause bleibt.*

Aufgrund ihrer Arbeit als Künstlerin hatte Sofia lange über «Zeit außerhalb der Geschichte» nachgedacht, oder über «Frauenzeit, Queer-Zeit, Schwarze, Indigene Zeit ... Die Zeit, die nicht in den ‹großen Archiven› unserer Spezies von den Weißen, die sie schreiben, die vom Fortschritt schreiben, aufgezeichnet ist».[35] Aber durch die *Cuarantena* dachte sie nicht mehr nur über diese Zeit nach, sondern durchlebte sie selbst. Eine Geburt ist natürlich «nur ein mögliches Portal oder ein möglicher Ausstieg aus dem Strom unseres gemeinsamen Zeitkonzepts»; man muss nicht gebären, um diese Erfahrung machen zu können. Und so beschrieb sie das, was sie auf der anderen Seite des Portals fand:

* Eine ähnliche Praxis gibt es in anderen Ländern, darunter China, Korea, Indien, Iran und Israel. Die chinesisch-amerikanische Autorin Fei Lu schrieb in *Atmos* ebenfalls über die Adaption der ursprünglich postpartalen Praxis des *Zuo Yuezi* («den Monat/Mond sitzen») auf den Genesungsprozess nach einer Operation zur Geschlechtsbestätigung.[34]

Da das, was wir – das Baby und ich – gerade durchgemacht hatten, so naturgemäß im Körper und durch den Körper geschah, verkleinerte sich (was nicht abwertend gemeint ist) der Maßstab meines Denkens und Erlebens auf den Raum meines Körpers und im äußersten Fall bis zu den äußeren Begrenzungen unseres Zuhauses .... Das ganze Universum war hier, und innerhalb der Wände meines Körpers setzte sich dieses Universum fort. Mit anderen Worten, mein Inneres und mein begrenztes Außenleben fühlten sich wie eins an, und außerdem sagten nur sie mir etwas über die Zeit. Die physische Erfahrung, Deinen Körper wieder neu zusammenzusetzen, einen steilen Abfall von Hormonen zu haben (die den Laden am Laufen gehalten hatten und für mich ähnlich wie eine konstante Niedrigdosis Psychedelika gewesen waren), Deinen Körper mit einem Kind zu teilen, auf ganz neue Weise wachsam zu sein, selbst in tiefem Schlaf, wenn der Schlaf selber sich neu konfiguriert, all diese Dinge binden Dich eng an die Erfahrung der Zeit und die Aufgaben, zu heilen, zu füttern, zu jeder Zeit zu schlafen. Es ist sehr zellulär.

Die zyklische Natur dieses Musters, so wie auch Du und dieses neue Wesen sich schnell in Richtung eines neuen Verständnisses von Selbst und Welt bewegen, gekoppelt mit der Besonderheit, Desorientierung und unheimlichen Natur dieses flüchtigen Moments, bilden ziemlich harte Schnitte, wenn es darum geht, diese Zeit gegenüber allem anderen zu definieren, das vorher oder seitdem geschah. Es gibt natürlich andere flüchtige Einblicke in diese Art von Zeit, aber für mich waren sie kürzer, vergänglicher (den Schimmer der Sonne über der Meeresoberfläche zu sehen, ins Wasser zu gehen, mit Menschen, die man liebt, zu singen oder Musik zu machen).

Sofia und ich sprachen über ihre Erfahrung der *Cuarentena,* als wir uns seit Beginn der Pandemie zum ersten Mal wieder persönlich sahen. Das war damals im September 2021, und die ganze Welt hatte auf vielfältigste Weise und in unterschiedlichen Ausprägungen eine Disruption ihrer gewohnten Zeitlichkeit erlebt. Wie Tricia Hersey (vom Nap Ministry) gehörte Sofia zu den vielen Menschen, die nicht dafür waren, dass die Dinge «wieder zur Normalität zurückkehrten». Hatten wir

Still aus Sofia Córdovas *Underwater Moonlight (days of blood + Milk)*, eine Videoarbeit, die sie in ihrem Haus machte. «Keiner bestimmten Ordnung folgend», geht es darin um: «Zeit, Warten, Geduld, Gebären, Körper, Queerness, Offenheit, Geschlossenheit, Tageszeit, Nachtzeit, Antriebe (eigene und äußere), Feminismus/Feminismen, Transits, psychedelische Zustände, viele Dinge, für die es keine Worte gibt.»

nichts gelernt aus der Erfahrung von Quarantäne und Unterbrechung? War in diesem Moment des Zweifels nichts gewachsen, wenn auch nur zart und ungewiss?

Wenn Deine Priorität Geschwindigkeit ist und das Verlangen, den anderen voraus zu sein, dann können Zweifel nur wie Kosten erscheinen, wie jene «Verzögerungen» und «Unterbrechungen» des Unvermeidlichen und als selbstverständlich Vorausgesetzten, die Daniel Hartley in «Anthropocene, Capitalocene, and the Problem of Culture» identifizerte. Aber für jeden, für den der Fortschritt sich nur anfühlt wie die Straße in den sicheren Tod, ist der Zweifel eine Rettungsleine, ein kleiner Raum für Handlungsmacht, der durch Bergsons «Kruste» bricht, ein seltsam uneinstürzbares *Kairos*. Einfach als eine Öffnung kann er den Samen der «Nicht-Zeit» enthalten, die Hannah Arendt in *Zwischen Vergangenheit und Zukunft* beschreibt:

> Sie [die Zeit-Lücke zwischen Vergangenheit und Zukunft] mag sehr wohl das Reich des Geistes oder, besser, der vom Denken gezogene Pfad sein – dieser schmale Weg der Nicht-Zeit, den die Tätigkeit des

> Denkens in den Zeit-Raum der sterblichen Menschen schlägt und in den hinein Denken, Erinnerung und Antizipation aus dem Trümmerhaufen der geschichtlichen und biographischen Zeit das retten, was immer sie auf ihrem Gang berühren. Auf diesen kleinen Nicht-Zeit-Raum im eigentlichen Herzen der Zeit kann nur hingewiesen werden, er kann nicht, wie die Welt und die Kultur, in die wir hineingeboren werden, von der Vergangenheit ererbt und kann auch nicht überliefert werden. Jede neue Generation, ja jedes neue menschliche Wesen muß ihn entdecken und unverdrossen den Weg neu bahnen, wenn es sich in die Lücke zwischen einer unendlichen Vergangenheit und einer unendlichen Zukunft einfügt.[36]

Diese Passage erscheint im Vorwort, in dem Arendt den Moment nach dem unerwarteten Fall Frankreichs an Nazideutschland 1940 beschreibt. Europäische Literaten und Intellektuelle – «diejenigen, die sich am offiziellen Geschäft der Dritten Republik ganz selbstverständlich nicht beteiligt hatten» – wurden damals «wie mit der Kraft eines Vakuums angesaugt, in die Politik hineingezogen», in eine Welt, in der Wort und Tat untrennbar miteinander verbunden waren.[37] Arendt argumentiert, dass dies einen öffentlichen intellektuellen Raum schuf, der nur wenige Jahre darauf kollabierte, als sie alle wieder ihre privaten Karrieren fortsetzten. Und dennoch erinnerten sich diejenigen, die daran beteiligt gewesen waren, an «einen Schatz»: Sie hatten entdeckt, dass, «wer sich der Résistance anschloß, sich selbst *fand*». Der Schatz war nichts weniger als das Verspüren einer Zugkraft, die ein Leben voll belanglosen Karrierestrebens unterbrach, eine Zeit, in der die eigenen Taten etwas anderes bedeuteten – überhaupt etwas bedeuteten. Arendt schreibt, diese Literaten und Denker seien in jenen Jahren «zum ersten Mal in ihrem Leben von der Erscheinung der Freiheit heimgesucht worden ... weil sie ‹Herausforderer› geworden waren, selbst die Initiative ergriffen hatten und deshalb, ohne es zu wissen oder gar zu bemerken, begonnen hatten, jenen öffentlichen Raum zwischen sich zu schaffen, wo die Freiheit erscheinen konnte».[38]

Arendt unterschied die in jener Nicht-Zeit aufkeimende «Tätigkeit des Denkens» von programmatischeren Denkweisen, die der Gewohnheit, dem Deduzieren und Induzieren näher stehen, «deren logische Regeln … ein für allemal gelernt werden können und dann nur noch angewandt zu werden brauchen».[39] Was Arendt stattdessen im Sinn hatte, ähnelte Oli Moulds Kreativität, insofern, als es etwas *Neues* durch den Dialog freier Akteure schuf. Es erinnert außerdem an Selma James und Mariarosa Dalla Costas Beschreibung dessen, was geschah, als zuvor isolierte Hausfrauen begannen, zu reden, zu studieren, sich zu organisieren. «In der Sozialität des Kampfes», so erklärten sie, «entdecken und üben Frauen eine Kraft aus, die ihnen praktisch eine neue Identität gibt.»[40] selbst ernannte Aktivisten oder nicht, viele Menschen, wissen, wie es ist, in irgendeiner Weise vom «vorgegeben Skript» abzuweichen und mit anderen etwas zu schaffen, das sich wirklich neu anfühlt. Wenn auch im Kleinen und vielleicht nur für kurze Zeit, spüren wir doch, dass wir ein neues Feld von Ideen, Sprache und Handlungen hervorzaubern, die nicht vorhersehbar waren, nicht einmal für uns selbst. Aber so anregend diese Momente sein können, sie sind auch voller Unbehagen, das Vertraute hinter sich zu lassen. Voller Zweifel.

In diesem Kontext ist der Zweifel tatsächlich etwas Wertvolles, etwas, das wir festhalten wollen. Aber wenn einem auf diese Weise Frische und Handlungsmacht begegnen, dann muss man «auf dem Boden zwischen den gegeneinanderprallenden Wellen der Vergangenheit und Zukunft» auch standhalten können, wie es bei Arendt heißt.[41] Andernfalls würde man von der Gewissheit niedergestreckt werden: Die Vergangenheit würde einen mit der Tradition erdrücken, und die Zukunft würde Dich mit dem Determinismus zermalmen. Daher die Bedeutung und Zerbrechlichkeit der «Lücke» (ein anderer Ausdruck für «Nicht-Zeit») im Titel von Arendts Vorwort, «Die Lücke zwischen Vergangenheit und Zukunft».

In der Lücke zwischen Vergangenheit und Zukunft zu leben, ist schlichtweg die Conditio humana, auch wenn kulturell vorherrschende und politisch bequeme Auffassungen von Zeit, Geschichte und Zukunft das vor uns verschleiern. Wenn wir jammervoll in eine Zukunft schauen, in der niemals etwas Neues möglich ist, dann können wir uns selbst nicht in der Lücke wahrnehmen, dem einzigen Ort, an dem überhaupt irgendetwas Neues entstehen kann. Und deshalb denke ich darüber nach, ob *eine* Bedeutung von «Zeit haben» *Zeit zweiteilen* ist –

einen Schnitt in *Chronos* machen und Vergangenheit und Zukunft soweit auseinander zu halten, wie die Hoffnung das zulässt.*

Die Geschichte des Neuen, das aus dem hervorgeht, was bereits existiert, ist die Geschichte der Zeit. Deshalb verglich Bergson den Élan vital, der die Dauer bestimmt, mit dem, was ein Dichter tut, wenn er die ossifizierten Formen der Sprache nutzt, um eben deren Grenzen zu durchbrechen und etwas Neues zu sprechen. In «When the World as We Knew It Ended» [«Als die Welt, wie wir sie kannten, endete»] spricht Joy Harjo, Schriftstellerin und Angehörige der Muscogee (Creek) Nation, die dreimal in Folge zur «Poet laureate» der Vereinigten Staaten ernannt wurde, von einem Bruch, einem Anfang in einem Ende und einer Nicht-Zeit in der Zeit. Es beginnt mit der unerschrockenen Zeugenschaft von Verwüstung und Zusammenbruch: «missionaires in their / long and solemn clothes», «destroyers in the harbors», «the magnetic field thrown off by grief», und «those who would steal to be president / to be king or emperor, to own the trees, stones, and everything / else that moved about the earth, inside the earth / and above it».[43] [«Missionare in ihren / langen und feierlichen Gewändern», «Zerstörer in den Häfen», «das Magnetfeld durch Trauer erschüttert», und «jene, die stehlen würden, um Präsident zu sein / um König oder Herrscher zu sein, um die Bäume, Steine ihr Eigen nennen zu können und alles / andere, das sich auf der Erde, in der Erde und über ihr bewegte».] Alles scheint verloren – «diese Welt, die wir immer mehr liebten / wegen ihrer Süßgräser / ihrer vielfarbigen Pferde / und Fische, wegen der schillernden Möglichkeiten / während wir träumten». Und doch bleibt, wenn diese Welt am Ende ist, etwas übrig:

> *But then there were the seeds to plant and the babies*
> *who needed milk and comforting, and someone*

* Ganz ähnlich vergleicht Vine Deloria Jr. kulturellen und gesellschaftlichen Wandel mit einem Mosaik, in dem man weder das alte Muster erkennen kann, noch das neue, das gerade entsteht.[42] Auch für ihn war das ein fragiler Zustand; wenn wir uns nicht durch einen «schauderhaften Mittelgrund» hindurchnavigieren können, «in dem wir die gleichen bedeutungslosen Teile immer wieder ersetzen», dann riskieren wir, «in eine neue und weiter entwickelte Barbarei abzurutschen».

picked up a guitar or ukulele from the rubble
and began to sing about the light flutter
the kick beneath the skin of the earth
we felt there, beneath us

a warm animal
a song being born between the legs of her;
a poem.

[Aber dann waren da die Samen, um zu säen, und die Babys
die Milch und Trost brauchten, und jemand
holte eine Gitarre oder Ukulele aus den Trümmern
und begann zu singen, über das leichte Flattern
den Stoß unter der Haut der Erde
den wir dort unter uns fühlten

ein warmes Tier
ein Lied, das geboren wurde zwischen ihren Beinen;
ein Gedicht.]

Jedes Schriftstück ist eine Zeitkapsel. Es versammelt Fragmente seiner eigenen Welt und schickt sie weiter an einen Leser, der in einer anderen Welt existiert, nicht nur räumlich, sondern auch zeitlich. Selbst das private Führen eines Tagebuchs setzt ein zukünftiges Selbst voraus, das es liest – und überhaupt eine Zukunft. Was dieses Buch anbetrifft, kann ich nicht wissen, was in der Zeit zwischen meinem Schreiben und Ihrem Lesen passiert ist. Aber ich kann Ihnen sagen, dass ich in einem Moment des Zweifels lebe. Und vielleicht tun Sie das ja auch.

An jenem Abend, an dem ich die undeutliche Gestalt sah, war ich unterwegs dorthin, wo die Straße endet, ein ausgewiesenes «Naturgebiet» mit dem Namen Raab's Lagoon. Dort spaziert man, nachdem der Asphalt in Gras übergegangen ist, unter Erlen und Tannen entlang und gelangt zu einer Bank, die einem 2016 verstorbenen Mann gewidmet ist. Wenn man weiter geht, dann ragt der Pfad ins Wasser hinein, Teil einer künstlichen Barriere zwischen den Gewässern von Quartermaster Harbor und der schmaleren Bucht. Nach einer kleinen Lücke, durch die das Wasser des Harbor fließt, setzt sich der Damm fort, bis er die andere Seite der Lagune erreicht. Bei meinem ersten Besuch schien das Wasser in dieser Lücke nicht in irgendeine bestimmte Richtung zu fließen. Es war Flut, obwohl ich das in dem Augenblick nicht wusste; da ich gerade erst angekommen war, dachte ich, es sähe dort immer so aus.

Im Laufe einiger Wochen wurde ich unweigerlich mit den Gezeiten vertraut, da Quartermaster Harbor direkt vor meiner Haustür lag. Bei Flut konnte man das Wasser platschen und die Anleger für die Kanus dumpf gegen die hölzernen Pfeiler schlagen hören, was ich schließlich den «Gesang des Docks» nannte. Wenn das Wasser niedriger stand, erschienen Höckerschnabelenten, durchziehende Tauchenten mit einem surreal anmutenden weißen Strich unter den Augen, in lockeren Schwärmen und tauchten am Grund nach Muscheln. Wenn das Wasser zurückgegangen war, lagen die Muschelschalen ganz frei, und sowohl Menschen als auch Beringmöwen spazierten gemeinsam den entblößten felsigen Strand entlang.

Damals wurde mir bewusst, dass ich eigentlich gar nichts über die Gezeiten wusste. Einige meiner Google-Recherchen erinnerten an ein Grundschul-Lernmodul, in dem mir erklärt wurde, dass es hohe Fluten und niedrige Fluten gibt, und dass die höchsten Fluten – die Springfluten, die ich zu Beginn dieses letzten Kapitels beschrieb – bei Neumond oder Vollmond stattfanden, wenn der Mond im Perigäum (der nächste Punkt auf einer Bahn um die Erde) steht, und die Erde sich im Perihelium (am Punkt der geringsten Entfernung von der Sonne) befindet.*

Ich lernte, dass es so etwas wie «Erdgezeiten» gibt, bei denen eben die gleichen Kräfte tatsächlich das Festland ein wenig bewegen.[44] Ich fand heraus, dass, während der Mond unser Wasser anzieht, das Wasser seinerseits zurück zieht, den Orbit des Mondes beschleunigt und ihn dazu bringt, von uns fort zu wandern.[45] Ich studierte den örtlichen Gezeitenkalender, auf dem die Kurven eine ganz eigene Periodizität

* Eine sehr hilfreiche und intuitive Animation dessen bietet das Exploratorium-Video «King Tides | Full Spectrum Science – Shorts | Ron Hipschman» auf YouTube. Zufällig zeigt das Video noch ein anderes großartiges Pacifica-Foto von Alan Grinberg.

und Logik hatten, jedoch nicht synchron zu den Kalenderkästchen und Stundenmarkierungen der Raster verliefen, in denen sie eingezeichnet waren. In einigen Nächten kam der Mond voll und leuchtend klar hervor, wie eine Mahnung.

Eines Tages ging ich zufällig bei mittlerem Tidenniedrigwasser, das zu steigen begann, in Raab's Lagoon. Zu jener Zeit hatte ich herausgefunden, warum man den Wall errichtet hatte: Er war Teil einer Straße gewesen, deren Verlauf (dem ich unwissentlich gefolgt war) die gesamte Form des winzigen Parks bestimmte. Die Straße hatte an einem Sägewerk begonnen, das ungefähr dort stand, wo sich heute das Haus der Vashon Artist Residency befindet, und über einen Damm mit einer Brücke in der Mitte durch die Bucht geführt.[46] In ebenjener Bucht, in der ich nun nur noch Gänse und gelegentlich einen Reiher sah, lagerte man damals Holzstämme. Dann, in den 1950ern wurde die Brücke niedergebrannt, damit Boote über den Meeresarm einfahren konnten, zumindest bei Flut. Damit war also die frühere Straße unterbrochen worden, und ich stand jetzt am grasbewachsenen Ufer und schaute hinunter auf die Nicht-Straße.

Außer bei Flut verstärkten die übrig gebliebenen Begrenzungen die Bewegungen des Wassers und wurden zu einer Art Richtungsweiser. Bei Ebbe strömte das Wasser südwärts aus der Bucht hinaus, zurück in den Meeresarm. So blieb es, bis die Tide wieder knapp zwei Meter hoch war und das Wasser – zu einem ganz bestimmten Moment, den ich oft versuchte zu erwischen, was mir aber nie gelang – wieder die Richtung wechselte und nun erneut vom Meeresarm in die Bucht strömte. Dann begann es regelrecht vorbeizurauschen, was die Einheimischen als die «Vashon Rapids» bezeichnen. Wenn die Wasserstände sich schließlich angeglichen hatten, wurde dieses Rauschen langsamer, und der ganze Prozess begann von Neuem, sobald die Flut wieder zurückging. Da ich aus der Bay Area stamme, denke ich bei rauschendem Wasser an Regen, der in Bächen und Quellen von den Bergen hinabfließt. Aber hier im Meeresarm war das Herein- und Herausrauschen ein Zeichen der Gravitation, eine Botschaft über die Position der Dinge im Weltraum.

An diesem Tag in der Lücke strömte das steigende Wasser durch eine Reihe von Gezeitentümpeln genau in der Mitte in die Lagune. Als ein

winziger Wasserstrahl aus dem freiliegenden Grund ganz in meiner Nähe aufschoss, kletterte ich über Reste der Beton- und Holzbefestigung hinunter, um mir das näher anzuschauen. Ich ging in die Hocke, und schon öffnete sich einer der vermeintlichen «Kieselsteine» (die mich an die Augen tragenden Gewächse in *The Labyrinth* erinnerten) und schoss Wasser in mein nichtsahnendes Gesicht. Es war der Siphon-Inhalt einer pockigen Bohrmuschel, die sich in den Schlamm gegraben hatte. Zwischen diesen kleinen Fontänen brodelte es überall, da Luftblasen aus dem vorher und bald wieder mit Wasser bedeckten Untergrund der Lagune aufstiegen.

Unter dem nordwärts fließenden Wasser und teilweise unter einem Felsen versteckt, sah ich einen merkwürdig großen, violetten Klumpen, der weiß übersät war, als hätte man ihn mit Puderzucker bestäubt. Es war ein violetter Pisaster ochraceus, eine der vielen Seestern-Arten, die

vom «Sea Star Wasting Syndrome» betroffen sind. Seit 2013 hatte diese albtraumhafte Krankheit dazu geführt, dass Seesterne überall entlang der Küsten des Westpazifik und selbst in den Becken von Aquarien sich regelrecht auflösten; auf den Aufnahmen fallen sie einfach auseinander und schmelzen weg. Von dieser, wie man sagt, größten Epidemie, die je bei wilden Meerestieren beobachtet wurde, sind die Seesterne mit am stärksten befallen. Die Krankheit wurde in der Vergangenheit sogar in dieser Lagune dokumentiert.[47] Und doch schien der Seestern, den ich hier sah, gesund zu sein. Er war damit beschäftigt, Meerwasser durch seinen Körper zu pumpen und Muscheln zu fressen, während das Wasser um ihn herum langsam anstieg.

Das «Sea Star Wasting Syndrome» ist immer noch nicht ganz erforscht, auch wenn das Virus, das es verursacht, schon lange bei Seesternen zu beobachten ist. Seine neue Zerstörungskraft scheint etwas mit dem Anstieg der Wassertemperatur zu tun zu haben, der für die Seesterne Stress bedeutet und sie verwundbarer macht. Es ist natürlich kein Geheimnis, wodurch diese Erwärmung verursacht wird. Was die gesunden Seesterne in Raab's Lagoon angeht, so spekulierte der Direktor des Vachon Nature Center, dass derzeit die kühleren, strömenden

Gewässer der Lagune ihnen nützen.[48] Vielleicht hatte der Seestern, den ich betrachtete, aber auch die Resistenz gegenüber dem Syndrom geerbt, die Wissenschaftler in einer Studie von 2018 dokumentierten.[49] So erbaulich das auch war, warnte einer der Autoren der Studie, die Resistenz sei «ein kleines, fernes helles Licht auf ziemlich stürmischer See». So wurden auch im Puget Sound, einen Monat, bevor ich dort ankam, weitere Krankheitsausbrüche beobachtet.[50]

Wenn man das alles wusste, wurde die dreidimensionale körperliche Präsenz des Pisaster ochraceus zu einem kleinen Wunder, noch mehr Wunder, als ein Seestern es ohnehin schon ist. Ich konnte ihn nicht getrennt von seiner potenziellen Auflösung betrachten. Während ich aus dieser Lücke zwischen Vergangenheit und Zukunft schreibe, muss ich mir die sehr reale Möglichkeit bewusst machen, dass dieses Tier – wie so viele Dinge – in Ihrer Welt selten oder sogar verschwunden sein wird. Gleichzeitig kann ich aber diesen Ausgang nicht als gegeben hinnehmen, denn wenn ich das tue, dann wird die Chance, dass Sie jemals einen zu Gesicht bekommen, noch kleiner.

Das ist die Ironie des Determinismus: Er beinhaltet so etwas wie eine Wahl. In einer weiteren von Ted Chiangs Geschichten beschließt ein Erzähler aus der Zukunft, die Vergangenheit vor einer kommenden Technologie mit dem Namen «der Prädiktor» zu warnen, ein Gerät, das eine «negative Zeitverzögerung» nutzt, um einen Blitz in genau dem Moment zu zeigen, in dem man sich bewegt, um den Knopf zu drücken, der den Blitz erzeugt.[51] Der Prädiktor kann nicht überlistet werden. Als ein Beweis dafür, dass der freie Wille nicht existiert, führt er irgendwann seine eigene Art von «Wasting Syndrome» herbei, durch das die Menschen ihre gesamte Motivation verlieren und in einem «Wachkoma» leben. Als die Ärzte versuchen, mit ihnen zu diskutieren, und einwenden, «nichts von dem, was Sie letzten Monat getan haben, war auf irgendeine Weise freier gewählt, als das was Sie heute getan haben», dann antworten die Patienten, «aber heute weiß ich das». Und einige von ihnen sagen nie mehr etwas.

Durch die ganze Geschichte hindurch sagt der Erzähler – der, wie sich herausstellt, eine negative Zeitverzögerung nutzt, um seine Botschaft zu schicken –, er wisse, dass Willensfreiheit nicht existiert. Aber in der tatsächlichen Botschaft, die er übermitteln will, widerspricht er sich selbst: «Tun Sie so, als hätten Sie einen freien Willen», ermahnt er die Bewohner der Vergangenheit. «Es ist von entscheidender Bedeutung, dass Sie sich so benehmen, als spielten Ihre Entscheidungen eine Rolle, selbst wenn Sie wissen, dass dem nicht so ist. Die Realität ist nicht wichtig: Was wichtig ist, ist Ihr Glaube, und die Lüge zu glauben, ist die einzige Möglichkeit, das Wachkoma zu vermeiden. Die Zivilisation hängt nun von der Selbsttäuschung ab. Vielleicht war das schon immer so.» Er räumt auch ein, dass seine Botschaft in gewisser Weise keinen Sinn ergibt: «Niemand kann noch irgendetwas daran ändern – Sie können die Wirkung, die der Prädiktor auf Sie hat, nicht beeinflussen. Einige von Ihnen werden ihm zum Opfer fallen und andere werden das nicht, und dass ich Ihnen diese Warnung schicke, wird dieses Verhältnis nicht verändern. Warum habe ich es also trotzdem getan?» Seine Antwort ist paradox: «Weil ich keine Wahl hatte.»

Chiangs Geschichte zeigt die Unentwirrbarkeit von Zeit, Willen, Lebendigkeit und Verlangen. Das «Keine-Wahl-Haben» des Erzählers am Ende ist vieldeutig, aber eine Lesart wäre, es als Bergsons «unteres Ich» zu begreifen, das entgegen jeder Logik und Wahrscheinlichkeit «an die Oberfläche empor» dringt. Überhaupt etwas zu wollen, etwas zu lieben und davor Angst zu haben, dass es verschwindet, bedeutet, in der Lücke zwischen Vergangenheit und Zukunft zu verweilen und jenes «Sieden» und die «wachsende Spannung von Gefühlen und Vorstellungen» zuzulassen. An diesem Tag sah ich in der Lücke der alten Straße einen lebendigen Pisaster ochraceus, der nicht dahinsiechte. Und ich wünschte mir sehnlichst eine Zukunft, in der es Pisaster ochraceus noch gibt.

Wenn ich das sage, dann spreche ich über viel mehr als über ein bestimmtes Tier. Als der Zoologe Robert T. Paine 1969 das Konzept der «Schlüsselarten» vorstellte, berief er sich damit auf Beobachtungen der Einflüsse von Pisaster ochraceus in einer Gezeitenzone.[52] Ihre Funktion als Muschel-Fresser und damit Reiniger der Felsen auf einer bestimmten Höhe und Fläche, war so wichtig, dass die Biodiversität des gesamten Ökosystems gewisser Gezeitenzonen ohne sie zusammenbrechen könnte, was auch Auswirkungen auf andere Ökosysteme hätte. Die Jahre seit der Ausbreitung des «Sea Star Wasting Syndrome» waren eine ungebetene Ausweitung von Paines ursprünglichem Experiment, in dem er Pisaster ochraceus entfernte, um zu sehen, was passierte. Als Anerkennung dessen, dass alles mit allem vernetzt ist, führt das Konzept der Schlüsselarten vor Augen, wie sehr mit unserer Betrachtungsweise der Grenzen einer Person, eines Ortes oder einer Zeit das Leben oder der (kollektive) Tod auf dem Spiel stehen.

Wie ich selbst, wie ein Felsen, tragen Seesterne die Spuren von Dingen in sich, die in der Zeit geschahen, sowohl nah, als auch fern. Forscher waren sich lange nicht darüber im Klaren, wie Seesterne ihre Arme ausbilden, weil sie offenbar nur als «vollständig ausgeformt» im Fossilbericht auftauchten.[53] Erst 2003 fand ein marokkanisches Forscherteam ein mögliches fehlendes Bindeglied in der Fezouata Formation, ein Pompeji der Paläontologie, wo sogar der Weichkörper eines Seesterns erhalten blieb. Dieser Vorfahre bekam den Namen *Cantabrigiaster fezouataensis* und war das älteste Seestern-ähnliche Tier im Fossilbericht. Und schließlich bemerkten im vergangenen Jahr Forscher der Harvard University und der University of Cambridge, dass der *Cantabrigiaster* auch mit den Seelilien etwas gemeinsam hatte, blumenförmige Filtrierer, deren «Stiele» am Meeresboden haften und deren «Blätter» Planktonteilchen aus dem Wasser fangen.

Irgendwann um die große Ordovizische Biodiversifikation herum, ein Zeitfenster, in dem bestimmte Bedingungen an bestimmten Orten eine Explosion der Artenvielfalt verursachten, tat der *Cantabrigiaster* möglicherweise etwas Sonderbares und Unerwartetes: Er wechselte die Orientierung. «Die fünf Arme eines Seesterns sind ein Relikt, das noch von diesen [Seelilien]-Vorfahren übriggeblieben ist», schrieb einer der Forscher. «Im Falle des *Cantabrigiaster* und seiner Seestern-Nachkommen war es so, dass er sich weiterentwickelte, indem er sich einfach umdrehte, wodurch seine Arme so auf dem Sediment lagen, dass er von dort Nahrung aufnehmen konnte.» Und nun umarmte der Seestern vor mir seinen Felsen, entweder richtig herum oder umgedreht, je nachdem, auf welchen Zeitrahmen bezogen. Nicht, dass das den Seestern groß interessierte. Er befand sich in der Seestern-Raum-Zeit und nahm mit den Facettenaugen an den Spitzen seiner Arme höchstens einen Schatten (mich) wahr.[54]

Als ich hochsah, war die Flut weiter hereingeströmt und das Wasser näherte sich von allen Seiten dem Flecken, auf dem ich stand. Und bald darauf kletterte ich hinauf zur alten Straße, von der aus ich den übrigen Hafen, umgeben von leuchtend gelben Blättern, sehen konnte. Die Lokalzeitung hatte berichtet, dass die Coast Salish S'Homamish[55] dieses Gebiet Tuctila'wi genannt hatten, nach ihren Mitbewohnern: jenen Bäumen, die heute Großblättriger Ahorn heißen und hier viel häufiger vorkommen als dort, wo ich normalerweise lebe. Seit ich hier ankam, hatten die Bäume ihre Farbe gewechselt, so rasch, dass man täglich eine Veränderung wahrnehmen konnte, die immer noch schneller voranzuschreiten schien.

Dort unten überspülte das Wasser nun brausend die Felsen. Obwohl ich ganz still da stand, hatte ich das Gefühl, dass es auch in mir brauste, während Teile von mir starben und andere lebendig wurden. Ich sah Jahresringe auf den Muschelschalen; sie erinnerten mich an die Linien auf meiner Stirn, die während der Pandemie aufgetaucht waren. Augenscheinlich war dies eine Zeit, in der viele Menschen schneller alterten, eine kollektive Verdichtung unserer biologischen Uhren.[56]

Da das Wasser weiter stieg, wusste ich, dass ich dort nicht ewig stehen bleiben konnte, um den Seestern zu betrachten, aber ich tat es, so lange es ging. Was ich in dieser Zwischenzeit empfand, war nicht gerade Freude, aber es war auch keine Verzweiflung. Es ähnelte den Gezeiten, ein Oszillieren vor und zurück, unmöglich festzuhalten, aber für mein Umfeld womöglich doch verstehbar: für die Enten, die wieder auf Wanderschaft gehen würden; für die Bäume, die wieder grünen würden; für die Muscheln, die wieder überschwemmt werden würden; für das Wasser, das wieder abfließen würde. Und auch mein Körper verstand es nicht falsch. In meinem Innersten schlug ein Muskel, eine Reihe einstweilen fortlaufender Ereignisse, die ich nicht in Gang gesetzt hatte und nicht stoppen würde. Während das Wasser um mich her brauste, nahm ich die Schläge meines Herzens wie Worte wahr. Sie sagten das, was sie schon immer gesagt hatten: *Noch mal. Noch mal. Noch mal.*

Dank

Dieses Buch wurde auf nicht abgetretenem Lisjan (Ohlone)-Territorium geschrieben. Ich möchte die Leser dazu ermutigen, mehr über den Sogorea Te' Land Trust (sogoreate-landtrust.org) zu erfahren und in ihrer eigenen Umgebung nach Iterationen der Landback-Bewegung zu suchen.

Dieses Projekt erfuhr von Anfang an Unterstützung durch die Fürsorge anderer. Ich wusste, dass es bei meiner Agentin Caroline Eisenmann in guten Händen war, auch als es noch ein zarter Entwurf war. Die Vashon Artist Residency und Little Joshua Tree gaben mir Zeit und Raum, um über Zeit und Raum nachzudenken. Meine Lektorin Hilary Redmon teilte ganz klar meinen Enthusiasmus für die großen Fragen und war bereit, ihnen zu folgen, wo immer sie auch hinführten. Ich schätze ihre Geduld, ihre Präzision und ihre Fähigkeit, meine Sprache zugänglicher zu machen. Mein Dank geht an alle bei Random House, für die Zeit, die sie sich genommen haben, an Jia Tolentino für ihren Rat und an Dan Greene für die herkulische Tat der Faktenüberprüfung.

Zu tiefem Dank verpflichtet bin ich Rick und Megan Prelinger von der Prelinger Library (die wir in Kapitel 6 besuchen), nicht nur für ihre fachkundige Begleitung, sondern auch für den herzlichsten Zuspruch, den man sich nur wünschen kann. Der ehrenamtliche Prelinger-Bibliothekar Devin Smith behielt mein Projekt im Sinn und grub Schätze wie Lairds *Increasing Personal Efficiency* aus. Wenn das, was ich glaube, wahr ist – dass die Vergangenheit versucht, in Form von unbeantworteten Fragen und unerfüllten Wünschen zur Gegenwart zu sprechen –, dann gehören archivarische Projekte wie die Prelinger Library zu den einzigen Verbindungen, durch die das geschehen kann. Die Bibliothek ist wirklich ein Geschenk, das immer weiter schenkt, ein Ort voller Samen (Bohnen?), die darauf warten, die Zukunft zu verändern.

Ich habe einige sehr frühe Gedanken dieses Buches 2019 auf dem Stanford Digital Aesthetics Workshop präsentiert. Ich möchte Shane Denson dafür danken, dass er mich eingeladen hat, und den Mitgliedern des Workshops dafür, dass sie mir so großzügig neue Erkundungspfade eröffnet haben. Während ich das hier schrieb, hatte ich auch das Glück, mich mit Rebecca Solnit, Jess Nordell, Helen Macdonald und Angela Garbes über ihre neuen Bücher austauschen zu können. Und in den Zwischenzeiten hielt mich ein epischer Faden von E-Mails mit R. O. Kwon, Indira Allegra, Bahar Behbahani, Ingrid Rojas Contreras, Rachel Khong, Raven Leilani, Antoinette Nwandu und Camille Rankine über Wasser.

Ich danke den Künstlerinnen, die es mir erlaubt haben, ihre Arbeiten hier mit einzubeziehen, und all denen, die ihre Erfahrungen und Kenntnisse mit mir, einer interdisziplinären Grenzgängerin, teilten. Einige der größten Beiträge sind jedoch nicht im Text zu finden. Wenn ich dieses Buch anschaue, dann sehe ich die Juwelierlupe vor mir, die mein Freund Joshua Batson mir gab, um Blätter genauer zu betrachten, und ich sehe den East Bay Trail, auf dem wir zusammen gingen und die Dinge weiter «unter die Lupe nahmen». Ich sehe die kleine Gruppe von Redwoods, unter denen ich mit meinem Freund und Lehrer fürs Leben John Shoptaw saß. Er weiß, wie man Poesie einsetzt, um die Zeit aus den Angeln zu heben. Und ich sehe die Zugvögel im Lake Merritt, die mein Gefährte bei der Vogelbeobachtung Joe Winer auch auf seiner Seite der Bay wahrnahm. In alldem hier spiegelt sich so sehr der Austausch mit weiteren Freunden und Denkern im Allgemeinen: Helen Shewolfe Tseng, Laura Hyunjhee Kim, Raenelle Tauro, Cara Rose DeFabio, Neeraj Bhatia, Christina Corfield, Cat Ferguson, Gary Mao und Ansh Shukla.

Und vor allem sehe ich Hunderte von Gesprächen, die ich mit meinem Partner Joe Veix auf unseren täglichen Pandemie-Spaziergängen geführt habe, als die Zeiten befremdlich waren und nichts selbstverständlich erschien. Joe durchlebte und durchdachte mit mir jede Frage, drehte und wendete sie, bis etwas Neues daraus entstand. Und wenn sich das Schreiben über schwere Themen jemals anfühlte, als «trinke man Gift», dann war seine Fähigkeit, mich unter allen Umständen zum Lachen zu bringen, so oft das Gegenmittel.

An meine Eltern: Danke für das Geschenk Eures Vertrauens, für so viel Freiraum und einen sicheren Hafen, in dem Neugierde wachsen konnte. Indem sie zeitweilig Pflegefamilien betreut, führt mir meine Mutter immer wieder die Verbindung von Liebe und Zuhören vor Augen. Außerdem danke ich meinem Vater, dass er mich zu den philosophischen Fragen angeregt hat, die sich in diesem Buch fortgesponnen haben (auch wenn ich mit 14 noch zu jung war, um Platos *Politeia* zu lesen).

Letztlich kam so vieles von dem, was ich versucht habe, hier zusammenzuführen, unmittelbar von Lehrern, menschlichen und nichtmenschlichen, in meinem Umfeld und den Santa Cruz Mountains. Mein Dank geht an Devora für den Salat, Tom für die «soft Eyes», an die Bäume in der Bay Area dafür, dass sie meine Erinnerungen in sich tragen, den Felsen dafür, dass sie die Zeit Wirklichkeit werden lassen, und den Vögeln, dass sie der Hoffnung eine Gestalt gaben, als ich sie nicht sehen konnte. Ich bin dankbar für all das Lebendige und Belebende um mich herum.

ANHANG

Anmerkungen

Vorwort
Eine Botschaft für die Zwischenzeit

1 Robin Wall Kimmerer, *Gathering Moss: A Natural and Cultural History of Mosses*, Oregon State University, Corvallis 2003, S. 97.
2 Wynne Parry, «Antarctic Mosses Record Conditions on the Icy Continent», *Live Science*, 30. Dezember 2011, https://www.livescience.com/17686-antarctic-mosses-climate-change.html.
3 J. M. Glime, *Bryophyte Ecology*, Michigan Technological University, Houghton 2022, 5–2–4. Glime schreibt, dass «keine allgemeine Übereinkunft über die Definition der Sporenkeimung» herrscht, und dass einige Arten zudem ein Zwischenstadium zwischen Anschwellen und Distension aufweisen, das Protrusionsphase genannt wird.
4 In *Gathering Moss*, geschrieben 2003, setzt Kimmerer diese Entwicklung vor 350 Millionen Jahren an (S. 23). Eine Studie von 2018, die neue Belege lieferte, legte nahe, dass sich Landpflanzen vor 400 bis 500 Millionen Jahre ausbildeten. Elizabeth Pennisi, «Land plants arose earlier than thought – and may have had a bigger impact on the evolution of animals», *Science*, 19. Februar 2018, https://www.science.org/content/article/land-plants-arose-earlier-thought-and.may-have-had-bigger-impact-evolution-animals.
5 Becky Oskin, «1500-Year-Old Antarctic Moss Brought Back to Life», *Scientific American*, 17. März 2014, https://www.scientificamerican.com/article/1500-year-old-antarctic-moss-brought-back-to-life/.
6 Glime, Bryophyte Ecology, 7–3–2–7–3. Glime zitiert eine 1982 erfolgte Beobachtung eines *Aneoctangium compactum*, das nach 19 Jahren wieder lebensfähig war. Siehe auch Kimmerer, *Gathering Moss*, S. 35–43.
7 Janice Lee, «An Interview with Robin Wall Kimmerer», *The Believer*, 3. November 2020, https://culture.org/an-interview-with-robin-wall-kimmerer/.
8 Svante Björk et al., «Stratigraphic and Paleoclimatic Studies of a 5500-Year-Old Moss Bank on Elephant Island, Antarctica», *Arctic and Alpine Research* 23, Nr. 4 (November 1991), S. 361.
9 Josef Pieper, *Leisure, the Basis of Culture*, Ignatius, San Francisco Kalifornien 2015, S. 49/50. Dieses Buch wurde zuerst auf deutsch verfasst und 1952 ins Englische übersetzt; dt.: Josef Pieper, *Muße und Kult*, Kösel Verlag, München 1961 (erstmals 1948), S. 56/57.
10 Carl Honoré, *In Praise of Slowness: Challenging the Cult of Speed*, Harper Collins, New York 2004, Kapitel 8. Dt.: *Slow Life: Neue Kreativität und Le-*

bensqualität durch die Verwirklichung von Eigenzeit, Riemann, München 2004.

11 *The Simpsons*, Staffel 4, Episode 7, «Marge Gets a Job», Regie Jeff Lynch, Erstausstrahlung am 5. November 1992 auf FOX.

12 Justine Jung, «Woman Waiting for Evidence that World Will Still Exist in 2050 before She Starts Working toward Goals», Reductress, 23. März 2022, https://reductress.com/post/woman-waiting-for-evidence-that-world-will-still-exist-in-2050-before-she-starts-working-toward-goals/.

13 Michelle Bastian, «Fatally Confused: Telling the Time in the Midst of Ecological Crisis», *Environmental Philosophy* 9, Nr. 1 (2012), S. 25.

14 Das erklärte mir mein Freund Joshua Batson, der einen Kurs über Anatomie und Massage absolvierte.

15 Minna Salami auf Is There Time for Self-Care in a Climate Emergency? (Online Event), Climate Emergence – Emotional and Ecological Wellbeing Strategies, 12. Juli 2021, https://www. Climateemrgence.co.uk/time-for-selfcare-event-recording.

16 Louis Michaelson, Brief der Herausgeber, *Processed World*, 5. Juli 1982, S. 8.

17 Hannah Arendt, *Vita activa oder Vom tätigen Leben*, Piper, München 2002, S. 237 f.

18 Giordano Nanni, *The Colonisation of Time: Ritual, Routine and Resistance in the British Empire*, Manchester University Press, Manchester, UK, 2012, S. 10.

19 Jack Morris, «Say Yes to Climbing an Active Volcano!» You-Tube Video, 1. Juli 2021, https://www.youtube.com/watch?v=OpUb_k_LP98.

20 Megan Lane, «Sulphur Mining in an Active Volcano», BBC News, 9. Februar 2011, https://www.bbc.com/news/world-asia-pacific-12301421. Lane bezieht sich auf die Filmarbeiten über den Schwefelabbau für die BBC-Serie *Human Planet*: «Während des Filmens war das BBC-Team in eine giftige Wolke eingehüllt, die etwa 40-mal über dem Grenzwert für sicheres Atmen in Großbritannien lag (für die Minenarbeiter gibt es keine Limits). Ätzende Partikel in der Luft fraßen sich in die Kameras, die prompt kaputt gingen.» Mari LeGagnoux, «Sulfur Mining in Indonesia», Borgen Magazine, 7. Juli 2014, https://www.borgenmagazine.com/sulfur-mining-indonesia/; Martha Henriques, «The Men Who Mine the ‹Devil's Gold›», BBC Future, 21. Februar 2019, https://www.bbc.com/future/article/20190109-sulphur-mining-at-kawah-ijen-volcano-in-indonesia; Coburn Dukeheart, «The Struggle and Strain of Mining ‹Devil's Gold›», *National Geographic*, 16. November 2015, https://www.nationalgeographic.com/photography/article/the-struggle-and-strain-of-mining-devils-gold; *Where Heaven Meets Hell*, Regie Sasha Friedländer (ITVS, 2013), https://www.pbs.org/video/global-voices-where-heaven-meets-hell/; Andrew Nunes, «Stark Photos Document the Dangerous Lives of Ijen's Sulfur Miners», VICE, 21. Mai 2017.

21 Abby Narishkin und Mark Adam Miller, «VIDEO: Why Miners in Indonesia Risk Their Lives to Get Sulfur from Inside an Active Volcano» *Business Insider*, 21. Januar 2022, https://www.businessinsider.com/sulfur-miners-active-volcano-indonesia-dangerous-jobs-2022-1. Dieses Video zeigt einen Arbeitstag von Mistar, einem Minenarbeiter am Ijen, und gewährt außerdem Einblicke in die dem Minenunternehmen angeschlossene Schwefelraffinerie.

22 Caitlin Rosenthal, *Accounting for Slavery: Masters and Management*, Harvard University Press, Cambridge, Mass., 2018.

23 Ivan Watson et al., «Volcano Mining: The Toughest Job in the World?» CNN, 7. Juli 2016.

24 Allen C. Bluedorn, *The Human Organization of Time: Temporal Realitites and Experience*, Stanford University Press, Redwood City, Kalif., 2002, S. 147–49; Sarah Sharma, «Speed Traps and the Temporal: Of Taxis, Truck Stops and Task-Rabbits», in: *The Sociology of Speed: Digital Organizational and Social Temporalities*, hg. von Judy Wajcman und Nigel Dodd, Oxford University Press, Oxford 2017, S. 133.

25 B. Joseph Pine II und James H. Gilmore, «Welcome to the Experience Economy», *Harvard Business Review*, Juli/August 1998, S. 97–105.

26 Jack Morris, «Volcano adventure in Ijen», Tropicfeel, https://tropicfeel.com/journeys/volcano-adventure-in-ijen/.

27 Corentin Caudron et al., «Kawah Ijen Volcanic Acticity: A Review», *Bulletin of Volcanology* 77, Nr. 16 (2015), S. 15/16, https://link.springer.com/article10.1007/s00445-014-0885-8; H. K. Handley et al., «Constraining Fluid and Sediment Contributions to Subduction-Related Magmatism in Indonesia: Ijen Volcanic Complex», *Journal of Petrology* 48, Nr. 6 (2007): 1155, https://academic.oup.com/petrology/article/48/6/1155/1564285; Hobart M. King, «Kawah Ijen Volcano», Geology.com, https://geology.com/volcanoes/kawah-ijen/; Brian Clark Howard, «Stunning Electric-Blue Flames Erupt from Vulcanoes», *National Geographic*, 30. Januar 2014, https://www.nationalgeogrpahic.com/science/article/140130-kawah-ijen-blue-flame-volcanoes-sulfur-indonesia-picutures.

28 William McKibben, «The End of Nature: The Rise of Greenhouse Gases and Our Warming Earth», *The New Yorker*, 11. September 1989, https://www.newyorker.com/magazine/1989/09/11/the-end-of-nature.

29 Natalie Diaz, «The First Water Is the Body», in *New Poets of Native Nations*, hg. von Heid E. Erdrich, Graywolf, Minneapolis, Minn., 2018, S. 101.

30 «Daniel Deuschle», Musicbed.com, https://www.musicbed.com/artists/daniel-deuschle/43856.

31 Charlotte Cowles, «‹We Built a House with Our Influencer Money›», *The Cut*, 15. November 2019, https://www.thecut.com/2019/11/travel-influencers-built-a-house-with-their-instagram-money.html; «Travel Blogger Couple Lauren Bullen and Jack Morris Split», News.com.au, 8. April 2021, https://www.news.com.au/travel/travel-updates/travel-stories/travel-blogger-couple-lauren-bullen-and-jack-morris-split/news-story/e081407553d5e89612887ca742d442e4a.

32 Jack Morris (@jackmorris), «Touch down in Egypt!» Instagram, 7. April 2021, https://www.instagram.com/p/CNXG7bjhFi5/.

33 Susan Sontag, *On Photography*, Farrar, Straus and Giroux, New York 2011, S. 4.

34 Bobby Camara, «A Change of Name», *Ka Wai Ola*, 1. Oktober 2021, https://kawaiola.news/aina/a-change-of-name/.

35 Einige Sozialtheoretiker, die das Verhältnis von Handeln und Struktur untersucht haben, beziehen sich auf Anthony Giddens (in *The Constitution of Society: Outline of the Theory of Structuration*) und Margaret Archer (*Realist Social Theory: The Morphogenetic Approach*). Archer zum Beispiel schreibt in *Realist Social Theory*: «Gesellschaft ist das, was niemand, in der Form, in der sie ihm entgegentritt, möchte, weil sie eine unbeabsichtigte Folge ist. Ihre Verfassung könnte man als Rätsel beschreiben: Was ist das, das von der Intentionalität der Menschen abhängt, aber mit ihren Intentionen niemals konform geht?», S. 165.

36 Jessica Nordell, *The End of Bias: A Beginning*, Metropolitan, New York 2021, S. 111, 250.

37 Robert E. Goodin et al., *Discretionary Time: A New Measure of Freedom*, United Kingdom, Cambridge 2008, S. 390–93.

38 Mia Birdsong, *How We Show Up: Reclaiming Family, Friendship and Community*, Hachette, New York 2020, Kapitel 1.

39 Als Beispiel für diese Spannung, bemerkte Annie Lowrey in *The Atlantic*, dass die gegenseitige Hilfsbereitschaft während der COVID-19-Pandemie vielleicht «auf eine bessere Weise hinwies, sich Gemeinschaft zu vergegenwärtigen», während Joanna Wuest sich in *The Nation* darüber Gedanken machte, dass das Vertrauen auf gegenseitige Hilfe und deren Romantisierung bedeuten würde, die Bemühungen um mehr strukturellen Wandel aufzugeben. Das würde nur stützen, was Wuest eine «libertäre Fantasie» nannte, «mit lediglich atomisierten Akten von Mitgefühl für diejenigen, die man vergessen hatte», Annie Lowrey, «The Americans Who Knitted Their Own Safety Net», The Atlantic, 24. März 2021, https://www.theatlantic.com/ideas/archive/2021/03/americans-who-knitted-their-own-safety-net/618377/; JoannaWuest, «Mutual Aid Can't Do It Alone», *The Nation*, 16. Dezember 2020, https://www.thenation.com/article/society/mutual-aid-pandemic-covid/.

40 David Hockney, *That's the Way I See It*, Chronicle Books, San Francisco, Kalif., 1993, S. 112.

41 Naomi Kein, *This Changes Everything: Capitalism vs. the Cimate*, Simon and Schuster, New York 2014, S. 465; dt.: *Die Entscheidung: Kapitalismus vs. Klima*, übers. von Christa Prummer-Lehmair, Gabriele Gockel und Sonja Schuhmacher, Fischer Verlag, Frankfurt am Main 2016.

42 Herman Gray, «The Fire This Time» auf Race at Boiling Point (Online Event), University of California Humanities Research Institute, 5. Juni 2020, https://www.youtube.com/watch?v=3I22E2Sezi8.

43 Mia Birdsong, Interview mit Carrie Fox und Natalie S. Burke, Mission Forward, Audiopodcast, 6. Juli 2021, https://trustory.fm/mission-forward/mf307/.

1. Wessen Zeit, wessen Geld?

1 Barbara Adam, *Timewatch: The Social Analysis of Time*, Polity, Cambridge, UK, 1995, Coda.

2 Karl Marx, *Das Kapital*, Band I, dritter Abschnitt, Kapitel 8.2, in: Karl Marx und Friedrich Engels, *Werke*, Bd. 23, Bd. I, Das Kapital, Dietz Verlag, Berlin/DDR 1968, S. 257.

3 Zitiert in Mario Macri et al., «Clocking and Scientific Research: The Opinion of the Scientific Community», 13. November 1998, https://www.openaccessrepository.it/record/21217?ln=en.

4 *Modern Times*, Regie Charlie Chaplin (United Artists 1936), https://criterionchannel.com/modern-times.

5 Werbung für die International Time Recording Company of New York, *Factory: The Magazine of Management*, 16–17 (Februar 1916), S. 194.

6 Werbung für Calculagraph, *Industrial Mangagement*, August 1927, S. 65.

7 Zitiert in E. P. Thompson, «Time, Work-Discipline and Industrial Capitalism», *Past and Present* 38 (Dezember 1967), S. 81.

8 Emily Guendelsberger, *On the Clock: What Low-Wage Work Did to Me and How It Drives America Insane*, Little, Brown, New York 2019, S. 11.

9 Guendelsberger, *On the Clock*, S. 79.
10 Sara Morrison, «Just Because You're Working from Home Doesn't Mean Your Boss Isn't Watching You», Vox, 2. April 2020, https://www.vox.com/recode/2020/4/2/21195584/coronavirus-remote-work-from-home-employee-monitoring; Aaron Holmes, «‹Bossware› Companies that Track Workers Say the Tech Is Booming and Here to Stay – but Employees and Privacy Advocates Are Ringing Alarm Bells», Business Insider, 20. Juni 2021.
11 Workpuls, «Employee Monitoring Software», Insightful (Workpuls), https://www.workpuls.com/employee-monitoring.
12 Zitiert in Morrison, «Just Because You're Working from Home Doesn't Mean Your Boss Isn't Watching You».
13 Gadjo Sevilla, «The Best Employee Tracking Software for 2020», *PC Mag*, 29. Oktober 2020 (seitdem aktualisiert). Siehe Original auf https://web.archive.org/web/20201103091025/https://www.pcmag.com/picks/the-best-employee-monitoring-software.
14 Workpuls, «Employee Monitoring Software».
15 «Filters», Staffcop Enterprise, 4.10 User Manual, https://docs.staffcop.ru/en/work_with_data/filters.html; Staffcop, Employee Monitoring Software, «Staff-Cop Enterprise: Time Tracking Report», YouTube Video, 20. Februar 2019, https://www.youtube.com/watch?v=2uh7-wO3D_k&t=61s.
16 Jared Spataro, «Our Commitment to privacy in Microsoft Productivity Score», Microsoft 365, 1. Dezember 2020, https://www.microsoft.com/en-us/microsoft-365/blog/2020/12/01/our-commitment-to-privacy-in-microsoft-productivity-score/.
17 Cory Doctorow, Twitter Thread, 25. November 2020, 8.17 am, https://twitter.com/doctorow/status/1331633102762831873.
18 Barnaby Lewis, «Boxing Clever – How Standardization Built a Global Economy», International Organization for Standardization, 11. September 2017, https://www.iso.org/news/ref2215.html; Craig Martin, «The Shipping Container», *The Atlantic*, 2. Dezember 2013, https://www.theatlantic.com/technology/archive/2013/12/the-shipping-container/281888/. Zu einer Geschichte des Containertransports vor allem im Bezug auf Oakland siehe Episode 1 von Alexis Madrigals 2017 erschienener Podcast-Serie *Containers*, https://podcasts.apple.com/us/podcast/containers/id1209559177.
19 Bluedorn, *The Human Organization of Time*, S. 28. Bluedorn kontrastiert austauschbare Zeit mit epochaler Zeit: einzigartige Ereignisse oder Zeitspannen.
20 Karl Marx, *Das Kapital*, Band I, dritter Abschnitt, Kapitel 8.2, in: Karl Marx und Friedrich Engels, *Werke*, Bd. 23, Bd. I, Das Kapital, Dietz Verlag, Berlin/DDR 1968, S. 258.
21 David Landes, *Revolution in Time: Clocks and the Making of the Modern World*, Belknap Press/Harvard University Press, Cambridge, Mass., 2000, S. 13.
22 Landes, *Revolution in Time*, S. 39/40. Auch wenn Landes weiter sagt, dass dies «ganz klar eine defensive Behauptung ist», in einem Spiel, bei dem es darum ging, den anderen eine Nasenlänge voraus zu sein – die Europäer lehnten ihrerseits chinesische Uhren ab –, ist es trotzdem wahr, dass die Uhr eindeutig irrelevant erschien. Vor dieser Aussage zitiert Landes Carlo Cipolla: «Ausländische Gerätschaften konnten nicht angemessen wertgeschätzt werden, da es sich nicht um den Ausdruck einer chinesischen Antwort auf die Probleme handelte, die eine chinesische Umgebung aufwarf.», S. 39.

23 Landes, *Revolution in Time*, S. 54–56.

24 Columba Stewart, «Prayer Among the Benedictines», in: *A History of Prayer: The First to the Fifteenth Century*, hg. von Roy Hammerling, Brill, Leiden, Niederlande, 2008, S. 210.

25 Saint Benedict of Nursia, *Saint Benedict's Rule for Monasteries, or, Rule of Saint Benedict*, The Liturgical Press, Collegeville, Minn., 1948, Kap. 48, Project Gutenberg eBook, https://www.gutenberg.org/files/50040/50040-h.htm.

26 Saint Benedict of Nursia, *Saint Benedict's Rule for Monasteries, or, Rule of Saint Benedict*, Kapitel 43.

27 Landes, *Revolution in Time*, S. 58, 73.

28 Landes, *Revolution in Time*, S. 74–82. https://www.scientificamerican.com/article/experts-time-division-days-hours-minutes. Eigentlich nutzten die antiken Griechen seit dem zweiten Jahrhundert vor Christus 24 gleiche Stunden für ihre theoretischen Berechnungen, aber Laien lebten weiterhin nach variablen Stunden. Michael A. Lombardi, «Why Is a Minute Divided into 60 Seconds, an Hour into 60 Minutes, Yet There Are Only 24 Hours in a Day?», *Scientific American*, 5. März 2007.

29 Landes, *Revolution in Time*, S. 82.

30 John Durham Peters, *The Marvelous Clouds: Toward a Philosophy of Elemental Media*, University of Chicago Press, Chicago, Ill., 2015, S. 220.

31 Landes, *Revolution in Time*, S. 155–166. Landes bezieht sich auch auf weitere Entwicklungen der Chronometer-Gestaltung im Wettbewerb zwischen den Kolonialmächten England und Frankreich, zu einer Zeit, in der der koloniale Handel rasch wuchs. (S. 167/68)

32 Eviatar Zerubavel, «The Standardization of Time: A Sociohistorical Perspective», *American Journal of Sociology* 88, Nr. 1 (Juli 1982), S. 6.

33 Nanni, The Colonisation of Time, S. 51/52; siehe auch Jay Griffiths, «The Tyranny of Clocks and Calendars», *The Guardian*, 28. August 1999. https://www.theguardian.com/comment/story/0,,266761,00html.

34 *Travelers Official Railway Guide of the United States and Canada, June 1868: 100th Anniversary Facsimile Edition* (National Railway Publication Company, New York 1968), Vorwort.

35 Sandford Fleming, «Time Reckoning for the Twentieth Century», in *The Smithsonian Report for 1886*, Smithsonian Institution Press, Washington, D. C., 1889, S. 350–57.

36 Fleming, «Time Reckoning for the Twentieth Century», S. 355n.

37 W. Ellis, «The Prime Meridian Conference», *Nature* 31 (1884), S. 7–10, https://www.nature.com/articles/031007c0.

38 Zusätzlich zu den Beispielen in diesem Kapitel, ereignete sich nicht weit entfernt, in den spanischen Missionen in Kalifornien, Ähnliches: «Die Strukturierung des Tages durch die Padres in einem strengen Stundenplan, den die Kirchenglocken ankündigten, und der durch Strafen bei Regelverstoß durchgesetzt wurde, lief den Traditionen der Native Americans komplett zuwider.» Fred Glass, *From Mission to Microchip: A History of the California Labor Movement*, University of California Press, Berkeley, CA, 2016, S. 42.

39 Nanni, *The Colonisation of Time*, S. 2.

40 Nanni, *The Colonisation of Time*, S. 25.

41 Nanni, *The Colonisation of Time*, S. 162–65.

42 Peters, *The Marvelous Clouds*, S. 228.

43 Nanni, *The Colonisation of Time*, S. 101.
44 Nanni, *The Colonisation of Time*, S. 96.
45 Thompson, «Time, Work-Discipline and Industrial Capitalism», S. 95.
46 Nanni, *The Colonisation of Time*, S. 198.
47 Gordon H. Chang, «Op-Ed: Remember the Chinsese Immigrants Who Built America's First Transcontinental Railroad», *Los Angeles Times*, 10. Mai 2019, https://www.latimes.com/opinion/op-ed/la-oe-chang-transcontinental-railroad-anniversary-chinese-workers-20190510-story.html.
48 «Tunneling in the Sierra Nevada» American Experience, PBS, https://www.pbs.org/wgbh/americanexperience/features/tcrr-tunneling-sierra-nevada/; Abby Stevens, «Dynamite, Snow Storms and a Ticking Clock», *Moonshine Ink*, 14. Januar 2017, https://www.moonshineink.com/tahoe-news/dynamite-snow-storms-and-a-ticking-clock/.
49 «Workers of the Central and Union Pacific Railroad», *American Experience*, PBS, https://www.pbs.org/wgbh/americanexperience/features/tcrr-workers-central-union-pacific-railroad/. Irische Arbeiter bekamen freie Kost und Logis.
50 Chang, «Op-Ed: Remember the Chinsese Immigrants Who Built America's First Transcontinental Railroad»,
51 «The Chinese Workers's Strike», *American Experience*, PBS, https://www.pbs.org/wgbh/americanexperience/features/tcrr-chinese-workers-strike/; Nadja Sayej, «‹Forgotten by Society›: How Chinese Migrants Built the Transcontinental Railroad», *The Guardian*, 18. Juli 2019, https://www.theguardian.com/artanddesign/2019/jul/18/forgotten-by-society-how-chinese-migrants-built-the-transcontinental-railroad.
52 «Railroad – Chinese Labor Strike, 24. Juni 1867», Museum of Chinese Amerika (MOCA), 24. Juni 2019, https://www.mocanyc.org/collections/stories/railroad-chinese-labor-strike-june-24th-1867/.
53 Harry Braverman, Labor and Monopoly Capital: The Degradation of Work in the Twentieth Century, Monthly Review, New York 1998), S. 44/45. Siehe die Fußnote, in der Braverman einen Brief von Marx an Engels zitiert: «Überhaupt ist die army wichtig für die ökonomische Entwicklung. Z. B. Salär zuerst völlig in der Armee entwickelt bei den Alten. ... Auch die Teilung der Arbeit *innerhalb* einer Branche zuerst in den Armeen ausgeführt.»; Brief von Karl Marx an Friedrich Engels, London 25.09.1857; Karl Marx, Briefe, *MEW*, Bd. 29, Dietz, Berlin 1963, S. 192.
54 Lewis Mumford, *Technics and Civilization*, G. Routledge, London 1934, S. 41.
55 Caitlin Rosenthal, *Accounting for Slavery: Masters and Management*, Harvard University Press, Cambridge, Mass., 2018), Einleitung.
56 Justin Roberts, *Slavery and the Enlightenment in the British Atlantic, 1750–1807*, Cambridge University Press, Cambridge 2013, S. 74.
57 Brief von George Washington an John Fairfax, 1. Januar 1789, https://founders.archives.gov/documents/Washington/05-01-02-0160.
58 Zitiert in: Mark M. Smith, *Mastered by the Clock: Time, Slavery, and Freedom in the American South*, University of North Carolina Press, Chapel Hill 2000, loc. 5217 von 8157.
59 Roberts, *Slavery and the Enlightenment in the British Atlantic, 1750–1807*, S. 76.
60 Roberts, *Slavery and the Enlightenment in the British Atlantic, 1750–1807*, S. 125/26.
61 Smith, *Mastered by the Clock*, loc. 420 von 8157.

62 Rosenthal, *Accounting for Slavery*, Einleitung.

63 Amy Dru Stanley, *From Bondage to Contract: Wage Labor, Marriage, and the Market in the Age of Slave Emancipation*, Cambridge University, Cambridge, UK, 1998, S. 62.

64 Lawrence B. Glickman, *A Living Wage: American Workers and the Making of Consumer Society,* Cornell University Press, Ithaca, N. Y., 2015, S. 15. «Im 19. Jahrhundert sprachen Arbeiter oft von ‹Lohnsklaverei› oder ‹Prostitution› und beschworen damit den niedrigsten Status, den sich die rassebewussten, patriarchalischen, weißen, männlichen amerikanischen Arbeiter überhaupt vorstellen konnten.»

65 Zitiert in Glickman, *A Living Wage*, S. 22.

66 Zitiert in Glickman, *A Living Wage*, S. 43.

67 Glickman, *A Living Wage*, S. 44, 49. In einem Kapitel von *From Bondage to Contract* mit dem Titel «The Labour Question and the Sale of Self /Die Arbeitsfrage und der Verkauf des Selbst» beschreibt Amy Dru Stanley die Debatte darüber, ob der Kauf von Arbeit als Rohstoff vergleichbar ist mit der Sklaverei. Einige Anführer dachten sogar, dass sich die Arbeitsfrage als «logische Folge der Sklavenfrage» erweisen würde. (S. 61). Hinsichtlich dieser moralischen Debatte schreibt Stanley: «... auch wenn die Frage von Arbeit und Selbstermächtigung im agrarischen Süden auf das Thema des Grundbesitzes beschränkt blieb, entwickelte sie sich im industriellen Norden hauptsächlich zu einer Frage über den Verkauf von Zeit.» (S. 62)

68 Braverman, *Labor and Monopoly Capital*, S. 45/46.

69 Alex Vitale, The End of Policing, Verso, London 2017, S. 77–80.

70 Philip Dray, *There Is Power in a Union: The Epic Story of Labor in America*, Anchor, New York 2011, S. 119.

71 Dray, *There is Power in a Union*, S. 49.

72 Joey La Neve DEFrancesco, «Pawtucket, America's First Factory Strike», *Jacobin*, Juni 2018, https://www.jacobinmag.com/2018/06/factory-workers-strike-textile-mill-women.

73 Dray, *There Is Power in a Union*, S. 26.

74 John Brown, *A Memoir of Robert Blincoe, an Orphan Boy, Sent from the Workhouse of St. Pancras, London, at Seven Years of Age, to Endure the Horrors of a Cotton Mill, through his Infancy and Youth, with a Minute Detail of his Sufferings, Being the first Memoir of the Kind Published*, J. Doherty, Manchester, UK, 1832, S. 59.

75 Thompson, «Time, Work-Discipline, and Industrial Capitalism», S. 85.

76 Dray, *There Is Power in a Union*, S. 54.

77 Zitiert in Dario Melossi und Massimo Pavarini, *The Prison and the Factory: Origins of the Penitentiary System*, übers. von Glynis Cousin, Barnes and Noble Books, Totowa, N. J., 1981, S. 153.

78 Janet Semple, *Bentham's Prison: A Study of the Panopticon Penitentiary*, Clarendon, Oxford 1993, 123/24.

79 Karl Marx, *Das Kapital*, Band I, 2. Abschnitt, Die Verwandlung von Geld in Kapital, 4. Kapitel (3. Kauf und Verkauf der Arbeitskraft), in: Karl Marx und Friedrich Engels, *Werke*, Bd. 23, Bd. I, *Das Kapital*, Dietz Verlag, Berlin/DDR 1968, S. 190/91.

80 Marx, *Das Kapital*, Band I, Erstes Buch, Abschnitt 3, Kapitel 8, S. 299–316.

81 Marx, *Das Kapital*, Band I, Erstes Buch, Abschnitt 3, Kapitel 8, S. 257.

82 Thompson, «Time, Work-Discipline, and Industrial Capitalism», S. 86.

83 Marx, *Das Kapital*, Band I, Erstes Buch, Abschnitt 4, Kapitel 13, S. 432.

84 William James Booth, «Economies of Time: On the Idea of Time in Marx's Political Economy», *Political Theory* 19, Nr. 1 (Februar 1991), S. 16.

85 Paul Berger, «Why Container Ships Can't Sail Around the California Ports Bottleneck», *The Wall Street Journal*, 21. September 2021, https://www.wsj.com/articles/why-container-ships-cant-sail-around-the-california-ports-bottleneck-11632216603; Lisa M. Krieger, «as cargo waits and costs climb, Port of Oakland seeks shipping solutions», *Mercury News*, 25. Juli 2021, https://www.mercurynews.com/2021/07/25/as-cargo-waits-and-costs-climb-port-of-oakland-seeks-shipping-solutions/.

86 Hugh Jennings, «Bird of the Month: Long-billed Curlew», *Eastside Audubon*, 3. April 2018, https://www.eastsideaudubon.org/corvid-crier/2019/8/26/long-billed-curlew.

87 Megan Prelinger, E-Mail an die Autorin, 14. Juli 2022; Lia Keener, «Catching Up to Curlews», *Bay Nature*, 18. Januar 2022, https://baynature.org/article/catching-up-to-curlews/.

88 Michael O'Malley, «Time, Work and Task Orientation: A Critique of American Historiography», *Time and Society* 1, Nr. 3 (1992), S. 346.

89 O'Malley, «Time, Work and Task Orientation», S. 351.

90 Catharine Beecher, *Treatise on Domestic Economy*, Thomas H. Webb, Boston, Mass., 1843; Ivan Paris, «Between Efficiency and Comfort: The Organization of Domestic Work and Space from Home Economics to Scientific Management, 1841–1913», *History and Technology* 35, Nr. 1 (2019), S. 81–104.

91 «Im großen und ganzen hängt dies aber auch nicht vom guten oder bösen Willen des Kapitalisten ab. Die freie Konkurrenz macht die immanenten Gesetze der kapitalistischen Produktion dem einzelnen Kapitalisten gegenüber als äußerliches Zwangsgesetz geltend.» Karl Marx, *Das Kapital*, erstes Buch, dritter Abschnitt, Kapitel 8, S. 286.

92 Braverman, *Labor and Monopoly Capital*, S. 232; dt.: Harry Braverman, *Die Arbeit im modernen Produktionsprozess*, übers. von Karin de Sousa Ferreira, Campus Verlag, Frankfurt am Main/New York, 1977, S. 257/58.

93 C. Bertrand Thompson, «The Stop Watch as Inventor», *Factory: The Magazine of Management* 16/17 (Februar 1916), S. 224.

94 Braverman, *Labor and Monopoly Capital*, S. 63–68.

95 Braverman, *Labor and Monopoly Capital*, S. 58; dt.: Braverman, *Die Arbeit im modernen Produktionsprozess*, S. 72.

96 D. T. Nguyen, «The Spatialization of Metric Time: The Conquest of Land and Labour in Europe and the United States», Time and Society 1, Nr. 1 (1992), S. 46.

97 Nina Banks, «Black Women's Labor Market History Reveals Deep-Seated Race and Gender Discrimination», Working Economics Blog, Economic Policy Institute, 19. Februar 2019. https://www.epi.org/blog/black-womens-labor-market-history-reveals-deep-seated-race-and-gender-discrimination/.

98 Angela Y. Davis, *Women, Race and Class*, Random House, New York 1983, S. 228; Barbara Adam, *Timewatch*, Polity, Cambridge, UK, 1995, Kapitel 4.

99 Jacqueline Jones, «Black Workers Remember», *The American Prospect*, 30. November 2000, https://prospect.org/features/black-workers-remember/.

100 Claire L. Evans, *Broad Band: The Untold Story of the Women Who Made the Internet*, Portfolio/Penguin, New York 2018, S. 24.

101 Jay Greene, «Amazon Far More Diverse at Warehouses than in Professional Ranks», *The Seattle Times*, 14. August 2015, https://www.seattletimes.com/business/amazon/amazon-more-diverse-at-its-warehouses-than-among-white-collar-ranks/. (Der Artikel von 2015 bezieht sich auf 2014 veröffentlichte Daten.) Katherine Anne Long, «Amazon's Workforce Split Sharply along the Lines of Race and Gender, New Data Indicates», *The Seattle Times*, 22. September, 2021, https://www.seattletimes.com/business/amazon/amazons-workforce-split-sharply-along-the-lines-of-race-gender-and-pay-new-data-indicates/.

102 Karl Marx, *Grundrisse der Kritik der politischen Ökonomie (*Das Kapitel vom Kapital – Heft VI), in: MEW, Band 42, Dietz Verlag Berlin 1983, S. 592; Marx schreibt von Metamorphosen der Arbeitsmittel, «deren letzte die *Maschine* ist oder vielmehr ein *automatisches System der Maschinerie* … in Bewegung gesetzt durch einen Automaten, bewegende Kraft, die sich selbst bewegt; dieser Automat, bestehend aus zahlreichen automatischen und intellektuellen Organen, so daß die Arbeiter selbst nur als bewußte Glieder desselben bestimmt sind.»

103 Zitiert in Emily Reid-Musson, Ellen MacEachen und Emma Bartel, «‹Don't take a Poo!›:Worker Misbehaviour in On-Demand Ride-Hail Carpooling», *New Technology, Work and Employment* 35, Nr. 2 (Juli 2020), S. 151.

104 Jessica Bruder, «These Workers Have a New Demand: Stop Watching Us», The Nation, 27. Mai 2015, https://www.thenation.com/article/these-workers-have-new-demand-stop-watching-us/.

105 Joseph Carino, «Uber Driver Tracking and Telematics», *Geotab*, 15. Januar 2018, https://www.geotab.com/blog/uber-driver-tracking/.

106 *Secrets of the Superfactories*, Staffel 1, Folge 2, Regie Paul O'Connor, gezeigt am 14. Oktober 2019 auf Channel 4.

107 Andrew Wheeler, «Lights-Out Manufacturing: Future Fantasy or Good Business?», Redshift by Autodesk, 3. Dezember 2015, Zugriff am 3. Dezember 2020. Archiviert: https://web.archive.org/web/20210616205134/https://redshift.autodesk.com/lights-out-manufacturing/.

108 Guendelsberger, *On the Clock*, S. 54.

109 Guendelsberger, *On the Clock*, S. 77/78.

110 Peter Reinhardt, «Replacing Middle Management with APIs», persönlicher Blog, 3. Februar 2015, https://rein-pk/replacing-middle-management-with-apis. Ich danke Nick Pinkston, dass er mich auf diesen Begriff aufmerksam gemacht hat.

111 «How Bots Will Automate Call Center Jobs», *Bloomberg*, 15. August 2019, https://www.bloomberg.com/news/videos/2019-08-15/how-bots-will-automate-call-center-jobs-video.

112 Braverman, *Labor and Monopoly Capital*, S. 223.

113 Braverman, *Labor and Monopoly Capital*, S. 220.

114 Richard Seymour, *The Twittering Machine*, Verso, London 2020, S. 195.

115 Dieser Post war seitdem auf Askwonder.com «durch den Besitzer gesperrt», aber man kann immer noch über die Internet Archive's Wayback Machine darauf zugreifen. Ashley N. Und Carrie S., «What is the Average Time Someone Spends Looking at an Instagram Post?» Askwonder.com, 14. April 2017, https://web.archive.org/web/20200814110334/https://askwonder.com/research/average-time-someone-spends-looking-instagram-post-oloyu31rb.

116 Danielle Narveson, Rezension von Wonder Research, Askwonder.com, https://askwonder.com.

117 «Good in theory, awful in execution» [Mitarbeiter-Bewertung von Wonder

Research], Glassdoor, 23. April 2018, http://www.glassdoor.com/Reviews/Employee-Review-Wonder-Research-RVW20272240.htm; «Very Difficult but Rewarding» [Mitarbeiter-Bewertung von Wonder Research], Glassdoor, 20. Mai 2019, https://www.glassdoor.com/Reviews/Employee-Review-Wonder-REsearch-RVW26220924.htm.

118 Jathan Sadowski zitiert in Gavin Mueller, *Breaking Things at Work: The Luddites Were Right about Why You Hate Your Job*, Verso, Brooklyn, N. Y., 2021, S. 118.

119 Casey Newton, «Bodies in Seats», The Verge, 19. Juni 2019, https://www.theverge.com/2019/6/19/18681845/facebook-moderator-interviews-video-trauma-ptsd-cognizant-tampa.

120 Grimmelmann, zitiert in Drew Harwell, «AI Will Solve Facebook's Most Vexing Problems, Mark Zuckerberg Says. Just Don't Ask When or How», *The Washington Post*, 11. April 2018, https://www.washingtonpost. Com/news/the-switch/wp/2018/04/11/ai-will-solve-facebooks-most-vexing-problems-mark-zuckerberg-says-just-dont-ask-when-or-how/.

121 Mueller, *Breaking Things at Work*, S. 114.

122 «Spinify», https://spinify.com/. Die Website hat sich seither geändert; die Version, die der hier beschriebenen am ähnlichsten ist, ist der Snapshot vom 5. Juni 2021 der Internet Archive Wayback Machine: https://web.archive.org/web/20210605141235/https://spinify.com/.

123 *Merger*, Regie Keiichi Matsuda (2019), http://km.cx/projects/merger.

2. Selbst-Timer

1 P. K. Thomajan, «Annual Report To Yourself», *Good Business*, Januar 1966, S. 12. *Good Business* war eine von mehreren Publikationen der Unity School of Christianity (heute bekannt als Unity). 1936 veröffentlichte der Unity-Mitbegründer Charles Fillmore eine überarbeitete Version des 23. Psalms in einem Buch mit dem Titel *Prosperity* (2008 wieder aufgelegt als *Prosperity: The Pioneering Guide to Unlocking Your Mental Power*):
The Lord is my banker; my credit is good.
He maketh me lie down in the consciousness of omnipresent abundance;
He giveth me the key to His strongbox.
He restoreth my faith in His riches;
He guideth me in the paths of prosperity for His name's sake.
Yea, though I walk in the very shadow of debt,
I shall fear no evil, for Thou art with me;
Thy silver and Thy gold, they secure me.
Thou preparest a way for me in the presence of the collector;
Thou fillest my wallet with plenty; my measure runneth over.
Surely goodness and plenty will follow me all the days of my life,
And I shall do business in the name of the Lord forever.
(Charles Fillmore, *Prosperity: The Pioneering Guide to Unlocking your Mental Power*, TarcherPerigree, New York 2008, S. 77/78.)

Der Herr ist mein Banker, mein Kredit ist gut.
Er lässt mich lagern im Bewusstsein allgegenwärtigen Überflusses;
Er gibt mir den Schlüssel zu seinem Geldschrank.

Er erneuert mein Vertrauen in seine Reichtümer;
Er führt mich auf Pfaden des Wohlstandes, getreu seinem Namen.
Und ob ich schon wanderte im Schatten der Schulden,
Ich fürchte kein Unheil, denn Du bist bei mir;
Dein Silber und Gold geben mir Zuversicht.
Du bereitest einen Weg für mich im Angesicht des Eintreibers;
Du lässt meine Brieftasche überquellen;
Mein Maß ist übervoll.
Ja, Güte und Fülle werden mir folgen, mein Leben lang;
Und ich werde Geschäfte machen, im Namen des Herrn, immerdar.

2 *Billy Bragg, «‹To Have and Have Not›, on Life's a Riot with Spy vs Spy» (30th Anniversary Edition)*, Cooking Vinyl 2013, Audiostream, https://open.spotify.com/track/5OL8fXk5wyeB7g2eg5B9Xh?si=5ce1b2fdbdf647fa.

3 Oliver Burkeman, «Why Time Management Is Running Our Lives», *The Guardian*, 22. Dezember 2016; siehe auch Burkeman, *4000 Weeks: Time Management for Mortals*, Farrar, Straus and Giroux, New York 2021.

4 *Futurama*, Staffel 4, Episode 18, «The Devil's Hands Are Idle Playthings», Regie Bret Halaand, gezeigt am 10. August 2003 auf FOX; *Futurama*, Staffel 4, Episode 8, «Crimes of the Hot», Regie Peter Avanzino, gezeigt am 10. November 2002 auf FOX; *Futurama*, Staffel 6, Episode 12, «The Mutants Are Revolting», Regie Rymie Muzquiz, gezeigt am 2. September 2010 auf Comedy Central.

5 Jon D. Wisman und Matthew E. Davis, «Degraded Work, Declining Community, Rising Inequality and the Transformation of the Protestant Ethic in America: 1870–1930», The American Journal of Economics and Sociology 72, Nr. 5 (November 2013), S. 1078–79. Indem sie sich auf David Landes beziehen, verweisen die Autoren darauf, dass die enge Beziehung zwischen protestantischer Arbeitsethik und der Handelsbourgeoisie außerdem gestützt wird durch eine «starke, an Calvin erinnernde Arbeitsethik», welche den Aufstieg der Kaufleute im Japan des 17. Jahrhunderts begleitete.

6 Charles Taylor, *Sources of the Self: The Making of the Modern Identity*, Harvard University Press, Cambridge, Mass., 1989, S. 184.

7 Margo Todd, «Puritan Self-Fashioning: The Diary of Samuel Ward», *Journal of British Studies* 31, Nr. 3, Juli 1992, S. 260.

8 Robert Eisenberger, *Blue Monday: The Loss of the Work Ethic in America*, Paragon House, New York 1989, S. 10.

9 Frederick Winslow Taylor, *Principles of Scientific Management*, Plimpton, Norwood, Mass., 1911, S. 141.

10 Donald Laird, *Increasing Personal Efficiency*, Harper and Brothers, New York 1925, Titelcover.

11 Laird, *Increasing Personal Efficiency*, S. 179.

12 Laird, *Increasing Personal Efficiency*, S. 6.

13 Laird, *Increasing Personal Efficiency*, S. 67.

14 Laird, *Increasing Personal Efficiency*, S. 123.

15 Samuel Haber, *Efficiency and Uplift: Scientific Management in the Progressive Era, 1890–1920*, University of Chicago Press, Chicago, Ill., 1964, S. ix.

16 Laird, *Increasing Personal Efficiency*, S. 136.

17 Roy Alexander und Michael S. Dobson, *Real-World Time Management*, American Management Association, New York 2009, S. 4.

18 Kevin Kruse, *15 Secrets Successful People Know about Time Management: The Productivity Habits of 7 Billionaires, 13 Olympic Athletes, 29 Straight-A-Students, and 239 Entrepreneurs*, Kruse Group, Philadelphia, Penn., 2015, Kapitel 1.

19 Kruse, *15 Secrets Successful People Know about Time Management*, Kapitel 16.

20 «bootstrap (n.)», Online Etymology Dictionary, https://www.etymonline.com/word/bootstrap; J. Dorman Steele, *Popular Physics*, American Book Company, New York 1888, S. 37.

21 Selbstständige oder GigArbeit zählt vermutlich zu den konkreteren Beispielen von Bootstrapping. Wie der Kampf um das California AB-5, ein Gesetz, das von Firmen wie Uber forderte, Gig-Arbeiter wie Angestellte einzustufen, zeigt, herrscht in den Vereinigten Staaten Uneinigkeit darüber, wie ausbeuterisch diese Art von Arbeit ist, was Menschen dazu bewegt, sie zu tun, und wie man ihre Bedingungen verbessern kann. Worauf sich jedoch beide Seiten verständigen können, ist, dass selbstständige Arbeit prekärer ist als ein regulärer Vollzeitjob, insofern, als sie vom Einzelnen verlangt, (finanzielle und andere) Risiken einzugehen. Eine Umfrage auf der Freelancer-Plattform Contently, die sich auf die Opposition der Selbstständigen gegenüber AB-5 konzentrierte, erwähnte auch, dass die Umfrageteilnehmer eigentlich staatliche Hilfe bei der Gesundheitsversorgung, erschwingliche Versicherungen, Hilfe bei unbezahlten Löhnen und niedrigere Steuern auf selbstständigen Erwerb begrüßen würden. Ebenso gaben in einer Rest-of-World-Umfrage von 4900 Gig-Arbeitern aus 15 Ländern 60 Prozent von ihnen an, finanziell zufrieden zu sein, aber 62 Prozent sagten auch, «dass sie oft Ängste im Job hätten, vor Unfällen, Angriffen, Krankheit oder einfach davor, nicht genug zu verdienen, um ihre Kosten zu decken». Indessen haben bedeutende Autonomiegewinne oftmals Maßnahmen zum Arbeitsschutz, vor allem an Orten wie den Philippinen, die die am sechstschnellsten wachsende Freelance Economy hat, zur Seite gedrängt oder unterminiert. (2021 reagierte das Abgeordnetenhaus auf den Philippinen, indem es den Freelance Workers Protection Act verabschiedete.) Ruth Berins Collier, Veena Dubal und Christopher Lee Carter, «Labor Platforms and Gig Work: The Failure to Regulate», IRLE Working Paper Nr. 106–17, September 2017, http://irle.berkeley.edu/files/2017/Labor-Platforms-and-Gig-Work.pdf; Philip Garrity, «We Polled 573 Freelancers about AB5. They're Not Happy», The Freelance Creative, 30. Januar 2020, https://contently.net/2020/01/30/resources/we-polled-573-freelancers-about-ab5-theyre-not-happy/; Peter Guest, «We're All Fighting the Giant: Gig Workers around the World Are Finally Organizing», Rest of World, 21. September 2021, https://restofworld.org/2021/gig-workers-around-the-world-are-finally-organizing/; Seha Yatim, «Unique Gig Economic Situation in PH Calls for Nuanced Approach», *The Manila Times*, 30. Mai, 2021, https://www.manilatimes.net/2021/05/30/opinion/unique-gig-economic-situation-in-ph-calls-for-nuanced-approach/1801152.

22 «The American-Western European Values Gap», Pew Research Center, 17. November 2011, Update am 29. Februar 2012, https://www.pewresearch.org/global/2011/11/17/the-american-western-european-values-gap/.

23 Laura Silver, «Where Americans and Europeans Agree – and Differ – in the Values They See as Important», Pew Research Center. 16. Oktober 2019, https://www.pewresearch.org/fact-tank/2019/10/16/where-americans-and-europeans-agree-and-differ-in-the-values-they-see-as-important/.

24 Samantha Smith, «Why People Are Rich and Poor: Republicans and Democrats Have Very Different Views», Pew Research Center, 2. Mai 2017, https://www.pew

research.org/fact-tank/2017/05/02/why-people-are-rich-and-poor-republicans-and-democrats-have-very-different-views/.

25 Pierre Bourdieu, *Practical Reason: On the Theory of Action*, Stanford University, Standford, Kalif., 1998; dt: *Praktische Vernunft. Zur Theorie des Handelns*, übers. von Hella Beister, Suhrkamp, Frankfurt am Main 1998; Harry Frankfurt, «Freedom of the Will and the Concept of a Person», *The Journal of Philosophy* 68, Nr. 1 (Januar 1971), S. 5–20.

26 John McLeod, «President», https://www.pagat.com/climbing/president.html. Das ist die persönliche Website von McLeod, einem bekannten britischen Kartenspiel-Forscher, den David Parlett in seiner Beschreibung des Spiels in *The Penguin Book of Card Games* zitiert. Ähnliche Spiele wie dieses gibt es in Japan, Australien und in einigen europäischen Ländern.

27 Mario D. Molina et al., «It's Not Just How the Game Is Played, It's Whether You Win or Lose», *Science Advances* 5, Nr. 7 (17. Juli 2019)

28 «About *Entrepreneurs on Fire*», https://www.eofire.com/about/.

29 «The Freedom Journal»: Accomplish Your #1 Goal in 100 Days», Kickstarter, https://www.kickstarter.com/projects/eofire/the-freedom-journal-accomplish-your-1-goal-in-100/posts/1459370; John Lee Dumas, *The Freedom Journal* (selbst veröffentlicht 2016).

30 «The Mastery Journal by John Lee Dumas», Kickstarter, https://www.kickstarter.com/projects/eofire/the-mastery-journal-master-productivity-discipline; «Master Productivity!», https://www.themasteryjournal.com/.

31 Craig Ballantyne, «Time Management Hacks From the World's Most Disciplined Man», YouTube Video, 18. Juli 2022; Craig Ballantyne, «This Morning Routine Will Increase Your Productivity and Income», YouTube Video, 3. Juni 2020, https://www.youtube.com/watch?v=114Qgvn_wD86ab_channel=TurbulenceTraining.

32 Steve Costello, «How to Overcome Entrepreneurial Anxiety, Banish Stress, and Crush Your Golas: ‹Unstoppable› author Craig Ballantyne outlines 12 habits that will help you beat anxiety, refocus, and excel», *Entrepreneur*, 16. April 2019, https://www.entrepreneur.com/article/332049; JayWongTV, «Dominate Your Competition, Be Unstoppable & Live Your Best Life | Craig Ballantyne Interview», YouTube Video, 24. Januar 2019, https://www.youtube.com/watch?v=FYN6dAsy774;Craig Ballantyne, «5 Skills For Crushing It in Sales» YouTube Video, 15. April 2020, https://www.youtube.com/watch?v=O_HRkslxD6l; Jason Capital, «High Status Summit: Craig Ballantyne Teaches You Ho to Overcome Shyness & Crush It On Social Media», YouTube Video, 23. April 2020, https://www.youtube.com/watch?v=x-3ZBr9GTY; Craig Ballantyne, «How to Dominate Your Life with 4-Quadrants», YouTube Video, 18. Juni 2018, https://www.youtube.com/watch?v=hjVut7yzQq4; Optimal Living Daily, «441: Follow Your Own Rules to Crush Life by Craig Ballantyne with Roman Fitness Systems (The Jack LaLanne Story – A Hero)», YouTube Video, 26. März 2018, https://www.youtube.com/watch?v=g3VY9U-_yD8.

33 Ari Meisel, the Art of Less Doing: Onee Entrepreneur's Formula for a Beautiful Life, Lioncrest, Austin, Tex., 2016, Back Cover.

34 Irgendwann Anfang 2022 wurde http://screwtheninetofive.com zu http://wealthycoursecreator von denselben Leuten betrieben, aber nun mit dem Angebot eines 37-Dollar-Online-Marketing-Crashkurses, Screw the 9 to 5 [Werden Sie 9 to 5 los], https://web.archive.org/web/20220128034955/https://www.screwthenineto five.com/; «Wealthy Course Creator», https://wealthycoursecreator.com/.

35 XPO Global Union Family, *XPO: Delivering Injustice*, Februar 2021, https://www.xpoexposed.org/the-report.
36 Richard Schenin, «Bay Area commuting nightmares: jobs in city, affordable homes in exurbia», *Mercury News*, 30. September 2015, https://www.mercurynews.com/2015/09/30/bay-area-commuting-nightmares-jobs-in-city-affordable-homes-in-exurbia/. Der Artikel führt als Beispiele die folgenden Fahrtrouten an: «Manteca nach Mountain View (225 km Hin- und Rückfahrt); Los Banos nach San Francisco (386 km); American Canyon nach Santa Clara (240 km); Discovery Bay nach South San Jose (210 km); Patterson nach Palo Alto (273 km); Tracy nach Walnut Creek (145 km); Modesto nach Campbell (273 km); Hollister nach Mountain View (193 km); Newman nach San Jose, Zentrum, (305 km).»
37 Arnold Bennett, *How to Live on 24 Hours a Day*, Doubleday, Doran, Garden City, N. Y., 1933, S. 23.
38 John Adair, *Effective Time Management*, Pan, London 1988, S. 9.
39 May Anderson in einem Gespräch mit der Autorin, 11. August 2021.
40 Robert E. Goodin, «Freeing Up Time», *Law, Ethics, and Philosophy* 5 (2017), S. 37.
41 Marc Mancini, *Time Management*, The Business Skills Express Series, Business One Irwin/Mirror, New York 1994, v.
42 Alexander und Dobson, *Real-World Time Management,* S. 5.
43 Bluedorn, *The Human Organization of Time*, S. 150.
44 Sharma, «Speed Traps and the Temporal», S. 132.
45 Sharma, «Speed Traps and the Temporal», S. 133.
46 Sarah K's Review von *Do Less: The unexpected Strategy for Women to Get More of What They Want in Work and Life*, Goodreads, 15. November 2019, https://www.goodreads.com/review/show/3049904518. Ähnlich beobachtete Elisabeth Spiers, dass im Zuge von Gelegenheitsarbeit und Fernarbeitspraktiken, welche die Grenzen zwischen Arbeitsleben und Privatleben verwischen, von jüngeren Fernarbeitern höhere Verfügbarkeit erwartet wurde. Gleichzeitig jedoch, bemerkten diese Angestellten, dass ihre Chefs nicht *mehr,* sondern weniger verfügbar waren – was zeigt, dass «24/7-Verfügbarkeit nur von oben nach unten funktioniert». Elisabeth Spiers, «What We Lose When Work Gets Too Casual», *The New York Times*, 7. Februar 2022, https://www.nytimes.com/2022/02/07/opinion/culture/casual-workplace-remote-office.html.
47 Linda Babcock et al., «Gender Differences in Accepting and Receiving Requests for Tasks with Low Promotability», *American Economic Review* 107, Nr. 3 (2017), S. 724.
48 Charlotte Palermino, «For Years I Said Yes to everything. Saying ‹No› Finally Got Me Ahead at Work», Elle, 28. Februar 2018, https://www.elle.com/culture/career-politics/a18754342/saying-no-at-work/. Diese Reportage zitiert auch Katherine O'Brien, die in einer Studie zu ähnlichen Ergebnissen kam: «Frauen werden typischerweise als Ernährer und Helferinnen betrachtet, ‹nein› zu sagen, widerspricht also dem, was von ihnen erwartet wird.» Außerdem zeigte eine Reihe von Studien, dass das Nichtakzeptieren von Arbeit der Arbeitsevaluation von Frauen schadet, nicht aber der von Männern. M. E. Heilman und J. J. Chen, «Same Behaviour, Different Consequences: Reactions to Men's and Women's Altruistic Citizenship Behaviour», *Journal of Applied Psychology* 90, Nr. 3 (2005), S. 431–41.
49 Ruchika Tulshyan, «Women of Colour Get Asked to Do More ‹Office Housework›.

Here's How They Can Say No», *Harvard Business Review*, 6. April 2018, https://hbr.org/2018/04women-of-colour-get-asked-to-do-more-office-housework-heres-how-they-can-say-no.

50 Besonders der Hybrid III, der derzeit gängige Crashtest-Dummy basiert auf der 50. Perzentile von Männern in den 1970er Jahren. Die National Highway Traffic Safety Administration begann 2003, weibliche Dummys einzusetzen, aber sie sind im Grunde immer noch verkleinerte Versionen der männlichen Dummys und werden manchmal nur auf dem Beifahrersitz getestet. Riley Beggin, «Female crash dummies need to be updated for accuracy, Rep. Lawrence tells feds», *The Detroit News*, 15, Februar 2022, https://www.detroitnews.com/story/business/autos/2022/02/15/female-crash-dummies-need-updated-rep-lawrence-tells-fed/6797643001/; Caroline Criado Perez, «The deadly truth about a world built for men – from stab vests to car crashes», *The Guardian*, 23. Februar 2019, https://www.theguardian.com/lifeandstyle/2019/feb/23/truth-world-built-for-men-car-crashes; Alisha Haridasani Gupta, «Crash Test Dummies Made Cars Safer /for Average Size Men)», *The New York Times*, 27. Dezember 2021, https://www.nytimes.com/2021/12/27/business/car-safety-women.html.

51 Laura Vanderkam, *168 Hours: You Have More Time than You Think*, Portfolio/Penguin, New York 2011, Kap. 3, 6 und 2.

52 Review von Laura Vanderkams Buch *168 Hours: You Have More Time than Yout Think*, *Publishers Weekly*, 29. März 2010, https://www.publishersweekly.com/978-1-59184-331-3.

53 Kevin K. Birth, *Time Blind: Problems in Perceiving Other Temporalities*, Palgrave Macmillan, Cham, Schweiz, 2017, S. 99.

54 Sharma, «Speed Traps and the Temporal», S. 134.

55 Angela Y. Davis, *Women, Race and Class*, Vintage, New York 1983, S. 232.

56 Stephanie Wykstra, «The movement to make workers' schedules more humane», *Vox*, 5. November 2019; https://www.vox.com/future-perfect/2019/10/15/20910297/fair-workweek-laws-unpredictable-scheduling-retail-restaurants.

57 «Health and Well-Being», Stockton Economic Empowerment Demonstration (SEED), https://www.stocktondemonstration.org/health-and-wellbeing; «Front and Center: For Tia, Guaranteed Income Provided ‹a Little Push›», *Ms. magazine*, 15. April 2021, https://msmagazine.com/2021/04/15/front-and-center-1-tia-guaranteed-income-black-mothers-women-ms-magazine-magnolia-mothers-trust/.

58 Annie Lowrey, «The Time Tax», *The Atlantic*, 27. Juli 2021, https://www.theatlantic.com/politics/archive/2021/07/how-government-learned-waste-your-time-tax/619568/.

59 Brittney Cooper, «The Racial Politics of Time», TEDWomen 2016, 2. Oktober 2016, https://www.ted.com/talks/brittney_cooper_the_racial_politics_of_time?language=en.

60 Ta-Nehisi Coates, *Zwischen mir und der Welt*, übers. von Miriam Mandelkow, Hanser Verlag, München 2016, S. 94.

61 Hartmut Rosa, «De-Synchronization, Dynamic Stabilization, Dispositional Squeeze», in Wajcman und Dodds (Hg.), *The Sociology of Speed*, 27.

62 Rosa, «De-Synchronization, Dynamic Stabilization, Dispositional Squeeze», S. 29.

63 Elisabeth Kolbert, «No Time», *The New Yorker*, 19. Mai 2014, https:// www.newyorker.com/magazine/2014/05/26/no-time.

64 Rosa, «De-Synchronization, Dynamic Stabilization, Dispositional Squeeze», S. 30.

65 R. E. Goodin et al., «The Time-Pressure Illusion: Discretionary Time vs. Free Time», *Social Indicators Research* 73, Nr. 1 (2005), S. 45.

66 American Federation of Teachers, *An Army of Temps: AFT 2020 Adjunct Faculty Quality of Work/Life Report,* 2020, https://www.aft.org/sites/default/files/adjuncts_qualityworklife2020.pdf.

67 Rosa, «De-Synchronization, Dynamic Stabilization, Dispositional Squeeze», S. 29.

68 Jamais Cascio, zitiert in *FIXED: The Science/Fiction of Human Enhancement*, Regie Regan Brashear (New Day Films 2014), https://fixed.vhx.tv/.

69 Laura Vanderkam, *168 Hours: You Have More Time than You Think*, Portfolio/Penguin 2011, Kapitel 3.

70 Byung-Chul Han, *The Burnout Society*, Stanford University Press, Stanford, Calif., S. 9.

71 Han, *The Burnout Society*, S. 8.

72 Han, *The Burnout Society*, S. 42.

73 Han, *The Burnout Society*, S. 11.

74 Han, *The Burnout Society*, S. 9.

75 Han, *The Burnout Society*, S. 47.

76 Han, *The Burnout Society*, S. 47.

77 Rosa, «De-synchronization, Dynamic Stabilization, Dispositional Squeeze», S. 34.

78 J. Schneider und E. Hunt, «Making the Grade: A History of the A-F Marking Scheme», *Journal of Curriculum Studies* 46, Nr. 2 (2013), S. 15.

79 Jonghun Kim, «School accountability and standard-based education reform: The recall of social efficiency movement and scientific management», *International Journal of Educational Development* 60 (2018), S. 81.

80 J. Schneider und E. Hunt, «Making the Grade: A History of the A-F Marking Scheme», S. 13/14.

81 Franklin Bobbit, *Some general principles of management applied to the problems of city-school systems*, University of Chicago, Chicago 1913, S. 15; J. Schneider und E. Hutt, «Making the Grade: A History of the A-F Marking Scheme», S. 11–13; Jonghun Kim, «School accountability and standard-based education reform: The recall of social efficiency movement and scientific management», S. 82–86.

82 Francis Galton, *Memories of My Life*, E. P. Dutton, New York, S. 82–86.

83 Francis Galton, *Hereditary Genius: An Inquiry into Its Laws and Consequences*, D. Appleton, New York, 1870, S. 338.

84 Galton, *Memories of My Life*, S. 312.

85 Galton, *Memories of My Life*, S. 154–60.

86 Galton, *Memories of My Life*, S. 248.

87 Galton, *Hereditary Genius*, S. 345.

88 Galton, *Hereditary Genius*, S. 347/48.

89 Galton, *Memories of My Life*, S. 290/91.

90 «California Launches Program to Compensate Survivors of State-Sponsored Sterilization», Office of Governor Gavin Newson, 31. Dezember 2021; Erin McCormick, «Survivors of California's forced sterilizations: ‹It's like my life wasn't worth anything›», *The Guardian*, 19. Juli 2021, https://www.theguardian.com/us-news/2021/jul/19/california-forced-sterilization-prison-survivors-reparations.

91 «$ 1.000,00 for the Most Beautiful Woman – One of Two Personal Beauty Prize Contests, the Other Being for the Most Handsome Man Based upon Perfection of

Both Face and Figure – An Announcement», *Physical Culture* 45, Nr. 2 (Februar 1921), S. 54.

92 Robert Ernst, *Weakness Is a Crime: The Life of Bernarr Macfadden*, Syracuse University Press, Syracuse, N. Y., 1991, S. 18.

93 Bernarr Macfadden, «Vitalize with the Mono-Diet», *Physical Culture* 63, Nr. 6 (Juni 1930), S. 17; Bernarr Macfadden, «Make Your Vacation Pay Health Dividends» *Physical Culture* 59, Nr. 6 (Juni 1928), S. 27; Bernarr Macfadden, «Mountain Climbing in Your Own Home», *Physical Culture* 57, Nr. 5 (Mai 1927), S. 30; Bernarr Macfadden, «Are You Wasting Your Life?», *Physical Culture* 58, Nr. 3 (September 1927), S. 25.

94 Bernarr Macfadden, «Bernarr Macfadden's Viewpoint», *Physical Culture* 45, Nr. 2 (Februar 1921), S. 14.

95 Amram Scheinfeld, «What You Can Do to Improve the Human Race», *Physical Culture* 78, Nr. 4 (Oktober 1937), S. 20.

96 Michelle Shir-Wise, «Disciplined Freedom: The Productive Self and Conspicious Busyness in ‹Free› Time», *Time and Society* 28, Nr. 4 (2019), S. 1686.

97 Stefano Harney und Fred Moten, *The Undercommons: Fugitive Planning and Black Study*, Minor Compositions, New York 203, S. 140/41.

98 Burkeman, «Why Time Management Is Running Our Lives».

99 *Beavis and Butt-Head*, Staffel 5, Episode 15, «Tainted Meat», Regie Mike Judge, gezeigt am 29. Dezember 1994 auf MTV.

100 David Bandurski, «The ‹Lying Flat› Movement Standing in the Way of China's Innovation Drive», Brookings Tech Stream, 8. Juli 2021, https://www.brookings.edu/techstream/the-lying-flat-movement-standing-in-the-way-of-chinas-innovation-drive/.

101 Allison Schrager, «‹Lie Flat› If You Want, but Be Ready to Pay the Price», *Bloomberg*, 13. September 2021, https://www.bloomberg.com/opinion/articles/2021-09-13/-lie-flat-if-you-want-but-be-ready-tp-pay-the-price?sref=2oorZsF1.

102 @slowdrawok, Twitter Post, 16. September 2021, https://twitter.com/SlowdrawOK/status/1438568129320325122.

103 @w3dges, Twitter Post, 16. September 2021; https://twitter.com/w3dges/status/1438556517297496069?s=20.

104 @JackJackington, Twitter Post, 16. September 2021, https://twitter.com/JackJackington/status/1438615108402438146.

3. Kann es Freizeit überhaupt geben?

1 Michael Dunlop Young und Tom Schuller, *Life after Work: The Arrival of the Ageless Society*, HarperCollins, New York 1991, S. 93.

2 Michael Zhang, «Why Photographs of Watches and Clocks Show the Time 10:10», PetaPixel, 27. Juni 2013, https://petapixel.com/2013/06/27/why-photographs-of-watches-and-clocks-show-the-time-1010/.

3 Lauren Bullen (@gypsea_lust), «All we have is now», Instagram, 23. März 2020, https://www.instagram.com/p/B-GJWpBJvXo/; Lauren Bullen (@gypsea_lust), «This too shall pass», Instagram, 28. März 2020, https://www.instagram.com/p/B-RgsTzJjFo/; Lauren Bullen (@gypsea_lust), «Currently stuck in paradise», Instagram, 3. April 2020, https://www.instagram.com/p/B-jH8NTp9hB/; Lauren Bullen (@gypsea_lust), «Face mask on, hair mask on; ready to soak», Instagram,

4. April 2020, https://www.instagram.com/p/B-lHUML.plzM/. Weil Instagram Zeitmarken an Deine lokale Zeitzone anpasst, sehen Viewer in New York die letzten beiden Posts, als wären sie am selben Tag herausgekommen, während sie aber in Bali an verschiedenen Tagen gepostet wurden.

4 Filip Vostal, «Slowing Down Modernity: A Critique», *Time and Society* 28, Nr. 3 (2019), S. 1042.

5 Vostal, «Slowing Down Modernity: A Critique», S. 1048.

6 Vostal, «Slowing Down Modernity: A Critique», S. 1046.

7 Deutsche Übersetzung: *Theorie der feinen Leute. Eine ökonomische Untersuchung der Institutionen* (1958).

8 B. Joseph Pine II. Und James Gilmore, «Welcome to the Experience Economy», *Harvard Business Review,* Juli/August 1998.

9 Susan Sontag, *On Photography*, Frarrar, Straus and Giroux 2011, S. 4.

10 Aisha Malik, «Instagram expands its product tagging feature to all US users», *TechCrunch*, 22. März 2022, https://techcrunch.com/2022/03/22/instagram-product-tagging-feature/.

11 Isabella Steger, «The Japanese words that perfectly sum up how the country felt this year», Quartz, 1. Dezember 2017, https://qz.com/1144046/sontaku-japans-word-of-the-year-reflects-its-deep-political-unease/. Der Ausdruck lautet mitunter auch «insuta-bae».

12 Rachel Hosie, «‹Instagrammability›: Most Important Factor for Millennials on Choosing Holiday Destination», *The Independent*, 24. März 2017, https://www.Independent.co.uk/travel/instagrammability-holiday-factor-millennials-holiday-destination-choosing-travel-social-media-photos-a7648706.html.

13 *Inside*, Regie Bo Burnham (Netflix 2021).

14 Lauren Bullen (@gypsealust), «Fulfilling my lavender field dreams», Instagram, 3. Juli 2021, https://instagram.com/p/CQ3k2zOBJea/.

15 B. Marder et al., «Vacation Posts on Facebook: A Model for Incidental Vicarious Travel Consumption», Journal of Travel Research 58, Nr. 6 (2019), S. 1027; H. Liu et al., «Social Media Envy: How Experience Sharing on Social Networking Sites Drives Millennials' Aspirational Tourism Consumption», Journal of Travel Research 58, Nr. 3 (2019), S. 365. Das letzte Paper legt nahe, dass «das ‹schwaches Selbstwertgefühl›-Segment ein potenziell riesiger, wenn auch noch wenig erforschter Markt ist».

16 Lauren Bullen (@gypsealust), «The one time we got up for sunrise», Instagram, 15. September 2021, https://www.instagram.com/p/CTlYY6Zr9Ij/.

17 Anna Serengina, «Found a prison that has been converted to an influencer hotel», Twitter Post, 20. September 2021, https://twitter.com/touchingcheeses/status 714400520937887 21155.

18 Lucy Dodsworth, «A Night Behind Bars: The Malmaison Oxford Hotel Reviewed», On the Luce Travel Blog, 3. März 2021, https://www.ontheluce.com/reviewed-a-night-behind-bars-at-the-malmaison-oxford/.

19 «Forestis Dolomites | Boutique Wellness Hotel in Brixen», https://www.forestis.it/en.

20 *White Lotus*, Staffel 1, «Arrivals», Regie Mike White, erstmals ausgestrahlt am 11. Juli 2021 auf HBO.

21 Santana Row's vorläufige Website kündigte einen Platz an, der «von den großen Boulevards Europas und Amerikas» inspiriert sein sollte, während die spätere Website dann auf fußgängerfreundliche Straßen mit «europäischem Flair» ver-

wies. «Santana Row [About]», archiviert am 5. Februar 2004, https://web.archive.org/web/20040205185023/http://www.santanarow.com/about.shtml; «Santana Row», archiviert am 3. August 2005; https://web.archive.org/web/20050803081549/http://www.santanarow.com/.

22 Josh Allan Dykstra, «Why Millennials Don't Want to Buy Stuff», *Fast Company*, 13. Juli 2012.

23 Tom Perkins, «The Fight to Stop Nestlé from Taking America's Water to Sell in Plastic Bottles», *The Guardian*, 29. Oktober 2019, https://www.theguardian.com/environment/2019/oct/29/the-fight-over-water-how-nestle-dries-up-us-creeks-to-sell-water-in-palstic-bottles. In «Reproducing the Struggle: A New Feminist Perspective on the Concept of Social Reproduction», *Viewpoint Magazine*, 31. Oktober 2015, schlägt Fulvia Serra etwas Ähnliches vor, wenn sie schreibt, dass die private Abgrenzung öffentlicher Güter – ein Prozess, der im 12. Jahrhundert in England begann – auch auf den Bereich des Sozialen und die Informationssphäre angewendet wird. Sie schreibt, dass «Vertrautheit, zusammen mit anderen sozialen und intellektuellen Praktiken, die für die Reproduktion unserer Kollektivität notwendig sind, heutzutage von der kapitalistischen Maschinerie einverleibt wird und im Zuge dessen von der kollektiven Sphäre in jene der nuklearen Einheit und von der Sphäre der Reproduktion in jene der Marktökonomie überführt wird».

24 «Instagram Stories ads – now available for all businesses globally», Instagram Blog, 1. März 2017, https://business.instagram.com/blog/instagram-stories-available-globally.

25 In den 1960er Jahren geprägt, wurde *Geltungskonsum* beschrieben als «Sammelbegriff, der Verbraucherabsichten und Verhaltensreaktionen umfasst, welche durch wahrgenommene Defizite, Bedürfnisse und Wünsche getriggert werden, die nicht unmittelbar erfüllt werden können». Bernadett Koles, Victoria Wells und Mark Tadajewski, «Compensatory Consumption and Consumer Compromises: A State-of-the-Art Review», *Journal of Marketing and Management* 34, Nr. 1–2 (2018), S. 5.

26 Leo Lewis und Emma Jacobs, «How Business Is Capitalizing on the Millennial Instagram Obsession», *Financial Times*, 12. Juli 2018, https://www.ft.com/content/ad84c9d0-8492-11e8-96dd-fa565ec55929.

27 Kathi Weeks, *The Problem with Work: Feminism, Marxism, Antiwork Politics, and Postwork Imaginaries*, Duke University Press, Durham, N. C., 2011, S. 49.

28 Jon D. Wisman und Matthew E. Davis, «Degraded Work, Declining Community, Rising Inequality, and the Transformation of the Protestant Ethic in America: 1870–1930», *The American Journal of Economics and Sociology* 72, Nr. 5, November 2013, S. 1088. Die Autoren zitieren aus Thorstein Veblens *Theory of the Leisure Class*: «Das einzig praktikable Mittel, unbarmherzigen Beobachtern unseres Alltagslebens die eigenen finanziellen Möglichkeiten einzuprägen, ist die unablässige Demonstration der eigenen Zahlungsfähigkeit.»

29 Max Weber, *Die protestantische Ethik und der Geist des Kapitalismus* (1904 ff.), in: ders.: Gesammelte Aufsätze zur Religionssoziologie, Band I, UTB München 1988, S. 166/67; zitiert in Weeks, *The Problem with Work*, S. 50.

30 Tony Blackshaw, «The Man from Leisure: An Interview with Chris Rojek», *Cultural Sociology* 6, Nr. 3 (2012), S. 333.

31 John Chan, «Larry Ellison's $300m Hawaii Island Will Transform Wellness», Billionaire, 14. Mai 2020, https://www.bllnr.com/travel/larry-ellison-s-us$300m-startup-will-transform-wellness; Avery Hartmans, «See inside Larry Ellison's

Hawaiian island wellness retreat, a $ 1,200-per-night luxury spa where guests track their health data and learn how to live longer lives», *Business Insider*, 21. Februar 2021, https://www.businessinsider.com/larry-ellison-hawaii-wellness-spa-sensei-lanai-photos-2021-2.

32 Adam Nagourney, «Tiny Hawaiian Island Will See if New Owner Tilts at Windmills», *The New York Times*, 22. August 2012, https://www.nytimes.com/2012/08/23/us/lanai-a-hawaiian-island-faces-uncertain-future-with-new-owner.html.

33 Patrick Lucas Austin, «Need Some Help Reaching Your Goals? Try These 5 Habit-Tracking Apps», *Time*, 8. Juli, 2019, https://time.com/5621109/best-habit-tracking-apps/.

34 Rachel Reichenbach, «Why Your Instagram Engagement Kinda Sucks Right Now», Rainylune, 20. Dezember 2020, https://rainylune.com/blogs/blog/why-your-instagram-engagement-kinda-sucks-right-now.

35 Amelia Talt, «Why Instagram's creatives are angry about its move to video», *The Guardian*, 8. August 2021, https://www.the guardian.com/technology/2021/aug/08/instagram-artists-leaving-social-media-tiktok-shopping; Rebecca Jennings, «Nobody wants more crappy videos on Instagram. Too bad.» Vox, 29. März 2022, https://www.vox.com/the-goods/23000352/instagram-algorithm-reels-video-following-favorites.

36 Pieper, *Muße und Kult*, S. 51/52.

37 Pieper, *Muße und Kult*, S. 51.

38 Jenny Odell, *Nichts tun. Die Kunst, sich der Aufmerksamkeitsökonomie zu entziehen*, C.H.Beck, München 2021, S. 41.

39 Odell, *Nichts tun*, S. 40.

40 «Morcom Amphitheatre of Roses – Oakland CA», The Living New Deal, https://livingnewdeal.org/projects/morcom-amphitheatre-of-roses-oakland-ca/.

41 Ida Craven, «‹Leisure›, According to the Encyclopedia of the Social Sciences», *Mass Leisure*, hg. von Eric Larrabee und Rolf Meyersohn, The Free Press, Glencoe, Ill., 1958, S. 8. Craven bemerkt, dass Bedenken wegen des «Freizeitproblems» mit den 8-Stunden-Arbeitsgesetzen aufkamen, die 1916 und 1917 diskutiert wurden.

42 John Maynard Keynes, «Economic Possibilities for our Grandchildren», *Essays in Persuasion*, W. W. Norton, New York 2011, Ebook.

43 *Worker's Rights and Labor Compliance in Global Supply Chains*, hg. von Doug Miller, Jennifer Blair und Marsha Dickson, Routledge, New York 2014, S. 9.

44 Chris Rojek, *The Labour of Leisure: The Culture of Free Time*, SAGE, London 2010, Kapitel 4.

45 Statement zitiert in National Recreation Association, *The Leisure Hours of 5000 People: A Report of a Study of Leisure Time Activities and Desires*, National Recreation Association, New York 1934. Dieser Bericht leitet den Abschnitt «Purpose, Method, and Scope of the Study» mit der Bemerkung ein: «Jeder weiß, dass die Menge an verfügbarer Zeit ausserhalb der Arbeitsstunden für die meisten Leute während der letzten Jahre rapide zugenommen hat.» (S. 4).

46 Gilbert Wrenn und D. L. Harvey, *Time on Their Hands: A Report on Leisure, Recreation, and Young People*, American Council on Education, Washington D. C., 1941, S. XX.

47 *A Chance to Play* (General Electric Company, in Zusammenarbeit mit der National Recreation Association, 1950), https://archive.org/details/Chanceto1950.

48 *Better Use of Leisure*, Regie Ted Peshak (Coronet Instructional Films, 1950), https://archive.org/details/0034_Better_Use_of_Leisure_Time_10_22_15_00.

49 Die narrativen Zwischenstücke in diesem Buch sind im Sommer 2021 entstanden; die Zugänglichkeit des Parks änderte sich 2020.

50 Amanda Bartlett, «No Access: ACLU Sues Palo Alto over Decades-Long Ban of Non-residents from City Park», SFGate, 16. September 2020, https://www.sfgate.com/california-parks/article/ACLU-sues-Palo-Alto-Foothills-Park-nonresidents-15573266.php.

51 George A. Lundberg, Mirra Komarovsky und Mary AliceMcInerny, *Leisure: A Suburban Study*, Colunbia University Press, New York 1934, S. 118.

52 Garnette Cadogan, «Walking While Black», Literary Hub, 8. Juli 2016, https://lithub.com/walking-while-black/.

53 Piper, *Muße und Kult*, S. 51.

54 W. E. B. Du Bois, *The Souls of Black Folk*, Cosimo Classics, New York 2007, S. 2.

55 Barbara May Cameron, «Gee, You Don't Seem Like an Indian from the Reservation», in *This Bridge Called My Back*, 3. Auflage, Third Woman Press, Berkeley, Kalif., 2002, S. 54.

56 Nicole Hong et al., «Brutal Attack on Filipino Woman Sparks Outrage: ‹Everybody Is on Edge›», *The New York Times*, 30. März 2021, https://nytimes.com/2021/03/30/nyregion/asian-attack-nyc.html.

57 Denzel Tongue, «My Grandparents' Redlining Story Shows Why We Must Do Better», *YES! Magazine*, 13. November 2020, https://www.yesmagazine.org/opinion/2020/11/13/redlining-racial-inequity-covid.

58 Victoria W. Wolcott, *Race, Riots, and Roller Coasters: The Struggle over Segregated Recreation in America*, University of Pennsylvania Press, Philadelphia 2012, S. 16.

59 Wolcott, *Race, Riots, and Roller Coasters*, S. 16–18, 70–71, 118/19, 122.

60 Jackie Robinson, *I Never Had It Made: An Autobiography*, Harper Collins, New York 2013, S. 7.

61 Das Schwimmbad war Brookside Plunge, das zwischen 1929 und 1945 für Nicht-Weiße an Dienstagen zwischen zwei und fünf Uhr nachmittags geöffnet war. Es wurde schließlich gezwungen, ohne Beschränkungen wiederzueröffnen, nachdem die NAACP 1947 eine gerichtliche Verfügung erwirkt hatte. Rick Thomas, «Throwback Thursday – Revisiting Our Racist Past», *South Pasadenan*, 14. Juni 2018, https://southpasadenan.com/throwback-thursday-revisiting-our-racist-past/.

62 Wolcott, *Race, Riots, and Roller Coasters*, S. 14, 232.

63 Zitiert in Jason Bittel, «People called the police on this black birdwatcher so many times that he posted custom signs to explain his hobby», The *Washington Post*, 5. Juni 2020, https://www.washintonpost.com/science/2020/06/05/people-called-police-this-black-birdwatcher-so-many-times-that-he-posted-custom-signs-explain-his-hobby/.

64 Walter Kitundu (@birdturntable), Twitter Post, 24. Juli 2020, https://twitter.com/birdturntable/status/1286662401685893123.

65 Walter Kitundu, E-Mail an die Autorin, 18. Juli 2022.

66 Deborah Wang, «The tale of the Black birders and ruffled feathers on Facebook», KUOW, 5. Juli 2020, https://www.kuow.org/stories/black-birders-ruffle-feathers-on-facebook; «Seattle Audubon Statement on Facebook Group Censorship and ‹No Politics› Policies», Seattle Audubon, 1. Juli 2020, https://seattleaudubon.

org/2020/07/01/seattle-audubon-statement-on-facebook-group-censorship-and-no-politics-policies7.

67 Sam Hodder, «Reckoning with the League Founders' Eugenics Past», Save the Redwoods League, 15. September 2020, https://www.savetheredwoods.org/blog/reckoning-with-the-league-founders-eugenics-past/.

68 Mark David Spence, *Dispossessing the Wilderness: Indian Removal and the Making of the National Parks*, Oxford University Press, Oxford, UK, 2000, S. 5. In seinem Buch *The Metaphysics of Modern Existence* (Fulcrum, Golden, Colo, 2012) vermittelt der im Standing-Rock-Reservat aufgewachsene Sioux-Autor Vine Deloria Jr. einen Eindruck der sozialen Rolle, welche die Nationalparks nach dem Zweiten Weltkrieg spielten: «Das Interesse an Freizeitaktivitäten in einer natürlichen Umgebung war keine tiefgründige philosophische oder religiöse Bewegung, die in den natürlichen Entitäten selbst einen Wert erkannte, aber es machte bewusst, dass die ästhetischen Werte der amerikanischen Gesellschaft ebenso in den Funktionen der Natur wie in der Würdigung von Malerei, Musik oder anderen Kunstformen ihren Ausdruck finden konnten.» Er fügt hinzu, dass die Naturschutzbewegung, die Natur «als Mittel ansah, den menschlichen Frustrationen ein emotionales Ventil zu bieten», wobei für ihn der Naturschützer Aldo Leopold – mit seiner Betonung einer Landethik, in der Natur viel mehr als nur Eigentum oder Annehmlichkeit ist – eine Ausnahme darstellt. (S. 181)

69 Matt Dolkas, «A Tribal Band Reconnects with Ancestral Lands», Peninsula Open Space Trust, 3. März 2020, https://openspacetrust.org/blog/amah-mutsun/. Vorsitzender der Amah Mutsun Tribal Band ist Valentin Lopez, auf dessen Lehren über Feuer ich in Kapitel 5 zurückkomme.

70 Mark Hehir, E-Mail an die Autorin, 5. März 2021.

71 Um nur ein Beispiel aus ebenjener Ära zu geben, in der öffentliche Freizeit en vogue war, möchte ich die schwarzen Arbeiterinnen in den Tabakfabriken nennen, die sich Räume schufen, welche Spiritualität, Freizeit, Bildung und Aktivismus vereinten. In ihrer Studie über Arbeiterinnen im neuen industriellen Süden zwischen 1910 und 1940 beschreiben M. Deborah Bialeschki und Kathryn Lynn Walbert, wie schwarze Arbeiterinnen, verglichen mit weißen, die Gewerkschaftsbewegung, die in der Tabakindustrie des Südens aufkam, eher unterstützten und oft selbst Führungsrollen darin einnahmen. Zu einer Zeit, in der die meisten Freizeiteinrichtungen nicht-weißen Besuchern verwehrt waren und in den schwarzen Vierteln erst gar nicht gebaut wurden, orientierten sich schwarze Gewerkschaftshäuser an der Rolle der schwarzen Kirchen als Räume, die der gemeinschaftlichen Affirmation, der Bildung und dem Aktivismus dienten, und lösten diese schließlich ab. Die Frauen zogen sich für Gewerkschaftsveranstaltungen so an, als würden sie zur Kirche gehen, organisierten Tanzveranstaltungen und Theater und bemühten sich ganz allgemein, die Art von Freizeit zu schaffen, die ihnen verwehrt worden war. Deborah Bialeschki und Kathryn Lynn Walbert, «‹You have to have some fun to go along with your work›: The Interplay of Race, Class, Gender, and Leisure in the Industrial New South», *Journal of Leisure Research* 30, Nr. 1 (1998), S. 94–96.

72 Thora Siemsen, «On Working with Archives: An Interview with Saidiya Hartman», The Creative Independent, 18. April 2018, https://thecreativeindependent.com/people/saidiya-hartman-on-working-with-archives/.

73 The Nap Ministry (@The NapMinistry), Twitter Post, 10. Oktober 2020, https://twitter.com/TheNapMinistry/status/1314921775864651777.

74 The Nap Ministry (@The NapMinistry), Twitter Post, 21. September 2021, https://twitter.com/TheNapMinistry/status/1440296107527979028.

75 Tricia Hersey, «Our work has a framework: REST IS RESISTANCE!», 11. Januar 2021, https://thenapministry.wordpress.com/2021/01/11/our-work-has-a-framework/.

76 «Atlanta-Based Organization Advocates for Rest as a Form of Social Justice», *All Things Considered*, NPR, 4. Juni 2020, https://www.npr.org/2020/06/04/869952476/atlanta-based-organization-advocates-for-rest-as-a-form-of-social-justice.

77 Rojek, *Labor of Leisure*, Kapitel 4.

78 *Aristotle's Politics*, zweite Auflage, übers. von Carnes Lord, University of Chicago, Chicago 2013, Buch 3, Kapitel 14; dt.: *Aristoteles. Politik*, übers. von J. H. von Kirchmann, Philosophische Bibliothek Band 7, Verlag der Dürr'schen Buchhandlung, Leipzig 1880, Buch 3, Kapitel 14: «Denn diese rohen Völker sind von Natur mehr knechtisch in ihren Sitten, als die Griechen und die rohen Völker in Asien noch mehr als die in Europa; sie ertragen deshalb die despotische Herrschaft nicht widerwillig.» In Buch 4, Kapitel 7 weist Aristoteles diese Merkmale, in Absetzung von den Griechen, dem Klima in Nordeuropa und Asien zu. Auch wenn sich diese Passagen auf die Bewohner entlegenerer Gegenden beziehen als jene, aus denen die meisten versklavten Menschen in Athen kamen, empfahl eine Fußnote zu Aristoteles' anfänglicher Diskussion der ‹Sklaverei von Natur› (Buch 1, Kapitel 6) in der englischen Carnes-Lord-Übersetzung «das weitverbreitete Gefühl von Rassenüberlegenheit nicht außer acht zu lassen, das die in der Polis lebenden Griechen gegenüber den ‹Barbaren› des Balkans und des Perserreiches hegten, die einen sehr großen Anteil griechischer Sklaven stellten».

79 *Aristoteles, Politik*, Buch 1, Kapitel 4: «So ist also das einzelne Besitzstück ein Werkzeug zum Leben und das Vermögen eine Menge von Werkzeugen und der Sclave ein lebendiges Besitzstück und jeder Diener *ein* Werkzeug statt vieler. Denn wenn es möglich wäre, dass jedes Werkzeug auf Geheiß oder vorbewusst sein Werk vollbringen könnte, wie angeblich die Statuen des Dädalos oder die Dreifüße des Hephästos, von denen der Dichter sagt, dass sie von selbst sich in die Versammlung der Götter begeben hätten und wenn so auch das Weberschiff von selbst webte und die Zither von selbst spielte, so bedürften weder die Künstler der Gehülfen, noch die Herren der Sclaven.»

Aristoteles, Politik, Buch 4, Kapitel 9: «... und da die Glückseligkeit, wie ich früher gesagt, ohne Tugend nicht möglich ist, so erhellt, dass in dem Staate mit der besten Verfassungsform und mit Bürgern, welche schlechthin und nicht bloß beziehungsweise, gerechte Männer sind, die Bürger nicht im niederen Handwerk, noch in Krämerart ihr Leben verbringen dürfen; denn ein solches Leben ist kein edles und verträgt sich nicht mit der Tugend; auch dürfen sie deshalb nicht Ackerbauer sein; denn zur Entwickelung der Tugend und für die staatliche Thätigkeit bedarf es der Muße.»

80 Zeyad el Nabolsy, «Aristotle on Natural Slavery: An Analysis Using the Marxist Concept of Ideology», *Science and Society* 83, Nr. 2 (April 2019), S. 250.

81 William Fortenbaugh, *Aristotle's Practical Side: On his Psychology, Ethics, Politics and Rhetoric*, Brill, Leiden, Niederlande 2006, S. 249; Malcolm Heath, «Aristotle on Natural Slavery», *Phronesis* 53, Nr. 3 (2008), S. 266.

82 Silvia Wynter, «Unsettling the Coloniality of Being: of Being/Power/Truth/Freedom: Towards the Human, After Man, Its Overrepresentation – An Argument»,

The New Centennial Review 3, Nr. 3 (Herbst 2003), S. 265–267, S. 296; Simone de Beauvoir, *The Second Sex*, Vintage, New York 1989, S. XXII.

83 *Aristoteles, Politik*, Buch 1, Kapitel 13; Frederick A. Ross, «Sermon Delivered in the General Assembly, New York, 1856», *Slavery Ordained of God*, J. B. Lippincott, Philadelphia 1857.

84 Zeyad El Nabolsy schrieb, dass diese Hierarchie das zeigt, was er als «Proto-Rassifizierung» bezeichnet. Er räumt ein, dass das moderne Konzept von Rasse später auftauchte, ist aber der Meinung, dass Aristoteles' Hierarchie dem modernen Rassismus fast näher ist als einer bloßen Xenophobie, insofern als sie praktischerweise dazu diente, die Institution der Versklavung von Nichtgriechen zu rechtfertigen und zu stützen. El Nabolsy, «Aristotle on Natural Slavery: An Analysis Using the Marxist Concept of Ideology».

85 David R. Roediger und Philip S. Foner, *Our Own Time: A History of American Labor and the Working Day*, Verso, New York 1989, S. 21.

86 Joan-Lluís Marfany, «The Invention of Leisure in Early Modern Europe (Diskussion)», *Past and Present* 156, Nr. 1 (August 1997), S. 190–91. Bagà ist eine mittelalterliche Stadt in Katalonien, Spanien.

87 Robert H. Ziegler, *For Jobs and Freedom: Race and Labor in America since 1865*, University Press of Kentucky, Lexington 2014, S. 25.

88 Ira Steward, zitiert in Roediger und Foner, *Our Own Time*, S. 99.

89 Ira Steward, zitiert in David Roediger, «Ira Steward and the Anti-Slavery Origins of American Eight-Hour Theory», *Labor History* 27, Nr. 3 (1986), S. 425.

90 Roediger und Foner, *Our Own Time*, S. 95.

91 Peter Frase, «Beyond the Welfare State», 10. Dezember 2014, http://www.peterfrase.com/2014/12/beyond-the-welfare-state/.

92 *Blue Collar*, Regie Paul Schrader, Universal Pictures 1978.

93 Barbara Luck, «The Thing That Is Missed», *Processed World* 6 (November 1982), S. 49. «Barbara Luck» war vermutlich ein Pseudonym.

94 Niki Franco im Gespräch mit der Autorin, 12. März 2021.

4. Die Zeit wieder an ihren Platz rücken

1 Helen Macdonald, «Eclipse», in *Vesper Flights*, Grove, New York 2020, S. 80; dt.: «Verfinsterung», in *Abendflüge*, übers. von Ulrike Kretschmer, Carl Hanser Verlag, München 2021, S. 113.

2 Mauroy (@_mxuroy), Twitter Post, 9. April 2020, https://twitter.com/_mxuroy/status/1248228948686897152?s=20
https://twitter.com/James_Holzhauer/status/1239980923526889473?s=20; James Holzhauer (@James_Holzhauer), Twitter Post, 17. März 2020. https://twitter.com/James_Holzhauer/status/1239980923526889473; https://twitter.com/JelloMariello/status/1244120759162687490?s=20 [User nicht mehr auf Twitter]; Seinfeld Current Day (@Seinfeld2000), Twitter Post, 7. April 2020, https://twitter.com/Seinfeld2000/status/1247772104520421377.

3 Henri Bergson, *Schöpferische Entwicklung*, übers. von Gertrud Kantorowicz, verlegt bei Eugen Diederichs, Jena 1930, S. 161.

4 «Der homogene Raum und die homogene Zeit sind also weder Eigenschaften der Dinge, noch wesentliche Bedingungen unserer Fähigkeit, sie zu erkennen; sie sind der abstrakte Ausdruck für die zweifache Arbeit der Verdichtung und Zerteilung,

welche wir an der bewegten Kontinuität des Wirklichen vollziehen, um uns in ihr Stützpunkte zu sichern, Operationsbasen festzulegen, ja schließlich um wirkliche Veränderungen an ihr vorzunehmen; sie sind die Schemata unserer Wirksamkeit auf die Materie.» in: Henri Bergson, *Materie und Gedächtnis. Eine Abhandlung über die Beziehung zwischen Körper und Geist*, übers. von Julius Frankenberger, Eugen Diederichs, Jena 1919, Kapitel IV, Von der Abgrenzung und Fixierung der Bilder. Wahrnehmung und Materie. Seele und Leib, Abschnitt IV, Die wirkliche Bewegung ist viel mehr die Übertragung eines Zustandes als eines Dinges.

5 Henri Bergson, Time and Free Will: An Essay on the Immediate Data of Consciousness, übers. von F. L. Pogson, Dover Publications, Mineola, N. Y., 2001, S. 97–101; dt.: *Zeit und Freiheit. Eine Abhandlung über die unmittelbaren Bewusstseinstatsachen*, Eugen Diederichs, Jena 1911, S. 76; Henri Bergson, Essai sur les données immédiates de la conscience (1888), Les Presses Universitaires de France, 1970, 144. Auflage, S. 47.

6 Bergson verwendet die Analogie des Kaleidoskops in *Materie und Gedächtnis*, Kapitel IV, Abschnitt III.

7 Peters, *The Marvelous Clouds*, S. 220.

8 Carol J. Greenhouse, *A Moment's Notice: Time Politics Across Cultures*, Cornell University Press, Ithaca, N. Y., 2018, S. 47.

9 Birth, *Time Blind*, S. 21.

10 Tyson Yunkaporta, *Sand Talk: How Indigenous Thinking Can Save the World*, Harper Collins, New York 2020, Kap. 1; dt.: Sand Talk: *Das Wissen der Aborigines und die Krisen der modernen Welt*, übers. von Dirk Höfer, Matthes und Seitz, Berlin 2021, Kap. 1., S. 26.

11 Birth, *Time Blind*, S. 31.

12 Andrew Alden, E-Mails an die Autorin am 6. und 9. April und am 29. Mai 2022. Die meisten geologischen Details dieses Strandes verdanke ich unserer Korrespondenz und seiner Berichterstattung für KQED. Siehe Andrew Alden, «Geological Outings Around the Bay: Pebble Beach», KQED, 3. März 2011, https://www.kqed.org/quest/19198/geological-outings-around-the-bay-pebble-beach.

13 Daniel Potter, «The Bay Area During the Ice Age (Think Saber-Tooth Cats and Mammoths)», KQED, 24. September 2020, https://www.kqed.org/news/11839198/the-bay-area-during-the-ice-age-think-saber-tooth-cats-and-mammoths.

14 Marcia Bjornerud, Timefulness: How Thinking Like a Geologist Can Help Save the World, Princeton University Press, Princeton, N. J. 2018, Ebook; dt.: *Zeitbewusstsein: Geologisches Denken und wie es helfen könnte, die Welt zu retten*, übers. von Dirk Höfer, Matthes und Seitz, Berlin 2020.

15 Bergson, *Schöpferische Entwicklung*, S. 23.

16 In *The Human Organization of Time* zitiert Allen C. Bluedorn Whiteheads Meinung, dass «absolute Zeit nur eine ebensolche metaphysische Monstrosität ist wie absoluter Raum». Bluedorn, *The Human Organization of Time*, S. 28; siehe auch W. Mays, «Whitehead and the Philosophy of Time», *The Study of Time*, hg. von J. T. Fraser, F. C. Haber, G. H. Müller, Springer, Berlin 1972, S. 358.

17 Deloria, *The Metaphysics of Modern Existence*, S. 52.

18 Vine Deloria Jr., «Relativity, Relatedness, Reality», *Winds of Change*, Herbst 1992.

19 Nanni, *The Colonisation of Time*, S. 61.

20 «Season», Online Etymology Dictionary, https://www.etymonline.com/word/season#etymonline_v_23062.

21 Tyson Yunkaporta, *Sand Talk. Das Wissen der Aborigines und die Krisen der modernen Welt*, übers. von Dirk Höfer, Matthes & Seitz, Berlin 2021, S. 193/94.
22 Deloria, «Relativity, Relatedness, Reality».
23 Vine Deloria Jr. Und Daniel Wildcat, *Power and Place: Indian Education in America*, American Indian Graduate Center and Fulcrum Resources, Golden, Colo 2001, S. 23. «Kraft und Ort schaffen Persönlichkeit. Diese Gleichsetzung bedeutet ganz einfach, dass das Universum lebendig ist, aber sie enthält auch die überaus wichtige Feststellung, dass das Universum eine Art Persönlichkeit ist und man sich ihm deshalb auf persönliche Weise nähern muss.»
24 Daniel R. Wildcat, «Indigenizing the Future: Why We Must Think Spatially in the Twenty-first Century», *American Studies* 46, Nr. 3 & 4 (Herbst/Winter 2005), S. 430.
25 Georges Perec, *Species of Spaces and Other Pieces*, übers. von John Sturrock, Penguin Publishing Group, New York 2008, S. 210; Original: «Approches de quoi?», darin der Begriff «L'infra-ordinaire»; dt. «Annäherungen an was?» in: Georges Perec, *Warum gibt es keine Zigaretten beim Gemüsehändler?*, übers. von Eugen Helmlé, Diaphanes, Zürich 2014, S. 5 ff.
26 Georges Perec, *La Disparition*, Editions Denoël, Paris 1969.
27 Georges Perec, *An Attempt at Exhausting a Place in Paris*, übers. von Marc Lowenthal, Wakefield, Cambridge, Mass., 2010, S. 3; Original: *Tentative d'epuisement d'un lieu parisien;* dt.: *Versuch, einen Platz in Paris zu erfassen*, übers. von Tobias Scheffel, Libelle, Lengwil 2010, S. 24/25.
28 Marc Lowenthal, «Translator's Afterword», in: Perec, *An Attempt at Exhausting a Place in Paris*, S. 49/50.
29 Corinna Newsome, zitiert in Jacey Fortin, «The Birds Are Not on Lockdown, and More People Are Watching Them», The New York Times, 29. Mai 2020, https://www.nytimes.com/2020/05/29/science/bird-watching-coronavirus.html.
30 «Birdwatching Surges in Popularity during Covid 19 Pandemic», CBS Pittsburgh, 3. März 2021; Team eBird, «2020 Year in Review: eBird, Macaulay Library, BirdCast, Merlin, and Birds of the World», 22. Dezember 2020, https://ebird.org/news/2020-year-in-review.
31 Jacob Swanson, «Backyard Birds See a Popularity Surge during COVID-19 Pandemic», *The Herald-Independent and McFarland Thistle*, 12. Februar 2021, https://www.hngews.com/mcfarland_thistle/article_be9d26f9-8d90-58a8-b7c4-087c1579d473,html.
32 Marc Devokaitis, «Lots of People Are Discovering the Joy of Birding from Home during Lockdown», All About Birds, 6. Juni 2020, https://www.allaboutbirds.org/news/lots-of-people-are-discovering-the-joy-of-birding-from-home-during-lockdown/.
33 Gillian Flaccus, «Bird-watching Soars amid COVID-19 as Americans Head Outdoors», Associated Press News, 2. Mai 2020, https://apnews.com/article/us-news-ap-top-news-ca-state-wire-or-state-wire-virus-outbreak-94a1ea5938943d8a70fe794e9f629b13.
34 Team eBird, «Pandemic-related changes in birding may have consequences for eBird research», eBird blog, 19. Februar 2021, https://ebird.org/news/pandemic-related-changes-in-birding-may-have-consequences-for-ebird-research; Devokaitis, «Lots of People Are Discovering the Joy of Birding».
35 «Brown Creeper», All About Birds, https://allaboutbirds.org/guide/Brown_Creeper/.

36 Kat McGowan, «Meet the Bird Brainiacs: American Crow», *Audubon*, April 2016, https://www.audubon.org/magazine/march-april-2016/meet-bird-brainiacs-american-crow.

37 Jennifer Ackerman, *The Bird Way: A New Look at How Birds Talk, Work, Play, Parent, and Think*, Penguin, New York 2021, S. 219.

38 «What the Pacific Wren Hears», BirdNote, 24. Oktober 2021, https://www.birdnote.org/listen/shows/what-pacific-wren-hears.

39 Ackerman, *The Bird Way*, S. 322.

40 Megan Prelinger, E-Mail an die Autorin, 11. Mai 2022.

41 Megan Prelinger, «Loons, Space, Time, and Aquatic Adaptibility», *These Birds of Temptation*, hg. Anna-Sophie Springer und Etienne Turpin, K. Verlag, Berlin 2022, S. 258.

42 Eine Yard List ist eine Liste von Spezies, die man in seinem eigenen Umfeld, seinem Garten oder Hof beobachtet hat.

43 «Patch and Yard Lists in eBird», eBird Help Center, https://support.ebird.org/en/support/solutions/articles/48001049078-patch-and-yard-lists-in-ebird.

44 Drew Lanham, «The United State of Birding», *Audubon*, 19. Dezember 2017, https://www.audubon.org/news/the-united-state-birding.

45 Laura Lukes, «The Buckeye», The Real Dirt Blog (University of California Agriculture and Natural Resources), 22. März 2019, https://ucanr.edu/blogs/blogcore/postdetail.cfm?postnum=29729.

46 Joe Eaton, «Fall of the Buckeye Ball», *Bay Nature*, 1. Oktober 2008, https://baynature.org/article/fall-of-thebuckeye-ball/.

47 Andrew Alden erklärte mir, dass das passieren würde, wenn sich das Meer während der Kaltphase lange genug zurückzieht für eine Terrasse, die tektonisch angehoben wird, um außer Reichweite der Wellen zu sein, wenn das Meer in einer Warmzeit wiederkehrt. (In Kaltphasen nehmen die Meeresspiegel ab, da Wasser in den Gletschern eingeschlossen ist). Er fügte hinzu, dass es eine offene Frage sei, ob «die menschliche Aktivität den natürlichen glazialen Kreislauf kurzgeschlossen hat». Mehr zur Bildung von Meeresterrassen siehe Doris Sloan, *Geology of the San Francisco Bay Region*, University of California Press, Berkeley 2006, S. 18/19.

48 Robin Wall Kimmerer, «The Owner», *Gathering Moss: A Natural and Cultural History of Mosses*, Oregon State University Press, Corvallis 2003, S. 125–40; dt.: «Der Besitzer», in: *Das Sammeln von Moos. Eine Geschichte von Natur und Kultur*, übers. von Dieter Fuchs, Matthes und Seitz, Berlin 2022, S. 167.

49 Mark William Westmoreland, «Bergson, Colonialism, and Race», in: Andrea J. Pitts und Mark William Westmoreland, hg., *Beyond Bergson: Examining Race and Colonialism through the Writings of Henri Bergson*, State University of New York, Albany, N. Y., 2019, S. 174–78, 192.

50 Barbara Ehrenreich, *Natural Causes: An Epidemic of Wellness, the Certainty of Dying, and Killing Ourselves to Live Longer*, Twelve, New York 2018, S. 159; dt.: *Wollen wir ewig leben? Die Wellness-Epidemie, die Gewissheit des Todes und unsere Illusion von Kontrolle*, übers. von Ursel Schäfer und Enrico Heinemann, Kunstmann, München 2018.

51 Leticia Gallegos Càzares et al., «Models of Living and Non-Living Beings among Indigenous Community Children», *Review of Science, Mathematics, and ITC Education* 10, Nr. 2 (2016):10, https://resmicte.library.upatras.gr/index.php/review/article/viewFile/2710/3052.

52 «Are Rocks Dead or Alive?» Quora, https://www.quora.com/Are-rocks-dead-or-alive; einige der Antworten wurden seither entfernt.

53 George «Tink» Tinker, «The Stones Shall Cry Out: Consciousness, Rocks and Indians», *Wicazo Sa Review* 19, Nr. 2 (Januar 2004), S. 106.

54 Tinker, «The Stones Shall Cry Out», S. 106/107.

55 Das Wort *inert* kommt aus dem Lateinischen für «ohne Geschicklichkeit»

56 Keith H. Basso, *Wisdom Sits in Places: Landscape and Language Among the Western Apache*, University of New Mexico, Albuquerque 1996.

57 J. Drew Lanham, Interview mit Krista Tippett, On Being, Audio Podcast, 28. Januar 2021, https://www.wnyc.org/story/drew-lanham–i-worship-every-bird-that-i-see/.

58 Juliana Schroeder, Adam Waytz und Nicholas Epley, «The Lesser Minds Problem», *Humanness and Dehumanization*, hg. von P. G. Bain, J. Vaes und J.-P. Leyens, Psychology Press, New York 2014, S. 49–67.

59 Schroeder, Waytz und Epley, «The Lesser Minds Problem», S. 61.

60 Shonda Rhimes, «Creating Memorable Characters: Part 1» MasterClass, https://www.masterclass.com/classes/shonda-rhimes-teaches-writing-for-television.

61 *Le Peuple migrateur* (dt.: *Nomaden der Lüfte – Das Geheimnis der Zugvögel, engl. Winged Migration)*, Regie Jacques Perrin, Jacques Cluzaud und Michel Debats, BAC Films 2001, https://tv.apple.com/us/movie/winged-migration/umc.cmc.6rcrayreofg8iooltodmagrshm.

62 Nicole R. Palotta, «Winged Migration (2001) Sony Picture Classics», *Journal for Critical Animal Studies* 7, Nr. 2 (2009), S. 143–150; S. Plous, «Psychological Mechanisms in the Human Use of Animals», *Journal of Social Issues* 49, Nr. 1 (1993), S. 36.

63 Die Navigation der Vögel erinnert uns an eine von Bergsons Beobachtungen: «Man sollte daher nicht bloß sagen, daß gewisse Tiere einen speziellen Richtungssinn besitzen, sondern außerdem und insbesondere, daß wir Menschen die spezielle Fähigkeit haben, einen qualitätslosen Raum zu perzipieren oder zu denken.»; Bergson, *Zeit und Freiheit*, S. 76.

64 In einer 2013 erschienen Studie über die Faktoren, welche die Tafoni-Formationen prägen, schreibt der Geomorphologe Thomas R. Paradise: «Auch wenn Einflüsse wie der Salzgehalt, die Löslichkeit der Mineralien, die Lithologie und mikroklimatische Einwirkungen immer noch als essenziell angesehen werden», gibt die Formation der Tafoni denen, die sie erforschen wollen, weiter «Rätsel auf». Er empfiehlt, «die hierarchischen Beziehungen zwischen den vielen Prozessen zu untersuchen, von denen man weiß, dass sie ihre Entstehung und Weiterentwicklung gelenkt haben», dabei jedoch zu akzeptieren, dass die Mischung aus Faktoren an jedem Standort anders sein kann. Paradise bemerkt auch, dass solche Formationen bei Gesteinen auf dem Mars entdeckt wurden. Thomas R. Paradise, «Tafoni and Other Rock Basins», John F. Shroder (Hg.), *Treatise on Geomorphology*, Bd. 4, Academic Press, San Diego, CA, S. 125.

65 Experience stammt von dem altfranzösischen Wort *esperience* ab («Experiment, Beweis, Erfahrung») und noch weiter zurückreichend vom Lateinischen *ex* («ausserhalb») + *peritus* («erfahren, getestet»). «Experience (n.)», https://www.etymonline.com/word/experience.

66 Mel Baggs, «In My Language», YouTube Video, 8:36, 14. Januar 2007. https://www.youtube.com/watch?v=JnylM1hl2jc. Ich danke Indira Allegra dafür, dass sie diesen Beitrag mit mir geteilt hat.

67 Ted Chiang, «The Lifecycle of Software Objects», *Exhalation*, Vintage, New

York 2020, S. 62–172. Mein besonderer Dank gilt Joshua Batson, dafür, dass er mir dieses Buch empfohlen und es mir ausgeliehen hat.
68 Wildcat, «Indigenizing the Future», S. 422/23.
69 Galton, *Memories of My Life*, S. 296.
70 Henri Bergson, *Philosophie der Dauer. Textauswahl von Gilles Deleuze*, übers. von Margarethe Drewsen, Felix Meiner Verlag, Hamburg 2013, S. 183.
71 Bergson, *Zeit und Freiheit*, S. 101.
72 Tyson Yunkaporta, *Sand Talk. Das Wissen der Aborigines und die Krisen der modernen Welt*, übers. von Dirk Höfer, Matthes & Seitz, Berlin 2021, S. 114 f.

5. Subjektwechsel

1 Cornell Barnard, «Pacifica home on edge of cliff being demolished», ABC 7 News, 10. Januar 2018, https://abc7news.com/pacifica-house-demolition-cliff-home-red-tagged-esplanade-avenue/2925264/.
2 Kevin Levey (@DrStorminSF), «Zero solar radiation getting the surface», Twitter Post, 9. September 2020, https://twitter.com/DrStorm-inSF/status/13037636883 10992896; Lori A. Carter (@loricarter), «Just checked my Tesla solar app», Twitter Post, 9. September 2020, https://twitter.com/loria-carter/status/130376863 6268527616.
3 Elliott Almond, «Red Flag Warning in May? Fire Season Arrives Early in Northern California», *The Mercury News*, 2. Mai 2021, https://www.mercurynews.com/2021/05/02/red-flag-warning-in-may-fire-season-arrives-early-in-northern-california/.
4 Chad T. Hanson, *Smokescreen: Debunking Wildfire Myths to Save Our Forests and Our Climate*, University Press of Kentucky, Lexington 2021, S. 55–56.
5 John McPhee, *The Control of Nature*, Farrar, Straus and Giroux, New York 1989, S. 208. McPhee bemerkt, dass «der Chaparrel sich gewissermaßen nicht weniger vom Feuer nährt, als das Feuer sich vom Chaparrel nährt».
6 National Park Service, «Wildland Fire in Lodgepole Pine», https://www.nps.gov/articles/wildland-fire-lodgepole-pine.htm;
7 Hanson, *Smokescreen*, S. 28. Ein «Snag» ist ein abgestorbener Baum, der stehen geblieben ist, um natürlich zu zerfallen und damit vielen Arten ein wichtiges Nisthabitat zu bieten.
8 Berkeley Center for New Media, «A Conversation on Wildfire Ecologies [with Margo Robbins and Valentin Lopez]», 21. April 2021, http://bcnm.berkeley.edu/news-research/448/video-now-online-margo-robbins-valentin-lopez.
9 Stephen Pyne, *Fire in America: A Cultural History of Wildland and Rural Fire*, University of Washington Press, Seattle 1997, S. 79–80. «Wo immer die Europäer hingingen, folgten Wälder», so schreibt Pyne, nachdem er zuvor festgestellt hat, dass es «die allgemeine Konsequenz aus der indianischen Besetzung der neuen Welt war, Waldland durch Grasland oder Savanne zu ersetzen, oder, wo der Wald stehen blieb, diesen zu lichten und ihn vom Unterholz zu befreien».
10 William G. Robbins und Donald W. Wolf, «Landscape and the Intermontane Northwest: An Environmental History», United States Department of Agriculture, Forest Service, Pacific Northwest Research Station, Februar 1994.
11 Berkeley Center for New Media, «A Conversation on Wildfire Ecologies».
12 Susie Cagle, «‹Fire is Medicine›: the tribes burning California forests to save

them», *The Guardian*, 21. November 2019, https://www.theguardian.com/us-news/2019/nov/21/wildfire-prescribed-burns-california-native-americans.

13 Johnston-Dodds, «Early California Laws and Policies Related to California Indians», CRB-02-014, September 2002, https://www.courts.ca.gov/documents/IB.pdf.

14 «An Act for the Government and Protection of Indians», California State Legislature, §10 (1850), http://calindianhistory.org/wp-content/uploads/2015/09/04_22_1850_Law.pdf.

15 Pyne, *Fire in America*, S. 100/101.

16 Martha Henderson et. al., «Fire and Society: A Comparative Analysis of Wildfire in Greece and the United States», *Human Ecology Review* 12, Nr. 2 (2005), S. 175.

17 Franklin Hough, *Report upon Forestry*, Government Printing Office, Washington D. C., 1878, S. 156.

18 Char Miller, «Amateur Hour: Nathaniel H. Egleston and Professional Forestry in post-Civil War America», *Forest History Today* (Frühling/Herbst 2005), S. 20–26. Millers Abhandlung enthält den kompletten Text von Eglestons «What We Owe to the Trees», erstmals publiziert in *Harper's New Monthly Magazine* 46, Nr. 383 (April 1882), S. 675.

19 Rebecca Miller, «Prescribed Burns in California: A Historical Case Study of the Integraation of Scientific Research and Policy», *Fire*, Nr. 3 (2020), S. 44; https://www.mdpi.com/2571-6255/3/3/44/htm#B25-fire-03-00044.

20 Pyne, *Fire in America*, S. 102.

21 James Montgomery Flagg, «Your Forests – Your Fault – Your Loss!» (U. S. Government Printing Office, Washington D. C., 1939, https://archive-org/details/CAT31359639/page/n1/mode/2up.

22 U. S. Department of Agriculture, Forest Service, «Forest Fires Aid the Enemy: Use the ash tray», U. S. Government Printing Office, 1943.

23 «This Shameful Waste Weakens America!» (Government Printing Office, Washington, D. C., 1953), https://commons.wikimedia.org/wiki/File:SmokeyBear ShamefulWaste1953.jpg.

24 «California and the Postwar Suburban Home», University of California, Calisphere, https://calisphere.org/exhibitions/40/california-and-the-postwar-suburban-home/#overview.

25 Das Haus, das meine Eltern mieteten, war 1952 gebaut worden und stand exemplarisch für die Arbeit von Cliff May, ein Architekt, der das vorgefertigte «Miracle House» populär machte. Die Häuser in diesem Vorort wurden zu ihrer Entstehungszeit mit niedrigen $ 8950 angesetzt.

26 Rebecca Miller, «Prescribed Burns in California».

27 Jan W. van Wagtendonk, «The History and Evolution of Wildland Fire Use», *Fire Ecology* 3 (2007), S. 3; https://fireecology.spring-eropen.com/articles/10.4996/fi reecology.0302003; Bruce M. Kilgore, «Wildland Fire History – The History of National Park Service Fire Policy», *Interpretation*, Spring 1989, https://www.nps.gov/articles/the-history-of-national-park-service-fire-policy.htm; Andrew Avitt, «Tribal and Indigenous Fire Tradition», U. S. Forest Service, 16. November 2021, https://www.fs.usda.gov/features/tribal-and-indigenous-heritage; Hilary Beaumont, «New California law affirms Infigenous right to controlled bruns» Al Jazeera, 3. Dezember 2021, https://www.aljazeera.com/news/2021/12/3/new-california-law-affirms-indigenous-right-to-controlled-burns.

28 Lauren Sommer, «As Calofornia Megafires Burn, Forest Service Ditches ‹Good Fire› under political Pressure», KQED, 10. August 2021, https://www.kqued.org/science/1976195/as-california-megafires-burn-forest-service-ditches-good-fire-under-political-pressure.
29 Zitiert in Sommer, «As California Megafires Burn, Forest Service Ditches ‹Good Fire› under political Pressure».
30 Zitiert in Sophie Quinton, «To Control Forest Fires, Western States Light More of Their Own», Pew Stateline, 16. Mai 2019, https://www.pewtrusts.org/en/research-and-analysis/blogs/stateline/2019/05/16/to-control-forest-fires-western-states-light-more-of-their-own.
31 Doris Sloan, *Geology of the San Francisco Bay Region*, University of California Press, Berkeley 2006, S. 260/61.
32 Christopher Reynolds und Erin B. Logan, «23 Miles of Highway 1 near Big Sur Are Closed. Repairs Will Take Months», Los Angeles Times, 1. Februar 2021, https://www.latimes.com/travel/story/2021-02-01/23-miles-hgihway-1-near-big-sur-close-require-repairs.
33 Lisa M. Krieger, «Is Big Sur's Highway 1 Worth Saving?», *The Mercury News*, 3. Juni 2017. Kathleen Woods Novoa, die im Big-Sur-Gebiet lebt und einen lokalen Blog betreibt, erzählte KQED 2017: «Die einzige Frage, die wir uns dauernd stellen, ist, wo er wieder gesperrt sein wird, wann und wie lange … Wir zweifeln nie daran, dass es jeden Winter wieder irgendwo eine Sperrung geben wird. Und das passiert so gut wie immer.»
34 McPhee, *The Control of Nature*, S. 184.
35 In «Los Angeles Should be Buried» bezieht sich Justin Nobel auf McPhee, *The Control of Nature,* und fügt hinzu, dass die Stadt «sich nicht auf Hollywood oder Zitrushaine oder Öl gründete, sie wurde auf Schlamm, Sand und Schotter errichtet, auf den 1 bis 2 Millionen Jahre alten, geschichteten Ablagerungen von Muren, die den gigantischen Sediment-Vorsprung bilden, der die Berge umringt und die Stadt unterfängt. Das Problem ist, dass die Berge immer noch abrutschen, und die Stadt ist immer noch im Weg.» Justin Nobel, «Los Angeles Should be Buried», Nautilus, 14. Juni 2019, https://nautil.us/los-angeles-should-be-buried-2-11054/.
36 McPhee, *The Control of Nature*, S. 186.
37 McPhee, *The Control of Nature*, S. 203.
38 Zitiert in McPhee, *The Control of Nature*, S. 255.
39 McPhee, *The Control of Nature*, S. 189.
40 McPhee, *The Control of Nature*, S. 258.
41 Henderson et al., «Fire and Society», S. 169–82.
42 Victor Steffenson, *Fire Country*, Hardie Grant Travel, Richmont, Victoria 2020, S. 38–41.
43 Paula Gunn Allen, «IYANI: It Goes This Way», in *The Remembered Earth: An Anthologie of Contemporary Native American Literature*, hg. von Geary Hobson, University of New Mexico Press, Albuquerque 1989, S. 191.
44 James C. Scott, *Seeing Like a State* (Neuauflage), Yale University Press, New Haven, Conn., 2020, S. 11–21.
45 Zoe Todd, «Indigenizing the Anthropocene», *Art in the Anthropocene: Encounters among Aesthetics, Politics, Environments, and Epistemologies*, hg. von Heather Davis und Etienne Turpin, Open Humanities Press, London 2015, S. 246; Todd nennt andere Wissenschaftler, die ähnliche Kritiken äußern: Juanita Sundberg, Sarah Hunt, Zakkiyah Iman Jackson und Vanessa Watts.

46 Daniel Hartley, «Anthropocene, Capitalocene and the Problem of Culture», in *Anthropocene oder Capitalocene? Nature, History and the Crisis of Capitalism*, hg. von Jason W. Moore, PM Press, Oakland, Kalif., 2016, S. 156.

47 Hartley, «Anthropocene, Capitalocene and the Problem of Culture», S. 157.

48 *I Think You Should Leave,* Staffel 1, Episode 5, «I'm Wearing One of Their Belts Right Now», Regie Alice Mathias und Akiva Schaffer, herausgekommen am 23. April 2019 auf Netflix.

49 Sylvia Wynter, «Unsettling the Coloniality of Being/Power/Truth/Freedom: Towards the Human, After Man, Its Overrepresentation – An Argument», *The New Centennial Review* 3, Nr. 3 (Herbst 2003), S. 265–67.

50 serynada, «Real Human Being», *The New Inquiry*, 12. März 2015, https://thenewinquiry.com/real-human-being/. Die Sichtweise, auf die sich serynada bezieht, könnte als Sozialdarwinismus bezeichnet werden, der, trotz seines Namens, oftmals gebraucht wird, wenn es um Denker aus der Zeit vor Darwin geht, wie etwa Thomas Malthus, der 1798 *An Essay on the Principle of Population* schrieb. Malthus, Adam Smith und andere sollten wiederum Darwin beeinflussen, vor allem mit ihrer Betonung des Wettbewerbs. In ihrer Studie über Darwins historisches Milieu, stellte Loren Eiseley fest, dass in Darwins «*On the Origin of Species* eine kraftvolle Äußerung über die utilitaristische Philosophie seiner Zeit steckt». Loren Eiseley, Darwin's Century, Anchor Books, Garden City, N. Y., 1961, S. 348.

51 Naomi Klein, *This Changes Everything: Capitalism vs. the Climate*, Simon and Schuster, New York 2014, S. 169.

52 «Summary: City of Pacifica Beach Blvd. Infrastructure Resiliency Project Public Workshop», Beach Boulevard Infrastructure Resiliency Project, 3. Dezember 2020. Archiviert: https://web.archive.org/web/20211111141854/https://www.cityofpacifica.org/civicax/filebank/blobdload.aspx?t=66412.89&BlobID=18000.

53 Pyne, *Fire in America*, S. 101.

54 Kate Aronoff, *Overheated: How Capitalism Broke the Planet – and How We Fight Back*, Bold Type, New York, 2021, S. 133.

55 Aronoff, *Overheated,* S. 135.

56 Aronoff, *Overheated,* S. 136.

57 Aronoff, *Overheated,* S. 140.

58 Aronoff, *Overheated,* S. 136/37; Rebecca Leber, «ExxonMobil wants you to feel responsible for climate change so it doesn't have to», Vox, 13. Mai 2021, https://www.vox.com/22429551/climate-change-crisis-exxonmobil-harvard-study.

59 Naomi Oreskes und Geoffrey Supran, «Rhetoric and Frame Analysis of ExxonMobil's Climate Change Communications», *One Earth* 4, Nr. 5 (Mai 2021), S. 706–8.

60 *This Changes Everything*, S. 91.

61 Aronoff, *Overheated*, S. 8; Douglas Rushkoff, *Survival for the Richest: Escape Fantasies of the Tech Billioniares*, W. W. Norton, New York 2022, Kapitel 10.

62 Oreskes, «Rhetoric and Frame Analysis of ExxonMobil's Climate Change Communications».

63 *Banking on Climate Change: Fossil Fuel Finance Report 2020*, https://www.bankingonclimatechaos.org/bankingonclimatechange2020/.

64 Klein, *This Changes Everything*, S. 119.

65 Aronoff, *Overheated*, S. 141.

66 Thom Davies, «Slow Violence and Toxic Geographies: ‹Out of Sight› to Whom?»,

Environment and Planning C: Politics and Space 40, Nr. 2 (April 2019), S. 409–427.

67 William N. Holden und Shawn J. Marshall, «Climate Change Typhoons in the Philippines: Extreme Weather Events in the Anthropocene», in *Integrating Disaster Science and Management: Global Case Studies in Mitigation and Recovery*, hg. von Pijush Samui, Dookie Kim und Chandan Ghosh, Elsevier, Amsterdam, Niederlande, 2018, S. 413. «Die Intensität, mit der tropische Zyklone auf Südostasien treffen, nahm seit 1977 um 12% zu, mit einer Verdoppelung der Zahl von Kategorie 4- und 5-Taifunen in diesem Zeitraum.» Die Verfasser schreiben, dass Taifune durch den Klimawandel außerdem mehr Feuchtigkeit transportieren und anders ziehen.

68 Desmond Ng, «Why Manila Is at Risk of Becoming an Underwater City», Channel News Asia, 14. März 2020, https://www.channel-newsasia.com/cnainsider/why-manila-risks-becoming-underwater-city-climate-change-772141.

69 Farhad Manjoo, «Lovely Weather Defined California. What Happens When It's Gone?», *The New York Times*, 11. August 2021, https://www.nytimes.com/2021/08/11/opinion/california-climate-change-fires-heat.html.

70 Brian Osgood, «‹What Choice Do We Have› US Farm Workers Battle Deadly Heatwave», Al Jazeera, 15. Juli 2021, https://www.aljazeera.com/economy/2021/7/15/what-choice-do-we-have-us-farm-workers-battle deadly-heat-wave.

71 Kathryn Yusoff, *A Billion Black Anthropocenes or None*, University of Minnesota Press, Minneapolis 2019, S. 53.

72 Zitiert in Nadine Anne Hura, «How to Centre Indigenous People in Climate Conversations», *The Spinoff*, 1. November 2019, https://thespinoff.co.nz/atea/01-11-2019/how-to-centre-indigenous-people-in-climate-conversations.

73 Elissa Washuta, «Apocalypse Logic», *The Offing*, 21. November 2016, https://theoffingmag.com/insight/apocalypse-logic/.

74 «Channel Islands National Marine Sanctuary Shipwreck Database» (archiviert), https://web.archive.org/web/20090120163755/https://channelislands.noaa.gov/shipwreck/dbase/mbnms/jamesrolph.html.

75 Imani Altemus-Williams und Marie Eriel Hobro, «Hawai'i ist not the multicultural paradise some say it is», *National Geographic*, 17. Mai 2021, https://www.nationalgeographic.com/culture/article/hawaii-not-multicultural-paradise-some-say-it-is.

76 T. Tanaki in *Pau Hana: Plantation Life and Labor in Hawaii, 1835–1920*, University of Hawai'i Press, Honolulu 1984, S. 22

77 Tanaki in *Pau Hana: Plantation Life and Labor in Hawaii, 1835–1920*, S. 21

78 Tanaki in *Pau Hana: Plantation Life and Labor in Hawaii, 1835–1920*, S. 129.

79 Tanaki in *Pau Hana: Plantation Life and Labor in Hawaii, 1835–1920*, S. 11/12.

80 Noel J. Kent, *Hawaii: Islands Under the Influence*, University of Hawai'i Press, Honolulu, S. 80.

81 Ho'okua'āina, «He ali' ka 'āina, he kauwā ke kanaka», https://www.hookuaaina.org/he-alii-ka-aina-he-kauwa-ke-kanak. Im Video, das diese Erklärung begleitet, diskutiert der Kānaka Maoli-Lehrer Danielle Espiritu, was dieser Satz mit Verantwortung und beiderseitiger Gesundheit zu tun hat: «Machen wir uns in den Gemeinschaften, in denen wir heute leben, Gedanken über die Gesundheit unserer Flüsse? Gedeihen sie gut? … Wurden sie kanalisiert oder zementiert? Haben wir tatsächlich eine aktive Beziehung zu unseren Wasserläufen oder unseren Gebirgen oder zu unseren Tälern? Oder sind sie mit Zement zugepflastert, so dass das Wasser gar nicht mehr in den Boden gelangen kann?»

82 Deborah Woodcock, «To Restore the Watersheds: Early Twentieth-Century Tree Planting in Hawai'i», *Annals of the Association of American Geographers* 93, Nr. 3 (2003), S. 624–26; The Nature Conservancy, hawaii/the-last-stand-hawaiian-forest.pdf. «The rain follows the forest»/«Der Regen folgt dem Wald» ist ebenfalls ein hawaiianisches Sprichwort.

83 «Channel Islands National Marine Sanctuary Shipwreck Database»; Paul Slavin, «A Reminder of the Schooner of James Rolph», *Pacifica*, April 2016, S. 6.

84 McPhee, *The Control of Nature*, S. 208.

85 McPhee, *The Control of Nature*, S. 24.

86 Lewis Mumford, *Technics and Civilization*, Harcourt, Crace and Company, New York 1934, S. 157.

87 Mumford, *Technics and Civilization*, S. 59.

88 Paul Meier, *The Changing Energy Mix: A Systematic Comparison of Renewable and Nonrenewable Energy*, Oxford University, New York 2020, S. 102.

89 Elisabeth Kolbert, «A Lake in Florida Suing to Protect Itself», *The New Yorker*, 11. April 2022, https://www.newyorker.com/magazine/2022/04/18/a-lake-in-florida-suing-to-protect-itself. Siehe auch Ashley Westerman, «Should Rivers Have Same Legal Rights as Humans? A Growing Number of Voices Say Yes», NPR, 3. August 2019, https://www.npr.org/2019/08/03/740604142/should-rivers-have-same-legal-rights-as-humans-a-growing-number-of-voices-say-yes.

90 Vine Deloria Jr., *The Metaphysics of Modern Existence*, Fulcrum, Golden, Colo., 2012, S. 180–81; Tiffany Challe, «The Rights of Nature – Can an Ecosystem Bear Legal Rights?», State of the Planet, Columbia Climate School, 22. April 2021, https://news.climate.columbia.edu/2021/04/22/rights-of-nature-lawsuits/; «Tribe Gives Personhood to Klamath River» (Interview), *Weekend Edition*, NPR, 29. September 2019, https://www.npr.org/2019/09/29/765480451/tribe-gives-personhood-to-klamath-river.

91 Nadine Anne Hura, «Those Riding Shotgun», *PEN Transmissions*, 6. Mai 2021. https://pentransmission.com/2021/05/06/those-riding-shotgun/.

92 Seth Heald, «Climate Silence, Moral Disengagement, and Self-Efficacy: How Albert Bandura's Theories Inform Our Climate-Change Predicament», *Science and Policy for Sustainable Development* 59, Nr. 6, 18. Oktober 2017, S. 4–15.

93 Ed Yong, *An Immense World: How Animal Senses Reveal the Hidden Realms Around Us*, Random House, New York 2022, S. 5/6.

94 S. D. Smith, Slavery, *Family and Gentry Capitalism in the British Atlantic: The World of the Lascelles, 1648–1834*, Cambridge University Press, Cambridge, UK, 2006, Ebook.

95 Washuta, «Apocalypse Logic».

96 Hélène Cixous, *Three Steps on the Ladder of Writing*, Columbia University Press, New York 1990, S. 10.

97 Chen Chen, «When I Grow Up I Want to Be a List of Further Possibilities», aus *When I Grow Up I Want to Be a List of Further Possibilities*, BOA Editions, Rochester, N. Y., 2017.

98 «SPN Bookworthy: ‹How to Do Nothing: Resisting the Attention Economy› by Jenny Odell», *Silicon Prairie News*, 19. August 2021, https://siliconprairienews.com/2021/08/spn-bookworthy-how-to-do-nothing-resisting-the-attention-economy-by-jenny-odell/.

6. Ungewöhnliche Zeiten

1 «Spain considers time zone change to boost productivity» [Spanien zieht Zeitzonenwechsel in Betracht, um die Produktivität zu steigern], BBC, 27. September 2013, https://www.bbc.com/news/world-europe-24294157. Die Frau, Lola Hidalgo Calle, war eine Leserin, die auf die Frage antwortete: «Sollen Veränderungen Zeitzonen verändern?»

2 Allen C. Bluedorn, *The Human Organization of Time: Temporal Realities and Experience*, Stanford University Press, Redwood City, Calif., 2002, S. 255.

3 Bluedorn, *The Human Organization of Time*, S. 249.

4 Bluedorn, *The Human Organization of Time*, S. 232–234.

5 Bluedorn, *The Human Organization of Time*, S. 150.

6 Klein, *This Changes Everything*, S. 71.

7 «bp 3Q 2020 results webcast: Q&A Transcript» (PDF), bp.com, 17. https://www.bp.com/content/dam/bp/business-sites/en/global/corporate/pdfs/investors/bp-third-quarter-2020-results-qa-transcript.pdf.

8 Karl Marx, *Das Kapital*, Bd. I, Abt. III. 8 («Der Arbeitstag»), 5; Marx-Engels-Werke 23, S. 285.

9 William Grossin, «Evolution technologique, temps de travail et rémunérations [Technological Evolution, Working Time, and Remuneration]», *Information sur les sciences sociales* 29 (Juni 1990), S. 357, zitiert und ins Englische übersetzt in Gabriella Paolucci, «The Changing Dynamics of Working Time», *Time and Society* 5, Nr. 2 (1996), S. 150.

10 Kathryn Hymes, «Why We Speak More Weirdly at Home», *The Atlantic*, 13. Mai 2021, https://www.theatlantic.com/family/archive/2021/05/family-secret-language-familect/618871/. Ich danke Helen Shewolfe Tseng, dass sie mich darauf aufmerksam gemacht hat.

11 George R. Knight, *A Brief History of Seventh-day Adventists*, Review and Herald Association, Hagerstown, Md., 1999, S. 14–19.

12 Auch andere christliche Glaubensgemeinschaften begehen den Sabbath am siebten Tag, aber die Siebenten-Tags-Adventisten sind eines der bekannteren Beispiele.

13 Michael W. Campbell, «Adventist Growth and Change in Asia», *Adventist Review*, 1. März 2018, https://adventistreview.org/magazine-article/adventist-growth-and-change-in-asia/.

14 Eviatar Zerubavel, «The Standardization of Time: A Sociohistorical Perspective», *American Journal of Sociology* 88, Nr. 1 (Juli 1982), S. 18.

15 John r. Hall, *The Ways Out: Utopian Commnal Groups in an Age of Babylon*, Routledge, London 1978, S. 55.

16 Michael O'Malley, *Keeping Watch: A History of American Time*, Viking, New York 1990, S. 109.

17 Matt Schiavenza, «China Only Has One Time Zone – And That's a Problem» *The Atlantic*, 5. November 2013, https://www.theatlantic.com/china/archive/2013/11/china-only-has-one-time-zone-and-thats-a-problem/281136/.

18 «Opinion: Hitler Changed the Clocks – Let's Change Them Back», Deutsche Welle, 27. Oktober 2018, https://www.dw.com/en/opinion-hitler-changed-the-clocks-lets-change-them-back/a-46060185.

19 Lauren Frayer, «Spain Has Been in the ‹Wrong› Time Zone for 7 Decades»,

Weekend Edition, NPR, 24. November 2013, https://www.npr.org/sections/parallels/2013/11/30/244995264/spains-been-in-the-wrong-time-zone-for-seven-decades.

20 Feargus O'Sullivan, «Why Europe Couldn't Stop Daylight Saving Time», *Bloomberg CityLab*, 10. März 2021; Zoe Chevalier, «Debate over Daylight Saving Time Drags on in Europe», ABC News, 6. November 2021.

21 Michael Downing, *Spring Forward: the Annual Madness of Daylight Saving*, Counterpoint, Berkeley, Calif., 2005, S. 10/11.

22 Downing, *Spring Forward,* S.13.

23 Zitiert in Scott Craven und Weldon B. Johnson, «Exchange: Arizonans Have No Use for Dalight Saving Time», *US News & World Report*, 13. März 2021, https://www.usnews.com/news/best-states/arizona/articles/2021-03-13/exchange-arizonans-have-no-use-for-daylight-saving-time.

24 Siehe etwa den Abschnitt der Interstate 40, die durch Chambers, Arizona, führt, auf Google Maps oder auf der Navajo Land Department's Navajo Nation Boundary Map: http://nnld.org/Home/Maps.

25 Barbara Demick, «Clocks Square Off in China's Far West», Los Angeles Times, 31. März 2009, https://www.latimes.com/archives/la-xpm-2009-mar-31-fg-china-timezone31-story.html; Gardner Bovingdon, «The Not-So-Silent Majority: Uyghur Resistance to Han Rule in Xinjiang», Modern China 28, Nr. 10 (2002), S. 58.

26 Javier C. Hernàndez, «Rise at 11? China's Single Time Zone Means Keeping Odd Hours», *The New York Times*, 16. Juni 2016, https://www.nytimes.com/2016/06/17/world/asia/china-single-time-zone.html.

27 Gary Mao, persönliche Kommunikation, 4. April 2022.

28 «Who Are the Uyghurs and Why Is China Being Accused of Genocide?», BBC News, 21. Juni 2021, https://www.bbc.com/news/world-asia-china-22278037.

29 Downing, *Spring Forward*, XVIII.

30 Maya Wang, «‹Eradicating Ideological Viruses›: China's Campaign of Repression Against Xinjiang's Muslims», Human Rights Watch, 9. September 2018, https://www.hrw.org/report/2018/09/09/eradicating-ideological-viruses/chinas-campaign-repression-against-xinjiangs.

31 Scott, *Seeing like a State*, S. 25.

32 Scott, *Seeing like a State*, S. 72.

33 Zitiert in Nanni, *The Colonisation of Time*, S. 179.

34 Robert Godlonton, *A Narrative of the Irruption of the Kafir Hordes into the Eastern Province of the Cape of Good Hope, 1834–35, Compiled from Official Documents and Other Authentic Sources, Grahamstown*, Südafrika 1836, S. 140.

35 Nanni, *The Colonisation of Time*, S. 174–77.

36 John W. Troutman, *Indian Blues: American Indians and the Politics of Music, 1879–1934*, University of Oklahoma, Norman 2009, S. 51–53.

37 Siehe den Abschnitt «Emergence of New Linguistic Forms» in *The Routledge Encyclopedia of the Chinese Language*, hg. von Sin-Wai Chan, Routledge, London 2016, S. 126/27.

38 Xiao Qiang, «The Grass-Mud Horse, Online Censorship and China's National Identity», Berkeley School of Information, 5. Dezember 2012, https://www.ischool.berkeley.edu/news/2012/grass-mud-horse-online-censorship-and-chinas-national-identity.

39 James C. Scott, *Domination and the Arts of Resistance*, Yale University Press, New Haven, Conn., 2008, S. 27.

40 J. T. Roane, «Plotting the Black Commons», Souls, 20, Nr. 3 (2018), S. 242–44. Ich möchte J. T. Roane danken, dass er auf meinen Tweet antwortete, in dem ich nach BIPoC-Autoren fragte, die über Commons und Commoning schreiben.

41 Roane, «Plotting the Black Commons», S. 252.

42 Roane, «Plotting the Black Commons», S. 244.

43 Kathleen Pickering, «Decolonizing Time Regimes: Lakota Conceptions of Work, Economy and Society», *American Anthropologist* 106, Nr. 1, März 2004, S. 87.

44 Pickering, «Decolonizing Time Regimes», S. 93.

45 Pickering, «Decolonizing Time Regimes», S. 92.

46 Fred Moten, «Come On, Get It!», *The New Inquiry*, 19. Februar 2018, https://thewinquiry.com/come_on_get_it/.

47 Nanni, *The Colonisation of Time*, S. 226.

48 Miguel A. Bernad, «Filipino Time», *Budhi: A Journal of Ideas and Culture* 3, Nr. 2–3 (2002), S. 211–12. Bernad ist zwar kein Freund von Philippinozeit, beobachtet aber, dass «einige Philippinos ihre Unfähigkeit, pünktlich zu sein, voll auskosten und vergnügt ‹Philippinozeit› anführen, als ob das etwas wäre, womit man angeben kann».

49 Brian Tan, «Why Filipinos Follow Filipino Time», Medium, 23. März 2016, https://medium.com/@btantheman/why-filipinos-follow-filipino-time-d38e2c162927.

50 *Colored People Time: Mundane Futures, Quotidian Pasts, Banal Presents* (kuratorischer Text), Institute of Contemporary Art University of Pennsylvania, 2019, https://icaphila.org/wp-content/uploads/2018/10/Mundane-Futures-No-Bleed.pdf; John Hopkins, «A Look at Indian Time», *Indian Country Today*, 13. September 2018, https://indiancountrytoday.com/archive/a-look-at-indian-time.

51 Harney und Moten, *The Undercommons*, S. 110.

52 Mehmet Bayram anlässlich «The Gig Economy AI, Robotics, Workers and Dystopia San Francisco», ILWU Local 24 Hall, San Francisco, Kalifornien, 10. Juli 2019.

53 Chris Carlsson (früherer Herausgeber von *Processed World*), E-Mails an die Autorin, 4. Februar und 2. Juli 2022. Interessierte können das gesamte Archiv von *Processed World* im Internet Archive auf https://archive.org/details/processedworld finden.

54 «BFB: Can Modern Technology Improve the Human Brain?» *Processed World* 6 (November 1982), S. 34.

55 «Not Just Words, Disinformation», *Processed World* 5 (Juli 1982), S. 34.

56 «Awarded to Gidgit Digit for Oustanding Service to the Bank – 1982», *Processed World* 5 (Juli 1982), S. 18. An anderer Stelle in dieser Ausgabe wird der Name «Gidget Digit» geschrieben. Beide Schreibweisen sind Pseudonyme für Stephanie Klein.

57 «Labor Theory of Value» *Processed World* 2 (Juli 1981), S. 34.

58 Chris Carlsson und Mark Leger (Hg.), *Bad Attitude: The Processed World Anthology*, Verso, New York 1990, S. 7.

59 Gidgit Digit, «Sabotage! The Ultimate Video Game», *Processed World* 5 (Juli 1982), S. 25.

60 Ein Leser beschwor *Processed World* regelrecht, sie sollten «ganz besonders aufpassen» und ihre Anliegen nicht «ghetto-isieren», indem sie sich «nur an die Jungen, die Weißen und die ‹Hipster›» wandten. *Processed World* 6 (November 1982), S. 6.

61 Brief an den Herausgeber, *Processed World* 2 (Juli 1981), S. 5.

62 Brief an den Herausgeber, *Processed World* 6 (November 1982), S. 10.
63 Brief an den Herausgeber, *Processed World 11* (August 1984), S. 6/7.
64 Arianna Tassinari und Vincenco Maccarrone, «Riders on the Storm: Workplace Solidarity among Gig Economy Couriers in Italy and the UK.», *Work, Employment and Society* 34, Nr. 1 (Februar 2020), S. 45.
65 Emily Reid-Musson, Ellen MacEachen und Emma Bartel, «‹Don't take a poo!›: Worker misbehaviour in on-demand ride-hail carpooling», *New Technology, Work and Employment* 35, Nr. 2 (Juli 2020), S. 153, 156.
66 Russell Brandom, «The Human Cost of Instacart's Grocery Delivery», *The Verge*, 26. Mai 2020.
67 A. J. Wood, V. Lehdonvirta und M. Graham, «Workers of the Internet Unite? Online Freelancer Organisation among Remote Gig Economy Workers in six Asian and African Countries», *New Technology, Work and Employment* 33 (2018), S. 105.
68 Wilfred Chan, «Gig Workers of the World Are Uniting», *The Nation*, 1. Juni 2021, https://www.thenation.com/article/activism/global-gig-worker-organizing/..
69 Oli Mould, *Against Creativity*, Verso, London 2018, S. 50.
70 Braverman, *Labor and Monopoly Capital*, S. 188–96.
71 Louron Pratt, «Awin to Introduce Four-Day Working Week», Employee Benefits, 15. Dezember 2020, https://employeebenefits.co.uk/awin-four-day-working-week/. Siehe auch Perpetual Guardian, «We Are Taking the 4 Day Week Global», https://www.4dayweek.com/; und Carolyn Fairbairn zitiert in Larry Elliott, «John McDonnell Pledges Shorter Working Week and No Loss of Pay», *The Guardian*, 23. September 2019, https://www.theguardian.com/politics/2019/sep/23/john-mcdonnell-pledges-shorter-working-week-and-no-loss-of-pay.
72 Braverman, *Labor and Monopoly Capital*, S. 26/27.
73 Digit, «Sabotage! The Ultimate Video Game», S. 25.
74 Harney und Moten, *The Undercommons*, S. 52.
75 Carole McGranahan, «Theorizing Refusal: An Introduction», *Cultural Anthropology* 31, Nr. 3 (2016), S. 319.
76 Dieses Buch wurde auch unter dem Titel *Counting for Nothing: What Men Value and What Women Are Worth [Nicht zählen: Was Männer wertschätzen und Frauen Wert sind]* veröffentlicht.
77 *Who's Counting? Marilyn Waring on Sex, Lies and Global Economics*, Regie Terre Nash (National Film Board of Canada, 1995), frei zu streamen auf https://www.nfb.ca/film/whos_counting/.
78 Camila Valle und Selma James, «Real Theory is in What You Do and How You Do It», Verso Blog, 11. Januar 2021, https://www.verso-books.com/blogs/4962-real-theory-is-in-what-you-do-and-how-you-do-it.
79 Johnnie Tillmon, «Welfare as a Women's Issue», in Howard P. Chudacoff (Hg.), *Major Problems in American Urban History*, D. C. Heath, Lexington 1994, S. 426–429. Tillmon war Vorsitzende der National Welfare Rights Organization, als sie 1972 diesen Essay schrieb.
80 Mariarosa Dalla Costa und Selma James, *The Power of Women and Subversion of the Community*, Falling Wall Press, London 1972, S. 41.
81 Dalla Costa und James, The Power of Women and Subversion of the Community, S. 28.
82 «VIDEO: ‹Sex, Race and Class› – Extended Interview with Selma James on Her Six Decades of Activism», Democracy Now!, 18. April 2012, https://www.demo-

cracynow.org/2012/4/18/video_sex_race_and_class_extended_interview_with_selma_james_on_her_six_decades_of_activism.

83 Dalla Costa und James, *The Power of Women and Subversion of the Community*, S. 11; Hervorhebung im Original.

84 In ihrem Talk auf der National Women's Liberation Movement Conference in Manchester 1972 erscheint James' Prägung von *Lohn für Hausarbeit* unter einer Forderung nach garantiertem Einkommen «für Frauen und Männer, die arbeiten oder nicht arbeiten, verheiratet sind oder nicht». Selma James, *Women, the Unions, and Work – Or … What Is Not to Be Done, and the Perspective of Winning*, Falling Wall Press, London 1976, S. 67–69.

85 Mariarosa Dalla Costa und Selma James, *The Power of Women and Subversion of the Community*, S. 40.

86 Weeks, *The Problem with work*, S. 131–36.

87 Selma James, «I founded the Wages for Household campaign 1972 – and women are still working for free», *The Independent*, 8. März 2020, https://www.independent.co.uk/voices/international-womens-day-wages-housework-care-selma-james-a9385351.html.

88 Mariarosa Dalla Costa und Selma James, *The Power of Women and Subversion of the Community*, S. 40.

89 Weeks, *The Problem with Work*, S. 145.

90 [Die Undercommons bezeichnen so etwas wie einen Ort der Aufklärung innerhalb des Falschen, eine Infragestellung der «Commons» (Anm. d. Übers.)].

91 Chris Carlsson, «WhatDoSanFranciscansDoAllDay? Information Work», FoundSF, https://www.foundsf.org/index.php?title=WHAT_DO_SAN_FRANCISCANS_DO_ALL_DAY%3F_Information_Work; Chris Carlsson und Mark Ledger, (Hg.), *Bad Attitude: The Processed World Anthology*, S. 8.

92 «Another Day at the Office: What Have We Lost?», *Processed World* 6 (November 1982), S. 32/33.

93 Brief an den Herausgeber, *Processed World* 7 (Frühling 1983), S. 8.

94 J. Gulesian, Brief an den Herausgeber, *Processed World* 5 (Juli 1982), S. 8.

95 Walter E. Wallis, Brief an den Herausgeber, *Processed World* 5 (Juli 1982), S. 5–8. Michealsons Antwort auf diesen Brief ist die Quelle für die Wendung «im Gleichschritt auf den Abgrund zumarschieren», die ich in der Einleitung und diesem Kapitel gebraucht habe.

96 Einige der neueren Aktivitäten des GWS schlossen die Unterstützung des vorgeschlagenen Care Income [Einkommen für Care-Arbeit] mit ein, das Teil des Green New Deal for Europe ist, indem sie während der U. S.-Wahl 2020 die Election Action for Caregivers organisierten und mit der Poor People's Campaign zusammenarbeiteten.

97 «VIDEO: ‹Sex, Race and Class›».

98 Ivan Illich, *The Right to Useful Unemployment and Its Professional Enemies*, Marion Boyars, London 1978, S. 26.

99 A. J. Ravenelle, K. C. Kowalski und E. Janko, «The Side Hustle Safety Net: Precarious Workers and Gig Work during Covid-19», *Sociological Perspectives* (Juni 2021), S. 10.

100 Richard Sennett, *The Corrosion of Character: The Personal Consequences of Work in the New Capitalism*, W. W. Norton & Company, New York 1998, S. 43.

101 Abraham Joshua Heschel, *The Sabbath: Its Meaning for Modern Man*, Farrar, Straus and Giroux, New York 2005, S. 14/15.

102 Adam, *Timewatch*, Kap. 1.

7. Lebenserweiterung

1 Hartmut Rosa, *Resonanz: Eine Soziologie der Weltbeziehung*, Suhrkamp, Berlin 2016, Kapitel VI, S. 334.

2 «The Magic Thread», in *Magic Fairy Stories from Many Lands*, Susan Taylor (Hg.), Gallery, New York 1974, S. 123–138. Mein besonderer Dank gilt meiner Mutter, dafür, dass sie dieses Buch gefunden hat.

3 Kevin Kruse, *15 Secrets Successful People Know about Time Management: The Productivity Habits of 7 Billionaires, 13 Olympic Athletes, and 29 Straight A Students, and 293 Entrepreneurs*, Kruse Group, Philadelphia, Penn., 2015, Kapitel 1.

4 Oliver Burkeman, «Why Time Management Is Ruining Our Lives», *The Guardian*, 22. Dezember 2016, https://www.theguardian.com/technology/2016/dec/22/why-time-management-is-ruining-our-lives.

5 «When Will I Die?-Calculator», https://apps.apple.com/us/app/when-will-i-die-calculator/id1236596 53.

6 Alex Galley, «Your Auto Insurer Wants to Ride Shotgun With You. Are the Savings Worth It», *Time*, 26. April 2021; https://time.com/nextadvisor/insurance/car/telematics-monitor-driving-insurance-discount/; «Beam Dental Blog: Group-Life-Benefits», https://blog.beam.dental/tag/group-life-benefits. «Beam Perks» werden am Fuß der Seite klein gedruckt beschrieben.

7 Titel der deutschen Übersetzung: *Wollen wir ewig leben? Die Wellness-Epidemie, die Gewissheit des Todes und unsere Illusion von Kontrolle*, übers. von Ursel Schäfer und Enrico Heinemann, Kunstmann, München 2018.

8 Barbara Ehrenreich, *Natural Causes: An Epidemic of Wellness, The Certainty of Dying, and Killig Ourselves to Live Longer*, Twelve, New York 2019, S. 111.

9 Ehrenreich, *Natural Causes*, S. 164/65.

10 Alison Kafer, *Feminist, Queer, Crip*, Indiana University Press, Bloomington 2013, S. 26/27. Siehe auch Ellen Samuels «Six Ways of Looking at Crip Time», in *Disability Visibility*, Vintage, New York 2020, S. 189–196.

11 Sara Hendren, *What Can a Body Do? How We Meet the Built Environment*, Riverhead, New York 2020, S. 117.

12 Hendren, *What Can a Body Do?*, S. 173.

13 Hendren, *What Can a Body Do?*, S. 181.

14 Hendren, *What Can a Body Do?*, S. 167, 180.

15 Hendren, *What Can a Body Do?*, S. 173.

16 Hendren, *What Can a Body Do?*, S. 172.

17 Hendren, *What Can a Body Do?*, S. 167.

18 *FIXED: The Science/Fiction of Human Enhancement [FIXIERT: Die Wissenschaft/Fiktion der menschlichen Verbesserung]*.

19 Ed Yong, «Our Pandemic Summer», *The Atlantic*, 14. April 2020; www.theatlantic.com/health/archive/2020/04/pandemic-summer-coronavirus-reopening-back-normal/609940/.

20 Der selbst mit einer Behinderung lebende Organisator, Autor und Sozialarbeiter K. Agbebiyi forderte unbegrenzte bezahlte Fehlzeiten für Arbeitnehmer mit Behinderung. Siehe https://prismreports.org/2022/02/08/unlimited-paid-time-off-is-a-disability-justice-issue-that-needs-to-be-taken-seriously/.

21 Ich möchte Steven danken, dass ich diese Geschichte hier aufschreiben durfte.

22 Byung-Chul Han, *The Burnout Society*, Stanford University, Stanford Kalif., 2015, S. 31–33.

23 Peter Handke, *Versuch über die Müdigkeit*, Suhrkamp, Frankfurt am Main 1989, S. 53.

24 «Cedar Waxwing», All About Birds, https://www.allaboutbirds.org/guide/Cedar_Waxwing/overview.

25 Zitiert in Hendren, *What Can a Body Do?*, S. 127.

26 Mia Birdsong, *How We Show Up*, Hachette, New York 2020, Kapitel 1.

27 B. J. Miller, «What Is Death?», *The New York Times*, 18. Dezember 2020, https://www.nytimes.com/2020/12/18/opinion/sunday/coronavirus-death.html.

28 «The Chinese Workers' Strike», *American Experience*, PBS, https://www.pbs.org/wgbh/americanexperience/features/tcrr-chinese-workers-strike/.

29 Carolyn Jones, «Oakland Strangers' Plot Full of Mysteries», SFGate, 24. Januar 2011, https://www.sfgate.com/bayarea/article/Oakland-Strangers-Plot-full-of-mysteries-2478631.php. Dieser Artikel gibt an, dass 22 Leichen von der Explosion in einer Dynamitfabrik 1880 in Berkeley herrühren (Giant Powder). Indem das Unternehmen sein Dynamit als «Freund des Mienenarbeiters» vermarktete, empfahl Giant Powder es auch für die Sprengung von Eisenbahntunneln. Andrew Mangravite, «Meeting the Miner's Friend», Science History Institute, 1. Mai 2013, https://www.sciencehistory.org/distillations/meeting-the-miners-friend.

30 Sharon P. Holland, *Raising the Dead: Readings of Death and (Black) Subjectivity*, Duke University, Durham, N. C., 2000, S. 18.

31 Sharon P. Holland, *Raising the Dead*, S. 28.

32 Sharon P. Holland, *Raising the Dead*, S. 29.

33 «Trends in U. S. Corrections», The Sentencing Project, Mai 2021, https://www.sentencingproject.org/wp-content/uploads/2021/07/Trends-in-US-Corrections.pdf.

34 Angela Y. Davis, *Are Prisons Obsolete?*, Seven Stories, New York 2011, S. 38/39.

35 Lilah Burke, «After the Pell Ban», Inside Higher Ed, 27. Januar 2021; https://www.insidehighered.com/news/2021/01/27/pell-grants-restored-people-prison-eyes-turn-assuring-quality. In diesem Artikel beschreibt Mary Gould, Direktorin der Alliance for Higher Education in Prison, die Herausforderung, die Qualität einer tertiären Bildung im Gefängnis zu gewährleisten und dafür zu sorgen, dass die Insassen von Institutionen nicht einfach als Einnahmequelle ausgebeutet werden. Sie warnt außerdem davor, die Bildung im Gefängnis als rein korrektiv zu behandeln, was unter anderem die Möglichkeiten nur auf diejenigen begrenzen würde, die garantiert wieder freikommen.

36 Angela Y. Davis, *Are Prisons Obsolete?*, S. 84–104.

37 Jonathan Simon, *Governing Through Crime: How the War on Crime Transformed American Democracy and Created a Culture of Fear*, Oxford University, Oxford, UK, 2007, S. 142.

38 Nina Totenberg, «High Court Rules Calif. Must Cut Prison Population», *All Things Considered*, NPR, 23. Mai 2011, https://www.npr.org/2011/05/23/136579580/california-is-ordered-to-cut-its-prison-population; Jazmin Ulloa, «Despite an emphasis on immate rehab, California recidivism rate is ‹stubbornly high›», *Los Angeles*

Times, 31. Januar 2019, https://www.latimes.com/politics/la-pol-ca-prison-rehabilitation-programs-audit-20190131-story.html.

39 Simon, *Governing Through Crime*, S. 141–176.

40 Ashley Nellis, «No End in Sight: America's Enduring Reliance on Life Imprisonment», The Sentencing Project, 17. Februar 2021, https://www.sentencingproject.org/publications/no-end-in-sight-americas-enduring-reliance-on-life-imprisonment/.

41 Ashley Nellis, «A New Lease on Life», The Sentencing Project, 30. Juni 2021; https://www.sentencingproject.org/publications/a-new-lease-on-life/.

42 Pendarvis Harshaw und Brandon Tauszik, «Lynn Acosta», in *Facing Life: Eight Stories of life after life in Calofirnia's prisons*, https://www.facing.life.

43 Maurice Chammah, «Do You Age Faster in Prison?», The Marshall Project, 24. August 2015; https://www.themarshallproject.org/2015/08/24/do-you-age-faster-in-prison.

44 Jackie, *Carceral Capitalism*, Semiotext(e), South Passadena, Kalifornien, 2018, S. 218.

45 *Time*, Regie Garrett Bradley, Amazon Studios 2020, https://www.amazon.com/Time-Fox-Rich/dp/B08J7DDGJY.

46 Ismail Muhammad, «A Filmmaker Who Sees Prison Life with Love and Complexity», *The New York Times*, 6. Oktober 2020, https://www.nytimes.com/2020/10/06/magazine/time-prison-documentary-garrett-bradley.html.

47 Joshua Price, *Prison and Social Death*, Rutgers University, New Brunswick, N. J., 2015, Kapitel 8.

48 Price, *Prison and Social Death,* Kapitel 8.

49 Patricia Williams, *The Alchemy of Race and Rights: Diary of a Law Professor*, Harvard University Press, Cambridge, Mass., 1991, S. 73.

50 Romina Ruiz-Gioriena, «Exclusive: HUD unveils plan to help people with a criminal record find a place to live», *USA Today*, 12. April 2022, https://www.usatoday. Com/story/news/nation/2022/04/12/can-get-housing-felony-hud-says-yes/9510564002/; «Federal Financial Aid for College Students with Criminal Convictions: A Timeline», Center for American Progress, 17. Dezember 2020, https://www.americanprogress.org/article/federal-financial-aid-college-students-criminal-convictions/; Claire Child und Stephanie Clark, «Op-ed: End the Lifetime Ban on SNAP for Felony Drug Convictions», Civil Eats, 18. März 2022, https://civileats.com/2022/03/18/op-ed-end-the-lifetime-ban-on-snap-for-felony-drug-convictions/.

51 Price, *Prison and Social Death*, Kapitel 8.

52 Richard Schiffman, «The Secret Jailhouse Garden of Rikers Island», *The New York Times*, 4. Oktober 2019, https://www.nytimes.com/2019/10/04/nyregion/garden-rikers-island.html.

53 Viktor Frankl, «Self-Transcendence as a Human Phenomenon», *Journal of Humanistic Psychology* 6, Nr. 2 (1966), S. 97.

54 Kommentar von «The Dodger» zu Tom Jackman, «Study: 1in 7 U. S. Prisoners Is Serving Life, and Two-thirds of Those Are People of Colour», *The Washington Post*, 2. März 2021, https://www.washingtonpost.com/nation/2021/03/02/life-sentences-growing/.

55 Ta-Nehisi Coates, *Between the World an Me*, Spiegel and Grau, New York 2015, S. 91; dt.: *Zwischen mir und der Welt*, übers. von Miriam Mandelkow, Hanser Verlag, München 2016, S. 93/94.

56 Ta-Nehisi Coates, *Zwischen mir und der Welt*, S. 94.
57 Marc Galanter, *Cults: Faith, Healing, and Coercion*, Oxford University, Oxford, UK, 1999, S. 25/26.
58 Michael Kranish und Marc Fisher, *Trump Revealed: The Definitve Biography of the 45th President*, Scribner, New York 2017, S. 181.
59 Hendren, *What Can a Body Do?*, S. 245.
60 Albert Woodfox, *Solitary: My Story of Transformation and Hope*, Grove, New York 2019, S. 408.
61 Woodfox, *Solitary*, S. 409.
62 Zitiert in Woodfox, *Solitary*, S. 407.
63 Juliana Schroeder, Adam Waytz und Nicholas Epley, «The Lesser Minds Problem», *Humanness and Dehumanization*, hg. von P. G. Bain, J. Vaes und J.-P. Leyens, Psychology Press, New York 2014, S. 59–60.
64 *Seven Up!* Regie Paul Almond (ITV, Granada Television, 1964); *7 Plus Seven*, Regie Michael Apted (ITV, Granada Television, 1977); *28 Up*, Regie Michael Apted (ITV, Granada Television, 1984); *35 Up*, Regie Michael Apted (ITV, Granada Television, 1991); *42 Up*, Regie Michael Apted (BBC, 1998); *49 Up*, Regie Michael Apted (ITV, 2005); *56 Up*, Regie Michael Apted (ITV, 2012), *63 Up*, Regie Michael Apted (ITV, 2019).
65 Gideon Lewis-Kraus, «Does Who You Are at 7 Determine Who You Are at 63?», *The New York Times*, 27. November 2019, https://www.nytimes.com/2019/11/27/magazine/63-up-michael-apted.html.
66 Joe Coscarelli, «What Happens Now to Michael Apted's Lifelong Project ‹Up›?», *The New York Times*, 14. Januar 2021, https://www.nytimes.com/2021/01/14/movies/michael-apted-up-series-future.html.
67 Roger Ebert, «Ebert's Walk of Fame remarks», 24. Juni 2005, https://www.rogerebert.com/roger-ebert/eberts-walk-of-fame-remarks.
68 Henri Bergson, *Zeit und Freiheit. Eine Abhandlung über die unmittelbaren Bewusstseinstatsachen*, Eugen Diederichs, Jena 1911, S. 98. Bergson schreibt über das «innere Ich, das da fühlt und sich leidenschaftlich erregt, das da abwägt und Entschlüsse fasst, …, eine Kraft, deren Zustände und Modifikationen sich aufs Innigste durchdringen …»
69 Seth Kugel, «In Indonesia, a Region Where Death is a Lure», *The New York Times*, 30. Juli 2015, https://www.nytimes.com/2015/07/30/travel/frugal-traveler-indonesia-death-rituals.html.
70 *Vultures of Tibet*, Regie Russel O. Bush (New Day Films, 2013).
71 Miller, «What is Death?».
72 Yuri Kochiyama, *Passing It On: A Memoir*, UCLA Asian American Studies Center, Los Angeles 2004, S. XX.
73 Ehrenreich, *Natural Causes*, S. 208.
74 Vgl. Han, *The Burnout Society*, S. 32.
75 Jiddu Krishnamurti, *Freedom from the Known*, HerperOne, New York 2009, S. 102.
76 Krishnamurti, *Freedom from the Known*, S. 90.
77 Krishnamurti, *Freedom from the Known*, S. 87.
78 Doris Sloan, *Geology of the San Francisco Bay Area*, University of California Press, Berkeley 2006, S. 55/56; Andrew Alden, «The big set of knockers, Mountain View Cemetary», Oakland Geology, 4. Juni 2008, https://oaklandgeology.com/2008/06/04/the-big-set-of-knockers-mountain-view-cemetary/.

Conclusio
Zeit zweiteilen

1 *Southland Tales*, Regie Richard Kelly (Universal Pictures 2007).
2 Michel Foucault, «Nietzsche, die Genealogie, die Historie», in: ders., *Von der Subversion des Wissens*, Fischer Taschenbuch Verlag, Frankfurt am Main 1991, S. 77.
3 «About the King Tides Project», California Coastal Commission, https://www.coastal.ca.gov/kingtides/learn.html.
4 Marc Epstein, *Thoughts without a Thinker: Psychotherapy from a Buddhist Perspective*, Basic Books, New York 2013, S. 80. Ich wurde durch einen Talk von Tara Brach auf diese Anekdote aufmerksam. Siehe Tara Brach, «Part 2: Impermanence – Awakening through Insecurity», 26. September 2018, https://www.tarabrach.com/pt-2-impermanence-awakening-insecurity/.
5 Bergson, *Zeit und Freiheit*, S. 156.
6 Jenny Odell, *Nichts tun*, C.H.Beck, München 2019, S. 174 f.
7 Unveröffentlichtes Werk, dessen Erscheinen hier genehmigt wurde, aus einer Mail von John Shoptaw, 13. Juli 2021.
8 Joe D. Dragovich, Patrick T. Pringle und Timothy J. Walsh, «Extent and Geometry of the Mid-Holocene Osceola Mudflow in the Puget Lowland – Implications for Holocene Sedimentation and Paleogeography», *Washington Geology* 22, Nr. 3, September 1994, S. 3.
9 Patrick Nunn, *The Edge of Memory: Ancient Stories, Oral Tradition and the Post-Glacial World*, Bloomsbury, New York 2018, Kap. 6; Vine Deloria, Jr., *Red Earth, White Lies: Native Americans and the Myth of Scientific Fact*, Fulcrum, Golden, Colo., 1997, Kap. 8.
10 Catherine Brahic, «Sudden Growth Spurt Pushed the Andes up Like a Popsicle», *New Scientist*, 6. Juni 2008, https://www.newscientist.com/article/dn14073-sudden-growth-spurt-pushed-the-andes-up-like-a-popsicle/.
11 Sid Perkins, «Meet ‹Amasia›, the Next Supercontinent», *Science*, 8. Februar 2012, https://www.science.org/content/article/meet-amasia-next-supercontinent.
12 «How Earthquakes Break the Speed Limit», UC Berkeley Seismology Lab, 8. März 2019, https://seismo.berkeley.edu/blog/2019/03/08/how-earthquakes-break-the-speed-limit.html.
13 Michael D. Shear, «Cicadas Took on Biden's Press Plane. They Won», *The New York Times*, 9. Juni 2021, https://www.nytimes.com/2021/06/09/us/politics/cicadas-biden.html.
14 Frank Witsil, «Trees across Metro Detroit Suddenly Dropping Tons of Acorns: Here's Why», *Detroit Free Press*, 30. September 2021.
15 Robin Wall Kimmerer, *Braiding Sweetgrass: Indigenous Wisdom, Scientific Knowledge, and the Teachings of Plants*, Milkweed Editions, Minneapolis, Minn., 2013, S. 19 f.
16 Alex Ross, «The Past and the Future of the Earth's Oldest Trees», *The New Yorker*, 13. Januar 2020, https://www.newyorker.com/magazine/2020/01/20/the-past-and-the-future-of-the-earths-oldest-trees.
17 Hugh Morris, «How a Powerful Earthquake Created Oregon's Eerie Seaside Ghost Forest», The Telegraph, 31. Juli 2018, https://www.telegraph.co.uk/travel/destinations/north-america/united-states/articles/neskowin-ghost-forest-oregon/; Justin Sharick. Kommentar zu «Neskowin Ghost Forest», Google Maps, https://

goo.gl/maps/81EV3ng3H4Lqnwou9; Trypp Adams, Kommentar zu «Neskowin Ghost Forest», Google Maps. https://goo.gl/maps/wh2maRZ8SVCRYFpw5.

18 Carolyn J. Strange, «Serpentine Splendor», Bay Nature, 1. April 2004, https://baynature.org/article/serpentine-splendor/. Serpentinit ist auch der offizielle Staatsfelsen Kaliforniens.

19 *Rise of the Continents*, Stafffel 1, Episode 3, «The Americas», Regie Arif Nurmohamed, ausgestrahlt am 3. April 2013; Helen Quinn, «How Ancient Collision Shaped the New York Skyline», BBC News, 7. Juni 2013, https://www.bbc.com/news/science-environment-22798563.

20 Anne Casselman, «Strange but True: The Largest Organism on Earth Is a Fungus», *Scientific American*, 4. Oktober 2007. https://www.scientificamerican.com/article/strange-but-true-largest-organism-is-fungus/.

21 Christopher Ketcham, «The Life and Death of Pando», *Discover Magazine*, 18. Oktober 2018. https://www.discovermagazine.com/planet-earth/the-life-and-death-of-pando.

22 McPhee, *The Control of Nature*, Farrar, Straus and Giroux, New York 1989, S. 216/17.

23 Stephanie Pappas, «The Longest Known Earthquake Lasted 32 Years», *Scientific American*, 26. Mai 2021.

24 Bergson, *Zeit und Freiheit*, S. 144.

25 Bergson, *Zeit und Freiheit*, S. 139.

26 Henri Bergson, *Schöpferische Entwicklung*, übers. von Gertrud Kantorowicz, verlegt bei Eugen Diederichs, Jena 1930, S. 20.

27 Karlo Mila, «Inside Us the Dead (The NZ-born Version)», *The Contemporary Pacific* 22, Nr. 2 (2010), S. 281/82.

28 Yunkaporta, *Sand Talk. Das Wissen der Aborigines und die Krisen der modernen Welt*, S. 50 f.

29 *The Labyrinth*, Regie Jim Henson (Tri-Star Pictures 1986). Sie können diese bestimmte Szene auf YouTube sehen: The Jim Henson Company, «Worm – Labyrinth – The Jim Henson Company», YouTube Video, 6. Januar 2011, https://www.youtube.com/watch?v=loK5ToAqVlY.

30 Yunkaporta, *Sand Talk. Das Wissen der Aborigines und die Krisen der modernen Welt*, S. 26.

31 Astra Taylor, «Out of Time», *Lapham's Quarterly*, 16. September 2019, https://www.laphamsquarterly.org/climate/out-time.

32 «Doubt», Online Etymology Dictionary, https://www.etymonline.com/word/doubt#etymonline_v_13974.

33 Bergson, *Zeit und Freiheit*, S. 133/34.

34 Fei Lu, «Zuo Yuezi: Recovering from Gender Affirmation Surgery, Chinese American Style», *Atmos*, 30. Juni 2021, https://atmos.earth/zuo-yuezi-gender-affirmation-surgery-chinese-american/.

35 Sofia Córdova, E-Mail an die Autorin, 12. Februar 2022.

36 Hannah Arendt, *Between Past and Future: Six Exercises in Political Thought*, Viking, New York 1961, S. 13; Hannah Arendt, *Zwischen Vergangenheit und Zukunft. Übungen im politischen Denken I*, hg. von Ursula Ludz, Piper, München/Zürich 2012, S. 17.

37 Arendt, *Between Past and Future*, S.3f; dt.: Arendt, *Zwischen Vergangenheit und Zukunft*, S. 7.

38 Arendt, *Zwischen Vergangenheit und Zukunft*, S. 8.

39 Arendt, *Zwischen Vergangenheit und Zukunft*, S. 17/18.

40 Mariarosa Dalla Costa und Selma James, *The Power of Women and Subversion of the Community*, Falling Wall Press, London 1972, S. 37.

41 Arendt, *Zwischen Vergangenheit und Zukunft*, S. 14.

42 Vine Deloria Jr., *The Metaphysics of Modern Existence*, Fulcrum, Golden, Colo., 2012, S. 18.

43 Joy Harjo, «When the World as We Knew It Ended», *How We Became Human: New ans Selected Poems 1975–2002*, W. W. Norton, New York 2007, S. 198–200.

44 «Earth tide», *Encyclopedia Britannica*, https://www.britannica.com/science/Earth-tide.

45 Marina Koren, «The Moon Is Leaving Us», The Atlantic, 30. September 2021, https://www.theatlantic.com/science/archive/2021/09/moon-moving-away-earth/620254.

46 Bruce Haulman, «Raab's Lagoon: 16 000 years young», *Vashon-Maury Island Beachcomber*, 26. Dezember 2018, https://www.vashon-beachcomber.com/news/raabs-lagoon-16000-years-young/.

47 «Raabs Lagoon Beach», Multi-Agency Rocky Intertidal Network (MARINe) Sea Star Site Observation History, https://marinedb.ucsc.edu/seastar/observations.html?site=Raabs%20Lagoon%20Beach. Man beobachtete hier 2014, 2016 und 2017 Pisaster ochraceus, die vom Wasting Syndrome befallen waren.

48 Paul Rowley, «A Hope for Sea Stars, Healthy Oceans», *Vashon-Maury Island Beachcomber*, 19. Juni 2019, https://www.vashon-beachcomber.com/news/a-hope-for-sea-stars-healthy-oceans/.

49 «Starfish Make Comeback after Mysterious Melting Disease», *EcoWatch*, 26. Juni 2018, https://www.ecowatch.com/starfish-population-disease-climate-reslilience-2581473075.html.

50 «SSWS Updates | MARINe» (28. September, 2021 Update); Multi-Agency Rocky Intertidal Network (MARINe), https://marine.ucsc.edu/data-products/sea-star-wasting/updates.html#SEPT28_2021.

51 Ted Chiang, «What's Expected of Us», *Exhalation*, Vintage, New York 2019, S. 58–61.

52 Ed Yong, «The Man Whose Dynasty Changed Ecology», *Scientific American*, 16. Januar 2013, https://www.scientificamerican.com/article/the-man-whose-dynasty-changed-ecology/.

53 Aaron W. Hunter, «Rare Starfish Fossil Answers the Mytery of How They Evolved Arms», EcoWatch, 21. Januar 2021, https://www.ecowatch.com/starfish-evolution-mystery-2650057909.html.

54 Laura Geggel, «Starfish Can See You ... with Their Arm-Eyes», Livescience, 7. Februar 2018, https://www.livescience.com/61682-starfish-eyes.html.

55 Haulman, «Raab's Lagoon: 16 000 years young». Der Autor verwendet eine alternative Version des Namens, «sHebabS», die manchmal auch «Sqababsh» geschrieben wird.

56 Emily Sohn, «How the COVID-19 pandemic might age us», *Nature*, 19. Januar 2022, https://www.nature.com/articles/d41586-022-00071-0.

Bibliografie

Ackerman, Jennifer. *The Bird Way: A New Look at How Birds Talk, Work, Play, Parent, and Think*. New York: Penguin, 2021.

Adair, John. *Effective Time Management*. London: Pan, 1988.

Adam, Barbara. *Timewatch: The Social Analysis of Time*. Cambridge, UK: Polity, 1995.

Alexander, Roy, and Michael S. Dobson. *Real-World Time Management*. New York: American Management Association, 2009.

Allen, Paula Gunn. «IYANI: It Goes This Way.» In *The Remembered Earth: An Anthology of Contemporary Native American Literature*. Edited by Geary Hobson. Albuquerque: University of New Mexico, 1989.

Arendt, Hannah. *Between Past and Future: Eight Exercises in Political Thought*. New York: Penguin, 2006.

—. *The Human Condition*. Chicago, Ill.: University of Chicago Press, 1988.

Aronoff, Kate. *Overheated: How Capitalism Broke the Planet – and How We Fight Back*. New York: Bold Type, 2021.

Basso, Keith H. *Wisdom Sits in Places: Landscape and Language Among the Western Apache*. Albuquerque: University of New Mexico Press, 1996.

Beecher, Catharine. *Treatise on Domestic Economy*. Boston, Mass.: Thomas H. Webb, 1843.

Bennett, Arnold. *How to Live on Twenty-four Hours a Day*. Garden City, N. Y.: Doubleday, Doran and Company, 1933.

Bergson, Henri. *Creative Evolution*. Translated by Arthur Mitchell. Lanham, Md.: University Press of America, 1983.

—. *Mattery and Memory*. Translated by N. M. Paul and W. S. Palmer. Brooklyn, N. Y.: Zone, 1991.

—. *Time and Free Will: An Essay on the Immediate Data of Consciousness*. Translated by F. L. Pogson. Mineola, N. Y.: Dover Publications, 2001.

Birdsong, Mia. *How We Show Up: Reclaiming Family, Friendship, and Community*. New York: Hachette, 2020.

Birth, Kevin K. *Time Blind: Problems in Perceiving Other Temporalities*. Cham, Switzerland: Palgrave Macmillan, 2017.

Bluedorn, Allen C. *The Human Organization of Time: Temporal Realities and Experience*. Stanford, Calif.: Stanford University Press, 2002.

Braverman, Harry. *Labor and Monopoly Capital: The Degradation of Work in the Twentieth Century*. New York: Monthly Review, 1998.

Brown, John. *A Memoir of Robert Blincoe, an Orphan Boy, Sent from the Workhouse of St. Pancras, London, at Seven Years of Age, to Endure the Horrors of a Cotton*

Mill, through His Infancy and Youth, with a Minute Detail of His Sufferings, Being the First Memoir of the Kind Published. Manchester, UK: J. Doherty, 1832.
Burkeman, Oliver. *4000 Weeks: Time Management for Mortals.* New York: Farrar, Straus and Giroux, 2021.
Cameron, Barbara. «Gee, You Don't Seem Like an Indian from the Reservation.» In *This Bridge Called My Back.* 3rd ed. Berkeley, Calif.: Third Woman Press, 2002.
Carlsson, Chris, and Mark Leger, eds. *Bad Attitude: The Processed World Anthology.* New York: Verso, 1990.
Chen, Chen. *When I Grow Up I Want to Be a List of Further Possibilities.* Rochester, N. Y.: BOA Editions, 2017.
Chiang, Ted. *Exhalation: Stories.* New York: Knopf Doubleday, 2019.
Cixous, Hélène. *Three Steps on the Ladder of Writing.* New York: Columbia University Press, 1990.
Coates, Ta-Nehisi. *Between the World and Me.* New York: Spiegel and Grau, 2015.
Craven, Ida. «‹Leisure›, According to the Encyclopedia of the Social Sciences.» *Mass Leisure.* Edited by Eric Larrabee and Rolf Meyersohn. Glencoe, Ill.: Free Press, 1958.
Dalla Costa, Mariarosa, and Selma James. *The Power of Women and Subversion of the Community.* London: Falling Wall Press, 1972.
Davis, Angela Y. *Are Prisons Obsolete?* New York: Seven Stories Press, 2011.
—. *Women, Race, and Class.* New York: Vintage, 1983.
Deloria, Vine, Jr. *The Metaphysics of Modern Existence.* Golden, Colo.: Fulcrum, 2012.
—. *Red Earth, White Lies.* Golden. Colo.: Fulcrum, 1997.
Diaz, Natalie. «The First Water Is the Body.» In *New Poets of Native Nations.* Edited by Heid E. Erdrich. Minneapolis, Minn.: Graywolf Press, 2018.
Downing, Michael. *Spring Forward: The Annual Madness of Daylight Saving.* Berkeley, Calif.: Counterpoint, 2005.
Dray, Philip. *There Is Power in a Union: The Epic Story of Labor in America.* New York: Anchor, 2011.
Du Bois, W. E. B. *The Souls of Black Folk.* New York: Cosimo Classics, 2007.
Dumas, John Lee. *The Freedom Journal.* Self-published, 2016.
Ehrenreich, Barbara. *Natural Causes: An Epidemic of Wellness, the Certainty of Dying, and Killing Ourselves to Live Longer.* New York: Twelve, 2018.
Eisenberger, Robert. *Blue Monday: The Loss of the Work Ethic in America.* New York: Paragon House, 1989.
Epstein, Mark. *Thoughts without a Thinker: Psychotherapy from a Buddhist Perspective.* New York: Basic Books, 2013.
Ernst, Robert. *Weakness Is a Crime: The Life of Bernarr Macfadden.* Syracuse, N. Y.: Syracuse University Press, 1991.
Evans, Claire L. *Broad Band: The Untold Story of the Women Who Made the Internet.* New York: Portfolio/Penguin, 2018.
Fanon, Frantz. *Black Skin, White Masks.* New York: Grove Atlantic, 2007.
Fleming, Sanford. «Time Reckoning for the Twentieth Century.» In *The Smithsonian Report for 1886.* Washington, D. C.: Smithsonian Institution Press, 1889.
Fortenbaugh, William. *Aristotle's Practical Side: On His Psychology, Ethics, Politics, and Rhetoric.* Leiden, Netherlands: Brill, 2006.
Galanter, Marc. *Cults: Faith, Healing, and Coercion.* Oxford, UK: Oxford University Press, 1999.

Galton, Francis. *Hereditary Genius: An Inquiry into Its Laws and Consequences.* New York: D. Appleton and Company, 1870.
—. *Memories of My Life.* New York: E. P. Dutton and Company, 1909.
Glass, Fred. *From Mission to Microchip: A History of the California Labor Movement.* Berkeley, Calif.: University of California Press, 2016.
Glickman, Lawrence B. *A Living Wage: American Workers and the Making of Consumer Society.* Ithaca, N. Y.: Cornell University Press, 2015.
Glime, J. M. *Bryophyte Ecology.* Houghton: Michigan Technological University, 2022. https://digitalcommons.mtu.edu/oabooks/4/.
Greenhouse, Carol J. *A Moment's Notice: Time Politics across Cultures.* Ithaca, N. Y.: Cornell University Press, 2018.
Guendelsberger, Emily. *On the Clock: What Low-Wage Work Did to Me and How It Drives America Insane.* New York: Little, Brown, 2019.
Haber, Samuel. *Efficiency and Uplift: Scientific Management in the Progressive Era, 1890–1920.* Chicago, Ill.: University of Chicago Press, 1964.
Han, Byung-Chul. *The Burnout Society.* Stanford, Calif.: Stanford University Press, 2015.
Hanson, Chad T. *Smokescreen: Debunking Wildfire Myths to Save Our Forests and Our Climate.* Lexington: University Press of Kentucky, 2021.
Harjo, Joy. «When the World as We Knew It Ended.» In *How We Became Human: New and Selected Poems, 1975–2002.* New York: W. W. Norton, 2007.
Hartley, Daniel. «Anthropocene, Capitalocene, and the Problem of Culture.» In *Anthropocene or Capitalocene? Nature, History, and the Crisis of Capitalism.* Edited by Jason W. Moore. Oakland, Calif.: PM, 2016.
Hendren, Sara. *What Can a Body Do? How We Meet the Built Environment.* New York: Riverhead, 2020.
Hockney, David. *That's the Way I See It.* San Francisco: Chronicle, 1993.
Holden, William N., and Shawn J. Marshall. «Climate Change and Typhoons in the Philippines: Extreme Weather Events in the Anthropocene.» In *Integrating Disaster Science and Management: Global Case Studies in Mitigation and Recovery.* Edited by Pijush Samui, Dookie Kim, and Chandan Ghosh. Amsterdam, Netherlands: Elsevier, 2018.
Holland, Sharon P. *Raising the Dead: Readings of Death and (Black) Subjectivity.* Durham, N. C.: Duke University Press, 2000.
Honoré, Carl. *In Praise of Slowness: Challenging the Cult of Speed.* New York: HarperCollins, 2009. Ebook.
Hough, Franklin. *Report upon Forestry.* Washington, D. C.: Government Printing Office, 1878.
Illich, Ivan. *The Right to Useful Unemployment and Its Professional Enemies.* London: Marion Boyars, 1978.
James, Selma. *Women, the Unions and Work, or . . . What Is Not to Be Done, and the Perspective of Winning.* London: Falling Wall Press, 1976.
June 1808 Travelers Official Railway Guide of the United States and Canada. New York: National Railway Publication Company, 1968.
Kafer, Alison. *Feminist, Queer, Crip.* Bloomington: Indiana University Press, 2013.
Kent, Noel J. *Hawaii, Islands under the Influence.* Honolulu: University of Hawai'i Press, 1983.
Keynes, John Maynard. «Economic Possibilities for our Grandchildren.» In *Essays in Persuasion.* New York: W. W. Norton, 2011.

Kimmerer, Robin Wall. *Braiding Sweetgrass: Indigenous Wisdom, Scientific Knowledge, and the Teachings of Plants.* Minneapolis, Minn.: Milkweed Editions, 2013.

—. *Gathering Moss: A Natural and Cultural History of Mosses.* Corvallis, Ore.: Oregon State University Press, 2003.

Klein, Naomi. *This Changes Everything: Capitalism vs. the Climate.* New York: Simon and Schuster, 2014.

Knight, George R. *A Brief History of Seventh-day Adventists.* Hagerstown, Md.: Review and Herald Association, 1999.

Kochiyama, Yuri. *Passing It On: A Memoir.* Los Angeles, Calif.: UCLA Asian American Studies Center, 2004.

Kranish, Michael, and Marc Fisher. *Trump Revealed: The Definitive Biography of the 45th President.* New York: Scribner, 2017.

Krishnamurti, Jiddu. *Freedom from the Known.* New York: HarperOne, 2009.

Kruse, Kevin. *15 Secrets Successful People Know about Time Management: The Productivity Habits of 7 Billionaires, 13 Olympic Athletes, and 29 Straight-A Students, and 239 Entrepreneurs.* Philadelphia, Penn.: Kruse Group, 2015.

Laird, Donald. *Increasing Personal Efficiency.* New York: Harper and Brothers, 1925.

Landes, David. *Revolution in Time: Clocks and the Making of the Modern World.* Cambridge, Mass.: Belknap Press/Harvard University Press, 2000.

Lundberg, George A., Mirra Komarovsky, and Mary Alice McInerny. *Leisure: A Suburban Study.* New York: Columbia University Press, 1934.

MacDonald, Helen. *Vesper Flights.* New York: Grove, 2020.

Macrì, Mario et al. *Clocking and Scientific Research: The Opinion of the Scientific Community.* Istituto Nazionale di Fisica Nucleare (INFN), November 13, 1998. https://www.openaccessrepository.it/record/21217?ln=en.

Mancini, Marc. *Time Management (The Business Skills Express Series).* New York: Business One Irwin/Mirror, 1994.

Mangez, Eric, and Mathieu Hilgers, eds. *Bourdieu's Theory of Social Fields: Concepts and Applications.* New York: Routledge, 2015.

Marx, Karl. *Capital, Volume 1.* New York: Penguin, 1990.

Mays, Wolfe. «Whitehead and the Philosophy of Time.» In *The Study of Time: Proceedings of the First Conference of the International Society for the Study of Time Oberwolfach (Black Forest) – West Germany.* Edited by J. T. Fraser, F. C. Haber, and G. H. Müller. Berlin: Springer, 1972.

McPhee, John. *The Control of Nature.* New York: Farrar, Strauss and Giroux, 1989.

Meisel, Ari. *The Art of Less Doing: One Entrepreneur's Formula for a Beautiful Life.* Austin, Tex.: Lioncrest, 2016.

Melossi, Dario, and Massimo Pavarini. *The Prison and the Factory: Origins of the Penitentiary System.* Translated by Glynis Cousin. Totowa, N. J.: Barnes and Noble Books, 1981.

Miller, Doug, Jennifer Bair, and Marsha Dickson, eds. *Rights and Labor Compliance in Global Supply Chains.* New York: Routledge, 2014.

Moten, Fred, and Stefano Harney. *The Undercommons: Fugitive Planning and Black Study.* New York: Minor Compositions, 2013.

Mould, Oli. *Against Creativity.* London: Verso, 2018.

Mueller, Gavin. *Breaking Things at Work: The Luddites Were Right about Why You Hate Your Job.* London: Verso, 2021.

Mumford, Lewis. *Technics and Civilization.* London: G. Routledge, 1934.

Nanni, Giordano. *The Colonisation of Time: Ritual, Routine, and Resistance in the British Empire.* Manchester, UK: Manchester University Press, 2012.

National Recreation Association. *The Leisure Hours of 5000 People: A Report of a Study of Leisure Time Activities and Desires.* New York: National Recreation Association, 1934.

Nunn, Patrick. *The Edge of Memory: Ancient Stories, Oral Tradition, and the Post-Glacial World.* New York: Bloomsbury, 2018.

Odell, Jenny. *How to Do Nothing: Resisting the Attention Economy.* Brooklyn, N. Y.: Melville House, 2019.

O'Malley, Michael. *Keeping Watch: A History of American Time.* New York: Viking, 1990.

Perec, Georges. *An Attempt at Exhausting a Place in Paris.* Translated by Marc Lowenthal. Cambridge, Mass.: Wakefield, 2010.

—. *La Disparition.* Paris: Éditions Denoël, 1969.

—. *Species of Spaces and Other Pieces.* Translated by John Sturrock. New York: Penguin, 2008.

Peters, John Durham. *The Marvelous Clouds: Toward a Philosophy of Elemental Media.* Chicago, Ill.: University of Chicago Press, 2015.

Peters, Peter Frank. *Time, Innovation and Mobilities: Travel in Technological Cultures.* London: Routledge, 2005.

Pieper, Josef. *Leisure, the Basis of Culture.* San Francisco: Ignatius, 2015.

Price, Joshua. *Prison and Social Death.* New Brunswick, N. J.: Rutgers University Press, 2015.

Pyne, Stephen. *Fire in America: A Cultural History of Wildland and Rural Fire.* Seattle: University of Washington Press, 1997.

Relax. The Jam Handy Organization and the Chevrolet Motor Division, 1937.

Roberts, J. *Slavery and the Enlightenment in the British Atlantic, 1750–1807.* Cambridge, UK: Cambridge University Press, 2013.

Robinson, Jackie. *I Never Had It Made: An Autobiography.* New York: HarperCollins, 2013.

Roediger, David R., and Philip S. Foner. *Our Own Time: A History of American Labor and the Working Day.* London: Verso, 1989.

Rojek, Chris. *The Labour of Leisure: The Culture of Free Time.* London: SAGE, 2010.

Rosa, Hartmut. «De-Synchronization, Dynamic Stabilization, Dispositional Squeeze.» In *The Sociology of Speed: Digital, Organizational, and Social Temporalities.* Edited by Judy Wajcman and Nigel Dodd. Oxford, UK: Oxford University Press, 2016.

—. *Resonance: A Sociology of Our Relationship to the World.* Translated by James C. Wagner. Cambridge, UK: Polity, 2019.

Rosenthal, Caitlin. *Accounting for Slavery: Masters and Management.* Cambridge, Mass.: Harvard University Press, 2018. Ebook.

Ross, Frederick A. *Slavery Ordained of God.* Philadelphia, Penn.: J. B. Lippincott, 1857.

Rushkoff, Douglas. *Survival of the Richest: Why the Tech Titans Believe They Can Leave Us All Behind.* New York: W. W. Norton, 2022.

Samuels, Ellen. «Six Ways of Looking at Crip Time.» In *Disability Visibility: First-Person Stories from the Twenty-first Century.* Edited by Alice Wong. New York: Vintage, 2020.

Schroeder, Juliana, Adam Waytz, and Nicholas Epley. «The Lesser Minds Problem.» In *Humanness and Dehumanization.* Edited by Paul G. Bain, Jeroen Vaes, and Jacques-Philippe Leyens. New York: Psychology, 2013.

Scott, James C. *Seeing Like a State*. New Haven, Conn.: Yale University Press, 2020.
Semple, Janet. *Bentham's Prison: A Study of the Panopticon Penitentiary*. Oxford, UK: Clarendon, 1993.
Sennett, Richard. *The Corrosion of Character: The Personal Consequences of Work in the New Capitalism*. New York: W. W. Norton, 1998.
Seymour, Richard. *The Twittering Machine*. London: Verso, 2020.
Simon, Jonathan. *Governing through Crime: How the War on Crime Transformed American Democracy and Created a Culture of Fear*. Oxford, UK: Oxford University Press, 2007.
Sloan, Doris. *Geology of the San Francisco Bay Region*. Berkeley, Calif.: University of California Press, 2006.
Smith, Mark M. *Mastered by the Clock: Time, Slavery, and Freedom in the American South*. Chapel Hill, N. C.: University of North Carolina Press, 2000. Ebook.
Sontag, Susan. *On Photography*. New York: Farrar, Straus and Giroux, 2011.
Spence, Mark David. *Dispossessing the Wilderness: Indian Removal and the Making of National Parks*. Oxford, UK: Oxford University Press, 2000.
Steffensen, Victor. *Fire Country*. Richmond, Victoria: Hardie Grant, 2020.
Tanaki, Ronald T. *Pau Hana: Plantation Life and Labor in Hawaii, 1835–1920*. Honolulu: University of Hawaii Press, 1984.
Taylor, Charles. *Sources of the Self: The Making of the Modern Identity*. Cambridge, Mass.: Harvard University Press, 1989.
Taylor, Frederick Winslow. *Principles of Scientific Management*. Norwood, Mass.: Plimpton, 1911.
Troutman, John W. *Indian Blues: American Indians and the Politics of Music, 1879–1934*. Norman: University of Oklahoma Press, 2009.
Vitale, Alex. *The End of Policing*. London: Verso, 2017.
Wang, Jackie. *Carceral Capitalism*. South Pasadena, Calif.: Semiotext(e), 2018.
Weeks, Kathi. *The Problem with Work: Feminism, Marxism, Antiwork Politics, and Postwork Imaginaries*. Durham, N. C.: Duke University Press, 2011.
Williams, Patricia. *The Alchemy of Race and Rights: Diary of a Law Professor*. Cambridge, Mass.: Harvard University Press, 1991.
Wolcott, Victoria W. *Race, Riots, and Roller Coasters: The Struggle over Segregated Recreation in America*. Philadelphia: University of Pennsylvania Press, 2012.
Woodfox, Albert. *Solitary*. New York: Grove Atlantic, 2019.
Wrenn, Gilbert, and D. L. Harvey. *Time on Their Hands: A Report on Leisure, Recreation, and Young People*. Washington, D. C.: American Council on Education, 1941.
XPO Global Union Family. *XPO: Delivering Injustice*. February 2021. https://www.xpoexposed.org/the-report.
Yunkaporta, Tyson. *Sand Talk: How Indigenous Thinking Can Save the World*. New York: HarperCollins, 2020. Ebook.
Yusoff, Kathryn. *A Billion Black Anthropocenes or None*. Minneapolis, Minn.: University of Minnesota Press, 2019.
Zieger, Robert H. *For Jobs and Freedom: Race and Labor in America since 1865*. Lexington, Ky.: University Press of Kentucky, 2014.

Bildnachweis

S. 29: Mit freundlicher Genehmigung der Mutter der Autorin
S. 42: *Industrial Management*, August 1927
S. 52: Sandford Fleming, «Time-Reckoning for the Twentieth Century», in: *Annual Report of the Board of Regents oft he Smithsonian Institution, Showing the Operations, Expenditures, and Condition of the Institution for the Year Ending June 30, 1886* (Washington, D.C.: Smithsonian Institution, 1889), Part I.
S. 67: Catherine E. Beecher, *A Treatise on Domestic Economy, for the Use of Young Ladies at Home, and at School.*
S. 69 (links): Division of Work and Industry, National Museum of American History, Smithsonian Institution
s. 69 (rechts): Frank and Lillian Gilbreth Collection, National Museum of American History, Smithsonian Institution
S. 71: C. Bertrand Thompson, «The Stop Watch as Inventor», in: *Factory: The Magazine of Management*, Februar 1916.
S. 74: Mit freundlicher Genehmigung des Economic Policy Institute
S. 81: Mit freundlicher Genehmigung von Keiichi Matsuda
S. 88: Donald Laird, *Increasing Personal Efficiency* (New York: Harper and Brothers, 1925).
S. 163: Mit freundlicher Genehmigung der National Gallery of Art, Washington D.C.
S. 177: Wikimedia Commons/Creative Commons Attribution-Share Alike 3.0 Unported license. creativecommons.org/licenses/by-sa/3.0/
S. 264: *Physical Culture*, Oktober 1918
S. 279: Illustration von Tom Tomorrow, mit freundlicher Genehmigung von Chris Carlsson
S. 282: Mit freundlicher Genehmigung von Chris Carlsson
S. 307: Mit freundlicher Genehmigung von DH3 Games
S. 325: Mit freundlicher Genehmigung von Garrett Bradley
S. 347: Mit freundlicher Genehmigung von Alan Grinberg
S. 351: Mit freundlicher Genehmigung von Caroline Eisenmann
S. 352: Wikimedia Commons/Creative Commons Attribution-Share Alike 4.0 International license. creativecommons.org/licenses/by/4.0/
S. 361: Mit freundlicher Genehmigung von Sofia Córdova

Alle weiteren Abbildungen: Mit freundlicher Genehmigung von Jenny Odell

Personenregister

Aus dem Verlagsprogramm